S.F.
V.

# Gedanke und Gewissen

## Essays aus hundert Jahren S. Fischer Verlag

Herausgegeben von
Günther Busch
und
J. Hellmut Freund

S. Fischer Verlag

Satz: Fotosatz Otto Gutfreund, Darmstadt
Druck und Einband: Franz Spiegel Buch GmbH, Ulm
Printed in Germany 1986
ISBN 3-10-020003-9

# Inhalt

Titelformulierungen in eckigen Klammern stammen von den Herausgebern.

# Otto Brahm

## Hauptmann: ›Das Friedensfest‹

Anfang September 1889 erhielt ich von einem mir unbekannten Autor ein Drama zugesandt. Der Verfasser reichte es dem Verein Freier Bühne zur Aufführung ein, mit einem kurzen Schreiben, aus dem mich, trotz seiner wenigen Zeilen, eine Persönlichkeit anzusprechen schien. Sogleich ging ich an die Lektüre und konnte schon nach kürzester Zeit Herrn Gerhart Hauptmann mitteilen, daß die Freie Bühne bereit sei, das Stück darzustellen. Gleichzeitig bat ich ihn, mir die Ehre seines Besuchs zu schenken.

Als ich dann die Bekanntschaft des Dichters gemacht hatte, war eine der ersten Fragen, die ich an ihn richtete: ob er beabsichtige, sich in dem Lande seines ersten Dramas poetisch niederzulassen? Mit anderen Worten: ich suchte mir eine Vorstellung zu bilden, wie das Stück aussehen müßte, das auf ›Vor Sonnenaufgang‹ folgen würde. Wollte der Dichter der Anzengruber Schlesiens werden? Wollte er das lokale Element in der Folge abschwächen oder verstärken, das »soziale Drama« in der Folge erweitern oder einschränken? Die Frage hat, es ist mir wohl bekannt, auch manchen aufmerksamen Leser und Hörer des ›Sonnenaufgangs‹ beschäftigt; denn wenn ein neuer Dichter auf den Plan getreten – ein Schauspiel, selten genug im Deutschland von heute –, ist es nicht bloß die äußerliche Neugier, welche fragt: was nun folgen wird? Ob die Kraft, welche aus dem Erstlingswerk spricht, im zweiten sich bewähren wird? Ob die Physiognomie des Dichters, die aus dem einen Werke nur undeutlich erkannt wurde, im nächsten sich mit schärferen Zügen abzeichnen wird? Vorschnelle Urteile wurden laut, und Prophezeiungen fielen: das erste Werk werde das stärkste bleiben; und wenn der heimische Boden, der volkstümliche Stoff ihn nicht mehr stütze, werde die beste Wirkung dem Dichter genommen sein.

Wer sich, gegenüber so sichern Behauptungen, an die Lehrmeisterin Geschichte um Auskunft wendet, wird freilich bald erfahren, daß die

Entwicklung starker dichterischer Begabungen in so einfachen Linien niemals verlaufen ist. Wohl haben wir in Deutschland Beispiele genug, daß hoffnungsreiche Talente, ein Werk geleistet, verstummten oder sich schwächlich wiederholten. Aber wie wechselnd erscheinen uns etwa, wenn wir auf Goethe, auf Schiller zurückblicken, die poetischen Jahrgänge ihrer Jugend. Der fertige Künstler mag mit sicherer Hand Werk um Werk vollenden; der werdende, gerade weil er auf neuen Pfaden noch sucht, wird vor Irrwegen nicht geschützt bleiben. Wenn ein Zeitgenosse Friedrich Schillers sich auf das Werk gespitzt hätte, das den ›Räubern‹ folgen würde – so etwa, wie heute mancher übereifrige Kunstfreund auf den Nachfolger des ›Sonnenaufgangs‹ sich spitzte –, und wenn dann ein solcher Zeitgenosse aus dem ›Fiesco‹ Schillers ein Urteil für alle Zeit hätte gewinnen wollen – wie sehr würde er danebengegriffen haben: denn nach dem ›Fiesco‹ kam, siegreich und groß, ›Kabale und Liebe‹ gezogen.

Lediglich um die Unsicherheit so vorschneller Meinungen aufzuweisen, habe ich diese Parallele versucht, nicht etwa um die Bedeutung von Hauptmanns Opus zwei von vornherein abzuschwächen. Überraschend schnell hat der Dichter dem ›Sonnenaufgang‹ sein dreiaktiges Drama ›Das Friedensfest‹ folgen lassen, welches diese Zeitschrift* zu veröffentlichen die Freude hatte; er hat, inmitten einer heftigen literarischen – oder auch unliterarischen – Fehde, die gegen ihn und um ihn entbrannt war, die Stimmung gefunden, an ein zweites Werk zu gehen – und schon damit, scheint mir, hat er einen erneuten Beweis für sein eigenartiges, der Außenwelt gegenüber ganz gefestetes Talent gegeben. Und daß dieses Werk nun so völlig, in Stoffwelt und innerer Kunstform, von seinem Vorgänger abweicht, daß Hauptmann nicht sich bei den schlesischen Bauern niederläßt und dennoch lebendige, handelnde Menschen auf die Beine stellt, das wird zwar die Freunde der künstlerischen Spezialitäten betrüben, welche jedermann sein zollbreit Ackerland zuweisen, das er bei Todesstrafe nicht verlasse – mich aber erfreut es lebhaft als ein Zeugnis für die Weite und die Entwicklungsfähigkeit dieses Talents, das uns allen noch mancherlei zu raten aufgeben wird.

Kein »soziales Drama«, ein Seelendrama gibt der Dichter jetzt. Ein Familiendrama, wie der Verfasser der ›Gespenster‹ sagen würde. Man

* ›Freie Bühne für modernes Leben‹. *Anm. d. Hg.*

braucht nicht reminiszenzensüchtig zu sein, um den geistigen Zusammenhang zu erkennen, der hier zwischen Gerhart Hauptmann und Henrik Ibsen besteht: der jüngere deutsche Dichter rückt in die Gegenwart, was der norwegische in die Vergangenheit rückte; er zeigt uns die Ehe, von welcher Ibsen nur erzählte, die Ehe, aus deren unheilvollem Schoß der glücklose Erbe väterlichen Leidens hervorgeht. Auf Ibsens Oswald folgt Hauptmanns Wilhelm. Die Tragödie die Vererbung entrollt dieser wie jener, wenngleich der Dichter der ›Gespenster‹ uns mehr den Untergang des Geschlechtes vorführt, den Sohn des Kammerherrn, der ererbtem Verhängnis erliegt, wo der Dichter des ›Friedensfestes‹ Sohn und Vater einander gegenüberstellt und uns in dem Schicksal des Alten auch das künftige Los des Jungen anschauen läßt: Der Verfolgungswahn, wie er den Doktor Scholz gepackt hat, wird auch Wilhelm packen; und nicht wird es ihm Rettung bringen, daß zur Seite des geliebten Mannes, mit besserer seelischer Hingabe als einst die Mutter, Idas reine Neigung steht, aus treuen Augen gläubig zu ihm aufblickend.

Ein geistiger Zusammenhang, meinte ich, besteht zwischen Hauptmanns Werk und Ibsens Werk. Das will sagen: nicht eine äußere Nachahmung geschieht, sondern die innere Übereinstimmung moderner Weltanschauungen führt von ähnlichen Ausgangspunkten zu verwandten Resultaten hin. Die Lehre von der Vererbung, von der Unfreiheit des Willens ist beiden zu poetischem Eigentum geworden, und wer solche Anschauung fatalistisch und weich nennt, der hadere mit den Naturforschern und Philosophen, nicht mit den Dichtern dieser Zeit: modernen Ideengehalt widerzuspiegeln treu und wahr – dem Ziele folgen sie, dem allein. Und daß nicht eine bloß abstrakte Tendenz hier waltet, daß sich wissenschaftliches Auffassen in volles poetisches Anschauen umwandelt, das zeigt Hauptmanns Drama in jeder dieser plastischen Gestalten: kein geistreicher Räsoneur verkündet uns in dürren Worten Axiome des Dichters – aus dem Munde der schlichtesten Frau, wie zufällig und ohne tieferen Sinn, wird es ausgesprochen, was die Seele dieser Dichtung ist: »Der Wille, der Wille! geh mir nur damit! das kenn' ich besser. Da mag man wollen und wollen und hundertmal wollen, und alles bleibt doch beim alten. Gott ja, der Wille, der Wille! – Ja, ja, alles guter Wille – dein Wille ist sehr gut, aber ob du damit was erreichen wirst? ich glaube nicht.«

Bewundere ich hier die Kunst, mit der geistige Intentionen poetisch verhüllt sind, und die scheinbare Absichtslosigkeit ihrer Entfaltung, so tritt mir auch sonst aus dem Drama, aus seinem Aufbau, seiner Charakteristik und eigenartigen Technik, die Kunst des Dichters, so überzeugend wie seine Kraft, entgegen. Glänzend ist gleich die Exposition geführt, dieser erste Akt, in welchem sich, während die Handlung ruhig ihren Weg fortgeht, ein ganzes Familienschicksal uns enthüllt; kein Wort fällt, das ausdrücklich zur Aufklärung des Lesers gesprochen würde, keine breiten Erzählungen geschehen, die den Gang des Dramas willkürlich hemmten, sondern aus höchst gegenständlichen Gesprächen macht sich uns die Lage dieser Menschen anschaulich, der trübselige Krieg aller gegen alle, durch den hindurch wir dennoch die dunkle Sympathie walten sehen, des Blutes für das verwandte Blut. Wird des Vaters unfreundlich gedacht von der Mutter, so nimmt die Tochter ihn sogleich in Schutz: »Ach, red doch nicht immer so!«; und die Geschwister, wenn sie auch in Hader und Todeszorn gegeneinander ausbrechen, fühlen zuletzt sich im Innern dennoch nahe, die Erben eines Geschickes: »Wir verstehen uns untereinander so ziemlich, wir Geschwister.« Alle diese Gestalten aber, so gut wie ihre Gegenspieler, die unberufene Friedensstifterin und ihr liebliches Kind, weiß uns der Dichter mit den deutlichsten Zügen hinzustellen: mit einer Plastik und Gegenständlichkeit, wie sie in deutschen Dramen nur allzu selten sind.

Natürlich fehlt es an Beurteilern nicht, welche meinen: Hauptmann gehe in dieser Hinsicht, wie man zu sagen pflegt, »zu weit«. Sie tadeln die Ausführlichkeit der Charakteristiken, welche er dem Drama einfügt, und meinen, er schlage mit so detaillierter Vorschrift die Phantasie des Schauspielers in Fesseln. Als ob es nicht in jedes Darstellers Macht stünde, sich von Anweisungen des Dichters, die ihm nicht behagen, zu emanzipieren! Und als ob nicht unsere Schauspieler von dieser Möglichkeit den freiesten Gebrauch machten! Mag sein, daß Hauptmann hier noch manchmal »zu weit« geht, daß er seine Lokalschilderungen zu stark ins einzelne treibt und daß es zum Beispiel entbehrlich wäre, den guten Friebe seine drei Flaschen Rotwein gerade so tragen zu lassen, »daß die Hälse zwischen die Finger geklemmt sind«; aber sieht man denn nicht ein, daß zu so sicherem, sinnlichem Detail doch nur derjenige gelangen konnte, der den Antrieben einer ganz auf das Anschauliche gerichteten, starken Phantasie gehorcht? Einer Phantasie, die nicht bei den Schemen der Buchdramen stehenbleiben kann, sondern die es zwingt, Gestalten und Situationen mit plastischer Kraft zu schauen und zu vergegenwärtigen? Vielleicht ist es nicht unwesentlich für Hauptmanns Schaffen geworden, daß er durch Jahre hindurch sich der Bildhauerei gewidmet hat: wie in Stein gemeißelt, rund und körperlich stehen seine Menschen da.

Man braucht nur einmal mit unbefangenen Augen das ›Friedensfest‹ gegen die Produkte der deutschen Buchdramatik zu halten, um sogleich zu erkennen, welch außerordentlichen künstlerischen Fortschritt diese neue poetische Gattung bedeutet. Keine Deklamation mehr, kein lyrisches Schwelgen in schönen Gefühlen und Gedanken, kein Verkennen oder Ignorieren der theatralischen Bedingungen – überall die Wahrheit und Bescheidenheit der Natur, überall dichterische Objektivität und ein klares Empfinden für die Gesetze der Szene. Wenn der Musiker in Tönen denkt, so denkt der echte Dramatiker, so denkt Hauptmann in Gestalten: Alles setzt sich ihm in Rede und Erscheinung um, und in jedem Augenblick, deutlich bis ins Kleinste, mit Geste und Miene, sieht er seine Menschen vor sich stehen. Für denjenigen Beurteiler freilich, der an die Tradition des Buchdramas gewöhnt ist, mag die Lektüre des ›Sonnenaufgangs‹ und des ›Friedensfestes‹ ihr Befremdliches haben; die vielen Gedankenstriche und Punkte dünken ihn übertrieben (und vielleicht sind sie es auch), die Unterbrechungen des Dialogs durch Bühnenanweisungen und Beschreibungen dünken ihn störend, und er übersieht dabei nur das eine: daß hier nur Hilfsmittel gesucht werden, welche die Plastik des Theaters ersetzen oder doch weniger vermissen lassen sollen, und daß Hauptmann mit allen Kräften strebt (selbst auf die Gefahr hin, manieriert zu erscheinen), den Leser so sehen zu machen, wie er selbst sieht: scharf, bestimmt, mit angespannten Sinnen.

Kein Wunder, daß der Versuch, allen Lesern solche Anschauung zu leihen, mißlingt. Das Schicksal, mißverstanden zu werden, ist Hauptmann mit seinen zwei Stücken so reichlich schon zuteil geworden wie anderen mit einem Viertelhundert nicht. Jede Redaktion kennt die erstaunte Frage, die am Schluß einer dichterischen Publikation sich einzustellen pflegt: ob denn die Geschichte nun zu Ende sei? Auch uns ist sie nicht erspart geblieben; und selbst sehr ernst zu nehmende Beurteiler verlangen nach einem »vierten Akt«. Was wird aus Wilhelm, aus Ida? rufen sie erstaunt. Sollen wir wirklich glauben, daß ihre Ehe nur die Ehe des Doktor Scholz wiederholt? »Jeder Mensch ist ein neuer Mensch«, so möchten sie mit Wilhelm sagen; aber der Dichter antwortet mit seinem Robert: »Die fleischgewordene Widerlegung bist du selbst, Wilhelm.« Von Anbeginn an tritt dieser Zug der Dichtung hervor, diese Grundanschauung, mit der sie steht und fällt; und schon im ersten Akt, ehe Wilhelm noch vor uns getreten, hören wir es aus dem Munde der Mutter, »wie verschlossen der Junge immer war«: »Ganz wie der Vater. Keine Spielkameraden, keinen Schulfreund, keinen Nichts hatte er.« Aller Nachdruck liegt nun darauf, im weiteren Fortgang der Dichtung diesen tragischen Kampf des Helden zu schildern, gegen das furchtbare Patengeschenk dunkel waltender Mächte; und wie Robert, kann Wilhelm zuletzt der schmerzlichsten Erkenntnis nicht entrinnen: »Dies alles führt zu nichts – zu gar nichts. Wir sind alle von Grund aus verpfuscht. Verpfuscht in der Anlage, vollends verpfuscht in der Erziehung.« Wenn den älteren Bruder der Zynismus der Selbstverachtung rettet, so reibt Wilhelms weicheres Empfinden in dem rastlosen Kampfe sich auf, und sein Leiden ergreift uns im Tiefsten: »Vor sich selbst auf der Flucht sein: kannst du dir davon einen Begriff machen? Dahinter ist kein Stillstand! Schicksale in Sekunden! mich selbst fürcht' ich. Siehst du, und so fliehe ich – mein Leben lang.«

Erst die Aufführung wird völlig offenbaren können, welch fest verknüpfte, konsequente Anschauung die Gestalten dieses Werkes verbindet und wie der Dichter es verstanden hat, das Schicksal zweier Generationen uns in eins erblicken zu lassen; daß solche Aufführung uns bald werden möge, ist mein lebhafter Wunsch. Dann wird es auch an der Zeit sein, das Werk noch einmal im ganzen zu prüfen und diese aphoristischen Bemerkungen zu ergänzen. Daß man doch niemals die Unzulänglichkeit der Kritik klarer empfindet als gegenüber bedeutenden Werken! Werke, die wie das Leben selbst sind, wie will man ihre Unendlichkeit in Worte fassen? Nur das eine sehe ich: auch nach diesem zweiten Drama ist die literarische Physiognomie Gerhart Hauptmanns für unsere Neugier noch nicht bestimmt genug; und so ist meine Stimmung gegenüber dem ›Friedensfest‹ die nämliche wie gegenüber dem ›Sonnenaufgang‹, und voll Erwartung frage ich: was nun folgen wird?

## Leo Tolstoj

# Was ist Geld?

Geld! Was ist Geld? Geld ist ein Äquivalent für Arbeit.

Ich habe gebildete Leute getroffen, die allen Ernstes behaupteten, das Geld repräsentiere sogar die Arbeit derjenigen, welche es besitzen. Ich gestehe, daß auch ich früher in unbestimmter Weise zu dieser Ansicht hinneigte. Ich wollte jedoch genau und von Grund auf wissen, was denn eigentlich das Geld sei, und um das zu erfahren, wandte ich mich an die Wissenschaft.

Die Wissenschaft sagt, daß der Begriff des Geldes durchaus nichts Ungerechtes oder Schädliches in sich schließe, daß das Geld die natürliche Grundlage unseres sozialen Lebens sei, dessen wir zur Erleichterung des Umtausches, zur Ermöglichung des Sparens sowie als Wertmesser und Zahlungsmittel unumgänglich benötigen.

Die augenscheinliche Tatsache, daß ich, wenn ich drei überflüssige Rubel in der Tasche habe, in jeder zivilisierten Stadt nur zu pfeifen brauche, um sogleich ein ganzes Hundert von Leuten zur Verfügung zu haben, die für jene drei Rubel auf mein Geheiß die allerschwierigsten, widerlichsten und erniedrigendsten Arbeiten verrichten – diese Tatsache hat ihre Ursache nicht im Gelde, sondern in den höchst verwickelten Bedingungen des wirtschaftlichen Lebens der Völker.

Die Unterjochung des Menschen durch den Menschen rührt nicht vom Gelde her, sondern von dem Umstand, daß der Arbeiter nicht den vollen Ertrag seiner Arbeit erhält. Daß er diesen vollen Ertrag nicht erhält, liegt an den besonderen Eigenschaften des Kapitals, der Rente und des Arbeitslohns sowie an den komplizierten Beziehungen, welche zwischen diesen Faktoren und überhaupt zwischen der Produktion, der Verteilung und der Konsumtion der Güter bestehen. Ohne Redensarten würde man die Sache etwa so ausdrücken: Wer Geld besitzt, hat diejenigen, die keins besitzen, im Sacke.

Die Wissenschaft aber bestreitet das. Die Wissenschaft sagt: an der

Hervorbringung jeglichen Produktes sind drei Faktoren beteiligt: der Grund und Boden, die Produktionsmittel und die Arbeitskraft. Daraus nun, daß der Inhaber der Arbeitskraft nicht zugleich Inhaber der beiden anderen Faktoren ist, entsteht jenes äußerst verwickelte Verhältnis, welches die Abhängigkeit des Menschen vom Menschen, die Unterjochung des Menschen durch den Menschen bedingt. Woher aber stammt diese Herrschaft des Geldes, die uns alle durch ihre Grausamkeit betroffen macht? Wie kommt es, daß ein Teil der Menschen vermittels des Geldes den anderen Teil in Abhängigkeit erhält? Die Wissenschaft sagt, es komme von jener Teilung der Produktionsfaktoren, welche auf den Arbeiter einen Druck ausübten. Diese Antwort kam mir immer etwas sonderbar vor. Es wird behauptet, daß diese drei Faktoren an jedem Produkte ihren Anteil haben und daß füglich das erzeugte Gut – oder der Wert, der Erlös desselben, das Geld – sich billigerweise unter alle drei verteile, und zwar als Rente für den Grundbesitzer, als Kapitalgewinn für den Besitzer der Produktionsmittel und als Arbeitslohn für den Arbeiter. Liegen die Dinge wirklich so? Ist es vor allem richtig, daß jene Faktoren, und einzig nur sie, an der Hervorbringung eines jeglichen Produktes ihren Anteil haben?

Während ich diese Zeilen schreibe, wird rings um mich Heu produziert. Aus welchen Faktoren setzt sich dieses Produkt zusammen? Ich sehe, daß hier die Dreiteilung nicht stimmt, daß außer dem Grund und Boden, den Arbeitsgeräten und der Arbeit noch andere Dinge in Frage kommen: die Sonne, das Wasser, die gesellschaftliche Organisation, welche das Gras auf der Wiese vor dem Abweiden durch fremdes Vieh schützt, die besondere Geschicklichkeit der Schnitter, ihre Fähigkeit, sich vermittels der Sprache zu verständigen, und noch zahlreiche andere »Faktoren«, welche die Nationalökonomie aus irgendwelchen Gründen als solche nicht anerkennen mag. Sonnenwärme und Sonnenlicht sind für jede Art von Produktion ein noch notwendigerer Faktor als selbst der Grund und Boden. Ich kann mir sehr wohl vorstellen, daß jemand, insbesondere in der Stadt, das Recht für sich in Anspruch nimmt, einen anderen durch Mauern oder Baumpflanzungen des Sonnenlichts zu berauben, und auch mit dem Wasser und der Luft ist dies der Fall. Einen ganzen Band könnte ich mit der Aufzählung der verschiedenartigsten Faktoren anfüllen, die alle an der Hervorbringung der mannigfachen Produkte ihren Anteil haben. Weshalb übergeht die

Wissenschaft sie, weshalb spricht sie immer nur von jenen *drei* Faktoren der Produktion? Doch wohl nur deshalb, weil auf jene anderen Dinge – die Strahlen der Sonne, das Wasser, die Luft usw. – selten jemand einen Anspruch erhebt, während das Streben nach Grundbesitz und Kapitalbesitz in unserer Gesellschaft ganz allgemein ist.

Die Wissenschaft hält sich also nicht an den wesentlichen Kern der Dinge, sondern sie paßt ihre Meinungen den augenblicklich bestehenden, dem Wechsel unterworfenen Zuständen an und spricht willkürlich von denjenigen drei Faktoren, die ihr gerade in die Augen fallen, oder auf die sie die Aufmerksamkeit hinzulenken wünscht. Der Arbeiter soll des Grund und Bodens und der Arbeitsmittel beraubt sein – wenn wir uns nur ein klein wenig in den Sinn dieser These versenken, dann erkennen wir den inneren Widerspruch, den sie enthält. Der Begriff des Arbeiters schließt auch den Grund und Boden, die Erdoberfläche ein, auf welcher er lebt, sowie die Geräte, deren er sich bei seiner Arbeit bedient. Einen Arbeiter, der nicht auf der Erdoberfläche lebt und sein notwendiges Arbeitsgerät nicht besitzt, hat es niemals gegeben und kann es niemals geben. Wenn der Landarbeiter kein Land, kein Pferd und keine Sense besitzt, wenn der Schuhmacher kein Haus und keine Ahle hat, so heißt das ebensoviel, daß irgend jemand sie all dieser für sie notwendigen Dinge beraubt hat, nicht aber, daß es Landarbeiter ohne Pflug und Schuhmacher ohne Handwerkszeug geben kann. Wie man sich einen Fischer ohne Fischgerätschaften, auf trockenem Lande, nur unter der Bedingung vorstellen kann, daß ihn irgend jemand von seinem See vertrieben und seiner Gerätschaften beraubt hat, so sind auch der Landarbeiter und der Schuhmacher ohne die für ihre Arbeit notwendigen Faktoren nur denkbar, wenn ihnen diese Faktoren mit Gewalt vorenthalten werden.

Wohl kann es Menschen geben, die auf der Erdoberfläche von Ort zu Ort gejagt werden, wie auch solche, denen man ihr Arbeitsgerät genommen, und die man zwingt, mit fremdem Arbeitszeug Dinge anzufertigen, deren sie nicht bedürfen, aber das will doch nur sagen, daß es Fälle gibt, in denen die natürliche Ordnung der Dinge gestört ist. Wenn die Wissenschaft all die Dinge, welche dem Arbeiter durch einen andern geraubt werden können, als Faktoren der Produktion betrachtet – weshalb hält sie dann den Anspruch des Sklavenbarons auf die Persönlichkeit des Sklaven nicht für einen solchen Faktor? Es kann jemand auf die Strahlen der Sonne einen Besitzanspruch erheben oder einen Mitmenschen als sein Eigentum betrachten, als einen natürlichen Produktionsfaktor jedoch darf er einen solchen auf die Gewalt gestützten Anspruch nicht betrachten. Ebensowenig aber ist ein Anspruch auf den Grund und Boden oder auf die Arbeitsgeräte als ein natürlicher Faktor der Produktion zu betrachten. Die Wissenschaft kann nur konstatieren, daß es derartige Ansprüche gibt, welche das natürliche Produktionsverhältnis stören und den Arbeiter der natürlichen Produktionsbedingungen berauben, sie darf jedoch diese zufällige, wenn auch noch so häufig beobachtbare Störung nicht als das Grundgesetz der Produktion betrachten. Der Nationalökonom, welcher das dennoch tut, gleicht jenem Zoologen, der eine Anzahl von Zeisigen mit beschnittenen Flügeln in Käfigen mit Wassernäpfen gesehen hat und daraus den Schluß zieht, daß die beschnittenen Flügel, die Käfige und Wassernäpfe die drei natürlichen Lebensbedingungen dieser Vögel seien. In der Lage dieser Zeisige befinden sich die Arbeiter ohne Grund und Boden und ohne Produktionsmittel, und die Tatsache, daß sie nach Millionen zählen, berechtigt die Wissenschaft noch nicht, diese Lage als eine natürliche zu betrachten und aus dem zufälligen Sachbestand ein allgemein gültiges Produktionsgesetz abzuleiten.

Die lebendige Wirklichkeit hört nicht auf, immer wieder diese Fragen zu stellen, und zuletzt wird denn auch die Wissenschaft nicht umhin können, sich mit ihnen zu beschäftigen. Dann aber muß sie aus dem Zauberkreise, in welchem sie sich gegenwärtig befindet, und in dem sie sich gleichsam beständig um sich selbst dreht, in das volle Leben hinaustreten und den Dingen mit mutiger Stirn ins Antlitz sehen. Dann werden durchaus neue Meinungen und Anschauungen Platz greifen, welche die heutige Pseudo-Wissenschaft mit ihren Einteilungen und Grundprinzipien über den Haufen werfen und der Auffassung des gesunden Menschenverstandes zur Anerkennung verhelfen werden. Auch die Frage, was Geld sei, wird alsdann ihre Lösung finden, und es wird sich herausstellen, daß das Geld durchaus nicht jenes unschuldige Mittel der Wertmessung, der Verkehrserleichterung und der Sparmöglichkeit ist, als welches die Wissenschaft es gegenwärtig darstellt, sondern daß es das erste und vorzüglichste Mittel der Unterjochung des Menschen durch den Menschen ist, mit einem Wort, daß es ist: geronnene Gewalt.

*(Aus dem Russischen von August Scholz)*

# Oscar Bie

## Das Warenhaus

Enzyklopädien und Monographien, Handbücher und Broschüren sind die Charakteristika des modernen Buchhandels. Warenhäuser und Spezialgeschäfte, Handelspaläste und Privatvillen sind dieselben Extreme in unserer Baukunst und unserer Industrieform. Wir dachten früher, der Sozialismus wäre der Stempel der Zeit, dann dachten wir, der Individualismus würde ihn ablösen, oder wir konstruierten einen ähnlichen Wellengang zwischen Ethik und Ästhetik; jetzt sehen wir, daß die Form der Zeit vielmehr der Kampf dieser Gegensätze und ihre scharfe Differenzierung ist. Wir suchten nach dem tektonischen Stil, der unserer Zeit den Ausdruck gibt, und fanden ihn nicht, weil es keinen Einheitsstil gibt, wie in den Perioden des wechselnden Geschmacks bis zum Empire, sondern der Stil ist heute der Kampf des Sozialen mit dem Individuellen, das Nebeneinander des neuen Warenhauses und der neuen Villa, eine tiefe Mannigfaltigkeit der Einzelformen auf dem Boden eines in die Pole gehenden industriellen und privaten Lebens.

Je spezieller die Villa draußen im Grunewald wurde, je privater sie in ihren Farben, Erkern, Dachluken und Säulenvestibülen den Geschmack des einzelnen zum Ausdruck brachte, desto europäischer entwickelte sich drinnen das Warenhaus, der Palast der modernen Großindustrie. Hier wurden neue Bedingungen in neuen Formen erfüllt. So wahr unsere staatlichen Gebäude überlieferten Einrichtungen dienen, tragen sie überlieferte Stile. Das Herrenhaus und Abgeordnetenhaus sind Epigonenwerke der Renaissance, selbst der Reichstag ist nicht frei von Formen, die alte Geschlechter uns vorausempfunden haben, und die Tradition ist in den maßgebenden Kreisen sogar so stark, daß ein protestantischer Dom als katholisches Theater gebaut werden konnte. Unser öffentliches Leben hat noch die Formen der Renaissance. Die Industriehäuser dagegen beziehen ihre Gestalt aus den unverdorbenen

Kulturen, sie wachsen auf jungfräulichem Boden, Erscheinungsformen einer völlig neuen Welt, die sich aus kleinen bürgerlichen Anfängen gebildet hat, wie die moderne Malerei aus den kleinen Anfängen der alten Niederlande. Zu den bisherigen Betrachtungsweisen der Baugeschichte wird eine neue hinzutreten müssen: die Geschichte der Industriebauten. Die bisherigen Betrachtungsweisen hatten einseitige Standpunkte. Man ging aus vom offiziellen Bau der Tempel und Kirchen. Die Stilarten der Antike, die uns Vitruv übermittelt hat, das Dorische und das Jonische, sind am Tempel ausgebildet. Vitruv achtet nicht genug darauf, daß der hellenistische, zunächst profane Gewölbebau mindestens ebenso wichtig und ebenso Stil ist – später wurde der Gewölbebau das einzige Interesse der großen Baukunst, aber er blieb unregistriert und ist es durch Vitruvs Schuld noch heute. Seit der Renaissance wurde der Begriff etwas weiter gefaßt. Die Renaissance hat sich halb im Profanen entwickelt, und so wurde wenigstens das ›Profane‹ (ein schreckliches Wort) wie eine Art Anhang zur Baugeschichte zugelassen. Noch heute ist es in den Köpfen der Zünftigen ein solcher Anhang. Der Industriebau dagegen hat bisher überhaupt noch keine Stätte in der historischen Betrachtung gefunden. Dabei hat er eine hundertjährige Entwicklung und ist bereits heute in der vollen Blüte. Als ich mit einem Archäologen einmal bei Wertheim vorbeiging, schüttelte er den Kopf, so wie ein Gotiker den Kopf geschüttelt haben wird über den Palast des Handelsherrn Pitti im alten Florenz, von dem der Besitzer sagte, *non essere cosa civile.*

Die noch zu schreibende Geschichte der äußeren Industrieformen wird mit dem Realismus zu beginnen haben, wie alle Kunstgeschichte. Der Anfang ist der Markt, der sich an Feiertage anlehnt und die verschiedensten Verfassungsformen zeigt nach Ort und Jahreszeit. Er bietet die Waren dar, wie sie sich selbst darbieten – die einzige größere Ordnung ist diejenige nach den Warengattungen, die sich in Gruppen beieinander finden. Die ersten Stilisierungen treten ein, wenn der Beschauer besonders gelockt werden soll. Zwischen den Waren und dem Käufer beginnt sich jetzt ein Liebeswerben zu entwickeln, das den Waren Gesetze schöner Erscheinungsformen anempfiehlt. Hier setzt die Tektonik mit ihrem Einfluß auf die bisher realistisch hingelegten Gegenstände ein. Nach alten Abbildungen zu urteilen, weiß die Antike hiervon noch nichts. Im antiken Schuhgeschäft stehen die Schuhe regellos auf den Regalen, und das Schaufenster fehlt, da der Laden gegen die Straße offen ist und nur wie eine Spezialisierung des Marktes wirkt. Erst mit dem Schaufenster, das den Laden zum geschlossenen Raum macht, wirkt ein geschlossener Stil auf die Darbietungsform der Gegenstände. Auf Stichen aus dem 17. Jahrhundert sind wir soweit, von einer Renaissanceform der Schaustücke, die sich dem Käufer empfehlen, sprechen zu können. Aber die Entwicklung geht so langsam, wie diese ganze Industrieform. Wir besitzen zahlreiche Anordnungen von Gemälden auf alten Bildern, auch von solchen, die für den Verkauf bestimmt sind, aber sie haben keinen ausgesprochenen Gruppierungsstil. Im allgemeinen setzt sich die symmetrische Anordnung, die die Renaissance empfohlen hatte, in den gewöhnlichen Schaufenstern durch. Je mehr sich das Schaufenster unentbehrlich macht, desto deutlicher prägt sich diese Form aus, in der die Waren um die Gunst des Spaziergängers buhlen. Die streng tektonische Anordnung übertrug sich bald vom Schaufenster auf die großen Ausstellungen, die seit dem Ende des 18. Jahrhunderts eine neue Form des Massenangebots entwickelten, welche den alten Markt zu stilisieren berufen war: temporäre Warengruppen, mit einer gewissen Feierlichkeit geordnet, unter großen Hallen ausgebreitet. Die Seifenpyramiden, Wurstkegel und Lichterpagoden waren die stolzen Monumente dieser Ausstellungsrenaissance, und diese Branchen sind bis heut die patriarchalischen Vertreter der älteren Gesinnung geblieben. Wenn das Fest über sie kommt, wenn Weihnachten naht, bekennen sich selbst die fortgeschrittensten Wursthändler wieder auf einige Tage zum väterlichen Idealismus.

Indessen konnte die Reaktion nicht ausbleiben. Der Alltag begann seinen Einfluß hier, wie in der großen Kunst. Wie aus den Sonntagsbauern Werktagsarbeiter wurden, wurden aus den gebauten Schaufenstern erlebte Schaufenster. Ein neues Milieu umgab die Waren. Während die temporären Ausstellungen noch ihre letzten Anstrengungen machten, durch koordinierte Vergnügungen der Gastronomie und Ballettkunst die Besucher zu locken, hatte man längst wieder zu der fast verachteten Form des alten Marktes zurückgegriffen. Man modernisierte den Markt, indem man ihn – selbst den letzten Rest im Weihnachtsmarkt – vernichtete und auf die Form der großen Ausstellungen brachte. Die alltägliche, realistische Markthalle ging als Kompromiß daraus hervor: ein Eisenbau, weiträumig und sozial. Um so mehr spezialisierte sich das feinere Schaufenster. Es gab den Idealismus der Symmetrie auf, wuchs in größere Dimensionen und betrachtete sich nicht mehr als Ladenfront mit lächelnden Liebeswerbungen, sondern als ein Zimmer, das absichtlich dem Beschauer sich nicht zuzuwenden scheint, wie ein gutes Porträt nicht so aussieht, als ob es wüßte, daß es gemalt ist. Jetzt lagen die Jupons über Kissen geworfen, Väschen standen auf den Konsolen, eine Boa hing über einen Stuhl, Stöcke standen gegen die Wand gelehnt, die Stoffe fielen in ihre Falten, Blumen waren dazwischen gestreut. Es war ein unabsichtlich scheinendes Stilleben, eine niederländische Interieurkunst des Schaufensters. Sofort kamen die übrigen Tugenden der fortgeschrittenen Kunst. Die Impressionisten, die die Ware im Schaufenster selbst erst entstehen ließen, die Koloristen, die die Herrenartikel nach farblichen Nuancen ordneten und wechselten, und die Symbolisten, die durch Verachtung des Schaufensters wirkten und die Geheimnisse des Innenlebens zurückhaltend ahnen ließen. Man war auf der Höhe der Zeit, und es gab keine ästhetische Strömung, die an der Verfassung des Ladens spurlos vorübergegangen wäre. Zu derselben Zeit hatte auch die Großindustrie ihren künstlerischen Weg gefunden. Hier war der wichtigste Schritt ein ähnlicher gewesen, wie der, den die Renaissance gegenüber dem antiken Wohnhaus getan hatte: der Schritt in die erste Etage. Was beim Wohnhaus zuerst aus Sicherheitsgründen geschehen war, geschah beim Industriebau aus Ökonomie. Das Engrosgeschäft war von der Straße so abgeschlossen, wie das Detailgeschäft ihr zugewendet war. Die Parterreräume ließen sich bei der Entwicklung des Details glänzend fruktifizieren, die erste Etage und bald auch die höheren blieben dem Büro und Lager des Engros. Die alten nordischen Handelsstädte hatten genügend vorbereitet. Das hamburgische Lagerhaus mit den parallelen Büro- und Magazinräumen und dem giebligen Kranboden war ein nicht zu übersehendes Muster. Dieselben Forderungen erfüllte in nüchternster Form die moderne Fabrik, die sich allmählich zu einer Etagenfolge weiträumiger und weitfenstriger Säle ausgebildet und gerade, weil sie fast schmucklos blieb, die konstruktiven Prinzipien moderner Lager- und Arbeitsräume aufs knappste durchgeführt hatte. So wuchs, von der City Londons ausgehend, ein Lagerbau heran, der auf dem frischen Boden Berlins wichtige selbständige Formen gewann. Das Konfektionshaus wurde hier maßgebend. Die Weiträumigkeit, die durch Eisen und Glas bis in ungeahnte Dimensionen ermöglicht war, fand ihren künstlerischen Ausdruck in den großzügigen Rhythmen der Fassade. Die Handelshäuser dieser Gattung zeigen ein verschiedenfaches Experimentieren mit solchen Rhythmen, die bald auf ein niedrigeres Erdgeschoß und höheres Hauptgeschoß, bald auf einen höheren Unterbau und einen leichteren Abschluß hinauskommen: jenes ist eine jambische, dieses eine trochäische Ordnung.

Zwischen den Lagerhäusern und den eigentlichen Basaren muß man schärfer unterscheiden, als es gewöhnlich geschieht. Jene sind abgeschlossen gegen die Straße, diese sind auf sie angewiesen, sie sind Buchten der Straße. Der Basar steht in der Mitte zwischen dem Grossisten, von dem er die äußere Form nimmt, und dem Detaillisten, dessen Liebesgesänge er nicht entbehren kann. Alles, was in den Formen der Ausstellung, des Lagers und des Schaufensters sich entwickelt hat, muß er vereinigen. Deshalb wird der Basar das Zentrum aller Industrieformen und die Krone des Industriebaues. Seine drei Formen haben wir bereits in Berlin: das Haus Herzog ist eine nachträgliche, mittels Durchbrechungen erzielte Kombination verschiedener Häuser derselben Straßeninsel, das Haus Tietz ist die Apotheose des Schaufensters und das Haus Wertheim die künstlerische Durchbildung aller neuen Bedürfnisse. Tietz hat zwei Schaufenster, jedes von Hausgröße, hinter denen dann die Architektur ihre Gerüste baut, dazwischen bald in Barock, bald in Gotik, nicht immer aus dem besten Material, Portale und Fassadenstücke und Krönungen, wie sie Sehring mit malerischem Schwung zu entwerfen versteht. Wertheim aber, der König der Basare, macht aus der Architektur das Gesicht des Baues, entwickelt seine strengsten statischen Gesetze zu ästhetischer Reinheit und streut an hervorragende Stellen einen Schmuck edelster Art und vornehmster Durchbildung.

Der Lösungen des großen Industriebaues wird es viele geben, der Wertheimbaumeister Messel hat diejenige gefunden, die seinem Temperament entspricht. Messel ist kein Puritaner, wie van de Velde, der bei den Läden, die er einrichtete, auf strengste Tektonik sah. Er ist auch kein Renaissancenachtreter, der nur mit überlieferten Formen spielt, wie ein Möbeltischler aus Berlin C. Er ist ein Sammler aller Reichtümer von dagewesenen und zukünftigen Kulturen, aus denen er Salammbogedichte webt. Wie der Pariser Juwelier Lalique aus Edelsteinen, Perlmuttern und Email seine phantastisch-zeitlosen Gebilde fügt, ohne des Eisens zu entbehren, so hat Messel die Farben aller Epochen in sich aufgenommen, ohne die konstruktive Logik aufzugeben, wo sie ihre Stelle hat. Die Fassade stellt er aus Riesengranitpfeilern her, die vom Boden zum Dach ununterbrochen aufragen, mit einer Konsequenz der Tragefunktion, wie sie in der Baugeschichte noch nicht da war. Dazwischen balanciert er sein Riesenhaus in schwebenden Kolossalräumen. Aber er scheut sich nicht, innerhalb dieser sozialen Organisation wunderbare Einzelideen aufleuchten zu lassen. Er bedeckt die Pfeiler eng, aber reich, mit reliefiertem Kupfer, er biegt die Schaufensterlinien in graziöser Eleganz vor, er schafft Steinreliefs von der rustikalen Kraft der Handarbeit, ohne jede Störung einer korrekten Zeichnung, er belegt die Träger mit matten gepunzten Metallflächen, aus Messingbändern, die sich schlingen, gewinnt er Geländermotive, aus gedrehten Bronzestricken Füllungen von Balustraden, Stuckreliefs mit Märchensymbolen steigen die Pfeiler des großen Hofs empor, durchbrochene naturalistische Holzarbeiten werden zu Abteilungsschranken, zartes Email mit japanischen Goldblumen leuchtet durch den Erfrischungsraum, feurige Tropfen in Kreisel-, Fächer-, Ringform, Glühbirnen aus Ranken und auf Metallflächen unter leuchtenden Fontänen und über die Kanten der erzenen Balken streuen tausend Reflexe aus, über dem Antiquitätensaal ruht eine bemalte altfränkische Holzdecke, und um die Damenhüte kokettiert die Anmut Boucherscher Putten und Rokokokurven, im neuen Lichthof aber unter monumentalen Proportionen empfängt uns eine Pracht, aus dem Reichtum der Medici und den Launen Japans gemischt: Pfeiler mit Onyxplatten in buntem Aderspiel belegt, unregelmäßig, wie sie kommen, und darüber, unregelmäßig, wie sie kommen, Bronzeplaketten fünfzigfacher Gestalt und überströmend an Causerie.

# Hugo von Hofmannsthal

## Über Charaktere im Roman und im Drama

*Gespräch zwischen Balzac und Hammer-Purgstall in einem Döblinger Garten im Jahre 1842*

HAMMER Sie werden, Verehrtester, eine Frage gestatten, die mir seit langem auf der Zunge brennt. Verzeihen Sie meine Freiheit; Sie wissen, daß einer der glühendsten Bewunderer Ihrer stupenden Erzählungskunst vor Ihnen steht: aber werden Sie uns nicht jetzt, in der Vollkraft Ihrer schöpferischen Phantasie, eine gleiche, eine ähnliche Reihe von Werken für das Theater schenken?
Sie schweigen? Sie wollen mir nicht antworten? Soll ich vermuten, daß Sie die dramatische Form nicht lieben? daß Ihnen das Theater nichts bedeutet?
BALZAC Im Gegenteil, Baron.
HAMMER Bravo, bravo! Ich liebe das Theater grenzenlos und habe, als Deutscher, an dem unseren die größte Freude. Aber was könnte erst aus dem französischen werden, wenn Ihr Genius da die Zügel ergriffe und mit mächtigen Peitschenhieben den verfahrenen Karren in neue Geleise triebe.
BALZAC *verbindlich* Ich weiß, Sie haben Schiller, Sie haben den Verfasser der ›Ahnfrau‹, Sie haben vor allem Raupach! Oh, das Theater! Ein schöner Traum.
HAMMER Ihre Träume, mein Herr, pflegen Wirklichkeit zu werden. Und was könnte Sie in diesem Falle hindern? Verträge, Abmachungen mit Verlegern? Sie zerreißen sie, wie der Löwe seine Netze. Die Möglichkeit eines Mißerfolges? Ein Mißerfolg Balzacs? Balzac nicht der souveräne Herr seines Publikums? Balzac schwächer als ein Saal von zwei- oder dreitausend Menschen? Ja, sind es denn nicht Ihre Geschöpfe, die ihn füllen? Sehe ich nicht in jedem Rang die Physiognomien, die aus Ihrer Retorte hervorgegangen sind? Nehmen sie nicht alle Logen ein: die Herzogin von Maufrigneuse und die Prinzessin von Cadignan und die Grandlieus mit ihren Töchtern und der Herzog d'Hérouville, dieser Zwerg, und der Baron Nucingen mit seiner Frau,

und die Rhétorés, und die Navarreins und die Lenoncourts! Sehe ich nicht im Halbdunkel, in der Loge von Madame d'Espard, den schönen Rubempré hinter der vor Eifersucht bleichen, nicht mehr jungen Madame de Bargeton? Steht nicht Rastignac im Orchester, das Genie des Ehrgeizes und der Rücksichtslosigkeit, und lorgniert Frau von Nucingen? Tritt jetzt nicht de Marsay zu ihm, ihm die Hand zu drücken, de Marsay, der, wie er, einmal Minister und Pair von Frankreich sein wird. Und jetzt Bianchon, der Arzt, und Claude Vignon, der Journalist, und Stidmann, der Bildhauer, und die polnischen Emigrierten, Laginski und Paz und Stenbock. Zeigen sie einander nicht die halbversteckte Proszeniumsloge, in der die märchenhafte Esther, die noch fast niemand kennt, von den ersten Schatten eines tragischen Kurtisanenlebens eingehüllt, auf Rubempré hinübersieht? Etalieren nicht zwischen den großen Damen andere Damen einen aufregenden, wie mit dem Fieber der Gegenwart imprägnierten Luxus: sehe ich nicht bei diesen, bei einer Josepha, einer Madame Schontz, einer Jenny Cadine, die Bixiou und de Lora aus und ein gehen, und erblicke ich nicht dort drüben, mit seiner schönen Tochter Victorine, Herrn Taillefer, den großen Industriellen, der einen Mord auf dem Gewissen hat, und sitzt dort unten nicht, verkleidet als spanischer Geistlicher, Haar, Bart, Haltung, Stimme, alles an ihm falsch, nur das unbezwingliche Auge lebendig, Vautrin, der Galeerensträfling? Ja, sehe ich denn irgend etwas anderes als diese Gestalten, die durch eine bewundernswerte Zauberei einander wie hundertfältige Spiegel ihr ganzes Leben, ihr Denken, ihre Leidenschaften, ihre Vergangenheit, ihre Zukunft tausendfach multipliziert zuwerfen?

Bei diesen Sätzen, bei dem so seltenen, wahren Enthusiasmus der Bewunderung, welche die Wangen des großen Orientalisten lebhafter färbte, bei dieser so starken, so ungezwungenen, fast unter vier Augen dargebrachten Huldigung konnte Balzac ein Lächeln nicht unterdrükken. Es war das schöne seltene Lächeln reiner Befriedigung, das aus dem Gesicht nicht mit der Schnelligkeit des Wetterleuchtens, nicht zuckend, sondern langsam, wie der schöne Sonnenuntergang eines reinen Sommertages, wieder verschwindet. Es war das gleiche Lächeln, das den Mund Napoleons erleuchtete, als er, am Nachmittag von Austerlitz, die Wirkung sah, welche die nach seinem Befehl gerichteten

Geschosse auf die Eisdecke der Teiche machten, die von Tausenden flüchtender Russen und Österreicher bedeckt war. Und vielleicht, ja sehr wahrscheinlich hatte dieses Lächeln in diesen beiden, äußerlich so verschiedenen Fällen den gleichen Ursprung: beide Male entsprang es der Seele eines großen Mannes, einer von Natur zur Eroberung bestimmten Seele, in dem Augenblick, als diese Seele ganz nahe vor sich die Möglichkeit sah, den stumpfen Widerstand Europas gegen ihr Genie übers Knie zu brechen wie ein Bündel dürrer Reiser. Die furchtbare Energie seiner mit dem Leben ringenden Seele war für einen Moment entspannt; seine Augen schweiften mit dem leichten Blick des Reisenden über die Hänge des Kahlenberges hin; in seiner Haltung war die undefinierbare Veränderung, Lässigkeit dessen, der in einer fremden Atmosphäre, unter dem Duft und Schatten fremder Bäume, mit fremden Menschen, die er vielleicht nie wieder sehen wird, freundlich und unbedrückt spricht: so gab sich Balzac dem Augenblick hin, in dessen vagem Inhalt etwas von der Rast eines Eroberers an den Grenzen ferner bezwungener Länder war, gab sich ihm so sehr hin, daß er einige Sätze des Barons überhörte und nur dieses Ende einer längeren Tirade auffing:

Wie! Alles was im Theater sitzt, die schöne Welt der Logen und des Parketts und das Paradies, alles soll die Spuren der Löwentatze aufweisen, und nur die Bühne nicht?

BALZAC O ja, ich liebe das Theater. Das Theater, wie ich es verstehe. Das Theater, auf dem alles vorkommt, alles. Alle Laster, alle Lächerlichkeiten, alle Sprechweisen! Wie armselig, wie symmetrisch ist dagegen das Theater Victor Hugos. Meines, das, welches ich träume, ist die Welt, das Chaos. Und es hat einmal existiert, mein Theater, es hat existiert. Lear auf der Heide, und der Narr neben ihm, und Edgar und Kent und die Stimme des Donners in ihre Stimmen verschlungen! Volpone, der sein Gold anbetet, und seine Diener, der Zwerg, der Eunuch, der Hermaphrodit und der Schurke! Und die Erbschleicher, die ihm ihre Frauen und ihre Töchter anbieten, die ihre Frauen und Töchter bei den Haaren in sein Bett ziehen! Und die dämonische Stimme der schönen Dinge, der verlockenden Besitztümer, der goldenen Gefäße, der geschnittenen Steine, der wundervollen Leuchter, so vermengt mit den Menschenstimmen, wie dort der Donner. Ja, es hat einmal ein Theater gegeben.

HAMMER Sie meinen das englische um Fünfzehnhundertneunzig?
BALZAC Ja, die haben es gehabt. Auch später noch. Es gibt nachzukkende Blitze. Kennen Sie das ›Gerettete Venedig‹ von Otway?
HAMMER Ich glaube, es in Weimar gesehen zu haben.
BALZAC Mein Vautrin hält es für das schönste aller Theaterstücke. Ich gebe viel auf das Urteil eines solchen Menschen.
HAMMER Ihre Lebhaftigkeit bei diesem Thema ist mir äußerst erfreulich. Wir werden, nun weiß ich es, eine comédie humaine auf der Bühne haben! Wir werden die Perücke von Vautrins Kopf fliegen und den entsetzlichen Schädel des Sträflings sich enthüllen sehen. Wir werden Goriot belauschen, wie er einsam in eiskalter Kammer die Vision seiner schönen Töchter sich heraufbeschwört. Was schütteln Sie den Kopf, mein Herr? Nichts kann nunmehr im Wege sein.
BALZAC Nichts, scheinbar gar nichts. Auch in meinem Willen nichts, scheinbar. Auch fehlt es mir nicht an dramatischen Mitarbeitern. Sie können nicht von der Oper bis zum Palais Royal gehen, ohne deren einem oder zweien zu begegnen. Denn ich habe mir Mitarbeiter erschaffen wollen. Ich wollte in einen andern hineinkriechen. Aber ich hatte unrecht. Man kann sich nicht in die Haut eines Esels verstecken. Ich wollte etwas finden, was ich nicht in mir trug. Ich wollte eine Unehrlichkeit begehen, eine der versteckten großen Unehrlichkeiten. Es liegt im Wesen der meisten Schriftsteller, dergleichen Unehrlichkeiten in Masse zu begehen, und ganz straflos. Sie gleichen dem Reiter in der deutschen Ballade, der, ohne es zu wissen, über den gefrorenen Bodensee reitet. Aber sie erfahren es auch nachher nicht und fallen daher nicht tot um, wie dieser Reiter. Eine Kunstform gebrauchen, und ihr gerecht werden: welch ein Abgrund liegt dazwischen! Je größer man ist, desto klarer sieht man in diesen Dingen. Mögen andere Formen vergewaltigen, ich für mein Teil, ich weiß, daß ich kein Dramatiker bin, ebensowenig wie –
(Hier nannte Herr von Balzac die Namen aller seiner Landsleute, welche im vorhergehenden Jahrzehnt einen großen, zum Teil einen europäischen Ruf eben durch ihre dramatischen Produkte erlangt hatten, und fuhr fort:)
Den Grund davon? Den innersten Grund? Ich glaube vielleicht nicht, daß es Charaktere gibt. Shakespeare hat das geglaubt. Er war ein Dramatiker.

HAMMER Sie glauben nicht, daß es Menschen gibt? Das ist gut! Sie haben deren etwa sechs- oder siebenhundert geschaffen; sie auf die Beine gestellt, da! und seither existieren sie.

BALZAC Ich weiß nicht, ob das Menschen sind, die in einem Drama leben könnten. Ist Ihnen gegenwärtig, was man in der mineralogischen Wissenschaft eine Allotropie nennt? Derselbe Stoff erscheint zweimal im Reich der Dinge, in ganz verschiedener Kristallisationsform, ganz unerwartetem Gepräge. Der dramatische Charakter ist eine Allotropie des entsprechenden wirklichen. Ich habe im Goriot das Ereignis »Lear«, ich habe den chemischen Vorgang »Lear«, ich bin himmelweit entfernt von der Kristallisationsform »Lear«. – Sie sind, Baron, wie alle Österreicher, ein geborener Musiker. Sie sind zudem ein gelehrter Musiker. Lassen Sie mich Ihnen sagen, daß die Charaktere im Drama nichts anderes sind als kontrapunktische Notwendigkeiten. Der dramatische Charakter ist eine Verengerung des wirklichen. Was mich an dem wirklichen bezaubert, ist gerade seine Breite. Seine Breite, welche die Basis seines Schicksals ist. Ich habe es gesagt, ich sehe nicht den Menschen, ich sehe Schicksale. Und Schicksale darf man nicht mit Katastrophen verwechseln. Die Katastrophe als symphonischer Aufbau, das ist die Sache des Dramatikers, der mit dem Musiker so nahe verwandt ist. Das Schicksal des Menschen, das ist etwas, dessen Reflex vielleicht nirgends existierte, bevor ich meine Romane geschrieben hatte. Meine Menschen sind nichts als das Lackmuspapier, das rot oder blau reagiert. Das Lebende, das Große, das Wirkliche sind die Säuren: die Mächte, die Schicksale.

HAMMER Sie meinen die Leidenschaften?

BALZAC Nehmen Sie diese Worte, wenn Sie es vorziehn, aber Sie müssen es in einer noch nie dagewesenen Weite nehmen und dann wieder es so verengen, so ins Besondere ziehn, wie es noch nie gebraucht worden ist. Ich sagte: »die Mächte«. Die Macht des Erotischen für den, welcher der Sklave der Liebe ist. Die Macht der Schwäche für den Schwachen. Die Macht des Ruhmes über den Ehrgeizigen. Nein, nicht *der* Liebe, *der* Schwäche, *des* Ruhmes: seiner ihn umstrickenden Liebe, seiner individuellen Schwäche, seines besonderen Ruhmes. Das, was ich meine, nannte Napoleon seinen Stern: das war es, was ihn zwang, nach Rußland zu gehen; was ihn zwang, dem Begriff »Europa« eine solche Wichtigkeit beizulegen, daß er nicht ruhen konnte, bis er

»Europa« zu seinen Füßen liegen hatte. Das, was ich meine, nennen Unglückliche, die ihr Leben in einem Blitz überschauen, ihr Verhängnis. Für Goriot ist es in seinen Töchtern inkarniert. Für Vautrin in der menschlichen Gesellschaft, deren Fundamente er in die Luft sprengen will. Für den Künstler in seiner Arbeit.

HAMMER Und nicht in seinen Erlebnissen?

BALZAC Es gibt keine Erlebnisse, als das Erlebnis des eigenen Wesens. Das ist der Schlüssel, der jedem seine einsame Kerkerzelle aufsperrt, deren undurchdringlich dichte Wände freilich wie mit bunten Teppichen mit der Phantasmagorie des Universums behangen sind. Es kann keiner aus seiner Welt heraus. Haben Sie eine größere Reise auf einem Dampfschiffe gemacht? Entsinnen Sie sich da einer sonderbaren, beinahe Mitleid erregenden Gestalt, die gegen Abend aus einer Lücke des Maschinenraumes auftauchte und sich für eine Viertelstunde oben aufhielt, um Luft zu schöpfen? Der Mann war halbnackt, er hatte ein geschwärztes Gesicht und rote, entzündete Augen. Man hat Ihnen gesagt, daß er der Heizer der Maschine ist. Sooft er heraufkam, taumelte er; er trank gierig einen großen Krug Wasser leer, er legte sich auf einen Haufen Werg und spielte mit dem Schiffshund, er warf ein paar scheue, fast schwachsinnige Blicke auf die schönen und fröhlichen Passagiere der Ersten Kajüte, die auf Deck waren, sich an den Sternen des südlichen Himmels zu entzücken; er atmete, dieser Mensch, mit Gier, so wie er getrunken hatte, die Luft, welche durchfeuchtet war von einer in Tau vergehenden Nachtwolke und dem Duft von unberührten Palmeninseln, der über das Meer heranschwebte; und er verschwand wieder im Bauch des Schiffes, ohne die Sterne und den Duft der geheimnisvollen Inseln auch nur bemerkt zu haben. Das sind die Aufenthalte des Künstlers unter den Menschen, wenn er taumelnd und mit blöden Augen aus dem feurigen Bauch seiner Arbeit hervorkriecht. Aber dieses Geschöpf ist nicht ärmer als die droben auf dem Deck. Und wenn unter diesen Glücklichen droben, unter diesen Auserwählten des Lebens, zwei Liebende wären, die, mit verschlungenen Fingern, aneinandergelehnt, bedrückt von der Fülle ihres Inneren, das Hinstürzen unermeßlich ferner Sterne, wie sie der südliche Himmel in Garben, in Schwärmen, in Katarakten aus dem Bodenlosen ins Bodenlose fallen läßt, nur wie den stärksten, bis an den Rand des Daseins fortgepflanzten Pulsschlag ihrer Seligkeit empfänden – auch an diesen gemessen, wäre er nicht der Ärmere. Der Künstler ist nicht ärmer als irgend einer unter den Lebenden, nicht ärmer als Timur der Eroberer, nicht ärmer als Lucullus der Prasser, nicht ärmer als Casanova der Verführer, nicht ärmer als Mirabeau, der Mann des Schicksals. Aber sein Schicksal ist nirgends als in seiner Arbeit. Er soll sich nirgends anders seine Abgründe und seine Gipfel suchen wollen: sonst wird er einen erbärmlichen Sandhügel für einen Montblanc nehmen, ihn keuchend erklimmen, mit verschränkten Armen droben stehen und das Gelächter aller sein, die zwanzig Jahre später leben. In seiner Arbeit hat er alles: er hat die namenlose Wollust der Empfängnis, den entzückenden Ätherrausch des Einfalls, und er hat die unerschöpfliche Qual der Ausführung. Da hat er Erlebnisse, für welche die Sprache kein Wort und die finsteren Träume kein Gleichnis haben. Wie der Geist aus der Flasche Sindbads des Seefahrers, wird er sich ausbreiten wie ein Rauch, wie eine Wolke und wird Länder und Meere beschatten. Und die nächste Stunde wird ihn zusammenpressen in seine Flasche, und, tausend Tode leidend, ein eingefangener Qualm, der sich selber erstickt, wird er seine Grenzen, die unerbittlichen, ihm gesetzten Grenzen, spüren, ein verzweifelnder Dämon in einem engen gläsernen Gefängnis, durch dessen unüberwindliche Wände er mit grinsender Qual die Welt draußen liegen sieht, die ganze Welt, über der er vor einer Stunde brütend schwebte, eine Wolke, ein ungeheurer Adler, ein Gott.

Aber bis zu einem solchen Punkt, aber so ganz und gar ist die Arbeit das ganze Schicksal des Künstlers, daß er ringsum in der ganzen Welt nur die Gegenbilder der Zustände wahrzunehmen imstande ist, die er unter den Qualen und Entzückungen des Arbeitens durchzumachen gewohnt ist. Die Dichter haben aus dem höchsten Wesen einen Dichter gemacht. Und so geschickt sind sie, in das Auf und Nieder aller menschlichen Seelen das Spiegelbild ihrer eigenen Ekstasen und Abspannungen hineinzudeuten, daß allmählich, mit der Zunahme der lesenden Menschen und der unheimlichen Ausgleichung der Stände, an welcher wir leiden, die sonderbarsten Erscheinungen auftreten werden, und zwar nicht vereinzelt, sondern in Masse. Um 1890 werden die geistigen Erkrankungen der Dichter, ihre übermäßig gesteigerte Empfindsamkeit, die namenlose Bangigkeit ihrer herabgestimmten Stunden, ihre Disposition, der symbolischen Gewalt auch unscheinbarer Dinge zu unterliegen, ihre Unfähigkeit, sich mit dem existierenden

Worte beim Ausdruck ihrer Gefühle zu begnügen, das alles wird eine allgemeine Krankheit unter den jungen Männern und Frauen der oberen Stände sein. Denn der Künstler gleicht jenem Midas, unter dessen Händen alles zu Gold wurde. Der gleiche Fluch erfüllt sich, nur immerfort auf eine unendlich subtilere Weise. Benvenuto Cellini liegt im tiefsten Verlies der Engelsburg; er hat ein gebrochenes Bein, die Zähne fallen ihm aus den Kiefern, man läßt ihn seit Tagen ohne Nahrung; er meint zu sterben: da verdichten sich seine qualvollen Delirien zu einem schönen tröstenden Traum, er sieht die Sonne, aber ohne blendende Strahlen, als ein Bad des reinsten Goldes. Ihre Mitte bläht sich auf und strebt in die Höhe: es erzeugt sich durchaus ein Christus am Kreuz aus derselben Materie; dem Kruzifix zur Seite eine schöne Heilige Jungfrau, in der gefälligsten Stellung und gleichsam lächelnd. Zu beiden Seiten zwei herrliche Engel, aus dem gleichen Material. Alles das sah er wirklich und dankte beständig Gott mit lauter Stimme. Er lag in der Agonie, aber er war der größte Goldschmied seines Jahrhunderts, und die Vision, in der ihm der Himmel seine Agonie versüßte, war die Vision einer Goldschmiedearbeit. Auf der Schwelle des Todes hingekrümmt, waren seine Träume aus keinem anderen Material als aus dem, in welchem seine Hände ein Kunstwerk zu schaffen vermochten. Und kennen Sie Frenhofer, den Maler?

HAMMER Den Helden des ›Chef-d'œuvre inconnu‹? Gewiß.

BALZAC Er ist der einzige Schüler des Mabuse. Er hat von seinem Meister das ungeheure Geheimnis der Form mitbekommen, der wirklichen Form, des aus Licht und Schatten modellierten menschlichen Körpers. Er weiß, daß die Kontur nicht existiert. Seine Studien haben die Leuchtkraft des Giorgione und das Inkarnat Tizians; und er verachtet diese Studien. Pourbus betet ihn an, und Nicolas Poussin, der ihn kennen lernt, zittert vor ihm wie vor einem Dämon. Dieser Mensch arbeitet seit zehn Jahren an einer nackten weiblichen Gestalt, und niemand hat das Bild zu Gesicht bekommen. Sie erinnern sich, wie die Geschichte weiter geht. Poussin ist so aufgewühlt, so umgeworfen von diesem Dämon der Malerei, daß er ihm seine Geliebte, ein entzückendes zwanzigjähriges Wesen, als Modell anbietet. Man sagt, diese Gilette habe den schönsten Körper gehabt, auf den je die Augen eines Malers gefallen sind. Sie dem Alten anzubieten, war die rasendste Aufopferung der Liebe an die Kunst, an das Genie, an den Ruhm. Es war ein teuflischer Versuch, das Teuerste preiszugeben, um sich einzukaufen in die unmenschliche Herrlichkeit des Schaffens. Und der Alte? Er bemerkt sie kaum. Seit zehn Jahren lebt er in seinem Bild. In einem Delirium, das kaum mehr Pausen macht, fühlt er diesen gemalten Körper leben, fühlt die Luft ihn umspülen, fühlt diese Nacktheit atmen, schlafen, sich beseelen, dem Lebendig-Heraustreten sich nähern. Was könnte ihm eine lebende Frau, ein wirklicher Körper noch geben? Er sieht diesen wirklichen Frauenkörper, er sieht alle Formen und Farben, alle Schatten und Halbschatten und Harmonien der Welt überhaupt nur mehr als Negativ, in einem geheimen, nur ihm begreiflichen Bezug auf sein Werk. Die Welt ist ihm die Schale eines ausgegessenen Eies. Was von der Welt für seine Seele existierte, hat er in sein Bild hinübergetragen. Wie vergeblich, ihm eine Frucht, und wäre es die entzückendste dieser Erde, anzubieten, gegen welche sich die Tore seiner Seele für immer geschlossen haben. Welch ein groteskes und vergebliches Opfer. Da haben Sie den Künstler: wenn er jung ist, wenn er sich der Kunst gibt: Poussin – und wenn er reif ist, wenn er nahezu Pygmalion ist, wenn seine Statue, seine Göttin, das Gebilde seiner Hände, anfängt, ihm entgegenzuschreiten: Frenhofer. Und Gilette: sie ist das Erlebnis, sie ist die Fülle der Erlebnisse, sie ist die süße Fülle der Möglichkeiten des Lebens: und der eine, der junge, ist bereit, sie preiszugeben, der andere hat keine Augen mehr, sie zu beachten.

Das Leben! Die Welt! Die Welt ist in seiner Arbeit, und seine Arbeit ist sein Leben. Sprechen Sie einem Spieler, einem wirklichen, in dem Augenblick, wo pointiert wird, von der Welt. Sprechen Sie einem Sammler davon, daß seine Frau in Krämpfen liegt, daß man seinen Sohn arretiert hat, daß man sein Haus anzündet, in dem Augenblick, wo seine Augen in der Butike eines Händlers ein Email des Nardon Penicaud aus Limoges entdecken, oder einen Wandschirm des Genre, das man Pompadour zu nennen anfängt, dessen Bronzen von Clodion modelliert sind. Er wird Sie ansehen mit dem Blick, mit dem Lear auf der Heide jeden ansieht, der ihn davon abbringen möchte, daß es undankbare Töchter sind, die Edgars Jammer und den Jammer jeder unglücklichen Kreatur veranlaßt haben. Jedes Auge findet manchmal diesen erhabenen Blick der Seele, die nicht begreifen will, daß es außer ihrer Angelegenheit etwas auf der Welt geben könne.

HAMMER *bescheiden* Lear sagt dies im dritten Akt; an dieser Stelle darf er als wahnsinnig betrachtet werden.

BALZAC Das darf jeder Mensch, lieber Baron, und gerade in den schönen, in den erhabenen, in den wirklichen Momenten seines Lebens. Ebensosehr als Lear, meine ich natürlich, ebensosehr.

HAMMER Wie, Herr von Balzac, Sie wollten Ihrem Genie so enge, so traurige Grenzen ziehen? Den Dunstkreis der pathologisch sich selbst verzehrenden Existenzen, das gräßlich blinde Um-sich-Fressen einer Manie, dieses Finstere und Beschränkte wollten Sie sich zum Gegenstand Ihrer Darstellung wählen, anstatt ins bunte Menschenleben hineinzugreifen? Haben Sie nicht immer das Neue, immer das Interessante zu packen gewußt?

BALZAC Mein Schaffen, Baron, hat nie andere Gesetze gekannt als diese, die ich Ihnen hier entwickle. Aber ich habe, sie mir selber zu entwickeln, nie den Drang gespürt. Es scheint, das philosophische Deutschland steckt mich an. Allein ich fürchte, Baron, Sie mißverstehen mich durchaus, wenn Sie vermuten, daß ich irgendein Ding zwischen Himmel und Erde als außerhalb meines Stoffkreises liegend betrachte. Ich weiß nicht, was Sie »pathologisch« nennen: aber ich weiß, daß jede menschliche Existenz, die der Darstellung wert ist, sich selbst verzehrt und, um diesen Brand zu unterhalten, aus der ganzen Welt nichts als die ihrem Brennen dienlichen Elemente in sich saugt, wie die Kerze den Sauerstoff aus der Luft auffrißt. Ich weiß, wer das Wort »pathologisch« in bezug auf poetische Darstellung in die Mode gebracht hat: es ist Herr von Goethe, ein sehr großes Genie, vielleicht das größte, das Ihre Nation hervorgebracht hat, ein Mann, dessen Kraft, Armeen von Begriffen und Erkenntnissen aus einem Gebiet des Denkens ins andere zu werfen, nicht minder erstaunlich ist als diejenige, mit welcher Napoleon Armeen von Soldaten über den Po oder die Weichsel warf. Nur daß die Begriffe, mit denen er die strahlenden Pfeile seines Geistes in die Welt schnellte, sich von schwächeren Armen ebensowenig spannen lassen als der Bogen des Odysseus. Aber ich akzeptiere Ihr Wort: »pathologisch«, »maniakalisch« – alle lasse ich sie mir gefallen. Ja, die Welt, die ich aus meinem Hirn hervorhole, ist bevölkert mit Wahnsinnigen. Alle sind sie so wahnsinnig, meine Geschöpfe, so verrannt in ihre fixen Ideen, so unfähig, das in der Welt zu sehen, was sie nicht mit dem Flackern ihres Blickes in die Welt hineinwerfen, so von Sinnen wie Lear, da er einen Strohwisch für Goneril nimmt. Aber so sind sie, weil sie Menschen sind. Es gibt für sie keine Erlebnisse darum, weil es überhaupt keine Erlebnisse gibt. Weil das Innere des Menschen ein sich selbst verzehrender Brand ist, ein Schmerzensbrand, ein Glasofen, in welchem die zähflüssige Masse des Lebens ihre Formen erhält, entzückend blumenhafte, wie die Stengelgläser der Insel Murano, oder heldenhafte, von metallischen Reflexen funkelnde, wie die Töpfereien von Deruta und Rhodus. Weil jede Generation bewußter als die vorhergegangene ist; weil eine eigene, mit jedem Atemzug des Lebens sich vollziehende Chemie das Leben immer mehr und mehr zersetzen wird, so daß selbst die Enttäuschungen, der Verlust der Illusionen, dieses unvermeidliche Erlebnis, nicht in einem Block in den tiefen Brunnen der Seele hineinstürzen wird, sondern zu Staub zerrieben, in Atomen, mit jedem Atemzug: so sehr, daß man um 1890 oder 1900 überhaupt nicht mehr verstehen wird, was wir mit dem Wort »Erlebnis« haben sagen wollen.

Pathologisch! Fassen wir nur gefälligst die Begriffe weit genug, und es werden die Hölle und der Himmel hineingehen. Ich gedenke wenigstens auf sie beide nicht zu verzichten.

Es ist in allem, in allem der Keim zu einem Fetisch, zu einem Gott, zu einem allumspannenden Gott. Lassen wir die Treue dem, der aus der Treue seinen Gott gemacht hat. Ich sehe auch den, der seinen Gott aus der Treulosigkeit gemacht hat. Man muß Beethoven neben Casanova oder Lauzun ins Auge zu fassen verstehen. Den, der keiner Frau bedurfte, neben dem, der alle Frauen brauchte. Alles ist ein Reich, und jeder ist der Napoleon in dem seinigen. Sie stoßen einander nicht, diese Reiche, es sind geistige Sphären: glücklich, der ihre Musik zu hören vermag.

Ja, es sind Dämonen, alle meine Geschöpfe, und ich habe das schwelende Feuer der Tollheit in ihre Köpfe gesetzt. Zugestanden! Aber auch mir zugestanden, lieber Baron, daß Ihr deutscher Musaget, Ihr Olympier, daß dieser Greis von Weimar ein Dämon gewesen ist, und keiner von den mindest unheimlichen. Ich will ihn nicht an seinem ›Werther‹ fassen: er hat dieses Fieber seiner Jugend verleugnet. Aber der ganze Mensch, aber der ganze Dichter, aber das ganze Wesen! Ich könnte meinen, ihn gekannt zu haben: sein Auge muß unheimlicher gewesen sein als das Klingsors, des Magiers, unheimlicher als das Merlins, von dem es heißt, es habe wie ein bodenloser Schacht in die Tiefen der Hölle geführt, unheimlicher als das der Medusa. Er konnte töten, dieser ungeheure Mensch, mit einem Blick, mit einem Hauch seines Mundes, mit einem Zucken seiner olympischen Schultern: er konnte das Herz eines Menschen zu Stein erstarren lassen, er konnte eine Seele töten und dann sich abwenden, als ob nichts geschehen wäre, und dann hingehen zu seinen Pflanzen, zu seinen Steinen, zu seinen Farben, die er die Leiden und Taten des Lichtes nannte und mit denen er Gespräche führte, stark genug, um die Sterne des Himmels zum Wanken zu bringen. Es waren Zeiten, in welchen man ihn verbrannt hätte, und es waren noch andere Zeiten, in denen man ihn angebetet hätte. Er ließ es geschehen, daß sein Schicksal, das sein Wesen war, seinem Wesen, das sein Schicksal war, alle Opfer darbrachte, deren die Dämonen bedürfen. Was Napoleon seinen Stern nannte, das nannte er die Harmonie seiner Seele. Und dieses leuchtende Zauberschloß, das er aufbaute aus unvergänglichem Material, meinen Sie, es hatte keine Verliese, in denen Gefangene einem langsamen Tode entgegenwimmerten? Aber er geruhte, sie nicht zu hören, weil er groß war. Ja, wer hat denn Heinrich von Kleists Seele getötet, wer denn? Oh, ich sehe ihn, den Greis von Weimar. Ich werde ihn erzählen, ganz werde ich ihn erzählen. Er ist größer und unheimlicher als das trojanische Pferd, aber ich werde die Tore meines Werkes einstoßen und ihn hineinführen. Neben Séraphitus-Séraphita wird er stehen, wie auf dem Friedhofe von Pisa der schiefe Turm und das Baptisterium nebeneinander dastehen und einander anschauen, schweigend, gewaltig, den Jahrhunderten trotzend.

O ich sehe ihn, und welch ein schauderndes Entzücken, ihn zu sehen. Dort sehe ich ihn, wo er lebt, wo sein Leben ist: in den dreißig oder vierzig Bänden seiner Werke, die er hinterlassen hat, nicht in dem Gewäsch seiner Biographen. Denn es kommt darauf an, die Schicksale dort zu sehen, wo sie in göttlicher Materie ausgeprägt sind. Ich kenne eine Frau, eine unberühmte Frau, die niemals berühmt sein wird: sie ist die Tochter eines geknechteten Landes; ein Dämon an Phantasie, ein Kind an Einfalt, ein Greis an Erfahrung, dem Hirn nach Mann, dem Herzen nach Weib; ihre Liebe, ihr Glaube, ihr Schmerz, ihre Hoffnung, ihre Träume sind wie Ketten, stark genug, eine Welt über dem bodenlosen Abgrund zu halten: und ihr Leben, ihr Schicksal,

ihre Seele ist zuweilen in ihrem Gesichte geschrieben, für den, der es zu sehen vermag: so steht Goethes Schicksal in seinen Werken.
Die Schicksale dort lesen, wo sie geschrieben sind: das ist alles. Die Kraft haben, sie alle zu sehen, wie sie sich selber verzehren, diese lebenden Fackeln. Sie alle auf einmal zu sehen, gebunden an die Bäume des ungeheuren Gartens, den ihr Brand allein beleuchtet: und auf der obersten Terrasse stehen, der einzige Zuschauer, und in den Saiten der Leier die Akkorde suchen, die Himmel, Hölle und diesen Anblick zusammenbinden.

In diesem Augenblicke fuhr am äußeren Gartentor ein Landauer vor, in welchem Frau von Hanska, geborene Rzewuska, saß. Mit einer Bewegung wie Mirabeau warf sich Balzac herum, die Ankommende zwischen den Kastanien eintreten zu sehen; und es hätte niemand gewagt, ein Gespräch wieder aufnehmen zu wollen, welches eine so große Gebärde abgebrochen hatte.

# Oscar Wilde

## [Gefängnisreform. Ein Brief]

An den Redakteur der ›Daily Chronicle‹

Sehr geehrter Herr!
Wie ich erfahre, gelangt die Gefängnisreformvorlage diese Woche zur ersten oder zweiten Lesung; und da Ihre Zeitung die einzige in England gewesen ist, die wirkliches, wesentliches Interesse an dieser wichtigen Frage genommen hat, werden Sie mir als einem, der eine lange persönliche Erfahrung vom Leben in einem englischen Zuchthaus gehabt hat, hoffentlich gestatten darzulegen, welche Reformen unseres jetzigen albernen, barbarischen Systems dringend nötig sind.
Aus einem Leitartikel, der etwa vor acht Tagen in Ihrem Blatte erschien, ersehe ich, daß die angeregte Hauptreform in einer Vermehrung der Inspektoren und der offiziellen Besucher besteht, die Zutritt zu unsern englischen Gefängnissen bekommen sollen.
Eine derartige Reform hat gar keinen Zweck. Aus einem höchst einfachen Grund. Die Inspektoren und Polizeirichter, die Gefängnisse besuchen, gehn dorthin in der Absicht, sich davon zu überzeugen, daß das Gefängnisreglement vorschriftsmäßig ausgeführt werde. Sie haben keine andre Absicht und haben auch keine Gewalt, selbst wenn sie den Wunsch hätten, eine einzige Bestimmung des Reglements zu ändern. Kein Sträfling hat je auch nur im geringsten Trost, Beachtung oder Fürsorge bei irgendeinem der offiziellen Besucher gefunden. Sie wollen nicht den Gefangenen helfen, sondern sehn darauf, daß die Vorschriften eingehalten werden. Der Zweck ihres Kommens ist, sich über die gewaltsame Durchführung eines törichten, unmenschlichen Gesetzbuches zu vergewissern. Und da sie eine Beschäftigung haben müssen, so lassen sie sich dies sehr angelegen sein. Ein Gefangener, der das kleinste Vorrecht genossen hat, fürchtet die Ankunft der Inspektoren. Und am Tag der Gefängnisbesichtigung sind die Gefängnisbeamten

ungewöhnlich roh gegen die Sträflinge. Sie wollen damit natürlich die glänzende Disziplin beweisen, die bei ihnen herrscht.

Die notwendigen Reformen sind sehr einfach. Sie betreffen die körperlichen und geistigen Bedürfnisse jedes unglücklichen Gefangenen.

Was die ersten angeht, so gibt es drei beständige, in englischen Gefängnissen gesetzlich anerkannte Strafen:

1. Hunger,
2. Schlaflosigkeit,
3. Krankheit.

Die Nahrung, die Gefangene bekommen, ist ganz unangebracht. Meist ist sie empörend ihrer Zubereitung nach. Immer ist sie unzureichend. Jeder Gefangene hat Tag und Nacht Hunger zu leiden. Eine gewisse Ration wird jedem Gefangenen grammweise sorgfältig zugewogen. Es ist eben genug, nicht zum Leben, sondern das Dasein zu fristen. Aber man wird immer von Schmerz und Übelkeit, wie sie der Hunger erzeugt, gepeinigt.

Die Folge der Kost – die meistens aus dünner Mehlsuppe, Talg und Wasser besteht – ist Unwohlsein, das sich in beständiger Diarrhöe äußert. Diese Krankheit, die schließlich bei der Mehrzahl der Gefangenen zu einem chronischen Leiden wird, ist in jeder Strafanstalt eine feststehende Einrichtung. In Wandsworth zum Beispiel – wo ich zwei Monate eingesperrt war, bis man mich in die Krankenabteilung schaffen mußte, wo ich abermals zwei Monate blieb – machen die Wärter zwei- bis dreimal täglich mit konstipierenden Mitteln die Runde und verteilen sie an die Gefangenen als etwas Selbstverständliches. Hat diese Behandlung erst ungefähr eine Woche gedauert, so ist die Medizin, wie sich zu sagen erübrigt, ganz und gar wirkungslos. Der arme Gefangene bleibt dann die Beute einer Krankheit, die ihn in denkbar größtem Maße schwächt, entmutigt und erniedrigt; und wenn er, wie es oft vorkommt, infolge seiner Körperschwäche die vorgeschriebenen Umdrehungen an der Kurbel oder der Tretmühle nicht zu leisten vermag, so wird er wegen Faulheit angezeigt und mit der größten Strenge und Roheit bestraft. Das ist noch nicht alles.

Es kann nichts Schlimmeres geben als die hygienischen Einrichtungen englischer Gefängnisse. Früher war jede Zelle mit einer Art Klosett versehn. Diese Klosetts sind jetzt abgeschafft. Sie existieren nicht mehr. Ein kleines Blechgefäß wird statt dessen jedem Gefangenen gestellt. Dreimal am Tag darf er seine Exkremente ausschütten. Aber er darf die Gefängnisaborte nur während der einen Freistunde benutzen. Und nach fünf Uhr abends darf er seine Zelle unter keiner Bedingung mehr verlassen. Ein Diarrhöekranker befindet sich also in einer so ekelerregenden Lage, daß es unnötig ist und unschicklich wäre, dabei zu verweilen. Das Elend und die Qualen, die Gefangene infolge der empörenden hygienischen Einrichtungen durchzumachen haben, spotten jeder Beschreibung. Und die durch ein gänzlich unwirksames Ventilationssystem noch verschlechterte, an sich schon verdorbene Luft der Gefängniszellen ist so widerwärtig und ungesund, daß die Wärter, wenn sie morgens aus der frischen Luft kommen und jede Zelle öffnen und besichtigen, nicht selten von heftiger Übelkeit befallen werden. Ich habe dies selbst mehr als dreimal gesehn, und verschiedene Wärter haben mit mir darüber gesprochen und es eine der mit ihrem Beruf verbundenen Widerwärtigkeiten genannt.

Die Sträflingskost müßte zweckentsprechend und gesund sein. Aber nicht derart, daß sie beständige Diarrhöe im Gefolge hat, die aus einer akuten Krankheit allmählich ein chronisches Leiden macht.

Die hygienischen Einrichtungen in englischen Gefängnissen müßten von Grund aus geändert werden. Jeder Gefangene soll, wenn nötig, die Aborte benutzen und seine Exkremente ausgießen dürfen. Das jetzige Ventilationssystem der Zellen ist ganz zwecklos. Die Luft kommt durch verstopftes Gitterwerk und durch einen kleinen Ventilator in dem winzigen Fenster, das mit seinen Querstäben viel zu eng und zu schlecht angelegt ist, als daß es eine genügende Menge frischer Luft hereinließe. Man darf aus seiner Zelle nur eine Stunde hinaus von den vierundzwanzig, die den langen Tag bilden, und so atmet man dreiundzwanzig Stunden die denkbar verpestetste Luft.

Was die Schlaflosigkeit betrifft, so gibt es diese Strafe nur in chinesischen und englischen Gefängnissen. In China wird sie verhängt, indem man den Gefangenen in einen engen Bambuskäfig sperrt; in England vermittels der Lattenpritsche. Der Zweck der Lattenpritsche ist, Schlaflosigkeit zu erzeugen. Sie hat keinen andern Zweck, und es gelingt ihr ausnahmslos. Selbst wenn einem mit der Zeit eine harte Matratze bewilligt wird, was im Verlaufe der Haft geschieht, leidet man noch an Schlaflosigkeit. Denn Schlaf ist, wie alles Gesunde, Gewohnheitssache. Jeder Gefangene, der auf einer Lattenpritsche gelegen hat, leidet an Schlaflosigkeit. Es ist eine empörende, dumme Strafe.

Lassen Sie mich, bitte, auch über die geistigen Bedürfnisse etwas sagen.

Das gegenwärtige Gefängnissystem scheint es fast darauf abgesehn zu haben, die geistigen Fähigkeiten vollkommen zu vernichten. Der Wahnsinn, zu dem es führt, ist, wenn nicht sein Zweck, so doch gewiß seine Folge. Dies ist eine verbürgte Tatsache. Die Gründe dafür liegen auf der Hand. Alles menschlichen Verkehrs beraubt, ohne Bücher, von jedem menschenfreundlichen und vermenschlichenden Einfluß abgesondert, zu ewigem Schweigen verdammt, jedes Umgangs mit der Außenwelt bar, wie ein unvernünftiges Tier behandelt, viehischer noch als ein Stück Vieh, kann der Unselige, der in einem englischen Gefängnis eingekerkert ist, kaum dem Wahnsinn entgehn. Ich möchte nicht bei diesen Greueln verweilen; noch weniger ein vorübergehendes sentimentales Interesse für die Sache erwecken. Ich will daher mit Ihrer Erlaubnis nur ausführen, was geschehn müßte.

Jeder Gefangene müßte eine genügende Anzahl guter Bücher bekommen. Gegenwärtig darf man, während des ersten Vierteljahrs der Strafzeit, überhaupt keine Bücher lesen, mit Ausnahme der Bibel, des Gebet- und des Gesangbuches. Hernach erhält man wöchentlich ein Buch. Das ist nicht nur unzulänglich, sondern die Bücher einer gewöhnlichen Gefängnisbibliothek sind auch vollkommen unbrauchbar. Es sind in der Hauptsache Werke dritten Ranges, schlecht geschriebene, sogenannte religiöse Bücher, offenbar für Kinder bestimmt und für Kinder wie für jeden andern durchaus ungeeignet. Man müßte Gefangene zum Lesen ermutigen, müßte ihnen alle Bücher geben, die sie haben wollen, und diese sorgfältig auswählen. Gegenwärtig trifft der Gefängnisgeistliche die Auswahl.

Unter dem jetzigen System darf ein Gefangener nur viermal im Jahr Besuch empfangen, jedesmal zwanzig Minuten. Das ist ganz verkehrt. Der Gefangene müßte seine Freunde einmal monatlich sehn dürfen, und dann ziemlich lange. Die jetzt übliche Art, den Gefangenen vor seinen Freunden zur Schau zu stellen, müßte geändert werden. Unter dem gegenwärtigen System ist der Gefangene entweder in einem großen eisernen Käfig eingesperrt oder in einer großen Holzkiste mit einer kleinen, von einem Drahtgeflecht bedeckten Öffnung, die er als Guckloch benutzen darf. Seine Freunde werden in einem ähnlichen, etwa drei bis vier Fuß entfernten Käfig untergebracht, und zwei Wärter stehn dazwischen, hören der Unterhaltung zu, soweit sich eine anspinnt, unterbrechen oder untersagen sie nach Gutdünken. Ich schlage folgendes vor: man lasse einen Gefangenen seine Verwandten und Freunde in einem Zimmer empfangen. Die jetzt gültigen Vorschriften sind unsagbar empörend und qualvoll. Der Besuch seiner Verwandten und Freunde bedeutet für jeden Gefangenen gesteigerte Demütigung, Vermehrung seiner Seelenpein. Viele Gefangene wollen lieber ihre Freunde überhaupt nicht sehn, als einer solchen Tortur Vorschub leisten. Und das überrascht mich nicht. Wenn man seinen Anwalt empfängt, geschieht es in einem Zimmer mit einer Glastür, während der Wärter draußen bleibt. Wenn ein Mann Weib und Kinder, seine Eltern oder Freunde empfängt, gestatte man ihm dasselbe Vorrecht. Zur Schau gestellt zu werden, wie ein Affe im Käfig, vor Menschen, die einen gern haben und die man gern hat, ist eine überflüssige, gräßliche Erniedrigung.

Man lasse jeden Gefangenen mindestens einmal monatlich schreiben und Briefe empfangen. Jetzt darf man nur viermal im Jahr schreiben. Das genügt gar nicht. Eine der Tragödien des Gefängnislebens ist, daß es das Herz in Stein verwandelt. Die Gefühle natürlicher Liebe wollen, wie alle andern Gefühle, genährt sein. Sie sterben leicht an Entkräftung. Ein kurzer Brief, viermal jährlich, reicht nicht aus, die zarteren, menschenfreundlicheren Regungen am Leben zu erhalten, durch die die Natur schließlich für alle edlen, schönen Einflüsse, die ein von Grund aus zerstörtes Leben heilen können, empfindlich bleibt.

Man schaffe die Sitte ab, daß Gefangenenbriefe verstümmelt und von lästigen Stellen gesäubert werden. Wenn ein Sträfling jetzt sich in einem Briefe irgendwie über das Gefängnissystem beklagt, wird dieser Teil seines Briefes mit der Schere ausgeschnitten. Beklagt er sich andrerseits, wenn er durch die Stäbe des Käfigs oder die Öffnung der Holzkiste mit seinen Freunden spricht, so wird er von den Wärtern roh behandelt und jede Woche angezeigt, bis sein nächster Besuchstag fällig ist; man erwartet von ihm, daß er bis dahin nicht klüger, aber schlauer geworden ist, und das wird man ja immer. Es gehört zu dem Wenigen, das man im Gefängnis lernt. Zum Glück ist das andre in einigen Fällen von größerer Bedeutung.

Wenn ich noch ein wenig länger Ihre Zeit in Anspruch nehmen darf, kann ich noch dies sagen? Sie haben in Ihrem Leitartikel angeregt, der Gefängnisgeistliche solle außerhalb der Strafanstalt keine Tätigkeit ausüben. Aber das ist belanglos. Die Gefängnisgeistlichen haben gar keinen Zweck. Als Stand sind sie gutmütige, aber törichte, ja alberne Männer. Sie helfen keinem Gefangenen. Alle sechs Wochen etwa wird die Zellentür einmal aufgeschlossen, und der Geistliche tritt ein. Man steht natürlich stramm. Er fragt einen, ob man die Bibel gelesen hat. Man antwortet »ja« oder »nein«, je nachdem. Er zitiert dann ein paar Bibelstellen, geht wieder hinaus und schließt die Tür ab. Manchmal läßt er ein Traktätchen da.

Die Beamten, die außerhalb der Strafanstalt keine weitere Tätigkeit haben und keine Privatpraxis ausüben dürften, sind die Gefängnisärzte. Gegenwärtig haben sie meistens, wenn nicht immer, eine große Privatpraxis und bekleiden noch an andern Instituten Stellen. Infolgedessen wird die Gesundheit der Gefangenen völlig vernachlässigt und der hygienische Zustand des Gefängnisses gänzlich ignoriert. Als Stand halte ich und habe ich von frühester Jugend an Ärzte für den bei weitem menschenfreundlichsten Beruf der bürgerlichen Gesellschaft gehalten. Aber ich muß die Gefängnisärzte ausnehmen. Sie sind, soweit ich ihnen begegnet bin und was ich von ihnen in der Krankenabteilung und auch sonst gesehn habe, roh in ihrem Wesen, schroff ihrem Temperament nach und durchaus gleichgültig gegen die Gesundheit der Gefangenen oder ihr Wohlbefinden. Wäre den Gefängnisärzten Privatpraxis verboten, so müßten sie sich einigermaßen für die Gesundheit und den hygienischen Zustand ihrer Patienten interessieren.

Ich habe in meinem Brief einige der unserm englischen Gefängnissystem nötigen Reformen anzudeuten gesucht. Sie sind freilich nur ein Anfang. Aber es ist Zeit, einen Anfang zu machen, und er kann nur in die Wege geleitet werden durch einen starken Druck auf die öffentliche Meinung, die in Ihrem einflußreichen Blatte Ausdruck findet und von ihm unterstützt wird.

Doch selbst um diese Reformen wirksam zu machen, muß viel geschehn. Und die erste und vielleicht die schwierigste Aufgabe ist: die Gefängnisdirektoren zu Menschen, die Wärter zu Gesitteten und die Geistlichen zu Christen zu machen.

Der Verfasser der ›Zuchthausballade‹.
23. März [1898].

*(Aus dem Englischen von Max Meyerfeld)*

# Thomas Mann

## Bilse und ich

Bilse, man erinnert sich, ist der glänzende Militär, der uns das Epos von der ›Kleinen Garnison‹ bescherte. Zu Lübeck nun, meiner Vaterstadt, ist neulich beim Austrag eines Pressprozesses, eines geräuschvollen, für uns aber unbeträchtlichen Handels, viel und heftig von uns beiden die Rede gewesen: von Bilse und mir, oder eigentlich von meinem Roman ›Buddenbrooks‹, einem Buche, das in jedem Skandalprozeß unbedingt zur Sache gehört, und zwar darum, weil seine Figuren zum Teil nach lebenden Personen gebildet sind, weil ich Heimatserinnerungen verschiedener Art, ehrwürdige und skurrile, an Menschen und Verhältnisse, die auf meine empfängliche Jugend Eindruck gemacht, darin zu einigem Leben erweckt habe. Der Vertreter der Klage zumal hat meinen Namen und den meiner Erzählung beständig mit großer Strenge im Munde geführt; und in seinem Plädoyer hat er schließlich, indem er von »Bilse-Romanen« sprach, als Beispiel für diese neue und skandalöse literarische Gattung den Roman ›Buddenbrooks‹ nachdrücklich namhaft gemacht. »Ich stehe nicht an«, sagte er, »laut und offen zu behaupten, daß auch Thomas Mann sein Buch à la Bilse geschrieben hat, daß auch ›Buddenbrooks‹ ein Bilse-Roman ist, und ich werde diese Behauptung vertreten!« Hoch aufgerichtet stand er da.

Unzweifelhaft glaubte er, was er sagte. Er glaubt vor allem, daß die literarische Gattung, die er »Bilse-Romane« nennt, in unseren schlimmen Tagen entstanden, von ihm entdeckt und benannt worden sei. Der Bildungsgrad, den zu erwerben er Gelegenheit genommen hat, gestattet ihm nicht, zu wissen, daß stets neben der eigentlichen Literatur eine andere, bedenkliche, eine Bilse-Literatur, wenn man will, bestanden hat, und zu gewissen Zeiten zu besonderem Flor gelangt ist, deren Erzeugnisse, künstlerisch wertlos, doch nicht ohne kulturgeschichtliches Interesse, sich den Nimbus des Skandalösen oft noch bewahren, wenn alles Persönlich-Kompromittierende längst daran abgewelkt ist.

Er weiß nicht, daß neben den Giftblüten, welche die Klatsch- und Memoirenliteratur im achtzehnten Jahrhundert trieb, das Bilsenkraut als ein recht frommes Gewächslein wirkt. Er hält Herrn Bilse für den Vater alles Skandals und mich für seinen Bruder im Geist. So sieht er mich, Gott steh' ihm bei! Er zweifelt nicht, daß meine literarischen Bemühungen nur darum einige Teilnahme gefunden haben, weil ich in ›Buddenbrooks‹ ein paar Lübecker Bürgertypen behaglich abkonterfeit habe, eine Tatsache, die seiner Anschauung nach das deutsche Publikum von der Maas bis an die Memel mit lüsterner Schadenfreude erfüllt hat. Er findet keinen Unterschied zwischen mir und dem Mann der ›Kleinen Garnison‹, fände keinen, auch wenn er wollte. »Ich will's vertreten!« sagt er. Hoch aufgerichtet, in streitbarer Einfalt, steht er da. – Und so wollen wir ihn stehen lassen.

Freilich, man geht zur Tagesordnung über. Man hängt seinen Aufgaben nach, träumt seine Träume, schreibt seine Briefe, liest was Rechtes und denkt nicht mehr an Skandalprozesse. Und dennoch ... »Bilse und ich«: dies süße Wörtlein »Und«, mit Tristan zu reden, es will mir nicht aus dem Sinn. Es macht mir Gedanken, es verallgemeinert sich, es wird zum Problem ... Wie konnte es geknüpft werden, dieses Und? Wie kann es geschehen, daß ein Künstlertum von einiger Strenge und Leidenschaft ohne Zaudern verwechselt wird mit dem Wesen und Wirken eines Winkel-Pasquillanten, der sein bißchen subalterne Gehässigkeit in falsches Deutsch brachte? Denkt nicht, daß es müßig ist, so zu fragen, daß die Frage euch und mich nichts angeht! Ich kenne solche, die heute jenen Ankläger einen Tropf heißen und nächstens vielleicht selber mir zurufen: »Bilse! Schmähschreiber! Höchst anstößiger Gesell!« Dann nämlich, wenn ich bei der künstlerischen Erledigung irgendeines Erlebnisses ein wenig rücksichtslos gegen *sie* gewesen sein werde ...

Was ich über diese Dinge zu sagen habe, liegt mir am Herzen für jetzt und künftighin, und auf einem Abendspaziergange habe ich beschlossen, einen Artikel daraus zu machen, damit recht viele Leute es lesen. Denn wenn recht viele Leute es lesen, so hat es gute Chancen, auch von denen gelesen zu werden, die es angeht. Es kann allgemein nützlich wirken, kann aufklären, im voraus begütigen und versöhnen, Mißverständnissen vorbeugen ... Will man mir noch ein Weilchen zuhören? Noch zehn Minuten?

Eines steht fest: Wenn man alle Bücher, in denen ein Dichter, ohne von anderen als künstlerischen Rücksichten geleitet worden zu sein, lebende Personen seiner Bekanntschaft porträtiert hat, auf den Namen Leutnant Bilses taufen wollte, so müßte man ganze Bibliotheken von Werken der Weltliteratur unter diesem Namen versammeln, darunter die allerunsterblichsten. Ich habe nicht Raum für die Beispiele, die ich herbeischleppen könnte; ich müßte die Literaturgeschichte durchzitieren. Nehmt meinetwegen Iwan Turgenjew, nehmt sogar Goethe – auch sie haben Ärgernis gegeben. Goethe hatte Mühe, nach dem ›Werther‹ die kompromittierten Urbilder der Lotte und ihres Ehemanns zu besänftigen. Turgenjew erregte Empörung, als er die russischen Gutsbesitzer, deren Gastfreundlichkeit er genossen hatte, in seinen Jägermemoiren mit unbedenklicher Meisterhand abkonterfeite. Und es ist schlechterdings kein Zufall, daß einem, der in der Vergangenheit nach starken und zweifellos echten Dichtern sucht, welche, statt frei zu »erfinden«, sich lieber auf irgend etwas Gegebenes, am liebsten auf die Wirklichkeit stützen, gerade die großen und größten Namen sich darbieten; daß es dagegen die teuersten Namen nicht sind, die sich melden, wenn man in der Geschichte der Dichtung nach großen »Erfindern« forscht.

Es scheint gewiß, daß die Gabe der Erfindung, mag sie dichterisch sein, doch bei weitem nicht als Kriterium für den Beruf zum Dichter gelten kann. Mehr noch, es scheint, daß sie eine schlechthin untergeordnete Gabe ist, die von den Guten und Besten oft als fast schon verächtlich empfunden und jedenfalls ohne Kummer entbehrt wurde. Turgenjew, in seinem Nachwort zu ›Väter und Söhne‹, erklärt gelassen: »Da mir eine bedeutende Erfindungsgabe nicht zuteil geworden, bedurfte ich stets eines bestimmten Bodens, auf dem ich mich frei und sicher bewegen konnte ... Was den Basaroff anlangt, so lieferte mir die Grundzüge ein junger, in der Provinz lebender Arzt ...« Ich höre nicht viel Bedauern, im Gegenteil: eine Art von Stolz aus diesen Worten heraus, und mir fällt dabei ein Gespräch über Büchertitel ein, das ich eines Tages mit einem jungen deutschen Schriftsteller führte, und das dieser Schriftsteller mit der Bemerkung schloß: »Wissen Sie – eigentlich sind doch alle Titel, außer den Eigennamen, kolportagehaft.« Sehr gut. Und es ist diese Geschmacksrichtung, die »eigentlich« und am liebsten auch alle »Erfindung« für kolportagehaft erklären möchte.

Schließlich, ob nun die Geschichte, die Sage, die alte Novellistik, ob die lebendige Wirklichkeit selbst das »Gegebene« ist, worauf ein Dichter sich stützt, – gilt das nicht, im Wesen, gleichviel? Was hat also Schiller, was Wagner in diesem Sinne erfunden? Kaum eine Gestalt, kaum einen Vorgang. Und um den ungeheuersten Fall von Dichtertum zu nennen, den die Erde sah: Shakespeare ... so besaß er ohne Zweifel, wie er alles besaß, auch Erfindung; aber noch sicherer ist, daß er nicht viel Gewicht darauf legte und nicht viel Gebrauch davon machte. Hat er je eine Fabel erfunden? Auch die krausen Intrigen seiner Lustspiele sind nicht von ihm erdacht. Er arbeitete nach alten Theaterstücken, nach italienischen Novellen – und übrigens, erzürnter Leser, porträtierte er Zeitgenossen, wenn auch auf leidlich andere Art als der Kollege von Forbach. Er porträtierte zum Beispiel einen dicken Mann seiner Bekanntschaft, der, wie ich höre, Herr Chettle hieß, und es wurde John Falstaff daraus. Er fand viel lieber, als daß er erfand. Er trieb irgendeine naive Geschichte auf, die tauglich schien, ihm als Gleichnis und buntes Kleid, als sinnliches Mittel zur Darstellung eines Erlebnisses, einer Idee zu dienen. Seine Folgsamkeit der vorgefundenen Fabel, seine Demut der gegebenen Äußerlichkeit gegenüber ist erstaunlich, ist rührend, ja sie müßte unfrei und kindlich wirken, wenn sie sich nicht als eine vollkommene Verachtung des Gegenständlichen erklärte, als die Verachtung eines Dichters, dem das Stoffliche, der Mummenschanz der Fabel gar nichts, die Seele, die Beseelung alles bedeutet.

Die Beseelung ... da ist es, das schöne Wort. Es ist nicht die Gabe der Erfindung, – die der Beseelung ist es, welche den Dichter macht. Und ob er nun eine überkommene Mär oder ein Stück lebendiger Wirklichkeit mit seinem Odem und Wesen erfüllt, die Beseelung, die Durchdringung und Erfüllung des Stoffes mit dem, was des Dichters ist, macht den Stoff zu seinem Eigentum, auf das, seiner innersten Meinung nach, niemand die Hand legen darf. Daß dies zu Konflikten mit der achtbaren Wirklichkeit führen kann und muß, welche sehr auf sich hält und sich keinesweg durch Beseelung kompromittieren zu lassen wünscht, – das liegt auf der Hand. Aber die Wirklichkeit überschätzt dabei den Grad, in welchem sie für den Dichter, der sie sich aneignet, überhaupt noch Wirklichkeit bleibt – besonders in dem Falle, daß Zeit und Raum ihn von ihr trennen. Ich rede von mir ... Als ich ›Buddenbrooks‹ zu schreiben begann, saß ich in Rom, Via Torre Argentina trenta quattro, drei Stiegen hoch. Meine Vaterstadt hatte nicht viel Realität für mich, man kann es mir glauben, ich war von ihrer Existenz nicht sehr überzeugt. Sie war mir, mit ihren Insassen, nicht wesentlich mehr als ein Traum, skurril und ehrwürdig, geträumt vor Zeiten, geträumt von mir und in der eigentümlichsten Weise mein eigen. Drei Jahre schrieb ich an dem Buche, mit Müh' und Treue. Und war dann tief erstaunt, als ich vernahm, daß es in Lübeck Aufsehen und böses Blut mache. Was hatte das wirkliche Lübeck von heute mit meinem in dreijähriger Arbeit erbauten Werk zu tun? Dummheit... Wenn ich aus einer Sache einen Satz gemacht habe – was hat die Sache noch mit dem Satz zu tun? Philisterei... So aber ist es auf jeden Fall, und nicht nur, wenn Jahre und Breitengrade das Urbild vom Werke trennen. Die Wirklichkeit, die ein Dichter seinen Zwecken dienstbar macht, mag seine tägliche Welt, mag als Person sein Nächstes und Liebstes sein; er mag dem durch die Wirklichkeit gegebenen Detail noch so untertan sich zeigen, mag ihr letztes Merkmal begierig und folgsam für sein Werk verwenden: dennoch wird für ihn – und sollte für alle Welt! – ein abgründiger Unterschied zwischen der Wirklichkeit und seinem Gebilde bestehen bleiben: der Wesensunterschied nämlich, welcher die Welt der Realität von derjenigen der Kunst auf immer scheidet.

Um aber auf die »Beseelung« zurückzukommen, so ist sie zuletzt nichts anderes, als jener dichterische Vorgang, den man die *subjektive Vertiefung* des Abbildes einer Wirklichkeit nennen kann. Es ist bekannt, daß jeder echte Dichter sich bis zu einem gewissen Grade mit seinen Geschöpfen identifiziert. Alle Gestalten einer Dichtung, mögen sie noch so feindlich gegeneinander gestellt sein, sind Emanationen des dichtenden Ich, und Goethe ist zugleich in Antonio und Tasso lebendig wie Turgenjew zugleich im Basaroff und Paul Petrowitsch. Eine solche Identität aber ist, wenigstens momentweise, auch da vorhanden, wo der Leser sie gar nicht spürt, wo er darauf schwören möchte, daß nichts als Hohn und Abscheu den Dichter bei der Gestaltung eines Geschöpfes erfüllt hat. Ist nicht Shylock, der Jude, ein widriges und entsetzliches Wesen, das Shakespeare zu allgemeinem Jubel elend geprellt und zertreten werden läßt? Und doch kommt mehr als ein Augenblick, wo die Ahnung einer tiefen und furchtbaren Solidarität Shakespeares mit Shylock sich auftut... Man muß an dieser Stelle begreifen, daß es eine objektive Erkenntnis im Reiche der Kunst überhaupt nicht gibt, sondern nur eine intuitive. Alle Objektivität, alle Aneignung und Kolportage bezieht sich allein auf das Pittoreske, die Maske, die Geste, die Äußerlichkeit, die sich als Charakteristikum, als sinnliches Symbol darbietet, wie Shylocks Judentum, Othellos Schwärze und Falstaffs Fett. Alles *Weitere* – und das Weitere ist beinahe alles – ist subjektiv, ist Intuition und Lyrik, gehört der wissenden und umfassenden Seele des Künstlers. Und wenn es sich nun um ein Porträt, ein Abbild handelt, – wie? sollte nicht das, was ich die subjektive Vertiefung einer Wirklichkeit nenne, dem Vorgang alles Willkürliche und Usurpatorische nehmen? Sollte nicht das innere Einswerden des Dichters mit seinem Modell aller Kränkung die Spitze abbrechen?

Im Gegenteil. So erstaunlich es klingen mag: Im scheinbar Versöhnlichen gerade, dem eigentlich Dichterischen, der subjektiven Vertiefung, der Benutzung eines Porträts zu höheren Zwecken, liegt die menschliche Gefahr beschlossen, und ich stelle dies fest, weil ich von dem Glauben nicht lassen mag, daß böse und stumme Dinge erlöst und gut gemacht werden, indem man sie ausspricht. Die Identifikation ist es eben, welche die Leute skandalisiert. Mit jener erwähnten Folgsamkeit dem gegebenen Detail gegenüber eignet ein Dichter sich Äußerlichkeiten an, welche der Welt ein Recht geben, zu sagen: Das ist *der*, ist *die*. Hierauf beseelt und vertieft er die Maske mit anderem, Eigenem, benutzt sie zur Darstellung eines Problems, das ihr vielleicht ganz fremd ist, und Situationen, Handlungen ergeben sich, die dem Urbild wahrscheinlich völlig fernliegen. Dann aber halten die Leute sich für berechtigt, auf Grund der Äußerlichkeiten auch alles übrige für »wahr«, anekdotisch, kolportiert, für Ausplauderei und sensationellen Klatsch zu nehmen, – und der Skandal ist da.

Muß dies so sein? Ist hier keine Verständigung möglich? Bin ich so sonderlich konstruiert? Schon als Kind hat die Publikumssitte, angesichts einer absoluten Leistung nach Persönlichem zu schnüffeln, mich rasend gemacht. Ich zeichnete ein bißchen, ich malte Männerchen mit Bleistift auf Papier, und sie schienen mir schön. Zeigte ich sie aber, in der Hoffnung, für meine Kunstfertigkeit Lob zu ernten, den Leuten, so fragten diese: »Wer soll es sein?« – »Niemand soll es sein!« schrie ich und weinte beinahe. »Es ist ein Mann, wie du siehst, eine Zeichnung, die ich gemacht, bestehend aus Umrissen, Herrgott noch mal...« Das ist nicht anders geworden. Noch immer forscht man: »Wer soll es sein?«

Man hat mich ernstlich gefragt, was ich tun würde, wenn ein talentierter Freund von mir hinginge und mich ins öffentliche Gerede brächte, indem er eine glänzende Novelle schriebe, in welcher eine Figur, die aufs Härchen mein Abbild wäre, die und die Gemeinheiten beginge. Hoffentlich würde ich ihn ohrfeigen, den talentierten Freund? Nun, das gewiß nicht. Und im übrigen käme es darauf an. Keineswegs nur auf das Schreibtalent des Freundes. Ich bin nicht Ästhet genug, um mit einem schönen Stil alles entschuldigen zu können. Ich leugne nicht, daß es gut geschriebene Niederträchtigkeiten gibt. Aber wenn ich den Freund als ein Talent im hohen und ernsten Sinne kennte; wenn ich in ihm, auf Grund seiner früheren Arbeiten, nicht nur einen geschickten Künstler, sondern einen Dichter sehen müßte, der an sich selbst arbeitet, wenn er arbeitet, und für den auch diese Leistung eine Tat der Selbstzucht und Selbstbefreiung war, – so würde ich zu ihm sagen: »Es wundert mich zwar ein bißchen, mein Guter, daß du gerade meine Maske für deinen Schurken benutztest. Aber sei es darum. Ich bin, unter anderem, wohl auch ein Schurke. Übrigens bravo. Und besuch' mich, Lieber, doch bald einmal, damit ich dir meine neuen Bücher zeige.«

...Dies ist der Augenblick, noch etwas Weiteres zur Sprache zu bringen, was meiner Ansicht und Einsicht nach nicht selten das Mißverständnis zwischen Dichter und Wirklichkeit verschärft. Es ist der Anschein einer *Feindseligkeit* des Dichters gegenüber der Wirklichkeit, ein Anschein, der durch die Rücksichtslosigkeit der beobachtenden Erkenntnis und die kritische Prägnanz des Ausdrucks bewirkt wird. Damit hat es folgende Bewandtnis.

Es gibt in Europa eine Schule von Geistern – der deutsche Erkenntnis-Lyriker Friedrich Nietzsche hat sie geschaffen –, in welcher man sich gewöhnt hat, den Begriff des Künstlers mit dem des Erkennenden zusammenfließen zu lassen. In dieser Schule ist die Grenze zwischen Kunst und Kritik viel unbestimmter, als sie ehemals war. Es finden sich in ihr Kritiker von durchaus dichterischem Temperament und Dichter von einer vollkommen kritischen Zucht des Geistes und Stiles. Dieser dichterische Kritizismus aber, die scheinbare Objektivität und

Degagiertheit der Anschauung, die Kühle und Schärfe des bezeichnenden Ausdrucks ist es, was jenen Anschein von Feindseligkeit erweckt.

Der Künstler dieser Art nämlich – und es ist vielleicht keine schlechte Art – will erkennen und gestalten: tief erkennen und schön gestalten; und das geduldige und stolze Ertragen der Schmerzen, die von beidem unzertrennlich sind, gibt seinem Leben die sittliche Weihe. Weiß man um diese Schmerzen? Daß alles Gestalten, Schaffen, Hervorbringen *Schmerz* ist, Kampf und kreißende Qual, man weiß es vielleicht, man sollte es wissen und sollte nicht greinen, wenn einmal ein Künstler darüber die menschlich-gesellschaftlichen Bedenken, die seinem Tun entgegenstehen, außer acht läßt. Daß aber auch die Erkenntnis, jene künstlerische Erkenntnis, die man gemeinhin als »Beobachtung« bezeichnet, *wehe* tut – weiß man auch das? Die Beobachtung als Leidenschaft, als Passion, Martyrium, Heldentum – wer kennt sie? Hier ist eher Mitleid am Platze, als Wutgebell ... Eines Tages hörte ich einen Dichter sagen: »Sehen Sie mich an! Ich sehe nicht übermäßig munter aus, wie? Ein bißchen alt und scharfzügig und müde, nicht wahr? Nun, um von der ›Beobachtung‹ zu reden, so ließe sich ein Mensch denken, der, von Hause aus gutgläubig, sanftmütig, wohlmeinend und ein wenig sentimental, durch die beobachtende Hellsicht ganz einfach aufgerieben und zugrunde gerichtet würde ... Selig sind die Boshaften! Was mich betrifft, so magere ich ab ...«

Dieser Dichter schien mir auf melancholisch-witzige Weise das auszudrücken, was ich meine: zunächst den Zwiespalt zwischen Künstler- und Menschentum, der zu den heftigsten äußeren und inneren Konflikten führen kann. Der Blick, den man als Künstler auf die äußeren und inneren Dinge richtet, ist anders als der, womit man sie als Mensch betrachtet: er ist zugleich kälter und leidenschaftlicher. Du magst als Mensch gut, duldsam, liebevoll, positiv sein, magst eine ganz und gar unkritische Neigung haben, alle Erscheinungen gut zu heißen, – als Künstler zwingt dich der Dämon, zu »beobachten«, blitzschnell und mit einer schmerzlichen Bosheit jede Einzelheit zu perzipieren, die im literarischen Sinne charakteristisch ist, typisch bedeutsam ist, Perspektiven eröffnet, die Rasse, das Soziale, das Psychologische bezeichnet, sie rücksichtslos zu vermerken, als hättest du gar kein menschliches Verhältnis zu dem Geschauten, – und im »Werk« kommt alles zutage.

Gesetzt nun wieder, daß es sich mit diesem Werk um ein Porträt, um die künstlerische Verwertung einer nahen Wirklichkeit handelt, so ertönt der Klageruf: »So also sah er uns? So kalt, so spöttisch-feindselig, mit Augen, so liebeleer?« Ich bitte Euch, schweigt! Und versucht, in Eurem Innern ein wenig Achtung zu finden für etwas von strengerer, zuchtvollerer, tieferer Art, als das, was Euer Weichmut »die Liebe« nennt!

Dann aber schien mir der Dichter ganz leicht noch an ein Zweites zu rühren: an die schmerzliche Sensibilität der Beobachtung, deren Erscheinung und Ausdruck jene »kritische Prägnanz« der Bezeichnung ist, die ich vorhin als eine Quelle des Mißverständnisses nannte. Man glaube nämlich nicht, daß die Verfeinerung und Wachheit des beobachtenden Sensoriums einen ungewöhnlichen Grad erreichen könne, ohne daß zugleich seine Schmerzfähigkeit sich steigerte. Es gibt einen Grad dieser Schmerzfähigkeit, der jedes Erleben zu einem Erleiden macht. Die einzige Waffe aber, die der Reizbarkeit des Künstlers gegeben ist, um damit auf die Erscheinungen und Erlebnisse zu reagieren, sich ihrer damit auf schöne Art zu erwehren, ist der Ausdruck, ist die Bezeichnung, und diese Reaktion des Ausdrucks, die, mit einigem psychologischem Radikalismus geredet, eine sublime *Rache* des Künstlers an seinem Erlebnis ist, wird desto heftiger sein, je feiner die Reizbarkeit ist, auf welche die Wahrnehmung traf. Dies ist der Ursprung jener kalten und unerbittlichen Genauigkeit der Bezeichnung, dies der zitternd gespannte Bogen, von welchem das *Wort* schnellt, das scharfe, gefiederte Wort, das schwirrt und trifft und bebend im Schwarzen sitzt... Und ist nicht der strenge Bogen so gut wie die süße Leier ein apollinisches Werkzeug?... Nichts unkünstlerischer als der Irrtum, daß Kälte und Leidenschaft einander ausschlössen! Nichts mißverständiger, als von der kritischen Prägnanz des Ausdrucks auf eine Bosheit und Feindseligkeit in menschlichem Sinne zu schließen!

Umsonst. Man muß durchaus einen Augenblick bei dieser erstaunlichen Tatsache verweilen: Der treffende Ausdruck wirkt immer gehässig. Das gute Wort verletzt. Ich lasse die Beispiele, die Erfahrungen weg; ich gebe die abgezogene Moral. Wohl dir, wenn dein benennender Trieb nicht allzu heftig auf Reize von seiten der Wirklichkeit reagiert, wenn er auf leidenschaftliche Schlagkraft des Wortes nicht weiter

Anspruch erhebt. Die Wirklichkeit wünscht mit schlappen Phrasen angesprochen zu werden; künstlerische Genauigkeit in ihrer Bezeichnung macht ihr Gift und Galle. Und doch wird der wahre Liebhaber des Wortes sich eher eine Welt verfeinden, als eine Nuance opfern; dem wahren Künstler, der nicht nur mit halber Seele, sondern ganz von Beruf, von Passion ein Künstler ist, wird, um es nochmals zu sagen, der Schmerz des Erkennens und Gestaltens die sittliche Genugtuung geben, die ihn über alle Empfindlichkeiten und Skandale der Welt erhebt. Nichts ungeheuchelter, nichts tieferen Ursprungs als die enthusiastische Empörung, in der er sich aufrichtet, wenn eine Wirklichkeit in plumper Eigenliebe die Hand auf das Werk seiner Einsamkeit zu legen wagt. Wie? Das Leiden sollte umsonst gewesen sein? Es sollte der Kunst verloren gehen? So vieles geht ja verloren! So viel wird erlebt und erlitten, was niemals gestaltet wird! Aber was davon Form und eigenes Leben gewann, das Werk, das ein Künstler in Schmerzen tat, – er sollte es nicht offenbar machen, es sollte ihm keinen *Ruhm* bringen dürfen? So spricht der Ehrgeiz. So *rechtfertigt* sich aller Ehrgeiz …

Bilse und ich … irgendein Unterschied ist vorhanden, man wird es mir zugeben, und vielleicht ist es ein ähnlicher Unterschied wie der zwischen Frechheit und Freiheit. Wenn ich aber von Freiheit rede, so meine ich jene innerliche Unabhängigkeit, Ungebundenheit und Einsamkeit, welche die Vorbedingung jeder neuen und ursprünglichen Leistung ist. Sie schließt eine herzliche menschliche Gebundenheit keineswegs aus; aber des Künstlers Würde und Hoheit beruht in ihr, und Forderungen von Rücksicht und Bürgertakt vermögen nichts über sie. Man spricht heute gern von »voraussetzungsloser« Wissenschaft. Will man sich weigern, auch der Schönen Wissenschaft, der Fröhlichen Wissenschaft der Kunst Voraussetzungslosigkeit einzuräumen? »Der Künstler«, hat ein Dichter und Denker gesagt, »der nicht sein ganzes Selbst preisgibt, ist ein unnützer Knecht.« Das ist unsterblich wahr. Wie aber kann ich mein ganzes Selbst preisgeben, ohne zugleich die Welt preiszugeben, die meine Vorstellung ist? Meine Vorstellung, mein Erlebnis, mein Traum, mein Schmerz? Nicht von euch ist die Rede, gar niemals, seid des nun getröstet, sondern von mir, von mir …

– Lest dies! Merkt dies! Es ist ein Sendschreiben, ein kleines Manifest. Fragt nicht immer: Wer soll es sein? Noch immer male ich Männerchen, bestehend aus Umrissen, und gar niemanden stellen sie vor, wenn nicht mich selber. Sagt nicht immer: Das bin ich, das ist jener. Es sind nur Äußerungen des Künstlers gelegentlich eurer. Stört nicht mit Klatsch und Schmähung seine Freiheit, die allein ihn befähigt, zu tun, was ihr liebt und lobt, und ohne die er ein unnützer Knecht wäre.

# Rudolf Kassner
# Noten zu den Skulpturen Rodins

In seinem Pavillon auf der Place de l'Alma stellt jetzt Rodin sein Werk aus. Man kann hier das Schaffen des sechzigjährigen Meisters verfolgen von dem ›L'homme au nez cassé‹ bis zu den Skizzen seines Zukunftswerkes ›Le Travail‹. Ich werde die Namen seiner Werke nicht aufzählen, der Katalog nennt, glaube ich, hundertundfünfzig Nummern.
Es ist also eine Ausstellung, und doch glaubt man, in eine Werkstätte zu treten. Es sind Werke, die keinen andern Raum akzeptieren als den, welchen sie um sich selbst bilden. Sie sind so lebendig, daß sie überall zu sein scheinen, und dann doch wieder so einsam, daß sie überall deplaziert wirken. Sie stellen eigentlich nichts vor, sie präsentieren sich nicht; man ist sofort allein mit ihnen; wenn man eines kennt, kennt man alle, und wer sie lange ansieht, dem wird es bald, als schaue er in sich selbst. Und doch ist man wie in einer Werkstätte und vergißt nicht, daß jemand hier am Steine gearbeitet hat, daß am Steine hier etwas geschehen und aus Steinen etwas geworden ist.
Es sind nackte Leiber, was man da sieht, wenige Büsten, und wenn jene bekleidet sind, so ist es, als gingen sie schnell nur auf die Straße, auf eine Bühne, auf die Maskerade. Nichts ist entbehrlicher als der Katalog. Die Titel kann man in den meisten Fällen vertauschen, ändern oder überhaupt weglassen. Wie sehr viele Namen großer Kunstwerke und die philosophischen Aphorismen Victor Hugos, sind es Gemeinplätze.
Nackte Leiber sind es also, sagte ich, einzeln, zu zweien oder in Gruppen. Leiber, die sich umarmen, fliehend sich halten, miteinander ringen, aus Liebe oder aus Haß, voreinander knien, schweben oder fallen. Ich will keine Beschreibung geben. Es wäre töricht, mit Worten da etwas erreichen zu wollen, wo die Musik allein den Ausdruck umzudeuten vermöchte. Die Glieder sind hier nur Möglichkeiten zu Gebärden, sie sind tatsächlich nur Saiten auf einem Instrumente.

Diese Menschen handeln unter dem Eindruck von etwas, das stärker ist als sie selbst. Man weiß oft nicht, ob sie sterben müssen oder erwachen sollen. Mit der Brunst von Tieren schlingen sie sich ineinander, und wenn sie ihre Leiber voneinander trennen, so ist es, als hätten sie in den Augen und um den Mund die Scham derer, die bei sich nicht verweilen dürfen.

Gruppen, sage ich, sind es oder Einzelfiguren. Und merkwürdig, Rodins Einzelfiguren sind fast alle Torsi. Man merkt das gar nicht, so natürlich erscheint es einem. Als müßte es so sein! Als müßte ihnen etwas fehlen! Sie sind wie herausgerissen aus einer Gruppe, einer Harmonie und haben etwas verloren, etwas zurückgelassen. Sehr allgemein gesprochen: was Rodin geschaffen hat, sind Liebende oder Torsi.

Die Körper sind nicht frei, oder wenigstens ein großer Teil von ihnen ist es nicht. Etwas an ihnen ist noch unbehauener Stein, der Unterkörper oder die Arme. Rodins Reliefs haben eine ähnliche innere Bedeutung wie seine Torsi. Es sind natürliche Reliefs; die Menschen bleiben immer im Relief des Stoffes, aus dem sie werden sollen. Man weiß da oft nicht, ob diese Körper aus dem Steine hervorbrechen oder sich wieder in ihn einfalten. Als wären sie doch noch Gesten, trotz Liebe und Tod, und Illusionen trotz des Schicksals. Und wenn sie frei sind, so haben sie etwas Zitterndes, Fieberhaftes, Geblendetes, als wollten sie wieder zurück in das Schweigen, aus dem man sie gezwungen. Wie Fische, die man ans Ufer geworfen hat! Sie suchen dann nach etwas, finden den Leib eines andern, umschlingen ihn, als wollten sie sich in ihn eindrücken, in ihm vergraben, und der Künstler schreibt unter die Gruppe: Die Liebe. Ich möchte Rodin zuliebe Platons ›Phaidros‹ umschreiben.

Man sucht nicht nach den Augen dieser Menschen. Die Augen sind blind wie der Stein, aus dem sie wurden, und blind wie die Musik, in der sich die Leiber auflösen. Nur die Torsi haben Augen, und die Büsten. Rodins Büsten sind notwendige Torsi und nicht eine Konvenienz, wie gewöhnlich. Aber diese Augen sehen uns nicht an, sie fixieren nichts, sie schauen aus, ihr ganzer Körper ist dann gleichsam nur Auge und schaut aus nach dem Leben, nach der Vollendung, nach der Liebe, nach dem Unmöglichen. Nie vor Rodin haben die bloßen Augenhöhlen solches Leben gehabt. Sie sind gleichsam nur da, damit wir mit unseren eigenen Augen durch sie schauen und unser Wissen ihr Sehnen ergänze. Die Haltung des Körpers hat dann etwas Unbestimmtes, Outriertes, etwas Augenblickliches, Absichtliches, Posenhaftes. Ich erinnere mich da des Selbstporträts des alten Rembrandt, das im Louvre hängt. In diesen Augen ist nicht mehr die sichere Heiterkeit der Jugend, die jeden Gegenstand gleichsam zum Bilde macht und in einen Rahmen bringt, die Augen sehen hier durch die Dinge hindurch und hinweg nach dem, was kein Rahmen mehr zu fassen vermag; der Kopf und Oberkörper haben etwas Haltloses, nur noch mehr Zufälliges, aus dem Rahmen Gefallenes. Es ist dieselbe Weisheit hier wie in vielen Skulpturen Rodins, nur konnte man zu ihr auf verschiedenen Wegen kommen.

Damit ich es nicht vergesse: einmal hat Rodin doch einem Kopfe Augen gegeben. Es ist ein Mädchenkopf, der auf einem Block ruht, d. h. bis gerade noch zum Kinn aus dem Steine gewachsen ist. Man muß sich bücken, um die Augen, die nach abwärts blicken, zu sehen. Sie sind wie zwei kleine Blumen, die ihren Kelch zur Erde neigen. Rodin nennt den Kopf ›La Pensée‹ – den Gedanken.

Zwei Tugenden, die sich gegenseitig durchdringen, sehe ich in diesem Menschen, die Tugend des Stoffes, aus dem sie wurden, und die Tugend des Schöpfers, an dem sie wurden. Reiner als Rodin hat niemand das Wesen der Kunst bewahrt. Ich möchte sagen, der Begriff der Kunst ist hier nackt geworden, so durchsichtig geworden, daß wir ihn bloß abzulesen haben. Zwei Tugenden also wirken in diesen Gestalten: Die Tugend des Steines ist die Leidenschaft, die sie blind schlägt; die Tugend ihres Schöpfers ist das Ideal, die Gebärde nach dem Unmöglichen. Ihre Scham ist ihr Stil; ihre Einsamkeit ihre Einheit; ihre Schönheit ist – wie soll ich sagen – etwas so Ewig-Augenblickliches wie nur die Musik. Zwei ewige Gegensätze sind es, die augenblicklich sich hier finden und zusammenschlagen, zwei ewige Wünsche, die, beide das Unmögliche, das Absolute wollend, sich zufällig umarmen und ohne Wissen und gegen ihren Willen in Formen aufklingen. Es ist wie im Vorspiel zu ›Tristan und Isolde‹.

Rodin ist wie Wagner, Whistler und Swinburne ein Dialektiker und ein Musiker; sein Intellekt ist gleich seiner Schöpferkraft. Er ist müde und revolutionär, pervers und natürlich, der letzte einer langen Vergangenheit und der erste einer kommenden Kunst. Er ist Dichter, Maler,

Radierer, wenn man will, in seinen Effekten und treu bis zur Ausschließlichkeit dem Material, das er zwingt. Sein ganzes, immer neues, immer überraschendes Werk ist nur eine unendliche Variation des ewigen Themas, man nenne es nun: Natur und Geist, Leben und Dichter, Liebe und Tod. Rodin ist nie konkreter, sinnlicher als dort, wo er seinem Werke einen ganz abstrakten Titel gibt. Evokationen könnte er es nennen oder Illusionen, und er würde das Wort haben, welches das Wesen seines Werkes am natürlichsten beschreibt. Rodin ist ein Zauberer und ein Weiser zugleich, und darum sind seine Werke ebenso Evokationen wie Illusionen, und seine Porträts haben etwas von Larven, und die Kleider sind geworfen, als ginge es auf eine Maskerade.

Man sagt auch, Rodin sei ein Symbolist. Gewiß, er ist es dort, wo er am sinnlichsten ist. Symbole sind nur intensive Natur, und niemand neben Rodin weiß die Natur gerade dort zu fixieren, wo sie unwillkürlich von selbst zum Symbol wird. Und ebenso wie man sein Werk Evokationen oder Illusionen nennen kann, darf man es auch Erfüllungen heißen, weil Rodin, der Zauberer und Weise, zuletzt doch nur der Künstler ist.

Von allen lebenden Bildhauern ist Rodin der modernste. Er ist der ausschließlichste und vom Standpunkte der Geschichte aus der notwendigste. Es ist keine Phrase, wenn ich sage, die Reihe, die für uns mit den Griechen beginnt und in Michelangelo ihre Mitte hat, würde nicht geschlossen sein, wenn Rodin nicht da wäre. Rodin macht buchstäblich Epoche, man kann das weder von Meunier noch von Klinger sagen. Neben ihm scheint das meiste nur Epigonentum der Griechen oder der Renaissance zu sein. Rodin ist notwendig. In ihm ist das, was für Michelangelo noch Bild, noch Romantik war, wirklich geworden, in ihm haben die Griechen einen Gegensatz, der gleich wiegt, gefunden. Wie bei den Griechen alles durch die Kunst zum Leben ging, so scheint hier alles Leben aufgebraucht, um ein paar Kunstwerke zu erzeugen. Ich kann mir ganz gut einen Menschen denken, der die Griechen erst liebt, nachdem er Rodin gesehen und verstanden hat; einen Menschen, der den Doriphoros und die Venus von Milo für ewig schön laut und mit Wissen erklärt, nachdem er die Wahrheit von Rodins ›Le Sculpteur et sa Muse‹ und ›L'éternelle Idole‹ begriffen hat. Ich kenne kein geniales Werk, das so wenig heiter wäre wie das Rodins. Ja, die Heiterkeit der Griechen hört auf, ein Gemeinplatz zu sein, wenn man Rodin sieht, oder mit anderen Worten: niemand darf von der Heiterkeit der Griechen sprechen, der Rodin nicht kennt, es sei denn, er fühle unser Leben so wie er. Die Heiterkeit der Griechen war nicht die Sorglosigkeit, von der Schwachköpfe, welche die ›Ilias‹ mäßig und den Sophokles schlecht skandieren, faseln, sie war ihr Glaube an den Stein, an das Geschlecht, an das, was neben ihnen ist, das Gewissen für das, was auf sie folgen wird. Die Menschen Rodins sehen nichts neben sich, nichts unter sich und wissen nichts von dem, was nach ihnen kommt. Sie sind furchtbar einsam in den Armen ihrer Geliebten und vor den Strahlen ihres Ideals.

Vielleicht irre ich mich. Als ich unlängst vor seinen Skulpturen stand, war auch der Meister da und gab seinen Gehilfen noch einige Anordnungen. Das ist also der Mann, sagte ich mir, den einige »Offizielle« – so nennt man sie hier – für wahnsinnig halten, der mit Daumier das größte Künstlergenie Frankreichs ist. Er sieht aus wie ein Maurermeister am Sonntag im guten Rock: untersetzt, breitschultrig, die Hände schwielig, die Bewegungen von schwerer Sorglosigkeit, nur der breite Mund verrät unter dem dichten Bart die ungewöhnliche Energie eines Willensmenschen und ein wenig auch die Ironie Eines, der schon wissend war, bevor er überwunden hatte. Vielleicht ist das seine Heiterkeit.

## Walther Rathenau

# Mechanisierung und Gesellschaft

So spannen mechanisierte Organisationen ihre vielfachen unsichtbaren Netze über jeden Fußbreit Erde. Hier und da wird eine Masche sichtbar: Absperrungen, Verbote, Aufforderungen, Warnungen, Drohungen säumen unsere Wege.

Aber diese armseligen Verkehrsmaschen bedeuten wenig, verglichen mit jenen zahllosen Bindungen, die mit Ausnahme der Gestirne fast jeden sichtbaren Gegenstand an Personen knüpfen, die jede Tätigkeit an Rechte und Pflichten ketten, die alle Einzelmenschen zu den seltsamsten und mannigfachsten Gemeinschaften vereinigen. Ein erwachsener Deutscher, der vermögenslos aus Amerika heimkehrt, hat, sofern er sich nicht um Wohltätigkeit bewirbt, nur das Recht, sich mit normaler Geschwindigkeit auf öffentlichen Straßen zu bewegen und seine Stimme für die Reichstagswahl abzugeben. Kein komplizierterer und schwierigerer Beruf läßt sich in zivilisierten Ländern erdenken als der des Einsiedlers.

Konnte vorzeiten ein Deutscher sich rühmen, Christ, Untertan, Bürger, Familienvater und Zunftgenosse zu sein, so ist er heute Subjekt und Objekt zahlloser Gemeinschaften. Er ist Bürger des Reichs, des Staates und der Stadt, Eingesessener des Kreises und der Provinz und Mitglied der Kirchengemeinde; er ist Soldat, Wähler, Steuerzahler, Inhaber von Ehrenämtern; er ist Berufsgenosse, Arbeitgeber oder -nehmer, Mieter oder Grundbesitzer, Kunde oder Lieferant; er ist Versicherungsnehmer, Mitglied gewerblicher, wissenschaftlicher, unterhaltender Vereinigungen; er ist Kunde einer Bank, Aktionär, Staatsgläubiger, Sparkontenbesitzer, Hypothekengläubiger oder Schuldner; er ist Mitglied einer politischen Partei; er ist Abonnent einer Zeitung, des Telephons, des Postscheckkontos, der Trambahn, der Auskunftei; er ist Kontrahent von Verträgen, mündlichen und schriftlichen Verpflichtungen; er ist Sportsmann, Sammler, Kunstliebhaber, Dilettant,

Reisender, Bücherleser, Schüler, Akademiker, Inhaber von Zeugnissen, Legitimationen, Diplomen und Titeln; er ist Korrespondent, Firma, Referenz, Adresse, Konkurrent, er ist Sachverständiger, Vertrauensmann, Schiedsrichter, Zeuge, Schöffe, Geschworener; er ist Erbe, Erblasser, Gatte, Verwandter, Freund.

Diese Bindungen bedeuten die Verzweigungen der Nervenfasern im bloßgelegten Inneren der mechanistischen Wirtschaft. Um aber das Gewebe der Gesellschaft, der belebten Trägerin der Mechanisierung, vollkommener zu überblicken, muß das Auge auch auf den Einschlag dieser lebendigen Kette gerichtet werden: den Beruf.

Aus diesen beiden Elementen: Bindung und Beruf entwickelt sich die entscheidende Eigenschaft der mechanisierten Gesellschaft, ihre Homogenität.

Schon apriorisch leuchtet es ein, daß eine lebende Maschinerie, um den Produktionsprozeß der Erde zu tragen, aus gleichmäßigem, normalem und festem Material bestehen muß, daß ihre Teile massenhaft produzierbar und auswechselbar, fest ineinandergefügt und reibungslos, geschwindester und gleichförmigster Bewegung fähig sein müssen.

Die Bindungen tragen zur Homogenisierung bei, indem sie bewirken, daß Jeder mit Jedem sich berührt, reibt und schleift, daß eine große Zahl gemeinsamer Kenntnisse, Verwaltungs- und Verkehrsmethoden zum Gemeingut wird, daß der Einzelne lernt, sich zurechtzufinden, anzupassen, umzugehen, und sich von der Abgrenzung der Interessengebiete, der Beschränkung der Willkür und der Zusammenwirkung des Ganzen eine Vorstellung zu bilden. Jedes der mechanisierten Gesellschaftselemente ist ein wenig alles in allem: Politiker, Geschäftsmann, Unterhändler, Redner, Disponent und Organisator; ein jeder ist Träger von Verantwortung, welche füglich als Mechanisierungsform der Pficht und, bei ihrem merklich materiell und militärisch gefärbten Charakter, schlechtweg als die ethische Kategorie der Mechanisierung angesehen werden kann. Erfreulich tritt der Ausgleich der Qualitäten zutage in der schnell erworbenen und bewährten Fähigkeit unserer Arbeiter, zu urteilen, zu handeln und zu disponieren.

Selbst die scheinbar trennende Spezialisierung des Berufes muß zur Homogenität führen. Denn eine reichliche Ansammlung in letzter Linie ähnlicher Vorkommnisse erzeugt analoge Geistesdispositionen; die Anwendung gleichartiger Denk- und Arbeitsformen wirkt entscheidender als die Ungleichartigkeit der Anwendungs- und Arbeitsgebiete; die Gleichförmigkeit der Arbeitszeit und Erholungsdauer entscheidender als die Verschiedenheit der Arbeitsstelle; die Gleichwertigkeit der Einkommen entscheidender als die Ungleichheit der Quellen, aus denen sie fließen.

Ein Rechtsanwalt von heute ähnelt seinem medizinischen Stammtischgenossen weit mehr, als ein Leinenweber einem Tuchmacher von ehedem. Und mehr noch ähneln sich ihre Häuslichkeiten, ihre Lebensgewohnheiten, ihre Kleidungen, ihre Denkweisen und ihre Wünsche.

Vor allem aber trägt die zunehmende Intellektualisierung der Berufe dazu bei, gleichartige Menschen zu schaffen. Die alte Güterproduktion verlangte vom Einzelnen einen periodischen Kreislauf bereitender, schaffender, fertigender und verwertender Tätigkeit, denn das Werk eines jeden Menschen war ein Ganzes. Deshalb mußte viel Manuelles und viel Ungeistiges, viel Abwarten und viel Umstand in Kauf genommen werden. Heute ist alle Arbeit unterteilt und daher konzentriert; die Phasen sind beseitigt, und der arbeitende Mechanismus erfordert mehr denkende Überwachung als handfestes Zugreifen. Im Gegensatz zu den alten Aufgaben, die sich periodisch widerholten und daher den Wert der Erfahrung aufs höchste schätzen ließen, die aber in ihrer Wiederholung der Phantasie und der Erkenntnis unmerklich wachsenden Spielraum gestatteten, steht der Schaffende und Überwachende unserer Zeit beständig vor scheinbar neuen Problemen, die sich aber alle mit gleichen Denkformen bewältigen lassen und daher die Gleichförmigkeit des Handelns vermehren: so etwa, wie in einem Buch mit Regeldetrieaufgaben das hochgemute Auftreten von Wasserstrahlen, Schnelläufern und Handelsleuten nur eine wechselnde Umschreibung der nämlichen einfachen Gleichungsformel bedeutet.

Fügt man dem physischen und intellektuellen Ausgleich der Lebensbedingungen die Wirkungen eines beständig wachsenden Volkswohlstandes hinzu, so erhält man die Grundbedingungen der Mittelstandstendenz, die für die mechanisierte Gesellschaft bezeichnend ist.

Die bürgerliche Gesellschaft Deutschlands ist weit jünger als die englische und französische. Von ihrer Entstehung an, die in die Mitte des 18. Jahrhunderts fällt, war sie hundert Jahre lang arm, und diese Armut, verbunden mit einer edlen Stärke der Entsagung, trug reiche geistige Frucht, die zur Ernte der romantischen Periode und des Konstitutionskampfes reifte. Der Merkantilismus der Mechanisierungszeit brachte ihr unerhörten Zuwachs an Wohlstand und raubte ihr dafür einen Teil ihrer geistigen Werte. Im letzten Menschenalter allein hat sich die Zahl der Einkommen, die selbständigen kommerziellen Verantwortungen entsprechen, zum mindesten verhundertfacht und Raum geschaffen für eine Breite des bürgerlichen Behagens und Luxus, wie sie nur in England bekannt war. Behausung, Kleidung, Bedienung und Unterhaltung zeigen die Merkmale dieser Steigerung, die vielleicht von allen Entwickelungsformen der neuen Zeit die beispielloseste ist. Denn die Geschichte bietet uns zwar Vorgänge von maßlosem Reichtum und Prunk einzelner Personen und Kliquen: die Existenz von Hunderttausenden begüterter, ja nach früheren Begriffen reicher Menschen in einem Lande ist aber gänzlich ohne Präzedenz und führt zu unabsehbaren Folgen, die man als Grunderscheinung der neuzeitlichen Umgestaltungen anzusehen sich versucht fühlen könnte, wenn es nicht klar zutage läge, daß sie als Sekundärerscheinungen von der Verdichtung und Mechanisierung abhängen.

Zunächst aber hat dieser Reichtum eine Verarmung herbeigeführt; nicht an Vorstellungen und Kenntnissen, sondern an Wertungen, nicht an Wünschen und Zwecken, sondern an Idealen. Dieser homogenisierten Gemeinschaft sind gemeinschaftliche Urteile und Ziele noch nicht erwachsen, es sei denn solche von handgreiflicher Utilität; es ist, als sei dem Gesamtkörper ein Innenleben noch nicht erwacht, oder als seien seine ersten Regungen vom Lärm der Interessen übertäubt. Noch mehr: eine unbewußte Reaktionsbewegung der Elemente gegen ihre Homogenisierung zwingt sie, noch einmal jedes erschwingliche Quantum von Individualität nach außen zu kehren und zur Wahrung vermeintlicher Originalität sich jeder offenkundigen Gemeinschaftstendenz zu entziehen. So wurde in Deutschland nicht einmal für die Freude am Vaterland ein kulturell gültiger Ausdruck gefunden: der unterwürfigen Devotion und dem aggressiven Gebaren des Vereins- und Geschäftspatriotismus wurde eine selbstvertrauende Heldenverehrung, ein sicheres Nationalbewußtsein, wie es die Kraft der Engländer ausmacht, nicht entgegengesetzt.

Von der ideenbildenden Fähigkeit des deutschen bürgerlichen Intellektualismus aber hängt es ab, ob und wann er berufen ist, die Verantwortung für das kulturelle und politische Leben zu übernehmen, die ihm nach dem Lauf der mechanischen Entwicklung beschieden ist. Heute trägt er in Deutschland von dieser Verantwortung nur einen kleinen Teil, obwohl die bedeutendsten materiellen Aufgaben: die Versorgung des Volkszuwachses und die Bewältigung der Staatslasten, auf seinen Schultern ruhen.

Denn nach zwei Seiten hin findet in Deutschland die Homogenisierung wo nicht Grenzen, so doch Hemmungen, die zwar in manchem Sinne überschreitbar und überschritten, für die heutige Kräfteverteilung jedoch von entscheidender Bedeutung sind. Es wird späteren deutschen Geschichtsschreibern schwer verständlich sein, wie in unserer Zeit zwei Schichtungssysteme sich wechselseitig durchdringen konnten: das erste ein Überrest der alten Feudalordnung, das zweite, das Kapitalistische, eine Nebenerscheinung der Mechanisierung selbst. Noch seltsamer aber muß es berühren, daß die neuentstandene kapitalistische Ordnung zunächst dazu beitragen mußte, den Bestand der Feudalordnung zu stützen.

Tatsächlich herrscht heute in den entscheidenden deutschen Staaten politisch und militärisch derjenige Rest der früheren Oberschicht, der sich in der Form eingesessenen Adels erhalten hat. Aus zwei Gründen konnte er seine Macht bewahren: einmal, weil sein gesunder Instinkt ihn an die Landwirtschaft fesselte, die unter der Betriebsform des Großgrundbesitzes im verflossenen Jahrhundert einen bedeutenden mechanistischen Aufschwung erlebte, und die noch heute eine starke Kontrolle der Landbevölkerung ermöglicht; sodann, weil eine Anzahl europäischer Dynastien, durch die kapitalistische Ordnung bedenklich gemacht, um so enger mit denjenigen Mächten verbündet zu bleiben wünschten, die durch Tradition ihren Häusern nahestanden, und die bei einem Umsturz am meisten zu verlieren hatten. Freilich wurden diese Erwägungen zumeist verlassen, sobald die Verhältnisse zu einer gewissen Reife gediehen waren: wie ein Kapitän beim Sturm sein Schiff lieber auf hoher See als verankert sieht, so wurde in solchen Fällen die Monarchie der Tragkraft der gesamten Nation anvertraut. So bestehen denn feudal verankerte Dynastien nur noch in Mitteleuropa.

Daß die zweite der bestehenden Schichtungen, die kapitalistische, und mit ihr die gewaltigste der einheitlichen Bewegungen unserer Zeit, der sozialistischen, nicht in den Mittelpunkt dieser Gesellschaftsbetrachtung gerückt ist, mag befremden und bedarf der Rechtfertigung.

Zweifellos ist es der schwerste Vorwurf, welcher der Zivilisation unserer Zeit gemacht werden kann, daß sie die Beschränkung eines Proletariats zuläßt, wenn unter einem solchen eine Bevölkerungsklasse verstanden wird, deren Angehörige unter normalen Verhältnissen zu selbständiger Verantwortung und unabhängiger Lebensführung nicht vordringen können. Die schärfste Zuspitzung dieses Vorwurfs: daß nämlich innerhalb dieser Klasse zeit- und stellenweise Not und Elend haust, wird als berechtigte Klage durchweg anerkannt und Abstellung der Übel mit Ernst und nicht ohne Erfolg angestrebt; so daß die Frage des Notstandes hier ausgeschieden werden darf.

Erstrebt nun der Sozialismus die Beseitigung wirtschaftlicher Ungerechtigkeit, die Hebung oder Umschmelzung des Proletariats, so muß diese Weltaufgabe mit hohem Respekt betrachtet und jeder Schritt zu ihrer Förderung als Zivilisationsetappe begrüßt werden. Doch darf man vom Standpunkt einer über den Augenblick hinausgehenden Betrachtung nicht übersehen, daß es sich hier um Remeduren, und zwar materielle Remeduren, nicht um absolute Schöpfung und Ideen handelt. Deshalb ist es dem Sozialismus nicht gelungen, eine Weltanschauung zu schaffen; was er über das materiell praktische Erstreben hinausgreifend zustande gebracht hat, ist stark anfechtbares popularphilosophisches Erzeugnis. Sozialismus bleibt Zeitaufgabe, solange er sich nicht zur Transzendenz zu erheben und neue Ideale für die gesamte Menschheit und ihren geistigen Besitz aufzustellen vermag. Dann aber würde sein innerstes Wesen sich wandeln und ein großer Teil des materiellen Rüstzeugs abgestreift werden müssen.

Aber auch innerhalb der Grenzen der Zeitaufgabe besitzt der Sozialismus nicht die Stärke der Konsequenz und Unausweichlichkeit, die ihn zum Pol der gesellschaftlichen Entwicklung machen könnte, denn er verkennt den Dualismus der Arbeit. Erfindung und Ausführung, Anordnung und Leistung werden sich niemals dauernd und grundsätzlich vereinigen lassen, am wenigsten in einer mechanistischen und arbeitsteilenden Gemeinschaft. Immer werden die intuitiv, phantastisch, künstlerisch und organisatorisch Veranlagten den handgreiflich, praktisch, suggestiv Veranlagten gegenüberstehen. Eine Arbeitsverschmelzung der beiden Kategorien ist innerhalb der uns bekannten menschlichen Eigenschaftszonen nicht denkbar, vielleicht nicht einmal wünschbar.

Befreit man somit das Problem von der nüchternen Phantastik mechanisch konstruierter Paradiese, so bleibt als Kern die große und ernste Aufgabe einer Reform des Proletariats. Ihre Lösung muß einsetzen an dem Punkte der höchsten Ungerechtigkeit: bei der lebenslänglichen, ja erblichen Unentrinnbarkeit des Proletarierschicksals. Die Lösung ist möglich, wenn sie darauf abzielt, die Einsperrung der Vermögen, ihre allzustarre Kettung an Personen, Familien, Genossenschaften zu sprengen, eine gerechtere Bindung des Wohlstandes an wirtschaftliches und geistiges Verdienst zu sichern und jedem die geistigen Werkzeuge erschwinglich zu machen, die zum Wettkampf befähigen. Diese Gesamttendenz habe ich vor Jahren mit dem Namen Euplutismus bezeichnet; ihre Mittel bestehen vornehmlich in der Beseitigung aller Rechte, die den Charakter von Privatmonopolen tragen, in der Beschränkung des Erbrechts, in einer gegen mühelose und ungerechte Bereicherung gerichteten Gesetzgebung, in der Ausgestaltung der Volkserziehung.

Sicherlich wird die Durchführung dieser Grundsätze Menschenalter erfordern, aber ebenso sicherlich wird sie erfolgen, und ihre Ergebnisse werden den Beweis erbringen, daß es zur Abstellung einer wirtschaftlichen Ungerechtigkeit keines Weltbrandes bedarf. Noch vor dieser Erfüllung aber wird das soziale Problem eine Umgestaltung erfahren, und zwar in dem Sinne, daß die Homogenisierung, weit über die Grenzen der bürgerlichen Gesellschaft hinausgreifend, einen bedeutenden und zwar den wertvollsten Teil des Proletariats assimiliert haben wird.

Denn schon heute erreichen, dem ehernen Lohngesetz zum Trotz, das seinen Trugschluß an die stillschweigende Voraussetzung unbeschränkten Arbeitsangebotes knüpft, die Einkünfte geschulter Qualitätsarbeiter ein höheres Niveau als das des bürgerlichen Durchschnitts, und gleichzeitig hiermit werden bürgerliche besitzschützende Interessen rege. Die mechanistische Produktion aber muß die ihr vorgeschriebene Richtung verfolgen und beständig danach trachten, mechanische Arbeit durch Überwachungsarbeit, ungeschulte durch Qualitätsarbeit zu ersetzen, die sie nicht nur höher bezahlen kann, sondern vielmehr so reichlich bezahlen muß, daß Aufmerksamkeit und Stimmung des Arbeiters ihren Zwecken erhalten bleiben. Wollte man dieser Bewegung vorwerfen, daß sie nach Auswahl der Qualifizierten ersten, zweiten und dritten Grades schließlich ein doppelt verelendetes Proletariat Unqualifizierter, Arbeitsunwilliger und Arbeitsunfähiger zurückläßt, so wäre zu erwidern, daß ein Idealzustand auf Erden freilich die Abschaffung aller wirtschaftlichen Beschränkung erfordern, daß dieser Idealzustand aber gleichzeitig die ausschließliche Existenz brauchbarer Menschen beanspruchen würde. Solange dies Ideal nicht erfüllt ist, wird es des Kontrastes zwischen beschränkter und reichlicher Lebensführung bedürfen, um Regungen der Indolenz zu überwinden, die der Gemeinschaft schaden. Freilich wird es um so dringender die Aufgabe der Gesellschaft sein, dafür zu sorgen, daß jeder Willige durch eigene Kraft dem Zustande der Beschränkung sich entwinden kann.

## Arnold Schönberg

# Das Verhältnis zum Text

Es gibt relativ wenig Menschen, die imstande sind, rein musikalisch zu verstehen, was Musik zu sagen hat. Die Annahme, ein Tonstück müsse Vorstellungen irgendwelcher Art erwecken, und wenn solche ausbleiben, sei das Tonstück nicht verstanden worden oder es tauge nichts, ist so weit verbreitet, wie nur das Falsche und Banale verbreitet sein kann. Von keiner Kunst verlangt man Ähnliches, sondern begnügt sich mit den Wirkungen ihres Materials, wobei allerdings in den anderen Künsten das Stoffliche, der dargestellte Gegenstand, dem beschränkten Auffassungsvermögen des geistigen Mittelstandes von selbst entgegenkommt. Da der Musik als solcher Stoffliches fehlt, suchen die einen hinter ihren Wirkungen rein formale Schönheit, die andern poetische Vorgänge. Selbst Schopenhauer, der erst durch den wundervollen Gedanken: »Der Komponist offenbart das innerste Wesen der Welt und spricht die tiefste Weisheit aus, in einer Sprache, die seine Vernunft nicht versteht; wie eine magnetische Somnambule Aufschlüsse gibt über Dinge, von denen sie wachend keinen Begriff hat«, wirklich Erschöpfendes über das Wesen der Musik sagt, verliert sich später, indem er versucht, Einzelheiten dieser Sprache, *die die Vernunft nicht versteht,* in unsere Begriffe zu übersetzen. Obwohl ihm dabei klar sein muß, daß bei dieser Übersetzung in die Begriffe, in die Sprache des Menschen, welche Abstraktion, Reduktion aufs Erkennbare ist, das Wesentliche, die Sprache der Welt, die vielleicht unverständlich bleiben und nur fühlbar sein soll, verlorengeht. Aber immerhin ist er berechtigt zu solchem Vorgehen, da es ja sein Zweck als Philosoph ist, das Wesen der Welt, den unüberblickbaren Reichtum, darzustellen durch die Begriffe, durch die nur allzuleicht zu durchschauende Armut. Und auch Wagner, wenn er dem Durchschnittsmenschen einen mittelbaren Begriff von dem geben wollte, was er als Musiker unmittelbar erschaut

hatte, tat recht, wenn er Beethovenschen Symphonien Programme unterlegte.
Verhängnisvoll wird solch ein Vorgang, wenn er Allgemeinbrauch wird. Dann verkehrt sich sein Sinn ins Gegenteil: man sucht in der Musik Vorgänge und Gefühle zu erkennen, so als ob sie drin sein müßten. Während es sich bei Wagner in Wirklichkeit so verhält: der durch die Musik empfangene Eindruck »vom Wesen der Welt« wird in ihm produktiv und regt eine Nachdichtung im Material einer andern Kunst an. Aber die Vorgänge und Gefühle, die in dieser Dichtung vorkommen, waren nicht in der Musik enthalten, sondern sind bloß das Baumaterial, dessen sich der Dichter nur darum bedient, weil der noch ans Stoffliche gebundenen Dichtkunst eine so unmittelbare, durch nichts getrübte, reine Aussprache versagt ist.
Diese Fähigkeit reinen Schauens ist äußerst selten und nur bei hochstehenden Menschen anzutreffen. Das erklärt, warum gewisse Schwierigkeiten den berufsmäßigen Bearbeiter in Verlegenheit setzen. Daß nämlich unsere Partituren immer schwerer lesbar werden, die relativ seltenen Aufführungen aber so rasch vorbeigehen, daß oft selbst der Sensitivste und Reinste nur flüchtige Eindrücke empfangen kann, macht es dem Kritiker, der berichten und beurteilen muß, dem aber meist die Fähigkeit fehlt, sich eine Partitur lebendig vorzustellen, unmöglich, auch nur mit jener Ehrlichkeit sein Amt zu versehen, zu der er sich vielleicht wenigstens dann entschlösse, wenn sie ihm nicht schadet. In absoluter Hilflosigkeit steht er der rein musikalischen Wirkung gegenüber, und deshalb schreibt er lieber über Musik, die sich irgendwie auf Text bezieht: über Programmusik, Lieder, Opern etc. Man könnte ihm das fast verzeihen, wenn man beobachtet, daß Theaterkapellmeister, von denen man etwas über die Musik einer neuen Oper erfahren möchte, fast ausschließlich vom Textbuch, von der Theaterwirkung und von den Darstellern schwätzen. Es gibt ja wirklich, seitdem die Musiker gebildet sind und meinen, das beweisen zu müssen, indem sie sich vor dem Fachsimpeln hüten, kaum mehr Musiker, mit denen man über Musik reden kann! Aber Wagner, auf den man sich sehr gerne beruft, hat enorm viel über rein Musikalisches geschrieben; und ich bin sicher, er würde diese Folgen seiner mißverstandenen Bestrebungen unbedingt desavouieren.
Nichts als ein bequemer Ausweg aus diesem Dilemma ist es daher,

wenn ein Musikkritiker über einen Autor schreibt, seine Komposition werde den Worten des Dichters nicht gerecht. Der »Rahmen des Blattes«, in welchem es immer gerade an Raum mangelt, wenn notwendige Beweise zu erbringen wären, kommt stets bereitwilligst dem Mangel an Ideen zu Hilfe, und der Künstler wird eigentlich wegen »Mangel an Beweisen« schuldig gesprochen. Die Beweise für solche Behauptungen aber, wenn sie einmal erbracht werden, sind vielmehr Zeugen fürs Gegenteil, da sie nur aussagen, wie einer Musik machen würde, der keine machen kann, wie die Musik also keinesfalls aussehen dürfte, wenn sie von einem Künstler sein soll. Das trifft sogar in dem Fall zu, wo ein Komponist Kritiken schreibt. Selbst wenn's ein guter ist. Denn im Moment, wo er Kritiken schreibt, ist er nicht Komponist: nicht *musikalisch inspiriert.* Wäre er inspiriert, so beschriebe er nicht, wie das Stück zu komponieren ist, sondern komponierte es. Das geht für den, der's kann, sogar schneller und bequemer und ist überzeugender.

In Wirklichkeit kommen solche Urteile von der allerbanalsten Vorstellung, von einem konventionellen Schema, wonach bestimmten Vorgängen in der Dichtung eine gewisse Tonstärke und Schnelligkeit in der Musik bei absolutem Parallelgehen entsprechen müsse. Abgesehen davon, daß selbst *dieses* Parallelgehen, ja ein noch viel *tieferes*, auch dann stattfinden kann, wenn sich äußerlich scheinbar das Gegenteil davon zeigt, daß also ein zarter Gedanke beispielsweise durch ein schnelles und heftiges Thema wiedergegeben wird, weil eine darauffolgende Heftigkeit sich organischer daraus entwickelt, abgesehen davon, ist ein solches Schema schon deshalb verwerflich, weil es konventionell ist. Weil es dazu führt, auch aus der Musik eine Sprache zu machen, die für jeden »dichtet und denkt«. Und seine Anwendung durch Kritiker führt zu Erscheinungen, wie zu einem Aufsatz, den ich einmal irgendwo gelesen habe: *Deklamationsfehler bei Wagner,* in dem ein Flachkopf zeigte, wie er gewisse Stellen komponiert hätte, wenn Wagner ihm nicht zuvorgekommen wäre.

Ich war vor ein paar Jahren tief beschämt, als ich entdeckte, daß ich bei einigen mir wohlbekannten Schubert-Liedern gar keine Ahnung davon hatte, was in dem zugrunde liegenden Gedicht eigentlich vorgehe. Als ich aber dann die Gedichte gelesen hatte, stellte sich für mich heraus, daß ich dadurch für das Verständnis dieser Lieder gar nichts gewonnen hatte, da ich nicht im geringsten durch sie genötigt war, meine

Auffassung des musikalischen Vortrags zu ändern. Im Gegenteil: es zeigte sich mir, daß ich, ohne das Gedicht zu kennen, den Inhalt, den wirklichen Inhalt, sogar vielleicht tiefer erfaßt hatte, als wenn ich an der Oberfläche der eigentlichen Wortgedanken haften geblieben wäre. Noch entscheidender als dieses Erlebnis war mir die Tatsache, daß ich viele meiner Lieder, berauscht von dem Anfangsklang der ersten Textworte, ohne mich auch nur im geringsten um den weiteren Verlauf der poetischen Vorgänge zu kümmern, ja ohne diese im Taumel des Komponierens auch nur im geringsten zu erfassen, zu Ende geschrieben und erst nach Tagen darauf kam, nachzusehen, was denn eigentlich der poetische Inhalt meines Liedes sei. Wobei sich dann zu meinem größten Erstaunen herausstellte, daß ich niemals dem Dichter voller gerecht geworden bin, als wenn ich, geführt von der ersten unmittelbaren Berührung mit dem Anfangsklang, alles erriet, was diesem Anfangsklang eben offenbar mit Notwendigkeit folgen mußte.
Mir war daraus klar, daß es sich mit dem Kunstwerk so verhalte wie mit jedem vollkommenen Organismus. Es ist so homogen in seiner Zusammensetzung, daß es in jeder Kleinigkeit sein wahrstes, innerstes Wesen enthüllt. Wenn man an irgendeiner Stelle des menschlichen Körpers hineinsticht, kommt immer dasselbe, immer Blut heraus. Wenn man einen Vers von einem Gedicht, einen Takt von einem Tonstück hört, ist man imstande, das Ganze zu erfassen. Genauso wie ein Wort, ein Blick, eine Geste, der Gang, ja sogar die Haarfarbe genügen, um das Wesen eines Menschen zu erkennen. So hatte ich die Schubert-Lieder samt der Dichtung bloß aus der Musik, Stefan Georges Gedichte bloß aus dem Klang heraus vollständig vernommen. Mit einer Vollkommenheit, die durch Analyse und Synthese kaum erreicht, jedenfalls nicht übertroffen worden wäre. Allerdings wenden sich solche Eindrücke meist nachträglich an den Verstand und verlangen von ihm, daß er sie für einen umgänglichen Gebrauch herrichte, daß er zerlege und sortiere, messe und prüfe, und in Einzelheiten auflöse, was man als Ganzes besitzt. Allerdings geht sogar das künstlerische Schaffen oft diesen Umweg, ehe es zur eigentlichen Konzeption gelangt. Wenn Karl Kraus die Sprache Mutter des Gedankens nennt, W. Kandinsky und Oskar Kokoschka Bilder malen, denen der stoffliche äußere Gegenstand kaum mehr ist als ein Anlaß, in Farben und Formen zu phantasieren und sich so auszudrücken, wie sich bisher nur der Musiker

ausdrückte, so sind das Symptome für eine allmählich sich ausbreitende Erkenntnis von dem wahren Wesen der Kunst. Und mit großer Freude lese ich Kandinskys Buch ›Über das Geistige in der Kunst‹, in welchem der Weg für die Malerei gezeigt wird und die Hoffnung erwacht, daß jene, die nach dem Text, nach dem Stofflichen fragen, bald ausgefragt haben werden.

Dann wird auch klar werden, was in einem andern Fall schon klar war. Kein Mensch zweifelt daran, daß ein Dichter, der einen historischen Stoff bearbeitet, sich mit der größten Freiheit bewegen darf und daß, wenn ein Maler heute noch Historienbilder malen wollte, er nicht genötigt wäre, mit einem Geschichtsprofessor zu konkurrieren. Weil man sich an das zu halten hat, was das Kunstwerk geben will, und nicht an das, was sein äußerer Anlaß ist. Weil also auch bei allen Kompositionen nach Dichtungen die Genauigkeit der Wiedergabe der Vorgänge für den Kunstwert ebenso irrelevant ist wie für das Porträt die Ähnlichkeit mit dem Vorbild, wo doch nach hundert Jahren keiner diese Ähnlichkeit mehr kontrollieren kann, während noch immer die Kunstwirkung bestehen bleibt. Und nicht deshalb besteht, weil, wie vielleicht die Impressionisten meinen, ein wirklicher Mensch, nämlich der scheinbar dargestellte, sondern der Künstler uns anspricht, der sich hier ausgedrückt hat, der, dem in einer höheren Wirklichkeit das Porträt ähnlich zu sehen hat. Hat man das eingesehen, so ist es auch leicht zu begreifen, daß die äußerliche Übereinstimmung zwischen Musik und Text, wie sie sich in Deklamation, Tempo und Tonstärke zeigt, nur wenig zu tun hat mit der innern und auf derselben Stufe primitiver Naturnachahmung steht wie das Abmalen eines Vorbildes. Und daß scheinbares Divergieren an der Oberfläche nötig sein kann wegen eines Parallelgehens auf einer höheren Ebene. Daß also die Beurteilung nach dem Text ebenso verläßlich ist wie die Beurteilung der Eiweißstoffe nach den Eigenschaften des Kohlenstoffs.

# Arthur Schnitzler

# [Vom Kriege. Aphorismen]

Das alberne Geschrei. National fühlen. Wie nützt man seiner Nation? Wie erweist man ihr seine Liebe? Dadurch, daß man schreit: Ich bin ein guter Deutscher! Wir sind die erste Nation! Dadurch, daß man die andern als minderwertig hinstellt? Man ist national, indem man innerhalb seiner Fähigkeiten das denkbar Höchste zu leisten bestrebt ist; so fördert man zugleich sich selbst und die Nation, der man angehört. Für die Nation von Bedeutung sind ausschließlich die, welche arbeiten; auf die, welche sich darauf beschränken national zu fühlen, kann sie verzichten.
Als wenn es sich immer noch um einen Vorrang handelte, als wenn es sich darum handelte, mehr zu sein als ein anderer und von diesem andern in diesem Sinn anerkannt oder gar gefürchtet zu werden. Es handelt sich ausschließlich darum, seine Fähigkeiten in einer bestimmten Richtung auszuarbeiten und sie mit Zielbewußtsein anzuwenden. Alles übrige versteht sich von selbst. Die Nationen, welche im Fortschritt begriffen sind, zeichnen sich immer dadurch aus, daß sie die Errungenschaften aller anderen Nationen in die Möglichkeiten ihrer Entwicklung aufnehmen.

Als Juden (als einem, der jüdischer Rasse entstammt) ist es mir im Lauf der Jahre oft genug begegnet, daß ich mich zu der Frage gedrängt fühlte: Warum kennt ihr uns nicht? Warum wollt ihr uns nicht kennen? Die, an die sich diese Frage richtete, eher ergrimmt und angeekelt als kummervoll, waren die Deutschen, unter denen ich lebte. Ich habe sie niemals laut ausgesprochen, denn sie konnte leicht mißverstanden werden. Mir fehlt jedes Bedürfnis, nicht nur in solchem Fall, mich an Leute anzuschließen, die mich nicht suchen. Ich habe mich nicht einsamer gefühlt, weil in dem Kreise, der sich um mich sammelte, Leute fehlten, die mich hätten verstehen können, ja, die mich ohne weiteres

verstanden hätten und gern verstanden hätten, wenn ihnen zufällig unbekannt geblieben wäre, daß ich ein Jude bin.
Und nun erlebe ich als Deutscher, als Angehöriger des deutschen Volkes, mit Millionen anderen Deutschen, mit Hunderttausenden, die mich nicht zu den Ihren rechneten, und die es vielleicht auch heute noch nicht tun, trotz der Zusammengehörigkeit, die von gemeinsam erduldeter Feindseligkeit stärker geschmiedet wird als von gemeinsam geatmeter Luft, gemeinsam geliebten Werken und Menschen; nun erlebe ich es wieder, daß ich mich frage, zusammen mit jenen, die mich nicht zu den Ihren rechneten: Warum kennt ihr uns nicht? Warum wollt ihr uns nicht kennen? Und diese Frage geht weit in die Welt hinaus, nach allen Himmelsrichtungen, in denen die Nationen, die Völker, die Staaten leben, die sich nicht nur mit kriegerischem Haß, nein, auch mit lang genährtem bürgerlichen Widerwillen gegen das große Deutschland wenden, in dem ich, ein Abkömmling jüdischer Rasse, ein Österreicher, mich jederzeit als dazugehörig, gleichberechtigt und mitverantwortlich gefühlt habe. Und ich frage nun die Deutschen, die gleich mir diese Frage nicht an die Feinde, nicht an die stellen, mit denen wir im Frieden leben, nein, die diese Frage zum wahrhaft neutralen Himmel aufsenden, die Frage: Warum kennen sie uns nicht? Warum wollen sie uns nicht kennen? Warum vergelten sie unser Verstehen mit Mißverstehen? Unsere Sympathie mit Abneigung? [unleserlich] schon frage ich, ob ihnen nun vielleicht eine Ahnung aufsteigt von [dem,] was all die Jahrzehnte in den Juden vorgegangen ist, die unter ihnen lebten, verstehend mit einer von manchen, für mein Gefühl, allzu demütig zur Schau getragenen Neigung, und in denen sie sich immer wieder fragen mußten: Warum kennt ihr uns nicht? Warum wollt ihr uns nicht kennen?

Heroismus als Gelegenheitstugend; derselbe Mensch vielleicht, der bei einem plötzlich ausbrechenden Brand ein Kind zertritt, führt seine Truppen ins feindliche Feuer.
Heroismus als Mittel, sich am Leben zu erhalten.
Feigheit unter Kontrolle.

Die Verschwörung der Völker gegen die Mächtigen ist ein gelegentlicher Vorgang, die Verschwörung der Mächtigen gegen die Völker der reguläre Zustand der Welt. Auch während des blutigen Krieges fühlt sich der König, wenn auch manchmal unbewußt, dem andern König, mit dem er im Krieg steht, näher und verwandter als seinem Stallmeister, seinem Minister oder selbst seinem Adjutanten.

Wodurch werden Kriege möglich?
1. durch die Schurkerei der Mächtigen, 2. die Dummheit der Diplomatie und 3. die Phantasielosigkeit der Völker.
Diese letzte wird unterstützt durch die in Geschichte und Politik übliche Flucht ins Abstrakte.
Schon die Mehrzahl an sich hat die geheimnisvolle Kraft, das Konkrete ins Abstrakte umzuzaubern.
Tausend Verwundete stellen sich für die Phantasie keineswegs so schlimm dar wie ein Verwundeter. Sie bedeuten nicht tausendmal eins, auch nicht eins, auch nicht einen Bruchteil von eins, sondern sogar etwas qualitiv anderes.
Es liegt im Interesse des Staates, diesen Denkfehler aufrecht zu erhalten, vom einzelnen abzusehen. Er selbst geht ja mit schlechtem Beispiel voran.
Die Unfähigkeit der Menschen, selbst der phantasievollen, sich etwas »vorzustellen«, ihre Phantasielosigkeit ist eine außerordentliche, immer wieder von neuem überraschende. Zu erklären ist sie nur als eine im Laufe der Zeiten allmählich entstandene innerliche Abwehr gegenüber der von den menschlichen Sinnen nicht zu ertragenden Grauenhaftigkeit der Welt. Könnte man sich den Tod vorstellen, so wäre das Leben gewissermaßen unmöglich. Und ebensowenig wie den Tod stellt sich jemals der Mensch Ende, Trennung, Leid wirklich vor. Was er gewohnt ist, als »Vorstellung« zu bezeichnen, ist Erinnerung, und zwar nicht einmal Tatsachenerinnerung, sondern Wort- oder Bilderinnerung. Daß alles, was geschieht, schon im nächsten Augenblick Erinnerung ist, macht das Dasein erst möglich. Manches, was wir Wahnsinn nennen, ist zweifellos nichts anderes, als eine durch angeborene oder erworbene Gefühlsintensität hervorgerufene Fähigkeit, den Augenblick festzuhalten, ihn nicht sofort zur Erinnerung werden zu lassen. Und Phantasie in ihrer höchsten Ausbildung bedeutet nichts anderes als Fixierung eines hohen Augenblicks; mit anderen Worten: Vergangenes, in manchen Fällen auch Zukünftiges, als Gegenwart zu

empfinden. Wäre diese Fähigkeit eine allgemeine oder bei gewissen Menschen eine ununterbrochen wirkende, so wäre damit gewissermaßen der im menschlichen Verkehr übliche (keineswegs der philosophische) Begriff der Zeit aufgehoben.
Wie aber die Herrschaft der Phantasie letzten Endes Wahnsinn bedeuten müßte, so bedeutet der vollkommene Mangel an Phantasie Schwachsinn. Und dieser Schwachsinn, ganz in der pathologischen Bedeutung des Wortes gebraucht, ist der geistige Zustand der Menschheit, an dem nicht nur die große Masse, sondern selbst diejenigen Leute teilnehmen, die durch Anlage, Beruf und Entwicklung als verpflichtet gelten könnten, mit wachem Bewußtsein die Geschichte der Menschheit zu begleiten oder selbst zu beeinflussen.

Ein ungeheures Mißverhältnis besteht zwischen der Empfindung, die den Soldaten bewegt, und dem Ausdruck, der Geste, die er ihr notgedrungen geben muß. Er lädt ein Gewehr, drückt ab, hat gewiß nicht das Bewußtsein, daß er nicht nur ein Menschenleben zerstört (oder als Artillerist hundert), Dutzende von Beziehungen vernichtet usw., sondern er hat jedenfalls eine Empfindung, die dem Sportlichen viel mehr verwandt ist als dem Menschlichen oder gar Philosophischen. Auch hier, wie in allem, was mit Politik nur entfernt zusammenhängt, kommt es darauf an, die Leute im Unklaren zu lassen. Die ganze Weltgeschichte ist eine Intrige der Mächtigen gegenüber dem Bewußtsein und der Phantasie des einzelnen, oder vielmehr der Masse.

Das einzige positive Moment, das immer wieder als Beweis dafür angeführt wird, daß wir in einer großen Zeit leben, ist der Umstand, daß eine Anzahl von Menschen in die Lage gesetzt wird, gewisse Eigenschaften, von denen man in normalen Zeiten nichts erfahren hätte, oder die in solchen Zeiten überhaupt nicht zur Entwicklung gekommen wären, also Tapferkeit, Opferfreudigkeit aufleuchten zu lassen. Wenn man nun bedenkt, daß dasselbe auch mit den schlechten Eigenschaften der Fall ist, von allen übrigen Übeln des Krieges gar nicht zu sprechen, so muß man sagen, daß jenes bestenfalls ästhetische Vergnügen, einen Schneidergesellen als Helden zu bewundern, doch etwas allzu teuer bezahlt wird. Sehr sonderbar, daß gerade diese gewissermaßen ästhetische Betrachtungsweise des Krieges von denjenigen Leuten geübt wird, die eine ungeheure Verachtung für das Ästhetentum zur Schau zu tragen pflegen.

Niemals ist wirklich für eine Idee Krieg geführt worden; weder für eine nationale noch für eine religiöse. (Das läßt sich nicht nur in diesem Krieg nachweisen.) Aber die Ideen werden immer vorgeschützt, als Banner vorangetragen, sozusagen als Fahnen der Seele. Man kann natürlich jede Phrase zu einer Idee ernennen. Dies gehört zu den Hauptaufgaben des Politikers, der das Gleichgewicht auch dadurch wiederherstellt, daß er aus jeder Idee eine Phrase macht.

Der Haß gegen die Leute, die sich am Krieg bereichern und von ihm leben, hat die Abneigung gegen diejenigen allzusehr in den Hintergrund treten lassen, die ihre Existenz auf die Möglichkeit, die Erwartung, das ununterbrochene Inbetrachtziehen des Krieges gegründet haben: die Militärs und die Diplomaten. Durch sie wird auch der Friede ewig mit Kriegsgedanken vergiftet.

Nicht auf die Grenzregulierungen kommt es an, sondern darauf, daß eine Zeit kommt, in der es vollkommen gleichgültig ist, wo die Grenzen verlaufen, wo Grenzen nur mehr eine administrative Bedeutung haben, ganz in der gleichen Weise, wie heute etwa eine Grenzlinie zwischen zwei italienischen Städten, die vor Jahrhunderten im Kampf miteinander gelegen sind, nicht mehr die Bedeutung hat, daß die Bürger dieser Städte einander hassen und totschlagen dürfen und sich manchmal einbilden, es tun zu müssen.

Große Zeit, das ist diejenige, in der die Entdeckungen und Erfindungen, die in der kleinen Zeit gemacht worden sind, zur Tötung und Verstümmelung von Menschen sowie zur Vernichtung der in der kleinen Zeit entstandenen Werte und Werke ausgenützt werden.

So lange der Krieg als eine Möglichkeit überhaupt in Betracht kommt, d. h. also, so lange es Berufszweige gibt, die auf die Möglichkeit eines Krieges gestellt sind, ferner so lange es auch nur einen Menschen gibt, der durch den Krieg seinen Reichtum vergrößern oder solchen erwerben kann und der zu gleicher Zeit die Macht hat oder den Einfluß, einen Krieg herbeizuführen, genau so lange wird es Kriege geben. Und hier ist die Frage des Weltfriedens anzupacken, nirgends anders. Weder in religiösen, noch in philosophischen, noch in ethischen Motiven. Diese spielen absolut keine Rolle. Weder die Vernunft, noch das Mitleid, noch die Ehre dürfen wir mit der geringsten Aussicht auf Erfolg anrufen. Es handelt sich ausschließlich darum, die Ordnung der Welt so umzugestalten, daß kein Mensch, auch nicht ein einziger, weder in Freundes- noch in Feindesland, die geringste Aussicht hat, seine persönlichen Verhältnisse durch einen Krieg zu verbessern. Unmöglich? So lange das unmöglich ist, hat die Friedensbewegung nicht die entfernteste Aussicht auf Erfolg. Mit Tiefsinn und mit Sentimentalitäten werdet Ihr weder die Herzen der Diplomaten, noch die der Attachés, noch die der Generäle, noch die der Heereslieferanten rühren.

Es wird sich darum handeln, daß unter den Millionen, die jetzt ihr Leben für Ideale aufs Spiel setzen, so für nationalistische, kapitalistische, bestenfalls für die Verteidigung des Vaterlandes, sich später einige wenige finden, die gewillt sein werden, das Leben für etwas, das sogar noch höher ist als die Verteidigung des Vaterlandes, für die Befreiung der Menschheit aufs Spiel zu setzen.

Die Solidarität der Mächtigen ist viel stärker als die der Völker. Sie geht durch die Jahrhunderte einher, und es besteht (in gewissem Sinne) eine stärkere Zusammengehörigkeit zwischen den römischen Caesaren, den Königen von Frankreich und den Zaren als zwischen den gleichzeitig lebenden Proletariern zweier Nachbarvölker. Die Solidarität der Mächtigen ist eine solche der Idee, die der Völker eine solche der Not.

# Georg Simmel
# Das Problem des Porträts

Die allgemeine Meinung wird es für die Aufgabe der Malerei erklären, die Sichtbarkeit der Welt im Bilde, das heißt nach den Gesetzen künstlicher Formung darzustellen. Aber diese Sichtbarkeit der Welt enthält ein Problem, das diese einfache Formulierung nicht ohne weiteres verrät. Was wir nämlich an einem Menschen (auf ihn als Aufgabe der bildenden Kunst beschränken wir uns) wirklich sehen, das bloß Optische, sinnlich Aufgenommene seiner Erscheinung ist keineswegs dasselbe, was wir in der Gewohnheit des täglichen Lebens als das Sichtbare bezeichnen. Denn dieses angeblich Sichtbare ist ein buntes Gemenge des wirklich Gesehenen mit Ergänzungen äußerer und innerer Art, mit Gefühlsreaktionen, Schätzungen, Verknüpftheiten mit Bewegungen und Umgebungen; dazu kommt der Wechsel in Standpunkt und Anteilnahme des Beobachters, kommen die praktischen Interessen, die sich zwischen Mensch und Mensch knüpfen, – kurz, der Mensch ist dem Menschen ein fluktuierender Komplex von Eindrücken aller Sinne und seelischen Assoziationen, von Sympathien und Antipathien, von Urteilen und Vorurteilen, Erinnerungen und Hoffnungen. Alles dies tritt uns mit der körperlichen Erscheinung des Menschen gegenüber, und aus diesem Knäuel das herauszulösen, was wir wirklich *sehen,* das rein sinnlich Optische daran, jenseits aller Deutungen und Hinzufügungen, uns zu besonderem Bewußtsein zu bringen, haben wir in der Regel weder Interesse noch Möglichkeit. Andererseits sehen wir auch zu wenig, wir bemerken unzähliges Sichtbare nicht, weil unsere Aufmerksamkeit sich nicht darauf richtet, weil kein praktischer Wert sich daran knüpft. Was wir populärerweise das Bild des Menschen nennen und auch eigentlich zu sehen glauben, ist sehr viel mehr und sehr viel weniger als seine wirkliche Sichtbarkeit.

Dieses wirklich Sichtbare am Menschen herauszustellen, ist das erste Amt des Porträts; es zeigt das, was wir an dem Menschen mit dem reinen Sinne sehen, das heißt sehen könnten, wenn dieser Sinn hinreichend selbständig wäre. Das Auge des Malers hebt aus dem unabsehlich vielgliedrigen und zugleich fragmentarischen Geflecht, das uns für die Praxis des Tages den bestimmten Menschen bedeutet, das rein optische Sinnenbild heraus. Es vollzieht die Abstraktion des rein Anschaulichen aus der verworrenen Wirklichkeit des Menschen – keine intellektuelle Abstraktion natürlich, sondern eine sinnliche, und selbstverständlich keine wörtliche Reproduktion dieser Erscheinung wie die Photographie. Jedenfalls aber, da der Maler nur jenes rein augenmäßige, durch Form und Farbe wiederzugebende Phänomen zur Verfügung hat, so kann auch die künstlerische Umbildung, die er mit dem Naturgegebenen vornimmt, sich ausschließlich an diesem sinnlich Gegebenen vollziehen. Dies ist gar nicht so selbstverständlich, wie es klingt. Immer wieder hört man, der Porträtist offenbare das, was hinter der sinnlichen Erscheinung liegt, er lege das seelische Wesen des Menschen dar, das Bild sei das Symbol für eine Idee oder einen Typus und ähnliches. Wie das Porträt den damit bezeichneten Ansprüchen genügt, wird sich später zeigen. Unmittelbar jedenfalls sind sie ganz irrig. Nicht das jenseits der Sichtbarkeit Gelegene ist der malerische Gegenstand, sondern er selbst, rein als Erscheinung, wird durch Formung und Beleuchtung, durch Betonen und Zurückstellen, durch Verschieben und Weglassen, durch Aufbau und Wahl des Augenpunktes zu höchster Deutlichkeit gebracht, zur Höhe des Reizes, zum Gefühl seiner Gesetzmäßigkeit. Ganz allein die sichtbare Oberfläche und das Verhältnis ihrer Teile zueinander trägt diesen Reiz und diese Gesetzmäßigkeit. Den natürlichen Zusammenhängen, die diese Oberfläche mit allem Nicht-Sichtbaren dieses Körpers und dieser Seele, dem gesamten Leben und dem Kosmos in realer Unlöslichkeit verknüpfen, entreißt der Maler allein dieses von außen Sichtbare. Rein nach den malerischen Forderungen der Klarheit, der Charakteristik, der optischen Harmonie ist es notwendig, daß dieser Mund so und so gebildet wird, wenn diese Nase dasteht, daß diese Augen gerade nur zwischen dieser Stirn und diesen Wangen stehen können. Die Struktur und Dynamik des ganzen Körpers unter der Haut, des ganzen Weltverhältnisses des Menschen ist freilich in die Oberflächenbeschaffenheit eingegangen – wie es Goethe sagt: »Es ist nichts in der Haut, was nicht in Knochen ist.« Ist diese aber erst einmal zustande gekommen, hat der

Künstler erst einmal sozusagen den ganzen Menschen auf die Ebene der Sichtbarkeit projiziert, so hat er ausschließlich die Gesetzlichkeit und ästhetische Bedeutung eben dieses Sichtbaren zum Ausdruck zu bringen: sein Werk ist die Vollendung des Sehens in sich selbst, die Herausarbeitung des Sinnes der bloßen Erscheinung als solcher, ihrer Reize, ihrer inneren Notwendigkeit.

Man empfindet indes ohne weiteres, daß die Forderungen an das Porträt hiermit nicht vollständig ausgedrückt sind. Leonardos Satz: die Malerei habe zwei Dinge darzustellen, den Menschen und die Seele – enthält in vielleicht etwas primitiver Form einen Anspruch, den keine artistische Theorie einfach wegdekretieren kann. Es kann nicht ein durchgängiges Mißverständnis sein, wenn man jederzeit von dem Menschenbildnis verlangt hat, es müsse uns ein Seelisches zugängig machen, das über das unmittelbar Sinnliche, das räumlich Optische hinausreiche, und wenn man dies Verlangen auch in größerem oder geringerem Maße erfüllt findet. Unmittelbar erscheint dies durch den Eindruck gerechtfertigt, den der lebendige Mensch von der Gegenwart des anderen lebendigen Menschen erhält. Es ist nämlich die naheliegende Meinung gänzlich abzuweisen, daß wir auch hier den anderen nur mit dem Auge sehen, daß er unserer Wahrnehmung zunächst nur ein Stück farbige Materie ist, das sich bewegt und Laute von sich gibt, kurz, eine Marionette ist, in die wir erst durch die Erfahrung an uns selbst, durch Assoziation und Konstruktion ein seelisches Leben, seelische Wesensart und Inhalte hineinlegen. Ich bin überzeugt, daß der Körper und die Seele nicht zwei »Teile« des Menschen sind, die ihn erst zusammensetzen und von denen der eine unmittelbar sinnlich gegeben ist, der andere erst erschlossen werden muß. Vielmehr, der Mensch ist eine lebendige Einheit, die erst durch eine nachträgliche Abstraktion in jenes beides zertrennt wird, und als diese Einheit nehmen wir ihn auch wahr. Nicht das Auge in seiner anatomischen Einzelbedeutung als ein isoliertes Instrument, sondern unser einheitliches Sein, der ganze Mensch, wird des anderen ganzen Menschen gewahr, und die einzelnen Sinne sind nur die Kanäle, durch die die Gesamtwahrnehmungskraft unseres Wesens fließt. Wie der Wahrnehmende selbst eine Totalexistenz ist, die in jeder ihrer besonderen Funktionen doch ganz lebt, so ist für ihn auch der Wahrgenommene von vornherein der beseelte Leib als eine Einheit, die nicht erst durch eine nachträgliche komplizierte Synthese zustande kommt. Freilich bewirken die Zufälligkeiten, Zersplitterungen, Unvollkommenheiten unseres empirischen Lebens, daß diese Einheit nicht in ihrer ganzen Rundheit, als restlos geschlossene wirksam wird, sie wird einseitig, fragmentarisch, durch die Schwankungen unserer Kräfte und Interessen abgebogen und zersetzt. Allein sie besteht als Grundmotiv, als zuerst und zuletzt Entscheidendes über all den Teilwahrnehmungen und Differenziertheiten, den Trennungen und Wiederzusammensetzungen, in denen der Mensch sich dem Menschen bietet. Schließlich lebt alle Kunst auf dieser Basis: daß anthropologisch Körper und Seele eine Einheit seien, wie metaphysisch Realität und Idee eine Einheit sind. Alle Bemühungen der Denker, den Zusammenhang von Körper und Seele herzustellen, als Wechselwirkung, Parallelismus oder wodurch immer, wollen nur nachträglich die auseinandergeschnittenen Stücke dessen wieder zusammenflicken, was uns tägliches unmittelbares Erlebnis ist: die Lebenseinheit des Menschen, die wir durch alle Verselbständigungen des Körpers und der Seele hindurch fühlen.

Ist aber diese Zerspaltung des Menschen einmal geschehen, so wird jede der beiden Seiten zum Ausgangspunkt für sein Verständnis; jetzt muß er gedeutet werden, statt in unmittelbarer intuitiver Auffassung ergriffen zu werden. Die Praxis des Lebens und die Kunst versuchen dies auf Wegen, die in eigentümlicher Weise gleichlaufend und entgegenlaufend sind. Das praktische Interesse knüpft sich, mit einigen auf der Hand liegenden Ausnahmen, an das seelische Verhalten der Menschen; wir werden im Fassen und Ausführen unserer Pläne, in Glück und Leiden, in Schicksal und Arbeit eben schließlich dadurch bestimmt, wie andere Menschen, das heißt, andere Seelen zu uns stehen, ob sie klüger oder törichter sind als wir, ob sie uns lieben oder hassen, ob sie unsere Bestrebungen fördern oder hemmen. Nichts anderes ist gemeint, wenn ein so praktisch realistischer Mensch wie Napoleon sagt, der Krieg wäre eine Sache der Psychologie. Im letzten Grunde ist es nächst der eigenen Seele die Seele des anderen Menschen, was unser Schicksal entscheidet. Darum ist innerhalb des praktischen Handelns der Körper des Individuums, sein Aussehen, seine Bewegungen, seine Äußerungen für die anderen Individuen nur eine Art Buchstabenschrift, die ihren uns angehenden Sinn in seinen Gesinnungen und Stimmungen, seinen Absichten und seelischen Energien hat. Auf die reine Körperlichkeit des Menschen konzentrieren wir uns aus ästhetischen oder sensuellen Gründen, aber in der eigentlich lebensbestimmenden Praxis eilen wir über sie hin zu seinen seelischen Beschaffenheiten und Bewegtheiten, für die uns seine Körperlichkeit nur die Brücke, das Symbol, der Interpret ist.

Diese Richtung des Verhältnisses von Leib und Seele dreht sich, wie wir sehen werden, für die Kunst um, und zwar auf Grund davon, daß sie schon in ihrer Voraussetzung ein besonders schwieriges Problem zeigt. Jene Lebensweisheit, jenseits der Scheidung der beiden Parteien stehend, gilt doch nur für den realen gegenwärtigen Menschen; er freilich, wie er ins Zimmer tritt, ist jene Totalexistenz, die der Beschauer auch als solche im Eindruck physisch-psychischer Ungeschiedenheit aufnimmt. Allein das Bild enthält diese Einheit jedenfalls nicht. Der Beschauer steht nicht einem vollen Leben, sondern einem Nebeneinander von Farbenflecken gegenüber, der bloßen Form und Farbe einer Oberfläche. Und nun erhebt sich eben die Frage: wie kann diese Erscheinung auf der Leinwand, diese Abstraktion, dennoch die Vorstellung eines Innenlebens, einer Seelenhaftigkeit und ihres bestimmten Charakters hervorrufen? Eine bloße Assoziation, aus der Gewohnheit heraus, immer einen menschlichen Körper mit einer Seele verbunden zu sehen, wäre eine völlig unzulängliche Erklärung. Selbst wenn wir auf solche Eigenerfahrung hin die Beseeltheit überhaupt erkennen würden, so doch niemals, welche besondere Beseeltheit. Denn dabei wäre vorausgesetzt, daß ein genau gleicher Körper in seiner Verbindung mit einer ganz bestimmten Seele bekannt wäre – was ebenso unannehmbar und phantastisch wäre, wie wenn man die jetzt geforderte Erfahrung aus einzelnen Stücken von ungefähr ähnlichen Erfahrungen zusammenleimen wollte; denn hiermit wäre das Entscheidende: die *Einheit* der organischen Erscheinung, die das bloße Nebeneinander der Stücke übergreift und sich gar nicht mechanisch aus ihnen zusammensetzen läßt, gerade nicht erklärt. Wir müssen also einen andern Weg einschlagen, um die Beseeltheit des Porträts zu verstehen, dessen rein äußerlich optischen Charakter ich ja gerade vorangestellt hatte.

Aus dieser letzteren Tatsache folgt zunächst, daß das seelische Element in der bildenden Kunst eine ganz andere Art von Bedeutung hat als in der Poesie. Für diese ist das seelische Leben der Stoff ihrer künstlerischen Umgestaltung, sie organisiert und stilisiert dieses Leben, bis es über alle Wirklichkeit hinweg als geschlossene, rein künstlerische Vision dasteht. Innerhalb der bildenden Kunst aber ist das Seelische kein eigener Gegenstand der Bearbeitung, sondern es kann nur dem körperlichen Phänomen folgen; nur als Seele dieses bestimmten anschaulichen Körpers ist es dem Porträt von Wert, niemals aber für sich allein wie der Poesie. Dieser Leistungswert seiner besteht nun darin – und das ist das Entscheidende –, daß das, was wir die *Einheit* eines Gesichts nennen: die gleichmäßige Belebtheit der Züge, ihr gefühltes Zusammenwirken, die Bedingtheit eines jeden durch jeden anderen – daß dieses dadurch offenbart oder davon getragen wird, daß sie in ihrer Gemeinsamkeit eine Seele ausdrücken. Wenn mit Mitteln der reinen Anschaulichkeit, über die der Maler allein verfügt, eine gewisse Organisiertheit und gegenseitige Bestimmung der Formelemente erreicht ist, ein rein anschauliches Aufeinander-Hinweisen der Züge, eine Gesetzmäßigkeit in ihren Verhältnissen, so entsteht die Vorstellung der Beseelung dieser Körperlichkeit. Und, in der anderen Richtung gesehen: sobald irgendwie nur die Vorstellung der Beseeltheit von dem Oberflächenbilde ausgeht, bedingt sie in ihm eine außerordentlich verstärkte Einheit, eine Art zusammenhaltenden Lebens, als wäre die unzerlegbare Wurzel jetzt fühlbar, die all die Formen der Oberfläche emporgetrieben hat. Hier liegt in der Tat eine Art Wechselwirkung vor: die körperliche Erscheinung läßt vermöge ihrer künstlerischen Vereinheitlichkeit im Beschauer die Vorstellung einer Seele anklingen, und diese wirkt zurück und gibt der Erscheinung gesteigerte Einheit, Halt, gegenseitige Rechtfertigung der Züge. Diese Wechselwirkung ist die künstlerische Form, in die sich die unmittelbare Einheit der Realität von Körper und Seele auseinanderlegt und in der sie sich von neuem beweist. Einheit in genauem Sinne ist Seele, denn alles Körperliche als solches liegt in unüberwindlichem Außereinander. Der Organismus freilich ist schon eine Einheit, aber ganz eng und streng wird sie erst im beseelten Organismus. Erst in der Seele geht eine Verwebung, eine Durchdringung, eine Innigkeit des Ineinander der Dinge vor sich, zu der die Außenwelt überhaupt keine Analogie besitzt und die die Seele eben nur dadurch, daß sie selbst Einheit ist, hervorbringen kann. Wo die Einheit der Züge auseinanderzufallen droht, wie bei weitem Aufreißen der Augen, Aufsperren des Mundes, schlaffem Herabhängen der Wangenmuskeln, haben wir deshalb den entschiedenen Eindruck von herabgesetztem seelischen Leben, ja von »Entgeistertheit«. Darum ist im Kunstwerk, das die Lebenseinheit in einem bloßen Oberflächenbild darstellt, jene Einheit der Züge – wir nennen sie hier Notwendigkeit, Harmonie, Gesetzlichkeit – nichts anderes als ihr Getragensein von einer Seele. In der Wirklichkeit haben wir die naive, undifferenzierte, unmittelbar gelebte Einheit; das Kunstwerk, die Elemente auseinanderlegend und einem von ihnen die Führung übertragend, gewinnt damit eine zwar viel gefährdetere, aber auch viel tiefer notwendige, bewußter und energischer wirkende Einheit. Die Seele ist das zusammenhaltende, ordnende Gesetz der Züge, die allein die malerische Realität sind – wie das Naturgesetz weder die Sache selbst ist, noch irgendwo außerhalb der Sache ist, sondern die Ordnung und die verständliche Einheit und das gegenseitige Verhältnis der Sachen ausmacht.

Daß das überhaupt möglich ist, daß eine durch Farbflecke repräsentierte Oberfläche eine Seele in sich zu tragen scheint, daß diese empfundene Seele jene Oberfläche wieder zu einem sinnvollen, in sich einheitlichen Gebilde macht, das geht natürlich auf jenes Grundgefühl des noch nicht in Parteien auseinandergegangenen Lebens zurück. Die Richtung aber, in der die bildende Kunst diese Einheit wiederherstellt, indem sie sich ihrer für ihre Zwecke bedient, ist diese: sie benutzt sozusagen die Beseeltheit des Menschen, um für sein anschaulich künstlerisches Bild, das sie entwirft, jene Einheit, Zusammengefaßtheit, Gesetzlichkeit zu verstärktem, gesichertstem Eindruck zu bringen. Die Praxis des Lebens war umgekehrt gerichtet gewesen: Art und Bewegtheit des Körpers ist ihr ein Mittel, zur Seele zu dringen und sie zu deuten. Dies aber auch als die Absicht der Porträtkunst anzusehen, ist ein völliger Irrtum – gleichviel ob das theoretische Bewußtsein mancher Künstler ihn teilt. Es muß absolut festgehalten werden, daß dem Maler in erster und letzter Linie nur Farbflecken zur Verfügung stehen, daß sein Endzweck nur die künstlerisch vollkommene Gestaltung der optischen Erscheinung, der Oberfläche des Menschen sein kann. Diese kann für ihn unmöglich zum bloßen Mittel werden, um zu etwas zu gelangen, was nicht sichtbar ist. Malerei ist nicht Psychologie, und wenn ihr Zweck wäre, uns die Seele eines Menschen zu offenbaren, so wäre das Porträt eines Menschen ersichtlich gänzlich überflüssig, falls uns seine Seele etwa durch andere Mittel, durch unmittelbare Beobachtung, durch Zeugnisse und Bekenntnisse bekannt würde. Kunst ist, wie Schopenhauer sagt, »überall am Ziele«, sie ist kein Durchgangspunkt für anderes als sie selbst. Nur das, was außerhalb des spezifischen Sinnes des einzelnen Kunstwerks liegt, kann ihm zum Mittel werden, wie hier die Seele. Will man überhaupt von dem Begriff von Zweck und Mittel innerhalb der Kunst Gebrauch machen, was immer etwas Bedenkliches hat – so kann alles, was jenseits der künstlerischen Vollendung der Erscheinung, rein als geformter und farbiger Erscheinung steht, nur als Mittel für eben diese Vollendung gelten. Sonst stünde das Porträt nicht über jeder Tendenzkunst, die die künstlerischen Werte zu Zwecken benutzt, die außerhalb dieser künstlerischen Werte selbst liegen. Wenn das eigentliche Problem des Porträts: welche Bedeutung denn der Ausdruck des Seelischen für die Wiedergabe der rein körperlichen Oberfläche habe, diese Antwort findet, so ist sie natürlich eine nur prinzipielle, die in der tatsächlichen Porträtkunst in einer Unzahl von Modifikationen und Abbiegungen auftritt. Die künstlerische Umbildung fordert, daß gegenüber der empirischen Erscheinung der Eindruck der Einheit der Gesichtszüge außerordentlich verstärkt und vertieft werde. Denn von dem realen Menschen haben wir ohne weiteres, aus dem vorhin angeführten Grunde, an seinen Bewegungen und Äußerungen das Wissen um seine einheitliche Wesenheit. Das Porträt aber muß dieses Wissen durch den bloßen Anblick von stabilen Formen und Farben, insbesondere der Gesichtszüge, erst *erzeugen*, muß jenes Gefühl des vollen Ganzen durch diesen eigentlich abstrakten Teileindruck ersetzen. Man könnte nun daran denken, statt des Eindrucks von der Seele, die diese Aufgabe löst, andere Mittel zu gebrauchen. Es ließe sich der Zusammenhalt, die Einheit, durch eine formale Gestaltung erreichen, die sich in genauerem Sinne an die bloße Oberfläche hielte. Wir nennen doch eine Arabeske auf ihre genaue Symmetrie, auf eine gewisse Harmonie und Gleichmäßigkeit ihrer Kurven und Winkel hin, einheitlich, während andere mit wirren, zufälligen, voneinander unabhängigen Elementen als uneinheitlich empfunden werden. Die artistische Aufgabe der Vereinheitlichung auch der menschlichen Erscheinung wäre vielleicht auf diese ornamentale Weise und ohne die Einheitsleistung der Seele herbeizurufen lösbar. Dieses Experiment ist tatsächlich in gewissem Umfang gemacht. Die Geschichte des Menschenbildnisses zeigt, daß die Erscheinung um so strenger stilisiert, um so formalsymmetrischer bis zum Geometrischen hin, um so mehr im ornamentalen Sinne ausgeglichen und geschlossen ist, je weniger der Ausdruck der Seele gesucht wird oder gelingt. In einem großen Teil der primitiven wie der hieratisch ägyptischen Kunst wird die Erscheinung in eine Form eingestellt, die an und für sich, auch jenseits der menschlichen Gestalt, einen in sich geschlossenen Sinn hat und dadurch die Einheit des in sie Hineingestalteten von vornherein anschaulich garantierte: der Kreis, das Dreieck oder Viereck, die genaue Symmetrie der Hälften um die Mittelachse herum. Die Einheit kommt hier nicht aus dem Gegenstand selbst, wächst nicht organisch in und aus ihm, sondern es besteht ein für sich allein schon sinnvolles rationales Schema, in das die Erscheinung eingestellt wird und das ihr seine eigene Einheitlichkeit mitteilt. In der klassischen Kunst der Griechen und der Renaissance ist diese Gestaltungsart noch keineswegs ganz verschwunden, sie ist nur sehr viel biegsamer, lebendiger, komplizierter geworden und zum großen Teil schon durch die andere Form oder Kraft der Einheit ersetzt: durch den Ausdruck der Beseeltheit. Man kann genau verfolgen, daß das eine Prinzip gerade in dem Maße dominiert, in dem das andere zurücktritt. Zu vollkommener Herrschaft aber kommt die Seelenhaftigkeit als zusammenhaltende Funktion der Erscheinung erst bei Rembrandt. Wir verstehen daraus vor allem den unendlichen Reichtum an Elementen und Nuancen, mit dem Rembrandt die frühere Kunst übertrifft. Denn soweit es noch an der Seele als allein zusammenhaltender Kraft fehlt, soweit noch ein geometrisierendes Schema sie vertritt, müssen die Elemente reduziert, vereinfacht werden, um in diesem unterzukommen. Die Seele ist ein soviel weiter ausgreifendes, tiefer erfassendes, bewegter schwingendes Gestaltungsprinzip, daß sie ihre Macht über ganz frei spielende, unendlich differenzierte, mit der Berechnung gar nicht festzulegende Elemente üben kann. Den äußersten Pol dieser Reihe stellen gewisse Porträtbüsten von Rodin dar, die mit offenbarer Absichtlichkeit noch die letzte Schematik: die Symmetrie der beiden Gesichtshälften zerstören, deren Ungleichheit fast übertreibend betonen; die Seele zeigt vielleicht erst hier das Unbegrenzte ihrer Möglichkeiten. Natürlich kann auch jene frühere Kunst des Elementes der Seele für den Zusammenhalt der menschlichen Erscheinung nicht ganz entbehren, ebensowenig wie Rembrandt dasjenige, was ich das ornamentale Prinzip nannte,

gänzlich ausschaltet: das rein formale Aufeinander-Angewiesensein der Oberflächenteile, den Zusammenhalt durch ihr dekoratives Verhältnis. Es kommt nur darauf an, welches der beiden diametral entgegengesetzten Prinzipien den entscheidenden und gewollten Dienst für die Vereinheitlichung der menschlichen Erscheinung leistet. –
Das Verhältnis aller Kunst zum Leben wird man so bezeichnen können, daß gegenüber der bunten, unruhig flutenden, aus unzähligen heterogenen Elementen durcheinandergemischten Ganzheit des realen Lebens jede Kunst ein Element, die Welt eines Sinnes, eine Möglichkeit des Fühlens und Formens heraushebt und damit einen umfriedeten Bezirk schafft, der vielerlei Inhalte der Welt aufnimmt und nach seinen besonderen Gesetzen gestaltet. Aber immerhin ist jede etwas Einseitiges, auf einen Ton Abgestimmtes, während die Wirklichkeit all ihre Inhalte ineinander webt und sie für jedes Individuum in die große Einheit seines Lebens einstellt. Innerhalb aber dieser Einheit zeigt das Leben Zerreißungen, Fremdheiten, unversöhnliche Gegensätze seiner Elemente und Richtungen, von denen die Selbstbeschränkung der Kunst nichts weiß. Die Kunst als ganze ist viel einseitiger, die Summe ihrer Leistungen untereinander viel unberührsamer, fremdsprachiger als das Leben ist, dagegen aber die einzelne Kunst in sich unendlich einheitlicher und in ihren Inhalten inniger verwandt. In der erlebten Welt ist zugleich mehr Nähe und mehr Ferne der Elemente, als in der künstlerisch gestalteten. In dieses Bild von der Weltstellung der Kunst ordnet sich die Auslegung der Porträtkunst ein. Deren Bedeutung muß erst, in genauer Beschränkung, auf den Gesichtssinn eingestellt werden, auf den der Maler allein angewiesen ist. Erst wenn dies gesichert ist, darf die Theorie fragen: wo aber bleibt die Seele, das unanschaulich innerliche Moment, das doch das Porträt in seiner Wirklichkeit unzweifelhaft darbietet? Nun erst konnte diesem die enge, künstlerisch klare Beziehung zu dem körperlichen Phänomen zugewiesen werden. Gewiß, in der Lebenswirklichkeit ist prinzipiell Körperliches und Seelisches unmittelbarer als Eines empfunden, als Eines wirksam. Allein dennoch, in der einzelnen Erfahrung bricht beides oft auseinander, ist beides gegeneinander zufällig, oft fremd, gegensätzlich, ohne feste Beziehung. In dem Begriffe der Kunst scheint sich beides weiter gegeneinander zu spannen, um sich dadurch, daß die Beseeltheit als das vereinheitlichende Moment der Anschauung selbst erkannt wird, um so

wirkungskräftiger, sinnvoller, als zusammengehörig zu erweisen. So hat zwar die Lebenswirklichkeit eine innere Kraft, ein mächtiges Ineinanderwachsen ihrer Elemente, vor dem die Kunst als dürftig einseitige Spiegelung erscheinen könnte. Aber das Leben muß dies mit dem Chaos, mit tausend Brüchen und unbegreiflichen Zufälligkeiten und Feindseligkeiten seiner Elemente bezahlen. In der Umschränktheit des Kunstbezirkes dagegen sind die Elemente zu einem festen durchsichtigen Sinne, einer überzufälligen Harmonie verbunden. Und dies ist das Erlösende, Beglückende, das die Kunst uns gibt. Denn da schließlich doch auch sie aus dem Leben kommt, aus seinem Pulsschlag die Kräfte ihrer Entwicklung zieht, so ist die Harmonie, die die Dinge in ihrem Spiegel finden, so partiell sie sein mag, uns eine Ahnung und ein Pfand dafür, daß die Elemente des Lebens im allertiefsten Grunde auch ihrer Wirklichkeit doch vielleicht nicht so hoffnungslos gleichgültig und gegensätzlich auseinanderliegen, wie das Leben selbst uns so oft glauben machen will.

## Alfred Döblin

# Dämmerung

Es ist die schlimme Zeit *entre chien et loup*, die Dämmerung.

Man sagt, die Dinge konsolidieren sich langsam wieder. Welche Dinge? Erst gab es eine Revolution, dann eine rote Zeit. Welche Zeit haben wir?

Unbestreitbar fahren mehr beladene Wagen auf den Straßen als vor einigen Monaten. Seit langem hat es in Berlin nicht geknallt, auch andere Städte scheinen ruhig. Die Theater, Kinos, Kabaretts, Kaffees können ihr Publikum nicht fassen; neue werden eröffnet. An den Stellen, wo sonst prangte: »die Ostmark in höchster Gefahr«, wird zum Foxtrott aufgefordert; der Preiskampf der weltberühmten Boxer steht bevor. Man hört aus den Verhandlungen der linken Parteien, es herrsche Revolutionsmüdigkeit, sie steigere sich zu völliger politischer Indifferenz. Streiks werden rarer, rarer; die Massen werden unbeweglich, das Erz erstarrt. Die Programme fangen an, nach rechts zu hinken, die Macht des rechten Flügels der Unabhängigen wächst. Bei den Kommunisten kommt es fast zu einer Spaltung über der Frage nach dem Eintritt in den parlamentarischen Kampf.

Dabei bemächtigt sich vieler eine sonderbare Betrübtheit. Auffällige Stimmen schreien herüber aus dem Lager der Rechten. Man besinnt sich: Wir haben zwar das Versailler Programm, aber haben wir sonst noch etwas sicher? Plötzlich kämpft man gegen das peinliche Gefühl: es wird nichts geleistet.

Die Dämmerung, durch die etwas blinkt wie eine Uniform und ein Helm.

Das Fazit des neunten Novembers: Republik, Demokratie, Zivilismus. Man stelle sich dieses Glück für einen Deutschen vor: Republik. Wie kommt es, daß man sich erst jetzt nach so langen Monaten dessen bewußt freut? Man hat die Republik als eine Selbstverständlichkeit angesehen. Man fürchtet leise um sie. Nicht mehr soll diese unerhörte

Arroganz von gänzlich belanglosen Familien sein, die sich anbeten ließen und angebetet wurden. Die dadurch das ganze geistige und moralische Niveau des Volkes herabdrückten. Aus vierzig – fünfzig Hauptstädten sprühten die Fontänen über das Land und verbreiteten den erbärmlichen Dunst der Unterwürfigkeit und des Servilismus. In Deutschland klagte niemand mehr darüber; man hatte gelernt, seine Fürsten zu ertragen wie das Wohnen im Keller. Man war kurzsichtig geworden, die Kinder wurden rachitisch geboren. Die Spinnen in den Winkeln kannte man besser als das Gras vor der Tür. Und was eine Weide war oder ein Garten oder ein freier Wald: oh weh. Republik: aus der Gesellschaft des Professors Roosevelt stellte sich einer vor den Kaiser und fragte ihn. Er fragte den Kaiser, die Hände in den Hosentaschen. Denn dies ist der Monarch, man wisse, man setzt ihm keine Säule im Tempel, er ist auch nicht offizieller Gott nach seinem Tode. Aber nur einen Millimeter weniger. Ihn gering schätzen ist ein besonderes Verbrechen. Er steht außerhalb der Gesetze, oberhalb der Diskussionen. Die bürgerlichen Köpfe und Münder haben sich nur an seinen Stiefeln zu bewegen, oft unter seinen Sohlen.

Demokratie soll sein, hieß es. Freier Mann neben Mann. Eine Vorahnung des mystischen »Bruder Mensch«. Das Kapitel ist schwierig; aber im Augenblick ist kein anderer Weg gangbar. Und Zivilismus: die Enthronung des Leutnants, Degradation des Monokels.

Welche beglückenden Neuerungen. Man möchte heulen, daß man sich darüber freuen muß. Man soll sich bewegen können im Lande als in einem Haus, das man sich nach Wunsch umbaut, schmückt und einrichtet.

Dämmerung. Wer hat uns all dieses gebracht? Diese Geschenke hat dem deutschen Volke die Entente und die Arbeiterschaft gebracht. Die Entente, indem sie – schrecklich schmerzliche Zwiespältigkeit der Gefühle – die deutschen Armeen unerbittlich zermürbte und zurückwarf und zur Kapitulation zwang, die Autorität des zweifarbigen Tuchs im Lande zerstörte. Die Arbeiterschaft, indem sie mit Elan und Erbitterung unter ängstlichem Beiseitestehen der Bürgerschaft zu Boden stieß, was im Begriff war, zu fallen. Nicht wenig fehlte und die Arbeiterschaft wäre gehindert worden, ihrem Impuls zu folgen; man hatte in ihren Führerkreisen von Evolution gefaselt. Wasser und Vulkan schließen sich nicht aus, Evolution hat ihr Recht und Revolution hat ihr Recht, man kann es schon im ›Faust‹ lesen.

Die rechten Parteien drängen auf Wahlen. Sie können frohlockend verkünden, sie hätten es nicht nötig, Putsche zu machen, sie seien gewiß, ihr liebliches Ziel auf verfassungsmäßigem Wege zu erreichen.

Langsam fangen die beiden Schutzmächte der deutschen Republik, dieselben, die sie geschaffen haben, die Entente und die Arbeiterschaft an, weich zu werden und auszurutschen. Eines Tages werden wir wieder auf eigene Füße gestellt werden, die Furcht vor der Entente wird verschwinden, es wird die Frage auftauchen, ob wir weiter das Gnadenbrot der Republik essen sollen. Wir werden uns umschauen müssen nach der Hand, aus der wir es essen sollen.

Denn schon enthüllt sich Deutschland langsam. Wohin man geht, die höhnische Skepsis. Die bitteren Bemerkungen: verbessert haben wir uns bis jetzt jedenfalls nicht, changieren in offene Lobpreisungen des niedergestürzten Regimes. Eine große Stumpfheit bemächtigt sich der Massen; sie fallen beruhigt zurück, satt und gelangweilt in Schwere und Lethargie. Umsonst ist die deutsche Bürgerschaft lecker gemacht worden nach Freiheit, gejagt worden aus dem Keller in den Wald. Die Pasteten stehen auf dem Tisch, sie greifen nicht danach, schlucken ihren ererbten patentierten Schiffszwieback. Wie sie über den alten Reichstag lachten, – statt ihn stark zu machen – und die Dynasten mit ihren Heeren anbeteten, beten diese Fetischisten Parteischemata an, nennen es Demokratie; spottet ihrer selbst und weiß nicht wie.

Wenn sich Deutschlands bis jetzt noch nicht die alten Monarchen bemächtigt haben, so liegt dies nur an der Entente. Es ist nicht wahr, was ein öffentlicher Mann neulich sagte, daß eine monarchische Erhebung das ganze Volk wider sich haben würde und die Truppen wie Glas zerspringen würden. Das Gegenteil ist richtig. Sie würden, die Mehrheit des Bürgertums, dieselben Massen, deren Münder Demokratie gerufen haben, den Dynasten wieder zufallen. Sie würden die Hände an die Hosennaht legen, Blumen werfen und die Hüte schwenken. Bis in die Reihen der Sozialisten hinein würde der Anhang der Monarchisten reichen. So trostlos hohl und schwach sind sie geworden unter der jahrhundertelangen Erziehungskunst der Fürsten.

Was hatte man gedacht. So lange saßen die Herrscher planmäßig verstreut im Reich. Sie haben sich Bundesgenossen geschaffen in allen Schichten des Volkes, sie haben Reiches und Gutes geschaffen, dabei die spontanen Triebkräfte gelähmt und die Individualitäten verkrüppelt, wie es neben ihnen nur noch die Kirche tat. Sie werden nicht mit einem Schlage getötet wie ein Kaninchen, das man an den Hinterbeinen faßt und gegen die Wand schaukelt. Den Begriff der Nation haben sie den Deutschen eskamotiert und ihn an ihre Familie geknotet, so daß der Deutsche statt eines Vaterlandes den Boden um fünfzig Thrönchen betrat. Jetzt finde sich einer in dieser Welt zurecht. Wir zehren nur von dem Erbe, das sie hinterlassen haben.

Die Rufe der Monarchisten werden uns nicht schrecken. Der Schild der Gorgo tönt anders. Wir wissen genau, woran wir sind.

Die Revolution hat nicht Republik, Demokratie und Zivilismus gemacht. Sondern die Möglichkeit dazu.

Wir haben die Arme frei bekommen. Die Ebene ist frei. Der Kampf gegen die Hohenzollern und Wittelsbacher kann beginnen. So wenig und so viel ist erreicht.

Die Entscheidung wird bei der Bürgerschaft und uns selbst liegen. Der Schrecken ist den Sozialisten in die Glieder gefahren; sie suchen sich zu besinnen auf die besten Methoden des Fortschritts. Karl Kautsky hat sich die Frage nach dem Mißlingen mehrerer Revolutionen vorgelegt und diese Revolutionen scharf analysiert. Als Kernpunkt dieser Schrift, die in vieler Hinsicht ungerecht gegen die Revolutionäre ist, – Kautsky befindet sich in Defensive, es ist eine Kampfschrift –, erscheint der Satz: die Führer in jenen verfahrenen Revolutionen sind mit ihren Ideen, Plänen und Voreingenommenheiten über die Dinge hergezogen, statt ihren Kopf dazu zu benutzen, Ideen aus den Dingen herauszuziehen. Zum ersten Anschwall trieb die Massen vorwärts der Zwang, der logische, der zu einer Lösung drängenden schweren ökonomischen Lage. Der Zwang treibt nicht weit, der Konflikt kommt nicht zum Austrag, es verheddert sich alles, statt der Realitäten fangen an, Führer zu wirken. Die lebendigen ununterbrochen wirkenden Kräfte der Verhältnisse werden ignoriert, verkannt, fehlgeleitet. Es gibt ein wildes Branden. Der Strom, der an die Oberfläche gekommen war und sich ein Bett gerissen hatte, muß wieder in die Tiefe, er sickert, sickert.

Realität und – Literatur!

Ideen und Idole!

Wahnsinnige Methodik Robespierres: er schlägt die Köpfe ab, aber die Triebkräfte, den Mutterleib, aus dem diese Menschen kommen, greift er nicht an. Terrorismus und Unzulänglichkeit. Der geierhafte Stoß der Marxisten Rußlands, der Bolschewiki, der radikale herzergreifende Versuch, an einem großen Volke einen mächtigen, sehr geistigen Plan zu vollziehen: Weisheit der Verbohrten. Sie haben im Anfang gesiegt mit ihrem Friedensprogramm, das so sachlich und natürlich gegeben war wie ein Kinderlied. Dann mußten sie sich halten durch Anpassung, siehe da die Realität, und werden sich weiter halten durch Anpassung. Sie werden schließlich lernen wie jeder, der sich durchsetzen will, daß die große Weisheit nur darin besteht, den Dingen die Zunge zu lösen und selber zu verstummen.

Der Fall ist instruktiv. Wir treten samt Republik, Demokratie und Zivilismus den Rückzug an? Lebendig sind die Kräfte, die wir die Reaktion nennen, lebendig die republikanischen. Das intensivste Leben in Deutschland aber führt die Vertrottelung. Das ist das Chaos, die verwirrte und unentwickelte Energie. Man wird ausgehen müssen, hier die Realitäten zu entdecken und ihnen ihr Wort abzulocken. Im französischen Nationalkonvent von 1789 gab es eine Partei, die zahlenmäßig die Majorität hatte, aber sonst wenig mit sich anzufangen wußte: der sogenannte Sumpf; die Stimmen des Sumpfes fielen in der Hauptsache der radikalen Bergpartei zu. Im deutschen Reich herrscht der Sumpf vor; er stellt die Zufallsmassen zu allen Parteien. Aus diesem Chaos kommt alle Gefahr. Es hat schon Furchtbares angerichtet. Dieses Chaos liegt unter einem schweren Dampf und Nebel. Ein System von uralten verwesten und verklungenen Schlagworten, Ideen und Programmen schwimmt wie ein Wust von Spinnweben über dem Volk und übt seine gräßliche Wirkung. Denn sie halten dies über sich für den Himmel der Gedanken. Es ist umgekehrt wie bei dem Trank, mit dem man Helenen in jedem Weibe sieht; mit diesen Schlagwörtern sehen sie, Romantiker und Phantasten, in jedem zehnten und zwanzigsten ihren Feind. Es ist absurd wie in Auerbachs Keller: falsch Gebild und Wort verändern Sinn und Ort, seid hier und dort. Und schon halten sie sich an den Nasen, wetzen die Messer und heben sie, um sich die Weintrauben abzuschneiden.

Den sogenannten Parteien in Deutschland das Handwerk zu legen, ihre sogenannten Programme zu zerfetzen, gehört zu den verdienstvollsten Taten, die ein Patriot verrichten kann.

Ein Riß geht durch das ganze Volk: Arbeiterschaft und Bürgertum. Als sich die Arbeiter von den Bürgern trennten, mit denen sie vorher gemeinsam gegen Feudale gekämpft hatten, besannen sie sich auf ihre allernächsten in Mark und Pfennig auszudrückenden Interessen. Unter den peitschenden Klassenkampfdogmen fanden sie sich zusammen gegen eine neue Gewalt, die Reichen, die Besitzenden, die Unternehmer. Die Bürger nahmen diese ungeheuerliche Frontstellung an. Es ist abenteuerlich, charakteristisch, schmachvoll, wie sie handelten. Oder nicht handelten. Das Bürgertum ist ganz und gar nicht identisch mit jenen Fabrikherren, den Shylocks und ihren Nachläufern, die eine neue schreckliche Feudalität ausmachen. Liest man die grausigen Zahlen der Nationalökonomen, sieht man die elenden Wohnungen und das klägliche Dasein, so weiß man, daß an diesen Leuten gewütet wird von einer Macht, die ahnungslos oder beispiellos grausam ist, mit der sich die ungeheure Mehrzahl aller, die sich Bürger nennen, nicht identifizieren wollen. Niemand wird hier Remedurbedürftigkeit abstreiten und glauben, mit Palliativmitteln durchgreifen zu können. Aber dahin hat es eine ungehinderte Demagogie vergewaltigend im Namen der Demokratie getrieben: Feindschaft und zwei Welten. Geistiger Terrorismus, Affekte, Idiosynkrasie, nicht Führerschaft war es. Stumpfsinn und Unfähigkeit nahm es hin, zuletzt lockte Haß den Gegenhaß. Der Riß war da. So stinkt der Sumpf. Das umschriene Sozialisieren scheidet nicht Bürgerschaft von Arbeiterschaft. Mögen die, die Feinde sind, sich befehden. Aber die Störche leben vom Sumpf. Der Riß ist ein einziger Vorwurf gegen den Verein von Männern, der sich Regierung nannte und passiv und indolent ruhig das Volk um nichts, um Sonderinteressen willen aufeinander hetzen ließ. Man identifiziert sich nicht mit jämmerlichen Regierungen. Sie waren nicht bestechlich, aber schlimmer als das, bloße Lohnempfänger. Die sich mißbrauchen ließen, wie die trägen Massen gemißbraucht wurden.

Man sah mit Entsetzen die greuliche Rachsucht des russischen Mannes, der seinen Bürger unter das Vieh stieß, ihm mit dem schwersten und schmutzigsten Blut und sich sogar gelegentlich dazu verstand, seine Weiber und Mädchen für Freiwild zu erklären, wie es einst die Ritter den Bauern getan hatten. Mit Entsetzen sah man es. Und mit Begreifen.

Im alten Staat waren Beamte, Lehrer, Geistliche, die riesige Menschenmenge gezwungen, das Lied dessen zu singen, wessen Brot sie essen. Das ist jetzt anders. Sie sind nicht mehr gezwungen, sie sind frei. Aber wie ein Kataloniker, der immer seine Nasenspitze zupft, in der Minute sechsmal von morgens bis abends, im Sommer und im Winter, so beten sie, für die die Klassiker und alle sonstige Geistigkeit geschrieben hat, die alten eingepaukten Schlagworte nach. Ihre Nase wird immer länger, aber sonst wächst nichts an ihnen. Sie haben Stunden für Bücher, Theater, Musik, keine Minute für sich. An dem trägen Fleisch wirken sich zermahlend die Idole aus. Sie erliegen Klängen und Gebärden. Nur zu den Affekten in diesen eingekerkerten Seelen hat man Zutritt. Da schreien sie auf, werfen die Arme hoch, folgen irgendwelchen bunten Fahnen.

Grell wurde die skurrile Situation des deutschen Sumpfes beleuchtet bei einem Vorgang in einer öffentlichen Kommissionssitzung, wo ein ehemaliger Minister, der die Sammlung seiner Unklarheiten mit der Etikette deutschnational versieht, sich äußerte; und bald stand ein Sozialdemokrat auf und erklärte, die Hauptsätze jenes Ministers seien dem Programm seiner Partei entnommen. Es erinnert an die tragikomischen Vorgänge bei der Etablierung der bayrischen Räterepublik, wo einige Sozialisten rechter Seite sich feierlich zu den kommunistischen Grundsätzen bekannten; die Kommunisten aber rissen den Mund auf bis zu den Ohren und wollten sich das nicht gefallen lassen; es sei Betrug. Denn Allah ist Allah und Mohammed ist sein Prophet. Die Störche lassen sich ihr Futter nicht wegnehmen.

Die Fabel von den Schildbürgern spielt in Deutschland. Auch jetzt, wenn die Politiker zusammensitzen, weiß niemand, welches seine Beine sind, und viele sind so bewußtlos, daß kaum der niederfahrende Knüppel genau eine Unterscheidung herbeiführen könnte.

Von den deutschen Bürgern, die sich Intellektuelle nennen, soll keine Rede sein. Sie halten Lyrik für einen politischen Faktor. Ihre Unbrauchbarkeit und Ungefährlichkeit ist das einzige, was sich sicher in Rechnung stellen läßt. Sie lassen ein hilfloses Gewinsel nach Gemeinschaft unter sich. Meinen ersichtlich den Urbrei, in dem ihre Gedanken gerinnen. Sie bellen gegen die Gewalt. Was hat man gegen Maschinengewehre? Man verallgemeinere nicht sinnlos. Der Gebrauch der Waffen kann gut und schlecht sein; nur der Mißbrauch ist sicher schlecht. Bedürfte es Gesetze, wenn es keine Malefizianten gäbe? Bestreitet man die Notwendigkeit von Gesetzen? Man zeige mir die Macht, die sich ohne einen Zwang erhalten kann.

So ist die Situation. Zur skeptischen Analyse der Parteiprogramme und ihrer wilden Romantik muß geschritten werden, um hinzudrängen zu einer Durchgestaltung, Bloßlegung und Organisation der Triebkräfte im Bürgertum. Die Kritik wird ergeben, daß die Menschen sich phantastischer bekämpfen als Don Quichotte und die Windmühlen. Daß der Streit auf der Höhe jener mittelalterlichen steht, bei denen festgestellt wurde, wer die schönste Geliebte hat und wessen Reliquienknochen wirksamer waren. Die Monarchisten haben neulich eine geheime Flugschrift verbreitet, deren erste Seite nebeneinander abbildete die glänzende Sippe vertriebener Dynasten und zwei proletarische Minister im Badekostüm. Das gehässige Bild wirkte nicht nur tief auf Monarchisten ein. Die beiden rühmen sich Tischler und Stattler zu sein; sie thronen über uns, dahin sind wir gekommen; über den entarteten Bürger triumphiert der Handarbeiter. Das bittere Symbol des Zusammenbruchs von Monarchie und Bürgertum.

Der Bürger wird in der Dämmerung erwachen müssen. Kritik, Befreiung vom Terrorismus der Idole. Der erste Schritt.

Ich sehe nicht, wie auf einem anderen Wege Republik, Demokratie, Zivilismus erkämpft werden können.

# George Bernard Shaw und Archibald Henderson

## Das Drama, das Theater, der Film

*Ein Dialog*

*Das Eßzimmer in der Londoner Wohnung Shaws. Zeit: Ende März 1924, kurz nach der Aufführung von Shaws letztem Stück ›Die heilige Johanna‹ im New Theater in London. Ein vom Sonnenlicht erfüllter Raum, von dem man die enge Schlucht von Adelphi überblickt. Die Wände sind spärlich dekoriert; das Hauptstück in dem Zimmer ist – neben dem Original – ein Porträt Bernard Shaws, dem man überrascht beim Betreten des Zimmers gegenübersteht – das impressionistische, plakatmäßige Porträt von Augustus John, mit fliegenden Locken und Schnurrbart, rechteckigem Kopf und übertrieben spöttischer Unterlippe, in hellen Farben ausgeführt: rot, gelb, blau. Ein diesem nah verwandtes Bild, allerdings eine feinere Studie mit größerer Ähnlichkeit, hängt im Fitzwilliam-Museum zu Cambridge. Bernard Shaw und Archibald Henderson sitzen an entgegengesetzten Enden des Eßtisches; sie sind allein. Während der Mahlzeit wird das Essen durch die Diskussion oft schmählich vernachlässigt; der Ire fährt mit langen Armen und spitzen Fingern durch die Luft, der Amerikaner hämmert mit seiner rechten Faust energisch in die Fläche der offenen linken Hand.*

HENDERSON Aber ich muß Ihnen sagen, daß Sie sich neulich abends im »New« sehr geschickt aus dem Staube gemacht haben. Gerade spreche ich noch mit Ihnen in Ihrer Loge, und im nächsten Augenblick erklärte Miss Sibyl Thorndyke dem laut »Autor! Autor!« rufenden Publikum, daß der Autor wie gewöhnlich unter solchen Umständen nicht zu finden wäre. Ihre Frau und Miss Lena Ashwell müssen Sie auf geheimnisvolle Weise weggezaubert haben. Ich fühlte mich betrogen und um das langersehnte Vergnügen gebracht, Sie eine Rede im Rampenlicht halten zu hören. Natürlich begriff ich, daß Sie wünschten, Miss Thorndyke solle die ganze Ehre allein haben, weil sie die Titelrolle in Ihrem größten Stück so prachtvoll gespielt hatte.

Und nun, um auf den Film zu kommen: hat die gewaltige Entwickelung der Kino-Industrie dem Drama genutzt, oder ist das Gegenteil der Fall?

SHAW Nein. Die riesigen Verhältnisse zwingen zur Mittelmäßigkeit. Der Film richtet sich nach dem Durchschnittsgeschmack eines amerikanischen Millionärs, eines chinesischen Kulis, einer Provinz-Gouvernante und einer Schenkmamsell in einem Bergarbeiterdorf, weil er überall und jedem gefallen soll. Er verbreitet das Drama überaus, da er aber hundert Prozent der Erdbevölkerung interessieren muß – nur Wickelkinder sind ausgeschlossen – kann er sich mit den zehn Prozent besserer Theater der Intellektuellen oder den zehn Prozent schlechterer Theater der Proleten nicht befassen. Das Resultat ist, daß das Filmdrama die altmodischen Traktätchen und Sonntagsschulprämien verdrängt hat: es dampft von Moral, wagt es aber nicht, die Tugend anzutasten. Und Tugend, die die Moral herausfordert und verachtet, auch wenn sie in keinem wirklichen Streit mit ihr liegt, ist das rote Blut des hohen Dramas.

HENDERSON Trotz des Ruhmes gewisser künstlerischer Regisseure – der Griffith, De Milles, Lubitsch, Stroheim, Dwan – ist es vielleicht richtig, daß die Film-Industrie zum größten Teil von Leuten mit unvollkommen entwickelten künstlerischen Instinkten und Idealen geleitet und beherrscht wird, die ihr Augenmerk in erster Linie auf finanzielle Erfolge gerichtet haben.

SHAW Alle Industrien sind durch den Kapitalismus unter die Herrschaft solcher Leute gebracht worden. Wenn sich die Kapitalisten von dem Streben nach dem Profit fortführen ließen und hinführen zum Zauber der Kunst, dann würden sie bankrott sein, ehe sie wüßten, wo sie sind. Man kann das Streben nach Geld nicht mit dem Streben nach Kunst vereinigen.

HENDERSON Würde es für die Filmmagnaten nicht besser sein, wenn sie sich erstklassige Autoren verpflichteten, die direkt für den Film schreiben, und sie gut bezahlen, statt Riesensummen an Autoren von Romanen, Erzählungen und Theaterstücken zu zahlen und dann einen literarischen Tagelöhner gegen ein lächerlich geringes Honorar zu engagieren, damit er ein Szenarium herstelle?

SHAW Erstklassige Autoren – auf keinen Fall! Die Demokratie zieht die zweitbesten immer vor. Die Magnaten sollten für literarische Zwischentitel bezahlen; aber einer der Genüsse des Kinos wäre dahin ohne Juwelen wie »Christian: Allah machte Euch wundersam stark und schön«. Das ganz im Ernst, obwohl die Unwissenheit, die dazu führt, daß man unvorgebildete Menschen für Berufsarbeit in der modernen Industrie anstellt, ein Skandal ist. Im Journalismus ist es ebenso schlimm. In meiner Jugend wurde die ganze Schriftstellerei von Männern ausgeübt, die, wenn sie auch wenig Latein und noch weniger Griechisch konnten, auf jeden Fall in Schulen gewesen waren, wo man den Anspruch erhob, sie zu belehren; und alle hatten sie die Bibel gelesen, wenn auch mit Widerstreben. Heutzutage ist das alles vorbei; literarische Arbeit wird Männern und Frauen anvertraut, die so unliterarisch sind, daß es ein Geheimnis bleibt, wie sie je das Alphabet lernten. Sie wissen scheinbar auch sonst so gut wie nichts. – Über die Verfilmung von Theaterstücken und Romanen bin ich ganz Ihrer Ansicht. Filmdramen sollten speziell für die Leinwand von originellen phantasiereichen Bilderdichtern erfunden werden. Aber Sie müssen bedenken, daß, ebenso wie unsere ganze Musik aus Vertauschung und Verbindung von zwölf Noten besteht, unsere ganze Erfindung aus Variationen weniger Themen besteht; in der Sprache liegt die stärkste Macht zur Variation. Nehmen Sie die Sprache fort, dann werden Sie wegen einer neuen Variation bald so in Verlegenheit kommen, daß Sie begierig nach dem ersten besten greifen, – sogar nach einem Dickensschen Entwurf – um ihn weiterführen zu können.

HENDERSON Amerikanische Zeitungen und Zeitschriften wimmeln von Artikeln, Interviews, Ratschlägen und Kritiken über den Film und die Maßnahmen zu seiner Verbesserung. Haben Sie bestimmte Gedanken über die künftige künstlerische Entwicklung des Films?

SHAW *explodierend* Schreibt bessere Filme, wenn ihr könnt: anders geht es nicht. Die Entwicklung muß aus dem Innern kommen, nicht von der Peripherie her. Die Grenzen der Anregung von außen sind schon längst erreicht. Bringen Sie ein hochstehendes Stück zu einem kleinen Theater und sagen Sie der Direktion, sie solle zwei- oder dreitausend Dollar an die Aufführung wenden, dann wird man Ihnen sagen, das wäre unerschwinglich. Aber bringen Sie den Traum eines Opium-Essers nach Los Angeles, und es wird für Sie alles gemacht: je mehr es kostet, desto stärkeres Vertrauen hat man. Sie können alles haben: eine richtige Polarexpedition, einen richtigen Vulkan; das

Forum Romanum wird auf der Stelle wieder aufgebaut, alles, was Sie wollen, wenn es nur ungeheuer teuer ist. Weggeworfenes Geld, zum größten Teil. Wenn die Regierung der Vereinigten Staaten eine Grenze von fünfundzwanzigtausend Dollar für die Kosten jedes einzelnen Films, der kein Lehrfilm ist, festsetzte, dann würde das Resultat wahrscheinlich eine enorme Steigerung des Interesses am Filmdrama sein, weil die Filmmagnaten genötigt wären, auf dramatische Einbildungskraft zu vertrauen statt auf bloße Schaustellung. O – diese Szenen orientalischer Wollust, wie sie sich ein Kabinenboy auf einem Walfischfänger vorstellt! Sie würden Don Juan einen Mönch werden lassen. Können Sie nichts tun, damit das aufhört?

HENDERSON Das einzige Mittel, damit das aufhört, ist, es lächerlich zu machen. Darum veranlasse ich Sie ja, darüber zu sprechen. Solche Szenen werden in vielen amerikanischen Orten schon mit wüstem Gelächter und Ausbrüchen zügelloser Freude begrüßt. Aber unsere glücklichsten Effekte werden erreicht, wenn englische Herzoginnen von früheren Probierdamen, italienische Grafen von früheren Kellnern dargestellt wurden. Trotz alledem – trotz des wundervollen Diners der europäischen Aristokratie, gespielt von Leuten, die auch in einer Demokratie niemals in guter Gesellschaft verkehrten – der Triumph des amerikanischen Films ist selbst theatralisch. Die Eroberung Englands und Europas ist ein Riesenerfolg. London, Paris, Berlin sind mit Anzeigen amerikanischer Filme beklebt: sie sind buchstäblich überall. ›Der verdeckte Wagen‹, ›Scaramouche‹, ›Notre Dame‹, ›Die zehn Gebote‹, ›Mutter‹, ›Nanuk‹; Mary Pickford, Douglas Fairbanks, Charlie Chaplin, Jackie Coogan usw. – Ja, man hat mir erzählt, daß die Italiener die besten Filme machen; und der beste europäische Film, den ich in Europa sah, war ein schwedischer Film im Gaumont-Filmpalast in Paris. Der Triumph, beinahe das Monopol des amerikanischen Films ist unbestritten. Sind aber die amerikanischen Filme allen anderen überlegen?

SHAW *entschieden* Nein. Viele von ihnen sind voll von dümmster Urteilslosigkeit. Übertriebene und sinnlos wiederholte Einfälle zur Charakterisierung, scheußlich geschminkte Gesichter, Nahbilder, die das Gesicht eines Engels nicht ertragen könnte, Hunderttausende von Dollars, die vergeudet werden, um Wirkungen zu verderben, die ich oder irgendein anderer kompetenter Autor schnell und gründlich sichern würde, und bestimmt mit nur zehn Cent Kosten, ausdruckslose überbelichtete Gesichter vor unterbelichteten Hintergründen, gewöhnliche und dumme Zwischentitel, aufdringliche Verzeichnisse von allen, die bei dem Film tätig waren, vom weiblichen Star herab bis zum Laufburschen des Presseagenten, sind nur ein paar von den Unsinnigkeiten, die zu machen die amerikanischen Filmfabriken ein Vorrecht haben. Die Borniertheit unter den Filmleuten wuchert üppig, aber Takt und Vernunft fehlen gänzlich. Hier schlug Chaplin in die Kerbe; aber Harald Lloyd scheint bisher der einzige Rivale zu sein, der vernünftig genug ist, seinem Beispiel zu folgen. Nächstens werden wir vielleicht zehn Minuten bei Beginn jeder Vorführung dasitzen müssen, um uns sagen zu lassen, wer den Film entwickelte, wer ihn fixierte, wer ihn trocknete, wer das Zelluloid lieferte, wer die Chemikalien und wer dem Autor die Haare schnitt. Die Filmleute wissen einfach nicht, wie man sich zu benehmen hat: man nimmt sich dem Publikum gegenüber bei jedem Schritt Freiheiten heraus, einzig auf Grund von sorglosen Unternehmungen und von Verschwendung. Jeder amerikanische Filmaspirant sollte fünf Jahre nach Dänemark oder Schweden geschickt werden, damit er zivilisiert wird, ehe er in ein Atelier in Los Angeles eintritt.

HENDERSON Richtig! Das ist es! Das! Und wie Lasky, Goldwyn, Metro & Co. überrascht und verletzt sein werden, wenn sie Ihr unerbittliches Urteil lesen! Aber zu viel Erfolg ist für niemanden gut – selbst nicht für Sie. Und da wir von Kometen sprechen: Können Konversationsstücke – »dialektische Dramen« – wie die Ihren erfolgreich verfilmt werden?

SHAW Barrie sagt, daß das Filmdrama der Zukunft keine Bilder haben, sondern nur aus Zwischentiteln bestehen wird.

HENDERSON Ich bin neugierig, ob das Konversationsstück nicht dem Verfall entgegengeht, seit ungezählte Massen das stumme Drama unterstützen und dafür schwärmen.

SHAW Was das anbelangt, da ist das Publikum in der überwältigenden Mehrzahl vollkommen befriedigt, wenn es überhaupt kein Drama gibt. Aber das stumme Drama hat solch eine Überproduktion an Schauspielen hervorgerufen, daß die Leute augenblicklich unsichtbaren Stücken drahtlos zuhören. Das stumme Drama erschöpft jetzt schon die Hilfsquellen der Stille. Charlie Chaplin und seine sehr geschickte Kollegin Edna Purviance, Bill Hart und Alla Nazimova, Douglas Fairbanks und Mary Pickford und Harold Lloyd haben alles mögliche an stummer Dramatik und gigantischer Verblödung getan und alle nur möglichen Variationen davon gespielt. Wer sie auf der Leinwand niederspielen will, kann ihnen in ihrem eigenen Spiel nicht überlegen sein; aber er wird ein Oscar Wilde des Films sein, der Epigramm auf Epigramm vor den Zuschauern leuchten läßt und so Barries Prophezeiung von mehr Zwischentiteln als Bildern wahr macht.

HENDERSON Wenn das richtig ist, warum ist dann keins von Ihren Stücken verfilmt worden, da Witz und Epigramm doch Ihre vertrauten Waffen sind?

SHAW *mit tödlicher Entschlossenheit* Weil ich es nicht erlaube. Ich wiederhole, daß ein Stück mit fortgelassenem Text ein verwüstetes Stück ist. Und alle Filme nach Stücken, die geschrieben wurden, damit man sie sowohl hört wie sieht, sind langweiliger Unsinn, ausgenommen nur, wenn der Dialog so wertlos ist, daß er eher schadet als hilft. Natürlich ist diese Ausnahme hinsichtlich der Menge sehr groß, doch im Augenblick, wo man zum klassischen Drama gelangt, ist die Fortlassung des Textes und die Darstellung des bloßen Szenariums genau dasselbe, als wenn man das Drahtskelett, das dem Tonmodell des Bildhauers Halt verleiht, als Statue anbiete. Und außerdem bedenken Sie die Wirkung auf die Theaterkasse. Leute sehen einen ›Macbeth‹-Film. Sie bilden sich ein, daß sie ›Macbeth‹ gesehen haben und möchten ihn nicht noch einmal sehen; und wenn nun Ihr Mr. Hackett oder sonst jemand herumreist, um das Stück zu spielen, findet er leere Häuser. So ist es mit Dutzenden von Stücken gegangen, deren Autoren die Erlaubnis zur Verfilmung gaben. Mit meinen wird es nicht geschehen, solange ich dafür sorgen kann.

HENDERSON Die amerikanische »Invasion« im europäischen Theater ist gewiß mit dem Erfolg des amerikanischen Films nicht zu vergleichen. Meine eigenen Beobachtungen bestätigen nicht die Behauptung, die man manchmal hört, daß die englischen Theater seit dem Weltkriege mit amerikanischen Stücken überfüllt seien.

SHAW Ich weiß es nicht. Ich geh nicht oft genug ins Theater, um etwas darüber sagen zu können. Gehe ich aber, so falle ich gewöhnlich auf ein englisches Stück herein, obwohl ich auch Eugene O'Neill ein- oder zweimal gesehen habe. Doch soweit in unseren Theatern Fabrikwaren gegeben werden, mag Ihre Meinung schon richtig sein. Amerika hat die Schreibmachine erfunden, und ein klein wenig besondere Findigkeit würde ausreichen, um ein Zubehör zu erfinden, das das liefert, was man zu Scribes Zeit ein »gut gebautes Theaterstück« zu nennen pflegte.

HENDERSON O'Neill ist ein Bühnenschriftsteller von echtem Talent und dramatischer Phantasie. Zwei seiner Stücke wurden während meines Aufenthalts in Berlin gespielt. Meine vorige Frage wirft eine andere interessante Frage auf: befindet sich augenblicklich das englische Drama im Zustand des Verfalls?

SHAW *geheimnisvoll* Jedes Drama ist immer im Verfall: Sogar das athenische Drama in den Tagen der großen Vier: Äschylos, Sophokles, Euripides und Aristophanes befand es sich in einem schlimmen Zustand.

HENDERSON Meinen Sie also, daß sich die großen Hoffnungen, die Archer und Walkley vor fünfundzwanzig oder dreißig Jahren für das englische Drama auf der Grundlage von Pinero und Jones hegten, berechtigt waren?

SHAW Ja, wunderlicherweise. In jener Zeit, als Archer verzweifelt beanspruchte, derartige Hoffnungen zu hegen, um so unsern Mut aufrecht zu halten, gab es – abgesehen von dem speziellen Fall Gilbert – nur zwei nennenswerte Bühnenschriftsteller, Pinero und Jones, und einen Epigonen: Grundy. Als Carton, Barrie, Oscar Wilde und ich erschienen, verdreifachte sich die Zahl der wesentlichen Dramatiker, wobei Buchanan und Stephen Phillipps und Fagan nicht mitgezählt sind, da sie nur gelegentlich für das Theater schrieben. Von diesen sind vier gestorben; aber die überlebenden sechs sind verstärkt worden durch Archer selbst, durch Galsworthy, Granville Barker, Glover, Munro, Sutton Vans, Drinkwater, Ervine, Maugham, McEvoy, Clemence Dane, Milne, den verstorbenen St. John Hankin, Zangwill, Laurence Housman, Eden Philpotts, und eine ganze Menge geschäftiger junger Experimentierer, deren Werke ich zufällig nicht gesehen habe. Wenn ich 1890 Archer und Walkley erzählt hätte, daß wir die Zeit erleben würden, wo es ein leichtes wäre, die Namen von über zwanzig aktiven ernsten englischen Bühnenschriftstellern herunterzuschnurren, von denen der schlechteste viel besser als Grundy ist, die sechs besten aber Augier, Dumas fils, Sardou & Co. ungeheuer überlegen, so würden sie mich für verrückt gehalten haben; und ich wäre ihrer Ansicht gewesen. Die Veränderung zum Besseren im englischen Drama in diesem Jahrhundert ist mehr als eine bloße Änderung gewesen: es ist eine Umgestaltung. Und unsere jungen Kritiker jammern über den Verfall und seufzen nach den goldenen Zeiten von Irving, Tree, Alexander und Wyndham – Gott helfe ihnen! Vergessen Sie übrigens nicht, daß alle diese neuen Männer versuchen, richtige Stücke zu schreiben und keine Schmachtfetzen und Reißer zu »konstruieren«, wie die fabrikmäßig hergestellten »nouveautés parisiennes« der Zeit um 1860.

HENDERSON Ich kenne ein von Archer und Granville Barker verfaßtes Buch über Pläne und Vorarbeiten zu einem Nationaltheater. Was hofft oder erwartet man zur Zeit für das Shakespeare-National-Gedächtnis-Theater?

SHAW *mit einem satirischen Lächeln* Nun, nach vieljährigen Bemühungen hatten wir jetzt einen Subskribenten. Dieser einsame Liebhaber war ein Herr aus Hamburg. Wenn sich Deutschland vom Kriege erholt haben wird, dann werden wir wohl den nächsten Subskribenten kriegen. Nil desperandum!

HENDERSON Mit Talenten wie Granville Barker, Gordon Craig und Bridges Adams, die Regisseure erziehen können, ohne Mangel an leidlich guten Schauspielern und Schauspielerinnen, mit dem größten klassischen Repertoire aller Nationen der Welt, und mit jenen zeitgenössischen Dramatikern, die Sie genannt haben, – warum läßt sich so kein englisches Nationaltheater schaffen?

SHAW *mißbilligend* Ein englisches Nationaltheater ist ein Widerspruch in sich selbst. Wir mögen wohl ein großes englisches Hindernisrennen, eine Kirche von England, ein britisches Parlament und sogar eine National-Galerie voll fremder Bilder haben; aber obwohl die Engländer das theatralischste Volk der Erde sind, sind sie es doch nur in der Politik, im Gericht und auf dem Achterdeck, und sie sind eifersüchtig auf das Theater, weil es sie bloßstellt.

HENDERSON Wir haben in den Vereinigten Staaten eine Bewegung, die für das Theater wichtige und wertvolle Resultate erzielt hat und noch erzielt: die Kleinbühnen-Bewegung. Sind die Kleinbühnen – sowohl in den Vereinigten Staaten wie in Großbritannien – in Aufführungen Ihrer Stücke nicht weit tätiger gewesen als Geschäftstheater?

SHAW Wenn ich jünger wäre, könnte ich wahrscheinlich ohne Vorbehalt »ja« sagen. Aber denken Sie daran, daß es zu meiner Zeit keine Kleinbühnen gab. Sie wurden von Leuten ins Leben gerufen, die sich in ihrer Jugend an Mansfields Aufführung vom ›Teufelsschüler‹, Loraines Aufführung von ›Mensch und Übermensch‹ sowie an Forbes Robertsons Aufführung von ›Cäsar und Cleopatra‹, die sehr große und erfolgreiche geschäftliche Wagnisse waren, begeistert hatten. Dalys ›Candida‹ im Berkely Lyceum, einer Pappschachtel von Theater, bewies die Möglichkeit von Kleinbühnen. Sie alle sind nützlich; tatsächlich ist die beste dramatische Produktion der Gegenwart durch sie am Leben erhalten worden; und ich lege Wert darauf, ihnen, was mein eigenes Werk betrifft, jede Erleichtung zu gewähren.

HENDERSON Die Geschichte des New Yorker Theaters »Guild« stellt eine Leistung dar, auf die jeder am Theater interessierte Amerikaner wirklich stolz ist. Aber Sie wissen ja alles darüber!

SHAW *mit Nachdruck* Ja, es ist zum Retter des Dramas in New York geworden. Aber ich denke, ich darf für mein Geschäft keine Reklame machen.

HENDERSON An den amerikanischen Universitäten ist seit den letzten zwei Jahrzehnten eine bahnbrechende Arbeit besonderer Art im Gange. Die Vereinigten Staaten sind nicht nur Führer auf diesem Gebiet, sondern sie haben auch keine Konkurrenz. Unsere besten Kenner und Kritiker des Dramas – wie Professor Brander Matthews, Professor George P. Baker, Professor Thomas Wood Stevens, Professor Frederic H. Koch, Walter Prichard Eaton und viele andere – haben lebhaft die Ansicht geäußert und sie auch energisch in die Tat umgesetzt, daß die Menschen das Dramenschreiben durch Unterricht gelehrt werden kann. Die Resultate – ich will mir jetzt nicht die Zeit nehmen, sie aufzuzählen – waren nicht eindruckslos gewesen.
Halten Sie es für möglich oder ausführbar, jemanden durch Unterricht zum Dramatiker – oder sogar zum Bühnenautor zu machen?

SHAW *nachdrücklich* Nein. Wenn die Natur nicht neunundneunzig Prozent des Werkes geschaffen hat, ist das eine Prozent, das gelehrt oder gelernt werden kann, die Arbeit nicht wert. Ich verstehe ziemlich viel von Bühnentechnik, die ich nicht kannte, als ich mein erstes Stück schrieb; aber mein erstes Stück erwies sich vor dem Publikum genau so wirkungsvoll wie mein letztes. Wenn ein Autor kein wirksames Theaterstück ohne Unterricht schreiben kann, dann wird ihm nichts, was er lernen kann, helfen: er hat seinen Beruf verfehlt.

HENDERSON Und worin bestünde denn das eine Prozent?

SHAW In der Aufführung zum größten Teil. Mechanische Dinge. Bühnentricks. Die Autoren lernen sie aus der Erfahrung auf Proben, und bis sie sie beherrschen, müssen sie sich mit Regisseuren beraten, damit sie sich ihrer annehmen. Aber jeder Autor sollte sein eigener Regisseur sein. Die Aufführung eines Stückes ist ein wesentlicher Teil von diesem und kann keineswegs durch irgend jemand ohne Veränderungen zum Guten oder zum Schlechten vorgenommen werden. Dennoch sind die meisten technischen Dinge Kleinigkeiten, ähnlich wie Rechtschreibung, Gliederung und Interpunktion beim Schreiben. Sheridan konnte nicht orthographisch richtig schreiben, und sein einziges Satzzeichen war ein Gedankenstrich; aber ›Die Lästerschule‹ wirkt deshalb nicht weniger. Er ist vielleicht in der Bühnentechnik ebenso sorglos gewesen. Beides hätte man ihn lehren können. Das hätte man auch mit einem Kater tun können. Aber solcher Unterricht hätte aus dem Kater noch keinen Dramatiker gemacht.

HENDERSON An der Harvard University hält Professor Baker erfolgreich einen berühmten Kursus ab im Schreiben und Aufbauen von Theaterstücken: ›English 47‹. Er scheint bewiesen zu haben, daß er seine Schüler lehren kann, Bühnenschriftsteller zu werden; einige von ihnen sind künstlerisch und geschäftlich erfolgreiche Dramatiker geworden.

SHAW *bescheiden* Ich habe kein Recht, einen Kursus zu kritisieren, von dem ich nichts weiß. Ich kann nur sagen, daß ich, wenn mir die Universität von Liverpool einen Lehrstuhl für das Drama anbieten würde, antworten müßte, daß ich ein Praktiker, aber kein Professor sei. Wenn aber Professor Baker so viel wie ein guter Regisseur weiß – und er könnte das wohl wissen, ohne selbst Bühnenautor zu sein – dann sehe ich nicht ein, warum ein geborener Dramatiker nicht aus einem Unterrichtskursus über praktische Bühnentechnik Nutzen ziehen sollte. Denn schließlich besuchte Napoleon eine Militärschule, und Michelangelo hat wie jeder Steinmetzlehrling den Meißel führen gelernt. Alles hängt von Professor Bakers Verstand und Wissen ab, um zu zeigen, was der Unterricht zu leisten vermag und was nicht.

HENDERSON Wenn Sie später die Vorreden oder Einleitungen zu Ihren gesammelten Werken schreiben, dann werden Sie jedenfalls uns wohl etwas über die Entstehung Ihrer Stücke mitteilen. Inzwischen möchte ich Sie bitten, die Welt über Ihre spezielle Technik aufzuklären. Zum

Beispiel: entwickeln Sie Ihr Stück in der Regel von einer zentralen Idee aus?

SHAW *orakelhaft* Das Stück entwickelt sich von selbst. Ich führe nur die Feder. Aber manchmal ist in meinem Kopf zuerst irgendeine Situation, wie die Verhaftung im ›Teufelsschüler‹, die in dem fertigen Stück als Zentrum erscheinen mag – oder auch nicht. Manchmal ist es eine Bemerkung, die ich hörte, die charakteristisch für ein ganzes Stück wird: ›Der Arzt am Scheideweg‹ erwuchs zum Beispiel aus einer Bemerkung, die Sir Almroth Wright zu einem Assistenten in seinem Laboratorium im St. Marys Hospital machte, als er mir seine technischen Methoden demonstrierte.

HENDERSON Die spannendste literarische Untersuchung, die ich überhaupt unternahm, war eine genaue, analysierende Studie über die Genesis der Dramen Ibsens auf Grund der Vorarbeiten, die in der Königlichen Bibliothek in Christiania aufbewahrt werden. Ich denke, einmal auch eine derartige Studie über Ihre Werke vorzunehmen. Ich würde gern wissen, ob Sie jemals eine Reihe von Charakteren schaffen und dann die Handlung aus deren gegenseitigen Beziehungen entwickeln lassen?

SHAW *bestimmt* Ich vermeide Handlungen wie die Pest. Ich habe junge Bühnenschriftsteller wieder und wieder gewarnt: eine Handlung ist wie ein Rätselspiel, das den, der es zusammenstellt, zwar bezaubert, für den Zuschauer aber blödsinnig albern ist. Geschichten sind interessant, die Darstellung von handelnden Charakteren aber ist viel interessanter und für die Bühne die Quelle des Interesses an der Geschichte; aber dramatische Handlungen sind das toteste tote Holz. Mein Verfahren besteht darin, mir Charaktere vorzustellen, und diese dann loszulassen, wie Sie andeuten. Aber ich muß Sie warnen, da der wirkliche Vorgang sehr dunkel ist; denn das Resultat zeigt jedesmal, daß während der ganzen Zeit etwas dahinter gesteckt hat, wovon ich nichts wußte, obwohl es sich schließlich als das wirkliche Motiv des ganzen Schaffens herausstellte.

HENDERSON Sie müßten eine äußerst interessante Geschichte darüber erzählen – wenn Ihr Verleger sie aus Ihnen herausziehen können würde. Könnte es nicht ein Licht auf die Kunst der Bühnendichtung und auf die dramatische Technik werfen, wenn Sie über die Art, wie Sie Ihre Stücke schreiben, berichteten?

SHAW *mit einem enttäuschten Lächeln* Möglich, daß es den Aberglauben umbrächte, daß wirkliche Stücke konstruiert seien. Sie sind nicht mehr konstruiert, als etwa eine Mohrrübe konstruiert ist. Sie wachsen auf natürliche Weise. Aber der Requisitenmeister in jedem Theater kann eine Mohrrübe konstruieren, die für einen Theateresel gut genug ist. Und irgendein literarischer Handwerker kann ein Schauspiel konstruieren, das für die Esel im Zuschauerraum gut genug ist.

HENDERSON Da wir über Ihre persönliche dramatische Technik sprechen, darf ich Sie daran erinnern, daß Ihnen Kritiker häufig den Vorwurf machen, Stücke zu schreiben, die nur aus Konversation, Dialektik und Debatten bestehen?

SHAW *nicht ärgerlich, doch auch nicht ganz ruhig* Zum Teufel noch mal, woraus kann denn ein klassisches Stück sonst bestehen? Ich bin ein klassischer Dramatiker und bin es immer gewesen; und wenn ich das sage, dann bekenne ich mich nicht einer Anklage gegenüber schuldig, sondern ich erhebe den größten Anspruch, der in meinem Beruf möglich ist. Sie mögen mich fragen, warum ich keine Filmtexte schreibe oder Handlungen hervortrommele, die unseren faszinierenden Bühnenköniginnen und Matinée-Idolen die Möglichkeit geben, auf die Bühne zu treten und die Zuschauer so zu bezaubern, daß sie sich tiefe Gedanken und bedeutende Charaktere vorstellen, die in der Handlung und dem Geschwätz, durch das sie weitergeführt wird, nicht existieren. Ich kann Ihnen nur sagen, daß es für mich leichter ist, ein klassisches Werk zu schaffen. Die Arbeit an Handlung und Geschwätz wäre für mich die widerlichste Plackerei; viel lieber würde ich Essays über Wirtschaft, Politik usw. schreiben. Der Film ist verlockender: da ist eine neue Kunst; und ich mag vielleicht einmal versucht sein, es mit ihm zu probieren; aber, wenn schließlich einer die Gabe der Sprache hat und man fragt ihn, ob er nicht stumme Schauspiele schreiben will, so ist es ziemlich dasselbe, als ob man von Tizian verlangt, er solle Schwarzweiß-Porträts zeichnen. Und doch gibt es eine Art des stummen Schauspiels, das etwas mehr als ein Theaterstück mit weggelassenem Text ist, und das ist der Traum. Wenn ich jemals einen Film schreibe, wird er die Eigenschaft eines Traumes haben.

HENDERSON Einer meiner Freunde, der auf meinen »Mut« rechnete, bat mich, Sie bestimmt eines Tages zu fragen, ob Ihre Stücke wirklich Dramen seien, im strengsten Sinne des Wortes. Betrachten Sie sich also als befragt!

SHAW *sehr amüsiert* Sie erinnern mich an einen Freund, der einige erfolgreiche Stücke geschrieben hat. In seiner Jugend ging er zitternd zu Barry Sullivan, damals der »erhabene«, wie die ›Times‹ das nannte, der anerkannt führende Schauspieler der englischen Bühne. »Ich habe ein Drama geschrieben –« begann er, als ihn Barry Sullivan, empfindlich verletzt, unterbrach: »Herr, ich spiele keine Dramen. Ich bin ein Tragöde.« Hinter den Kulissen bedeutet Drama: Melodrama, eine zweitklassige Unterhaltung, die mit Komödie und Tragödie nicht zu verwechseln ist. Mrs. Siddons wurde zwischen der Komödie und der Tragödie gemalt; hätte der Maler eine dritte Figur eingeführt, um das Drama zu symbolisieren, Sarah hätte ihn mit einem Blick vernichtet und dann zertrampelt. So viel über Ihren »strengsten Sinn des Wortes«. Meine Stücke sind sui generis; und ob man sie Komödien oder Tragödien oder Tragikomödien oder Dramen nennt, das ist schließlich dasselbe, als ob man sagt, ich sei ein Kaukasier: es sagt nichts über sie aus, was nicht auch für Tausende von Stücken gilt, die ihnen nicht ein bißchen ähnlich sind.

HENDERSON *boshaft* Also nur aus Spaß – warum schreiben Sie gerade diese Art Stücke?

SHAW *ganz ernst* Warum nicht? Was ist Schlimmes dabei?

HENDERSON Lieber Shaw, wenn Sie Fragen mit anderen Fragen beantworten, dann fürchte ich, werden wir nicht weiter kommen. Irgendein Gustav Freytag des zwanzigsten Jahrhunderts wird Ihre Fragen eines Tages beantworten müssen. Sie sind ein »Welt-Dramatiker« – diese Antwort genügt augenblicklich. Welche lebenden Dramatiker würden Sie als »Welt-Dramatiker« klassifizieren?

SHAW Ich weiß es nicht. Ich überschreite alle Grenzen von London bis Japan in beiden Richtungen. Dasselbe tut Chaplin. Wenn wir aber geneigt sind, uns etwas darauf einzubilden, dann werden wir durch die Tatsache zum Einhalten veranlaßt, daß ebenso leicht wie wir eine ganze Anzahl volkstümlicher Spaßmacher, deren Ansprüche die Seele ihres Berufs zu sein, genau so groß ist wie der unsrige, auf der Höhe des unsrigen zu sein, um die ganze Welt gelangen.

HENDERSON Ist es aber nicht Tatsache, daß die »Welt-Dramatiker« von der Bühne verschwinden, und daß man nur wenige oder keine sieht, die ihre Plätze einnehmen könnten?

SHAW Das können Sie nicht sagen. Die Größe eines Dramatikers hat ihre Dimension nicht im Raum, sondern in der Zeit. Woher wissen Sie, wie ich als Dramatiker einst dastehen werde, wenn ich erst so lange tot bin wie Euripides jetzt? Das ist doch der einzige Prüfstein. Augenblicklich besteht gewiß kein Anzeichen des Niederganges, wenn Sie das fürchten sollten.

HENDERSON Würden Sie also, wenn ich fragen darf, sich selbst unter die »Welt-Dramatiker« einreihen?

SHAW Nein. Aber ich *bin* ein Welt-Dramatiker.

HENDERSON Warum?

SHAW Einfach, weil sie mich, mit oder ohne meine Erlaubnis, überall spielen, von London bis nach Japan, in beiden Richtungen, und auf allen Zwischenstationen. Das ist keine Frage des Verdienstes, sondern der rohen Tatsache. Meine Verbreitung ist so allgemein wie die von Sherlock Holmes oder Charlies Tante oder Mary Pickford oder Bill Hart oder Charlie Chaplin.

HENDERSON Jeder gibt sich heutzutage mit Prophezeiungen ab – von Wells bis Haldane, von Flammarion bis Shaw. Seien Sie ein guter Kerl und nehmen Sie einen Schuß Weissagung und sagen Sie uns, was der unmittelbaren Zukunft des Dramas bestimmt sein wird.

SHAW *geht nicht auf den Köder* Zum Teufel, wie kann ich das wissen? Haben Sie irgendeinen Grund anzunehmen, daß sich seine Zukunft von seiner Vergangenheit unterscheiden wird? Ich nehme an, es wird weiter die Polizei- und Ehescheidungsneuigkeiten in mehr oder weniger eleganter Herrichtung für den allgemeinen Bedarf auftischen und es wird die dramatischen Ereignisse, die ihm die Vorsehung von Zeit zu Zeit sendet, so gut, wie es kann, aufputzen.

HENDERSON Ich sehe schon, Sie wollen, daß es sich noch eine Weile mit Ihnen behilft. Aber – haben Sie nicht vor einiger Zeit mitgeteilt, daß Sie in ›Zurück zu Methusalem‹ Ihr letztes Stück geschrieben hätten?

SHAW *lustig* Natürlich. Bis ich ›Die heilige Johanna‹ begann, war ›Methusalem‹ mein letztes Stück. Jedes Stück, das ich schreibe, ist mein letztes Stück, bis ich ein neues anfange. Aber das Stück, in dem der Dramatiker seine höchste Höhe erreicht, ist in Wirklichkeit sein letztes, mag er auch noch andere schreiben, die dem Kalender nach später kommen.

HENDERSON Wie immer, Sie sind unberechenbar – sogar für einen Mathematiker! Werden Sie noch weitere Stücke schreiben?

SHAW Wird eine Ente schwimmen? – Ich kann's nicht ändern.

Ernst Robert Curtius

# Die Ästhetik Marcel Prousts

Marcel Proust ist am 18. November 1922 gestorben. Spät trat er mit der Ernte seiner Lebensarbeit hervor. Sein Roman ›A l'ombre des jeunes filles en fleur‹ erhielt 1919 den Goncourt-Preis. In schneller Folge erschienen dann[1] die anderen Bücher, ›Du Côté de Guermantes‹, ›Sodome et Gomorrhe‹ – im ganzen bis jetzt neun Bände, Fragmente eines einzigen großen Werkes, das den Gesamttitel trägt ›A la Recherche du Temps perdu‹. Fortsetzung und Abschluß dieses Werkes sind von Proust noch kurz vor seinem Tode im Manuskript vollendet worden und sollen in mehreren Bänden demnächst im Druck erscheinen. Dann erst werden wir ein vollständiges Bild von diesem großen Autor besitzen, dessen Ruhm so schnell die künstlerische Intelligenz Europas in seinen Bann gezogen hat.

Wie lange haben ein Stendhal, ein Balzac, ein Flaubert auf das Verständnis warten müssen! Marcel Proust – und warum soll ich nicht gleich ohne Umschweife meine Überzeugung aussprechen, daß sein Name in Zukunft mit diesen drei großen Namen genannt werden wird? – hat ein besseres Schicksal gekannt. Der Ruhm, der helle vielstimmige Ruhm hat ihn nach kurzer Frist gegrüßt, hat dem leidenden und sterbenden Manne noch den vollen, immer stärker anschwellenden Chor der Bewunderung, des Dankes, der Freude gesungen. Die Meister der Kunst haben ihm noch gehuldigt, und die Jugend hat ihm gedankt für die Schönheit, die er über das Leben gebreitet hatte. Ein erstes Denkmal ist ihm errichtet in der gehaltvollen Sondernummer der ›Nouvelle Revue française‹ am 1. Januar 1923, in der die Zeugnisse von Freunden und Bewunderern aus allen Ländern vereint sind.

Der erste Eindruck bei der Lektüre von Proust ist ein seltsames Gemisch von Bezauberung und Verwirrung. Man wird gefesselt wie von

1 ›Du Côté de chez Swann‹ war schon 1913 erschienen.

den Klängen einer neuen Musik, deren Harmonik man noch nicht analysieren kann; hineingezogen in eine Erlebnisart von so eigentümlichem Reiz, daß man sich ihren Lockungen hingeben muß. Man wüßte nicht zu sagen, was es ist, das so sanft überredet und so magnetisch anzieht, man läßt sich treiben wie auf einem ruhigen mächtigen Strom, gewärtig aller Abenteuer, willig sich lösend vom hemmenden Automatismus der Gewohnheiten und der erstarrten Denkformen. Man trifft dann plötzlich auf ein paar Sätze, in denen die Originalität dieser Kunst sich zu entschleiern scheint. Diese Erfahrung wiederholt sich beim Fortschreiten der Lektüre. Aus einem verschwommenen Eindruck hebt sich bei der zweiten oder dritten Wiederkehr eines solchen Satzgebildes ein bestimmterer Umriß empor. Man weiß jetzt, daß man an einer wenn auch vielleicht peripheren, so doch wesentlichen Stelle das Geheimnis der schöpferischen Originalität erfaßt hat. Ein deutlich greifbarer Einzelzug ist sichtbar geworden. Wie sich aber dieser Einzelzug zum Ganzen verhält, bleibt zunächst noch ganz unbestimmbar. Aber ein Ansatzpunkt ist gewonnen. Nur aus der sorgsamen Sammlung und Vergleichung solcher Einzelzüge kann in immer erneuter und ausgeweiteter Betrachtung und Besinnung das Gesamtbild erarbeitet, kann die Intuition geklärt werden. Alle echte Kritik geht diesen Weg. Proust selbst beschreibt ihn in seinem Ruskin-Essay: »Aider le lecteur à être impressionné par ces traits singuliers, placer sous ses yeux les traits similaires qui permettent de les tenir pour les traits essentiels du génie d'un écrivain, devrait être la première partie de la tâche de tout critique. S'il a senti cela et aidé les autres à le sentir, son office est à peu près rempli. Et s'il ne l'a pas senti, il pourra écrire tous les livres du monde sur Ruskin: ›l'homme, l'écrivain, le prophète, l'artiste, la portée de son action, les erreurs de la doctrine‹: toutes ses constructions s'élèveront peut-être très-haut, mais à côté du sujet; elles pourront porter aux nues la situation littéraire du critique, mais ne vaudront pas, pour l'intelligence de l'œuvre, la perception exacte d'une nuance juste, si légère semble-t-elle.« Kritische Begabung, so könnten wir hinzufügen, bedeutet nichts anderes als die Fähigkeit, von solchen Einzelzügen frappiert zu werden. Wenn das Philosophieren im Staunen wurzelt, so ist es die Voraussetzung aller Kritik, daß dem Kritiker bestimmte Dinge auffallen. Beides vollzieht sich nur bei aufgeschlossener Hingabe an den Gegenstand. Die Ruhe und Passivität des reinen Aufnehmens muß die primäre Haltung des Kritikers sein. Rezeption ist die Vorbedingung der Perzeption, und diese führt zur Konzeption. Denn über die Wahrnehmung und Festlegung der Einzelzüge hinaus schreitet die Kritik in gleichsam induktivem Verfahren zur Rekonstruktion der geistigen Gesamthaltung des Autors fort. Oder, um Proust wieder das Wort zu geben: »Je conçois pourtant que le critique devrait ensuite aller plus loin. Il essayerait de reconstituer ce que pouvait être la singulière vie spirituelle d'un écrivain hanté de réalités si spéciales.«

Dieser letzte Satz formuliert die Einsicht, daß die Einzelzüge eines künstlerischen Werkes bestimmten Elementen der Wirklichkeit entsprechen, die für den Künstler einen besonderen Bedeutungsakzent tragen und die er sinnlich sichtbar macht. Was wir die Inspiration des Künstlers nennen, ist nach Proust nichts als die Anschauung, die er von jenen Wirklichkeitselementen hat, und das Maß von Klarheit und Bestimmtheit, das diese Anschauung erreicht. Was wir Talent nennen, ist die Fähigkeit, diese Anschauung wiederzugeben, oder anders gesagt, jene Momente des Seins im Werk neu zu gestalten. Phänomen und Begriff der Kunst wurzeln also letzten Endes in einem metaphysischen Grunde. Wie unsere Musik aus der unendlichen Mannigfaltigkeit der Klänge nur einen begrenzten Ausschnitt kennt (eine Zone des Gestalteten, die von jedem schöpferischen Tondichter erweitert wird), so spiegeln sich in unserem seelischen Leben nur Bruchstücke des Gesamtseins wider. Der große Schriftsteller ist der, der neue Aspekte der Gesamtwirklichkeit erlebt und sie so zwingend und fordernd erlebt, daß sie für ihn einen Ewigkeitsgehalt annehmen. Er fühlt sich triebhaft genötigt, dem Drang dieses Schauens alle übrigen Lebensinhalte, ja unter Umständen das Leben selbst zu opfern. Für einen solchen Künstler bedeutet sein Leben schließlich nur mehr das unentbehrliche Organ der Anschauung: dasselbe, was dem Naturforscher seine Beobachtungsinstrumente sind. Dieses Opfer des eigenen Lebens im Dienste der Anschauung und der Gestaltung macht die Moralität des Künstlers aus.

Wenn uns der erste Blick auf das Werk Prousts unvermerkt zu den Wesensfragen nach dem Sinn der Kunst und der Funktion des Künstlers führt, so ist es, weil diese Fragen selbst zu den bestimmenden Motiven von Prousts Denken und Schaffen gehören. Prousts Kunst ist eine Kunst der Intelligenz, genährt aus dem ganzen Bildungsstoff un-

serer Tradition. Für Proust wird die von Gundolf in seinem ›Goethe‹ so fruchtbar verwendete Antithese von Urerlebnis und Bildungserlebnis gegenstandslos, man müßte denn sagen, das Bildungserlebnis gehöre zu seinen Urerlebnissen. Schon der oberflächliche Blick lehrt, daß diese Romane von Reflexionen, Anspielungen, Reminiscenzen übersät sind. Aber was oberflächlich so erscheint, bezeichnet in Wirklichkeit nicht eine Einsprengung, einen Aufputz, eine schmückende Zutat, sondern ist ein Ausdruck von etwas ganz anderem: die Intellektualität ist der Nährboden des Lebens, das sich in dieser Kunst seinen Ausdruck schafft. Intellektualität im höchsten und umfassendsten Sinne, als ein Erstes und Letztes, das sich nicht erst als Reaktion auf das Leben einstellt, sondern mit dem Lebensgefühl selbst da ist und mit ihm in unauflöslicher Einheit verbunden ist. Leben und Erkennen sind hier in der Wurzel eins. Erkennendes Leben, lebendes Erkennen tritt uns hier entgegen als ursprüngliche Spontaneität des Geistes, als farbigste und duftigste Blüte des vitalen Prozesses. Das intellektuelle Leben ist für Proust von all den parallelen Leben, die wir gleichzeitig leben, das spannungsreichste. So denkt auch Bergotte, der große Schriftsteller, wenn er einen Kranken zu trösten sucht: »Ich beklage Sie sehr«, sagt er ihm. »Und doch – ich beklage Sie nicht allzusehr, weil ich wohl sehe, daß Sie über die Genüsse der Intelligenz verfügen und weil diese für Sie wie für alle, die sie kennen, wahrscheinlich das Wichtigste sind.«
Intelligenz in dem Sinne, den sie bei Proust hat, ist nichts inhaltlich Festgelegtes, auch keine durch Übung entwickelte Teilfunktion der Persönlichkeit, sondern der allumgreifende elementare Drang, sich die Wirklichkeit durch Erkenntnis zu erschließen. Intellektuelle Erkenntnis kann in vielen Formen auftreten: als Lebensklugheit, als Geschäftsverstand, als Rechtsprechung, als Wissenschaft, als Philosophie. Von all dem ist hier nicht die Rede. Jenseits all dieser Sonderformen und Spezialfunktionen gibt es ein Erkennen der Lebensgehalte, das weder praktischen Zwecken dient noch an die Systematik eines Sachgebietes gebunden und durch sie eingeschränkt ist. Diese Erkenntnis hat nur eine Ausdrucksform: die Kunst. Gestaltung ist die Sprache des künstlerischen Erkennens. Alle Kunst ist Erkenntnis. Wollte man Prousts Aussagen über künstlerische Probleme ordnen, so würde sich daraus eine noetische Kunsttheorie ergeben. Nicht Erhöhung des Lebens, nicht Darstellung einer geläuterten Natur oder eines adligeren

Menschentums, aber auch nicht Formenspiel, nicht Bilden um des Bildens willen, nicht Verwirklichung von Schönheit ist für Proust der Sinn der Kunst. Weder Nietzschescher Vitalismus, noch Formanbetung oder irgendeine Abwandlung des l'art pour l'art können in der geistigen Welt Prousts Geltung beanspruchen; erst recht nicht können sie ihr gerecht werden.

In seinen Ruskin-Studien hat Proust seine Kunstphilosophie gegeben. Es ist für ihn eine Wahrheit metaphysischer Ordnung, daß man die Kunst nicht in fruchtbarer Art lieben kann, wenn man sie nur um der Genüsse willen liebt, die sie gibt. Wer das Glück sucht, der findet es nicht. Man findet das Glück nur, wenn man anderes sucht. So ist es mit dem ästhetischen Genuß. Er wird uns zuteil als ein Überschuß, wenn wir die Schönheit um ihrer selbst willen lieben, als eine außer uns daseiende Wirklichkeit, die unendlich viel wichtiger ist als die Freude, die wir durch sie empfangen können. Diese Freude ist nur die Begleiterscheinung einer geistigen Lebensrichtung auf ein ewiges Sein. Darum aber ist auch jedes Schönheitserlebnis nicht nur eine Beglückung, sondern darüber hinaus die Berührung mit einer Wahrheit und einer Wirklichkeit. Wo wir eine literarische Schönheit empfinden, da liegt ein Wert verborgen. Der künstlerische Enthusiasmus zeigt an, daß wir von einer Wahrheit berührt wurden. Mag Ruskin sich in manchem seiner Kunsturteile geirrt haben: selbst seine irrigen Urteile haben eine Schönheit eigener Geltung, die vom Wert des beurteilten Kunstwerks unabhängig ist, und sie entsprechen einer Wahrheit der Seele, die von allem Wechsel geschichtlicher Wertungen unberührt bleibt. Keine Schönheit kann uns je lügen: »car le plaisir esthétique est précisément celui qui accompagne la découverte d'une vérité«. Von der Kunst des Malers Elstir (der manche Züge von Claude Monet zu tragen scheint) sagt der Erzähler (so bezeichne ich das »Ich« der Proustschen Romane), er habe sich von ihr führen lassen »à la compréhension et à l'amour des choses meilleures qu'elle-même, un dégel véritable, une authentique place de province, de vivantes femmes sur la plage«.

Eine Landschaft oder eine Bewegung der Seele – alle Aspekte der Wirklichkeit sind der Kunst und ihrer eigentümlichen Erkenntnisweise zugänglich. Als Form universalen Weltbegreifens ist die Kunst der Philosophie verwandt. Dem Künstler drängt sich sein Gegenstand mit derselben Notwendigkeit auf wie dem Denker ein logisches Problem.

Das Thema der Romanciers, die Vision des Dichters – sie treten dem Geist fordernd und wie von außen entgegen. Der Künstler wählt sich seinen Stoff nicht, er wird von ihm erwählt. Er muß ihn ausdrücken, und er muß ihn ganz und rein ausdrücken. Die Zeiten, die in der Kunst und Dichtung eine göttliche Eingebung verehrten, und darum forderten, der Künstler dürfe dieser überirdischen Botschaft nichts Eigenes hinzufügen, waren im Rechten. Es ist für den Künstler wie für den Forscher und den Denker das oberste Gebot, sich der erschauten Wirklichkeit zu unterwerfen. Wie alles Erkennen, so ist auch das Schaffen des Künstlers ein Nachbilden, gebunden an eine Gegenständlichkeit, deren Wiedergabe die höchste Anspannung des Geistes, ja oft eine heroische Energie erfordert: »toute action de l'esprit est aisée, s'il n'est pas soumis au réel«.

Der Künstler erfindet nicht, er findet etwas vor. Kunst ist nicht Erfindung, sondern Auffindung. Proust macht das in der eindrücklichsten Weise deutlich an den Künstlergestalten seiner Romane, an Elstir dem Maler, an Bergotte dem Schriftsteller, an Vinteuil dem Komponisten. Besonders charakteristisch werden diese Gesetze des künstlerischen Schaffens in der Musik deutlich. Die Musik hat in Prousts Werk eine sehr wichtige Bedeutung. Damit meine ich nicht nur dies, daß viel von Musik gesprochen wird oder daß Stimmungsnuancen durch musikalische Vergleiche festgehalten werden. Es handelt sich um Tieferes. Wie für Paul Valéry die Architektur, so ist für Proust die Musik ein Gleichnis der Seele. Sie ist ein Ausdruckssystem, auf welches er immer zurückgreift, um seine Deutung des Lebens zu präzisieren. Man könnte dabei an ›Jean-Christophe‹ denken. Aber Musik bei Rolland und Musik bei Proust, das sind zwei ganz verschiedene Welten. Bei Rolland: Strom, Bewegung, Lebensdrang über alle Form hinweg. Bei Proust: Zeichnung, Umriß, hauchzartes und zugleich unzerreißbares Gewebe, aus Goldfäden gesponnen. Die Musik ist in Prousts Werk wie der Mikrokosmos im Makrokosmos – oder wie jener Spiegel auf dem Londoner Van Eyck, in dem sich der ganze Bildinhalt mikroskopisch noch einmal darstellt. Proust hat sich, wenn man so sagen darf, für sein Werk seine eigene Musik geschrieben: es ist die Sonate von Vinteuil. Sie hat für Prousts Welt fast dieselbe Bedeutung wie die Menschen, die in dieser auftreten. Ja, ist sie nicht selbst ein Wesen, das eine eigene abgelöste Existenz hat, wie Menschen und Geister? Swann wenigstens glaubt es, und Proust bestätigt es ihm: »Swann n'avait pas tort de croire que la phrase de la sonate existât réellement.« Dieses eine Thema der Sonate, das auf Swann so tiefen Eindruck macht, gehörte, so sagt uns der Dichter, einer Ordnung von übernatürlichen Geschöpfen an, die wir zwar nie gesehen haben, die wir aber wiedererkennen, wenn ein Erforscher des Unsichtbaren sie uns für einen kurzen Augenblick aus der göttlichen Welt, zu der er sich den Weg gebahnt hat, herunterholt und vor uns aufleuchten läßt. Denn das ist die Tat des Tondichters. Es gibt einen idealen Ort, in dem die musikalischen Formen wohnen. Der Musiker beschwört sie hinunter in unsere Welt, zeichnet sie mit zarter Hand nach und macht sie durch einen Klangkörper sichtbar. Er bildet ein Daseiendes ab, das darum nicht weniger wirklich ist, weil es in einer uns fremden Sphäre der Realität wohnt; weil es der Ebene des geistigen Seins angehört. Diese Deutung der Musik gibt sich bei Proust als Feststellung eines Sachverhalts und darf nicht etwa als ein Gedankenspiel aufgefaßt werden. Es ist ein Sachverhalt, der sich durch eine eigentümliche seelische Erfahrung erweisen läßt: der Kenner der Musik würde sofort den Betrug merken, wenn der Komponist Lücken seiner künstlerischen Vision oder ein Versagen seiner Hand durch Zutaten aus eigener Erfindung zu verschleiern suchte. Man würde den Fremdkörper spüren wie sinnlose Silben, die den Zusammenhang eines Satzes zerreißen. Und das musikalische Thema ist ein solcher Satz. Musik ist Sprache – nicht in dem verschwommenen Sinne eines Lautwerdens von seelischen Zuständen, sondern im Sinn einer eindeutig bestimmten Mitteilung. Unsere gewöhnliche Sprache ist zugeschnitten auf praktische Bedürfnisse, gefesselt durch soziale Konventionen. Die Musik streift diese Fesseln ab. Aber sie fällt damit nicht etwa der Willkür anheim, sie gewinnt im Gegenteil die Möglichkeit genauerer Formulierung und einer ihrem Gehalt völlig angemessenen Rede.

Ich sagte schon, daß die Frage nach dem Wesen der Kunst und der Funktion des Künstlers ein Grundelement und ein letzter Antrieb von Prousts ganzem Schaffen ist. Wir finden dieses Element in Prousts Werk gleichsam in verschiedenen Aggregatzuständen vor. Wir finden es als kritische Reflexion in dem Ruskin-Essay, wir finden es als formendes Prinzip in der Gestaltung von Künstlerpersönlichkeiten wie Vinteuil, Elstier, Bergotte und der Berma. Endlich und zuinnerst finden wir es als persönliches Erlebnis des Erzählers, das dann in jene anderen Sphären ausstrahlt. Die Proustschen Bücher sind von einem Menschen geschrieben, dem das Problem des Künstlertums bestimmendes Erlebnis, und das heißt schon Kindheitserlebnis, gewesen ist. Das literarische Schaffen ist für Proust eine Form, das Lebensproblem des Künstlers zu verarbeiten. Darlegung und Gestaltung der inneren Spannung, die aus dem Drang zum dichterischen Schaffen entsteht, ist ein Thema der Proustschen Kunst.

Eine Episode aus der Jugendgeschichte des Erzählers mag das verdeutlichen. Auf einer Wagenfahrt fällt ihm eine Gruppe von drei Bäumen auf, bei deren Anblick ihn ein tiefes Glück überströmt. Sie dünken ihn wirklicher als die Fahrtgenossen und der ganze gegenwärtige Lebensabschnitt. Ihm ist, als sei er aus einem Traum erwacht und finde nun etwas längst Gekanntes wieder. Diese Bäume enthalten ein Geheimnis, das sich dem Zugriff entzieht, wie Gegenstände, die außer unserer Reichweite liegen und die wir allenfalls mit ausgereckten Fingerspitzen streifen können. Vielleicht könnten wir sie packen, wenn wir uns zu einem äußersten Schwunge sammelten. Vielleicht wartet hier ein Glück. In der Erinnerung an ähnliche Erlebnisse seiner Knabenjahre wird dem Jüngling bewußt, daß die seltenen Augenblicke dieses eigentlichen Glückes die ganzen dazwischenliegenden Lebensräume auslöschen, daß nur jene Augenblicke die Wirklichkeit enthalten, an die er sich anklammern müßte, um sein wahres Leben zu leben. In einem Akt innerer Konzentration sucht er sich des Bildes jener Bäume zu versichern, sucht er in der inneren Wegrichtung vorzustoßen, an deren Ende er die Bäume in seinem Geist erblickt. Was ist es mit ihnen? Hat er sie wirklich früher irgendwann gesehen? Aber sie passen in keine der Landschaften, die die Schauplätze seines Lebens waren. Nein, er hat sie in Wirklichkeit nie gesehen, auch nicht im Traum. Der Schein, es handle sich um ein Wiedererkennen, ist eine Täuschung. Sie erwächst daraus, daß die Seele in dem Bemühen, den geheimen Sinn des Eindrucks zu enträtseln, eine Anspannung gleicher Art und gleicher Stärke vollziehen muß wie bei dem Zurückrufen einer fernen Vergangenheit. Die Bäume beschwören die Seele wie die Phantome einer Vorzeit, wie die Schatten entschwundener Freunde: »Nimm uns mit und gib uns dem Leben wieder!« Sie scheinen zu rufen wie ein geliebtes Wesen, das die Sprache verloren hat und dessen Wünsche wir nicht mehr zu erraten vermögen. Aber da macht die Straße eine Biegung, die

Bäume entschwinden, und mit ihnen eine unersetzliche Wahrheit, ein unwiederbringliches Glück. Eine Klage scheint nachzuzittern: »Wenn du uns versinken läßt, gibst du ein Stück von dir selbst der Vernichtung preis.« Eine Traurigkeit breitet sich über den Jüngling: »comme si je venais de perdre un ami, de mourir moi-même, de renier un mort ou de méconnaître un Dieu.«

Wer das Leben des Künstlers erlebt (und wir müssen hier dem Wort »Künstler« den weitesten Sinn geben, – den des geistig-schöpferischen Menschen, der unter der Notwendigkeit steht, die ihm zuströmenden Intuitionen erkennend zu gestalten), dessen Dasein ist beherrscht von der immer neu auftauchenden Frage, ob es ihm gelingen wird, die noch schwankenden, nur im Gefühl ergriffenen Gehalte seiner Erfahrung ins Feste zu bannen, in der Form einzufangen, im Ausdruck zu verewigen – oder ob sie ihm wieder entschwinden. Er wird den Wert der Tage und der Jahre danach bemessen, wieviel er in die Dauer hinüberzuretten vermochte. Sein Dasein wird ein aufreibendes und doch beglükkendes, lebenslängliches Drama sein, ein Ringen um Bewahrung aller erhöhten Augenblicke, ein Kampf gegen das Vergessen und Verlieren all der Ahnungen und Erkenntnisse, die eine glückliche Stunde tief gelebten Daseins uns anbietet. Für den glaubenslosen, modernen Menschen sind ja diese Geschenke des eigenen Lebensgrundes das einzige, das unbezweifelbare Wirklichkeit und eine nicht erborgte Autorität besitzt. Nur auf sie kann er bauen, wenn er den Sinn des Lebens enträtseln möchte. Nur durch sie ist er mit dem Urgrunde des Seins unmittelbar und in einer keinem andern gegebenen Weise verbunden.

Aber diese Erkenntnis ist selbst erst eine Frucht der Erfahrung. Wir finden das Gesetz unseres Wesens erst, wenn das dumpfe keimhafte Drängen der Jugend verbraust ist. In der Jugend waren wir reich und wußten nicht um unsern Reichtum. Im Mannesalter sind wir wissend und arm. Was uns da gelingt, als Aussage und Formung, ist immer nur durch ein Zurückgreifen auf die frühen Schichten unseres Erlebens gewonnen. Etwas Unvorhersehbares, ein Lufthauch, eine Begegnung, ein flüchtiger Sinneseindruck weckt einen Bezirk unseres vergangenen Lebens auf, hebt einen Teil unserer versunkenen Schätze ans Licht – und dann vermag die geschärfte und verfeinerte Energie unseres Geistes in einer schmerzhaften Anspannung einen Teil des schon gelebten und längst entschwundenen Lebens festzuhalten. Jeder von uns macht in irgendeiner Form diese Erfahrung. Sie ist der Schlüssel der Proustschen Kunst. Für Proust ist sie nicht eine Erfahrung neben anderen, sie ist für ihn beherrschend und allumfassend. Von ihr aus deutet sich ihm das Leben, aus ihr quillt seine Kunst. Die Intensität und Anschaulichkeit, mit der Proust diese bestimmende Grunderfahrung schildert, ist wahrscheinlich die letzte Ursache des geheimnisvollen Zaubers, mit dem uns sein Werk umfängt. Wir verstehen jetzt, warum dieses Werk den Gesamttitel trägt ›A la Recherche du Temps perdu‹. Die Musen sind die Töchter der Mnemosyne, und die künstlerische Inspiration Prousts kommt aus der Sehnsucht nach Wiederbringung und Vergegenwärtigung des eigenen Lebensgehalts.

Prousts Kunst ist ein Werk der Erinnerung. Es stellt sich, von dieser Seite gesehen, neben ein anderes Hauptwerk des modernen französischen Geistes, neben Bergsons ›Matière et Mémoire‹. Prousts Schaffen ruht auf der Unterscheidung zweier Formen des Gedächtnisses: der vom Willen gelenkten »mémoire«, die nur totes Tatsachenmaterial registriert, und des spontanen, der bewußten Anstrengung unzugänglichen »souvenir«, welches den Gefühlston des Erlebens in ursprünglicher Frische reproduziert. Nie wird die Wesensverschiedenheit jener beiden Gedächtnisarten so bewußt wie bei dem Versuch, verschüttete Inhalte früherer Lebensepochen wieder ins Bewußtsein zu ziehen, der die allgemeine Voraussetzung für Prousts Schaffen ist. »C'est seulement quand certaines périodes de notre vie sont closes à jamais, quand, même dans les heures où la puissance et la liberté nous semblent données, il nous est défendu d'en rouvrir furtivement les portes, c'est quand nous sommes incapables de nous remettre même pour un instant dans l'état où nous fûmes pendant si longtemps, c'est alors seulement que nous nous refusons à ce que de belles choses soient entièrement abolies. Nous ne pouvons plus les chanter, pour avoir méconnu le sage avertissement de Goethe, qu'il n'y a de poésie que des choses que l'on sent encore. Mais ne pouvant réveiller les flammes du passé, nous voulons du moins recueillir ses cendres. A défaut d'une résurrection dont nous n'avons plus le pouvoir, avec la mémoire glacée que nous avons gardée de ces choses, – la mémoire des faits qui nous dit ›tu étais tel‹ sans nous permettre de le redevenir, qui nous affirme la réalité d'un paradis perdu au lieu de nous le rendre dans le souvenir, – nous voulons du moins le décrire et en constituer la science.«

Nach altkeltischem Glauben wandern die Seelen der Verstorbenen in Tiere, Pflanzen, leblose Dinge und bleiben dort verhaftet, bis wir an einem Tage, der für viele niemals kommt, durch Zufall auf den Baum treffen oder in den Besitz des Dinges gelangen, das ihr Gefängnis darstellt. Dann dringt ein zitternder Ruf zu uns, und wenn wir ihn verstehen, ist der Zauber gebrochen. Die Seelen werden durch uns befreit, sie haben den Tod überwunden und leben nun mit uns weiter. Proust sieht in dieser Vorstellung des mythischen Denkens ein Gleichnis für das Verhältnis der Seele zu ihrer eigenen Vergangenheit. Diese Vergangenheit wohnt nicht mehr in der Seele, sondern in irgendeinem Gegenstand der Körperwelt, den wir nicht ahnen. Es hängt vom Zufall ab, ob wir diesen Gegenstand antreffen, ehe wir sterben, oder ob wir ihn verfehlen. Das Geheimnis der Dinge umgibt uns und birgt einen Reichtum, den wir nicht kennen und der uns doch gehört. Irgendeine der unbekannten Begegnungen, die unser warten, kann eine Leuchtwirkung auslösen, die einen Bezirk des Vergessenen bestrahlt und uns eine längst entschwundene Erregung unseres Lebens zurückgibt. Danken wir dem Vergessen! Es bewahrt für uns in duftiger Frische Gefühle auf, die wir verloren glaubten, und mit denen Jugend und Liebe zurückkehren. Ein feuchter Windhauch, der Duft eines ersten Kaminfeuers, ein Spiel der Atmosphäre – das sind die Boten, die uns unser vergangenes Ich zurückbringen: »la dernière réserve du passé, la meilleure, celle qui quand toutes les larmes semblaient taries, sait nous faire pleurer encore.«

Dieses unvorhersehbare Einströmen des erinnerten Lebens in den gegenwärtigen Augenblick bedeutet eine Außerkraftsetzung der Zeit. Wir sind dem einsinnigen Ablauf der mathematischen Zeit entronnen, wenn die Vergangenheit aufhören kann, Vergangenheit zu sein; wenn sie die Fähigkeit hat, im Gedächtnis wiederaufzuleben. Die Zeit ist nicht eindimensional und unumkehrbar. Sie ist nichts endgültig Festgelegtes. In der Kunst von Proust erfährt der starre Zeitbegriff, den wir unseren Berechnungen zugrunde legen, psychologisch eine ähnliche Korrektur, wie er sie logisch in der Bergsonschen Philosophie erfährt. Die Zeit der Proustschen Romane ist nicht die chronometrische der Kalender und der Naturwissenschaft, sondern sie ist »durée réelle«, seelische Wirklichkeit, deren Rhythmus unendlich mannigfaltig sein kann und deren Qualität und Ablauf in enger Wechselwirkung mit den

Änderungen der Atmosphäre, der Gefühlslage, auch der räumlichen Umgebung steht. Die Proustsche Zeit hat eine Elastizität und Relativität, an der alles äußerliche Messen scheitert. Es wird jedem Leser auffallen, daß in Prousts Romanen niemals Daten und präzise Zeitbestimmungen auftauchen. Wir rechnen in diesen Romanen nicht nach Monaten und Jahren, sondern nach dem Wechsel des seelischen Klimas. Sie erlauben keine chronologische Analyse. Die Zeit läuft ab in einer Kurve von unberechenbarer Unregelmäßigkeit. Ein Wetterumschlag genügt, um die Welt und uns selbst neu zu erschaffen! Zeit und Raum sind bloße Modi der Erinnerung und stehen in Wechselwirkung. Ein Ort, den wir gekannt haben, ist ein Ausschnitt aus unserer gelebten Zeit. Ein Erinnerungsbild, das in uns auftaucht, bringt einen bestimmten Augenblick zurück. Wir können sozusagen Zeit und Raum ineinander umschalten und so den Bereich unserer Freiheit erweitern. »Il y a des cas, – assez rares, il est vrai, – où la sédentarité immobilisant nos jours, le meilleur moyen de gagner du temps, c'est de changer de place.«

Es ist für Proust charakteristisch, daß bei ihm alle großen Lebensmächte erst in ihrer Verflechtung mit dem Spiel der Erinnerung ihren ganzen Bedeutungsgehalt, ihren ganzen Wert anzunehmen scheinen. Das gilt von dem Leben des Geistes, vom Schaffen, von der Natur, von der Liebe. Und es gilt ebenso von Prousts Beziehung zu den Werten der Kunst und der Geschichte. Die Gestalten, die Proust mit besonderer Liebe zeichnet, sind solche, deren Lebensgefühl bereichert ist durch die Erinnerung an die Werke der Kunst oder an irgendeine geschichtlich geprägte Vergangenheit. Diese Erscheinung gehört zu den frappierendsten Eigentümlichkeiten des Proustschen Schaffens. In ihr spiegelt sich von einem anderen Blickpunkt her die enge Verflochtenheit von Kunst und Leben, die wir als Grundmotiv von Prousts Geistigkeit erkannten. Es ist nicht nur so, daß das Erleben, um sich selbst zu vollenden, zur künstlerischen Gestaltung fortschreiten muß, sondern auch umgekehrt: die Welt der Kunst kann für unser persönliches Erleben aufgeschlossen, fruchtbar gemacht, in es zurückgenommen werden. Wenn das künstlerische Schaffen die Zuendeführung, die abschließende Vollendung unseres Erlebens darstellt, so gilt auch entsprechend, daß die überlieferten Werke der Kunst ihren vollen Sinn erst durch die Umsetzung in neues gegenwärtiges Leben gewinnen. Der Weg vom

Erleben zum Ausdruck kann auch in umgekehrter Richtung gegangen werden. Leben kann in Kunst und Kunst kann in Leben übergeführt werden. Die seelische Besonderheit Prousts liegt darin, daß diese wechselseitige Umschaltung den Grundrhythmus seines Daseins ausmacht, so daß der Übergang ein gleitender geworden ist. Die beiden Seinssphären, die wir als Kunst und Leben zu trennen und einander entgegenzusetzen pflegen, sind verflüssigt und eins geworden. Die Kunst hat etwas von ihrer Isoliertheit, das Leben etwas von seiner Realität verloren. Beides fließt zusammen in einer höheren Wirklichkeit der Seele. Hierin gründet jener eigentümliche Eindruck von Vergeistigung, den wir vom Werke Prousts empfangen, eine Vergeistigung, die keine Seinsminderung, sondern das Gefühl einer intensiveren Wirklichkeitserfassung hervorbringt – und zwar durch eine Art von Relativierung, analog jener, die wir zwischen den einzelnen Zeitstufen und zwischen Zeit und Raum beobachteten. Das Lebensgefühl Prousts erscheint ständig begleitet und bereichert durch einen Strom künstlerischer Erinnerungen. Seine Kunsterlebnisse wirken wie ein Resonanzboden, der den Klang jeder Stunde verstärkt. In die Farben, mit denen er das Neue und Gegenwärtige schildert, fließt so eine altmeisterliche Tonigkeit ein, ein Extrakt reifer Kulturen. Ein herbstlich linder Zauber, schwer und süß von vielen Sonnenstunden, liegt über seinem Werk, ohne doch irgendwie die Fähigkeit des Künstlers zur unmittelbaren und originalen Erfassung der Wirklichkeit zu beeinträchtigen. Was andere Geister lähmt, belastet, gefährdet und an eigener Ausprägung hindert, das scheint im Gegenteil bei Proust der schöpferischen Ausdruckskraft erst ihre weiteste Freiheit zu geben, weil seine subtile Intellektualität den überlieferten Bildungsstoff beseelt.

Dieses Bedürfnis, sich in eine Tradition einzubetten, befriedigt sich am vollkommensten im Genusse der Literatur. Es erzeugt einen Klassizismus der Lebensstimmung – was wohl zu scheiden ist vom Klassizismus als Kunstform. Klassizismus in dem Sinne, um den es sich hier handelt, ist die Ausdrucksform einer reichen literarischen Kultur, die sich darin gefällt, die Situationen gegenwärtigen Daseins mit den Blüten der Erinnerung zu schmücken. Das kann ganz verschiedenen Stimmungen zugute kommen. Es kann eine Form des Humors sein. Aber mit demselben Mittel kann Proust auch die zartesten und ergreifendsten Dinge ausdrücken. Er kann dramatische Höhepunkte eines ganzen Lebens damit symbolisieren.

Proust weiß, daß dieses retrospektive Genießertum zu einer Gefahr des Geistes werden kann. Es führt dazu, daß die Schönheit nicht mehr um ihrer selbst willen geliebt wird, sondern wegen gewisser geschichtlicher oder archäologischer Assoziationen, die wir mit ihr verbinden. Es entsteht so eine eigentümliche Perversion des Geistes, die Proust in seinen Romanen sehr fein analysiert.

Proust sympathisiert gewiß mit diesen Raffinements des Kulturgefühls und der ästhetischen Sensibilität. Aber wie verführerisch sie auch sein mögen, sie verletzen das zarte und unfehlbare Bewußtsein unseres Geistes von den Gesetzen der Wahrheit und Schönheit. Selbst Ruskin gegenüber läßt Proust diese Kritik laut werden. Wir dürfen ein Bild nicht darum schöner finden, weil der Künstler eine Heckenrose im Vordergrunde angebracht hat. Wir sollen der Heckenrose keinen Kultus weihen, nicht unser Zimmer mit Kunstwerken schmücken, auf denen sie dargestellt ist – sondern wir sollen die Schönheit der lebenden Blüte lieben und uns bewußt bleiben, daß auch die schönste Blüte nur schön ist »durch den Teil der unendlichen Schönheit, der sich in ihr verkörpert hat«.

Es ist die Sünde des Ästheten, daß er das Leben nur zu genießen vermag, wenn es transponiert ist in die Kunst. Aber er verfälscht damit auch den Sinn der Kunst, denn er hat kein Organ für die lebendige Wechselbeziehung, durch die sie mit dem Leben verbunden ist. Er kann ein Künstler sein, ein Schriftsteller, ein großer Schriftsteller sogar – aber er wird immer ein alexandrinischer Schriftsteller sein. Nie wird er uns eine unmittelbare Berührung mit der Wirlichkeit, eine entdeckerische Erkenntnis vermitteln. Gerade das aber schenkt uns Proust. Jener Klassizismus des Geschmacks, von dem wir sprachen, ist wohl ein Element seines Lebensgefühls, aber nicht das Gesetz seines Schaffens. Wäre letzteres der Fall, so würde seine Kunst vielleicht die edle Patina eines Anatole France haben, aber sie käme aus zweiter Hand, sie wäre nicht die neue Deutung des Daseins, die sie für uns ist. Sie würde der schöpferischen Originalität entbehren. Aber eben die Neuheit und Ursprünglichkeit des Ausdrucks ist das, worauf Prousts Größe beruht. Doch das würde eine neue Betrachtung fordern.

# Moritz Heimann

## Was ist das: ein Gedanke?

Ich wachte einmal mitten in der Nacht auf und hörte noch von der Straße das Gelächter einer Dirne, das mich aus dem Schlafe gerissen hatte; es klang wie das verzweifelte Schreien eines Menschen, der unter die Mörder gefallen ist. Ich wußte nicht, ob ich die Wand zur rechten oder zur linken Hand hätte, und mußte mich erst darein finden, wo das Bett stand im Zimmer, ja, in welchem Hause und in welcher Stadt ich sei. Über dieser Orientierung wurde ich, so schien mir, ganz lebendig, und ich begann, wie ich glaubte, zu denken. Das Herz aber schlug mir ganz ungestüm und hart in der Brust, wie wenn ein rauher, plötzlicher Griff mich aus dem tiefen Schlafe gerissen hätte. Woher mochte dieses ganz verstörte, ganz feindliche Schlagen des Blutes kommen? Müßte man nicht glauben, daß der Schlaf Verbindungen zwischen sonst unverbundenen Nervengruppen herstellt, deren jähe Zerreißung als ein Schmerz ganz besonderer Art empfunden wird? Ich fühlte mich dem Geheimnis des Schlafes in einer eigentümlich ergreifenden Weise nahe, es war mir aber dabei, als ob ich es durch meine Fragen schon verscheuchte – und da glaubte ich zu erkennen, wie der innere Lärm der Wachheit und der Betrachtung, einem Rudel von Hunden gleich, das jeden Gast abwehrt, mich hinderte, zu erkennen und zu fühlen, was in den Gestalten und Verwandlungen des Lebens einzig wert ist, erkannt und gefühlt zu werden. Seit wie vielen Jahren hatte ich nicht mehr eine Stunde lang unverwandt in das Licht einer Kerze geschaut? Wann hatte ich zum letztenmal auf einer Wiese gelegen, in keinem anderen Begehren, als das weißlich schwankende Blau des Himmels über mir zu haben! Und bei dieser Vorstellung merkte ich, daß das Herz sich beruhigt hatte, *aber der Körper fühlte sich zu leicht,* ohne davon, wie sonst wohl, eine Lust zu haben, und ich drückte den Hinterkopf tief in die Kissen. Mit einem Schlage wurde der Gefühlsinhalt nüchterner. Ich versuchte mir künstlich das Verlangen nach der blauen Himmelsdecke

zu erregen; es gelang nicht; und eine ganz prosaische, von einer unmotivierten Ungeduld bestimmte Gedankenkette aus allzuoft geprüften Gliedern begann sich abzuhaspeln. Nicht lange, so verwirrte sie sich. Es fing an damit, daß ich der Wissenschaft Verdrießliches sagte, die nun einmal über das Lebendige nichts mitzuteilen wüßte; aber gegen dieses Mißtrauen nahm ich wieder Partei, und nachdem ich eine Weile in einer mehr gefühlten als gedachten und mehr geschauten als gefühlten Art den Kampf gegen und für die Wissenschaft sich hatte auskämpfen lassen, kam ich, in dem Wunsche, mich wieder zum Schlaf zu legen, zu einem Ergebnis: »Die Wahrheit liegt in der Tat zwischen zwei Extremen, aber nicht in der Mitte.« Mit diesem Satz war ich höchlichst zufrieden, legte mich auf die Seite und fand den Schlaf.
Am nächsten Morgen fiel mir gleich beim Aufstehen ein, daß ich in der Nacht einen sehr guten Gedanken gehabt hatte, einen ganz vortrefflichen, unwidersprechlichen, einen wahren Lämmergeier von einem Gedanken. Aber ich wußte nicht, wie er geheißen hatte. So viel Mühe ich mir auch gab, ich konnte mich auf keines seiner Elemente besinnen, und nur die Genugtuung über das wunderbare Ereignis, daß ich einen wirklich vortrefflichen Gedanken gehabt hatte, stellte sich in der Erinnerung ein, quälend natürlicherweise, weil ich ihn doch verloren hatte, diesen Kapitalgedanken. Aufstehen, abwarten und Tee trinken, das hieß, wie ich wußte, den Keim der Erinnerung, wenn er überall noch in mir wäre, vollends vernichten. Aber obwohl mir das Dirnengekreisch wieder einfiel, wußte ich nicht von dort aus nur einen Schritt zu meinem verlorenen Gedanken zu tun. Ich wollte mich trösten: »Am Ende ist er gar nicht so gut gewesen!« Aber dem widersprach eine andere Stimme ganz entschieden, welche sagte: »Er war gut, er war unbezweifelbar gut – denn er hatte das Komma, das seine beiden Teile trennte, an einer so wunderbar schönen Stelle, nicht genau in der Mitte, sondern nach rechts hinüber, aber auch nicht zu weit nach rechts hinüber, ungefähr im goldenen Schnitt. Denn die Gedanken, die ihr Komma genau in der Mitte haben –« die Wahrheit liegt in der Tat zwischen zwei Extremen, aber nicht in der Mitte. Da hatte ich ihn. Nun, es war zwar kein Kohlweißling, aber doch immerhin nur ein brauner Bär; und er interessierte mich entschieden weniger als die Art, wie ich ihn wieder gefangen hatte. Ich sah ihn mir genauer an: Das Komma sitzt gar nicht an so glücklicher Stelle, es sitzt zu weit nach rechts. Dann sprach ich

den Satz einmal laut; und da war es mir, als ob das Komma doch ganz vortrefflich darin säße; denn links von ihm stehen mehrere gleichgültige und Füllwörter, rechts von ihm aber unter fünf Wörtern drei mit kräftigstem Sinn betonte. Also ein gutes Gleichgewicht; diese Erinnerung wenigstens hatte mich nicht getäuscht. Da aber Erinnerung sich vermittelt und weiterpflanzt nach dem Grade der Lebendigkeit der Vorstellungen, so kann nur jenes Gleichgewicht des Satzes den starken Eindruck, die Überzeugung, das Entzücken in mir bewirkt haben, nicht sein Inhalt. In diesem Gleichgewicht der Teile, in dieser Bizentralität des Ganzen und in der nahezu physischen Wirkung davon muß etwas von einer Wahrheit über jeden Inhalt gewesen sein. Ich hatte also recht, entzückt zu sein, aber ich kann von diesem Recht keinen überzeugen. Ich kann meinen ganzen Gedanken mitteilen; nur das eine, das Tiefste in ihm, das Bezaubernde, das kann ich nicht mitteilen. Was ist das also: ein Gedanke?

# Oskar Loerke

## Formprobleme der Lyrik

Wenn heutigentags ein Lyriker es wagt, mit seiner Kunst vor seine Tür oder, wie die literarischen Leichenbitter voreilig sagen würden, vor sein Grab zu treten, so tun die Vorübergehenden, als bemerkten sie ihn nicht, und manche beschleunigen ihren Schritt. Er findet im großen Lande höchstens ein paar Tausendschaften von Geduldigen, die ihn anhören. Und die ihm an*hangen* unter den Millionen, zählen vielleicht nur nach Hunderten. Scheint ausnahmsweise die Wirkung eines Lyrikers in die Breite zu reichen, so erkennt der Kundige bald, daß die werbende Kraft nicht vom Künstlerischen ausging, sondern von außerkünstlerischen Suggestionen, etwa von einer ethischen Überzeugung, einer sozialen Lehre, einer politischen Predigt. Der dichterische Schwung hatte gleichsam Henkel für Schwunglose. Wir wollen harte Tatsachen hart betrachten, wir wollen nicht leichtherzig und gutartig leugnen, was *ist.*

Nicht obwohl, sondern weil ich weiß, als wie überflüssig, lästig und ohnmächtig das Gedicht heute befunden wird, trete ich vor Sie und spreche von ihm. In seinem Schicksal vollzieht sich apokalyptisch das von dieser Weltstunde über alle Kunst verhängte Schicksal.

Wir begegnen Geschäftsleuten, Praktikern der Technik und Wirtschaft, Wissenschaftlern, Sportsmännern und ihren Getreuen, die jenseits aller Kunst unbefangen ein starkes Leben führen. Sie achten das auch ihnen eingeborene künstlerische Erbe für nichts, und gar Gegenwart und Zukunft der Kunst ist ihnen so wesenlos, daß sie nicht einmal eine abwehrende Bewegung machen. Leistung, Ruhm, Bedrohung und Verfemung insbesondere des Dichters ficht ihr Gewissen nicht im geringsten an. – Wir begrüßen die Klarheit. Der amusische Mensch bekennt sich, wir ringen um seine Seele nicht.

Wir bemühen uns um den musischen Menschen. Ist ihm der Raum des Daseins auf Erden geschmälert worden – seine Wertung des Daseins und der Urtrieb, es schöpferisch zu gestalten, ist ihm ungeschmälert geblieben. Nie wird er aufhören, die Kunst als das Vaterhaus seines Geistes zu suchen. Und die musische Jugend wird ein offenes Gehör für die Fragen und Sorgen gerade der Kunst haben, welche man die Kunst der Jugend nennt.

Es gibt in der Lyrik keine anderen Probleme als Probleme der Form. Wer dagegen die Behauptung setzen wollte, in unseren Tagen sei ja die Lyrik selbst problematisch geworden dadurch, daß die *Inhalte* dieser Tage in ihr fehlten, der ist kurzsichtig. Aus den Inhalten erwächst die Form, oder – es gilt auch so –: Die Form ist das einzige Organ, mit dem sich die Lyrik ihrer Inhalte bemächtigt. Das Organ kann tauglich oder untauglich sein; ohne dieses Organ aber würden die Inhalte bleiben, was sie vorher waren: Material und Vorgang der Empirie. Die Lyrik wäre dann nicht da und könnte nicht fragwürdig geworden sein. Nur um der leichten Verständigung willen tue ich überhaupt den alten grausamen Schnitt zwischen Inhalt und Form. Die Trennung ist fiktiv, nicht wirklich.

Ich suche nun zuerst den Bereich des Stoffes abzustecken, darauf den Bereich der Form, um für die Einheit aus beidem freies Gebiet zu finden. Ich reinige mir den lyrischen Stoff von falschen Fürsprechern und weise ihre Zumutungen ab, ich lasse die Form sich gegen Mißbrauch wehren. Ich schlage auf Gegner außer mir und in mir, nicht aus Freude an der notgedrungenen Polemik, sondern weil sich, was meine Natur fordert und festhalten muß, in innerem dialogischen Kampf ergeben und bestätigt hat.

Unterliegt denn Stoff und also weiterhin Inhalt nicht mehr der blutgetriebenen Wahl des Dichters? Das böse Gewissen und der ausgeblasene Kopf des Zeitgeistes spricht: nein! Seine Hörigen kümmern sich nicht um gut und schlecht, groß und klein, echt und falsch. Das wären künstlerische Kriterien. Sie lassen nur Kriterien des Materials zu. Weil die Welt ihnen fremd ist zu 99 Hundertteilen, so nennen sie weltfremd den, dem der letzte Hundertteil nicht die Welt bedeutet. Ihr Urteil hetzt hinter dem angeblich Zeitgemäßen, angeblich Sachlichen, angeblich Wirklichen her. Sie maßen sich an, zu diktieren: Erlaubt! Verboten! – Verboten: Turm, erlaubt: *Eiffel*turm. Sie übersehen, daß sogar der Eiffelturm als Gelbveigelein und Maßliebchen gedichtet werden kann. Sie sehen auffällige frische Einzelheiten, besonders in der modernen Großstadt, und sie sehen eine Menge Menschen, die ausschließlich damit beschäftigt sind. Sie vergessen Ursache, Grund und Zusammenhang der Neuheiten. Daß die aufgespeicherte Sonnenenergie in Maschinen und deren Hilfseinrichtungen erweckt werde, geben sie zu, und sie bestaunen es, daß es aber eine Sonne gebe, leugnen sie. Oder wenn sie beispielsweise sehen, wie in den Gerichtssälen Recht gesprochen wird, so halten sie den Umstand, daß einer elektrischen Strom statt silberner Löffel gestohlen hat, für wichtiger als das Rechtsprechen. Der stromstehlende Dieb ist modern und darum kunstreif, das Gericht ist älter als Chammurabbi. – Auf den Diathermie-Apparat, den ein Arzt benutzt, sind sie stolz, und sie nehmen es darüber leicht, daß noch immer Zehntausende von Ärzten bemüht sind, das erkrankte lebende Fleisch zu heilen: etwas nach uralter Weise auf Schädigungen Reagierendes, etwas hartnäckig nach den kosmischen Extremen Leben und Tod Gieriges. Wissenschaftliche, technische, wirtschaftliche Entdeckungen und Intuitionen können nicht zustande kommen ohne eine Substanz, die entdeckbar und erkennbar wäre, aber die Intuition des Dichters soll auf die allgemeine Substanz verzichten und erst bei ihren jüngsten praktischen Verwertungen beginnen. Was *draußen* geistig neu und überraschend ist, ist es im Gedichte nicht mehr. Draußen ist es eine Ursache und hat *draußen* die Reihe seiner Wirkungen, im Gedichte ist es eine Wiederholung, welche von der pragmatischen Auswirkung des Originals nichts mit hinübernehmen kann.

Sehen wir uns nach derben, lächerlichen Exempeln dafür um, weil unsere Vormünder das Deutlichste verdunkelt und unkenntlich gemacht haben. Wer die Quantentheorie in Rhythmen und Reime bringen wollte, den würden wir wohl einen Tollhäusler nennen. Hatte die Theorie für die Forschung Umwälzungen zur Folge, so brächte das Unternehmen des dichterisch damit spielenden Tollen nur nutzlose Verbiegungen, Verwässerungen und Verniedlichungen in die Welt. Aber warum sollte der *Geist* des theoretischen Gebäudes nicht einmal die Vision eines bedeutenden Künstlers befruchten? Der unmögliche Versuch, jene Theorie poetisch zu bewältigen, erhellt das zentrale Formproblem von der feindlichen Seite des Stoffes her, der mögliche Versuch von der günstigen. Was draußen von vitaler Wichtigkeit sein mag, kann im Kunstwerk sehr wohl subalternisierend und trivialisierend fortwirken.

Versetzen wir uns die liebedienerischen Mahnungen der Zeitjünger nur einmal flüchtig in die Geschichte zurück: Wo ist dann der Lobgesang auf die Erfindung der Taschenuhr in der damals zeitgenössischen Dichtung, wo der Hymnus auf die erste Fahrt der ersten Lokomotive, wo die Ode auf die Gründung der Zünfte, wo die Ballade auf die früheste Buchdruckerpresse? Der Staub der Bibliotheken hat sie gefressen! Und doch steckt eine Taschenuhr in jedermanns Tasche, Lokomotiven donnern über die ganze Erde, und Druckerpressen saugen jeden Sinn und Unsinn auf, der sich im Hirne der Menschheit regt. Auch in der Dichtung, sogar in der lyrischen, erscheinen diese und andere Neuheiten von einst, aber beruhigt, unscheinbar, in Zusammenhänge des *Daseins* gerückt, den Zusammenhängen des *Gebrauchs* enteignet. Aber waren nicht frühere geniale Künstler dienend, mahnend, helfend ihrer Zeit ergeben? Künstler – denn was für eine Kunst, die Technik in besonderem Material ausgenommen, gilt für alle? Pelothien klagte die soziale Ungerechtigkeit an, Pindar pries Ringkämpfer, Sebastian Bach oder Dietrich Buxtehude spielten und sangen ihrer Kirchengemeinde. Aber außer den weiland modernen Mächten walten in der Arbeit dieser Meister unter anderem auch die immer unmodernen Götter. Wären sie nicht tiefer wirklichkeitsnah gewesen, als es ihnen heute erlaubt sein würde, so verständen wir sie nicht mehr.

Flach wie den Begriff des Zeitgemäßen und Wirklichen faßt man den des Sachlichen. Erschüttert stellen wir fest, daß auch er als Surrogat für das Leben die Aktualität empfiehlt! Sträuben wir uns, aus diesem unbrauchbaren Stoff den Inhalt unserer Verse zu ziehen, so ruft man zu unserer Ausrottung auf. Ich übertreibe nicht! In einer unserer größten Tageszeitungen stand vor kurzem wörtlich zu lesen: »Wäre die Lyrik nicht aus sich selbst heraus für die Sterbesakramente reif geworden, sie würde heute wie eine gemeine Verbrecherin hingerichtet werden.« Der Herr Scharfrichter, der die Tinte vergoß, wird sich darauf herausreden wollen, daß er selbstverständlich nicht das platt Stoffliche, sondern das Geistige gemeint habe. Demgegenüber bleiben wir störrisch bei dem Einwande, daß das Geistige einem Kunstwerk nicht ohne Stoff erscheinen könne. Der Stoff braucht keine erzählbare Fabel zu sein, keine Geschichte, keine Romanze, er soll Empfindung, Erregung, Ahnung, oder wie immer genannt werden, er ist jedenfalls da. *Der Geist des Stoffes heißt Form.*

Wie Schwäche und Ungeduld der Vernunft an den Stoff verkehrte Zumutungen stellen, so stellt sie die Beharrungsfreude an die Form. Ganz frei von derlei Zumutungen ist niemand, die besten Dichter eingeschlossen, denn jeder steckt in einem System, einer Rangordnung der Welt, ob er es zugibt oder leugnet. Wird dabei die Form mißbraucht, so weicht sie. Sie weicht auch der matten Objektivität. Es hat sich eine ästhetische Typologie herausgebildet, die das ungeheure Werkergebnis jahrtausendlanger Kunstübung zu teilen, zu unterscheiden und übersichtlich zu machen trachtet. Da sind denn Abgrenzungen vorgenommen worden, die dem lebendigen Schaffen nicht oder nicht mehr gerecht werden. Wir lehnen vor allem den schädlichen Gegensatz Gedankenlyrik und Stimmungslyrik auf das entschiedenste ab. Was bedeutet der Sammelname Gedankenlyrik? Er ist wohl im Hinblick auf gewisse Erzeugnisse einer nicht sehr breiten Zeitspanne entstanden, in der die lyrische Kunst Umwege machte oder Irrwege ging. Das Vorhandensein hervorstechend bedeutender oder hervorstechend abstruser Dichtungen in dem von ihm gesteckten Bezirk mag zu seiner Erfindung genötigt haben. Er deckt noch immer allerlei Zwitterhaftes, was preisgegeben werden muß. Er beschützt schwache Denker, falls sie sich eines anerkannten Vers- oder Strophenschemas bedienen. Er beschützt die trockene Abstraktion, wenn sie zu geborgter Musik vorgetragen wird. Er beschützt vorgebliche Mystik, obwohl sie in Wirklichkeit Traumwust ist, wofern sie nur etwa von einem Sonett ausgeschwitzt wird. Er duldet Religiosität, die erst durch Anlegen einer bejahrt ehrwürdigen Vers-Amtstracht entsteht. Vorher, merken wir, war sie nicht da, sie hat die Form nicht hervorgetrieben. So läßt sich viel falschmünzerischer Tiefsinn ertappen, der Ergebnis der Form ist, nicht sie erst bildet. Denn geprägte Formen entwickeln sich lebend, aber sie gebären nicht aus sich Leben. Ebenso vermag ein Formschema Zerstreutes nicht zu sammeln, Zufälliges nicht zu binden. Zahllose Gedichte suchen unsere Aufmerksamkeit für angereihte Beschreibungen zu gewinnen, und nur der metrische Klopfgeist denkt das Gedankenlose zusammen. Sie fallen auseinander, wenn man die künstliche Klammer abschlägt. Sie fallen in den Alltag zurück, und es ist gleichgültig, ob man sie nochmals aufhebt oder liegen läßt. Ihr Poet kann nicht verlangen, daß sie den Nebenmenschen angehen. Warum soll dieser sich zu einer Ehrerbietung verstellen vor Dingen, die er schon wußte, die unterhalb seiner täglichen Denk- und Fühlhöhe liegen anstatt über ihr? Auch das Denken der Schemata sollte Gedankenlyrik heißen.

Aber das Übelste an dem Begriff Gedankenlyrik ist sein Gegenbegriff Stimmungslyrik. Er ist für den Schöpferischen, das heißt Ursprünglichen aller Zeiten unerträglich. Sein Befehl lautet: das Gedicht hat Stimmungen zu geben. Ein ungesprochenes Nur klingt hörbar mit. Das Gedicht wird zur Bagatelle neben den ausführlicheren Formen, neben Epos und Drama. Was heißt das: Stimmungen? Stimmungen kommen aus einem Woher und gehen nach einem Wohin. Das Woher und Wohin ist nicht mehr Stimmung. Die scheinbar grundlosen Stimmungen aber haben die tiefsten Gründe. Man zeige uns etwas davon, damit wir glauben und verstehen können. Lyrik muß das Gefühl aus dem Zufall führen, der ihm von der privaten Erfahrung her anhaftet. Steigt die Stimmung eines Musikstücks nicht aus seinen äußerst bestimmten und exakten Tönen? Als Stimmungslyrik sind die meisten vorbildlichen Gedichte der Weltliteratur erledigt zugunsten der epigonischen des 19. und 20. Jahrhunderts. Das höchste Gelingen vorausgesetzt, ist in unserer Kunst der Gedanke ganz Gefühl, das Gefühl ganz Gedanke, beides ganz Anschauung. Die Identität ist kein triftiger Einwand weder gegen das Gefühl, noch gegen den Gedanken, noch gegen die Anschauung. Die Identität ist die Epiphanie der immanenten, der künstlerischen Logik der Natur.

Wo diese künstlerische Logik fehlt, macht sich das konventionelle, das dilettantische Gefühl breit. Ich belege es nach seiner Haupteigenschaft mit dem Namen: *das dumme Gefühl.* Ich muß von den dummen Gefühlen einiges sagen, weil sie die ansteckende und vernichtende Seuche der Lyrik sind. Die Bibel sagt: das Salz wird dumm; auch das Gefühl wird es. Dumme Gefühle drängen fatalistisch nach poetischem Ausdruck, und gerade die Fähigkeit, sich mitzuteilen, ist ihnen versagt. Sie tappen nach Gegenständen und greifen Vokabeln, sie meinen Rhythmus und geben die Antiquitäten Jambus oder Daktylus, sie haschen Akkorde und lallen Silbeneinklänge. Sie sind Betrüger wider Willen, aber immer bleiben sie betrogene Betrüger. Die dummen Gefühle nisten sich in trivialen Assoziationen ein. Ich brauche Ihnen nur einige Stichworte solcher Assoziationen zu nennen, und Sie sehen die Sintflut der Strophen vor sich, mit denen das dumme Gefühl darauf reagiert.

Zum Beispiel Stichworte für unkluge – unklug gewordene! – Naturstimmungen: Erlen, Bach, Flüstern, Rauschen, Gezweig, Durchblick, Mond, flüssiges Silber, Einsamkeit, Nacht, Wehmut. Fertig. – Eine andere Gruppe, heroisch-mythologisch: Titanen, Giganten, Prometheus, Funke, Leber, Götterqual, Michelangelo, dämonischer Künstler. Die Gefühle, die neuere Geisteshelden in ein Panoptikum der Klassik schleppen, können subjektiv durchaus erhaben sein, erst die gesprochenen Gipskolosse machen sie albern. – Moderner und daher leider noch nicht so verrufen sind Zwangsassoziationen des dummen Gefühls wie diese: Bergwerk, Fabrik, Schlot, Qualm, Ruß, Luftmangel, Stumpfheit, Fron, Elend, Krankheit, Armut, Sehnsucht, Ausbeutung, Kapital. –

Aber auch das *wissende* Gefühl, sogar in bedeutenden Künstlern, kann verdorben werden durch den Zug einer persönlichen Tendenz. Die Tendenz sieht beispielsweise das Inferno der heutigen Zivilisation, mit ihrer zynischen Grausamkeit, reporterhaft vereinfacht, mit der Tatsachenkälte und der Sündenromantik der Moritat. Für diese Tendenz ist Weltanschauung ein Schwindel, zum Ersatz nimmt sie einen grellen wüsten Internationalismus. Sie sagt nicht mehr Hans oder Johann, sondern Jonny, nicht Kneipe, sondern Bar, nicht Branntwein, sondern Cognac und Gin. Die früher beliebten lateinischen Bildungsfetzen werden gegen englische Phrasen ausgewechselt. Das ist eine bescheidene Revolution, aber wer sich ihr nicht anschließt, muß gewärtigen, als mondsüchtiger Fremdling abgetan zu werden.

Es gibt eine Tendenz in die Zeit hinein und eine aus ihr hinaus. Beide vermindern den Baustoff der Form. Die Form leidet das eine Mal durch die Bevorzugung gewisser Komplexe, das andere Mal durch den Ausschluß gewisser Komplexe.

Muß die neue Fachterminologie aus Technik, Ökonomie und Vergnügungsbetrieb sofort im neuen Kunstwerk auftauchen? Jede Muttersprache bedarf zur Akklimatisation der gemeinhin internationalen termini technici einer längeren Frist. Das Tempo des mechanischen Fortschritts und des sprachlichen Lebens ist verschieden. Willenszwang hebt die Verschiedenheit nicht auf. Die Wissenschaft hatte auch früher, und zwar in Zeiten großer Lyrik, ihre Fachausdrücke, sie drangen aber in die Lyrik nicht vor. Wie eine Kunst aussieht, die alles widerspiegelt, das ermessen wir beim Anblick Jean Pauls (ich habe übrigens eine unerschöpfbare Verehrung für seine übermenschliche Herrlichkeit). Viele finden ihn so gestrüppig, daß sie aus seinen Zauberbüchern rasch ins gesicherte Bürgertum umkehren. Denken Sie dagegen an einen Gelehrten wie Goethe; seine wissenschaftlichen Schriften sind auch heute dem Laien nicht bequem, in seinen Versen sind wenige beladen mit fachlicher Nomenklatur.

Was wir bisher kritisch betrachteten, wenden wir jetzt mehr ins Positive. Wir fassen aus etlichen Hauptgesichtspunkten zusammen, was die Gegenwart der Lyrik gelassen und was sie ihr genommen hat.

1. Nicht verändert hat sich die Welt der Natur unter der dünnen bunten Zivilisationskruste, nicht das Leben und die Lebewesen, nicht die Kristalle, Pflanzen, Tiere mit ihren Gesetzen. So gab es, gibt es und wird es geben das Wesen Licht, unverändert. Aber die Technik des Lichtes bringt jetzt Osramlampen hervor statt der früheren Ölfunzeln. Der Lyriker taugt nichts, der schon etwas Rechtes getan zu haben glaubt, wenn er sich in seinen Versen für eine Beleuchtungsart entscheidet und darüber die Wirklichkeit Licht vergißt.

2. Nicht verändert hat sich die Tatsache, daß in der Menschheit realistische und romantische Lebens- und Kunstweise immer nebeneinander hergehen. Die Grundströmungen des Realismus und der Romantik waren und sind gleichzeitig vorhanden. Die eine oder die andere Strömung kann zuweilen die größere Mächtigkeit erlangen, aber keine von beiden hat die Macht, die andere zu verbieten und aus der Welt zu schaffen. Ein Realist soll in einer vorwiegend romantischen Zeit nicht kritisch vernichtet werden, weil er ein Realist ist, sondern er soll vernichtet werden, wenn er ein schlechter Realist ist. Und dem Romantiker soll es unter gleichen Voraussetzungen ebenso ergehen. Immer wechselten die Jahre, in denen es hieß: mehr Stoff! mit anderen, in denen es hieß: mehr Form! Der notwendige Ausgleich erfolgt niemals in der Mitte und niemals aus Gründen der Nützlichkeit.

3. Nicht verändert hat sich der Rhythmus. Im Gegenteil, er ist durch die technischen Errungenschaften und die Forschung der Gegenwart in seiner rücksichtslosen Großartigkeit überwältigend bestätigt worden. Wir berufen uns nicht bloß auf den alten regelmäßigen Takt, ohne den wir das Dasein der Welt nicht denken können: den Takt im Lauf der Gestirne mit seinem unübersehbaren Gefolge von Tag und Nacht,

Ebbe und Flut, Jahreszeiten, Wärme und Kälte, Flüssigkeit und Starre, Schlaf und Wachen und hundert anderen unausweichlichen Polaritäten; wir berufen uns nicht bloß auf den geregelten Herzschlag in Mensch und Tier, dessen Unendlichkeit Ewigkeit bedeuten würde und dessen Stillstand Tod bedeutet. Wir haben den Rhythmus in der Lebensäußerung jeder Pflanze filmisch mit Augen gesehen, uns ist gelehrt worden, daß die rhythmischen elektromagnetischen Wellen die Trennung zwischen den Gebieten unserer leiblichen Sinne aufheben, daß diese Wellen motorische Energie, Licht und Schall hervorbringen. Jedes Flugzeug mit arhythmischem Motor würde zu Boden stürzen, und überhaupt, mit dem Aufhören des Rhythmus erstarrte und schwiege das Universum. Maß und Gewicht, Ordnung und Zahl, Mathematik und juristische Deduktion, jede Wissenschaft sucht den Rhythmus und wird durch ihn möglich. Die Gewißheit der geregelten Wiederkehr steht hinter allem. Und selbst die Ausnahme, die Synkope oder die Katastrophe, raubt sich aus der Existenz des Rhythmus ihre Existenz. Darum entstand auch keine Sprache, deren Wörter den Bannkreis der wenigen rhythmischen Urtypen verlassen. Es auch nur zu denken, überschreitet die Grenzen unserer Vernunft. Soweit irgend wir Ausschau halten können, finden wir den Silbenfall dessen, was alle Völker jemals sprachen, vom Rhythmus gegliedert, von Takten gemessen. Noch im wortlosen Vorstellen, noch im Schlaf, noch im Unterbewußtsein zählen und schlagen die schweigenden Laute ihren einstigen und künftigen Takt. Dem Narren mag das Narretei heißen, die Dichter erkannten das Schicksalhafte darin an. Die Sprache, aufgehoben in Schrift und Gesang, strebt diesem physisch-metaphysischen Symbolum zu. Gegen rhythmusfeindliche Prosa sträubt sich jedes Ohr, das nicht nur ein aus Knorpeln gebildeter Schnörkel ist. Daher weist der Rhythmus der Prosa den Versrhythmus unduldsam aus sich aus, wie der Versrhythmus den prosaischen. Zerstöre, wer es kann, die überlieferten Versgangarten: er muß dann mit neuen eigenen überzeugen, er darf nicht das entstandene Vakuum mit Wörterspreu stopfen zu können meinen. Im Vakuum versänke das ganze Gedicht, nicht ein Akzidens. Freie sind nicht anarchische Rhythmen, diese wären ein Widerspruch in sich selbst. Eine andere Form des lyrischen Rhythmus ist der Reim; seine Einschnitte begrenzen vergleichsweise das, was der Musiker als Vergrößerung des Themas bezeichnet. Und die Strophe, ebenfalls eine rhythmische Teilung, ist eine Vergrößerung der Vergrößerung. In diesem Verstande wird offensichtlich, daß bloße Silbengleichklänge beileibe keine Reime sind; vielmehr reimen sich die hinter ihnen stehenden Dinge, und der Klang versinnlicht den rhythmischen Ablauf der Welt. Auch reimlose Verse reimen sich in diesem Sinne (wenigstens in der Lyrik, in Epos und Drama haben sie andere Funktionen). *Melodie* des Gedichts ist mir die mit den Persönlichkeiten der Dichter wechselnde *persönliche* Erscheinungsform des Rhythmus. Vor fruchtlosen Vergleichen mit der Melodie in der Musik werde ich mich hüten, und wer beide Künste liebt und versteht, gibt mir recht.

4. Nicht verändert endlich hat sich das innere Tempo der Welt, verändert hat sich nur das Tempo in Verkehr und Mechanismus des Gegenwartslebens. Ein Flugzeug fährt schneller als eine Straßenbahn, aber die Erbauer der beiden Fahrzeuge haben vielleicht eine gleich langsame intensive Arbeit leisten müssen, und für die Innerlichkeit eines schläfrigen Fahrgastes bedeutet es gleich wenig, ob er das eine oder das andere Verkehrsmittel benutzt. Das Tempo des Genius ist von jeher rapid, der Nichtskönner kommt von jeher nicht vom Fleck, und schriebe er Bibliotheken zusammen. Das lyrische Tempo kann sich in allem ausdrücken, nur nicht im Galopp der Wörter und in der Barbarei ihres Gewimmels.

All das hat sich nicht gewandelt. Verändert hat sich nur das Perspektivische. Auf dem Erdkörper ist alles näher zusammengerückt. Fernschreiber und Fernsprecher beschäftigen gleichsam auch unser inneres Ohr und Auge beständig. Unser Bewußtsein hat sich gewöhnt, mit dem vermehrten Haushalt zu wirtschaften. Pausenlos laufen Nachrichten um den Planeten und durch seinen Geist. Bücher bringen die Kontinente heran und haben sie bis zu einem gewissen Grade schon erschöpft. Geographische Überraschungen zum Beispiel sind nur noch selten; sie bestehen in Ergänzungen und Korrekturen. Die Zeitungen lassen das Licht über dem Erdrund nicht mehr untersinken. Wir wären dumpf und stumpf, wenn im Blick unserer Augen nicht die Ferne, im Schall vor unserem Ohre nicht das Fremde mit anwesend wäre. Das Doppelbewußtsein der Nähe und Ferne hat sich auszuwiegen in unserem Daseinsgefühl. Wir sind dieselben Menschen wie unsere Vorväter und doch dieselben nicht mehr. Die Sprache, so bestimmt sie ein Bestimmtes ergreifen muß, darf doch nicht leugnen, daß in gestuften Abständen vor der Bewußtseinsschwelle Vorstellungen warten, die neue Bestätigungen bringen, neue Fragen stellen, Schein und Farbe herüberwerfen und Unfrieden stiften, wo früher Friede war. Das Topographische auf allen Gebieten ist präziser und nüchterner, wennschon es auf den Landkarten – ich spreche gleichnisweise – noch immer weiße Flecke gibt. Selbst dies vergessen wir nicht ganz, während uns früher der Acker, den wir bestellten, die Stadt, deren jedes Haus wir kannten, genug war. Jetzt ziehen Schwaden von überall her, solche des Zweifels und solche des Wissens. Die Sprache des Gedichts kann von alledem nicht unberührt bleiben.

Erlauben Sie mir, zum Nachweise dessen von einem eigenen Gedichtbuche ›Die heimliche Stadt‹ zu sprechen. Dort erscheint mir dieses Berlin, in dem ich lebe, anders, als es mir erschienen wäre, wenn ich, vor hundert Jahren gestorben und heute wiedererweckt, zum Anschaun gerufen worden wäre. Vielleicht ist jetzt nicht mehr Inventar darin und der benannten Gegenstände sind nicht mehr, als damals aufgetaucht wären. Aber die Ordnung ist verändert. Die größten Fragen mit ihren Wundern und Rätseln lasten und wirken auch hier in der Mitte, aber die menschliche Position, etwa die Einsamkeit, ist schwerer geworden, weil allzuviel sie umringt. Das Ich scheint von vielem Nicht-Ich und All-Ich beschränkt oder bereichert. Selbst die Gestirne über der Stadt haben sich verwandelt (wenn Sie mich nicht auf pedantischen Verpflichtungen festnageln wollen). Die Sonne ist mit ihren wilden Protuberanzen vorgestellt, sie ist ungeheuer körperhaft, ihre Schönheit ist pastoraler Sanftmut entrückt. Der Mond ist kein liederliches Stimmungsrequisit, sondern eine schwebende Welt mit kahlen Gebirgen. In nächster Nachbarschaft der Stadt liegt unser ganzer Erdteil und die anderen alle; ihr totes Widerbild Pompeji mahnt sie, Hitze der Wüste wärmt sie, Eis der Gebirge kühlt sie, die Nachbarschaft der anderen Wesen, der Tiere etwa, pocht in ihr an. Nichts davon wurde weit hergeholt, es ist nicht exotisch, es wurde in seinem wirklichen Anteil an Geist, Seele und Leib lediglich anerkannt und nicht hinweggelogen. Der Mensch mit seinen 40, 70 und, wenn es hoch kommt, 80 Jahren hat es heute nicht leicht, das Pathos seiner Bedeutung zu behalten. Was mit ihm in Wettbewerb steht, das können Worte nicht verdekken und betäuben, es bliebe dennoch hereinbrechende Wahrheit. Darum versuchen wir lieber die Reichweite der Dinge und unsere eigene in das Wort zu verwandeln.

Dabei dürfen die Verse im Wortgedränge nicht erdrückt werden, im Kampf der Wörter um Vorrang und Sichtbarkeit nicht keuchen, sondern sie müssen wie ehedem schreiten und musizieren. Sie wollen nicht in eitle Bilder und schwatzhafte Träume fliehen, wie ratlose und aus Trägheit nachsichtige Hörer wohl meinen, sondern sie wollen ihren Gehalt verantworten, weil sie gar nicht anders können, falls tatsächlich Verse und nicht gespenstische Schablonen von Versen zustande kommen sollen. Jeder Satz, jeder Ausspruch ist ein Ordnungsschaffen im chaotischen Zustrom von Vorstellungen und Gefühlen. Andernfalls bliebe das Wort weiter das Verständigungsmittel aus dem prosaischen Alltag, es ist dann gar nicht in den magischen Verband des Verses und den übergeordneten Verband des Versgebildes aufgenommen. So viel Weltstoff dagegen im Wort befragt wird und zuhört, so viel antwortet und befreit sich im Wort. Hörer, die das Wort nur als Betriebsstoff für die Räderwerke der Unterhaltung und Verständigung kennen, empfinden die poetische Klarheit als trüb, verworren, vieldeutig und mystisch. Für den Chemiker ist ein Sprengstoff eben etwas anderes als für den Arbeiter im Steinbruch.

Das poetische Wort ist nicht ein wiederkäuendes, sondern ein entdeckendes Wort. Die Laien erstaunen wohl, aber sie widersprechen nicht, wenn die Physik ihnen sagt, daß im Atom Kraftwirbel, geordnet wie die Sonnensysteme, lebendig seien; aber wenn die Dichtung etwas viel Einfacheres zu sagen wagt, was in früherer Dichtung nur nicht auch schon gesagt war, so findet man es absurd und seltsam. Es stößt ab, weil man es als etwas Ablösbares, für sich selbst Bestehendes mißversteht. Wie wir sahen, sind Gedichte nicht aus fertigen Schachteln herauszustülpen wie beliebig viele Ziegel aus der Ziegelform, beliebig viele Kuchen aus der Kuchenform, beliebig viele Kolbenstöße aus der angelassenen Dampfmaschine. Auch sprachlich nicht. Wenn wir irgendwo die gemeinsamen Merkmale der Gattung kennen, so werden wir nicht vorgeben, damit schon die Erkenntnis des Einzelexemplars beenden zu können. Was wissen wir denn schon von der eigenen Leiblichkeit, in der unser Leben steckt? Was wissen wir bewußt von der Bestimmung und Funktion all der unzähligen Muskelfasern, was von den Arbeitsabgründen der Organe, die uns bestimmen, die uns entfalten, ernähren und vernichten? Selbst die Unterrichteten, wie wenig wissen sie davon? So wissen wir positiv als Aufgabe der dichterisch formenden Sprache nur anzugeben, daß sie schlicht und genau Dasein auszudrücken habe, aber negativ wissen wir mehr: Sie kann keine Selbstherrschaft usurpieren, sie kann nicht jenseits der Dinge atmen, sie kann, ohne ernsthaft die Welt zu meinen, nur mit sich selber gaukeln und spaßen. Sie kann sinnliche und ethische Kraft nicht gewinnen, wenn sie sinnliche Gegenstände, ethische Verhältnisse nur umschreitet und umschreibt. Gedanke, Gefühl und Vorstellung schießt auch der Sprache immer zur Einheit zusammen.

Das einzelne Wort gehört jedem, es steht im Lexikon. Mit einem Beiwort bekleidet, gehört es schon nicht jedem, der Dienst in einem Satze entrückt es noch weiter der allgemeinen Verwendung, und im Komplex des dichterischen Gebildes ist es zum Besitz des Dichters geworden. Das Wort im vollkommenen dichterischen Gebilde nimmt an einer geistigen Wesenheit teil. Wohl kann das Papier, auf dem es steht, verbrennen, wie Stein zerbrechen und Erz schmelzen kann, aber die aus Wort, in Erz oder Stein gebildete Form ist nur handgreiflich als zerstörbar zu denken, nicht ideell. Alle Bestandteile des Gebildes mögen in den Alltag zurückkehren und dort weiterdienen, das vollendete Gebilde kehrt nicht zurück, es ist nicht widerruflich, so wie einmal gelebtes Leben nicht widerruflich ist, selbst wenn niemand davon Kunde hätte. Das Kunstwerk bedarf des Zuhörers oder Zuschauers zu seiner *Wirkung,* nicht jedoch zu seiner *Existenz.* Daher konnte der Ruhm des Kunstwerks mit einigem Rechte als die Summe seiner Mißverständnisse bezeichnet werden.

Aber trifft das Mißverständnis nicht das Unklare allein, das Zweideutige, das Pythische und Orphische? Keineswegs! Klarheit ist nicht immer leicht zu verstehen. Die trüben Aufnehmenden müssen sich auch für die klarsten Schöpfer erst klären. Überwindung der eigenen Trübe hemmt und verzehrt oft das Verständnis der Klarheit. Die Befürworter der Klarheit meinen allzuoft Seichtheit. Die Bereitschaft zum Genau- und Wörtlichnehmen ist in den Lesern schwer anzutreffen. Sie setzt Sammlung, Zucht des Vorstellungsvermögens, zuweilen Kühnheit und Leidenschaft voraus. Gegenüber der gegenwärtigen Lyrik ist die Lust völlig abhanden gekommen, für das Eindringen in ein Gedicht, das die Augen in einer Minute überfliegen, zehn Minuten aufzuwenden. Zugegeben, daß meist das Opfer auch nur einer Minute nutzlos vertan wäre, so bleibt es doch ein schnöder Philistergeiz, es in jedem Falle zu verweigern, zumal da leere Romane täglich ungezählte Lesestunden verschlingen dürfen.

Ich spüre in Ihnen den Einwand: Gedichte früherer Zeiten waren trotz allem selbstverständlicher, leichter, liedhafter. Mag sein, aber läßt sich daraus eine vernünftige Forderung für heute und morgen ableiten? Es zeigt sich nun, wie zeitverbunden das der Zeitfeindschaft beschuldigte Gedicht doch ist. Stirbt das Lied auf allen Gebieten des tätigen Lebens mehr und mehr aus, soll dann die Lyrik so widernatürlich sein, es mit Kampfer und Coffein künstlich fortzufristen? Soll es dort nicht so selten werden dürfen wie im Leben? Es wird wiederkehren, sobald es wiederkehren *kann.* Leichter zugänglich wären die Gedichte früherer Zeiten gewesen? Das stimmt bis zu einem gewissen Grade. Aber was wir ausnehmen müssen, wiegt sehr wahrscheinlich schwerer als was übrig bleibt. Außerdem ist der Zugang zu fast allen Gebieten des Lebens schwieriger und mühseliger geworden. Die Menschheit ist in Gruppen mit Spezialhirnen und Spezialaugen gesondert. Sucht die Dichtung nun auch das ewig Gültige und ewig Einfache aus der Zerstreuung wieder zusammenzufügen, so werden die Spuren des Exils und seiner Not doch daran haften.

Und jetzt eine Ketzerei! So überaus einfach, wie behauptet wird, sind auch die schlichtesten Gedichte der Vorzeit nicht. (Nur die schlechten sind simpel.) Daß die Fülle in der Form nicht analytisch bemerkt und aufgenommen wird, vermindert die Fülle nicht. Der Unterschied zwischen Einst und Nun ist der, daß man an Einstigem die Kunst übersieht und an Jetzigem den Gehalt. Rufen Sie mit mir das kurze Lied Goethes ›Über allen Gipfeln ist Ruh‹ vor Ihr prüfendes Bewußtsein. Sie wissen es auswendig. – Versuchen Sie die geringste Änderung; sie wird sich als unmöglich erweisen. Jeder Feinhörige wird an jeder Stelle, die er zerstören will, einen Schlag empfangen, als schaltete er sich in einen hochgespannten Stromkreis. Schon »Ruhe« statt »Ruh« ist undenkbar, das angehängte eine einzige e bringt nicht nur eine Klangverschiebung, sondern auch eine leichte Bedeutungswandlung hervor. *Auf* allen Gipfeln statt *über* allen Gipfeln – welche Entzauberung! – Über *den* Gipfeln statt über *allen* Gipfeln – wie dürr und teilnahmslos! – Dann die Kopula »ist«! Kein Wort der Bewegung, des Geschehens, sondern ein

Wort des Zieles, des Schlusses, ein Absolutum, zusammengeschlossen zu kurzem Verse mit dem Worte »Ruh«. Das »ist« steht an unbetonter Stelle, nicht im Reim, und dies gegen die betonten Wörter voll Bewegung und Zeit, gegen das Spüren, Schweigen, Warten, Ruhen! – Beachten Sie auch den Abstieg durch die Reiche des Steins, der Pflanzen, der Tiere zum Menschen. Gipfel, Wipfel, Vögel, Du. Beziehung um Beziehung ruft Wort zu Wort, Vers zu Vers, Satz an Satz und beruft das ganze Gebilde, bis das kurze Gedicht das unheimlich Einheitliche in aller Welt durch seine lauschende und schauende Form zur Erscheinung gezwungen hat. Alte Abschriften der Verse verschreiben Gipfel in Gefilde, und sie sagen Vögel statt Vögelein. Nun, Verkleinerungs- und Zärtlichkeitsformen wuchern in Goethes Sprache ja nicht allzu üppig. Wenn hier an einer Stelle die mächtige sentimentalische Rührung durchbricht, so ist sie rasch wieder ganz verschwunden, da, wo von der Heimkehr in das Schicksal die Rede ist, in dem »Balde ruhest du auch«. – Nein, es ist nicht so überaus einfach.

Analysieren Sie andere bekannte Gedichte von Größe, Weiträumigkeit, Welthaltigkeit – und Sie werden das Selbstverständliche darin nicht gern mehr als selbstverständlich ausgeben. Vielleicht fällt dabei auf die scheinbare Unzugänglichkeit der Heutigen sogar ein hoffnungsvolleres Licht. Nehmen Sie Walthers von der Vogelweide ›ich saz uf eime steine‹, nehmen Sie Litaipes ›Göttertanz auf den Wolken‹. Aber indem ich diese Gebilde nenne, die sechshundert und tausend Jahre überwunden haben, taste ich an die letzten Wunder und Schwierigkeiten des lyrischen Wortes. Wir bemerken, daß der mittelhochdeutsche Text nur auf prosaischen Umwegen in die jetzt gültige Sprache überführt werden kann, daß alle Versübersetzungen ihm schweren Schaden antaten, daß aber die Urform jenseits der Worte dem Aufnehmenden dennoch den Geist erfüllt. Er hört sich gleichsam in modernen Worten aufgerufen und folgt ihnen, ohne daß er sie nachsprechen kann. Der Zustand ist durch geläufiges Wissen des Mittelhochdeutschen nicht zu erlangen, er ist nicht zu erstudieren, es ist ein künstlerischer Zustand, voll von mehr als nur physischer Verständigung, voll von Verständigung über das einzelne, eigenlebige und sterbliche Wort hinaus. Die zeitlichen Wörter sind überzeitlich geworden in der Einheit ihres Gefüges. Diese Einsicht überfällt uns fast wie ein Schrecknis vor der doch nur fernandeutenden Übertragung eines altchinesischen, also im Sinne der Sprache fremdesten Gedichtes. Alles, was uns von Schrift und Rede chinesischer Verse erzählt wird, mutet uns an wie Botschaft von einem anderen Stern. Dennoch, das Genie Litaipes leuchtet noch aus blassester Prosanachschrift der Westler mit so tyrannischer Eindeutigkeit vor uns, daß Fälschungen und Irrtümer der Übersetzer meist sofort ohnmächtig zusammenbrechen.

Kann es verwundern, wenn sich zu Litaipe und seinesgleichen – seinesgleichen der Art nach, dem Range nach ist er einsam – nicht die Hunderttausende der Menschenmasse bekennen? Der kleine Haufe der innig Verstehenden grüßt sie bei Lebzeiten, und wenn die äußerlich Erfolgreichen samt ihrem Anhang längst modern, ist der kleine Haufe noch immer da, nach fünfzig Jahren, nach hundert, länger oft, jeden Tag und jedes Jahr. Mögen viele echte Gebilde der strengen und bittren Gnadenwahl des Schicksals nicht lange standhalten, der Funke ihres Geistes wird weitergegeben; der künstlerische Geist ist durch Mißverständnis und Nichtachtung ebensowenig auszutilgen wie das Phänomen des Lebens selbst. Ihm beugt sich die Vorhut der Völker, die in sich Vorzeit und Nachwelt vereinigt, ohne der Vorzeit nachzuhängen und auf die Nachwelt zu warten.

# Paul Valéry

## Über Charles Baudelaire

Baudelaire steht auf dem Gipfel des Ruhmes. Dieser kleine Band der ›Fleurs du Mal‹, der nicht ganz dreihundert Seiten umfaßt, wiegt in der Achtung der Gebildeten die berühmtesten und umfangreichsten Werke auf. Er ist in die meisten europäischen Sprachen übersetzt: eine Tatsache, bei der ich einen Augenblick verweilen will, denn sie ist, glaube ich, ohne Beispiel in der Geschichte der französischen Literatur.
Die französischen Dichter sind im allgemeinen im Ausland nur wenig bekannt und wenig geschätzt. Eher gönnt man uns den Vorzug unserer Prosa; aber dichterische Bedeutung wird uns nur spärlich und mit Schwierigkeiten zugebilligt. Die Ordnung und eine gewisse Strenge, die in unserer Sprache seit dem 17. Jahrhundert herrschen, unsere besondere Akzentuierung, unsere strenge Prosodie, unser Sinn für Einfachheit und unmittelbare Klarheit, unsere Angst vor Übertreibung und vor Lächerlichkeit, eine Art Schamhaftigkeit im Ausdruck und die abstrakte Richtung unseres Geistes haben bei uns eine Poesie geschaffen, die von der der anderen Nationen ziemlich verschieden und für sie meistens unverständlich ist. Einem La Fontaine können Fremde keinen Geschmack abgewinnen. Racine ist ihnen verschlossen. Seine Harmonien sind zu subtil, seine Zeichnung ist zu rein, seine Rede zu elegant, zu abwechslungsreich, um nicht unverständlich für Leute zu sein, die keine genaue und gründliche Kenntnis unserer Sprache besitzen. Selbst Victor Hugo ist im Ausland fast nur durch seine Romane verbreitet. Aber mit Baudelaire geht die französische Poesie endlich über die Grenzen der Nation hinaus. Sie erreicht es, in der ganzen Welt gelesen zu werden; sie drängt sich auf als die Poesie der neuen Zeit selbst; sie weckt Nachahmung, sie befruchtet zahlreiche Geister. Männer wie Swinburne, Gabriele d'Annunzio, Stefan George legen ein prachtvolles Zeugnis ab für den Einfluß Baudelaires im Ausland.

Ich darf also sagen: wenn auch unter unseren Dichtern größere und stärker begabte als Baudelaire gewesen sind, so ist doch keiner »bedeutender« gewesen. Worin besteht nun diese eigenartige Bedeutung? Wie konnte ein so besonderer, so von dem Durchschnitt entfernter Mensch wie Baudelaire es war, eine so weittragende Bewegung schaffen?

Dieses große posthume Glück, diese geistige Fruchtbarkeit, dieser Ruhm, der den höchsten Gipfel erreicht hat, dies alles kann nicht nur von seinem eigenen Wert als Dichter herrühren, sondern noch von außergewöhnlichen Umständen. Kritische Urteilskraft mit der Gabe der Poesie vereint, ist ein außergewöhnlicher Umstand. Diesem seltenen Zusammentreffen verdankt Baudelaire eine bedeutsame Entdeckung. Er war als präziser Sinnenmensch geboren, war von einer Eindrucksfähigkeit, deren Ansprüche ihn auf die Suche nach den kostbarsten Formen trieb; aber alle diese Gaben hätten ohne Zweifel höchstens aus ihm einen Nachfahren Gautiers gemacht oder einen ausgezeichneten Artisten des Parnaß, wenn es ihm nicht durch die Ruhelosigkeit seines Geistes geglückt wäre, in den Werken Edgar Allan Poes eine neue geistige Welt zu entdecken. Der Dämon der Klarheit, das Genie der Analyse, der Erfindung der neuesten und verführerischsten Kombination von Logik und Phantasie, Mystik und Berechnung; der außergewöhnliche Psychologe, der literarische Ingenieur, der alle Hilfsquellen der Kunst vertieft und nutzbar macht – dies alles erschien ihm in Edgar Allan Poe vereinigt und setzte ihn in höchste Verwunderung. So viele originelle Ansichten und außerordentliche Versprechungen bezauberten ihn. Sein Talent wird dadurch umgeformt, sein Schicksal wundervoll verändert.

Ich werde sogleich noch einmal auf die Wirkungen dieses magischen Kontaktes zweier Seelen zurückkommen. Aber zunächst muß ich einen zweiten, für Baudelaires Artung wichtigen Umstand in Betracht ziehen.

Im Augenblick, da er das Mannesalter erreicht, steht die Romantik in ihrer höchsten Blüte; eine blendende Generation hat von dem Reich der Literatur Besitz ergriffen: Lamartine, Hugo, Musset, Vigny sind die Herren des Augenblickes.

Versetzen wir uns in die Lage eines jungen Mannes, der im Jahre 1840 das Alter erreicht, in dem man anfängt zu schreiben. Er ist von denen genährt, die zu vernichten sein Instinkt ihm dringend befiehlt. Seine literarische Existenz, die sie hervorgebracht und unterhalten haben, die ihr Ruhm angestachelt hat, für die ihre Werke sicher richtunggebend waren, wird notwendigerweise zur Negation und zum Umsturz gedrängt und zum Sturz dieser Männer, die ihm das ganze Feld des Ruhmes einzunehmen scheinen und von denen einer ihm das Reich der Formen, der andere das der Gefühle, ein anderer das Malerische und wieder ein anderer die Tiefe zu versperren scheint. Es handelt sich darum, sich um jeden Preis von einer Gemeinschaft großer Dichter zu unterscheiden, die durch einen Zufall ausnahmsweise in der gleichen Epoche und in voller Kraft vereinigt sind.

Für Baudelaire konnte also – mußte also – das Problem so lauten: »Ein großer Dichter werden, aber weder ein Lamartine noch ein Hugo noch ein Musset.« Ich sage nicht, daß dieser Entschluß bewußt in Baudelaire gewesen sei, aber er war notgedrungen vorhanden in ihm – ja er war wesentlich für Baudelaire. Er war sein Daseinsgrund. Auf den Gebieten des Schöpferischen, die auch das Gebiet des Ehrgeizes sind, ist die Notwendigkeit, sich zu unterscheiden, untrennbar mit der Existenz selbst verknüpft. Baudelaire schreibt in einem Entwurf einer Vorrede zu den ›Fleurs du Mal‹: »Berühmte Dichter hatten sich seit langem in die blühendsten Provinzen des Reichs der Poesie geteilt usw. Ich werde also etwas anderes machen ...«

Kurz und gut, durch seine Seelenverfassung und den Stand der Dinge wird er dazu gebracht und gezwungen, sich immer entschiedener einem System – oder vielmehr dem Fehlen eines Systems – zu widersetzen, das man Romantik nennt.

Ich will diesen Begriff nicht definieren. Um das zu versuchen, müßte man jeden Sinn für Genauigkeit verloren haben. Mich beschäftigt jetzt lediglich die Aufgabe, die wahrscheinlichsten Ansichten und Reaktionen unseres Dichters im status nascendi wiederherzustellen, als er sich mit der Literatur seiner Zeit konfrontiert. Baudelaire empfängt so einen gewissen Eindruck, dessen Rekonstruktion gewiß erlaubt ist und uns auch nicht schwer fällt. Wir besitzen in der Tat, dank des Zeitverlaufs und der Weiterentwicklung der literarischen Ereignisse – und auch durch Baudelaire selbst, durch sein Werk und den Erfolg dieses Werkes –, ein einfaches und sicheres Mittel, unsere notgedrungen unbestimmte, ebenso übernommene wie willkürliche Vorstellung von der Romantik einigermaßen zu bestimmen. Dieses Mittel besteht in der Beobachtung dessen, was auf die Romantik gefolgt ist, was sie verändert, was an Verbesserungen und Widersprüchen in sie hineingetragen und schließlich an ihre Stelle getreten ist. Es genügt, die Bewegungen und die Werke zu betrachten, die nach ihr und im Gegensatz zu ihr entstanden und die unausweichlich und automatisch die genauen Antworten darauf gaben, was sie selber war. So betrachtet, war also die Romantik eine Richtung, gegen die der Naturalismus scharf ankämpfte und der Parnaß sich verbündete; und gleichfalls bestimmte sie die besondere Haltung Baudelaires. Fast widerwillig rief sie den Zweck nach Vollendung hervor – den Mystizismus des l'art pour l'art –, die Forderung nach Beobachtung und unpersönlicher Fixierung der Dinge, in einem Wort: das Verlangen nach einer solideren Substanz und nach einer kunstvolleren und reineren Form. Nichts unterrichtet uns klarer über die Romantiker als die Zusammenstellung der Programme und Tendenzen ihrer Nachfolger.

Sind vielleicht die Fehler der Romantiker nur die mit dem Selbstvertrauen untrennbar verbundenen Auswüchse? Das blühende Neue ist immer verführerisch. Wissen, Berechnung, kurz Vollendung treten erst in dem Augenblick auf, da man mit seinen Kräften haushalten muß.

Wie dem auch sei, zur Jugendzeit Baudelaires beginnt eine Epoche der Zweifel. Schon Gautier protestiert und wendet sich gegen die nachlassenden Ansprüche der Form, gegen die Dürftigkeit oder falsche Anwendung der Sprache. Der vielgepriesenen Leichtigkeit und Haltlosigkeit des Stiles und dem Übermaß an Albernheiten und Absonderlichkeiten widersetzten sich bald auch Sainte-Beuve, Flaubert und Leconte de Lisle... Parnassiens und Realisten stimmen in dem Entschluß überein, an Ausdruckskraft, Fülle und rhetorischem Schwung auf alles zu verzichten, was sie dafür an Tiefe, Wahrheitsgehalt und an technischer und geistiger Qualität gewinnen werden.

Ich kann zusammenfassend sagen, daß die Verdrängung der Romantik durch diese verschiedenen ›Schulen‹ als die Verdrängung einer spontanen Tat durch eine überlegte Tat aufgefaßt werden kann.

Das romantische Werk verträgt im allgemeinen recht schlecht eine Lektüre, die durch die Widerstände eines schwierigen und raffinierten Lesers gehemmt und verlangsamt wird.

Baudelaire war ein solcher Leser. Er hat das allergrößte Interesse – ein vitales Interesse –, alle Schwächen und Lücken der Romantik, die er von ganz nah in den Werken und Persönlichkeiten seiner größten Vertreter wahrnimmt, zu sehen, sie festzuhalten und zu übertreiben. Die Romantik ist auf ihrem Kulminationspunkt angelangt, also ist sie sterblich – mußte er sich sagen; und er konnte wohl die Götter und Halbgötter des Augenblicks mit diesem Blick ansehen, mit dem um 1807 Talleyrand und Metternich befremdet den Herrn der Welt anschauten...

Baudelaire sah Victor Hugo an; es ist nicht unmöglich zu vermuten, was er dabei dachte. Hugo regierte; vor Lamartine hatte er den Vorteil eines unendlich gewaltigeren und sorgfältigeren Materials voraus. Das umfangreiche Register seiner Worte, die Vielgestaltigkeit seiner Rhythmen, sein Überfluß an Bildern erdrückten jede Poesie eines Rivalen. Aber bisweilen huldigte sein Werk dem Vulgären, verlor sich in prophetischer Redseligkeit und in Apostrophen ohne Ende. Er kokettierte mit der Menge und dialogisierte mit Gott. Die Einfachheit seiner Philosophie, das Mißverhältnis und die Zusammenhanglosigkeit in der Anlage seiner Werke, der häufige Gegensatz zwischen wundervollen Einzelheiten und der Gebrechlichkeit des Vorwandes und der Haltlosigkeit des Ganzen, kurz alles, was einen jungen und unbarmherzigen Beobachter abstoßen, ihn also zu einer zukünftigen persönlichen Kunstauffassung hinführen und ihn darüber belehren müßte – Baudelaire mußte dies alles an sich selbst feststellen und aus der Bewunderung, die ihm die zauberische Begabung Hugos einflößte, alle Unreinheiten, Unvorsichtigkeiten und verwundbaren Stellen seines Werkes ausscheiden – mit anderen Worten, die Lebensmöglichkeiten und Erfolgsaussichten kennenlernen, die ihm ein so großer Künstler noch übrigließ.

Wenn man etwas Spitzfindigkeit und ein wenig mehr als gewöhnlichen Scharfsinn verwenden wollte, wäre es nur allzu verlockend, die Dichtung Victor Hugos und Baudelaires nebeneinander zu stellen, in der Absicht, die eine genau als die Ergänzung der anderen aufzuweisen. Ich will mich darauf nicht verlegen. Man sieht zur Genüge, daß Baudelaire das gesucht hat, was Victor Hugo nicht vollbracht hatte; daß er sich alle Wirkungen versagte, in denen Victor Hugo unbesiegbar war; daß er auf eine weniger freie und von der Prosa sorgfältig geschiedene Prosodie zurückkommt und es fast immer auf das Hervorbringen eines Dauerreizes abgesehen hat, eine unschätzbare und geradezu übernatürliche Eigenschaft gewisser Gedichte – aber auch eine Qualität, der man selten, und wenn überhaupt, dann selten in vollkommener Reinheit, in dem unermeßlichen Werk Victor Hugos begegnet.

Übrigens hat Baudelaire den späten Victor Hugo nicht oder kaum gekannt, den der ungeheuerlichsten Verirrungen und großartigsten Schönheiten. Die ›Légende des Siècles‹ erscheint zwei Jahre nach den ›Fleurs du Mal‹. Was die späteren Werke Hugos betrifft, so sind sie erst lange nach Baudelaires Tod veröffentlicht worden. Ich messe ihnen eine technische Bedeutung bei, welche die aller anderen Werke Victor Hugos unendlich überragt. Hier ist nicht der Ort, und ich habe nicht die Zeit dazu, diese Ansicht zu entwickeln. Ich will nur eine von unserm Thema mögliche Abschweifung andeuten. Was mich an Victor Hugo in Staunen setzt, ist die unvergleichliche Lebenskraft. Lebenskraft heißt Langlebigkeit mit Arbeitskraft kombiniert, Lebenskraft durch Arbeitskraft vervielfältigt. Mehr als sechzig Jahre lang ist dieser außergewöhnliche Mann alle Tage von fünf Uhr bis Mittag am Werk! Unaufhörlich ist er damit beschäftigt, Sprachkombinationen zu schaffen, sie zu suchen, auf sie zu warten und auf ihre Antwort zu hören. Er schreibt hundert- oder zweihunderttausend Verse und erwirbt sich durch diese ununterbrochene Übung eine eigenartige Denkweise, die überflüssige Kritiker, so gut sie es konnten, beurteilt haben. Aber im Verlauf dieses langen Weges ist Hugo nicht müde geworden, sich in seiner Kunst zu vollenden und zu befestigen; zweifellos sündigt er mehr und mehr in der Auswahl; mehr und mehr verliert er das Gefühl für Proportionen; er verstopft seine Verse mit unbestimmten, leeren und schwindelerregenden Worten, und er verwendet den ›Abgrund‹, das ›Unendliche‹ und das ›Absolute‹ so reichlich und so unbedacht, daß diese monströsen Ausdrücke schließlich jeden Schein des Tiefsinns verlieren, der ihnen im täglichen Gebrauch anhaftet. Aber doch, was für wunderbare Verse, Verse, denen keine anderen sich an Weite, an innerem Aufbau, an Klang und Fülle vergleichen können, hat er im letzten Abschnitt seines Lebens geschrieben! In ›Corde d'Airain‹, in ›Dieu‹, in ›Fin de Satan‹, in dem Stück auf den Tod Gautiers erreicht der siebzigjährige Künstler, der alle seine Epigonen hat sterben und

eine ganze Dichtergeneration von sich aus hat ausgehen sehen, ja, der selbst von den unschätzbaren Anregungen hätte profitieren können, die der Schüler dem Meister zu geben vermag, wenn der Meister am Leben bleibt – erreicht dieser sehr berühmte Greis den Gipfel poetischer Kraft und der edeln Kunst des Versebauens.
Hugo hat nicht aufgehört, durch die Praxis zu lernen; Baudelaire, dessen Lebensdauer kaum die Hälfte von Hugos Lebensdauer überschreitet, entwickelt sich in einer ganz anderen Weise. Man könnte sagen, daß er die geringe Zeit, die er zu leben hat, ihre wahrscheinliche Kürze und vorausgeahnte Unzulänglichkeit durch die Anwendung dieses kritischen Verstandes, von dem ich soeben gesprochen habe, hat aufwiegen wollen. Zwei Jahrzehnte sind ihm zugeteilt, um den Punkt seiner eigenen Vollendung zu erreichen, das Reich seiner Persönlichkeit kennenzulernen und eine Form zu schaffen und eine spezifische Haltung einzunehmen, die Dauer versprechen und seinen Namen vor der Vergessenheit bewahren sollen.

»Je te donne ces vers afin que si mon nom
Aborde heureusement aux époques lointaines . . .«

Er hat keine Zeit, er wird keine Zeit haben, in Ruhe auf alle diese schönen Gegenstände des literarischen Wollens vermittelst einer großen Anzahl von Experimenten und einer Vielfältigkeit von Werken einzugehen. Man muß den kürzesten Weg wählen, auf die Sparsamkeit seiner Versuche bedacht sein, Wiederholungen und ablenkende Unternehmungen vermeiden; man muß also auf dem Weg der Analyse zu erfahren suchen, was man ist, was man kann, was man will, und in sich selbst mit den natürlichen Tugenden eines Dichters den Scharfsinn, den Skeptizismus, die Auffassungsgabe und die Urteilskraft eines Kritikers vereinen.
In dieser Beziehung kann Baudelaire, obgleich der Herkunft nach Romantiker, ja selbst Romantiker aus Neigung, bisweilen den Eindruck eines Klassikers machen. Es gibt unendlich viele Arten, den Klassiker zu definieren oder zu glauben, ihn definieren zu können. Wir wollen uns heute die folgende Definition zu eigen machen: *Klassisch ist der Schriftsteller, der einen Kritiker in sich trägt und der diesen an seinen Arbeiten intim teilnehmen läßt.* In Racine steckte auch ein Boileau oder ein Bild von Boileau.

Was heißt das denn eigentlich, in der Romantik seine Wahl treffen und darin ein Gutes und ein Schlechtes, ein Falsches und ein Wahres, Schwächen und Stärken unterscheiden, wenn es nicht heißen soll, hinsichtlich der Autoren der ersten Hälfte des 19. Jahrhunderts ebenso zu verfahren, wie die Männer der Zeit Ludwigs XIV. bereits mit den Autoren des 16. Jahrhunderts verfuhren? *Jeder Klassizismus setzt einen vorausgegangenen Romantizismus voraus.* Alle Vorzüge, die man einer klassischen Kunst zuerkennt, alle Einwendungen, die man dagegen erhebt, stehen in Beziehung zu diesem Axiom. *Es ist das Wesen des Klassizismus, hinterherzukommen.* Die Ordnung setzt eine gewisse Unordnung voraus, die sie beseitigen will. Die Komposition als Kunstmittel folgt auf ein ursprüngliches Chaos von Intuitionen und natürlichen Entwicklungsstufen. Reinheit ist das Resultat unendlicher Operationen an der Sprache, und die Pflege der Form ist nichts anderes als die wohlüberlegte Reorganisation der Ausdrucksmittel. Der Klassiker begeht also freiwillige und überlegte Handlungen, die eine naturgegebene Produktion ordnen, gemäß seiner klaren und sachlichen Auffassung des Menschen und der Kunst. Aber, wie man es an den Wissenschaften sieht, können wir nur mit Hilfe einer Anzahl von Konventionen ein vernünftiges Werk ausführen und es ordnungsgemäß aufbauen. Die klassische Kunst erkennt man an dem Vorhandensein, an der Klarheit und der Alleinherrschaft dieser Konventionen; ob es sich um die drei Einheiten, um die Vorschriften der Prosodie, um die Einschränkungen des Wortschatzes handelt – diese anscheinend willkürlichen Regeln machen ihre Stärke und ihre Schwäche aus. Wenig verstanden in unseren Tagen, schwer zu verteidigen und fast unmöglich zu beobachten, gehen sie darum doch nicht weniger auf ein antikes, feines und tiefes Verständnis der Bedingungen des ungetrübten geistigen Genusses zurück.

Baudelaire läßt mitten in der Romantik an irgendeinen Klassiker denken, aber er läßt auch nur an ihn denken. Er ist jung gestorben und hat übrigens unter dem verächtlichen Eindruck gelebt, den die elende Fortdauer des alten Klassizismus des Kaiserreichs auf seine Zeitgenossen ausübte. Es handelte sich nicht darum, das, was ganz tot war, etwa wieder zum Leben zu erwecken, sondern darum, vielleicht auf anderen Wegen den Geist, der in diesem Kadaver nicht mehr wohnte, wiederzufinden.

Die Romantiker hatten alles oder fast alles vernachlässigt, was vom Denken eine etwas mühselige Aufmerksamkeit und Folgerichtigkeit beansprucht. Sie suchten erschütternde, hinreißende Kontrasteffekte. Weder das Maßhalten noch die Strenge noch die Tiefe machte ihnen übermäßige Sorge. Sie verschmähten abstraktes Denken und Überlegung nicht allein in ihren Werken, sondern auch – was unendlich ernster ist – in der Vorbereitung ihrer Werke. Man hätte sagen können, die Franzosen hätten ihre analytischen Fähigkeiten vergessen. Es ist hier am Platze, zu bemerken, daß sich die Romantiker viel mehr gegen das 18. Jahrhundert wandten als gegen das 17. und Männern leichthin den Vorwurf machten, oberflächlich zu sein, die unendlich gelehrter und Tatsachen und Ideen gegenüber unendlich wißbegieriger waren und sich viel mehr um Präzision und große Gedanken kümmerten, als sie es jemals taten.

In einem Zeitalter, wo die Wissenschaft eine außergewöhnliche Entwicklung genommen hat, bekundete die Romantik eine antiwissenschaftliche Geistesverfassung. Leidenschaft und Inspiration reden sich ein, sie hätten an sich selbst genug.

Aber unter einem ganz anderen Himmelsstrich, inmitten eines Volkes, das noch ganz mit seinem materiellen Aufbau beschäftigt war und, noch gleichgültig seiner Vergangenheit gegenüber, nur an seiner Zukunft arbeitete und allen natürlichen Erfahrungen die vollste Freiheit ließ, hatte sich zur ungefähr gleichen Zeit ein Mann gefunden, der die geistigen Angelegenheiten, darunter auch das literarische Schaffen, mit einer Klarheit, einem Scharfsinn und einer Hellsichtigkeit betrachtete, wie man sie bisher in einem dichterisch begabten Kopfe in diesem Maße nicht vereint gefunden hatte. Niemals, bis auf Edgar Allan Poe, war das Problem der Literatur auf seine Voraussetzungen hin untersucht, auf ein psychologisches Problem zurückgeführt und vermittelst einer Analyse behandelt worden, bei der Logik und Mechanik der Wirkungen entschlossen angewandt wurden. Zum erstenmal wurden die wechselseitigen Beziehungen zwischen Werk und Leser aufgeklärt und als die positiven Grundlagen der Kunst hingestellt. Diese Analyse – und das ist der Umstand, der uns über ihren Wert Gewißheit gibt – ist anwendbar und verwirklicht sich in allen Provinzen des literarischen Schaffens. Die gleiche Beobachtung, die gleichen Unterscheidungen, die gleichen quantitativen Bemerkungen, die gleichen Richtlinien passen in gleicher Weise auch für diejenigen Werke, die es darauf abgesehen haben, mächtig und gewaltsam auf das Gefühlsleben zu wirken und ein für starke Reize und seltsame Abenteuer empfängliches Publikum zu erobern, wie sie andererseits die raffiniertesten Literaturgattungen beherrschen und auch den zarten Organismus der dichterischen Schöpfungen.

Zu sagen, daß diese Analyse sowohl auf dem Gebiet der Erzählung wie auf dem Gebiet der Dichtung Gültigkeit besitzt, daß sie auf die Konstruktion des rein Erdachten und Phantastischen ebensogut wie auf die literarische Nachahmung und Darstellung der Wirklichkeit anwendbar ist, heißt, daß sie durch ihre Allgemeingültigkeit bemerkenswert ist. Das wirklich Allgemeingültige besitzt die Eigenschaft, auch fruchtbar zu sein. An dem Punkt angelangt sein, wo man das ganze Aktionsfeld beherrscht, bedeutet notwendig eine Menge von Möglichkeiten erblicken: unerforschte Gebiete, Wege, die zu bahnen, Landstriche, die zu erschließen, Städte, die aufzubauen, Beziehungen, die anzuknüpfen, Maßnahmen, die zu erweitern sind. Es ist also nicht erstaunlich, daß Poe, im Besitz einer so fähigen und sicheren Methode, der Erfinder mehrerer Literaturgattungen geworden ist und die ersten und packendsten Beispiele der wissenschaftlichen Erzählung, des modernen kosmogonischen Gedichtes, des kriminalistischen Bildungsromans und der Einführung der psychologisch krankhaften Zustände in die Literatur gegeben hat, und daß sein ganzes Werk auf jeder Seite das Wirken einer Intelligenz und eines Willens zur Intelligenz aufweist, die sich in diesem Grade in keiner anderen literarischen Laufbahn beobachten lassen.

Dieser große Mann wäre heute vollständig vergessen, wenn Baudelaire sich nicht dafür verwendet hätte, ihn in die europäische Literatur einzuführen. Wir wollen nicht versäumen, hier zu bemerken, daß der Weltruhm Edgar Allan Poes schwach und bestritten nur in seinem Heimatlande und in England ist. Dieser angelsächsische Dichter wird von den Seinen sonderbar verkannt.

Eine andere Bemerkung: *Baudelaire und Edgar Allan Poe tauschen Werte aus.* Jeder von ihnen gibt, was er hat, dem anderen und empfängt von ihm, was er nicht hat. Der eine überliefert dem anderen ein ganzes System neuer und tiefer Gedanken. Er klärt ihn auf, befruchtet ihn, bestimmt seine Auffassung von einer Menge von Gegenständen: Philosophie der Komposition, Theorie des Artistischen, Verstehen und Verurteilung der Moderne, Bedeutung des Außergewöhnlichen und einer gewissen Absonderlichkeit, aristokratische Haltung, Mystik, Sinn für Eleganz und Präzisionsarbeit, ja selbst Politik... Der ganze Baudelaire wird davon durchdrungen, inspiriert, vertieft.

Aber im Austausch gegen diese Güter verschafft Baudelaire dem Gedanken Poes eine Ausdehnung ins Unendliche. Er schlägt ihn der Zukunft vor. Diese Wirkung in die Ferne wandelt den Dichter in sich selbst nach dem großen Vers von Mallarmé: »Tel qu'en Lui-même enfin l'éternité le change...« Sie beruht in Taten, in den Übersetzungen und Vorreden Baudelaires, die dem Schatten des unglücklichen Poe die Weltgeltung eröffnet und gesichert haben.

Ich will nicht alles untersuchen, was die Literatur dem Einfluß dieses erstaunlichen Erfinders verdankt. Ob es sich um Jules Verne und seine Nachahmer, um Gaboriau und seinesgleichen handelt, oder ob man, auf einem viel höheren Niveau, die Werke von Villiers de l'Isle-Adam oder von Dostojewski heranzieht, es ist ein leichtes, festzustellen, wie die ›Aventures de Gordon Pym‹, das ›Le Mystère de la rue Morgue‹, ›Ligeïa‹, ›Le Cœur révélateur‹ für sie Vorbilder waren, die reichlich nachgeahmt und tief studiert, aber nie übertroffen wurden.

Ich will mir nur die Frage vorlegen: Was könnte die Dichtung Baudelaires und allgemeiner die französische Dichtung der Entdeckung von Poes Werken zu verdanken haben?

Einige Gedichte der ›Fleurs du Mal‹ ziehen aus Gedichten Poes ihr Gefühl und ihren Gehalt. Einige wieder enthalten Verse, die genaue Umdichtungen sind. Aber ich will mich mit diesen besonderen Entlehnungen nicht weiter beschäftigen, die gewissermaßen nur von lokaler Bedeutung sind.

Nur das Wesentliche will ich festhalten, das in der Idee selbst besteht, die sich Poe von der Dichtung gebildet hatte. Seine Auffassung, die er in mehreren Aufsätzen dargelegt hatte, wurde der wichtigste Antrieb für die Veränderung der Ideen und der Kunst Baudelaires. Die Ausarbeitung dieser Kompositionstheorie im Geiste Baudelaires, die Lehren, die er daraus abgeleitet hat, die Entwicklung, die sie bei seinen geistigen Nachfahren genommen hat – und besonders ihr großer innerer Wert –, verlangen, daß wir uns ein wenig bei ihrer Betrachtung aufhalten.

Ich will nicht verheimlichen, daß die Grundlage von Poes Gedanken mit einer gewissen Metaphysik zusammenhängt, die er sich geschaffen hatte. Aber wenn auch die Metaphysik die Theorie, um die es sich hier handelt, beherrscht und lenkt und beeinflußt, so dringt sie doch nicht durch sie hindurch. Sie befruchtet sie und läßt ihre Entstehung begreifen, sie ist aber mit ihr nicht wesensgleich.

Die Gedanken Edgar Allan Poes über die Poesie sind in einigen Essays niedergelegt, deren wichtigster (und der zugleich am wenigsten die Technik des englischen Verses behandelt) den Titel führt ›The Poetic Principle‹. Baudelaire wurde von dieser Schrift so tief ergriffen, empfing einen so starken Eindruck von ihr, daß er ihren Inhalt und nicht allein den Inhalt, sondern auch die Form als sein Eigentum betrachtete.

Der Mensch muß sich eben aneignen, was ihm besonders für ihn geschaffen zu sein scheint, so daß er, fast gegen seinen Willen, glaubt, es sei *von ihm* geschaffen... Unwiderstehlich neigt er dazu, sich anzueignen, was seinem Wesen so genau entspricht; und selbst die Sprache vereinigt in dem Wort ›das Gut‹ den Begriff dessen, was jemand paßt und ihn vollkommen befriedigt, mit dem Begriff seines Eigentums.

Baudelaire nun aber hat, obwohl er von dem Studium des ›Poetischen Prinzips‹ erleuchtet und durchdrungen war – oder vielmehr gerade, weil er davon erleuchtet und durchdrungen war –, die Übersetzung dieses Essays in die Werke Edgar Allan Poes nicht aufgenommen, sondern er hat den interessantesten Teil davon, kaum etwas verändert und mit umgestellten Sätzen, in die Vorrede eingefügt, die er an die Spitze seiner Übersetzung der ›Ungewöhnlichen Geschichten‹ stellte. Das Plagiat wäre anzuzweifeln, wenn sein Urheber es nicht selbst, wie man sehen wird, ausdrücklich bestätigt hätte: in einem Aufsatz über Théophile Gautier hat er die ganze Stelle, von der ich spreche, wiedergegeben, wobei er diese sehr klaren und überraschenden Zeilen vorausgehen läßt: »Ich nehme an, daß es manchmal erlaubt ist, sich selbst zu zitieren, um Weitschweifigkeiten zu vermeiden. Ich wiederhole also...«, dann folgt die entlehnte Stelle.

Was dachte also Edgar Allan Poe über die Dichtkunst? Ich will seine Gedanken in wenigen Worten zusammenfassen. Er untersucht die psychologischen Bedingungen eines Gedichtes. Unter diesen Bedingungen setzt er *die Dimensionen* der Dichtungen an erste Stelle. Er legt der Betrachtung über ihre Länge eine ganz besondere Wichtigkeit bei. Andererseits prüft er den Gehalt dieser Werke. Er stellt mit Leichtigkeit fest, daß es eine Menge Gedichte gibt, die sich mit Darstellungen beschäftigen, denen auch die Prosa als Ausdrucksmittel genügt hätte. Weder Geschichte noch Wissenschaft noch Moral gewinnen dadurch, daß sie in der Sprache der Seele dargestellt werden. Die lehrhafte Poesie und die historische oder ethische Dichtung kombinieren, obwohl sie von den größten Dichtern ausgeübt und gewürdigt wurden, seltsamerweise die Tatsachen der diskursiven oder empirischen Erkenntnis mit den Schöpfungen des intimsten Inneren und den Mächten der Emotion.
Poe hat begriffen, daß die moderne Dichtung sich der Tendenz einer Zeit anpassen muß, in der die Arten und die Gebiete der Betätigungen sich klar voneinander scheiden, und erkannte, daß sie den Anspruch erheben darf, ihren eigenen Stoff darzustellen und sich gewissermaßen im *reinen Zustand* zu geben.
Darum auch die Analyse der Bedingungen des poetischen Genusses und die erschöpfende Definition der *absoluten* Poesie –, und Poe zeigte einen Weg und gab eine sehr verführerische und sehr strenge Lehre, in der eine Art Mathematik und eine Art Mystik vereinigt sind ...

Wenn wir gegenwärtig die ›Fleurs du Mal‹ in ihrer Gesamtheit betrachten und uns die Mühe machen, diese Sammlungen mit den Dichtwerken derselben Zeit zu vergleichen, werden wir nicht verwunderlich sein, das Werk Baudelaires in außerordentlicher Übereinstimmung mit den Lehren Poes zu finden und eben dadurch sehr merklich verschieden von den Produkten der Romantik. Die ›Fleurs du Mal‹ enthalten weder historische Gedichte noch Legenden, nichts, was auf einer Erzählung beruht. Man trifft darin keinerlei philosophische Tiraden. Auch die Politik tritt nicht auf. Beschreibungen sind selten und immer bedeutungsvoll. Aber alles darin ist Zauber, Musik, mächtige und abstrakte Sinnlichkeit ..., Luxus, Form und Wollust. In Baudelaires besten Versen findet sich eine Vereinigung von Fleisch und Geist, eine

Mischung von Feierlichkeit, Glut und Bitternis, von Ewigkeit und Irdischem, eine höchst seltene Verbindung der Willenskraft mit der Harmonie, was diese Verse deutlich von den romantischen Versen unterscheidet, wie es sie auch von den Versen des Parnaß deutlich trennt. Der Parnaß war nicht übermäßig zärtlich zu Baudelaire. Leconte de Lisle warf ihm seine Unfruchtbarkeit vor. Er vergaß, daß die wahrhafte Fruchtbarkeit eines Dichters nicht in der Anzahl seiner Verse besteht, sondern vielmehr in der Tragweite ihrer Wirkungen. Darüber kann man erst im Laufe der Zeiten urteilen. Heute sehen wir, daß nach mehr als sechzig Jahren die Resonanz des einzigen und sehr wenig umfangreichen Werkes Baudelaires noch die ganze Welt der Dichtung erfüllt, daß es den Geistern gegenwärtig, unmöglich wegzudenken ist und noch von einer bemerkenswerten Anzahl von Werken verstärkt wird, die aus ihm entsprungen sind, nicht als Nachahmungen, sondern als Folgen, und die man also aus Billigkeit zu dem dünnen Band der ›Fleurs du Mal‹ hinzutun müßte, Werke ersten Ranges und eine Anzahl der tiefsten und feinsten, die jemals die Dichtkunst unternommen hat. Der Einfluß der ›Poèmes Antiques‹ und der ›Poèmes Barbares‹ ist weniger vielfältig und weniger nachhaltig gewesen.

Man muß indessen anerkennen, daß dieser selbe Einfluß, wenn er auf Baudelaire wirksam gewesen wäre, ihn vielleicht davon zurückgehalten hätte, gewisse sehr schwache Verse, die man in seinem Buch findet, niederzuschreiben oder sie beizubehalten. Unter den vierzehn Versen des Sonetts ›Recueillement‹, das eins der reizvollsten Stücke des Werkes ist, wundere ich mich immer, fünf oder sechs zu zählen, die unstreitig schwach sind. Aber die ersten und die letzten Verse dieses Gedichtes sind von einem solchen Zauber, daß die Mitte mit ihrer Ungeschicklichkeit nicht zur Geltung kommt und ganz einfach als null und nichtig erscheint. Es gehört ein sehr großer Dichter dazu, um diese Art Wunder zu vollbringen.

Soeben sprach ich von der Zauberwirkung, und jetzt habe ich gerade das Wort »Wunder« ausgesprochen; zweifellos sind dies Ausdrücke, deren man sich infolge der Macht ihrer Bedeutung und der Leichtigkeit ihrer Anwendung nur mit Vorsicht bedienen darf; aber ich könnte sie nur durch eine so lange und so bestreitbare Erklärung ersetzen, daß man mich entschuldigen wird, wenn ich sie dem, der sie zu machen hätte, und auch denen, die sie über sich ergehen lassen müßten, erspare. Ich will im Unbestimmten bleiben und mich darauf beschränken, einen gefühlsmäßigen Eindruck davon zu geben, welches die Erklärung sein könnte. Ich müßte zeigen, was die Sprache für Erregungsmittel besitzt, die mit ihren praktischen, direkt Bedeutung vermittelnden Eigenschaften vermischt sind. Aufgabe, Arbeit, Funktion des Dichters ist es, diese Kräfte der Gefühlserregung und Bezauberung hervorzukehren und in Bewegung zu setzen, diese Reizmittel des Affektlebens und der geistigen Empfänglichkeit, die in der Gebrauchssprache mit den Zeichen und Mitteln der Mitteilung des gewöhnlichen und oberflächlichen Lebens vermengt sind. Der Dichter widmet sich also der Aufgabe – und verzehrt sich dabei –, eine Sprache in der Sprache zu entdecken und aufzubauen; und sein Vorgehen, das langwierig, schwierig und delikat ist und die verschiedenartigsten Eigenschaften des Geistes erfordert, das niemals beendet ist, wie es niemals ganz möglich ist – er strebt danach, den Ausdruck für ein reineres, in seinen Gedanken machtvolleres und tieferes Wesen zu schaffen, ein Wesen, das intensiver in seinem Leben, gewählter und glücklicher in seinem Wort ist als irgendeine wirkliche Person. Dieses außergewöhnliche Wort ist am Rhythmus und an den Harmonien zu kennen und zu erkennen, die es tragen und so innerlich, ja so geheimnisvoll an seine Herkunft gebunden sein müssen, daß Ton und Sinn sich nicht mehr trennen lassen und im Gedächtnis unendlich einander Antwort geben.

Baudelaires Dichtung verdankt der Fülle und der einzigartigen Reinheit ihres Klanges ihre Dauer und diese Macht, die sie noch immer ausübt. Manchmal freilich verfällt diese Stimme in Redseligkeit, wie es bei Dichtern dieser Epoche ein wenig zu oft vorkommt; aber fast immer bewahrt und entwickelt sie diese wunderbare reine melodische Linie und eine vollendet getragene Fülle, die sie von jeder Prosa unterscheiden.

Darin hat Baudelaire sehr glücklich gegen die Neigung zum Prosaismus gewirkt, die sich in der französischen Poesie seit der Mitte des 17. Jahrhunderts beobachten läßt. Es ist bemerkenswert, daß derselbe Mann, dem wir die Rückkehr unserer Poesie zu ihrem ureigenen Wesen verdanken, auch einer der ersten französischen Schriftsteller ist, der sich begeistert für die wirkliche Musik interessiert hat. Ich erwähne diese Neigung, die sich in berühmten Aufsätzen über ›Tannhäuser‹ und über ›Lohengrin‹ geäußert hat, wegen der Fortentwicklung dieses Einflusses der Musik auf die Literatur ... »Was mit dem Namen Symbolismus getauft wurde, läßt sich ganz einfach in dem mehreren Dichtergruppen gemeinsamen Streben zusammenfassen, der Musik wieder das zu nehmen, was ihnen gebührt ...«

Um diesen Versuch einer Erklärung der augenblicklichen Bedeutung von Baudelaire weniger ungenau und unvollkommen zu lassen, müßte ich jetzt auch noch an seine Bedeutung als Kritiker auf dem Gebiet der Malerei erinnern. Er hat Delacroix und Manet erkannt. Er hat es versucht, die Verdienste Ingres' und seines Rivalen abzuwägen, wie er auch, bei all ihrem so verschiedenartigen Realismus, die Werke Courbets mit denen Manets verglichen hat. Für den großen Daumier hatte er eine Bewunderung, die die Nachwelt teilt. Vielleicht hat er den Wert von Constantin Guys überschätzt ... Aber alles in allem bleiben seine Urteile, die immer wohlbegründet und von den feinsten und solidesten Bemerkungen über die Malerei begleitet waren, Vorbilder auf dem so schrecklich leichten und also schwierigen Gebiet der Kunstkritik.

Aber der größte Ruhm Baudelaires besteht, wie ich schon zu Anfang habe durchfühlen lassen, zweifellos darin, daß er einige sehr große Dichter gezeugt hat. Weder Verlaine noch Mallarmé, noch Rimbaud wären das geworden, was sie gewesen sind, ohne die Lektüre der ›Fleurs du Mal‹ im entscheidenden Alter. Es wäre ein leichtes, in dieser Sammlung Gedichte aufzuzeigen, deren Form und Gehalt gewisse Stücke von Verlaine, Mallarmé oder Rimbaud vorausnehmen. Aber die Beziehungen sind so klar, daß ich auf Einzelheiten nicht eingehen will. Ich will mich darauf beschränken anzudeuten, daß der Sinn für das Intime und das mächtige und trübe Gemisch mystischer Erregung und sinnlicher Glut, die sich in Verlaine entwickeln – und der ungezügelte Wandertrieb, der von der Welt ausgehende Ansporn zur Ruhelosigkeit, das tiefe Bewußtsein der Sinnenwelt und ihres harmonischen Widerhalles, die das kurze und gewaltsame Werk Rimbauds so energisch und so tatkräftig machen, daß alles das bereits in Baudelaire vorhanden und klar zu erkennen ist.

Was Stéphane Mallarmé betrifft, dessen erste Verse mit den schönsten und ausgeglichensten Versen der ›Fleurs du Mal‹ verwechselt werden könnten, so hat er aus den formalen und technischen Versuchen, für die ihn die Analysen Edgar Allan Poes und die Essays und Kommentare Baudelaires begeistert und deren Bedeutung sie ihn gelehrt hatten, die feinsten Konsequenzen gezogen. Während Verlaine und Rimbaud Baudelaire in der Richtung des Gefühls und Sinnenlebens fortgesetzt haben, hat Mallarmé ihn weitergeführt in das Reich der Vollendung und der letzten poetischen Reinheit.

*(Aus dem Französischen von August Brücher)*

Virginia Woolf

# Der moderne englische Roman

Betrachtet man den neuzeitlichen Roman, und sei es auf noch so freie und ungebundene Weise, so ist es schwierig, nicht zu dem Schluß zu kommen, die derzeitige Übung dieser Kunst sei eine Verbesserung gegenüber der alten. Zugegeben, daß mit ihren einfachen Mitteln und ursprünglichen Stoffen Fielding und Jane Austen Großes geleistet haben, aber man vergleiche die Situation ihrer Zeit mit der unsrigen! Ihre Meisterwerke haben zweifellos einen befremdlichen Anstrich von Einfachheit. Und doch läßt sich ein Vergleich zwischen der Literatur und – um ein Beispiel zu wählen – der Kunst, Kraftwagen zu bauen, kaum mehr als oberflächlich aufrechterhalten. Es ist fraglich, ob wir im Verlauf der Jahrhunderte, während welcher wir wohl viel über Maschinenbau gelernt haben, irgend etwas in der Erzeugung von Literatur gelernt haben. Wir schreiben wohl keineswegs besser; alles, was sich von uns sagen läßt, ist: daß wir in Bewegung geblieben sind, einmal ein wenig nach dieser Richtung hin, dann nach jener, aber von einer hinreichend hohen Warte aus gesehen, dreht sich das Ganze um einen Mittelpunkt. Es braucht kaum gesagt zu werden, daß wir uns nicht einbilden, uns auch nur für einen Augenblick in dieser bevorzugten Stellung zu befinden. In der Ebene, im Menschengewoge, halb blind vom Staub, blicken wir voll Neid zurück auf jene glücklicheren Kämpen, deren Schlacht gewonnen ist und deren Werke so großspurig den Mantel der Vollendung um sich schlagen, so daß wir uns kaum enthalten können, zu raunen, die Schlacht sei für sie nicht so heiß zu schlagen gewesen als für uns. Es ist Sache des Literarhistorikers, das zu entscheiden; er muß sagen, ob wir jetzt am Anfang oder am Ende oder mitten in einer großen Zeit der Dichtung stehen, denn drunten in der Ebene läßt sich nur wenig sehen. Wir wissen nur, daß uns manche Beifallsbezeugungen und Befehdungen befeuern; daß manche Pfade in fruchtbares Land zu führen scheinen, andere in Staub und Wüste; und es mag vielleicht der Versuch der Mühe wert erscheinen, Klarheit darein zu bringen.

Unser Angriff richtet sich also nicht gegen die Klassiker, und wenn wir von einem Angriff gegen Wells, Bennett und Galsworthy sprechen, so ist dies zum Teil darum, weil durch die einfache Tatsache ihres greifbaren Vorhandenseins ihr Werk sich als eine lebendige, atmende, alltägliche Unvollkommenheit aufdrängt, die uns veranlaßt, uns nach Gutdünken mit ihr zu befassen. Ebenso wahr ist es aber, während wir ihnen für tausend Gaben danken, daß wir unsere bedingungslose Anerkennung Thomas Hardy und Joseph Conrad vorbehalten und in weit eingeschränkterem Maße Hudson mit seinen ›The Purple Land‹, ›Green Mansions‹ und ›Far Away and Long Ago‹. Wells, Bennett und Galsworthy haben so viele Hoffnungen geweckt und sie so ausdauernd enttäuscht, daß das Wesen unserer Dankbarkeit hauptsächlich darin besteht, ihnen dafür zu danken, daß sie uns gezeigt haben, was sie hätten machen können, aber nicht gemacht haben; was wir sicherlich nicht machen können, aber, ebenso sicher vielleicht, nicht machen wollen. Kein einzelner Satz vermöchte die Gesamtheit der Einwände zu fassen, die wir gegen ein Werk vorzubringen haben, das so reich ist an Umfang und so viel Gehalt aufweist, bewundernswerten sowohl als auch gegenteiligen. Wollten wir unsere Ansicht in einem Wort auszudrücken versuchen, so würden wir sagen: diese drei Schriftsteller sind Materialisten. Weil sie sich nicht mit dem Geist befaßt haben, sondern mit dem Leib, haben sie uns enttäuscht und das Gefühl in uns zurückgelassen, daß ihnen die ältere englische Prosakunst denkbar höflichst den Rücken kehrt und davoneilt, wenn auch nicht nur in die Wüste, so doch zur Rettung ihres Seelenheils. Freilich, ein einziges Wort kann nicht den Mittelpunkt dreier einzelner Autoren treffen. Im Fall Wells zielt es insbesondere weit daneben. Und doch auch bei ihm vermittelt es unserem Denken die unselige Beimischung seines Genies, den dikken Klumpen Lehm, der sich der Reinheit seiner Inspiration angehängt hat.

Aber Bennett ist vielleicht der Meistschuldige von den dreien, insofern als er bei weitem der tüchtigste Handwerker ist. Er kann ein Buch so gut und haltbar im Handwerklichen aufbauen, daß es für den sorgfältigsten Kritiker schwierig ist, einen Spalt oder eine Ritze im Verputz zu finden, durch die er hineinkriechen könnte. Kein Lüftchen kann zwischen dem Rahmenwerk der Fenster durchstreichen, kein Sprung ist in den Schreinen. Und doch – wenn nun das Leben sich weigern sollte, dort zu leben? Das ist eine Gefahr, von der der Schöpfer von ›The Old Wives Tale‹, auch George Cannon, Edwin Clayhanger und Herbergsväter anderer Rollenträger zu Recht behaupten dürfen, sie seien ihr entgangen. Bennetts Charaktere sind springlebendig, auch überraschend, aber die Frage bleibt offen, wie leben sie und wozu leben sie? Mehr und mehr scheinen sie uns, nachdem sie sogar die wohlbestallte Villa in ›Five Towns‹ verlassen haben, ihre Tage in einem weichgepolsterten Erster-Klasse-Eisenbahnabteil zu verbringen und auf zahllose Knöpfe und Klingeln zu drücken; und die Bestimmung, der sie so luxuriös entgegenreisen, wird immer frągloser eine endlose Seligkeit, verlebt im besten Hotel zu Brighton. Es darf kaum von Wells behauptet werden, er sei ein Materialist in dem Sinne, daß er zu großen Gefallen an der Festigkeit seiner Produktion finde. Sein Gedankenflug ist zu großzügig in seinen Neigungen, um ihn viel Zeit daran verwenden zu lassen, die Dinge schön geordnet und greifbar zu machen. Er ist ein Materialist aus reiner Herzensgüte, der seine Schultern mit einer Arbeit belädt, die eigentlich von staatlich Angestellten erledigt werden sollte, und bei der Überfülle seiner Einfälle und Gesichte bleibt ihm kaum Muße – oder er hält es nicht für wichtig –, auf die Plumpheit und Grobschlächtigkeit seiner Gestalten zu achten. Dabei, welche vernichtendere Kritik ließe sich sowohl über seine Erde als über seinen Himmel fällen, als daß sie diesseits und in alle Ewigkeit bewohnt sein sollten von seinen Pauls und seinen Petern? Muß nicht die Gewöhnlichkeit ihrer Naturen jedwede Gesetze und Ideale herabziehen, die ihnen ihr Erzeuger in seiner Güte mitgegeben hat? Ebensowenig, so sehr wir auch die Redlichkeit und Menschlichkeit Galsworthys achten, finden wir das, was wir suchen, auf seinen Seiten.

Wenn wir also allen diesen Büchern einen Zettel anheften, auf dem das eine Wort ›Materialisten‹ steht, so meinen wir damit, daß sie über bedeutungslose Sachen schreiben; daß sie riesige Geschicklichkeit und riesigen Fleiß daran wenden, das Belanglose und Vergängliche als das Wahre und Bleibende hinzustellen.

Es muß zugegeben werden, daß wir mit einer Forderung auftreten, und weiter, daß es uns schwierig dünkt, die Berechtigung unseres Unzufriedenseins dadurch nachzuweisen, daß wir auseinandersetzten, was wir fordern. Wir formulieren unsere Frage verschieden zu verschiedenen Zeiten. Aber sie wirft sich unausweichlich wieder vor uns auf, wenn wir den beendeten Roman mit einem Seufzer sinken lassen: Lohnt es der Mühe? Was ist der Witz des Ganzen? Sollte das die Erklärung sein, daß infolge einer jener kleinen Abirrungen, denen der menschliche Geist von Zeit zu Zeit unterworfen scheint, Bennett mit seinem prächtigen Lebensfangapparat ausgerechnet ein oder zwei Zentimeter daneben gehauen hat? Das Leben entschlüpft; und vielleicht ist außer dem Leben nichts beachtenswert. Es ist ein Bekenntnis der Unklarheit, sich einer Redefigur wie der vorausgegangenen bedienen zu müssen, aber wir machen die Sache kaum besser, wenn wir, wie die Kritiker es stolz tun, von der Wirklichkeit reden. Indem wir die Undeutlichkeit eingestehen, die jeder kritischen Betrachtung von Romanen anhängt, können wir kühnlich die Meinung wagen, daß die heute am meisten angewandte Romanform häufiger dessen entbehrt, was wir suchen, als es enthält. Ob wir es nun Leben nennen oder Geist, Wahrheit oder Wirklichkeit, es ist das Wesentliche und hat sich verkrochen oder zur Wehr gesetzt und will sich nicht länger in so schlechtsitzende Kleider zwängen lassen, wie wir sie ihm zuschneiden. Nichtsdestotrotz machen wir uns beharrlich und gewissenhaft ans Werk und bauen unsere zweiunddreißig Kapitel auf nach einem Plan, der sich weiter und weiter von unserer ursprünglichen Vision entfernt. Ein derartiger Aufwand an Mühe, um die Echtheit, die Lebensähnlichkeit der Erzählung zu beweisen, ist nicht völlig nutzlos vertan, aber es ist ein an falscher Stelle angewandter Aufwand mit dem Erfolg, das Ganze zu verdüstern und das Licht der Empfängnis auszusperren. Es scheint, als zwinge den Verfasser nicht sein freier Wille, sondern irgendein mächtiger und bedenkenloser Tyrann, der ihn in seiner Gewalt hat, um Ränke zu schmieden, eine Komödie, eine Tragödie zu erfinden, Liebeshändel und einen Schein von Wahrscheinlichkeit, der das Ganze so vollkommen einhüllt, daß alle seine Gestalten, wenn sie zum Leben erwachten, sich bis herunter zum letzten Mantelknopf nach der letzten Mode gekleidet fänden. Dem Tyrannen wird gehorcht, der Roman der Reihe nach heruntergeschrieben. Aber manchmal, häufiger und häufiger, je mehr die Zeit schwindet, regt sich ein plötzlicher Zweifel, ein Drang zur Auflehnung, wenn sich die Seiten in der herkömmlichen Weise häufen. Ist das Leben so? Müssen Romane so aussehen?

Tue die Augen auf, und das Leben, will es scheinen, ist weit davon entfernt, »so« zu sein. Achte einen Augenblick lang darauf, was in einem gewöhnlichen Gehirn während eines gewöhnlichen Tages vorgeht. Das Hirn empfängt eine Myriade Eindrücke – platte, phantastische, flüchtige oder deutlich wie mit Stahl eingeritzte. Sie kommen von allen Seiten als ein unaufhörlicher Schauer unzählbarer Atome; und so, wie sie einfallen, wie sie das ihrige beitragen zum Leben am Montag oder Dienstag, liegt ihre Betonung anderswo als bisher; das wichtige Moment sind nicht sie, sondern der Empfänger; so daß, wenn der Schriftsteller ein freier Mann wäre und kein Sklave, wenn er schreiben könnte, was er wählte, nicht, was er muß, wenn er sein Werk auf seinen eigenen Gefühlen aufrichten könnte und nicht auf Überkommenem, es keine Ränke, keine Komödie, keinen Liebeshandel oder Katastrophen im hergebrachten Stil gäbe und vielleicht nicht einen einzigen nach Vorschrift der Bond-Street-Schneider angenähten Knopf. Leben ist nicht eine Reihe gleichlaufend angeordneter Equipagenlampen; Leben ist ein leuchtender Schein; eine schwach durchlässige Hülle, die uns umgibt vom Augenblick des Bewußtwerdens an bis zum Ende. Ist es nicht Aufgabe des Romanschreibers, diesen vielfältigen, ungebundenen und umrißlosen Geist, wie wirr und verwickelt er sich immer geben mag, mit so wenig Fremdem und Äußerlichem wie möglich zu versehen? Wir reden nicht bloß dem Mut und der Ernsthaftigkeit das Wort; wir wollen wahrhaben, daß der eigentliche Stoff des Romans ein wenig anders aussieht, als man uns gerne glauben machen möchte.

Jedenfalls suchen wir in der im Vorausgegangenen gesagten Richtung diejenige Eigenschaft, die das Werk verschiedener junger Schriftsteller, unter denen James Joyce der beachtlichste ist, von dem ihrer Vorgänger unterscheidet. Sie versuchen näher ans Leben heranzukommen und ernsthaft und genauer zu verbuchen, was sie bewegt, selbst wenn sie zu diesem Zweck die meisten überkommenen Begriffe außer acht lassen müssen, auf die gewöhnlich der Romanschreiber achtet. Wir wollen die Atome bei ihrem Eindringen ins Gehirn in der Reihenfolge zu Papier bringen, in der sie eindringen; wir wollen das Muster nachziehen, das jedes Gesicht und jedes Geschehnis dem Bewußtsein einkerbt, wie weitmaschig und unzusammenhängend es auch immer scheinen mag. Wir wollen nicht als erwiesen hinnehmen, daß das Leben reicher in dem pulse, was gemeiniglich als groß gilt, als in dem, was gemeiniglich als klein gilt. Jedem, der ›The Portrait of the Artist as a Young Man‹ oder besser noch den ›Ulysses‹ gelesen hat, wird eine Ahnung aufgegangen sein, daß sich James Joyce obige Theorie hat zu eigen machen wollen. Außer Frage ist das Werk von einem äußersten Ernst getragen, und das Ergebnis, wenn wir es vielleicht auch schwierig oder ungefällig befinden mögen, ist unleugbar bedeutend. Im Gegensatz zu denen, die wir als Materialisten bezeichnet haben, ist James Joyce geistig; er bemüht sich um jeden Preis, das Lichterspiel jener allerinnersten Flamme wiederzugeben, die ihre Botschaften durchs Hirn funkt; und im Bemühen, es festzuhalten, läßt er mit unvollendetem Mut alles außer acht, was ihm zufällig erscheint, sei es nun Wahrscheinlichkeit oder Zusammenhang oder irgendein anderer jener Wegweiser, die generationenlang der Einbildungskraft des Lesers haben zu Hilfe kommen müssen, wenn es für ihn sich etwas vorzustellen galt, was er weder sehen konnte noch fühlen. Die Szene auf dem Friedhof zum Beispiel, mit ihrer Pracht, ihrer Gemeinheit, ihrer Ungebundenheit, ihren plötzlichen bedeutungsvollen Blitzlichtern, trifft einen jedenfalls so tief, bei erstmaligem Lesen zumindest, daß man kaum anders kann als sich vor dem Meisterwerk beugen. Wollen wir Leben als solches, hier zweifelsohne haben wir es. Tatsächlich tasten wir recht verlegen nach einer Erläuterung, wenn wir sagen sollten, was wir sonst noch wollen und aus welchen Gründen ein Werk von solcher Eigenart doch – wir müssen mit dem höchsten Maßstab messen – einem Vergleich mit ›Youth‹ und ›The Major of Casterbridge‹ nicht standhält. Es fällt dagegen ab, weil der andere Schriftsteller der überlegenere Geist war – könnten wir einfach sagen und es damit gut sein lassen. Man kann aber auch ein wenig tiefer schürfen und sich fragen, ob unsere Sinne sich nicht lieber beschränkt sehen auf einen klarsichtigen, wenn auch engen, statt auf einen geräumigen und grenzenlosen Raum; auf eine Beschränkung also in der Methode sowohl als im Inhalt. Behindert die Methode die schöpferische Kraft? Ist es das Wesen der Methode, daß wir uns weder unbeschwert fühlen noch großzügig, sondern in einem Ich eingefangen, das trotz all seines Erschüttertseins und seiner großen Empfänglichkeit nie das zu fassen oder zu gestalten vermag, was außerhalb und über sein Selbst hinaus gelegen ist? Trägt die Emphase, etwa in abschreckender Absicht auf irgendeine Gewagtheit gelegt, dazu bei, sie als etwas Ausgefallenes und Ungewöhnliches wirken zu lassen? Oder ist es vielmehr bei allen

Versuchen solcher Originalität bei weitem einfacher – vor allem für die derzeitigen Künstler –, herauszufühlen, was fehlt, statt das zu benennen, was sie enthalten? Auf jeden Fall ist es falsch, von außen her die verschiedenen ›Methoden‹ zu begutachten. Keine Methode ist richtig, jede Methode ist richtig, die ausdrückt, was wir ausdrücken wollen, wenn wir Schriftsteller sind; die uns die Absicht des Schriftstellers näher bringt, sofern wir Leser sind. Solche Methode hat den Vorzug, daß sie uns dem näher bringt, was wir das Leben selbst nennen; hat uns nicht das Lesen von ›Ulysses‹ gelehrt, wieviel vom Leben fehlt und ungewußt bleibt, und ging uns nicht beim Aufschlagen von ›Tristam Shandy‹ oder auch nur ›Pendennis‹ urplötzlich die Erkenntnis auf, daß es nicht nur andere Äußerungen des Lebens gibt, sondern wichtigere obendrein?

Wie es auch sein mag, die Aufgabe für den Romanschriftsteller lautet gegenwärtig, wie sie wohl auch früher schon gelautet hat: Ausdrucksmittel zu ersinnen, die ihm das frei zu sagen erlauben, was er sagen will. Er muß den Mut haben auszusprechen, daß das, was ihn interessiert, nicht länger ›dies‹ ist, sondern ›das‹: nur aus dem ›das‹ muß er sein Werk aufbauen. Denn das ›das‹ der Modernen, der Brennpunkt des Interesses, liegt sehr wahrscheinlich in den dunklen Gefilden der Psychologie. Sogleich also liegt infolgedessen die Betonung ein wenig anderswo; der Nachdruck liegt auf etwas bisher außer acht Gelassenem; sogleich wird eine andere Umrißlinie der Form zur Notwendigkeit, die schwierig für uns zu ertasten ist, unbegreiflich für unsere Vorgänger. Keiner außer einem Modernen, niemand vielleicht als ein Russe hätte die Spannung der Situation zu fühlen vermocht, die Tschechow in der Kurzgeschichte geschaffen hat, die er ›Gusev‹ benennt. Ein paar russische Soldaten liegen krank an Bord eines Schiffes, das sie nach Rußland zurückbringt. Wir bekommen ein paar Fetzen ihres Gespräches zu hören und einige ihrer Gedanken zu wissen; dann stirbt einer von ihnen und wird weggeschafft; das Gespräch setzt sich noch eine Weile unter den anderen fort, bis Gusev selber stirbt; er wird über Bord geworfen, wobei er aussieht »wie eine Mohrrübe oder wie ein Rettich«. Die Betonung liegt auf so unerwarteten Stellen, daß es zuerst scheint, als gäbe es überhaupt nichts Betontes; und dann, wenn sich die Augen ans Halblicht gewöhnen und den Schatten der Dinge unterscheiden lernen, sehen wir, wie vollendet die Erzählung ist, wie tief, und wie getreu seiner Vision Tschechow dies und das und jenes ausgesucht hat und es zusammengefügt hat zu etwas Neuem. Aber man kann dabei nicht sagen: »Das ist komisch« oder »Das ist tragisch«, noch auch wissen wir – hat man uns doch belehrt, daß Kurzgeschichten kurz sein sollen und gedrängt –, ob diese hier, zerfließend und ungebunden, wie sie ist, überhaupt eine Kurzgeschichte heißen darf. Auch bei oberflächlichster Untersuchung des modernen englischen Romans muß man den russischen Einfluß erwähnen, und erwähnt man die Russen, so läuft man Gefahr, daß es einen Zeitverschwendung dünkt, über irgendeine Prosakunst außer über die ihrige zu schreiben. Drängt es uns nach Einsicht in Seele und Herz – wo könnten wir sonst gleich tiefe finden? Indes wir unseres eigenen Materialismus überdrüssig werden, hat noch der letzte ihrer Romanschreiber ein natürlich angeborenes Verständnis für die menschliche Natur. »Lerne, dich in die Menschen hineinzuversetzen ... Aber laß dein Mitgefühl kein verstandesmäßiges sein – denn mit dem Verstand ist es leicht –, sondern mit dem Herzen, mit Liebe nahe dich ihnen.« In jedem großen russischen Schriftsteller glauben wir die Züge eines Heiligen zu erkennen, wenn Anteilnahme am Leiden anderer, Liebe zu ihnen, der Drang, das weitestgesteckte Ziel geistigen Anspruchs zu erreichen, gleichbedeutend ist mit Heiligkeit. Es ist der Heilige in ihnen, der uns unsere eigene unreligiöse Oberflächlichkeit ins Bewußtsein ruft und so viele unserer großartigen Romane zu Fälschung und Flitter zerpflückt. Die Ergebnisse der russischen Denkungsart, umfassend und anteilnehmend wie sie ist, sind vielleicht unausweichlich restlos traurig. Richtiger noch ließe sich bei der russischen Geistesrichtung von einer Unfähigkeit zur Stellungnahme sprechen. Der Sinn ist, daß es keine Antwort gibt, daß bei ernsthafter Betrachtung das Leben eine Frage nach der anderen aufrollt, Fragen, die ungelöst nachklingen und nachklingen müssen, am Ende der Erzählung, in hoffnungsloser Unentschiedenheit, die uns mit einer tiefen und endlich vielleicht empörten Verzweiflung erfüllt. Vielleicht haben sie recht; fraglos sehen sie weiter als wir und ohne unsere grobe Belastung der Vision. Aber vielleicht sehen wir etwas, was ihnen entgeht; denn warum sonst sollte sich wider unser Trübsalblasen eine Stimme erheben? Die Stimme, die sich erhebt, ist die Stimme einer anderen und einer alten Kultur, die in uns den Urtrieb gepflanzt zu haben scheint, uns unseres Lebens zu freuen und lieber zu kämpfen als zu dulden und zu verstehen. Die englischen Romane von Sterne bis zu Meredith zeugen von unserem natürlichen Gefallen am Humor und an der Komödie, an der Schönheit dieser Erde, an der Beweglichkeit des Geistes, an der Herrlichkeit des Körpers. Aber alle Ergebnisse, die wir aus dem Vergleich zweier so unermeßlich weit auseinander liegenden Literaturauffassungen gewinnen könnten, sind nutzlos; sie öffneten uns denn die Augen für die unbeschränkten Möglichkeiten der Kunst und gemahnten uns, daß dem Ausblick keine Grenzen gesetzt sind und daß nichts – keine ›Methode‹, kein Versuch, auch der gewagteste nicht – verboten ist, wohl aber als einziges Falschheit und Vorwand. Den »Urstoff des Romans« gibt es nicht. Alles ist ursprünglicher Stoff des Romans, jedes Gefühl, jeder Gedanke; alle Kräfte des Geistes und Verstandes dienen ihm; keine Wahrnehmung dünkt ihm zu gering. Und wenn wir uns vorstellen, die Kunst des Romanschreibens nähme Gestalt an und stände unter uns, sie würde uns zweifellos ebenso bitten, ihr Gewalt anzutun und sie zu zerbrechen, als sie zu ehren und zu lieben. Denn so wird ihre Jugend erneuert und ihre Macht gefestigt.

*(Aus dem Englischen von Hans B. Wagenseil)*

Franz Kafka

# Betrachtungen über Sünde, Leid, Hoffnung und den wahren Weg

1 Der wahre Weg geht über ein Seil, das nicht in der Höhe gespannt ist, sondern knapp über dem Boden. Es scheint mehr bestimmt stolpern zu machen, als begangen zu werden.

2 Alle menschlichen Fehler sind Ungeduld, ein vorzeitiges Abbrechen des Methodischen, ein scheinbares Einpfählen der scheinbaren Sache.

3 Es gibt zwei menschliche Hauptsünden, aus welchen sich alle andern ableiten: Ungeduld und Lässigkeit. Wegen der Ungeduld sind sie aus dem Paradies vertrieben worden, wegen der Lässigkeit kehren sie nicht zurück. Vielleicht aber gibt es nur eine Hauptsünde: die Ungeduld. Wegen der Ungeduld sind sie vertrieben worden, wegen der Ungeduld kehren sie nicht zurück.

4 Viele Schatten der Abgeschiedenen beschäftigen sich nur damit, die Fluten des Totenflusses zu belecken, weil er von uns herkommt und noch den salzigen Geschmack unserer Meere hat. Vor Ekel sträubt sich dann der Fluß, nimmt eine rückläufige Strömung und schwemmt die Toten ins Leben zurück. Sie aber sind glücklich, singen Dankeslieder und streicheln den Empörten.

5 Von einem gewissen Punkt an gibt es keine Rückkehr mehr. Dieser Punkt ist zu erreichen.

6 Der entscheidende Augenblick der menschlichen Entwicklung ist immerwährend. Darum sind die revolutionären geistigen Bewegungen, welche alles Frühere für nichtig erklären, im Recht, denn es ist noch nichts geschehen.

7 Eines der wirksamsten Verführungsmittel des Bösen ist die Aufforderung zu Kampf.

8 Er ist wie der Kampf mit Frauen, der im Bett endet.

9 A. ist sehr aufgeblasen, er glaubt, im Guten weit vorgeschritten zu sein, da er, offenbar als ein immer verlockender Gegenstand, immer

mehr Versuchungen aus ihm bisher ganz unbekannten Richtungen sich ausgesetzt fühlt.

10 Die richtige Erklärung ist aber die, daß ein großer Teufel in ihm Platz genommen hat und die Unzahl der kleineren herbeikommt, um dem Großen zu dienen.

11/12 Verschiedenheit der Anschauungen, die man etwa von einem Apfel haben kann: die Anschauung des kleinen Jungen, der den Hals strecken muß, um noch knapp den Apfel auf der Tischplatte zu sehn, und die Anschauung des Hausherrn, der den Apfel nimmt und frei dem Tischgenossen reicht.

13 Ein erstes Zeichen beginnender Erkenntnis ist der Wunsch zu sterben. Dieses Leben scheint unerträglich, ein anderes unerreichbar. Man schämt sich nicht mehr, sterben zu wollen; man bittet, aus der alten Zelle, die man haßt, in eine neue gebracht zu werden, die man erst hassen lernen wird. Ein Rest von Glauben wirkt dabei mit, während des Transportes werde zufällig der Herr durch den Gang kommen, den Gefangenen ansehen und sagen: »Diesen sollt ihr nicht wieder einsperren. Er kommt zu mir.«

14 Gingest du über eine Ebene, hättest den guten Willen zu gehen und machtest doch Rückschritte, dann wäre es eine verzweifelte Sache; da du aber einen steilen Abhang hinaufkletterst, so steil etwa, wie du selbst von unten gesehen bist, können die Rückschritte auch nur durch die Bodenbeschaffenheit verursacht sein, und du mußt nicht verzweifeln.

15 Wie ein Weg im Herbst: Kaum ist er rein gekehrt, bedeckt er sich wieder mit den trockenen Blättern.

16 Ein Käfig ging einen Vogel suchen.

17 An diesem Ort war ich noch niemals: Anders geht der Atem, blendender als die Sonne strahlt neben ihr ein Stern.

18 Wenn es möglich gewesen wäre, den Turm von Babel zu erbauen, ohne ihn zu erklettern, es wäre erlaubt worden.

19 Laß dich vom Bösen nicht glauben machen, du könntest vor ihm Geheimnisse haben.

20 Leoparden brechen in den Tempel ein und saufen die Opferkrüge leer; das wiederholt sich immer wieder; schließlich kann man es vorausberechnen, und es wird ein Teil der Zeremonie.

21 So fest wie die Hand den Stein hält. Sie hält ihn aber fest, nur um

ihn desto weiter zu verwerfen. Aber auch in jene Weite führt der Weg.

22 Du bist die Aufgabe. Kein Schüler weit und breit.

23 Vom wahren Gegner fährt grenzenloser Mut in dich.

24 Das Glück begreifen, daß der Boden, auf dem du stehst, nicht größer sein kann, als die zwei Füße ihn bedecken.

25 Wie kann man sich über die Welt freuen, außer wenn man zu ihr flüchtet?

26 Verstecke sind unzählige, Rettung nur eine, aber Möglichkeiten der Rettung wieder so viele wie Verstecke.

Es gibt ein Ziel, aber keinen Weg; was wir Weg nennen, ist Zögern.

27 Das Negative zu tun, ist uns noch auferlegt; das Positive ist uns schon gegeben.

28 Wenn man einmal das Böse bei sich aufgenommen hat, verlangt es nicht mehr, daß man ihm glaube.

29 Die Hintergedanken, mit denen du das Böse in dir aufnimmst, sind nicht die deinen, sondern die des Bösen.

Das Tier entwindet dem Herrn die Peitsche und peitscht sich selbst, um Herr zu werden, und weiß nicht, daß das nur eine Phantasie ist, erzeugt durch einen neuen Knoten im Peitschenriemen des Herrn.

30 Das Gute ist in gewissem Sinne trostlos.

31 Nach Selbstbeherrschung strebe ich nicht. Selbstbeherrschung heißt: an einer zufälligen Stelle der unendlichen Ausstrahlungen meiner geistigen Existenz wirken wollen. Muß ich aber solche Kreise um mich ziehen, dann tue ich es besser untätig im bloßen Anstaunen des ungeheuerlichen Komplexes und nehme nur die Stärkung, die e contrario dieser Anblick gibt, mit nach Hause.

32 Die Krähen behaupten, eine einzige Krähe könnte den Himmel zerstören. Das ist zweifellos, beweist aber nichts gegen den Himmel, denn Himmel bedeuten eben: Unmöglichkeit von Krähen.

33 Die Märtyrer unterschätzen den Leib nicht, sie lassen ihn auf dem Kreuz erhöhen. Darin sind sie mit ihren Gegnern einig.

34 Sein Ermatten ist das des Gladiators nach dem Kampf, seine Arbeit war das Weißtünchen eines Winkels in einer Beamtenstube.

35 Es gibt kein Haben, nur ein Sein, nur ein nach letztem Atem, nach Ersticken verlangendes Sein.

36 Früher begriff ich nicht, warum ich auf meine Frage keine Ant-

wort bekam, heute begreife ich nicht, wie ich glauben konnte, fragen zu können. Aber ich glaubte ja gar nicht, ich fragte nur.

37 Seine Antwort auf die Behauptung, er *besitze* vielleicht, *sei* aber nicht, war nur Zittern und Herzklopfen.

38 Einer staunte darüber, wie leicht er den Weg der Ewigkeit ging; er raste ihn nämlich abwärts.

39a Dem Bösen kann man nicht in Raten zahlen – und versucht es unaufhörlich.

Es wäre denkbar, daß Alexander der Große trotz den kriegerischen Erfolgen seiner Jugend, trotz dem ausgezeichneten Heer, das er ausgebildet hatte, trotz den auf Veränderung der Welt gerichteten Kräften, die er in sich fühlte, am Hellespont stehen geblieben und ihn nie überschritten hätte, und zwar nicht aus Furcht, nicht aus Unentschlossenheit, nicht aus Willensschwäche, sondern aus Erdenschwere.

39b Der Weg ist unendlich, da ist nichts abzuziehen, nichts zuzugeben und doch hält jeder noch seine eigene kindliche Elle daran. »Gewiß, auch diese Elle Wegs mußt du noch gehen, es wird dir nicht vergessen werden.«

40 Nur unser Zeitbegriff läßt uns das Jüngste Gericht so nennen, eigentlich ist es ein Standrecht.

41 Das Mißverhältnis der Welt scheint tröstlicherweise nur ein zahlenmäßiges zu sein.

42 Den ekel- und haßerfüllten Kopf auf die Brust senken.

43 Noch spielen die Jagdhunde im Hof, aber das Wild entgeht ihnen nicht, so sehr es jetzt schon durch die Wälder jagt.

44 Lächerlich hast du dich aufgeschirrt für diese Welt.

45 Je mehr Pferde du anspannst, desto rascher gehts – nämlich nicht das Ausreißen des Blocks aus dem Fundament, was unmöglich ist, aber das Zerreißen der Riemen und damit die leere fröhliche Fahrt.

46 Das Wort »sein« bedeutet im Deutschen beides: Dasein und Ihmgehören.

47 Es wurde ihnen die Wahl gestellt, Könige oder der Könige Kuriere zu werden. Nach Art der Kinder wollten alle Kuriere sein. Deshalb gibt es lauter Kuriere, sie jagen durch die Welt und rufen, da es keine Könige gibt, einander selbst die sinnlos gewordenen Meldungen zu. Gerne würden sie ihrem elenden Leben ein Ende machen, aber sie wagen es nicht wegen des Diensteides.

48 An Fortschritt glauben heißt nicht glauben, daß ein Fortschritt schon geschehen ist. Das wäre kein Glauben.

49 A. ist ein Virtuose und der Himmel ist sein Zeuge.

50 Der Mensch kann nicht leben ohne ein dauerndes Vertrauen zu etwas Unzerstörbarem in sich, wobei sowohl das Unzerstörbare als auch das Vertrauen ihm dauernd verborgen bleiben können. Eine der Ausdrucksmöglichkeiten dieses Verborgenbleibens ist der Glaube an einen persönlichen Gott.

51 Es bedurfte der Vermittlung der Schlange: das Böse kann den Menschen verführen, aber nicht Mensch werden.

52 Im Kampf zwischen dir und der Welt sekundiere der Welt.

53 Man darf niemanden betrügen, auch nicht die Welt um ihren Sieg.

54 Es gibt nichts anderes als eine geistige Welt; was wir sinnliche Welt nennen, ist das Böse in der geistigen, und was wir böse nennen, ist nur eine Notwendigkeit eines Augenblicks unserer ewigen Entwicklung.

Mit stärkstem Licht kann man die Welt auflösen. Vor schwachen Augen wird sie fest, vor noch schwächeren bekommt sie Fäuste, vor noch schwächeren wird sie schamhaft und zerschmettert den, der sie anzuschauen wagt.

55 Alles ist Betrug: das Mindestmaß der Täuschungen suchen, im üblichen bleiben, das Höchstmaß suchen. Im ersten Fall betrügt man das Gute, indem man sich dessen Erwerbung zu leicht machen will, das Böse, indem man ihm allzu ungünstige Kampfbedingungen setzt. Im zweiten Fall betrügt man das Gute, indem man also nicht einmal im Irdischen nach ihm strebt. Im dritten Fall betrügt man das Gute, indem man sich möglichst weit von ihm entfernt, das Böse, indem man hofft, durch seine Höchststeigerung es machtlos zu machen. Vorzuziehen wäre also hiernach der zweite Fall, denn das Gute betrügt man immer, das Böse in diesem Fall, wenigstens dem Anschein nach, nicht.

56 Es gibt Fragen, über die wir nicht hinwegkommen könnten, wenn wir nicht von Natur aus von ihnen befreit wären.

57 Die Sprache kann für alles außerhalb der sinnlichen Welt nur andeutungsweise, aber niemals auch nur annähernd vergleichsweise gebraucht werden, da sie, entsprechend der sinnlichen Welt, nur vom Besitz und seinen Beziehungen handelt.

58 Man lügt möglichst wenig, nur wenn man möglichst wenig lügt, nicht wenn man möglichst wenig Gelegenheit dazu hat.

59 Eine durch Schritte nicht tief ausgehöhlte Treppenstufe ist, von sich selber aus gesehen, nur etwas öde zusammengefügtes Hölzernes.

60 Wer der Welt entsagt, muß alle Menschen lieben, denn er entsagt auch ihrer Welt. Er beginnt daher, das wahre menschliche Wesen zu ahnen, das nicht anders als geliebt werden kann, vorausgesetzt, daß man ihm ebenbürtig ist.

61 Wer innerhalb der Welt seinen Nächsten liebt, tut nicht mehr und nicht weniger Unrecht, als wer innerhalb der Welt sich selbst liebt. Es bliebe nur die Frage, ob das erstere möglich ist.

62 Die Tatsache, daß es nichts anderes gibt als eine geistige Welt, nimmt uns die Hoffnung und gibt uns die Gewißheit.

63 Unsere Kunst ist ein von der Wahrheit Geblendet-Sein: Das Licht auf dem zurückweichenden Fratzengesicht ist wahr, sonst nichts.

64/65 Die Vertreibung aus dem Paradies ist in ihrem Hauptteil ewig: Es ist also zwar die Vertreibung aus dem Paradies endgültig, das Leben in der Welt unausweichlich, die Ewigkeit des Vorganges aber (oder zeitlich ausgedrückt: die ewige Wiederholung des Vorgangs) macht es trotzdem möglich, daß wir nicht nur dauernd im Paradiese bleiben könnten, sondern tatsächlich dort dauernd sind, gleichgültig ob wir es hier wissen oder nicht.

66 Er ist ein freier und gesicherter Bürger der Erde, denn er ist an eine Kette gelegt, die lang genug ist, um ihm alle irdischen Räume frei zu geben, und doch nur so lang, daß nichts ihn über die Grenzen der Erde reißen kann. Gleichzeitig aber ist er auch ein freier und gesicherter Bürger des Himmels, denn er ist auch an eine ähnlich berechnete Himmelskette gelegt. Will er nun auf die Erde, drosselt ihn das Halsband des Himmels, will er in den Himmel, jenes der Erde. Und trotzdem hat er alle Möglichkeiten und fühlt es; ja, er weigert sich sogar, das Ganze auf einen Fehler bei der ersten Fesselung zurückzuführen.

67 Er läuft den Tatsachen nach wie ein Anfänger im Schlittschuhlaufen, der überdies irgendwo übt, wo es verboten ist.

68 Was ist fröhlicher als der Glaube an einen Hausgott!

69 Theoretisch gibt es eine vollkommene Glücksmöglichkeit: An das Unzerstörbare in sich glauben und nicht zu ihm streben.

70/71 Das Unzerstörbare ist eines; jeder einzelne Mensch ist es und gleichzeitig ist es allen gemeinsam, daher die beispiellos Untrennbare Verbindung der Menschen.

72 Es gibt im gleichen Menschen Erkenntnisse, die bei völliger Verschiedenheit doch das gleiche Objekt haben, so daß wieder nur auf verschiedene Subjekte im gleichen Menschen rückgeschlossen werden muß.

73 Er frißt den Abfall vom eigenen Tisch; dadurch wird er zwar ein Weilchen lang satter als alle, verlernt aber, oben vom Tisch zu essen; dadurch hört dann aber auch der Abfall auf.

74 Wenn das, was im Paradies zerstört worden sein soll, zerstörbar war, dann war es nicht entscheidend; war es aber unzerstörbar, dann leben wir in einem falschen Glauben.

75 Prüfe dich an der Menschheit. Den Zweifelnden macht sie zweifeln, den Glaubenden glauben.

76 Dieses Gefühl: »hier ankere ich nicht« – und gleich die wogende, tragende Flut um sich fühlen!

Ein Umschwung. Lauernd, ängstlich, hoffend umschleicht die Antwort die Frage, sucht verzweifelt in ihrem unzugänglichen Gesicht, folgt ihr auf den sinnlosesten, das heißt von der Antwort möglichst wegstrebenden Wegen.

77 Verkehr mit Menschen verführt zur Selbstbeobachtung.

78 Der Geist wird erst frei, wenn er aufhört, Halt zu sein.

79 Die sinnliche Liebe täuscht über die himmlische hinweg; allein könnte sie es nicht, aber da sie das Element der himmlischen Liebe unbewußt in sich hat, kann sie es.

80 Wahrheit ist unteilbar, kann sich also selbst nicht erkennen; wer sie erkennen will, muß Lüge sein.

81 Niemand kann verlangen, was ihm im letzten Grunde schadet. Hat es beim einzelnen Menschen doch diesen Anschein – und den hat es vielleicht immer –, so erklärt sich dies dadurch, daß jemand im Menschen etwas verlangt, was diesem Jemand zwar nützt, aber einem zweiten Jemand, der halb zur Beurteilung des Falles herangezogen wird, schwer schadet. Hätte sich der Mensch gleich anfangs, nicht erst bei der Beurteilung auf Seite des zweiten Jemand gestellt, wäre der erste Jemand erloschen und mit ihm das Verlangen.

82 Warum klagen wir wegen des Sündenfalles? Nicht seinetwegen

sind wir aus dem Paradies vertrieben worden, sondern wegen des Baumes des Lebens, damit wir nicht von ihm essen.

83 Wir sind nicht nur deshalb sündig, weil wir vom Baum der Erkenntnis gegessen haben, sondern auch deshalb, weil wir vom Baum des Lebens noch nicht gegessen haben. Sündig ist der Stand, in dem wir uns befinden, unabhängig von Schuld.

84 Wir wurden geschaffen, um im Paradies zu leben, das Paradies war bestimmt, uns zu dienen. Unsere Bestimmung ist geändert worden; daß dies auch mit der Bestimmung des Paradieses geschehen wäre, wird nicht gesagt.

85 Das Böse ist eine Ausstrahlung des menschlichen Bewußtseins in bestimmten Übergangsstellungen. Nicht eigentlich die sinnliche Welt ist Schein, sondern ihr Böses, das allerdings für unsere Augen die sinnliche Welt bildet.

86 Seit dem Sündenfall sind wir in der Fähigkeit zur Erkenntnis des Guten und Bösen im wesentlichen gleich; trotzdem suchen wir gerade hier unsere besonderen Vorzüge. Aber erst jenseits dieser Erkenntnis beginnen die wahren Verschiedenheiten. Der gegenteilige Schein wird durch folgendes hervorgerufen: Niemand kann sich mit der Erkenntnis allein begnügen, sondern muß sich bestreben, ihr gemäß zu handeln. Dazu aber ist ihm die Kraft nicht mitgegeben, er muß daher sich zerstören, selbst auf die Gefahr hin, sogar dadurch die notwendige Kraft nicht zu erhalten, aber es bleibt ihm nichts anderes übrig, als dieser letzte Versuch. (Das ist auch der Sinn der Todesdrohung beim Verbot des Essens vom Baume der Erkenntnis; vielleicht ist das auch der ursprüngliche Sinn des natürlichen Todes.) Vor diesem Versuch nun fürchtet er sich; lieber will er die Erkenntnis des Guten und Bösen rückgängig machen (die Bezeichnung »Sündenfall« geht auf diese Angst zurück); aber das Geschehene kann nicht rückgängig gemacht, sondern nur getrübt werden. Zu diesem Zweck entstehen die Motivationen. Die ganze Welt ist ihrer voll, ja die ganze sichtbare Welt ist vielleicht nichts anderes als eine Motivation des einen Augenblick lang ruhenwollenden Menschen. Ein Versuch, die Tatsache der Erkenntnis zu fälschen, die Erkenntnis erst zum Ziel zu machen.

87 Ein Glaube wie ein Fallbeil, so schwer, so leicht.

88 Der Tod ist vor uns, etwa wie im Schulzimmer an der Wand ein

Bild der Alexanderschlacht. Es kommt darauf an, durch unsere Taten noch in diesem Leben das Bild zu verdunkeln oder gar auszulöschen.

89 Ein Mensch hat freien Willen, und zwar dreierlei: Erstens war er frei, als er dieses Leben wollte; jetzt kann er es allerdings nicht mehr rückgängig machen, denn er ist nicht mehr jener, der es damals wollte, es wäre denn insoweit, als er seinen damaligen Willen ausführt, indem er lebt.

Zweitens ist er frei, indem er die Gangart und den Weg dieses Lebens wählen kann.

Drittens ist er frei, indem er als derjenige, der einmal wieder sein wird, den Willen hat, sich unter jeder Bedingung durch das Leben gehen und auf diese Weise zu sich kommen zu lassen, und zwar auf einem zwar wählbaren, aber jedenfalls derartig labyrinthischen Weg, daß er kein Fleckchen dieses Lebens unberührt läßt.

Das ist das Dreierlei des freien Willens, es ist aber auch, da es gleichzeitig ist, ein Einerlei und ist im Grunde so sehr Einerlei, daß es keinen Platz hat für einen Willen, weder für einen freien noch unfreien.

90 Zwei Möglichkeiten: sich unendlich klein machen oder es sein. Das zweite ist Vollendung, also Untätigkeit, das erste Beginn, also Tat.

91 Zur Vermeidung eines Wortirrtums: Was tätig zerstört werden soll, muß vorher ganz fest gehalten worden sein; was zerbröckelt, kann aber nicht zerstört werden.

92 Die erste Götzenanbetung war gewiß Angst vor den Dingen, aber damit zusammenhängend Angst vor der Notwendigkeit der Dinge und damit zusammenhängend Angst vor der Verantwortung für die Dinge. So ungeheuer erschien diese Verantwortung, daß man sie nicht einmal einem einzigen Außermenschlichen aufzuerlegen wagte, denn auch durch Vermittlung eines Wesens wäre die menschliche Verantwortung nocht nicht genug erleichtert worden, der Verkehr mit nur einem Wesen wäre noch allzusehr von Verantwortung befleckt gewesen, deshalb gab man jedem Ding die Verantwortung für sich selbst, mehr noch, man gab diesen Dingen auch noch eine verhältnismäßige Verantwortung für den Menschen.

93 Zum letztenmal Psychologie!

94 Zwei Aufgaben des Lebensanfangs: Deinen Kreis immer mehr einschränken und immer wieder nachprüfen, ob du dich nicht irgendwo außerhalb deines Kreises versteckt hältst.

95 Das Böse ist manchmal in der Hand wie ein Werkzeug, erkannt oder unerkannt läßt es sich, wenn man den Willen hat, ohne Widerspruch zur Seite legen.

96 Die Freuden dieses Lebens sind nicht die seinen, sondern unsere Angst vor dem Aufsteigen in ein höheres Leben; die Qualen dieses Lebens sind nicht die seinen, sondern unsere Selbstqual wegen jener Angst.

97 Nur hier ist Leiden Leiden. Nicht so, als ob die, welche hier leiden, anderswo wegen dieses Leidens erhöht werden sollen, sondern so, daß es, was in dieser Welt leiden heißt, in einer andern Welt, unverändert und nur befreit von seinem Gegensatz, Seligkeit ist.

98 Die Vorstellung von der unendlichen Weite und Fülle des Kosmos ist das Ergebnis der zum Äußersten getriebenen Mischung von mühevoller Schöpfung und freier Selbstbestimmung.

99 Wieviel bedrückender als die unerbittlichste Überzeugung von unserem gegenwärtigen sündhaften Stand ist selbst die schwächste Überzeugung von der einstigen, ewigen Rechtfertigung unserer Zeitlichkeit. Nur die Kraft im Ertragen dieser zweiten Überzeugung, welche in ihrer Reinheit die erste voll umfaßt, ist das Maß des Glaubens.
Manche nehmen an, daß neben dem großen Urbetrug noch in jedem Fall eigens für sie ein kleiner besonderer Betrug veranstaltet wird, daß also, wenn ein Liebesspiel auf der Bühne aufgeführt wird, die Schauspielerin außer dem verlogenen Lächeln für ihren Geliebten auch noch ein besonders hinterhältiges Lächeln für den ganz bestimmten Zuschauer auf der letzten Galerie hat. Das heißt zu weit gehen.

100 Es kann ein Wissen vom Teuflischen geben, aber keinen Glauben daran, denn mehr Teuflisches, als da ist, gibt es nicht.

101 Die Sünde kommt immer offen und ist mit den Sinnen gleich zu fassen. Sie geht auf ihren Wurzeln und muß nicht ausgerissen werden.

102 Alle Leiden um uns müssen auch wir leiden. Wir alle haben nicht *einen* Leib, aber *ein* Wachstum, und das führt uns durch alle Schmerzen, ob in dieser oder jener Form. So wie das Kind durch alle Lebensstadien bis zum Greis und zum Tod sich entwickelt (und jenes Stadium

im Grunde dem früheren, im Verlangen oder in Furcht, unerreichbar scheint), ebenso entwickeln wir uns (nicht weniger tief mit der Menschheit verbunden als mit uns selbst) durch alle Leiden dieser Welt. Für Gerechtigkeit ist in diesem Zusammenhang kein Platz, aber auch nicht für Furcht vor den Leiden oder für die Auslegung des Leidens als eines Verdienstes.

103 Du kannst dich zurückhalten von den Leiden der Welt, das ist dir freigestellt und entspricht deiner Natur, aber vielleicht ist gerade dieses Zurückhalten das einzige Leid, das du vermeiden könntest.

105 Das Verführungsmittel dieser Welt sowie das Zeichen der Bürgschaft dafür, daß diese Welt nur ein Übergang ist, ist das gleiche. Mit Recht, denn nur so kann uns diese Welt verführen und es entspricht der Wahrheit. Das Schlimmste ist aber, daß wir nach geglückter Verführung die Bürgschaft vergessen und so eigentlich das Gute uns ins Böse, der Blick der Frau in ihr Bett gelockt hat.

106 Die Demut gibt jedem, auch dem einsam Verzweifelnden, das stärkste Verhältnis zum Mitmenschen, und zwar sofort, allerdings nur bei völliger und dauernder Demut. Sie kann das deshalb, weil sie die wahre Gebetsprache ist, gleichzeitig Anbetung und festeste Verbindung. Das Verhältnis zum Mitmenschen ist das Verhältnis des Gebetes, das Verhältnis zu sich das Verhältnis des Strebens; aus dem Gebet wird die Kraft für das Streben geholt.

Kannst du denn etwas anderes kennen als Betrug? Wird einmal der Betrug vernichtet, darfst du ja nicht hinsehen oder wirst zur Salzsäule.

107 Alle sind zu A. sehr freundlich, so etwa wie man ein ausgezeichnetes Billard selbst vor guten Spielern sorgfältig zu bewahren sucht, solange bis der große Spieler kommt, das Brett genau untersucht, keinen vorzeitigen Fehler duldet, dann aber, wenn er selbst zu spielen anfängt, sich auf die rücksichtsloseste Weise auswütet.

108 »Dann aber kehrte er zu seiner Arbeit zurück, so wie wenn nichts geschehen wäre.« Das ist eine Bemerkung, die uns aus einer unklaren Fülle alter Erzählungen geläufig ist, obwohl sie vielleicht in keiner vorkommt.

109 »Daß es uns an Glauben fehle, kann man nicht sagen. Allein die einfache Tatsache unseres Lebens ist in ihrem Glaubenswert gar nicht auszuschöpfen.« »Hier wäre ein Glaubenswert? Man kann doch nicht

nicht-leben.« »Eben in diesem ›kann doch nicht‹ steckt die wahnsinnige Kraft des Glaubens; in dieser Verneinung bekommt sie Gestalt.«

Es ist nicht notwendig, daß du aus dem Hause gehst. Bleib bei deinem Tisch und horche. Horche nicht einmal, warte nur. Warte nicht einmal, sei völlig still und allein. Anbieten wird sich dir die Welt zur Entlarvung, sie kann nicht anders, verzückt wird sie sich vor dir winden.

# Sigmund Freud

## [Brief an Albert Einstein]

Wien, im September 1932

Lieber Herr Einstein!

Als ich hörte, daß Sie die Absicht haben, mich zum Gedankenaustausch über ein Thema aufzufordern, dem Sie Ihr Interesse schenken und das Ihnen auch des Interesses anderer würdig erscheint, stimmte ich bereitwillig zu. Ich erwartete, Sie würden ein Problem an der Grenze des heute Wißbaren wählen, zu dem ein jeder von uns, der Physiker wie der Psycholog, sich einen besonderen Zugang bahnen könnte, so daß sie sich von verschiedenen Seiten her auf demselben Boden träfen. Sie haben mich dann durch die Fragestellung überrascht, was man tun könne, um das Verhängnis des Krieges von den Menschen abzuwehren. Ich erschrak zunächst unter dem Eindruck meiner – fast hätte ich gesagt: unserer – Inkompetenz, denn das erschien mir als eine praktische Aufgabe, die den Staatsmännern zufällt. Ich verstand dann aber, daß Sie die Frage nicht als Naturforscher und Physiker erhoben haben, sondern als Menschenfreund, der den Anregungen des Völkerbunds gefolgt war, ähnlich wie der Polarforscher Fridtjof Nansen es auf sich genommen hatte, den Hungernden und den heimatlosen Opfern des Weltkrieges Hilfe zu bringen. Ich besann mich auch, daß mir nicht zugemutet wird, praktische Vorschläge zu machen, sondern daß ich nur angeben soll, wie sich das Problem der Kriegsverhütung einer psychologischen Betrachtung darstellt.
Aber auch hierüber haben Sie in Ihrem Schreiben das meiste gesagt. Sie haben mir gleichsam den Wind aus den Segeln genommen, aber ich fahre gern in Ihrem Kielwasser und bescheide mich damit, alles zu bestätigen, was Sie vorbringen, indem ich es nach meinem besten Wissen – oder Vermuten – breiter ausführe.

Sie beginnen mit dem Verhältnis von Recht und Macht. Das ist gewiß der richtige Ausgangspunkt für unsere Untersuchung. Darf ich das Wort »Macht« durch das grellere, härtere Wort »Gewalt« ersetzen? Recht und Gewalt sind uns heute Gegensätze. Es ist leicht zu zeigen, daß sich das eine aus dem anderen entwickelt hat, und wenn wir auf die Uranfänge zurückgehen und nachsehen, wie das zuerst geschehen ist, so fällt uns die Lösung des Problems mühelos zu. Entschuldigen Sie mich aber, wenn ich im folgenden allgemein Bekanntes und Anerkanntes erzähle, als ob es neu wäre; der Zusammenhang nötigt mich dazu.

Interessenkonflikte unter den Menschen werden also prinzipiell durch die Anwendung von Gewalt entschieden. So ist es im ganzen Tierreich, von dem der Mensch sich nicht ausschließen sollte; für den Menschen kommen allerdings noch Meinungskonflikte hinzu, die bis zu den höchsten Höhen der Abstraktion reichen und eine andere Technik der Entscheidung zu fordern scheinen. Aber das ist eine spätere Komplikation. Anfänglich, in einer kleinen Menschenhorde, entschied die stärkere Muskelkraft darüber, wem etwas gehören oder wessen Wille zur Ausführung gebracht werden sollte. Muskelkraft verstärkt und ersetzt sich bald durch den Gebrauch von Werkzeugen; es siegt, wer die besseren Waffen hat oder sie geschickter verwendet. Mit der Einführung der Waffe beginnt bereits die geistige Überlegenheit die Stelle der rohen Muskelkraft einzunehmen; die Endabsicht des Kampfes bleibt die nämliche, der eine Teil soll durch die Schädigung, die er erfährt, und durch die Lähmung seiner Kräfte gezwungen werden, seinen Anspruch oder Widerspruch aufzugeben. Dies wird am gündlichsten erreicht, wenn die Gewalt den Gegner dauernd beseitigt, also tötet. Es hat zwei Vorteile, daß er seine Gegnerschaft nicht ein andermal wiederaufnehmen kann und daß sein Schicksal andere abschreckt, seinem Beispiel zu folgen. Außerdem befriedigt die Tötung des Feindes eine triebhafte Neigung, die später erwähnt werden muß. Der Tötungsabsicht kann sich die Erwägung widersetzen, daß der Feind zu nützlichen Dienstleistungen verwendet werden kann, wenn man ihn eingeschüchtert am Leben läßt. Dann begnügt sich also die Gewalt damit, ihn zu unterwerfen, anstatt ihn zu töten. Es ist der Anfang der Schonung des Feindes, aber der Sieger hat von nun an mit der lauernden Rachsucht des Besiegten zu rechnen, gibt ein Stück seiner eigenen Sicherheit auf.

Das ist also der ursprüngliche Zustand, die Herrschaft der größeren Macht, der rohen oder intellektuell gestützten Gewalt. Wir wissen, dies Regime ist im Laufe der Entwicklung abgeändert worden, es führte ein Weg von der Gewalt zum Recht, aber welcher? Nur ein einziger, meine ich. Er führte über die Tatsache, daß die größere Stärke des einen wettgemacht werden konnte durch die Vereinigung mehrerer Schwachen. *»L'union fait la force.«* Gewalt wird gebrochen durch Einigung, die Macht dieser Geeinigten stellt nun das Recht dar im Gegensatz zur Gewalt des Einzelnen. Wir sehen, das Recht ist die Macht einer Gemeinschaft. Es ist noch immer Gewalt, bereit, sich gegen jeden Einzelnen zu wenden, der sich ihr widersetzt, arbeitet mit denselben Mitteln, verfolgt dieselben Zwecke; der Unterschied liegt wirklich nur darin, daß es nicht mehr die Gewalt eines Einzelnen ist, die sich durchsetzt, sondern die der Gemeinschaft. Aber damit sich dieser Übergang von der Gewalt zum neuen Recht vollziehe, muß eine psychologische Bedingung erfüllt werden. Die Einigung der mehreren muß eine beständige, dauerhafte sein. Stellte sie sich nur zum Zweck der Bekämpfung des einen Übermächtigen her und zerfiele nach seiner Überwältigung, so wäre nichts erreicht. Der nächste, der sich für stärker hält, würde wiederum eine Gewaltherrschaft anstreben, und das Spiel würde sich endlos wiederholen. Die Gemeinschaft muß permanent erhalten werden, sich organisieren, Vorschriften schaffen, die den gefürchteten Auflehnungen vorbeugen, Organe bestimmen, die über die Einhaltung der Vorschriften – Gesetze – wachen und die Ausführung der rechtmäßigen Gewaltakte besorgen. In der Anerkennung einer solchen Interessengemeinschaft stellen sich unter den Mitgliedern einer geeinigten Menschengruppe Gefühlsbindungen her, Gemeinschaftsgefühle, in denen ihre eigentliche Stärke beruht.

Damit, denke ich, ist alles Wesentliche bereits gegeben: die Überwindung der Gewalt durch Übertragung der Macht an eine größere Einheit, die durch Gefühlsbindungen ihrer Mitglieder zusammengehalten wird. Alles Weitere sind Ausführungen und Wiederholungen. Die Verhältnisse sind einfach, solange die Gemeinschaft nur aus einer Anzahl gleich starker Individuen besteht. Die Gesetze dieser Vereinigung bestimmen dann, auf welches Maß von persönlicher Freiheit, seine Kraft als Gewalt anzuwenden, der Einzelne verzichten muß, um ein gesichertes Zusammenleben zu ermöglichen. Aber ein solcher Ruhezustand ist nur theoretisch denkbar, in Wirklichkeit kompliziert sich der Sachverhalt dadurch, daß die Gemeinschaft von Anfang an ungleich mächtige Elemente umfaßt, Männer und Frauen, Eltern und Kinder, und bald infolge von Krieg und Unterwerfung Siegreiche und Besiegte, die sich in Herren und Sklaven umsetzen. Das Recht der Gemeinschaft wird dann zum Ausdruck der ungleichen Machtverhältnisse in ihrer Mitte, die Gesetze werden von und für die Herrschenden gemacht werden und den Unterworfenen wenig Rechte einräumen. Von da an gibt es in der Gemeinschaft zwei Quellen von Rechtsunruhe, aber auch von Rechtsfortbildung. Erstens die Versuche Einzelner unter den Herren, sich über die für alle gültigen Einschränkungen zu erheben, also von der Rechtsherrschaft auf die Gewaltherrschaft zurückzugreifen, zweitens die ständigen Bestrebungen der Unterdrückten, sich mehr Macht zu verschaffen und diese Änderungen im Gesetz anerkannt zu sehen, also im Gegenteil vom ungleichen Recht zum gleichen Recht für alle vorzudringen. Diese letztere Strömung wird besonders bedeutsam werden, wenn sich im Inneren des Gemeinwesens wirklich Verschiebungen der Machtverhältnisse ergeben, wie es infolge mannigfacher historischer Momente geschehen kann. Das Recht kann sich dann allmählich den neuen Machtverhältnissen anpassen, oder, was häufiger geschieht, die herrschende Klasse ist nicht bereit, dieser Änderung Rechnung zu tragen, es kommt zu Auflehnung, Bürgerkrieg, also zur zeitweiligen Aufhebung des Rechts und zu neuen Gewaltproben, nach deren Ausgang eine neue Rechtsordnung eingesetzt wird. Es gibt noch eine andere Quelle der Rechtsänderung, die sich nur in friedlicher Weise äußert, das ist die kulturelle Wandlung der Mitglieder des Gemeinwesens, aber die gehört in einen Zusammenhang, der erst später berücksichtigt werden kann.

Wir sehen also, auch innerhalb eines Gemeinwesens ist die gewaltsame Erledigung von Interessenkonflikten nicht vermieden worden. Aber die Notwendigkeiten und Gemeinsamkeiten, die sich aus dem Zusammenleben auf demselben Boden ableiten, sind einer raschen Beendigung solcher Kämpfe günstig, und die Wahrscheinlichkeit friedlicher Lösungen unter diesen Bedingungen nimmt stetig zu. Ein Blick in die Menschheitsgeschichte zeigt uns aber eine unaufhörliche Reihe von

Konflikten zwischen einem Gemeinwesen und einem oder mehreren anderen, zwischen größeren und kleineren Einheiten, Stadtgebieten, Landschaften, Stämmen, Völkern, Reichen, die fast immer durch die Kraftprobe des Krieges entschieden werden. Solche Kriege gehen entweder in Beraubung oder in volle Unterwerfung, Eroberung des einen Teils aus. Man kann die Eroberungskriege nicht einheitlich beurteilen. Manche, wie die der Mongolen und Türken, haben nur Unheil gebracht, andere im Gegenteil zur Umwandlung von Gewalt in Recht beigetragen, indem sie größere Einheiten herstellten, innerhalb deren nun die Möglichkeit der Gewaltanwendung aufgehört hatte und eine neue Rechtsordnung die Konflikte schlichtete. So haben die Eroberungen der Römer den Mittelmeerländern die kostbare *pax romana* gegeben. Die Vergrößerungslust der französischen Könige hat ein friedlich geeinigtes, blühendes Frankreich geschaffen. So paradox es klingt, man muß doch zugestehen, der Krieg wäre kein ungeeignetes Mittel zur Herstellung des ersehnten »ewigen« Friedens, weil er imstande ist, jene großen Einheiten zu schaffen, innerhalb deren eine starke Zentralgewalt weitere Kriege unmöglich macht. Aber er taugt doch nicht dazu, denn die Erfolge der Eroberung sind in der Regel nicht dauerhaft; die neu geschaffenen Einheiten zerfallen wieder, meist infolge des mangelnden Zusammenhalts der gewaltsam geeinigten Teile. Und außerdem konnte die Eroberung bisher nur partielle Einigungen, wenn auch von größerem Umfang, schaffen, deren Konflikte die gewaltsame Entscheidung erst recht herausforderten. So ergab sich als die Folge all dieser kriegerischen Anstrengungen nur, daß die Menschheit zahlreiche, ja unaufhörliche Kleinkriege gegen seltene, aber um so mehr verheerende Großkriege eintauschte.

Auf unsere Gegenwart angewendet, ergibt sich das gleiche Resultat, zu dem Sie auf kürzerem Weg gelangt sind. Eine sichere Verhütung der Kriege ist nur möglich, wenn sie die Menschen zur Einsetzung einer Zentralgewalt einigen, welcher der Richtspruch in allen Interessenkonflikten übertragen wird. Hier sind offenbar zwei Forderungen vereinigt, daß eine solche übergeordnete Instanz geschaffen und daß ihr die erforderliche Macht gegeben werde. Das eine allein würde nicht nützen. Nun ist der Völkerbund als solche Instanz gedacht, aber die andere Bedingung ist nicht erfüllt; der Völkerbund hat keine eigene

Macht und kann sie nur bekommen, wenn die Mitglieder der neuen Einigung, die einzelnen Staaten, sie ihm abtreten. Dazu scheint aber derzeit wenig Aussicht vorhanden. Man stünde der Institution des Völkerbundes nun ganz ohne Verständnis gegenüber, wenn man nicht wüßte, daß hier ein Versuch vorliegt, der in der Geschichte der Menschheit nicht oft – vielleicht noch nie in diesem Maße – gewagt worden ist. Es ist der Versuch, die Autorität – d. i. den zwingenden Einfluß –, die sonst auf dem Besitz der Macht ruht, durch die Berufung auf bestimmte ideelle Einstellungen zu erwarten. Wir haben gehört, was eine Gemeinschaft zusammenhält, sind zwei Dinge: der Zwang der Gewalt und die Gefühlsbindungen – Identifizierungen heißt man sie technisch – der Mitglieder. Fällt das eine Moment weg, so kann möglicherweise das andere die Gemeinschaft aufrechterhalten. Jene Ideen haben natürlich nur dann eine Bedeutung, wenn sie wichtigen Gemeinsamkeiten der Mitglieder Ausdruck geben. Es fragt sich dann, wie stark sie sind. Die Geschichte lehrt, daß sie in der Tat ihre Wirkung geübt haben. Die panhellenische Idee z. B., das Bewußtsein, daß man etwas Besseres sei als die umwohnenden Barbaren, das in den Amphiktyonien, den Orakeln und Festspielen so kräftigen Ausdruck fand, war stark genug, um die Sitten der Kriegsführung unter Griechen zu mildern, aber selbstverständlich nicht imstande, kriegerische Streitigkeiten zwischen den Partikeln des Griechenvolkes zu verhüten, ja nicht einmal, um eine Stadt oder einen Städtebund abzuhalten, sich zum Schaden eines Rivalen mit dem Perserfeind zu verbünden. Ebensowenig hat das christliche Gemeingefühl, das doch mächtig genug war, im Renaissancezeitalter christliche Klein- und Großstaaten daran gehindert, in ihren Kriegen miteinander um die Hilfe des Sultans zu werben. Auch in unserer Zeit gibt es keine Idee, der man eine solche einigende Autorität zumuten könnte. Daß die heute die Völker beherrschenden nationalen Ideale zu einer gegenteiligen Wirkung drängen, ist ja allzu deutlich. Es gibt Personen, die vorhersagen, erst das allgemeine Durchdringen der bolschewistischen Denkungsart werde den Kriegen ein Ende machen können, aber von solchem Ziel sind wir heute jedenfalls weit entfernt, und vielleicht wäre es nur nach schrecklichen Bürgerkriegen erreichbar. So scheint es also, daß der Versuch, reale Macht durch die Macht der Ideen zu ersetzen, heute noch zum Fehlschlagen verurteilt ist. Es ist ein Fehler in der Rechnung, wenn man nicht berücksichtigt, daß Recht ursprünglich rohe Gewalt war und noch heute der Stützung durch die Gewalt nicht entbehren kann.

Ich kann nun daran gehen, einen anderen Ihrer Sätze zu glossieren. Sie verwundern sich darüber, daß es so leicht ist, die Menschen für den Krieg zu begeistern, und vermuten, daß etwas in ihnen wirksam ist, ein Trieb zum Hassen und Vernichten, der solcher Verhetzung entgegenkommt. Wiederum kann ich Ihnen nur uneingeschränkt beistimmen. Wir glauben an die Existenz eines solchen Triebes und haben uns gerade in den letzten Jahren bemüht, seine Äußerungen zu studieren. Darf ich Ihnen aus diesem Anlaß ein Stück der Trieblehre vortragen, zu der wir in der Psychoanalyse nach vielem Tasten und Schwanken gekommen sind? Wir nehmen an, daß die Triebe des Menschen nur von zweierlei Art sind, entweder solche, die erhalten und vereinigen wollen – wir heißen sie erotische, ganz im Sinne des Eros im *Symposion* Platos, oder sexuelle mit bewußter Überdehnung des populären Begriffs von Sexualität –, und andere, die zerstören und töten wollen; wir fassen diese als Aggressionstrieb oder Destruktionstrieb zusammen. Sie sehen, das ist eigentlich nur die theoretische Verklärung des weltbekannten Gegensatzes von Lieben und Hassen, der vielleicht zu der Polarität von Anziehung und Abstoßung eine Urbeziehung unterhält, die auf Ihrem Gebiet eine Rolle spielt. Nun lassen Sie uns nicht zu rasch mit den Wertungen von Gut und Böse einsetzen. Der eine dieser Triebe ist ebenso unerläßlich wie der andere, aus dem Zusammen- und Gegeneinanderwirken der beiden gehen die Erscheinungen des Lebens hervor. Nun scheint es, daß kaum jemals ein Trieb der einen Art sich isoliert betätigen kann, er ist immer mit einem gewissen Betrag von der anderen Seite verbunden, wie wir sagen: legiert, der sein Ziel modifiziert oder ihm unter Umständen dessen Erreichung erst möglich macht. So ist z. B. der Selbsterhaltungstrieb gewiß erotischer Natur, aber gerade er bedarf der Verfügung über die Aggression, wenn er seine Absicht durchsetzen soll. Ebenso benötigt der auf Objekte gerichtete Liebestrieb eines Zusatzes vom Bemächtigungstrieb, wenn er seines Objekts überhaupt habhaft werden soll. Die Schwierigkeit, die beiden Triebarten in ihren Äußerungen zu isolieren, hat uns ja so lange in ihrer Erkenntnis behindert.

Wenn Sie mit mir ein Stück weitergehen wollen, so hören Sie, daß die menschlichen Handlungen noch eine Komplikation von anderer Art erkennen lassen. Ganz selten ist die Handlung das Werk einer einzigen Triebregung, die an und für sich bereits aus Eros und Destruktion zusammengesetzt sein muß. In der Regel müssen mehrere in der gleichen Weise aufgebaute Motive zusammentreffen, um die Handlung zu ermöglichen. Einer Ihrer Fachgenossen hat das bereits gewußt, ein Prof. G. Ch. Lichtenberg, der zur Zeit unserer Klassiker in Göttingen Physik lehrte; aber vielleicht war er als Psycholog noch bedeutender denn als Physiker. Er erfand die Motivenrose, indem er sagte: »Die Bewegungsgründe, woraus man etwas tut, könnten so wie die 32 Winde geordnet und ihre Namen auf eine ähnliche Art formiert werden, z. B. Brot – Brot – Ruhm oder Ruhm – Ruhm – Brot.« Wenn also die Menschen zum Krieg aufgefordert werden, so mögen eine ganze Anzahl von Motiven in ihnen zustimmend antworten, edle und gemeine, solche, von denen man laut spricht, und andere, die man beschweigt. Wir haben keinen Anlaß, sie alle bloßzulegen. Die Lust an der Aggression und Destruktion ist gewiß darunter; ungezählte Grausamkeiten der Geschichte und des Alltags bekräftigen ihre Existenz und ihre Stärke. Die Verquickung dieser destruktiven Strebungen mit anderen, erotischen und ideellen, erleichtert natürlich deren Befriedigung. Manchmal haben wir, wenn wir von den Greueltaten der Geschichte hören, den Eindruck, die ideellen Motive hätten den destruktiven Gelüsten nur als Vorwände gedient, andere Male, z. B. bei den Grausamkeiten der heiligen Inquisition, meinen wir, die ideellen Motive hätten sich im Bewußtsein vorgedrängt, die destruktiven ihnen eine unbewußte Verstärkung gebracht. Beides ist möglich.

Ich habe Bedenken, Ihr Interesse zu mißbrauchen, das ja der Kriegsverhütung gilt, nicht unseren Theorien. Doch möchte ich noch einen Augenblick bei unserem Destruktionstrieb verweilen, dessen Beliebtheit keineswegs Schritt hält mit seiner Bedeutung. Mit etwas Aufwand von Spekulation sind wir nämlich zu der Auffassung gelangt, daß dieser Trieb innerhalb jedes lebenden Wesens arbeitet und dann das Bestreben hat, es zum Zerfall zu bringen, das Leben zum Zustand der unbelebten Materie zurückzuführen. Er verdient in allem Ernst den Namen eines Todestriebes, während die erotischen Triebe die Bestrebungen zum Leben repräsentieren. Der Todestrieb wird zum Destruktionstrieb, indem er mit Hilfe besonderer Organe nach außen, gegen die Objekte, gewendet wird. Das Lebewesen bewahrt sozusagen sein eigenes Leben dadurch, daß es fremdes zerstört. Ein Anteil des Todestriebes verbleibt aber im Innern des Lebewesens tätig, und wir haben versucht, eine ganze Anzahl von normalen und pathologischen Phänomenen von dieser Verinnerlichung des Destruktionstriebes abzuleiten. Wir haben sogar die Ketzerei begangen, die Entstehung unseres Gewissens durch eine solche Wendung der Aggression nach innen zu erklären. Sie merken, es ist gar nicht so unbedenklich, wenn sich dieser Vorgang in allzu großem Ausmaß vollzieht, es ist direkt ungesund, während die Wendung dieser Triebkräfte zur Destruktion in der Außenwelt das Lebewesen entlastet, wohltuend wirken muß. Das diene zur biologischen Entschuldigung all der häßlichen und gefährlichen Strebungen, gegen die wir ankämpfen. Man muß zugeben, sie sind der Natur näher als unser Widerstand dagegen, für den wir auch noch eine Erklärung finden müssen. Vielleicht haben Sie den Eindruck, unsere Theorien seien eine Art von Mythologie, nicht einmal eine erfreuliche in diesem Fall. Aber läuft nicht jede Naturwissenschaft auf eine solche Art von Mythologie hinaus? Geht es Ihnen heute in der Physik anders?

Aus dem Vorstehenden entnehmen wir für unsere nächsten Zwecke soviel, daß es keine Aussicht hat, die aggressiven Neigungen der Menschen abschaffen zu wollen. Es soll in glücklichen Gegenden der Erde, wo die Natur alles, was der Mensch braucht, überreichlich zur Verfügung stellt, Völkerstämme geben, deren Leben in Sanftmut verläuft, bei denen Zwang und Aggression unbekannt sind. Ich kann es kaum glauben, möchte gern mehr über diese Glücklichen erfahren. Auch die Bolschewisten hoffen, daß sie die menschliche Aggression zum Verschwinden bringen können dadurch, daß sie die Befriedigung der materiellen Bedürfnisse verbürgen und sonst Gleichheit unter den Teilnehmern an der Gemeinschaft herstellen. Ich halte das für eine Illusion. Vorläufig sind sie auf das sorgfältigste bewaffnet und halten ihre Anhänger nicht zum mindesten durch den Haß gegen alle Außenstehenden zusammen. Übrigens handelt es sich, wie Sie selbst bemerken, nicht darum, die menschliche Aggressionsneigung völlig zu beseitigen;

man kann versuchen, sie so weit abzulenken, daß sie nicht ihren Ausdruck im Kriege finden muß.

Von unserer mythologischen Trieblehre her finden wir leicht eine Formel für die indirekten Wege zur Bekämpfung des Krieges. Wenn die Bereitwilligkeit zum Krieg ein Ausfluß des Destruktionstriebs ist, so liegt es nahe, gegen sie den Gegenspieler dieses Triebes, den Eros, anzurufen. Alles, was Gefühlsbindungen unter den Menschen herstellt, muß dem Krieg entgegenwirken. Diese Bindungen können von zweierlei Art sein. Erstens Beziehungen wie zu einem Liebesobjekt, wenn auch ohne sexuelle Ziele. Die Psychoanalyse braucht sich nicht zu schämen, wenn sie hier von Liebe spricht, denn die Religion sagt dasselbe: »Liebe deinen Nächsten wie dich selbst.« Das ist nun leicht gefordert, aber schwer zu erfüllen. Die andere Art von Gefühlsbindung ist die durch Identifizierung. Alles, was bedeutsame Gemeinsamkeiten unter den Menschen herstellt, ruft solche Gemeingefühle, Identifizierungen, hervor. Auf ihnen ruht zum guten Teil der Aufbau der menschlichen Gesellschaft.

Einer Klage von Ihnen über den Mißbrauch der Autorität entnehme ich einen zweiten Wink zur indirekten Bekämpfung der Kriegsneigung. Es ist ein Stück der angeborenen und nicht zu beseitigenden Ungleichheit der Menschen, daß sie in Führer und in Abhängige zerfallen. Die letzteren sind die übergroße Mehrheit, sie bedürfen einer Autorität, welche für sie Entscheidungen fällt, denen sie sich meist bedingungslos unterwerfen. Hier wäre anzuknüpfen, man müßte mehr Sorge als bisher aufwenden, um eine Oberschicht selbständig denkender, der Einschüchterung unzugänglicher, nach Wahrheit ringender Menschen zu erziehen, denen die Lenkung der unselbständigen Massen zufallen würde. Daß die Übergriffe der Staatsgewalten und das Denkverbot der Kirche einer solchen Aufzucht nicht günstig sind, bedarf keines Beweises. Der ideale Zustand wäre natürlich eine Gemeinschaft von Menschen, die ihr Triebleben der Diktatur der Vernunft unterworfen haben. Nichts anderes könnte eine so vollkommene und widerstandsfähige Einigung der Menschen hervorrufen, selbst unter Verzicht auf die Gefühlsbindungen zwischen ihnen. Aber das ist höchstwahrscheinlich eine utopische Hoffnung. Die anderen Wege einer indirekten Verhinderung des Krieges sind gewiß eher gangbar, aber sie versprechen keinen raschen Erfolg. Ungern denkt man an Mühlen, die so langsam mahlen, daß man verhungern könnte, ehe man das Mehl bekommt.

Sie sehen, es kommt nicht viel dabei heraus, wenn man bei dringenden praktischen Aufgaben den weltfremden Theoretiker zu Rate zieht. Besser, man bemüht sich in jedem einzelnen Fall, der Gefahr zu begegnen mit den Mitteln, die eben zur Hand sind. Ich möchte aber noch eine Frage behandeln, die Sie in Ihrem Schreiben nicht aufwerfen und die mich besonders interessiert. Warum empören wir uns so sehr gegen den Krieg, Sie und ich und so viele andere, warum nehmen wir ihn nicht hin wie eine andere der vielen peinlichen Notlagen des Lebens? Er scheint doch naturgemäß, biologisch wohlbegründet, praktisch kaum vermeidbar. Entsetzen Sie sich nicht über meine Fragestellung. Zum Zweck einer Untersuchung darf man vielleicht die Maske einer Überlegenheit vornehmen, über die man in Wirklichkeit nicht verfügt. Die Antwort wird lauten, weil jeder Mensch ein Recht auf sein eigenes Leben hat, weil der Krieg hoffnungsvolle Menschenleben vernichtet, den einzelnen Menschen in Lagen bringt, die ihn entwürdigen, ihn zwingt, andere zu morden, was er nicht will, kostbare materielle Werte, Ergebnis von Menschenarbeit, zerstört und anderes mehr. Auch, daß der Krieg in seiner gegenwärtigen Gestaltung keine Gelegenheit mehr gibt, das alte heldische Ideal zu erfüllen, und daß ein zukünftiger Krieg infolge der Vervollkommnung der Zerstörungsmittel die Ausrottung eines oder vielleicht beider Gegner bedeuten würde. Das ist alles wahr und scheint so unbestreitbar, daß man sich nur verwundert, wenn das Kriegführen noch nicht durch allgemeine menschliche Übereinkunft verworfen worden ist. Man kann zwar über einzelne dieser Punkte diskutieren. Es ist fraglich, ob die Gemeinschaft nicht auch ein Recht auf das Leben des Einzelnen haben soll; man kann nicht alle Arten von Krieg in gleichem Maße verdammen; solange es Reiche und Nationen gibt, die zur rücksichtslosen Vernichtung anderer bereit sind, müssen diese anderen zum Krieg gerüstet sein. Aber wir wollen über all das rasch hinweggehen, das ist nicht die Diskussion, zu der Sie mich aufgefordert haben. Ich ziele auf etwas anderes hin; ich glaube, der Hauptgrund, weshalb wir uns gegen den Krieg empören, ist, daß wir nicht anders können. Wir sind Pazifisten, weil wir es aus organischen Gründen sein müssen. Wir

haben es dann leicht, unsere Einstellung durch Argumente zu rechtfertigen.
Das ist wohl ohne Erklärung nicht zu verstehen. Ich meine das Folgende: Seit unvordenklichen Zeiten zieht sich über die Menschheit der Prozeß der Kulturentwicklung hin. (Ich weiß, andere heißen ihn lieber: Zivilisation.) Diesem Prozeß verdanken wir das Beste, was wir geworden sind, und ein gut Teil von dem, woran wir leiden. Seine Anlässe und Anfänge sind dunkel, sein Ausgang ungewiß, einige seiner Charaktere leicht ersichtlich. Vielleicht führt er zum Erlöschen der Menschenart, denn er beeinträchtigt die Sexualfunktion in mehr als einer Weise, und schon heute vermehren sich unkultivierte Rassen und zurückgebliebene Schichten der Bevölkerung stärker als hochkultivierte. Vielleicht ist dieser Prozeß mit der Domestikation gewisser Tierarten vergleichbar; ohne Zweifel bringt er körperliche Veränderungen mit sich; man hat sich noch nicht mit der Vorstellung vertraut gemacht, daß die Kulturentwicklung ein solcher organischer Prozeß sei. Die mit dem Kulturprozeß einhergehenden psychischen Veränderungen sind auffällig und unzweideutig. Sie bestehen in einer fortschreitenden Verschiebung der Triebziele und Einschränkung der Triebregungen. Sensationen, die unseren Vorahnen lustvoll waren, sind für uns indifferent oder selbst unleidlich geworden; es hat organische Begründungen, wenn unsere ethischen und ästhetischen Idealforderungen sich geändert haben. Von den psychologischen Charakteren der Kultur scheinen zwei die wichtigsten: die Erstarkung des Intellekts, der das Triebleben zu beherrschen beginnt, und die Verinnerlichung der Aggressionsneigung mit all ihren vorteilhaften und gefährlichen Folgen. Den psychischen Einstellungen, die uns der Kulturprozeß aufnötigt, widerspricht nun der Krieg in der grellsten Weise, darum müssen wir uns gegen ihn empören, wir vertragen ihn einfach nicht mehr, es ist nicht bloß eine intellektuelle und affektive Ablehnung, es ist bei uns Pazifisten eine konstitutionelle Intoleranz, eine Idiosynkrasie gleichsam in äußerster Vergrößerung. Und zwar scheint es, daß die ästhetischen Erniedrigungen des Krieges nicht viel weniger Anteil an unserer Auflehnung haben als seine Grausamkeiten.
Wie lange müssen wir nun warten, bis auch die anderen Pazifisten werden? Es ist nicht zu sagen, aber vielleicht ist es keine utopische Hoffnung, daß der Einfluß dieser beiden Momente, der kulturellen Einstel-

lung und der berechtigten Angst vor den Wirkungen eines Zukunftskrieges, dem Kriegführen in absehbarer Zeit ein Ende setzen wird. Auf welchen Wegen oder Umwegen, können wir nicht erraten. Unterdes dürfen wir uns sagen: Alles, was die Kulturentwicklung fördert, arbeitet auch gegen den Krieg.

Ich grüße Sie herzlich und bitte Sie um Verzeihung, wenn meine Ausführungen Sie enttäuscht haben.

Ihr
Sigm. Freud

# Heinrich Mann

# Das Bekenntnis zum Übernationalen

## I
## Ablauf eines Zeitalters

Racine fühlte, lebte und schrieb in völliger Einigkeit mit dem Reich Ludwigs des Vierzehnten, seinen Handlungen, seinen geistigen Grundlagen. Er hing von der Gunst des Königs ab, aber empfangen wurde sie mit dem besten Gewissen, und erst nachdem sie ihn verlassen hatte, verlor er auch sich selbst. An dieser Zerreißung der inneren Übereinstimmung, mehr als an enttäuschtem Ehrgeiz, starb er.

Goethe sprach: »Wodurch ist Deutschland groß, als durch eine bewundernswürdige Volkskultur, die alle Teile des Reiches gleichmäßig durchdrungen hat? Sind es aber nicht die einzelnen Fürstensitze, von denen sie ausgeht und welche ihre Träger und Pfleger sind?« Er war für die Eigenstaatlichkeit der sechsunddreißig Länder. Bestehende Machtverhältnisse empfand er nicht im Gegensatz zur eigenen Aufgabe. Seine schöpferische Kraft kannte Antriebe jeder Art, aber der geringste unter ihnen war der Widerspruch gegen die herrschende Welt; oder er ließ doch den Widerspruch so wenig wie möglich einwirken auf sein Genie. Natürlich war er nicht restlos Klassiker, wie Racine.

Der klassische Friede zwischen der Wirklichkeit und dem Gedanken war immer schwerer zu schließen. Das Reich jedenfalls, das 1871 anfing, hat ihn nie erlebt, keinen Augenblick, weder als es Kaiserreich noch als es Republik war. Hauptsächlich darum verfiel es dann auch endlich der Diktatur. Die Diktatur ist der gegebene Zustand für gesellschaftliche Gebilde, in denen Gedanke und Wirklichkeit einander überhaupt nicht mehr kennen. Es ist nachgerade so weit gekommen, daß es nur ein Entweder-Oder gibt. Wem gehört die Zukunft, wer wird sie gestalten – eine Gewalt, die sich zum Schein auf abgelebte Ideen beruft, aber es genügt ihr, daß sie Gewalt ist? Oder das bessere

Wissen der Lebenden? Das Wissen war bisher noch entschlußlos. Die Gewalt fürchtet es und treibt sich selbst auf die Spitze. Das zwingt zuletzt das bessere Wissen, Ernst zu machen. Ein anderer Ablauf der Dinge wurde selten festgestellt.

Die Wirklichkeit des Reiches von 1871 hat nie anders ausgesehen, als die Vorbereitung auf den Krieg aussieht. Es war Rüstung, und nach der Niederlage war es der immer lautere Ruf nach Wiederaufrüstung. Es war die künstliche Erhaltung eines fortwährend lebensunfähigen Großgrundbesitzes. Es war die Verschwörung des Staates mit den Konzernen, mit der Klasse der Verdiener, die Abneigung des regierenden Personals, irgend etwas unmittelbar mit dem Volk zu tun zu haben, sein Widerwille, irgend jemand einzulassen in den geschlossenen Kreis der wirtschaftlichen und politischen Mitschuldigen – dies nach 1918 wie vorher. Keine geistige Kontrolle zugestehen über das öffentliche Geschäft, das in den Hauptsachen streng verschwiegen war, vorher wie nachher!

Der unveränderten Wirklichkeit gegenüber blieb auch der Gedanke im Grunde sich selbst gleich, 1890 wie 1930. Der Gedanke hat fortwährend bestanden auf der Sicherung – nicht der Grenzen und Herrschaftsgebiete, die ihm nur gleichgültig sein können, sondern des Lebens. Es sollte unter weniger Schmerzen gelebt werden, an der Idee der Gerechtigkeit sollte das Leben endlich gemessen werden, und die Masse der Menschen sollte nicht mit ihrem unwiederbringlichen Leben die Fehler und die Interessen ganz weniger bezahlen.

Das Jahr 1890 erstrebte die Lösung aller Fragen vom Sozialen her. Gegen 1930 wurde daran gearbeitet, auf internationalem Wege an ein vorläufiges Ziel zu kommen. Es ist niemals in greifbare Nähe gelangt, trotz einigen Hoffnungen, und heute scheint es ganz fern. Der Grund ist, daß die Kraft und die Ehrlichkeit des Denkens ihren tiefsten Stand erreicht und nächstens überschritten haben. Der Grund ist auch, daß die ehrlichen Bemühungen immer weniger gern gesehen werden und daß sie Gefahr bringen – weit größere als früher, je mehr die Wirklichkeit und ihre Mächte verkommen.

Denn es ist nicht so, daß der schlimmste Feind des Gedankens eine machtvolle Wirklichkeit wäre. Erbittert und unduldsam wird die Wirklichkeit vielmehr, wenn sie anfängt, Boden zu verlieren. Ein Reich, das gerade erst gesiegt hat, läßt in seiner Überfülle auch dem einsamen Denker einiges hingehen. Ein Reich dagegen, das sich vor dem Chaos in die Diktatur flüchtet – es erstreckt seine Säuberungsaktionen auf den Gedanken und gerade auf ihn.

Im Bismarckschen Reich gab es ein Sozialistengesetz, aber nicht einmal im entferntesten gab es den Begriff des Kulturbolschewismus. Von der Seite der Denkenden fühlte das Reich sich nicht bedroht. 1894 erschien das Werk Darwins in der billigen Ausgabe bei Reclam und begann das gesamte öffentliche Bewußtsein zu durchdringen. Auch in die Schulen fand sein Geist und galt nicht für unerlaubt. In zwei aufeinanderfolgenden Lehrstunden konnte die biblische Schöpfungsgeschichte gelesen und die natürliche Entwicklung der Arten vorgetragen werden; man ließ es darauf ankommen, welche Anschauung sich stärker erwies.

Die geistige Grundlage eines so kriegerischen Reiches durfte, genau genommen, einzig der Glaube an Autorität und Macht sein. Gott bürgt für die Herrschenden, Gott gibt ihnen Macht über euch, und auch das Leben habt ihr nur, damit sie darüber verfügen. Das wäre das Richtige gewesen. Dennoch versuchte Wilhelm der Zweite vergeblich, für seine Person die Doktrin ganz ernst zu nehmen; er wirkte verspätet. Die Geistesfreiheit war in das Reich mit übernommen worden vom Tag seiner Gründung an. Die Geistesfreiheit und die geistig unkontrollierte Macht, beide behaupteten ihren Platz im Reich. Man könnte sogar meinen, daß jede der beiden für den anderen einstand.

Dies betrifft nicht die Denker und die Dichter, die wichtigsten haben das kriegerische Reich gerade auf seiner Höhe durchaus als fragwürdig betrachtet. Ihm angepaßt, freudig angepaßt, waren gleichwohl jene Politiker und Parteien, die ihr ganzes Recht doch nur aus dem Gedanken schöpften; die Demokratie nahm schon damals die Gewohnheit an, Erkenntnisse zurückzustellen um der unverzüglichen Vorteile willen. Der Streit der Sozialdemokratie mit der herrschenden Macht wurde dadurch beendet, daß sie ihre Sozialgesetzgebung bekam, und im Wege des Ausgleichs wurde sie eine nationalistische Militärpartei wie jede andere. Sie wurde es in ihrem Innern, bei äußerer Opposition. Sie gewöhnte sich, dem Nationalen heimlich den Vorrang zu geben sogar vor jedem sozialen Anspruch. Ihren internationalen Kundgebungen präsidierten Unglaube und schlechtes Gewissen. Wäre es so nicht gewesen zur Zeit des Kaisers, dann wäre es auch nachher anders gekommen mit der Republik.

Übrig ist die Erinnerung, daß die neunziger Jahre eine gute Gelegenheit der reinen Geistigkeit waren. Man gab sich nicht die unehrenhafte Mühe, zu rechtfertigen, was geistig unhaltbar war. Man wußte, daß der Handelnde unsittlich war, und liebte die politisch Handelnden, die man vor Augen hatte, um so weniger. Man stand auf seiten der Leidenden, mit dem Verstand, mit dem Gefühl. Der Dichter, der damals aufstieg, Hauptmann, verdankte das Beste seiner Gabe, mitzuleiden.

Um 1900 verringerte sich bei den Denkenden die menschliche Teilnahme. Man nennt sich dann gern unpolitisch. Was dafür eintrat, war Schönseligkeit – die nicht wertlos ist, sie hat auch große Werke ermöglicht, sie würde Kraft des Charakters nicht ausschließen. Gefährlich wurde eine Kombination, bestehend aus Ästhetizismus und der Bezweiflung der Vernunft. Die Vernunft hatte fast das ganze 19. Jahrhundert hindurch zu groß dagestanden, noch länger wurde es einfach nicht ertragen. Die Gottlosigkeit des gebildeten Bürgers und der arbeitenden Masse war zu selbstverständlich geworden. Wenn die Naturwissenschaft schließlich fast den ganzen Raum der Religion mitsamt der Philosophie einnahm, schien ihre Stellung angemaßt. Der große Helmholtz war vorsichtig gewesen, er hatte jedesmal an den Beginn seiner Vorlesungen ein einschränkendes Wort gesetzt; es besagte: wenn die Natur überhaupt erkennbar sei –.

Das verhinderte nicht, daß die mittleren Intelligenzen sie als restlos verständlich voraussetzten, denn sie waren keine Philosophen mehr, wie noch Helmholtz. Viel eher hatten sie am Ausgang des Jahrhunderts für alle Metaphysik nur Mißachtung und Gelächter. Man muß das gesehen haben: vor dem Sieg Nietzsches stellte jeder mitlebende Philosoph den mittleren Intelligenzen einen veralteten oder abseitigen Typ dar, und für Geschwätz wurde genommen, was später als Denken, dem naturwissenschaftlichen gleichberechtigt, wiederentdeckt werden mußte – so im Falle Wilhelm Diltheys. Auf diese Verarmung des Denkens erfolgte um 1900 der Gegenschlag; nur war leider nicht durchaus die Bereicherung des Denkens gemeint. Man bemühte sich, es überhaupt zu entwerten. Wozu sonst legte man alles Gewicht auf das Irrationale.

Wir haben nur unsere Vernunft, und selbst was wir von unseren unbewußten Abgründen ans Licht ziehen, wird erreichbar nur durch unsere Vernunft. Kunst vor allem gibt es nicht ohne vernünftiges Denken. Die Anschauung wird erst lebendig, wenn sie durchdacht ist. Gestaltung ist eine besonders sinnliche Form des Denkens – nicht als ob seine anderen Formen unsinnlich wären. Aber der Gegenschlag gegen den Intellektualismus bediente sich der Kunst auch nur als des auffallendsten, wenn auch falschen Beispiels für das Irrationale in allen großen Mächten des Lebens. Die Unterlegenheit der Vernunft wurde ebensowohl betont hinsichtlich der triebmäßigen, tiefen Bereiche, die Nation, Traum, Krieg, Liebe heißen sollten.

Die neue Wendung des Geistes von 1900 verdient Achtung, solange sie Forschung ist und der Erkenntnis neue Quellen öffnet. Sie hat keinen Anspruch auf Nachsicht, sobald sie dem Denken andere Mittel des geistigen Erlebens entgegenhält. Diese nennt man Gefühl oder Ahnung, es bleibt aber immer das Nichtdenken. Einen anderen Gegensatz als das Nichtdenken kennt das Denken nicht. Das ist auch vollkommen begriffen worden von der gesamten Mittelmäßigkeit. Denn was die Vornehmen erfinden, bekommt erst seinen schließlichen Sinn, wenn es bei den Kleinen anlangt. Die haben gewittert: jetzt geht es uns gut! Das Vernünftige muß redlich erarbeitet werden, aber das Irrationale hat jeder von selbst. Es hat immer die Neigung sich auszubreiten und alle die so ungesicherten Bauten der Vernunft hinwegzuschwemmen. Die Wiedereinführung des Irrationalen war die gute Gelegenheit der menschlichen Schwäche, sich gehen zu lassen, sich auszuverschenken an Instinkte, die nicht nachgeprüft werden, weil sie tief sind, und nicht nachgeprüft werden dürfen, weil ihre Tiefe sie heiligt.

Nur so hat die entscheidende Bewegung dieses halben Jahrhunderts, der Nationalismus, weiterlaufen können bis ins Äußerste und darüber hinaus. Der vierjährige Krieg schien wahrhaftig das letzte, was der Nationalismus leisten konnte; aber die Muskeln des Amokläufers haben seither nicht gelitten und sein Schwung hat zugenommen. Er kann nicht früher zum Stillstand kommen als beim Abschluß des irrationalen Zeitalters. Denn das hat ihn zu seinen Taten erst reif gemacht; und es dauert, es dauert –!

Die geistige Haltung des öffentlichen Körpers verändert sich mit furchbarer Langsamkeit. Wenn ihre Unerträglichkeit allseitig feststände, sie behielte noch lange ihr herkömmliches Recht. Ja, der öffentliche

Körper macht von einer gewissen geistigen Haltung erst dann den abscheulichsten Gebrauch, wenn sie im Grunde vorbei ist. Das ist der heutige Fall des Irrationalismus. Man weiß, daß er vorbei ist, alle Tatsachen des Lebens sind gegen ihn. Man weiß, aber will nicht wissen. Der öffentliche Körper und seine barbarische Langsamkeit erdrücken das Bewußtsein der einzelnen.

Das 19. Jahrhundert, eine große Zeit des Denkens, mußte absteigen und sich verflachen, bis jeder kleinste Monist persönlich die ewigen Rätsel überwunden hatte. Dann wurde endlich die Geisteshaltung des alten Jahrhunderts beendet, und Mißachtung traf mit der Vernünftelei auch gleich die Vernunft. Die seitdem heraufgekommene Unvernunft hat sich erhoben zu den großartigsten Katastrophen. Zuerst ein geistiger Umschwung, dann ein Ereignis! Das Irrationale – und erst nach seinem Durchbruch der Krieg. 1890 wäre er auf alle Fälle aufgehalten worden; wenn durch sonst nichts, dann durch den herrschenden Intellektualismus. 1914 hatte sich die Unvernunft hoch genug aufgeschwungen.

1932 ist der Irrationalismus seinerseits klein und niedrig geworden. Er hält noch immer die ganze Wirklichkeit besetzt, er wäre auch für die Wiederholung der Katastrophe; aber darin widersteht die Wirklichkeit ihm schon. Die Welt ist für einen Krieg zu schwach geworden, obwohl ihre Unvernunft ihm gerade jetzt durchaus genügen würde. Statt dessen erhält sie sich in Unordnung, Elend und Haß, wie wir wissen. Wir fühlen auch, daß inmitten dieses Chaos das Zeitalter des Irrationalismus früher bis an sein Ende laufen wird, als wenn noch Krieg sein könnte. Der letzte Abschnitt jedes geistigen Zeitalters ist der lauteste. Man trumpft noch einmal auf, heimlich beschlichen von der Verzweiflung. Dann ruft 1932 irgend jemand in den Sender: Das intellektuelle Denken lehnen wir ab! Allerdings. »Wir« kämen sonst auch in Verlegenheit. Das »intellektuelle Denken« ist lange nicht geübt worden, und damit müssen andere anfangen.

Das Zeitalter des Irrationalen wird gegen 1940 ablaufen. Die Vernunft darf sich vorbereiten, wieder einzuziehen.

## II
## Unfall einer Republik

Die deutsche Republik von 1918 ist in die dichte Mitte eines irrationalen Zeitalters hineingestellt worden. Von Anfang an hatte sie es schwer, zu atmen und zu leben. Eine Aufgabe der höchsten Vernunft, aber eine Atmosphäre keuchender Leidenschaften, die vom Krieg nur ermüdet, nicht gesättigt sind: das war die Lage der entstehenden Republik und ist ihre Entschuldigung, wenn sie unterlegen ist. Niemand hat damals und später etwas anderes von ihr verlangt, als daß sie das zusammengebrochene Kaiserreich ablöste und es mit ihren schwächeren Kräften ersetzte. Die bisherigen Feinde machten nur die Bedingung, daß sie ungefährlich sei. Die Deutschen waren schon zufrieden, wenn nur das Reich blieb.

Aber jede neue Republik erhält ihre innere Berechtigung als Erscheinungsform eines durchaus neuen geistigen Zustandes. Es genügt nicht, daß sie neu ist für das einzelne Volk, das es gerade mit ihr versucht, und eine verspätete Nachahmung der »westlichen Demokratien« rechtfertigte keineswegs die deutsche Republik. Sie hatte den Inhalt ihrer Zeit aufzunehmen, ihn sogar vorwegzunehmen. Das Geringste wäre gewesen, wenn sie soziale Fortschritte verwirklichte. Ganze Parteien des Landes hatten Jahrzehnte damit verbracht, solche Fortschritte zu fordern und sie vorzubereiten. Als es soweit war, geschah freilich nichts – schlimmer als nichts. Der fideikommissarisch gebundene Großgrundbesitz, dieser Rest einer überlebten Wirtschaftsepoche, ist mit Hunderten von Millionen unterstützt worden von Regierungen der Republik, die Verrat begingen an ihrer Sendung.

Diese Republik erfüllte nicht einmal im Sozialen ihre selbstverständliche Pflicht, um so weniger handelte sie zeitgemäß im Internationalen – und doch war ihr als eigenste Sendung mitgegeben: Völkerversöhnung. Das überhaupt wichtigste, weil neueste Wort der Weimarer Verfassung beruft den Geist der Völkerversöhnung. Die deutsche Republik würde als erste daran gearbeitet haben, und ihre Tat wäre niemals wieder aus der Welt verschwunden. Sie hätte es den Menschen leichter gemacht, und obwohl in der Geschichte bis jetzt nur die verzeichnet werden, die es ihnen besonders schwer gemacht haben, war der Platz schon angewiesen, wo die Namen der Führer zum Frieden stehen sollen. Sie kommen in jedem Fall, ob früher oder später; und wären sie rechtzeitig aufgetreten, dann hätten sie der Welt, besonders diesem Weltteil, diesem Land, den größten Teil seines heutigen Leidens erspart. Die deutsche Republik hätte die Führer zum Frieden stellen sollen, und auf die Einigung Europas hinzuarbeiten war ihr Anteil am Unvergänglichen. Dieser neue Begriff eines Staates von sich selbst wäre in der Gegenwart ihre Größe und wäre ihr geschichtlicher Ruhm geworden. Natürlich sind das Träume und vergebliche große Worte.

In der Wirklichkeit ist nur zu verwundern, wie die paar Buchstaben von der Völkerversöhnung in die Weimarer Verfassung überhaupt hineingekommen sind. Es muß die kurze Selbstbesinnung des Besiegten gewesen sein. Mancher ahnt nach einer der Katastrophen seines Lebens, daß er zu einer Wandlung berufen wäre; aber niemand erlaubt es ihm, die anderen sehen ihn als das an, was er immer war, und auch er selbst glaubt nicht im Ernst an seinen neuen Menschen. So die Republik von Weimar. Ihre guten Vorsätze rührten aus unzusammenhängenden Antrieben, der Geist der Zeit verband sie untereinander nicht; sie blieben vereinzelt, unwirksam und wurden vergessen, kaum daß sie aufgeschrieben waren.

Übrigens war soeben der Friede von Versailles geschlossen worden, und dieser war notwendig ein Erzeugnis desselben Nationalismus, der vorher die Völker reif für den großen Krieg gemacht hatte. Wären die Staatsmänner von Versailles fähig gewesen, einen anderen als einen nationalistischen Frieden zu diktieren, dann wäre offenbar gar nicht erst Krieg gewesen. Die Deutschen ihrerseits vergaßen es den Gegnern nie, daß sie im Augenblick des Friedens noch dieselben Menschen des Krieges waren. Das erschütterte noch mehr ihren eigenen, schwachen Entschluß, es nicht mehr zu sein. Die Mehrheit der Deutschen hat es nicht zur Kenntnis genommen, wenn die anderen seither doch wohl einiges abließen von ihrem Nationalismus. Ihren eigenen trieben sie allmählich auf eine Höhe wie im Kriege und darüber noch hinaus; dies alles aber in einer Republik, deren Sinn sie nicht verstanden, obwohl sie ihn aufgeschrieben hatten: Völkerversöhnung.

Der nationalistische Auftrieb geschah nicht gegen die Republik, sondern mit ihr; das ist die Wahrheit, was auch immer sonst behauptet wird. Die Republik hat nur wenige Tage ihres Lebens anders gehandelt als das vorige, kriegerische Reich gehandelt haben würde nach einer unfreiwilligen Verkürzung seiner Machtmittel; und den Versuch, anders zu handeln, machte ein einzelner, Stresemann. Die endgültige Einigung mit Frankreich war in erreichbare Nähe geholt worden von diesem einzelnen Mann. Aber nichts folgte. Die Nation im ganzen stand nicht hinter ihm, die Parteien duldeten ihn nur gerade, und über das sofort Nutzbringende hinaus wurde sein Ziel nicht ernstlich zur Kenntnis genommen. Davon kam sogar seine eigene Aufrichtigkeit ins Schwanken. Als er gestorben war, an seiner Verlassenheit noch früher als an der Krankheit, wurde der Verständigung nie mehr entgegengeschritten, nur immer zurück. Kein Wort oder Gedanke der Verbundenheit für den guten Willen, der auf vertragliche Rechte verzichtet hatte; dafür die Erhebung neuer Ansprüche – die alle mehr oder weniger zu erlangen wären, aber doch nur wieder vom guten Willen des anderen; und nicht an ihn hat man sich gewandt, sondern an die eigene, fortwährend höher gespannte, nationale Erregung – die schon Krieg ist, insofern ein Seelenzustand ihn ersetzt.

Der Krieg erhält sich in dem Denken heutiger Zivilisierter nicht als sichere Tatsache, der sie sich gewachsen fühlen. Er ist eine Zwangsvorstellung, und sie werden sie nur aus Ermüdung nicht los. Das Entsetzen würde sie in den Krieg treiben und nicht ihr Selbstvertrauen. Je weniger sie aber im Grunde von sich halten, um so heftiger ihr Haß auf einen anderen. Wir können nicht kämpfen, wir wollen wenigstens hassen! Wir können nicht einmal mehr unser Leben verdienen, außer wir versöhnen uns mit euch. Daher habt ihr alles verschuldet, und wir hassen euch! So sieht der Haß mancher Deutschen auf Frankreich aus, und von ihnen sind mehr in entfernten Teilen des Landes als nahe der Grenze. Der Nationalhaß darf seinem Gegenstand nicht in Person begegnen, es nähme ihm etwas von der Unwissenheit, die er braucht. Stände nicht das Gegenteil fest, der Nationalhaß sähe aus wie ein Überrest aus den Zeiten der langsamen Verkehrsmittel und unzulänglichen Informationen; – aber damals war er maßvoll, verglichen mit dem, der jetzt in den künstlich verdunkelten Köpfen festsitzt. Ein armes Einzelwesen aus der Menge haßt erstens den Konkurrenten von der Straßenecke und zweitens ein fremdes Volk, das heißt Millionen Menschen, ihre Vorgänger, ihr Erleben, Schaffen und Schicksal seit tausend Jahren. Ein wahrhaft angemessener Gegenstand für den Feind des Eckladens! Da hat er seinen zweiten Feind und kennt ihn zu seinem Glück noch etwas weniger als den Eckladen, aus dem er wenigstens Klatsch weiß. Nur so läßt sich ungestört hassen.

Aber der Nationalhaß, das leerste, unverstandenste, unerlebteste aller Gefühle, macht manchmal Geschichte und für täglich immerhin das Wetter. Die Regierenden haben es ihm, auch in der Republik, nicht nur erlaubt; sie haben den Nationalhaß benutzt und noch angetrieben, sobald Gründe der inneren Machtverteilung dafür sprachen. Den nationalsten von ihnen kam es bei allem auf die Macht im Innern an – mehr jedenfalls als den Republikanern. Die waren als Inhaber des Staates nur schwach überzeugt von sich selbst, waren ohne republikanische Ideologie, und daher fürchteten sie die der anderen, den Nationalismus. Nur darin nicht zurückbleiben! Infolge ihrer angstvollen Hochachtung vor dem Nationalismus regierten die Republikaner fast immer zusammen mit Reaktionären oder abwechselnd mit ihnen und voll Rücksicht auf sie. Gerade deshalb haben die Reaktionäre sich endlich alle Macht genommen und dulden im Staat nur noch die Ihren, das ändert nichts. Alle republikanischen Reden haben aufgehört, das ist der bemerkenswerteste Unterschied. An der Spitze der Verwaltung sind keine Minister mehr angebracht, um von Zeit zu Zeit das Wort Republik auszusprechen, ohne daß sie von seinem Sinn jemals durchdrungen gewesen wären. Das ändert nichts, da unterhalb der Minister niemals, keinen Tag lang, eine gründlich republikanische Verwaltung bestanden hat. Man muß einen hohen Beamten, der Republikaner war, erzählen gehört haben von seiner Kampfstellung die ganze Zeit, wie vereinzelt, unterwühlt, immer im tapferen Gegensatz zu den feindlichen Ränken der eigenen Untergebenen er gelebt hat; – und zur gleichen Stunde war im Lande ein Wort in Übung gekommen, das die Republik geehrt hätte, wenn es wahr gewesen wäre: System. Es gab kein System!

Schlimmer, das herrschende System war das gebrauchte, abgenutzte, das die Republik vorgefunden hatte, dieselbe Vorbereitung auf immer denselben Krieg, die unveränderte Ungerechtigkeit zugunsten von Erwerbsständen, die nichts nachließen, und von Klasseninteressen mit unversöhnlichen Ansprüchen. Die Justiz war nie republikanisch, das sah jeder; die Reichswehr war es nicht, die Universitäten. Kein Teil der Verwaltung wurde republikanisch durchdrungen, am wenigsten das Auswärtige Amt. Offene Gegenrevolutionäre von 1919 sind darin sitzengeblieben, und unbeanstandet hat dies Amt gegen die Republik weitergearbeitet. Anscheinend wurde nur niemals der einfache Schluß gezogen, daß Regierungen, die es damit gut sein ließen, selbst nicht tief überzeugt gewesen sein können, weder von der Republik noch von ihrem eigenen Recht. Die Regierungen der Republik haben sich allenfalls benommen wie Schauspieler auf einer Probe, aber nicht, als ob es Abend und ernst wäre. Sie markierten nur, wie man einen Staat verteidigt und behauptet. Bis zur entscheidenden Aufführung des Stückes sind sie dann auch gar nicht erst gekommen.

Unernst und unüberzeugt, wie sie waren, mußten sie vertuschen. Vor Enthüllungen über Staatsfeinde im Staat stellte sich jeder Minister. Jedes republikanische Ministerium trat zurück, wenn es sich offen republikanisch zu entscheiden gehabt hätte. Es machte den erklärten Feinden der Republik bereitwillig Platz, sogar, wenn jene keine Mehrheit hatten. Mögen die nur zeigen, was sie können! Sollten sie wirklich fertig werden mit der Republik, dann sind nicht wir Minister und wir Parteien verantwortlich; die Demokratie ist es. Da haben wir das rettende Wort! Die Demokratie verleiht jedem gleiche Rechte, auch denen, die sie beseitigen wollen! Müssen wir durchaus ein republikanisches Gesetz erlassen, dann nehmen wir in die Regierung um so eher Reaktionäre auf, damit wir gedeckt sind. Her mit unseren lieben Reaktionären! Sie müssen so oft als möglich dabei sein, wenn gerade nicht im Kabinett, dann im Salon, auf unseren Festen! Kein offizielles Essen, bei dem sich nicht alle wieder zusammenfanden. Der Reichskanzler, der sich parteilos genannt hatte, weil er nicht nur gegen das Wesen, sondern sogar gegen die Form des Staates gewesen war, saß neben seinen republikanischen Kollegen. Der Reichskanzler der Inflation, der Reichskanzler, der die 700 Millionen der ersten amerikanischen Anleihe sofort an die Schwerindustrie weitergegeben hatte: alle in hohen Stellungen, alle dabei. Immer dieselbe Gesellschaft, ausgeschlossen blieb, wer nicht regiert hatte in der Republik, sondern für sie nur dachte und kämpfte. Der Schriftsteller, der einiges dafür tat, die Republik mit ihrem eigenen Sinn zu erfüllen, genoß nicht einmal den Vorteil des Republikschutzgesetzes; er war nicht die öffentliche Person, wie der kleinste Landesminister. Kein System, aber ein Klüngel!

Niemals haben die Republikaner sich sicher gefühlt in ihrem eigenen Staat. Das regierende Personal aber stellte sich unentwegt, als brauchte es nur zu verwalten, nicht zu sichern, nicht zu führen. Das Höchste war, den Ruf zu haben als guter Verwalter – der Gewerkschaften oder der Schutzpolizei. Als aber beide die Republik hätten retten sollen, wurden sie gar nicht beansprucht. Dieser ganz unerprobte Staat hat Erscheinungen gezeitigt, wie eine sehr alte Demokratie, die leichtfertig wird, als ob ihr überhaupt nichts geschehen könnte, weil die letzte Entscheidung der Wahlzettel bleibt. Über diese ist auf andere Art entschieden worden, wie man weiß.

Wo alle dieselbe Denkart haben, wird auf die Dauer das Geschrei siegen. Die Minister der Linken waren wahrhaftig Nationalisten, sie ahnten gar nicht, daß man etwas anderes sein könne. Sie versäumten aber, mit ihrem abgenutzten Bestand noch groß aufzutrumpfen, und nur so kann er gerettet werden über seine Zeit hinaus. Die Rechtsregierungen waren, wie gewöhnlich, die unbedenklicheren; sie lenkten alle Aufmerksamkeit auf das Nationale, damit sie in seinem Schutz die soziale Reaktion durchbrächten. Als Reaktion und Nation in den Köpfen zur Einheit geworden waren, konnte endlich der Nationalsozialismus ausbrechen, die große neue Bewegung, die Bewegung des Stillstandes, die Neuheit einer Alterserscheinung, der Anspruch der Krüppel und der Leeren auf großen Um- und Auftrieb. Dennoch ist eine Volksbewegung nicht lange nur das Werkzeug von Ehrgeizigen, mit der Zeit wird sie wirklich die Sache des Volkes – und damit eine Gefahr gleichmäßig für alle, ihre eigenen Führer, ihre Geldgeber, falschen Freunde, besonders für den regierenden Klüngel ohne Unterschied von links und rechts. Schließlich ist dann auch eine diktatorische Rechtsregierung ihren Freunden links zu Hilfe gekommen, als sie nicht mehr aus und ein wußten. Die Republik, schon mehr als halb im Bürgerkrieg, wurde vom vollständigen Versinken abgehalten durch einen Verkehrsunfall, die Namen der neuen Minister bezeichnen ihn ehrenvoll. Es sind beileibe nicht die Namen von Verrätern, vielmehr von Rettern. Eine Republik ohne eigenen Geist und Glauben hat zuletzt monarchistischer Retter bedurft. Das kann sie kaum noch beschämen, aber beglückwünschen dürfen sich die Nationalsozialisten, um derentwillen die einen zum Staatsstreich, die anderen zur Flucht griffen. Die Nationalsozialisten stehen an dieser Stelle der Ereignisse für das Volk selbst. Um es zu entrechten und fernzuhalten, spielen alle einander in die Hände, wie immer sie sich benennen; und sogar eine Bewegung, die sonst durch Verfälschung und Roheit abstieß, erscheint gerechtfertigt.

Dennoch – die Republikaner sind da und sie bleiben da. Die Mehrzahl im Volk kann nichts anderes sein als republikanisch – trotz allen Bewegungen gegen das »System«. Die offene Reaktion begegnet im Grunde dem einmütigen Volk. Das ist nicht mehr dasselbe Volk, es ist ein anderes geworden durch die geschehene Lockerung der Klassen, der Sitten, eine Gewöhnung an Gemeinschaft, eine menschlichere Haltung und zugänglicheren Sinn – alles vor der Republik in Deutschland ungewohnt. Das Volk hat sich, wie noch nie in so kurzer Zeit, verwandelt seit dem Ende des kriegerischen Kaiserreichs, das gerade darum nicht wiederkehren wird. Dies Volk hat während einiger Jahre der Republik, nach der Revolution und vor dem Bürgerkrieg, sich ein einziges Mal frei gewußt und wird das Erlebnis seines verhältnismäßigen Gewinnes nie vergessen. Das Volk war auf gutem Wege, es ist nur aufgehalten worden von seiner wirtschaftlichen Not. Die machte es zugänglich für die wütenden Schwärmer eines »Dritten Reiches«, während es mit seiner Republik das praktische Versprechen eines immer volkstümlichen Staates schon in Händen hielt. Die Republik mußte nur beim Wort genommen werden, und sie mußte Männer finden, die sie äußerst ernst nahmen. Das Wahlrecht mußte besser und das Parlament dem Volk in Wahrheit verantwortlich sein. Das Volk war immer bereit gewesen, es war erfüllt von der Republik, viel tiefer als es wußte. Die letzten Wochen vor dem reaktionären Umsturz und Zwischenfall wurde auf den Straßen das Wort »Freiheit« gerufen, und das waren Kommunisten so gut wie Bürgerliche. Das Wort »Freiheit« und was es alles enthält an Werten, an Würde, selbstgewählter Pflicht, an Recht und an Hoffnung, war ihnen von ihren Parteien kaum erklärt worden, und die Regierenden hatten es so gut wie nie gebraucht. Die Straßen hörten es vorher nie. Als aber die Republik unter dem gefährlichsten Druck stand, da stieg von selbst dies Wort.

Wenn »Freiheit« kein Blendwerk ist, dann bedeutet sie den innigen Anspruch, niemandem zu gehorchen als nur der Vernunft. Wo das Wort Freiheit seinen Sinn zurückbekommt, geht auch immer schon die Ahnung um, als nahte, nicht mehr lange aufzuhalten durch Vergewaltigung, Dumpfheit und Lüge, ein neues Zeitalter der Vernunft.

## III
## Unbeliebte Tatsachen

Es liegt an Menschen, an ihrer Bereitschaft und ihrem Willen, ob ein Zeitalter der Vernunft anbricht. Der Irrationalismus hatte sich mühelos durchgesetzt, aber die Vernunft siegt nie von selbst; keine selbsttätigen Ursachen führen sie ohne weiteres in das Geschehen ein, sie muß erkämpft werden.

Die Niederlage des Irrationalismus ist noch keine Bürgschaft, so wuchtig und vollständig sie sich auch vollzieht. Das irrational bestimmte Jahrhundert hat nichts gezeitigt außer Zerstörung, Verelendung, Haß und einem großen Nichts an Kultur. Das würde nicht hindern, daß es noch tiefer sinkt, immer tiefer, in endlose Tiefen; denn ein bestimmter Teil der Menschheit kann ebensogut endlos versinken wie ohne Ende aufsteigen, warum nicht die paar Länder, die von der Grenze des russischen Reiches bis an die Küste des Atlantischen Ozeans reichen. Nicht im geringsten ist damit zu rechnen, daß auf jede Erschöpfung die Erholung folgen muß und daß man, ohne recht zu wissen wieso, plötzlich wieder oben steht. Das gibt es nicht ohne angespannteste Entschlossenheit, neu anzufangen – besonders, wenn die Mächte des Niedergangs und Verfalls ihrerseits so tätig und so haßerfüllt sind.

Der politische Irrationalismus verlangt jetzt schon wieder nach einem Krieg, er braucht ihn schon wieder; und wenn der Krieg aus Mangel an wirklicher innerer Bereitschaft noch nicht ausbricht, es riecht doch nach ihm. Seine Atmosphäre herrscht, man fühlt sich im Krieg, besonders hier, wo ein beträchtlicher Teil des jungen Geschlechts nicht einmal mehr bewußt unvernünftig, sondern geistig einfach nicht vorhanden ist. Der Militarismus wird in Deutschland aufgewärmt, man kennt ihn vom Hörensagen, er soll das Ideal der »Volksgemeinschaft« dargestellt haben. Der verfallende Hochkapitalismus macht sich reif für eine letzte Verzweiflungstat, der Nationalismus hofft auf die letzte Runde, nachdem er schon alle verloren hatte. Läge wirklich die ganze Macht noch immer bei dem alten System, der Krieg müßte ausbrechen, und folgerichtig ginge er gegen Sowjet-Rußland. Es bleibt gar nichts anderes übrig, wenn man durchaus nichts lernen und beim alten, nationalen und monopolwirtschaftlichen System durchaus beharren will. Die nationale deutsche Politik ist zwar immer noch gegen Frankreich gerichtet, aber doch nur zum Zweck der »Gleichberechtigung«, und die wird von beiden interessierten Rüstungsindustrien etwas anders verstanden als von Prestigepolitikern und wütenden Nationalisten. Das aufgerüstete Deutschland würde vorgeschickt werden gegen Sowjet-Rußland, das allein wäre im Sinn des alten Systems. Nach menschlichem Ermessen würde das System geschlagen werden; man besiegt keine Revolution, deren Idee durch die gegebene Wirklichkeit gestützt wird und die Gleichgesinnte auf der Gegenseite hat. Damit rechnet übrigens das alte System, die Rüstungsindustrien verdienen jedenfalls, und die Ausbreitung der Revolution würde aufgehalten werden gerade durch ihre militärischen Siege, wie einst eine andere zurückgedrängt wurde durch den Triumph Napoleons. Triumphe rächen sich, und das alte System hätte Zeit gewonnen, wie damals. So glaubt es. In Wirklichkeit gibt es für das System der alten Nationalstaaten in Europa nur noch das unaufhaltsame, unbegrenzte Versinken – ob durch den Krieg, ob ohne ihn. Sie müssen nicht in großen Katastrophen enden, sie können versumpfen. Der deutsche Nationalismus in seinem vorläufig letzten Zustand liefert das Beispiel. Entladungen nach außen sind ihm bis jetzt verboten, und er findet gleichwohl Mittel genug, zu Hause sich Genüge zu tun. Das eigene Volk quälen, ist auch schon etwas, solange der Feind unerreichbar bleibt. Der Nationalist des letzten Zustandes zieht es sogar vor. Der verhaßteste Feind dieses Nationalisten ist kein Fremder, sondern Volksgenossen, die er austreiben möchte und die er undeutsch nennt. Die Nation um ihre gute Hälfte zu verkleinern, erscheint ihm als Gebot ihrer Größe – zu schweigen von ihrer wirtschaftlichen Absperrung und politischen Vereinsamung; die werden der Nation auferlegt aus Stolz, weil sie die anderen nicht besiegen und beherrschen konnte. Kriege, die niemand auf der Welt mit ihr zu führen wünscht, in einem fort beschreien! Aus überflüssigen Rüstungen eine Frage des Seins und Nichtseins machen, anstatt einfach das Gebot des Lebens anzuerkennen in der Zusammenarbeit mit den anderen Völkern! Alles, was aufregt, verbraucht, öden Haß nährt, ist national, es befriedigt den Nationalismus.

Die anderen Völker mögen den Bewegungen Deutschlands nur nicht mit diesen mißbilligenden Blicken folgen! Es liegt höchstens an Nebensachen, daß nicht auch sie denselben Anblick bieten. Sieg oder Niederlage sind Äußerlichkeiten. Sie haben gesiegt, dies Land ist geschlagen, und es trägt seine Niederlage nicht gut; aber nicht darauf kommt es an. Der Nationalismus ist in Geltung anderswo wie hier und wäre unter den gleichen geschichtlichen Umständen auch dort bereit, auszuarten. In den siegreichen und mächtigen Ländern sind mehr Köpfe klar genug, um übernationale Tatsachen zu erkennen. Die herrschende Politik hält sich an dasselbe System der nationalen Staaten, die ihren eifersüchtigen Abstand voneinander wahren, einander mißtrauen, übervorteilen, im Zaum halten, und kennen will keiner den andern, außer durch Spionage und durch Krieg. Eine Verengerung und Verkleinerung der Möglichkeit zu leben, der Ansicht und des Genusses der Welt, das heißt Nationalismus im letzten Zustand; aber dieser fällt überdies zusammen mit dem bekannten Höchststand der Technik und des Verkehrs. In demselben Augenblick, da alles und besonders die Ernährung leichter als jemals zu gewährleisten wäre jedem Volk, ob unbesiegt oder geschlagen, und sogar dem ärmsten Einzelnen, eben jetzt muß ein unaufgeräumtes Hindernis daliegen, und es liegt in den Menschen selbst. Weizen wird ins Meer geschüttet, und jenseits verhungert man. Baumwolle, die Millionen hätte kleiden können, wird absichtlich vernichtet. Das kommt obenhin gesehen auf Rechnung des Monopolkapitals, es hat nicht einmal gelernt, zu verteilen, es beherrscht gar nicht die Erde, die es beherrschen will. Dennoch darf das Monopolkapital sich nur darum erlauben, schlecht zu wirtschaften, weil es Entlastung erhält vom Nationalismus. Er ist in den Menschen selbst der Mitverschworene jedes äußeren Mißbrauchs.

Auf den Nationalismus berufen sich alle, die menschliches Elend verursachen und ausnützen. Er ist die ideelle Rechtfertigung, wenn Menschen in ihre nationalen Grenzen gepfercht hungern, nicht arbeiten und verwildern. Er entschuldigt die planlose Unordnung einer Wirtschaft, wie er im Krieg das vollendete Chaos sogar noch verherrlicht. Er steht über dem Hochkapitalismus, dem Militarismus, sie befinden sich in moralischer Abhängigkeit von ihm, wären ohne ihn nicht in die Welt getreten, und er war zuerst da. Ein Gefühl und eine Geistesart waren früher da als die wirklichen Tatsachen, die nationale Idee und Leidenschaft früher als das bewaffnete Volk und das Volk, das dem Industriekapital unterworfen wurde. Wenn dies doch ganz erfaßt würde, das Vorrecht einer Idee!

Der Nationalismus war anfangs lebenfördernd wie andere Ideen. In seinem Ablauf wurde er für jedes wache Bewußtsein der Schrecken, den wir sehen. Eine französische Erfindung, was noch keinen deutschen Nationalisten gestört hat, erkämpfte er einst die Geltung der Nation – gegen den König. Die Französische Revolution richtete sich gegen ein Königtum und auch weiterhin nur gegen Könige. Sie war nationalistisch, hat aber kein Volk gehaßt; vielmehr liebte sie alle; ihre geistige Herkunft und die des Nationalismus ist die philosophische Humanität des 18. Jahrhunderts. Anders sehen Aufgang und Morgen eines Menschheitstages aus und anders sein nächtliches Ende. Der Nationalismus begann auch in Deutschland mit der demokratischen Verbrüderung und als Sache des Volkes gegen die Herrscher. »Seid einig, einig, einig!« schrieb der Sympathisierende der Französischen Revolution, Schiller, und das Wort wirkte so mächtig auf der Bühne, weil die Machthaber verhinderten, daß es Wirklichkeit wurde. Das Höchste, Reinste, das der deutsche Nationalismus auszusprechen hatte, er hat es gesagt, solange kein deutscher Nationalstaat bestand. Auf ihn wurde lange vergebens gewartet, endlich trat er ein – nur leider nicht, weil der innere Befehl »Seid einig!« aus sich selbst ihn erschaffen hätte. Ein fremder Krieg mußte herbeigeführt werden und siegreich ausgehn. Das brachte ihn schließlich zustande, übrigens war es schon das zeitgemäße Verfahren des Nationalismus. Er war inzwischen bei Nationalkriegen angelangt, anstatt der Befreiungskriege der Revolution. Der Nationalismus bekämpfte längst nicht mehr die Könige, er diente jedem Machthaber, um die Völker aufeinander zu hetzen. In diesem späten Zustand übernahm ihn der deutsche Nationalstaat, der verzögert eintraf wie nachher auch die Republik, beides Neulinge mit Alterserscheinungen.

Noch verwurzelt in einem Zeitalter der optimistischen Vernunft, überfließend von Wohlwollen und von Selbstvertrauen: das war der Nationalismus, den wir Lebenden nicht gekannt haben. Der, den wir ertragen mußten, ist zusammengesetzt aus Verneinungen, und nichts bringt ihn, bei Völkern, Parteien, Individuen, so sicher zum wütenden Ausbruch wie das Gefühl der eigenen Minderwertigkeit. »Sie behandeln uns schlecht.« Davon läßt ein erwachsenes Volk, das deutsche, sich leiten, wie ein unsicheres Kind sich für oder gegen das Mitspielen entscheidet, je nachdem es »behandelt« wird. Der Mann handelt selbst, und nur nach eigener Erkenntnis, eigenem Willen. »Gleichberechtigung« – hinsichtlich des veralteten, lästigen Rechtes, zum Krieg zu rüsten! Wer es hat, gäbe es zu gern her. Nicht nur Gleichberechtigung, sogar den Vorrang hätte man haben können und hat man versäumt; allerdings betraf er die Rechte und die Aufgaben der Völker von heute und morgen, nicht der Geschlechter, die mit ihrem Nationalismus dahingehen und bei viel Lärmen doch schon halb hinunter sind.

Die seelische Erscheinung des tobenden Absterbens kleidet sich bei dem Nationalismus des letzten Zustandes in eine Ideologie des Wahnwitzes; keine wirkliche Tatsache entspricht ihr, sie verkennt und leugnet alle. Die nationalistische Ideologie ist, wie es sich gehört, gegen das persönliche Denken. Der einzelne Herr, der jetzt hier regieren und alle belehren darf, spricht von »volksfremden Geistigen«. Es scheint ihm für seine Zwecke geboten, das Volk sorgfältig zu trennen von denen, die für es denken. Dann nimmt man an, daß die Nation ihre Ideen ein für alle Male auf die Welt mitbringt, ohne daß die Ideen auch Väter hätten. In Wirklichkeit ist es der einsame Denker, der sie zeugt – mit seiner Nation, mit allen Nationen, mit der Geisteswelt. Sogar das unbestrittenste nationale Gedankengut ist das Eigentum von Denkern, die zu ihrer Zeit volksfremd genannt worden sind von allen Rednern ohne Weitblick. Aber in jedem fruchtbaren Gehirn leben Keime aus allen anderen fruchtbaren Gehirnen, und Geist ist nicht nur das höchste, sondern auch das vielfachste Zusammenwirken der Völker, die schon längst vereinigt auftreten in den Personen ihrer Denker. Es gibt nur übernationalen Geist, da es nur Geist schlechthin gibt, und weder französischen noch deutschen. Das Gesetz des Geistes ist die Wahrheit, und die führt weder Paß noch Steuerquittung. Um national zu denken, hat man es allerdings sehr nötig, »das intellektuelle Denken abzulehnen«; und sogar diese Formel ist noch von irgendeinem »volksfremden Geistigen« bezogen.

Wer den Geist nicht verträgt, beruft sich auf das Blut. Das haben starke und fruchtbare Geschlechter nie für nötig gehalten, und einer »nordischen Rasse« bedurften sie nicht. Die wird frei erfunden, wenn es schon bald zum Zeugen, jedenfalls aber zum richtigen Denken nicht mehr langt. Dann kommt die Blutmystik dran. Die Nation soll eine »Blutgemeinschaft« sein; – als ob sie nicht offenkundig zu einer Interessengemeinschaft geworden wäre, mit Beteiligten, die in sehr verschiedenem Maße interessiert sind, mit Betrügern und Betrogenen, wie üblich. Geschichtliche Willkür hat die meisten Nationen zusammengebracht, und die »Blutgemeinschaft« besteht überall hauptsächlich darin, daß immer ein Teil den andern blutig gezwungen hat, mitzumachen. Übrigens fände jeder Teil der Nation seine Verwandten jenseits der Grenzen; und nach hundert Vermischungen aller Stämme Europas möge eine neue Völkerwanderung einmal versuchen, sie noch mehr zu mengen! Man weiß dies alles; es sind Erfahrungstatsachen, kein Kind würde sich ihnen verschließen. Aber ganze Wissenschaften werden aus dem Boden gestampft, um über sie wegzutäuschen, wegzureden.

Gestrichene Begriffe werden weitergeführt, ähnlich wie Tote in Wahllisten: so die Souveränität der Staaten oder, wenn's beliebt, der Nationen. In Wirklichkeit faßt schon längst kein Staat, und besonders der deutsche nicht, Entschlüsse im Innern oder nach außen, es sei denn, der Gesamtwille Europas erlaubte sie ihm oder drängte sie ihm auf. Das hat für uns angefangen mit der Errichtung der Republik; – und wird keineswegs damit zu Ende sein, daß unser nächster Krieg geführt wird oder unterbleibt je nach Beschluß einer größeren Machtquelle als wir allein es sind. Das souveräne Recht, Krieg zu führen, ist längst niedergelegt worden; die Entscheidung soll der Völkerbund haben; und um den Völkerbund als nicht vorhanden anzusehen, wie deutsche Nationalisten möchten, muß ein Staat sich schon die Mühe machen, in Ostasien zu liegen. Hier bei uns bekäme es ihm im Ernst nicht gut, niemand weiß es besser als er selbst. Aber Souveränität! Und über die Tatsachen wegtäuschen, wegreden!

Darin bringt eine Nation es natürlich noch weiter mit ihrer inneren Politik. Niemand fährt ihr bis jetzt dazwischen, wenn sie sich zugrunde richtet, nur damit wenigstens das nach einer freiwilligen Handlung aussieht. Noch ist es zulässig, sich in Autarkie zu versetzen, wie ein Medium in Ekstase. Auf einmal verschwinden alle Zusammenhänge, alle Abhängigkeiten der Weltwirtschaft. Eine industrielle Nation von heute hat sich durch einfachen seelischen Akt zurückversetzt auf die Stufe eines kleinen Gewerbetreibenden, der solange an seine Unabhängigkeit glaubt, bis er aufgekauft wird oder zumacht. Noch darf auch unter Nationen jede den eigenen Zusammenbruch leichtfertig herbeiführen und damit den der anderen beschleunigen. Eine Ideologie des

Wahnwitzes will die Straße sperren vor Tatsachen, die es gar nicht merken, und weiterschreiten. Aber Souveränität! Und wenn alle Tatsachen des Lebens sie überrennen!

Das Leben selbst ist gegen den Nationalismus. Alle lebenden Tatsachen und Forderungen haben schlechthin den Sinn des Übernationalen, nachgerade gibt es weder Zweifel noch Ausweg. Der Nationalismus ist endgültig festgefahren sowohl politisch wie wirtschaftlich, er sichert keinen Staat mehr und er vernichtet die Menschen. Der Teil der Welt, der unser ist, sein geistiger und physischer Bestand, das Gefüge seiner Staaten sogar, ist nur noch zu halten und in aufsteigende Bewegung zu setzen durch übernationales Vorgehen. Die praktische Vernunft verpflichtet dazu, wenn nicht schon die einfache Wahrhaftigkeit des Denkens und Fühlens. Wer sich geprüft hat, fühlt nicht mehr ehrlich für den geschlossenen Nationalstaat; der hat nachgerade zu viel Unglück gebracht, zu viel sinnlose Opfer gekostet, sein Maß ist voll. Das Gefühl, gesetzt man habe eins, spricht keinen Laut mehr für einen Interessenstaat, er nenne sich Volksstaat so oft er will; keinen Laut für einen Militär-, Zoll-, Zwangs- und Hungerstaat. Das unbefangene Denken ist fertig mit einem geschlossenen Nationalstaat, der sich jenseits jeder vernünftigen Rechtfertigung zum Selbstzweck erhoben hat und lieber der Nation mit allen anderen Freiheiten auch die des Geistes und Gewissens verbietet, als daß er sie endlich erleichterte von seinem Albdruck.

Die Deutschen haben ihre langlebigsten Leistungen vollbracht ohne Nationalstaat, und einige ihrer empfundensten, solange sie ihn erst herbeisehnten. Wer den ›Tell‹ ansieht, muß doch gewahr werden – erstens, daß Gefühl und der Gedanke eine ganze Wirklichkeit ins Leben gerufen haben; dann aber: nicht nur die damals herandrängende Wirklichkeit verlangte innere Bereitschaft. Auch von uns wird sie gefordert, und über die vorige Errungenschaft müssen wir hinweggehn, sonst verlieren wir sie und jede. Keine großen Werke wie die der klassischen Deutschen entstehen, außer, sie kündigen die nächste Wirklichkeit an, und diese kommt nicht, außer, wir haben sie vorher gedacht; hierzulande aber wird, wie sonst nicht mehr überall so verstockt, in der vorigen gelebt. Mehr, hier wird Gewalt angewendet, nur um zu beharren, ganze Umstürze veranstaltet und duldet man, nur um nicht vom Fleck zu kommen, und wer über den alten Macht- und Nationalstaat hinwegdenkt, soll damit eingeschüchtert werden, daß er nicht deutsch sei. Er ist genau so deutsch wie Schiller, der den Nationalstaat verlangte, als es noch gefährlich war. Jede nächste Stufe ist die deutsche, wie sie die französische ist, und die vorige hat gar kein anderes Kennzeichen mehr, als daß sie wackelt und mit Einsturz droht. Dann aber risse sie alles mit, ohne Unterschied der Nation.

## IV
## Das Bekenntnis

»Und ihr, im Kampf ergraute Politiker, spült euch noch immer den Mund mit dem alten Begriff Vaterland, bei ihm haltet ihr noch immer, seitdem ihr über die Stufe der Familie glücklich hinausgelangt seid; und euch wird gar nicht bewußt, daß die unter derselben Fahne vereinigten Menschen oft verschiedener untereinander sind als von ihren unmittelbaren Nachbarn, – obwohl sie Fremde heißen!« Das steht in einer Kundgebung der republikanischen Jugend Frankreichs. Noch näher läge es, daß der Nachwuchs des härter leidenden Volkes die rettende Wahrheit zu der seinen machte. Aber von jungen Deutschen hört man sie selten. Hier erklären kleine Gemeinden sich gegen den Krieg, gegen jeden Krieg, den gerechten wie den ungerechten; und die Öffentlichkeit hat zugelassen, daß jetzt auch ihnen das Auftreten verboten wird. Zwölf katholische Geistliche haben sich an die Seite der Kriegsverweigerer gestellt. Ihnen folgt ein vereinzelter Gelehrter, der seinen Weltruhm schon durch seine Tapferkeit verdienen würde. Das ist alles, fast alles; und selbst in diese Bekenntnisse wird noch nicht eingeschlossen das wichtigste, daß der geltende Begriff des Vaterlandes überholt und im Absterben ist.

»Wir verwerfen das Dogma der nationalen Souveränität, weil wohl ehemals dieses Dogma unsere Unabhängigkeit verbürgte, aber weil es in der modernen Welt nur noch sich fortschleppt und gefährlich ist.« Das schreibt Pierre Cot, ein hervorragendes Mitglied jener radikalen Partei Frankreichs, die in ihrer ganzen Geschichte die Trägerin der Französischen Revolution gewesen ist. Die Revolution war nationalistisch, sie selbst erfand den Nationalismus; aber ihre Nachkommen schicken sich an, abzufallen vom Dogma der nationalen Souveränität. Eine andere Nation, die es sich unter den gegebenen Verhältnissen weit weniger erlauben kann, besteht darauf. Keine einzige deutsche Partei gibt irgendein Anzeichen der Wandlung; sogar die kommunistische stand noch unlängst im Wettbewerb mit allen übrigen Nationalisten Deutschlands, – als ob irgendeine soziale Erneuerung, zu schweigen vom vollständigen Sozialismus, jemals den Weg frei finden könnte innerhalb geschlossener nationaler Grenzen.

Hier spricht der Wirtschaftspolitiker Joseph Caillaux: »Als 1919 der Konflikt beendet war, mußte man schleunigst den alten Erdteil wieder aufbauen und die Fabrik Europa in Gang setzen, – was sag ich, enger als vor dem Krieg mußte Europa an sich selbst als Ganzes gebunden werden. Aber das Gegenteil hat man getan.« Worauf Caillaux den Geist Anatole Frances beschwört, der schon in den Friedensverträgen den Untergang Europas beschlossen sah! »Zuerst die wirtschaftliche Einigung, dann die politische, oder wir gehen zusammen unter«, so schließt der Wirtschaftspolitiker. Der alte Schriftsteller Rosny findet die ganze europäische Wirtschaft lahmgelegt in der Hauptsache durch alberne nationale Streitigkeiten. Er meint Deutschland. Alle Franzosen meinen zuerst dies Land, wenn sie Europa sagen. Viele von ihnen fürchten es, eine viel größere Zahl wird begierig von ihm angezogen; und die brennende Anteilnahme wie an einem Element der eigenen Zukunft, einzig dies Land bewegt sie dazu. Nur eins wäre wirkliche Sicherheit, für mehr als ein Volk, für alle auf dieser, Asien vorgelagerten Halbinsel. Das wäre das Zusammengehen Deutschlands mit Frankreich – nicht bloß ihre Verständigung; und sogar Zusammengehen sagt noch nicht genug. Sie müßten sich vereinigen, sie und ihr Staat. Es müßte derselbe sein.

Hier spricht ein Schriftsteller aus der Generation der Kriegsteilnehmer, Jean-Richard Bloch: »Ohne die Übereinstimmung Deutschlands und Fankreichs ist der Friede unmöglich, Europa und seine Zivilisation müssen jeden Luftzug fürchten. Andererseits ist diese Übereinstimmung nicht zu erwarten von einer Propaganda der Gefühle und ihrem Ausbruch, von keinem unwiderstehlichen Herzensdrang der beiden Bevölkerungen zueinander. Also muß die Übereinstimmung den beiden Völkern aufgenötigt werden. Ich sage: aufgenötigt von allen guten Köpfen beider Länder.« Folgt die Berufung auf die Geschichte: Frankreich selbst ist einst nur durch Gewalt geeint worden, und auch Deutschland, so viel später, immer noch mit Blutvergießen. Womöglich unblutig, aber mit allen Mitteln der Macht, des Gesetzes und der Ungesetzlichkeit wären von einer Gruppe entschlossener, nachsichtsloser Staatsmänner beider Länder zu erzwingen das gemeinsame Wirtschaftsgebiet, die gemeinsame Heeresleitung und Diplomatie, dieselbe Notenbank und das Bundesparlament! Geschieht dies alles nicht schon jetzt, dann verwirklichen später die beiden Proletariate es auf ihre Art.

Solche Vorstellungen, solche weittragenden Wünsche bestehen nebenan, sie zeugen fort, sie drängen nach Verwirklichung, sie sind schon die kommende Wirklichkeit, wie jeder Gedanke, der sie herbeiruft. Utopie – ist niemals der Glaube, daß alles Vernünftige auch möglich ist. Utopie ist die Wiedererweckung des Abgelebten. Wir versäumen diesseits der Grenze viel in diesem Augenblick. Hüten wir uns! Betäubt vom Lärmen unserer nationalen Erregung nehmen wir Stimmen von drüben, die uns erwecken sollen, gar nicht zur Kenntnis. Nichts erfahren wir von dem Kampf des tapferen Victor Margueritte, damit kein Krieg mehr beschlossen werden könne außer durch Volksabstimmung. Bei uns ergeht höchstens der Ruf nach Abrüstung der anderen, und inzwischen gewöhnt man die deutsche Jugend an eine nur militärische Art des Gemeinschaftsgeistes. Das sind wohl Folgen alter Niederlagen, alten Unrechts; aber sie dauern zu lange. Fortwährend erbitterter, verbissener, erinnert Deutschland allein sich an das Jahr 19, und leider von ihm allein wird aufgehalten die veränderte Welt, die es zu gern vergäße. Deutschland pflegt den Gemeinschaftsgeist, sich selbst aber macht es furchtbar einsam.

Der Vertrag von Versailles wird verlängert auch vom deutschen Nationalismus. Sonst könnte er ablaufen, er wäre morgen erledigt. In Frankreich, gerade dort, sind Hände uns, uns entgegengestreckt, sie wollen nur genommen werden. Die herrschende Politik Frankreichs würde grade jetzt der Einsicht zugänglich sein. Wir könnten das Bündnis, nichts geringeres als das Bündnis könnten wir haben, anstatt aller einzelnen, zänkisch erstrittenen Berichtigungen des längst überholten Vertrages. Der fällt von selbst mit dem, was wirklich unerträglich ist; aber er fällt ohne jeden Zweifel nicht früher, als bis wir Verbündete

Frankreichs sind. Zuerst das Bündnis, dann das Ende von Versailles, die umgekehrte Reihenfolge wird nicht stattfinden.

In den Wahlversammlungen des anderen Landes darf das Wort Krieg nicht ausgesprochen werden, nicht einmal von einem Redner, der sich dagegen erklärt. Hierzulande verbietet man inzwischen die Kundgebungen für den Frieden. Als sie noch hingingen, sprach bei einer von ihnen der Präsident eines Bundes französischer Frontkämpfer; er war eigens nach Berlin gekommen. Ganz kürzlich ist es geschehen, daß französische Matrosen in das Gebet für ihre untergegangenen Kameraden die Opfer der deutschen »Niobe« mit einschlossen. Kleine Städte haben dort Goethe gefeiert, ohne Rücksicht darauf, daß kein deutscher Ort sich einfallen ließe, eines großen Franzosen zu gedenken. Dagegen sind Berliner Schüler angehalten worden, eine vorgebliche Hilfe für verfolgte Deutsche auch auf das Elsaß zu erstrekken, anstatt auf Tirol, das einfach aus dem Spiel blieb. Elsässer sind freie französische Bürger, verfolgt werden Tiroler. Aber dieser Nationalismus hält sich bei den Verfolgten nicht auf, wenn der Verfolger ihm genehm ist. Was ihn in Bewegung setzt, ist nicht die Liebe für ein Volk, sondern der Haß auf ein anderes. Sein Wesen ist Unsicherheit, sein ganzer Antrieb der Haß, und eine starke deutsche Regierung hätte ihn schon gebändigt, sobald sie seinem Haß das Ziel nähme – durch das Bündnis mit Frankreich.

Dies Land hat keine starke Regierung. Die Republik brachte auch früher keine hervor, aber diese diktatorische ist kraftloser als jede. Sie erhält sich mit Hilfe einer Außenpolitik der sinnlosen Demonstrationen. Sie ist nicht von der Wirkung überzeugt, sie rechnet auch nicht mit Wirkungen, sie will bleiben, das genügt diesen kleinen Leuten. Die bilden sich ein, Herren zu sein! Ihr untauglicher Machtwille ahnt gar nicht, daß eine Welt darauf wartet, ergriffen und genommen zu werden, die Welt jenseits des Nationalen. Dort liegt das unerhörte Feld für die Kräfte, die es erkennen. Aber was verlangt man denn von diesen gestürzten Reitern, als daß sie sich gerade noch am Schwanzende des Nationalismus festhalten, bevor auch er ihnen durchgeht! Das schlimmste ist bei weitem nicht ihre lächerliche Anmaßung gegenüber dem eigenen Volk, damit wird es von selbst bald aus sein. Aber sie haben Befehlsgewalt in der Stunde, da zwei Länder ihren geschichtlichen Augenblick versäumen. Anstatt des Bündnisses mit Frankreich, das zu haben wäre, wollen sie Deutschland eine unitaristische Reichsreform aufzwingen, nur damit ihre kleine Klasse sicherer in der Macht sitzt. Aber Deutschland ertrüge weit schwerer den Unitarismus altpreußischer Prägung, als einen Bundesstaat, der ganz Frankreich mit begriffe. Der verspätete deutsche Nationalstaat hat seiner eigenen Idee nie ganz genügt. Das ist kein Grund, weshalb eine noch größere, die Förderation der deutschen Nation mit der französischen, nicht Wirklichkeit werden sollte!

Die Dinge neigen zum Äußersten; es ist unzulässig geworden, nicht die Wahrheit zu sagen, selbst vor einem brüllenden Meer von Unwahrhaftigkeit. Es handelt sich darum, abzurechnen über ein politisch-geistiges System. Das steht nicht bei politischen Fachleuten, die darin aufgegangen sind. Es ist auch nicht die Sache der abgewirtschafteten Wirtschaftsführer. In Deutschland waren sie durch lange Jahre ein Bestandteil des nationalen Aberglaubens. Der verzweifelte Zustand des Landes erschüttert endlich den Aberglauben an die Wirtschaft. Wer bleibt übrig? Eine so tiefe Erneuerung kann nur dort beginnen, wo gedacht wird. Zwar sollten die neuen Begriffe schon völlig anerkannt sein, sie liegen offen zutage in den Tatsachen selbst. Aber für sogenannte Führer hat es sich bis jetzt bequemer gegen die Tatsachen gelebt, und jetzt fürchtet einer den andern. Zu lange haben sie einander im Nationalismus überboten; plötzlich gestände der eine, daß es sinnlos war; aber der andere, der dabei verharrt, hat vielleicht doch noch eine Weile Erfolg – die letzte Weile, bevor alles aus ist! Das wäre zuviel verlangt von den Handelnden. Vorausgehen müssen wenigstens einige Bekenner, – die Erfolge nur auf lange Sicht gewohnt sind und Menschen nicht scheuen.

Hier ist die ganze Zeit nichts enthüllt worden außer verheimlichten Selbstverständlichkeiten. Ungewöhnlich ist die Hartnäckigkeit, mit der sie unterdrückt werden. Auch die Gefahr für den Bekenner mag nicht alltäglich sein. Die geistige Arbeit könnte von manchen geleistet werden. Hinzukommen muß nur der Mut – erstens, soviel überreife Wahrheit noch groß zu verfechten unter Verzicht auf alle Seltenheiten, und dann der Mut schlechthin. Ich wünsche ihn den einzelnen Intellektuellen, denn dies ist ihre Stunde. Ein geistiges System soll ersetzt werden. Das alte, das den abgelaufenen Teil des Jahrhunderts beherrscht hat, war der Irrationalismus; er fällt zusammen mit den letz-

ten Zuständen der nationalen Idee. Die Idee des Übernationalen, die allein lebensfähige, hat zur Voraussetzung die wiedereingesetzte, die verjüngte Vernunft, ein ganzes System des Lebens in Vernunft und Wahrheit. Ja, das Bekenntnis zu der Idee des Übernationalen eröffnet selbst schon das neue Zeitalter. Das Bekenntnis ist Handlung und unter den Taten dieses Augenblicks die einzige nicht ganz vergebliche.
Übrigens werden die vereinzelten Bekenner erstaunen, wie wenig sie auf einmal allein sind. Wahrscheinlich ist eine Mehrzahl in diesem Lande es eigentlich müde, unvernünftigen Leidenschaften zu gehorchen anstatt dem besseren Wissen. Das bessere Wissen und Gewissen braucht manchmal nur aufzutreten, sofort antworten innere Stimmen, die überhört worden waren. Der Glaube an die blinde Gewalt, an das Nichtdenken, an den sinnlosen Kampf, den schlechten Haß, vielleicht ist das alles dort angelangt, wo es bloße Übereinkunft wird, die innere Zustimmung fehlt schon. Man wartet auf das erlösende Wort, obwohl man noch aufbrüllt, wenn es fällt. Gerade die zuletzt erschienene Partei der äußersten Widervernunft könnte als erste erfaßt werden von der Ungewißheit und vom Überdruß. So treibt man es doch nicht lange. Diese Nationalsozialisten sind eine Volksmasse schlechthin, ohne anderen festen Grundsatz als den, daß sie leben will. Als der Sozialismus unerfüllt geblieben war, ließ sie sich mit dem Nationalismus des letzten Zustandes ein. Nichts gelingt so schnell, als eine bekannte Größe mit Wucht für die letzte Errungenschaft auszugeben bei einer Volksmasse, die leidet und ratlos ist. Aber ebenso schnell ist sie davon enttäuscht. Sie muß sehen, daß ihre schlimmsten sozialen Gegner beileibe nicht weniger national sind. Ja, sie selbst wird beiseite geschoben und geknechtet auf Grund desselben Nationalismus. Die nächste Folge ist, daß sie andere Volksmassen weniger verächtlich findet, die übernächste, daß sie mit den Sozialisten ihres Landes eine Notgemeinschaft eingehen wird. Die Not drängt, die Gemeinschaft wird nicht lange aufzuhalten sein. Das kann weit führen. Zum erstenmal würde die ganze gequälte Mehrheit eines Volkes sich geeinigt haben gegen eine geringe Zahl, deren erklärte Machtstellung der Nationalstaat ist.
Einzelne müssen bekennen, daß sie den Nationalstaat verlassen haben; denn sie sind nur der Anfang der Masse und nehmen ein Volk vorweg. Sie müssen einfach sprechen, als wären sie schon das Volk, obwohl es sie bis jetzt lieber niederschlüge, als daß es sie anhört. Aber nur bei

diesem Stande der Dinge ist es notwendig, zu sprechen, später nicht mehr. Sie müssen bekennen:
Ich ersehne den übernationalen Staat und nicht nur im allgemeinen den europäischen Staatenbund, sondern ohne Umschweife seinen nächsten Anfang, den Bundesstaat Deutschland-Frankreich: weil er allein den wirklichen Tatsachen ihre natürliche Auswirkung und den Menschen die Freiheit verspricht. Ein einzelnes Land ist in Europa nicht mehr lebensfähig, weder wirtschaftlich noch politisch und erst recht nicht sittlich; mehrere, übernational verbundene, haben Aussicht, ihre Menschen besser und glücklicher zu machen. Einem einzelnen Land kann niemand dienen; er lügt, wenn er es behauptet. Es gibt nur zusammenhängende Interessen und den Dienst an ihnen.
Sie müssen bekennen:
Ich habe den alten Macht- und Nationalstaat verlassen, weil sein sittlicher Inhalt ihm ausgetrieben ist. Er erhält sich nur noch in Haß und Verwilderung, und der unsittliche Zwang, den er anwenden muß, ist die Ursache aller Verbrechen, von denen es in ihm wimmelt, auch der scheinbar privaten. Der nationalistischen Lüge werden die Menschen geopfert. Ich bin es gründlich satt, die freche Lüge zu hören, daß nicht der Kampf um das Menschentum der höhere Beruf ist, sondern der Kampf dagegen. Die Verehrer des kriegerischen Daseins würden ihr Lebensziel noch am anständigsten erreichen, wenn sie Selbstmord begingen, anstatt daß Millionen unfreiwillig mit ihnen sterben.
Der einzelne muß bekennen:
Das Vaterland in Gestalt des bisherigen Macht- und Nationalstaates hat jeden Sinn und Wert verloren, es liebt uns nicht, es quält und vernichtet uns; und darum liebt niemand es. Millionen hassen es, wie noch nie einen Feind; man frage die Opfer des »freiwilligen« Arbeitsdienstes. Alle Knechte eines entmenschten Vaterlandes werfen es sich gegenseitig an den Kopf, um einander besser zu hassen und auszunutzen, das ist sein ganzer Zweck, solange es die Gestalt des alten Nationalstaates behält. Zuerst die Sicherheit und die Würde des Lebens, dann erinnert ihr euch eurer sittlichen Natur, der Selbstachtung, des Wohlwollens für die Welt, eures Bedürfnisses, euch an sie anzuschließen, anstatt dieser erbosten Abkehr, die nur ein unmenschlicher Staat euch aufzwingt.
Der einzelne muß bekennen:

Ich glaube und ich weiß, daß die Deutschen, gerade sie, in ihrem tiefsten, überlieferten Innern hoch über ihrem Staat stehen. Gerade sie wird es, nach besserer Anhörung ihrer selbst, das geringste kosten, ihn zu verlassen. Die nächste Stufe ist immer deutsch, und die nächste Stufe ist das Übernationale.

Das Bekenntnis muß nur abgelegt werden; die einmal ausgesprochene Wahrheit ist immer schon auf dem Wege. Das Kennzeichen der lebendigen Wahrheit ist, daß sie fertig dasteht – und noch gefährlich ist. Ein Deutscher, wie sie früher waren und künftig wieder werden sollen, hat gedichtet:

»Hienieden lohnt's der Mühe nicht, zu zagen,
Und wahr und frei zu sprechen kleidet jeden,
Da bald wir alle ruhn in Sarkophagen.«

So bleibt es, auch wenn keine feierliche Grabstätte uns erwartet, sondern nur ein schnell vergessener Hügel.

## Julius Meier-Graefe

# Ducha

Sie kommt, frei übertragen, wiederholt in dem frühen epischen Bilderzyklus Munchs ›Vom Weibe‹ vor, dem Epos unserer Jugend, hat Strindberg und andere Dichter angeregt, auch ihren Mann Stachu Przybyszewski, von dem ich dir erzählt habe. Das Zusammensein Stachus und Duchas, ihre Existenz zu zweit, das Paar als solches, war Improvisation von ersichtlicher Willkür, über die man sich nur deshalb nicht weiter wunderte, weil jeder der beiden genug für Verwunderung geeignete Seiten besaß. Stachu war Pole und Literat. Ich habe ihn aus der Retrospektive geschildert, so wie man ihn damals in Berlin zwischen geöffneten Türen sah. Seine Originalitäten waren neu und reizten uns unbändig. Es lag in ihrer Art, den Reiz, sobald die Türen geschlossen waren, einzubüßen, da man nicht sein Leben lang als interessanter Pole herumlaufen kann. Entweder überlebt der Mensch die Originalitäten, wächst über sie hinaus; das kommt vor. Oder die erhöhenden Taten bleiben aus, und dann wächst der Mensch in die Originalitäten hinein und wird Spezialist; der häufigere Fall. Es liegt auf der Hand, daß so reiche Originalitäten wie die Stachus die Spezialisierung begünstigen, und wären wir damals weniger gute Medien gewesen, so hätten wir diese Wendung vorausgesehen. Ich glaube, Ducha besaß die Fernsicht. Sie hatte nicht den Drang, die ihr in reichem Maße verliehenen Talente zu betätigen, und rief nicht die Erwartung von Taten hervor. Sie war in einer höheren Vollendung Frau als er Mann war. In wie sublimer Vollendung, das werde ich dir kaum je anschaulich zu machen vermögen. Sie entfernte sich so weit von den üblichen Begriffen, daß man ihr das Frauenhafte kurzerhand absprechen und sie für ein künstliches Produkt, eine Anomalie halten konnte. Was hat man ihr nicht alles nachgesagt! Sie besaß Schönheit, eigenartige Schönheit, aber keine Originalitäten. Der große geistige Unterschied zwischen ihr und Stachu lag in ihrem Widerstand gegen jede Art von Spezialistentum.

Nur deshalb und aus keinem anderen Grunde war sie der Monogamie abgeneigt.
Stachu hätte zum Beispiel Duchas Stallknecht sein können, und darauf schien er es anzulegen, der mit der Herrin verkuppelte Leibeigene. Wir besuchten zusammen Strindbergs ›Fräulein Julie‹ im Residenztheater. Nach der sehr guten Aufführung skizzierte Ducha, wie sie sich die Hörige dachte, und Stachu skizzierte den Diener, der vor der Klingel des Herrn zittert und die Tochter zum Selbstmord treibt. Das Spiel der beiden, namentlich Duchas, ging weit über das auf der Bühne Gesehene hinaus. Es war ein doppeltes, dreifaches, vielfaches Spiel. Ob sie auf der Bühne gewirkt hätten, steht dahin, wahrscheinlich nicht. Sie gaben nur das im Zimmer Mögliche. Bestimmt weiß ich, daß die Schauspieler des Residenztheaters, die besten, die es damals gab, hier versagt hätten. Das Relief der Begebenheiten verschwand, das heißt, es blieb vorausgesetzt, denn wir hatten es soeben gesehen. Die beiden spielten auf dem Gesehenen. Mit andeutenden Gesten, kaum mit Worten, manchmal nur mit einem Blick entstanden Hintergründe von jenseitiger Realität, und hinter den Hintergründen, die mit Strindberg zusammenhingen, erschienen Stachu und Ducha, das Paar, für das diese Rollen nur eine von vielen ihnen geläufigen Spielarten bedeuteten. Stachu deckte sich, konnte man annehmen, schon eher mit der Art der Rolle, weshalb er weniger überraschte. Sein Slawentum brachte einige Züge der Maske mit, aber in seinem Wesen lagen Nuancen, die in dem Diener Strindbergs das Passive des Leibeigenen, auch im Verhältnis zu seinem Opfer, stärker betonten und daher die Rolle bereicherten. Ducha dagegen ließ fast nur neue Seiten sehen. Ihre Fähigkeit, sexuelle Versklavung darzustellen, so plastisch und mit aller einschlägigen Wahrscheinlichkeit darzustellen, überraschte. Nie hätte sie in Wirklichkeit wie eine Julie gehandelt, weder mit Stachu noch mit irgendeinem anderen; das war jedem von uns klar. Sie suchte die der Hörigkeit widersprechenden Eigenschaften der Aristokratin, die der Darstellerin im Theater ganz abgingen und nur mit kindischen Äußerlichkeiten simuliert wurden, zurückzudrängen, und grade dieses gegensätzliche Spiel mit unserer Vorstellung vergeistigte die Kraßheit des Motivs und vertiefte die Tragik der Heldin. Der Kampf, wie sie ihn darstellte, ging weniger um den Diener als gegen ihr anderes Ich. Der Diener wurde fast zum Statisten. Zwischendurch sprach sie normal, verbesserte Stachu, damit er

die Fühlung behielt, fragte mich, ob nicht besser diese oder jene Einzelheit fallen zu lassen wäre, gab im Stegreif Varianten, immer zugleich Regisseurin von kühler Umsicht, die alle Fäden in der Hand hielt, und gab den Abgang am Schluß so erschütternd, daß man von der Möglichkeit, das Schicksal der Julie könne ihr doch einmal zustoßen, durchdrungen war.

Strindberg sah in ihr eine zielbewußte Messalina von letzter Teufelei, vor der man nicht weit genug fliehen konnte und die einen selbst noch in der Ferne am Band hielt. Munch dachte ähnlich und nannte sie, wenn wir unter uns von ihr sprachen, die Dame, was weiter nichts als gebotene Fremdheit besagen sollte. Die Dame befand sich draußen, durch hohe Eiswände abgesondert und hatte da zu bleiben. Zuweilen gefährdete unvorhergesehene Strahlung das Eis. Sie brauchte nur mit den Augen zu blinzeln, so schmolzen ganze Gletscher und verheerten die Gegend. Aber Munch traf mit seiner Dame eine ihm ganz fernliegende und nicht zu bezweifelnde Tatsache. Weder er noch einer der auf Psychologie, Symbolismus, Metaphysik dressierten Literaten ahnte, in welchem paradoxen Umfang sie die Dame war. Sie stammte von den alten Königen ihres Landes ab. Wenn Stachu mit bedeckter Stimme gelegentlich darauf hinwies, fügte er regelmäßig hinzu, auch mit Ibsen sei sie verwandt, mit den alten Königen und mit Ibsen, den er komisch fand. Wahrscheinlich war seine Bewunderung Duchas echt. Er schätzte an ihr die Eigenschaften, die ihm erlaubten, sich als ihr Stallknecht zu fühlen. Manchmal wiederum suchte er diese Eigenschaften als unverbriefte Legende zu widerlegen, was er mit allem Aufgebot seiner Ironie nicht erreichte. Es mißlang, weil sich Ducha nicht wehrte.

Sie war die Dame. Die anderen hatten Talent, und das Talent hatte sie, Visionäre, von ihrem Talent bis zum Platzen gefüllt, so daß sie sich kaum noch rühren konnten, Besessene, arme Teufel. Man hat ihre Werke. Wenn du dir die Zeit nimmst, kannst du jeden restlos kennenlernen, denn sie haben sich bis zur Nagelprobe in Literatur und Kunst umgesetzt. Ducha aber behielt ihren Besitz. Hier stand sie und blinzelte mit den Augen, dort standen die anderen mit ihren Geschichten. Sie war der einzig sichtbare Mensch unter uns. Wer sie nicht sah, wußte nichts von ihr. Die anderen waren dunkle Punkte, von denen man wußte. Sei froh, daß du die anderen nicht gekannt hast, denn es würde dir nur das Verständnis ihrer Schöpfungen erschweren. Daß du Ducha nicht gesehen hast, ist der Verlust einer durch nichts zu ersetzenden Erfahrung. Es bezeichnet die anderen, was sie mit ihren Geschichten aus Ducha gemacht haben. Gewiß, großartige Geschichten, witzig, erschütternd. Was von Duchas Sichtbarkeit darin steckt, von dem Werk, das sie schuf, indem sie dastand, ist eine Blasphemie, ein Unfug, ein lächerliches Nichts. Und wenn sie nicht die Messalina, sondern eine Jungfrau von Orléans oder eine Iphigenie aus ihr gemacht hätten, würde es wieder nur die Macher bezeichnen. Für sie war Ducha ein Stimulans, eine Pille, ihr gutes Recht. Man darf ihnen daraus keinen Vorwurf machen. Höchstens erschwerte es den Verkehr.

Bleiben wir bei der Dame. Ich nehme das eine, weil es zur Hand liegt, und komme mir dabei auch wie ein Stallknecht vor oder wie ein zur Ruhe gesetzter Schneider, der sich an ein von ihm geliefertes Kostüm erinnert. Die beim Brand des Pariser Wohltätigkeitsbasars verkohlten Herzoginnen hat man mit Hilfe ihrer Zahnärzte identifiziert. Wir waren alle ihre besessenen Handlanger. Immerhin mag die Dame um ein geringes wesentlicher für sie sein als die Geschichten von der Messalina, auch wenn es mir damals nicht auffiel, auch wenn ich den, dem es aufgefallen wäre, einen trostlosen Esel genannt hätte. Das Lächeln Duchas kann ich mir vorstellen. Wahrscheinlich war ihr die Messalina immer noch lieber.

Sie hatte besondere Anlässe für die Dame, die anderen Frauen nicht geboten werden, Anlässe und Gelegenheiten nicht moralischer Art. Von ihrer Moral weiß ich nichts Bestimmtes. Adel der Gesinnung kann sich jede Scheuerfrau leisten. Wahrscheinlich hatte sie mehrere Gesinnungen, darunter bedenkliche, für ihr Wesen bedeutungslos. Das kam von den alten Königen her.

Du zuckst ungeduldig, also was! Weil du sie nicht gesehen hast. Mein Lieber, wir haben auch hinreichend ungeduldig gezuckt und des öfteren gefragt: also was! Dabei haben wir sie gesehen und bildeten uns ein, mit ihr in Formen der Freundschaft zu verkehren.

Nein, ich habe nichts mit ihr gehabt. Diese Schublade kannst du zulassen. Übrigens würde es nichts an der Sache ändern. Vielleicht hat Munch sie gehabt, ich weiß es nicht, nannte sie trotzdem und erst recht die Dame. Vielleicht Strindberg, leicht möglich. Wahrscheinlich hat sie viele gehabt. Besessen hat sie keiner. Das hängt mit der Rauchsäule zusammen, auf die ich noch kommen werde.

Sie bewohnten ein möbliertes Hofzimmer in der Luisenstraße, wenn man vom Zentrum kam, auf der linken Seite der Straße, eine Nummer in den Dreißigern. In der Mitte stand ein Tisch mit Stühlen, darüber hing an Draht die Petroleumlampe mit einem roten Schirm aus Löschpapier, die rote Lampe. Der Tisch stieß an einen abgelebten Wandschirm mit Rokokomuster, der die beiden Betten verdeckte. Sie hatten ein Pianino gemietet, dessen Resonanz sich mit einem Stift abstellen ließ, so daß man, ohne das Haus zu stören, die ganze Nacht spielen konnte. Es klang wie Gehämmer auf Pappe. Dann gab es noch die Bibliothek, ein viereckiges Loch im Fußboden unter dem Fenster, vielleicht früher eine verschließbare Trappe für Kohlen oder dergleichen, deren Deckel fehlte, ein viertel Meter tief und in der Länge eines Menschen. Das Loch enthielt außer gebrauchten Kragen Stachus und Flaschen einen Haufen von Büchern, Zeitschriften, Notenheften, die lagen, wie man sie hineinwarf. An dem Tisch unter der roten Lampe saßen gewöhnlich zwei. Der eine war immer Munch, der zweite wechselte, gewöhnlich auch ein Skandinave. Die anderen bewegten sich im Zimmer. Die am Tisch saßen wie Bullenbeißer da, redeten nicht, tranken Korn und sahen nicht hin. Stachu paukte auf das abgestellte Klavier. Bevor er begann, mußte auf einen Stuhl neben ihm eine brennende Kerze gestellt werden, um das Scheusal aus der Apokalypse oder andere Halluzinationen zu verscheuchen. Einmal war es eine alte Engländerin in Taft mit grünen Augen auf Stiften. Nie habe ich Chopin wieder so gehört, weil man gewöhnlich nicht auf Pappe spielt und weil ich mit Ducha tanzte. Nie habe ich wieder so getanzt. Man muß viel Schnaps trinken. Es gehörte die rote Lampe dazu, Stachu, die Bullenbeißer und, natürlich, Ducha. Unser Tanz war eine Mischung von Menuett und offenem Schassieren, wobei jeder machte, was ihm einfiel. Wir berührten uns kaum. Sie trug einen wallenden Hänger, immer den gleichen, weiß nicht mehr die Farbe. Ich half mir mit groteskem Zeug und kam in Rage. Sie tat eigentlich nichts als Gehen, aber innerhalb dieses gemäßigten Rhythmus, der dem Alltag nahe blieb, fand ihr Körper unbegrenzte Möglichkeiten des Ausdrucks. Ich habe nie wieder so gehen gesehen. Wir sind schon froh, wenn die Art, wie eine Frau die Füße setzt, nicht plump oder gemacht wirkt und sie nichts von dem einbüßt, was sie stehend oder sitzend besitzt. Gewöhnlich ist Gehen nur eine Notwendigkeit. Duchas Gang ergänzte nicht nur Teile ihres

Wesens, sondern enthüllte sie. Ihr Gang steigerte das Sichtbare, wie der Gesang die Wellen der Stimme vermehrt. Im Gang blühte der knabenhafte Körper und gewann traumhafte Fülle und Vielfältigkeit, das spielende Kind, das verschlossene Mädchen, die Geliebte. Eine zürnende Regentin entriß uns angemaßte Rechte, und wenn sie sich wendete, teilte sie Gnaden aus. Ihr Lächeln, das sonst nur unter gesenkten Lidern saß und peinigen konnte, weil man nie wußte, was es verbarg, über das die Bullenbeißer zuweilen so in Wut gerieten, daß es fast zu Handgreiflichkeiten kam, teilte sich dem Körper mit, verlor so das Fragwürdige der Dialektik, wurde Bejahung. Die Arme, erst immer regungslos am Körper, öffneten sich, wölbten Anfänge verheißender Kurven. Sie hob die Arme über den Kopf, und die Hände trugen Kränze. Sie schritt zum Tempel, eine Vestalin, wandelte durch die Nacht, eine Eurydice, schlich zum Zelt des Holofernes, eine Judith. Der winzige Kopf mit dem kurzen Haar neigte sich in den Nacken und schwamm auf Wolken von Rauch. In dem Rauch phosphoreszierte die Gestalt.

Alle lauerten auf den Augenblick, wo das gesteigerte Tempo endlich das Animalische der Bacchantin entfesseln würde. Ebensogut hätten sie von einer Rauchsäule Liebkosungen erwarten können.

Sie hatte Verstand und Witz, wußte in Menschen und Dingen Bescheid und war für alles zu haben, am wenigsten für das in dem Kreise beliebteste Thema, Stachus Spezialität. Das ewige Sexualproblem ging ihr auf die Nerven und war wahrscheinlich die Klippe, an der die Ehe mit Stachu strandete.

Wir kamen an einem kalten Winterabend zu vieren durch die Friedrichstraße. Das Glatteis zwang uns, eingehakt zu gehen. Stachu entwickelte seine Physiologie, sprach zu mir, meinte aber Ducha. Ich kannte das schon. Vor uns fuhr ein Zug über die Brücke.

»Der Mann auf der Lokomotive«, sagte Ducha und zeigte hin. Die Lokomotive war schon vorüber. »Der Mann auf der Lokomotive«, wiederholte sie, »ein wunderbarer Mann!« Sie sprach zu mir, meinte aber Stachu. Der Mann auf der Lokomotive, wollte sie sagen, interessiere sie mehr als wir alle. Stachu nahm die Gelegenheit wahr, bezog sich auf den Schluß eines Romans von Zola und berichtete über das Liebesleben der Lokomotivführer. Ducha erklärte, sie habe das Glatteis satt und wolle nicht mehr weiter. Stachu ließ sich nicht abhalten.

Solche Improvisationen waren seine Stärke. Ducha blieb stehen. »Wenn ihr nicht aufhört, lege ich mich hier vor euch auf die Straße!« Man lachte. Schon lag sie in ganzer Länge auf dem Trottoir.

Dies war einer ihrer Anlässe. Stell dir die Situation möglichst kraß vor, und wenn du alles hast, sage ich dir, daß sie selbst in diesem Augenblick nichts verlor. Sie lag da wie gegossen. So liegt ihre Ahnin auf dem Sarkophag.

Es war einer meiner letzten Berliner Abende. Später ging sie mit einem jungen Russen nach Tiflis. Wieder ein Literat, wahrscheinlich auch einer mit Spezialitäten, soll begabt gewesen sein, tatarischer Herkunft. Er konnte ihr Lachen nicht vertragen und hielt ihr, um sie von dem Ernst seiner Darlegungen zu überzeugen, den Revolver vor die Stirn. Sie lachte ihn an, und der Mensch drückte los, hat sich dann auch erschossen.

Du wirst sie für unnütz halten, hysterisch, allenfalls bemitleidenswert. Mancher, der sie gesehen hat, dachte so. Wie solltest du anders denken! Das Unnütze mag zutreffen. Sie war ebenso unnütz wie die schreitende Nike aus Marmor auf dem marmornen Schiff. Nur einen Gedanken darfst du ihr nicht antun: dein Mitleid.

# Alfred Kerr
## Dramaturgie der späten Zeit

### I

Deutschland, das sichtbarste Theater der Krise, hat zugleich die sichtbarste Krise des Theaters.
Der Wirtschaftskrach trifft Deutschlands Bühne doppelt schwer: weil sie, auch wirtschaftlich, gehätschelt war. Deutschland opferte dem Theater viel Geld ... und muß heute dem Geld das Theater opfern. Eine Stadt wie Hannover gab fast zwei Millionen jährlich für Kunst aus. Es geht uns wie den Yankees: sie sind die Verzweifeltsten, weil sie die Verwöhntesten waren. Deutschlands Theater war das verwöhnteste.

### II

Kleinigkeiten! Verlorener Einzelstunk in dem ungeheuren Rieselfeld. Allerhand sonst hat sich gleichfalls geändert. Was einen dabei mit Grauen erfüllt, ist nicht die Bedrückung der Linken: sondern der Anblick der Linken. »Ihr konntet«, rief ich unlängst, – »ihr konntet Flugzeuge erfinden, Ätherkutschen; ihr konntet das Radio schaffen, den Äthersspruch; ihr schnellt in die Stratosphäre; ihr zeugt künstliche Vitamine; ihr errechnet Sternbahnen, eröffnet Raketenbahnen! ihr baut Häuser mit neunzig Stockwerken; ihr haltet die Stimme des Menschen fest in der gefurchten Platte; ihr verewigt sein Gesicht, seine Bewegung auf der Leinwand; ihr photographiert den Nordpol; ihr kramt an den Endstationen der Erdachse; ihr fliegt nächstens in acht Stunden von Europa nach New York; ihr durchleuchtet am lebenden Menschen sein Skelett; ihr zaubert ihm Bilder auf lächerliche Entfernung vor – –: und ihr seid nicht fähig, hungernde Menschen satt zu machen« ... Nur das? Ich setze zu: Und ihr seid nicht fähig, ein hochstehendes Volk vor dem Aufstand prügelnder Gesundbeter zu schützen. Nicht vor der Knechtung durch Femesöldner. Wird das die Urständ einer Flagellantenzeit – nach allem technisch überlegenen Emporstieg? Die dickste Körperroheit bedient sich der Propagandatechnik fortgeschrittner Warenhäuser: weil eine gefährdete Republik allzusehr ›verstehen ist verzeihen‹ spielte – nicht aus Ethik, sondern aus Schwäche.

## III

Ich zitiere mich nun zum letztenmal. Vor bald Jahresfrist hieß es – und das ist der historisch festzuhaltende Ausdruck eines historisch-lächerlichen Zustandes:

»Wer hat die schönsten Schäfchen
Und klassische Musik?
Wer schläft das tiefste Schläfchen?
Eine gewisse, eine gewisse, eine gewisse Republik.

Wer sieht ein täglich Morden
Und findet keinen Rat?
Wer duldet Landknechthorden
Als rüden Staat im Staat?

Wer quirlt mit milden Händchen
Im Topf der Politik?
Wem mangelt dies Talentchen?
Einer gewissen, einer gewissen, einer gewissen Republik.

Sie hat ein reines Wollen
Und einen sanften Sinn.
Bevor noch Köpfe rollen,
Streckt sie schon ihren hin.

Wer schläft das tiefste Schläfchen
Trotz Militärmusik?
Wer hat die schönsten Schäfchen?
Eine gewisse, eine gewisse, eine gewisse Republik.«

## IV

Nun ist es bloß noch ein Nachklang. Sollte der Zustand nicht aufs Theater abfärben?
Komisch. Henrik Ibsen, als er den ›Julian‹ dichtete, schuf in neueren Zeiten das Wort vom dritten Reich. Er verstand hierunter etwa: die Verschmelzung von Athen und Nazareth – nachdem Henrik Heine, vor ihm, diese Zweigabelung stabilisiert hat. Zwar der Rembrandtdeutsche Langbehn brauchte verschwommen wiederum den Begriff des dritten Reichs – doch ausschlaggebend für die Nachmacher war dies alles nicht, sondern Mussolinis Wort: »Das dritte Italien.« In Deutschland, wo der Plagiatfaschismus haust, also: la terza Germania.
So kommt Ibsen in diese Gesellschaft.

## V

Der Zustand färbt aufs Theater ab. Das dritte Reich (mit dem Festlied »Wenn's Judenblut vom Messer rinnt« – was in einer sozialistisch gegründeten Republik widerstandslos gesungen wird) ... das dritte Reich fordert: die Juden sollen von Deutschlands Theater weg – das sie geschaffen haben: mit Aronsohn-L'Arronge; Abrahamsohn-Brahm; Goldmann-Reinhardt. Lebte der Professor Paul Ehrlich noch: sie würden fordern, daß er von der Salvarsanheilung zurücktrete. Wassermann von der Blutsprobe. So Juden weg vom Theater.
Die Forderung geht natürlich nicht durch; aber daß sie, ohne Sturmgelächter in Deutschland, gestellt werden konnte: das beweist einen Tiefstand, der an Träume grenzt.

## VI

Frühstufiges gegen den Geist. Nach dem atavistischen Rücksturz der Erdbewohner im Weltkrieg nun der lokale, noch üblere. Im Weltkrieg war die Dummheit gegen alle gerichtet; hier gegen eine Minderzahl.

Meine Frage: »Wird es in Zukunft noch erlaubt sein, menschlich-ernste Stücke zu spielen?« ist reif zur Beantwortung.
Immerhin: Kleinigkeiten. Es kehrt (im Zusammenhang mit der ratlosen Weltpolitik) vielleicht der schwere Abschnitt zwischen Luther und dem Schluß des Dreißigjährigen Kriegs wieder. Der dreißigjährige wird ein hundertjähriger. Er geht nach vielen Richtungen. Wir stehn am Beginn.

Dolf Sternberger

# Hohe See und Schiffbruch

*Verwandlungen einer Allegorie*

## I

Bilder folgen uns überall nach. In den verschlissenen Worten der Alltagssprache sind die Zeichen oder Siegel versteckt, welche unsre Weltansicht, nein, unsre Welt selber auf das nachhaltigste, hartnäckigste bestimmen und markieren. Ihre Hartnäckigkeit ist so groß, daß sie der bedeutendsten Veränderungen, ja Umwälzungen spotten, die sich im Leben der Völker zutragen mögen, und vor der andauernden Herrschaft einer unscheinbaren Methaper verschwinden die großen Wendepunkte und verrücken sich die Grenzen, welche die Geschichtsschreiber – im Banne der subjektiven Mächte, welche die Geschichte »machen« oder zu machen scheinen – sorgfältig zwischen Epochen und Stilen ausgerichtet und eingezeichnet haben. So langanhaltend die Wirkung der Bilder im Medium der Sprache ist, deren wir ja täglich bedürfen, wollen wir uns nicht selber aufgeben, so eng ist der Spielraum, dahinein wir durch ihren Gebrauch uns verwiesen oder worin wir uns zurückgehalten und gebunden sehen, sobald wir nur den Blick zähmen, um ihn genau und ohne Scheu auf die Sprache hinzuwenden. Denn die Worte sind es, welche die Gedanken gefangen halten, und kein menschlicher Wille vermag sie zu überspringen oder zu überfliegen. Unablöslich sind in der Sprache und ihren bestimmten Bildern dem Geiste die Male seines geschichtlichen Ursprungs angeheftet, wohin immer er sich begeben mag. Und so zeigen sich auch die universalsten Unternehmungen des Geistes, die kühnsten denkerischen Griffe, die gründlichsten Neudeutungen der Welt und des Menschen, die umfassendsten »Weltanschauungen« sterblich – nämlich geschichtlich, sobald nur die bestimmenden Bilder aus ihren Verstecken hervorgeholt und auf ihre Herkunft hin untersucht werden.

## II

Mit Bedauern wohl, das vielleicht mit einem gewissen Genusse gemischt ist, wird es ausgesprochen, daß jemand »im Leben Schiffbruch erlitten« habe; selbst dann aber, wenn ein Unterton von moralischem Hochmut mitklingt – in der Gesinnung: er hat es sich selber zuzuschreiben, er war zu waghalsig (oder ähnlich) –, so ist dies doch dem Bilde selber keineswegs wesentlich. Denn dieses ist vielmehr gänzlich außerhalb aller Moral gelegen, verbietet von sich aus auch jede Art Urteil und kausaler oder psychologischer Untersuchung des Falles. Mag der »Schiffbruch« sich dem empirischen Sinn im einzelnen als Folge wirtschaftlicher Verwicklungen, falscher Spekulationen, als Zerrüttung der Familie, Krankheit, Prestigeverlust oder was immer darstellen, – die allegorische Wendung, einmal gebraucht, stempelt ihn sofort zum Naturereignis, dessen suggestive Bildkraft jede näher aufklärende Analyse überschattet. Jenseits von Gut und Böse, ja von Glaube und Unglaube, ohne Gott und ohne Teufel, jenseits überhaupt aller Verknüpfungen und Verpflichtungen menschlichen Zusammenlebens vollzieht sich der allegorische Schiffbruch und ist dennoch – höchst merkwürdig! – tauglich, Vorgänge zu bezeichnen, die sonst ganz festländisch, menschlich, gesellschaftlich und moralisch aufgefaßt zu werden pflegen. In demselben Augenblick, wo die Sache von diesem Bilde bedeckt – oder in dieses Bild gefaßt – wird, gibt es weder eine Schuldfrage, noch übernimmt jemand die Verantwortung für das Geschehene, ebensowenig wie es irgend weiterer Erklärung bedürftig ist. Er hat eben Schiffbruch erlitten.

Obwohl derart von der sprechenden Gesellschaft – der Übereinkunft gemäß, wonach ebendieses Sprachbild hier anwendbar und zuständig ist – preisgegeben und dem tiefen Ozean seines Schicksals oder seinem Schicksal als Ozean überlassen, ist doch der, der also Schiffbruch erlitten hat, darum nicht verlassen. Vielmehr nimmt ihn, indem man mit solchen Worten von ihm redet, ebendas Bild in sich auf, und die bloß beiläufig aufgerufene Erhabenheit der Szenerie mit sturmgepeitschtem Meer und verfinstertem Horizont vermag dem Unglücklichen zwar weder aufzuhelfen noch Erlösung zu spenden von seinen Leiden, wohl aber verleiht sie ihm eine Art unheiliger Verklärung, die ihn vor der Nichtigkeit bewahrt. In dem Augenblicke des Versinkens bei den

Trümmern seines Wracks – so bleibt er, ohne individuelle Züge freilich, ins Bild gerettet.

Das Bild der Havarie zieht also den jeweils gemeinten Vorgang aus allen Begriffen des bürgerlichen Lebens, aus allen Bewertungen mit gewöhnlichen moralischen Maßstäben für einen Augenblick heraus. Nicht nur das: es eröffnet selbst einen Bereich, welcher gänzlich inkommensurabel ist zu ausnahmslos allen Wertsystemen oder Denkstilen, in deren Konstruktion man die geistige Entwicklung der letztvergangenen Jahrzehnte zu fassen versucht hat. Umgekehrt aber ist die Faszination dieses Bildbereichs so außerordentlich, daß die unterschiedlichsten, ja gegensätzlichsten Bewegungen des Denkens – darin mit dem alltäglichen Sprachgebrauche übereinkommend – sich von ihr befangen zeigen, so daß das Schweifen der Ideen, genau und auf die Sprache hin angesehen, eingeholt wird von den – wenn auch fragmentarischen – Erinnerungen jenes Bildes.

## III

Denn wo immer heute die Idee des »gefährlichen Lebens« aufgebracht und verkündet wird, wo immer die Sicherungen des menschlichen Daseins, woran Jahrtausende gearbeitet haben, verkleinert, ja verhöhnt werden, wo immer man das Leben im Hause (im buchstäblichen wie im gleichnishaften Sinne), das *Glück* der Einzelnen wie der Massen herabsetzt, die Möglichkeit der endlichen Ruhe und Heimat verwirft und Wagnis, Kampf, Unsicherheit der Existenz preist – da ist auch das Bild von stürmischer See und Havarie im Spiele.

»Der Strudel des modernen Daseins macht, was eigentlich geschieht, unfaßbar. Ihm nicht entrinnend an ein Ufer, das eine reine Betrachtung des Ganzen zuließe, treiben wir im Dasein wie in einem Meere. Der Strudel bringt zutage, was wir nur sehen, wenn wir in ihm mitgerissen werden.« Mit solchen Sätzen, die sofort die Welt – die moderne Welt – im Bild des Strudels oder Meeres abfangen, ehe noch zur einzelnen Beschreibung und Erörterung der Anfang gemacht ist, hebt die Erhellung der ›Geistigen Situation der Zeit‹ an, die der Philosoph Karl Jaspers vor wenigen Jahren mit so großem Erfolge in der Sammlung

Göschen publiziert hat. Die entscheidenden Momente dieses Philosophierens sind auf diese Weise von Beginn an vorgeprägt und festgelegt und halten sich in allen nachfolgenden Deutungen und Anweisungen durch, – das Bild bleibt mächtiger als alle begriffliche Auslegung. Dasein als bewegtes Meer, im Grunde gleichförmig, nur im Auf und Nieder der Wellen Unterschiede zulassend und wieder überspülend, alles Einzelne und Bestimmte der Geschehnisse, politischen, wirtschaftlichen Konstellationen, sozialen Gruppierungen in seine weite, aufgeregte Öde verschlingend, – der Verzicht auf Rettung ans feste Ufer, unter welchem Bilde eben nichts anderes als die Summe aller dogmatischen Glaubenssätze, selbstsicheren Ideologien und »verabsolutierten« Teilwahrheiten begriffen ist, – der Zwang, sich selber in die Rolle jenes notwendig einzelnen, ja einsamen Mannes zu bringen, der auf diesem Meere treibt, von nichts bedrängt als eben vom Meere und mit nichts befaßt als eben mit sich selbst, – die Alternative, nur entweder weiter zu treiben oder unterzugehen –: da sind die Elemente, welche, weitläufig ausgebildet, immer neu ansetzend, neue Stoffe ergreifend, die gesamte Sprache der »Existenzphilosophie« durchsetzen und ihren Zug bestimmen. Der Begriff der »Nivellierung« etwa, womit die Phänomene der Massenorganisation, der öffentlichen Meinung, der Serienproduktion und vieles mehr summarisch und zugleich polemisch angespochen wird, scheint gleichsam ausgeschickt zu sein, um diese Realitäten so zuzubereiten oder herzurichten, daß sie in einer Gesamtheit, die unübersehbar bleibt, wie eben das Meer unübersehbar ist, in dessen Bild eingetragen zu werden fähig sind. Wer vorankommt in dieser Welt, muß es leiden, selber der Nivellierung anheimzufallen und schließlich ohne Umriß und Blick als Welle im Ozean einherzurollen. Von diesen ist indessen nicht näher die Rede, der Philosoph spricht hier gleichsam in das Meer hinein, um aus ihm einzelne zum »Selbstsein« – wie es in dieser formalisiert idealistischen Sprache heißt – zu erwecken, er »ruft auf« oder »appelliert«, auf daß jemand erscheine. Phantomatisch schweben bisweilen die Geister der noch Unerweckten vorüber, halb auftauchend und wieder versinkend: »der *ungeborgene* Mensch gibt dem Zeitalter die Physiognomie, sei es in der Auflehnung des Trotzes, sei es in der Verzweiflung des Nihilismus, sei es in der Hilflosigkeit der vielen Unerfüllten, sei es im irrenden Suchen, das endlich Halt verschmäht und harmonisierenden Lockungen widersteht.« Der ungeborgene Mensch ist schon der von der See umgetriebene, aber auch von ihr aufgenommene – denn sie allein ist ja die Landschaft der Erfüllung –, der irrende Sucher würde dunkel an den ruhelosen ›Fliegenden Holländer‹ gemahnen, wäre nicht diesem die Erlösung gerade auf dem festen Lande beschieden, das ihn alle sieben Jahre annimmt. Der aber, der von solchem Appell erweckt wird, der zur »Existenz« kommt, anstatt im »bloßen Dasein« nichtig zu vergehen, – er ist der Mann des Wagnisses schlechthin, er kommt eben dadurch zu sich selbst, daß er es wagt, alles und sich selber stets aufs neue »in Frage zu stellen«: er hat keine andere Figur als die des Schiffbrüchigen. Jaspers hat sie selbst[1] in einer anderen Schrift mit fliegenden Strichen aufgezeichnet: aufrecht steht er »gegen die Fluten der Illusionen, Verkehrungen, Suggestionen«, »aus der weiten Gegenwart fühlt er sich auf sich zurückgeworfen, um auf sich selbst zu stehen wie einer, dem Welt und Raum genommen ist«, und indem er auf diesem bodenlosen Boden wie auf dem Meere nicht zu stehen vermag, wird es sein Ruhm und – seine Erfüllung, zu »scheitern«. »Es war um ihn eine Atmosphäre des Scheiterns in einem tieferen Sinn«, sagt der Philosoph von ihm, nachdem er geendet ist. Und »in der Tat ist er gescheitert, aber im wahren Scheitern, das zum Sinn ... gehört«. Derart erfüllt sich die »Existenz« im Untergange und nur in ihm, und wenn unsre Erinnerung an den ›Fliegenden Holländer‹ an diesem Punkte noch einmal aufgenommen werden darf, so läßt sich nun die Beziehung genauer bestimmen: fehlte im Bilde der »Existenz« jener Gang zum Festlande – und das ist der in die lange Verdammnis kurz eingeschossene Strahl der Hoffnung –, so fehlt nun erst recht die Gloriole, das »Glührot der aufgehenden Sonne« (wie es bei Wagner heißt), worin der erlöste Holländer »über den Trümmern des Schiffs« aufwärts schwebt. An deren Stelle bleibt die zum Selbst gewordene »Existenz« von jener »Atmosphäre des Scheiterns« umgeben, von der Jaspers spricht, – der irrende Sucher, der die Küsten verschmähte, wird als Versinkender bewahrt, der Scheiternde gepriesen, – »das war sein wahres Scheitern als Rückkehr zum Ursprung«, heißt es in der ›Existenzphilosophie‹.

Merkwürdig versprengt begegnet die gleiche schillernde Rettung aus

1 Er gab ihr den Namen »Max Weber«, und so heißt auch die Schrift, die bei Gerhard Stalling in Oldenburg im Jahre 1932 erschienen ist.

dem Schiffbruch in das aufbewahrte Bild des Schiffbruchs inmitten der sonst ganz anders gebauten Ontologie der Existenz, die Martin Heidegger in jenem unheimlichen Fragment gegeben hat, das den Titel ›Sein und Zeit‹ führt. Das »Dasein«, dieses merkwürdige Wesen, welches hier den Menschen wie die Welt ersetzt und ausschließt, indem es beide zu umfangen meint, – das Dasein also könne (so spricht ein Satz aus auf Seite 385 des Buches) »frei für seinen Tod an ihm zerschellend auf sein faktisches Da sich zurückwerfen lassen«. Der Tod steht hier als Klippe in einem freilich nur ungewiß vorhandenen Meere, – das Dasein, das dieses Meer befährt, zerschellt an ihr und wird doch zugleich auch zurückgeworfen, ja es beginnt erst in diesem Augenblick des Zerschellens eigentlich zu leben: ein Leben ohne Ende.

Währenddem hier ohne Wissen derer, die es aussprechen und dazu stückhaft nur in einzelnen Worten und Sätzen, wenn auch mächtig und bedeutsam genug, das Bild des Schiffbruchs wiederkehrt, steht es groß al fresco mit allem Zubehör aufgemalt, als absichtsvoll eingesetztes Gleichnis, in dem voluminösen philosophischen Pamphlet des Ludwig Klages, im ›Geist als Widersacher der Seele‹, und übrigens nicht nur dort, sondern in gleichem Sinn an vielen Orten, wo die Klagessche Proklamation des Lebens, als »Weltanschauung« begeistert aufgenommen, bisweilen umgebildet, meist vereinfacht worden ist. »Fürwahr, wenn wir schon in Gleichnissen reden wollen« – so setzt darin mit kühner poetischer Gebärde eine höhnende Predigt wider alle Systematiker ein –, »so gliche die Welt weit eher der blitzeumlohten und in Regenschauern wieder zergehenden Wetterwolke oder denn einem brandenden Ozean als dem Schneckenhaus oder Wetterdach, womit sich vergängliche Wesen ein Weilchen vor Stürmen und Fluten sichern.« Bedenkt man, wogegen es hier geht, nicht allein gegen »schulmeisterliche« Erkenntnistheorien und dergleichen, sondern gegen jeglichen Begriff von Kosmos als Ordnung in Gesetzen, so läßt sich ermessen, was dem Bilde hier zugemutet wird und welches Vertrauen der Sprecher in es setzt, daß er hoffen kann, Platon und Aristoteles, Newton und Kant durch seinen Anblick zu beschämen. Immer von neuem erscheint die Welt oder die »Wirklichkeit« im Gleichnisse der brausenden, wellenschlagenden, in Flut und Ebbe heran- und zurückwogenden See, welcher der sündhafte »Geist« des Menschen in Wissenschaft und Technik mit Stegen und Brücken beizukommen suche, von unersättlichem Machtwillen angetrieben. »Der zur Tiefe gravitierende Wahrheitswille hingegen wird sich vom Ergebnis seines Suchens« (sc. den formulierten Urteilen und dem verwertbaren Wissen, welches den Eisschollen verglichen wird) »eigentümlich betrogen fühlen, wird vom Festen zum Flüssigen, vom Wissen zum Ahnen zurückstreben und, wenn es erlaubt ist, im Gleichnis fortzufahren, die eine Scholle benutzen, um in ein uferloses Meer hinauszusteuern, qualvoll leidend, daß er verdammt sei, vom Meer entweder getrennt zu bleiben oder aber die Vernichtung des Trennenden bezahlen zu müssen mit dem Untergange seiner selbst.« Auch hier also ist der wesentliche Mensch als derjenige zu erkennen, der einsam auf dem weiten Meere dahintreibt, nun freilich das Untertauchen selber ersehnend, da ihm die Tiefe – brächte sie nicht den Tod – die Vereinigung mit der eigentlichen Wirklichkeit bescherte. Denn ihm winkt noch ein letzter und höchster Zustand über den des Schiffbrüchigen in Stürmen und Wogen hinaus: versinkend würde er rings umgeben und eingehüllt sich finden vom »Zug der Bilder«, der Urbilder und »Elementarseelen«, welche denn für Klages die Wirklichkeit bedeuten, die der Mensch, mit Willen und Geist frevelnd, fortschreitend zu zerstören unternommen hat.

Diesen »Zug der Bilder« noch einmal selber im Bilde anzusprechen, um ihn so als Ganzes der irregehenden Menschheit entgegenhalten zu können, – darin scheint das unauflösliche Verhängnis des Klagesschen Unterfangens zu liegen. Vor dem einen Gleichnis – des flutenden Meeres – oder auch vor dem einen Begriff – dem des Lebens –, der sie doch umfassend wieder auferwecken sollte, entschwinden und verflüchtigen sich die mythischen Gestalten und Dämonen, die gemeint waren, zu bloßen Gemälden, gleitenden Stimmungen in Wald und Schilf und See, worin denn jene »Elementarseelen« ihr böcklinisch gemaltes Wesen treiben mögen. Die Anspielung auf Böcklin ist hier nicht von ungefähr gemacht, Klages spricht vielmehr seine Verehrung für den durchaus dem 19. Jahrhundert zugehörigen Maler einer meist nur heiteren, immer entdämonisierten Stimmungsmythologie selber aus, ja er illustriert geradezu seinen eigenen Begriff der »Elementarseelen« an Böcklins ›Spiel der Wellen‹, nennt ihn den »Entdecker der Seele des Wassers« und einen »Wissenden, weil ihm beschieden war, Zwiesprache mit Dämonen zu pflegen«. In der Tat trägt diese nachdrückliche

Zitierung und Ehrenrettung Böcklins durch Klages (vornehmlich im dritten Bande, der im Jahre 1932 veröffentlicht wurde!) nicht wenig bei zur Aufklärung seiner treibenden philosophischen Motive, ganz besonders seines »Lebens«-Begriffes. Ganz ebenso wie dort jene Meermänner und Najaden, Quellnymphen und sonstigen mythologisch abgeleiteten Aktfiguren eingesetzt bleiben in eine vielfach parkhafte Kulturlandschaft als südliche Staffage, bis zum Humoristischen und Neckischen hin ihrer mythischen Macht entkleidet und immer im Dienste des Landschaftscharakters, welcher denn auch in den Bildtiteln seinen Vorrang kundgibt (›Spiel der *Wellen*‹, ›Schweigen im *Wald*‹, ›Meeresstille‹, ›Meeresbrandung‹), – ganz ebenso bleibt die in sich ungegliederte Fülle der Urbilder und Elementarseelen, welche Klages gegen den Geist und die Zivilisation ausspielt und welche alle Präzision echter mythischer Erzählungen, wie es denn nicht anders sein kann, vermissen läßt, umfangen von dem einen Haupt- und Grundbilde des Wassers und Ozeans oder – logisiert – von dem einen Begriffe des »Lebens«. Hier geht also sichtbar (und innerhalb eines einzigen Werkes) die stürmische See über in die stille grüne Tiefe des Meeresgrunds, in welchem der vordem gewaltig kämpfende einsame Schiffbrüchige versinkt, indem er seinen Eigenwillen darangibt und seine Macht, den Gefahren zu trotzen und Herr zu bleiben, freiwillig von sich wirft. Der Ozean, zuvor eine Allegorie des blindwütenden Schicksals, verwandelt sich vor unsern Augen zum Bild der *Seele* selber, in deren unbeherrschter Tiefe willig zu ertrinken die leidenschaftliche Sehnsucht solchen traumsüchtigen Philosophierens wird. Dies neue, verwandelte Bild, für sich genommen, gleicht Zug um Zug demjenigen, das den *Jugendstil* durchgängig prägte, und es fehlt darin nicht einmal jenes organische Schlingpflanzenornament, in das der Mensch als Seele damals eingebannt wurde: »Die Seelenwurzeln der meisten Menschen von heute reichen nicht mehr bis in diese Gewässer hinab« – so tönt die Klage und Anklage des Philosophen. (Der Leser wird sich vielleicht der Beschreibung dieser organischen Ornamentik und dieses Meeresgrundzaubers erinnern, die im vorigen Jahrgang dieser Zeitschrift*, im neunten Hefte, versucht wurde.)

Indem auf diese Weise die sichtbare menschliche Figur von der Bildflä-

* ›Neue Rundschau‹. *Anm. d. Hg.*

che des Meeres verschwunden ist und nur mehr die vegetabilischen, nach dem feuchten Grunde hinabtastenden Wurzelfasern der Seele übriggeblieben sind, ist auch die Idealvorstellung des »gefährlichen Lebens« derjenigen eines passiv-hingegebenen, träumerisch-künstlerischen gewichen.

## IV

Ließ sich der geschichtliche Ort des letzten Haltepunkts in dieser – wenn der Ausdruck erlaubt ist – Wandeldekoration des Meeres, welche die Klagessche Philosophie darbietet, als derjenige des Jugendstils genau bestimmen, so haben wir daran gleichsam einen terminus ad quem, um auch das voraufgehende Bild des Schiffbrüchigen genauer aufzufinden. In der Tat gab es eine große Zeit dieses Bildes, in der es geradezu Epoche machte: sie wird – nach den wirtschaftlichen Vorgängen, die durch die Einigung des Deutschen Reichs in Gang gebracht wurden – gemeinhin die *»Gründerzeit«* genannt.
Jedermann, der einmal Familienzeitschriften, auch illustrierte Erzählungen jener Jahre betrachtet hat, wird nicht wenige jener Szenen sich ins Gedächtnis rufen können, welche die erregte rollende See, dunklen Horizont und den einsamen Mann im zerfetzten Hemde vereinen, der an den splitternden Mast geklammert das Gesicht in die Ferne – seltener zum Himmel – wendet und in seiner letzten, immer aber gebändigten Verzweiflung noch nach unverhoffter Rettung auszuspähen scheint. Noch heute finden sich überdies an vielen Zimmerwänden oder doch in den Ladengeschäften, die den Bedarf an Zimmerkunst zu decken haben, die Kopien oder Nachfahren dieser in den siebziger und achtziger Jahren breit einsetzenden malerischen und graphischen Thematik: ›In Sturm und Not‹ oder ›Windstärke 11‹ oder ›Stürmisch die Nacht, und die See geht hoch‹. Ohne Gewaltsamkeit, vielmehr als Vorbereitung zur Ergründung des außerordentlichen und so merkwürdigen Interesses an derlei Motiven, lassen diese sich wohl, rein nach ihrem Inhalt betrachtet, in einige *Gruppen* ordnen. Die Darstellung der von Menschen wie Schiffen leeren, in sich aber und durch sich selbst mächtig bewegten Meeresfläche, der schaumgekrönten, bisweilen an felsigem oder steinern gebautem Ufer gischtend sich brechenden Wo-

genmassen bildet einen dieser Typen, – die Natur des Bildes beruht hier darin, daß die Wasserlandschaft, weit entfernt, gerahmter Ausblick zu sein, vielmehr aus der Ferne gegen den Bildrand und weiter noch gegen den Betrachter hin hervordrängt. Im Innern des Bildes ist das Meer hier ohne alle Grenzen, aber nicht so, daß der betrachterische Blick irgend verlockt wäre, schweifend das Unendliche in einem Augenblick in sich zu befassen, sondern unmittelbar überall an den wirklichen Rand und Rahmen anstoßend und vorn als »Welle« oder »Brandung« zur Wand sich aufstauend, die illusionistisch überzukippen und den Beschauer selber noch überspülen zu wollen scheint. Das derart nur eben vor dem Äußersten bewahrte »Dräuen« des Elements, das allesverschlingend doch nichts Einzelnes wirklich vernichtet, vielmehr prachtvoll im goldenen Rahmen gefaßt, aufgestaut einbehalten ist, macht die eigentliche Bedeutung dieser Bilder aus und begründet den Reiz, den sie übten. Der Stillstand des drohenden Elements, die ästhetisch arretierte Wildheit des sichtlich ungebändigten, nicht einmal befahrenen Naturreichs jenseits aller Küsten brachte ein Moment sinnlich anschaubaren Tobens ins Bewohnte, ja in die Stube, als erstarrte Draperie von Macht und Freiheit, und lockte den, der dies besah und um sich hatte, eben da es ihn nicht wirklich mit Vernichtung bedrohte, selber das Brausen, Drohen und Rauschen metaphorisch in seine Empfindung zu übersetzen. (Courbets ›Welle‹ – wohl Vorbild für viele Nachfolger –, die den knappen, schmalen Vordergrundstrand im nächsten Moment zu überschäumen scheint, wurde genau im Jahre 1870 zuerst ausgestellt.)

Die berauschende Gefährlichkeit dieses leeren Ozeans (welche allerdings bei Courbet selber von einer dunklen Schwermut durchdrungen scheint) konzentriert sich in der Anschauung des Schiffbrüchigen. Ohne Zweifel hat das Motiv eine lange und breite Vorgeschichte, gleichwohl aber eignet den zahllosen und weitverbreiteten Blättern, an die ich den Leser schon erinnert habe, in diesen Jahren des neuen deutschen Reiches ein Charakter, der unverwechselbar von allen voraufgegangenen Wendungen des Themas sich abhebt, wenn auch zugleich von den letzten Gründen solcher Tradition noch immer zehrend. Man würde versucht sein, wie vorher Courbet, so jetzt Géricault und Delacroix als die zu nennen, die zuerst – jener mit dem ›Floß der Medusa‹, dieser mit dem ›Schiffbruch des Don Juan‹ – dem Thema im 19. Jahrhundert eine grandiose szenische Gestalt gaben, – man würde dazu versucht sein, wenn nicht diese beiden berühmten Gemälde des Louvre so überraschend wenig von der Natur des Ozeans enthielten: nicht diese, sondern die »nature humaine« ist es, worauf beide abzielen. Die Masse der nackten Leiber, die hangend, starr, verkrampft, gekrümmt und vom Tode schon niedergestreckt ineinandergewunden und aufgetürmt sind, – die Abwandlung der Gebärden und Mienen von dumpf stierender zur tobenden Verzweiflung, vom bewegungslosen Leichnam zur hochwirbelnden Hoffnung machen beide Bilder beinahe zu einer Art von Lehrstücken der Physiognomik und Mimik der Affekte, – die hohe See bildet den eher nur begrifflichen als bildmäßigen Anlaß solcher gehäuften Demonstration. Diese Psychologie der äußersten Möglichkeiten (die in Frankreich eine große Tradition hat) war schon in dem Bericht von der Katastrophe der »Méduse« – im Juli 1816 – vorgebildet, den einer der Überlebenden gegeben und der Géricault inspiriert hat: »Alors la faim, la soif, le désespoir armèrent ces hommes les uns contre les autres. Enfin, le douzième jour de ce supplice surhumain ›l'Argus‹ recueillit quinze mourants.« Die Fülle der teils erschlafften, teils gereckten athletischen Leiber, auf engem Raum zusammengetrieben, scheint zwar gegenüber der Unerschrockenheit dieser Maler vor der Schilderung der verzerrten Larven der Agonie ein Gegengewicht zu bilden, – in Wahrheit aber sind dies nur die immer gleich vollkommenen Modelle der klassizistischen Anatomie, an welchen sowohl die erhabensten wie die dumpfesten Momente menschlicher Affekte eingezeichnet werden konnten und deren lange unangetastete Gültigkeit erst Daumier durch den Hohn plastischer Deformation ins Wanken gebracht hat. Auch Goethe hat in der gleichen Epoche in Weimar, obwohl mitten unter den Abgüssen antiker Statuen wandelnd, einmal ein Gemälde preisgekrönt, das die Sintflut auf das grausigste an den Mienen und Gesten einer Gruppe von Menschen demonstrierte, welche auf einen noch eben aus den Fluten ragenden Gipfel zusammengedrängt ist.

All diesem verglichen, bieten die deutschen Blätter aus dem letzten Drittel des Jahrhunderts eine gänzlich veränderte Konfiguration des Themas. Die Wogen des Meeres, welche dort der Vollkommenheit der menschlichen Leiber keinen Abbruch taten, ja diese, die selber völlig trocken geblieben sind, nicht einmal berührten, füllen hier das Bild aus, lecken und rauschen an den Gestalten der Schiffbrüchigen empor, durchnässen sichtbar die Kleiderreste, die sie noch an sich tragen, und bilden auf diese Weise nicht nur eine umgebende landschaftlich-begriffliche Situation, sondern gleichsam ein Stück oder eine *Hälfte der Figur* des Schiffbrüchigen selber. Das Wrack, längst überspült und nur eben vor der gänzlichen Vernichtung noch ins Bild aufgefangen, läßt gerade noch etwa den gesplitterten Stumpf des Mastes, verwirrte Taue und einen Fetzen vom Segel sehen. Der Mann selbst hält sich inmitten solcher Requisiten aufrecht und kraftvoll, meist nur durch eine heftige Wendung des Kopfes und Oberkörpers zur Seite oder zum Hintergrund anzeigend, daß er noch an Rettung glaubt, ob er auch zum Untergange durchaus bereit scheint. Nichts verrät im Ausdruck seines Gesichts irgendwelche Veränderungen seiner Seele, weder Verzweiflung noch Ergebenheit in sein Schicksal, noch auch triumphierenden Trotz. Bisweilen bewährt er sich selbst noch als Retter – im Kontrast zu den Insassen des Floßes der »Méduse«, qui s'armèrent les uns contre les autres – und hält die erschlafften schönen Glieder einer ohnmächtigen Frauengestalt in den Armen, deren reiches Haar aufgelöst im Sturme flattert. Wie denn überhaupt die Figur des Schiffbrüchigen in jener Zeit von derjenigen des Retters »aus Sturm und Not«, des Mannes mit Wasserstiefeln, Öljacke und Südwester, nicht so weit entfernt ist, als es nach Lage der Dinge vermutet werden könnte. Das *Lotsen- oder Rettungskommando* – »wetterharte Männer«, wie es in der Sprache der Zeit heißt –, auf der Mole oder am Strand der Ausfahrt des Rettungsbootes, das auf den Wellen tanzt, aufmerksam folgend (der dritte Bildtypus, der hier angeführt sei), gleichfalls umgeben von Gischt und Brandung, gleichfalls sich abhebend von dem Hintergrund des verfinsterten Himmels und des grellen Lichtstreifens am Horizont, – es ist im Grunde dieselbe Konstellation der Momente wie dort beim Bilde des Schiffbrüchigen. Es ist das heroische Genre des gefährlichen Lebens schlechthin, das diesen wie jenen Typ szenischer Erfindung festgelegt hat; die Variation von einem zum andern erscheint gegenüber dem Verbindenden geringfügig, und es verschlägt nicht viel, daß es sich, literarisch ausgelegt, um wesentlich verschiedene illustrative Haltepunkte in der Erzählung des Geschehens »Schiffbruch und Rettung« handelt, daß auch die Akteure da und dort einander genau entgegengesetzt sind, daß dort die Ohnmacht, hier hingegen die Macht des

Menschen, Natur zu bewältigen, den Sinn der Szene ausmacht. Der Schiffbrüchige wie der Lotse gelten gleich, sofern sie Männer in Wetter und Wogen darstellen.

## V

Unter anderem hat die Werbung der ›Deutschen Gesellschaft zur Rettung Schiffbrüchiger‹, die doch gerade die Erhöhung der Sicherheit in einem so lange ungesichert gebliebenen Bereiche anstrebte, gleichwohl in hohem Maß die Vorstellungen von einem jenseits alles Kalküls gelegenen Bezirk befördert, worin kein Damm und keine Vorsicht der Ratio der plötzlich ausbrechenden Übermacht wilder Naturkräfte gewachsen sind. Gewisse Anzeichen lassen den Schluß zu, daß eben durch die Verbreitung des Gedankens, dem jener Verein dient, in der ganzen Nation die Phantasie auch der Maler und Zeichner wie übrigens diejenige der Schriftsteller, schließlich der Umgangssprache selber, entzündet worden ist. Die ganze Sphäre des gefährlichen Ozeans wird geradezu zur *Gegenwelt* der durchkapitalisierten bürgerlichen Gesellschaft der Epoche, – einer Gegenwelt, deren Anschauung die in der Sekurität Lebenden sich ständig präsent zu halten insgeheim getrieben sind. Indessen doch nicht nur eine Gegenwelt.

Schiller hat – in dem Aufsatz über die tragische Kunst – die Zwiespältigkeit untersucht, welche die Empfindungen eines selber in Sicherheit befindlichen Zuschauers gefährlicher Vorgänge so merkwürdig machen. »Ein Meersturm, der eine ganze Flotte versenkt, vom Ufer aus gesehen, würde unsere Phantasie ebenso stark ergötzen, als er unser fühlendes Herz empört; es dürfte schwer sein, mit dem Lukrez zu glauben, daß diese natürliche Lust aus einer Vergleichung unsrer eigenen Sicherheit mit der wahrgenommenen Gefahr entspringe.« Ich möchte nicht unterlassen, auch die Stelle aus dem Lukrez-Gedicht ›De natura rerum‹ hierherzusetzen, welche Schiller im Sinne hat, weil sie in ihrer römischen Nüchternheit und fast vergnügten Abgeneigtheit gegenüber dem Abenteuer höchst prägnant ist und hier eine willkommene Folie für unseren Gegenstand abzugeben vermag:

»Süß ist's, anderer Not bei tobendem Kampfe der Winde
auf hochwogigem Meer vom fernen Ufer zu schauen;
nicht, als könnte man sich am Unfall andrer ergötzen,
sondern dieweil man es sieht, von welcher Bedrängnis man frei ist.«

Schillers eigene Auflösung dieses Rätsels ist so bekannt, daß ich sie hier nur kurz anzudeuten brauche: er fand sie in einer »ursprünglichen Anlage des menschlichen Gemüts«, nämlich dem »Vergnügen des Mitleids«, welches ihm mit dem Triumph der sittlichen Vernunft über die so heftig durch das angeschaute Leid affizierte Sinnlichkeit identisch war und zur psychologischen Grundlage seines Begriffs der tragischen Kunst diente. Das Widerspiel der angeschauten Vernichtung und des anschauenden Mitleids, welches die Vernichtung überdauert, – dies Widerspiel und nicht die lukrezische einfache Selbstbestätigung der Sicherheit macht hier das tragische Vergnügen und das tragische Schauspiel aus. Die Empfindung des Zuschauers bleibt so zwar das Umfassende und Triumphierende, aber nicht im Sinne empirischer Sekurität. Deswegen nicht, weil Schillers »Meersturm« gar nicht als ein reines Naturbild den Vorgängen der Geschichte und der menschlichen Gesellschaft gegenübersteht, sondern im Gegenteil eine Allegorie der verschlingenden und vernichtenden Geschichte selber darstellt (welche ja das Substrat, ja den eigentlichen Gegenstand seiner Schauspiele bildet). Der Bürger des späten 19. Jahrhunderts hingegen weiß sich im Innern einer zivilisierten, durch tausend Sicherungen und Versicherungen gegen alle Unbilden der Natur abgeriegelten Gesellschaft, ihm wird das Meer das ganz und gar andere der Geschichte. Darum braucht er stärkere als idyllische Naturbilder, und er läßt die Brandung, wenngleich gerahmt, bis in seine Stube hereinschlagen, hört hingegeben auf ihr Brausen. Das bedeutet: aus der Allegorie ist *Genre* geworden. Schiffbruch als Allegorie meinte, in eins gefaßt, die Vergänglichkeit der Welt überhaupt, – Schiffbruch als Genre ist ein Guckloch in ein Jenseits der eigenen Welt, ein Guckloch ins gefährliche Leben, das nicht das eigene ist, aber doch gebraucht wird.

Aber dabei bleibt es nicht. Unterirdisch setzt sich die allegorische Bedeutung fort. Die Sicherheit des bürgerlichen Daseins, die Ordnung und der Wohlstand der alten, auf Kalkül und Vertrauen gegründeten bürgerlichen Wirtschaft überschlägt sich in der Zeit der »Gründun-

gen«. Fallissements und Krisen rütteln an der Basis des kapitalistischen Gebäudes, das Abenteuer der großen Spekulationen bringt ein alles normale kaufmännische Risiko übersteigendes Element von Unberechenbarkeit, von realer Gefahr in das ökonomische Leben jener Jahre. Kein Vertrauen ist mehr möglich, weder in den einzelnen Geschäftspartner noch in das harmonische Funktionieren des ganzen Systems. Und so wird dem Bürger, der Ordnung und Sicherheit wünscht, und der die vor sich gehenden Zusammenbrüche nicht mehr durchschaut, von seinem begrenzten Standpunkt nicht zu übersehen vermag, das ganze Reich der Waren und Werte zum chaotisch dräuenden, auf- und niederwogenden stürmischen Meere. Oder diese moderne ökonomische Wirklichkeit der Gründerzeit hat – eben noch zwar vielfältig, aber rational verknüpft – die Möglichkeit in sich, im nächsten Augenblick schon an tausend Stellen zugleich aufzuschäumen und, einmal in Bewegung gebracht, in einen alles zerstörenden Tumult zu geraten. »Gewitter und Sturm« oder »Sturmflut« werden zum Sinnbild der Krise, – zur Allegorie der Geschichte, insofern sie in Krisen besteht oder sich bewegt. (»Risiko«, »Wagnis« und »Krise« sind wohl aus diesem wirtschaftlichen Bereich in die Sprache der »Existenzphilosophie«, die, wie oben geschildert wurde, im Bild des »echten Scheiterns« gipfelt, mit übergegangen; die Worte verraten die genau zusammenstimmende Beziehung, wenngleich dort alles versucht wird, um den Gedanken an die banalen Bedeutungen, als welche der Sphäre des »bloßen Daseins« zugeschoben werden, auszuschalten.)
Das Allegorische aber kann nicht übermächtig werden deswegen, weil die Geschichte nicht in Krisen bestehen und die kapitalistische Ordnung sich nicht selbst zerstören darf. Ein fester Punkt in solchem aufgewühlten Meere muß gefunden, ein Bild und Prinzip der Reorganisation, des Neuaufbaus muß errichtet werden. Und als dieser feste Punkt im Meere erscheint der herkulische Mann auf dem Wrack oder der mit Ölzeug und Wasserstiefeln angetane Lotse im Rettungsboot. In seiner Figur konzentriert sich Erwartung und Hoffnung sowohl auf die Wiederherstellung der wirtschaftlichen Ordnung als auch auf eine erneuerte Bindung der in sich zerfallenen Gesellschaft, denn er ist keiner Klasse zugehörig, weder Arbeiter noch Unternehmer, weder Aristokrat noch – im strengen Sinne – Bürger. Vom Meere kommt er, aus der abenteuerlichen Gegenwelt, dem reinen Naturreich, vertraut mit sei-

nen Tücken und Gefahren, noch gleichsam umstrahlt von der Gischt der Brandung wie von einer Aura: der »Retter«. So hat ihn Spielhagen geschildert in seinem großen dokumentarischen Roman ›Sturmflut‹, der im Jahre 1877 erschienen ist, den einfachen Schiffskapitän, nachmaligen Lotsenkommandeur und schließlich Ministerialreferenten mit dem unscheinbaren Namen Reinhold Schmidt. Es ist genau jener Schiffbrüchige oder Lotse, dessen gemaltes Bild ich schon zitiert habe, mit denselben unbestimmten Zügen, demselben abstrakten, nie recht sichtbaren Gesichtsausdruck von »Schönheit und Kraft«, der »stattliche Seemann mit den helleuchtenden blauen Augen« oder auch »der Mann am Steuer«, der sich in einer fast unmenschlich zu nennenden Weise immer gleich bleibt, dessen Mienen niemals, nicht ein einziges Mal über achthundertsechsunddreißig Buchseiten, eine Spur weder von Angst noch Besorgnis, weder von der Anstrengung des Mutes noch von Ermüdung nach vollbrachter Rettungstat zeigen. Wiewohl er es ist, von dessen »kräftigen Armen« sich das schiffbrüchige schöne Mädchen plötzlich umschlungen fühlt, um so »ohne den Fuß zu netzen, sie wußte selbst nicht wie, auf das sichere Ufer zu gelangen«, so ist doch diese seine Männlichkeit so unbeirrbar, weder durch Leidenschaft noch durch Ehrgeiz in Bewegung gebracht, daß sie besser geschlechtslos genannt würde. Selbst während er von Liebe ergriffen ist, zeigt er sich nicht anders denn als Bild des einsamen Mannes auf der Düne, sturmumdroht und nahe dem heranleckenden Meere. Und wie er unberührt, geschweige beschädigt oder erschöpft von der Rettungsaktion, aus der nun wörtlich zu verstehenden »Sturmflut« zurückkehrt, nicht anders als er hineinging, so rinnen auch die Wasser derjenigen Sturmflut von ihm ab, welche hier das Festland der bürgerlichen Gesellschaft überspült, es zu unterhöhlen und zu zerreißen beginnt. Diese Figur des unbekannten Seemanns wandelt durch sämtliche »Milieus«, die der Roman vorführt, das aristokratisch-militärische, das der Kaufleute und das der Spekulanten, der »Gründer« und der Arbeiter, hindurch in vollkommener Integrität, als ein schemenhaftes Ferment zur Bindung der schon zersetzten Gesellschaft. Er versöhnt neues Bürgertum und alten Militäradel, indem die Generalstochter seine Frau wird, – immer aber als ein fast passives phantomatisches Bild, nicht als Handelnder. Und dasselbe Meer, dieselbe Sturmflut, die allegorisch für die Vernichtung der sozialen und ökonomischen Ordnung steht, die als apokalyptisches Losbrechen lang gestauter dämonischer Kräfte von ihm geweissagt worden war, – dieselbe Sturmflut scheint dann als Naturgewalt auf eine geheimnisvolle Weise mit dem Retter im Bunde: höchst sinnreich verschlingt sie – ein schweigsames Strafgericht ohne moralisches Räsonnement – die Frevler am Fundament des Kredits, die »Gründer« und Spekulanten, alle sittenlosen Dunkelmänner und machtgierigen Finanziers. Ohne moralisches Räsonnement – da die Natur hier von selber genau das Richtige tut: die Überlebenden, der Retter in ihrer Mitte, haben nur dem Schicksal zu danken, »welches in seine dunkle Tiefe zurückschlingt, was nimmer das Licht des Tages hätte sehen sollen«. Derart trägt das Genre über die Allegorie den Sieg davon. Eine gereinigte und geeinigte Welt steigt aus den Fluten – nein: die anderen, dem Bilde des Lotsen unablöslich zugehörigen Fluten scheiden sich ab von den dunkleren Wassern, deren zerstörende Macht, beschworen durch die Erscheinung des gefahrgewohnten Reinhold Schmidt, zurücksinkt, nachdem sie ihr Werk vollbracht hat. Dies heroische Genre bleibt das Zeichen, unter dem die Reorganisation und Versöhnung der Gesellschaft und die Wiederherstellung des Vertrauens beginnt. Das vordem als ferne Gegenwelt erblickte gefährliche Leben des Meeres wird eingeholt. Das Bild des Lotsen tritt aus seinem Rahmen, und in diesem neuen Dasein sind ihm – dem Bilde – die höchsten Aufgaben zugedacht, die zu lösen sind.

Alsbald erhält diese neu und kräftig umgehende Figur Zuzug. Die poetische Metaphorik der Freiheitskämpfer schlägt herein, aus großdeutsch-bürgerlicher Erinnerung im Reiche Bismarcks wiedererweckt. Der ›Gesang deutscher Männer‹ von 1812:

»Es heult der Sturm, es braust das Meer;
heran, ihr Sorgen, groß und schwer,
heran bei Wetter und Regen!
In unsern Adern jauchzt die Lust;
wir deutschen Männer, wir werfen die Brust
euch keck und kühn entgegen.«

Oder Ernst Moritz Arndts ›Naturreich der Freiheit‹, das schon die gleichen aufgeregten Elemente enthielt, in deren Mitte »Der Mann« einherzieht:

»Brauset, Winde, schäume, Meer!
Mir im Herzen braust es mehr.
Schlage, Unglückswetter, ein!
Mut will trotzig oben sein.
Schwillt die Flut ins Himmelshaus,
keine Anker wirft er aus;
schmettern Blitze, höllentief,
blickt sein freies Aug' nicht schief.«

Und hier schon, im Zustande der rein metaphorischen Landschaft, hält sich in allem Untergange – wie später jener Schiffbrüchige des Genrebildes – der abstrakt auftretende »Mut«, ein gegenstandsloses Selbstbewußtsein, schwebend durch wie ein Geist über apokalyptischen Wassern, das christliche Zeichen des Ankers verschmähend:

»Will die Welt zu Scheitern gehn,
Mut allein bleibt ruhig stehn;
ja, fällt selbst der Himmel ein –
Mut wird Gott mit Göttern sein!«

Derart umgaben sich die Träger der politischen Freiheit im Beginn des Jahrhunderts mit den Zeichen und Bildern vorgeschichtlicher, vormenschlicher Natur – Quellen, Strömen, Meer, Sturm und Fels –, sie aktivierten und aktualisierten den romantischen Ausblick und Rückblick ins Frühe in dem Drange, das ganz und gar Ungebändigte aufzubieten gegen die geschichtlichen Mächte, die sie auszuheben strebten. Ihre Taten wären anarchisch geblieben, wie diese ihre Sprache es meinte, wenn nicht Richtung und Grenze ihres Handelns ihnen von den faktischen Leitern des Krieges gegen Napoleon vorgeschrieben worden wären. Darum auch verblaßt späterhin diese Bildwelt, wo sie im Dienste der Nationalidee wieder aufkommt oder prägend weiterlebt, zum bloßen poetischen Vergleich: »Es braust ein Ruf *wie Donnerhall,* wie Schwertgeklirr und *Wogenprall*« oder auch »Haltet aus im Sturmgebraus«.

Diese Tradition des burschenschaftlichen und vaterländischen Liedes, das nun im Kaiserreich nach 1871 allgemein und sozusagen offiziell geworden ist, tritt zu dem triumphierenden Genre des Schiffbrüchigen oder Lotsen hinzu und bildet in neuer Funktion ein Moment in der

Figuration des legitimen, in das Gefühl der Bürger des Reichs aufgenommenen »gefährlichen Lebens«. Es ist die Paradoxie dieser Entwicklung, daß hier in der Tat das Meer ans Land gestiegen ist wie Spielhagens sturmgewohnter Lotse Schmidt ins Ministerium. Die schon lange ausschließlich national gewendete Sturmlandschaft der Freiheitskämpfer gab der ökonomisch-sozialen Einigung, zu der – wenn es erlaubt ist, die Romanfigur als gültiges Dokument symptomatisch zu deuten – jener Schmidt verhalf, die letzte Besiegelung.

## VI

Die Nachzeichnung dieser Entwicklung, die versucht worden ist, und die genauere Wiedererinnerung der großen Zeit, in welche das Bild von hoher See und Schiffbruch, von der Allegorie zum Genre übergehend, eintrat, mag dem Leser dienlich sein, jenen neueren philosophischen Gesinnungen, von denen ich eingangs sprach, den rechten Ort anzuweisen.

Wie nahe wir seiner Aufklärung aber auch kommen mögen, der Gedanke wird merkwürdig unheimlich bleiben: der Gedanke, daß diese heroischen Gemälde des gefährlichen Lebens, dies Lob des tragischen Scheiterns, das Hoffnung wegzuwerfen, Glück zu verachten scheint, sich in Wahrheit gerade als *Trostbilder* enthüllen, in welchen wirkliche Konflikte aufgefangen und mit welchen wirkliche Gefahren beschworen werden. Vielleicht ist der umkehrende Schluß erlaubt, daß dieser wirklichen Gefahren gerade derjenige ansichtig wird, der auf dem festen Lande mit allem Einsatz des Verstandes an seinem »Schneckenhause« baut? Oder sollten wir zu mehr nicht fähig sein, daß wir in solcher erstarrten Szenerie uns bergen müßten?

# Robert Musil
# Über die Dummheit
*[Ein Vortrag]*

Meine Damen und Herren!

Einer, so sich unterfängt, über die Dummheit zu sprechen, läuft heute Gefahr, auf mancherlei Weise zu Schaden zu kommen; es kann ihm als Anmaßung ausgelegt werden, es kann ihm sogar als Störung der zeitgenössischen Entwicklung ausgelegt werden. Ich selbst habe schon vor etlichen Jahren geschrieben: »Wenn die Dummheit nicht dem Fortschritt, dem Talent, der Hoffnung oder der Verbesserung zum Verwechseln ähnlich sähe, würde niemand dumm sein wollen.« Das ist 1931 gewesen; und niemand wird zu bezweifeln wagen, daß die Welt auch seither noch Fortschitte und Verbesserungen gesehen hat! So entsteht allmählich eine gewisse Unaufschieblichkeit der Frage: Was ist eigentlich Dummheit?

Ich möchte auch nicht außer acht lassen, daß ich als Dichter die Dummheit noch viel länger kenne, könnte ich doch sogar sagen, ich sei manches Mal in kollegialem Verhältnis zu ihr gestanden! Und sobald in der Dichtung ein Mann die Augen aufschlägt, sieht er sich überdies einem kaum beschreiblichen Widerstand gegenüber, der alle Formen annehmen zu können scheint: sei es persönliche, wie etwa die würdige eines Professors der Literaturgeschichte, der, gewohnt, auf unkontrollierbare Entfernungen zu zielen, in der Gegenwart unheilstiftend danebenschießt; sei es luftartig allgemeine, wie die der Umwandlung des kritischen Urteils durch das kaufmännische, seit Gott in seiner uns schwer begreiflichen Güte die Sprache des Menschen auch den Erzeugern von Tonfilmen verliehen hat. Ich habe früher schon ein oder das andere Mal mehr solcher Erscheinungen beschrieben; aber es ist nicht nötig, das zu wiederholen oder zu vervollständigen (und anscheinend wäre es sogar unmöglich angesichts eines Hanges zur Größe, den alles heute hat): es genügt, als sicheres Ergebnis hervorzuheben, daß sich die unkünstlerische Verfassung eines Volkes nicht erst in schlechten Zeiten und auf rüde Weise äußert, sondern auch schon in guten und auf jegliche Weise, so daß Bedrückung und Verbot nur dem Grade nach verschieden sind von Ehrendoktoraten, Akademieberufungen und Preisverteilungen.

Ich habe immer vermutet, daß dieser vielgestaltige Widerstand eines sich der Kunstliebe rühmenden Volkes gegen die Kunst und den feineren Geist nichts als Dummheit sei, vielleicht eine besondere Art davon, eine besondere Kunst- und vielleicht auch Gefühlsdummheit, jedenfalls aber so sich äußere, daß, was wir Schöngeistigkeit nennen, zugleich auch eine Schöndummheit wäre; und ich sehe auch heute nicht gerade viele Gründe, von dieser Auffassung abzugehen. Natürlich läßt sich nicht alles auf die Dummheit schieben, wovon ein so vollmenschliches Anliegen, wie es die Kunst ist, verunstaltet wird; es muß, wie besonders die Erfahrungen der letzten Jahre gelehrt haben, auch für die verschiedenen Arten der Charakterlosigkeit Platz bleiben. Aber nicht dürfte eingewendet werden, daß der Begriff der Dummheit hier nichts zu suchen habe, weil er sich auf den Verstand beziehe, und nicht auf Gefühle, die Kunst hingegen von diesen abhänge. Das wäre ein Irrtum. Selbst der ästhetische *Genuß* ist *Urteil* und Gefühl. Und ich bitte Sie um die Erlaubnis, dieser großen Formel, die ich Kant entlehnt habe, nicht nur die Erinnerung anfügen zu dürfen, daß Kant von einer ästhetischen *Urteils*kraft und einem Geschmacks*urteil* spricht, sondern auch gleich die Antinomien wiederholen zu dürfen, zu denen es führt:

Thesis: das Geschmacksurteil gründet sich nicht auf Begriffe, denn sonst ließe sich darüber disputieren (durch Beweis entscheiden).

Antithesis: Es gründet sich auf Begriffe, denn sonst ließe sich darüber nicht einmal streiten (eine Einstimmung anstreben).

Und nun möchte ich fragen, ob nicht ein ähnliches Urteil mit ähnlicher Antinomie auch der Politik zugrunde liege und dem Wirrsal des Lebens schlechthin? Und darf man nicht, wo Urteil und Vernunft zu Hause sind, auch ihre Schwestern und Schwesterchen, die verschiedenen Weisen der Dummheit, erwarten? So viel über deren Wichtigkeit. Erasmus von Rotterdam hat in seinem entzückenden und heute noch unverbrauchten ›Lob der Torheit‹ geschrieben, daß ohne gewisse Dummheiten der Mensch nicht einmal auf die Welt käme!

Ein Gefühl von der ebenso schamverletzenden wie gewaltigen Herrschaft der Dummheit über uns legen denn auch viele Menschen an den Tag, indem sie sich freundlich und konspiratorisch überrascht zeigen, sobald sie vernehmen, einer, dem sie Vertrauen schenken, habe vor, dieses Untier beim Namen zu beschwören. Diese Erfahrung habe ich nicht nur anfangs an mir selbst machen können, sondern habe bald auch ihre historische Geltung erfahren, als mir auf der Suche nach Vorgängern in der Bearbeitung der Dummheit – von denen mir auffallend wenige bekannt geworden sind; aber die Weisen ziehen es anscheinend vor, über die Weisheit zu schreiben! – von einem gelehrten Freund der Druck eines im Jahre 1866 gehaltenen Vortrags zugeschickt worden ist, der zum Verfasser Johann Eduard Erdmann, den Hegelschüler und Hallenser Professor, gehabt hat. Dieser Vortrag, der ›Über Dummheit‹ heißt, beginnt denn gleich damit, daß man schon seine Ankündigung lachend begrüßt habe; und seit ich weiß, daß das sogar einem Hegelianer widerfahren kann, bin ich überzeugt, daß es mit solchem Verhalten der Menschen zu denen, die über Dummheit sprechen wollen, eine besondere Bewandtnis hat, und befinde mich sehr unsicher in der Überzeugung, eine gewaltige und tief zwiespältige psychologische Macht herausgefordert zu haben.

Ich will darum auch lieber gleich meine Schwäche bekennen, in der ich mich ihr gegenüber befinde: ich weiß nicht, was sie ist. Ich habe keine Theorie der Dummheit entdeckt, mit deren Hilfe ich mich unterfangen könnte, die Welt zu erlösen; ja, ich habe nicht einmal innerhalb der Schranken wissenschaftlicher Zurückhaltung eine Untersuchung vorgefunden, die sie zu ihrem Gegenstande gemacht hätte, oder auch nur eine Übereinstimmung, die sich wohl oder übel bei der Behandlung verwandter Dinge in Ansehung ihres Begriffs ergeben hätte. Das mag an meiner Unkenntnis liegen, aber wahrscheinlicher ist es, daß die Frage: Was ist Dummheit? so wenig den heutigen Denkgepflogenheiten entspricht wie die Fragen, was Güte, Schönheit oder Elektrizität seien. Trotzdem zieht der Wunsch, sich diesen Begriff zu bilden und eine solche Vorfrage alles Lebens so nüchtern wie möglich zu beantworten, nicht wenig an; darum bin denn auch ich eines Tags der Frage anheimgefallen, was Dummheit wohl »wirklich« sei, und nicht, wie sie paradiere, was zu beschreiben weit eher meine Berufspflicht und -geschicklichkeit gewesen wäre. Und da ich mir weder auf dichterische Weise helfen wollte, noch es auf wissenschaftliche tun konnte, habe ich es auf das naivste versucht, wie es in solchen Fällen allemal naheliegt, indem ich einfach dem Gebrauch des Wortes dumm und seiner Familie nachging, die üblichsten Beispiele aufsuchte, und was ich gerade aufschrieb, aneinanderzubringen trachtete. Ein solches Verfahren hat leider immer etwas von einer Kohlweißlingsjagd an sich: Was man zu beobachten glaubt, verfolgt man zwar eine Weile, ohne es zu verlieren, aber da aus anderen Richtungen auf ganz gleichen Zickzackwegen auch andere, ganz ähnliche Schmetterlinge herankommen, weiß man bald nicht mehr, ob man noch hinter dem gleichen her sei. So werden also auch die Beispiele aus der Familie der Dummheit nicht immer unterscheiden lassen, ob sie noch wirklich urständlich zusammenhängen oder bloß äußerlich und unversehens die Betrachtung vom einen zum andren führen, und es wird nicht ganz einfach sein, sie unter einen Hut zu bringen, von dem sich sagen läßt, er gehöre wirklich zu einem Dummkopf.

Wie man beginnt, ist unter solchen Umständen aber nahezu einerlei, lassen Sie uns also irgendwie beginnen: Am besten wohl gleich bei der Anfangsschwierigkeit, daß jeder, der über Dummheit sprechen oder solchem Gespräch mit Nutzen beiwohnen will, von sich voraussetzen muß, daß er nicht dumm sei; und also zur Schau trägt, daß er sich für klug halte, obwohl es allgemein für ein Zeichen von Dummheit gilt, das zu tun! Geht man nun auf die Frage ein, warum es als dumm gelte, zur Schau zu tragen, daß man klug sei, so drängt sich zunächst eine Antwort auf, die den Staub von Urväterhausrat an sich zu haben scheint, denn sie meint, es sei vorsichtiger, sich nicht als klug zu zeigen. Es ist wahrscheinlich, daß diese tief mißtrauische, heute aufs erste gar nicht mehr verständliche Vorsicht noch aus Verhältnissen stammt, wo es für den Schwächeren wirklich klüger war, nicht für klug zu gelten: seine Klugheit konnte dem Starken ans Leben gehn! Dummheit hingegen lullt das Mißtrauen ein; sie »entwaffnet«, wie noch heutigentags gesagt wird. Spuren solcher alten Pfiffigkeit und Dummlistigkeit finden sich denn auch wirklich noch in Abhängigkeitsverhältnissen, wo die Kräfte so ungleich verteilt sind, daß der Schwächere sein Heil darin sucht, sich dümmer zu stellen als er ist; sie zeigen sich zum Beispiel als sogenannte Bauernschlauheit, dann im Verkehr von Dienstbo-

ten mit der bildungszüngigen Herrschaft, im Verhältnis des Soldaten zum Vorgesetzten, des Schülers zum Lehrer und des Kindes zu den Eltern. Es reizt den, der die Macht hat, weniger, wenn der Schwache nicht kann, als wenn er nicht will. Dummheit bringt ihn sogar »in Verzweiflung«, also unverkennbar in einen Schwächezustand!
Damit stimmt aufs trefflichste überein, daß ihm die Klugheit leicht »in Harnisch« bringt! Wohl wird sie am Unterwürfigen geschätzt, aber nur so lange, als sie mit bedingungsloser Ergebenheit verbunden ist. In dem Augenblick, wo ihr dieses Leumundszeugnis fehlt und es unsicher wird, ob sie dem Vorteil des Herrschenden dient, wird sie seltener klug genannt als unbescheiden, frech oder tückisch; und es entsteht oft ein Verhältnis, als ginge sie dem Herrschenden mindestens wider die Ehre und Autorität, auch wenn sie ihn nicht wirklich an seiner Sicherheit bedroht. In der Erziehung drückt sich das darin aus, daß ein aufsässiger begabter Schüler mit größerer Heftigkeit behandelt wird als ein aus Dumpfheit widerstrebender. In der Moral hat es zu der Vorstellung geführt, daß ein Wille um so böser sein müsse, je besser das Wissen sei, wider das er handle. Sogar die Justiz ist von diesem persönlichen Vorurteil nicht ganz unberührt geblieben und beurteilt die kluge Ausführung eines Verbrechens meist mit besonderer Ungunst als »raffiniert« und »gefühlsroh«. Und aus der Politik mag sich jeder die Beispiele holen, wo er sie findet.
Aber auch die Dummheit – so wird hier wohl eingewandt werden müssen – vermag zu reizen und besänftigt durchaus nicht unter allen Umständen. Um es kurz zu machen, sie erregt gewöhnlich Ungeduld, sie erregt in ungewöhnlichen Fällen aber auch Grausamkeit; und die Abscheu einflößenden Ausschreitungen dieser krankhaften Grausamkeit, die landläufig als Sadismus bezeichnet werden, zeigen oft genug dumme Menschen in der Rolle des Opfers. Offenbar rührt dies davon her, daß sie den grausamen leichter als anderen zur Beute fallen; aber es scheint auch damit zusammenzuhängen, daß ihre nach allen Seiten fühlbare Widerstandslosigkeit die Einbildung wild macht wie der Blutgeruch die Jagdlust und sie in eine Öde verlockt, wo die Grausamkeit beinahe bloß darum »zu weit« geht, weil sie an nichts mehr eine Grenze findet. Das ist ein Zug von Leiden am Leidenbringer selbst, eine Schwäche, die in seine Roheit eingebettet ist; und obwohl die bevorrechtete Empörung des beleidigten Mitgefühls es selten bemerken läßt,

so gehören doch auch zur Grausamkeit, wie zur Liebe, zwei, die zueinander passen! Das zu erörtern, wäre nun freilich wichtig genug in einer Menschheit, die von ihrer »feigen Grausamkeit gegen Schwächere« (und so lautet doch wohl auch die gebräuchlichste Begriffsumschreibung des Sadismus) so geplagt ist wie die gegenwärtige; aber in Ansehung des verfolgten Zusammenhangs nach seiner Hauptlinie und beim flüchtigen Einsammeln der ersten Beispiele muß wohl auch das, was davon gesagt worden, schon als Abschweifung gelten, und im ganzen ist davon nicht mehr zu gewinnen, als daß es dumm sein kann, sich klug zu preisen, aber auch nicht immer klug ist, den Ruf der Dummheit zu erwecken. Es läßt sich daran nichts verallgemeinern; oder die einzige Verallgemeinerung, die schon hier zulässig wäre, müßte die sein, daß es das klügste sei, sich in dieser Welt überhaupt so wenig wie möglich bemerkbar zu machen! Und wirklich ist dieser abschließende Strich unter alle Weisheit auch nicht gar selten gezogen worden. Noch öfter aber wird von dem menschenscheuen Ergebnis bloß halber oder nur sinnbildlich-stellvertretender Gebrauch gemacht, und dann führt es die Betrachtung in den Kreis der Bescheidenheitsgebote und noch umfassenderer Gebote ein, ohne daß sie den Bereich der Dummheit und Klugheit ganz zu verlassen hätte.

Sowohl aus Angst, dumm zu erscheinen, als auch aus der, den Anstand zu verletzen, halten sich viele Menschen zwar für klug, sagen es aber nicht. Und wenn sie sich doch gezwungen fühlen, davon zu sprechen, umschreiben sie es, indem sie etwa von sich sagen: »Ich bin *nicht dümmer* als andere.« Noch beliebter ist es, so unbeteiligt und sachlich wie möglich die Bemerkung anzubringen: »Ich darf von mir wohl sagen, daß ich eine normale Intelligenz besitze.« Und manchmal kommt die Überzeugnung von der eigenen Klugheit auch hintenherum zum Vorschein, so etwa in der Redensart: »Ich lasse mich nicht dumm machen!« Um so bemerkenswerter ist es, daß sich nicht nur der heimliche einzelne Mensch in seinen Gedanken als überaus klug und wohlausgestattet ansieht, sondern daß auch der geschichtlich wirkende Mensch von sich, sobald er die Macht dazu hat, sagt oder sagen läßt, daß er über alle Maßen klug, erleuchtet, würdig, erhaben, gnädig, von Gott auserlesen und zur Historie berufen sei. Ja, er sagt es auch von einem anderen gern, von dessen Widerspiegelung er sich bestrahlt fühlt. In Titeln und Anreden, wie Majestät, Eminenz, Exzellenz, Magnifizenz, Gnaden und ähnlichen hat sich das versteint erhalten und ist kaum noch von Bewußtsein beseelt; aber in voller Lebendigkeit zeigt es sich alsogleich wieder, wenn der Mensch heute als Masse spricht. Namentlich ein gewisser unterer Mittelstand des Geistes und der Seele ist dem Überhebungsbedürfnis gegenüber völlig schamlos, sobald er im Schutz der Partei, Nation, Sekte oder Kunstrichtung auftritt und Wir statt Ich sagen darf.

Mit einem Vorbehalt, wie er sich von selbst versteht und beiseite bleiben mag, läßt sich diese Überheblichkeit auch Eitelkeit nennen, und wirklich wird die Seele vieler Völker und Staaten heute von Gefühlen beherrscht, unter denen unleugbar die Eitelkeit einen vordersten Platz einnimmt; zwischen Dummheit und Eitelkeit besteht aber seit alters eine innige Beziehung, und vielleicht gibt sie einen Fingerzeig. Ein dummer Mensch wirkt gewöhnlich schon darum eitel, weil ihm die Klugheit fehlt, es zu verbergen; aber eigentlich bedarf es nicht erst dessen, denn die Verwandtschaft von Dummheit und Eitelkeit ist eine unmittelbare: ein eitler Mensch erweckt den Eindruck, daß er weniger leistet, als er könnte; er gleicht einer Maschine, die ihren Dampf an einer undichten Stelle entweichen läßt. Der alte Spruch: »Dummheit und Stolz wachsen auf einem Holz« meint nichts als das, ebenso wie der Ausdruck, daß Eitelkeit »verblende«. Es ist wirklich die Erwartung einer Minderleistung, was wir mit dem Beriff der Eitelkeit verbinden, denn das Wort »eitel« besagt in seiner Hauptbedeutung beinahe das gleiche wie »vergeblich«. Und diese Verminderung der Leistung wird auch dort erwartet, wo in Wahrheit Leistung ist: Eitelkeit und Talent sind ja nicht selten auch miteinander verbunden; aber wir empfangen dann den Eindruck, es könnte noch mehr geleistet werden, hinderte sich der Eitle nicht selbst daran. Diese zäh anhaftende Vorstellung der Leistungsverminderung wird sich später auch als die allgemeinste Vorstellung herausstellen, die wir von Dummheit haben.

Das eitle Verhalten wird aber bekanntlich nicht darum gemieden, weil es dumm sein kann, sondern vornehmlich auch als Störung des Anstands. »Eigenlob stinkt«, sagt ein Kernwort, und es bedeutet, daß Großsprecherei, viel von sich selbst zu reden und sich zu rühmen, nicht nur als unklug, sondern auch als unanständig gilt. Wenn ich nicht irre, gehören die davon verletzten Forderungen des Anstands zu den vielgestaltigen Geboten der Zurückhaltung und des Abstandhaltens, die dazu bestimmt sind, den Eigendünkel zu schonen, wobei vorausgesetzt wird, dieser sei in einem anderen nicht geringer als in einem selbst. Solche Distanzgebote richten sich auch gegen den Gebrauch zu offener Worte, regeln Gruß und Anrede, gestatten nicht, daß man einander ohne Entschuldigung widerspreche, oder daß ein Brief mit dem Worte Ich beginne, kurz, sie fordern die Beachtung gewisser Regeln, damit man einander nur nicht »zu nahe trete«. Ihre Aufgabe ist es, den Umgang auszugleichen und zu ebnen, die Nächsten- und Eigenliebe zu erleichtern und gleichsam auch eine mittlere Temperatur des menschlichen Verkehrs zu erhalten; und solche Vorschriften finden sich in jeder Gesellschaft vor, in der primitiveren sogar noch mehr als in der hochzivilisierten, ja auch die wortlose tierische kennt sie, was sich vielen ihrer Zeremonien leicht ablesen läßt. Im Sinne dieser Distanzgebote ist es aber nicht nur untersagt, sich selbst, sondern auch andere aufdringlich zu loben. Jemand ins Gesicht zu sagen, daß er ein Genie oder ein Heiliger sei, wäre fast ebenso ungeheuerlich, wie es von sich selbst zu behaupten; und sich selbst das Gesicht zu beschmieren und die Haare zu raufen, wäre nach heutigem Gefühl nicht besser, als einen andern zu beschimpfen. Man begnügt sich mit den Bemerkungen, daß man nicht gerade dümmer oder schlechter als andere sei, wie es denn auch vorhin schon erwähnt worden ist!

Es sind offenbar die maßlosen und zuchtlosen Äußerungen, worauf in geordneten Zuständen der Bann ruht. Und so vorhin von der Eitelkeit die Rede war, darin Völker und Parteien sich heute in Ansehung ihrer Erleuchtung überheben, muß jetzt nachgeholt werden, daß die sich auslebende Mehrzahl – geradeso wie der einzelne Größenwahnsinnige in seinen Tagträumen – nicht nur die Weisheit gepachtet hat, sondern auch die Tugend und sich tapfer, edel, unbesieglich, fromm und schön vorkommt; und daß in der Welt besonders ein Hang ist, daß sich die Menschen, wo sie in großer Zahl auftreten, alles gestatten, was ihnen einzeln verboten ist. Diese Vorrechte des groß gewordenen Wir machen heute geradezu den Eindruck, daß die zunehmende Zivilisierung und Zähmung der Einzelperson durch eine im rechten Verhältnis wachsende Entzivilisierung der Nationen, Staaten und Gesinnungsbünde ausgeglichen werden soll; und offenbar tritt darin eine Affektstörung, eine Störung des affektiven Gleichgewichts in Erscheinung, die im Grunde dem Gegensatz von Ich und Wir und auch aller moralischen Bewertung vorangeht. Aber ist das – wird man wohl fragen müssen – noch Dummheit, ja hängt es mit Dummheit auch nur auf irgendeine Art zusammen?

Verehrte Zuhörer! Niemand zweifelt daran! Aber lassen Sie uns lieber doch noch vor der Antwort an einem Beispiel, das nicht unliebenswürdig ist, Atem holen! Wir alle, wenn auch vornehmlich wir Männer, und besonders alle bekannten Schriftsteller, kennen die Dame, die uns durchaus den Roman ihres Lebens anvertrauen möchte und deren Seele sich anscheinend immer in interessanten Umständen befunden hat, ohne daß es zu einem Erfolg gekommen wäre, den sie vielmehr erst von uns erwartet. Ist diese Dame dumm? Irgend etwas aus der Fülle der Eindrücke Kommendes pflegt uns zuzuflüstern: Sie ist es! Aber die Höflichkeit wie auch die Gerechtigkeit erfordern die Einräumung, daß sie es nicht durchaus und immer ist. Sie spricht viel von sich, und sie spricht überhaupt viel. Sie urteilt sehr bestimmt und über alles. Sie ist eitel und unbescheiden. Sie belehrt uns oft. Sie ist gewöhnlich mit ihrem Liebesleben nicht in Ordnung, und überhaupt glückt ihr das Leben nicht so recht. Aber gibt es denn nicht andere Arten von Menschen, auf die alles oder das meiste davon auch zutrifft? Viel von sich zu sprechen, ist beispielsweise auch eine Unart der Egoisten, der Unruhigen und sogar einer Art von Schwermütigen. Und alles zusammen trifft vornehmlich auf die Jugend zu; bei der es geradezu unter die Wachstumserscheinungen gehört, viel von sich zu sprechen, eitel zu sein, belehrend und mit dem Leben nicht recht in Ordnung, mit einem Wort, genau die gleichen Abweichungen von Klugheit und Anstand aufzuweisen, ohne daß sie deshalb dumm wäre oder dümmer, als es auf natürliche Weise dadurch bedingt ist, daß sie – eben noch nicht klug geworden ist!

Meine Damen und Herren! Die Urteile des täglichen Lebens und seiner Menschenkunde treffen eben wohl meistens zu, gewöhnlich aber auch noch daneben. Sie sind nicht um einer richtigen Lehre willen entstanden, sondern stellen eigentlich bloß geistige Zustimmungs- und Abwehrbewegungen dar. Auch dieses Beispiel lehrt also nur, daß etwas dumm sein kann, aber es nicht sein muß, daß die Bedeutung mit der Verbindung wechselt, in der etwas auftritt, und daß die Dummheit dicht verwoben mit anderem ist, ohne daß irgendwo der Faden hervorstünde, der das Gewebe in einem Zug auftrennen läßt. Sogar die Genialität und die Dummheit hängen unlöslich zusammen, und daß es, bei Androhung der Strafe, für dumm zu gelten, verboten ist, viel zu reden und viel von sich zu reden, wird von der Menschheit auf eigentümliche Weise umgangen: durch den Dichter. Er darf im Namen der Menschlichkeit erzählen, daß es ihm geschmeckt hat, oder daß die Sonne am Himmel steht, darf sich selbst offenbaren, Geheimnisse ausplaudern, Geständnisse machen, rücksichtslos persönliche Rechenschaft ablegen (wenigstens halten viele Dichter darauf!); und alles das sieht ganz so aus, als ob sich die Menschheit da in einer Ausnahme etwas gestattet, was sie sich sonst verböte. Sie spricht auf diese Weise unablässig von sich selbst und hat mit Hilfe des Dichters die gleichen Geschichten und Erlebnisse schon millionenmal erzählt, bloß die Umstände abwandelnd, ohne daß irgendein Fortschritt und Sinnesgewinn für sie hervorgekommen wäre: sollte sie da, im Gebrauch, den sie von ihrer Dichtung macht, und in deren Anpassung an diesen Gebrauch, nicht am Ende auch der Dummheit verdächtig sein? Ich, für meine Person, halte das keineswegs für unmöglich!

Zwischen den Anwendungsbereichen der Dummheit und der Unmoral – letzteres Wort in dem heute nicht üblichen weiteren Sinn verstanden, der beinahe das gleiche wie Ungeistigkeit, aber nicht Unverständigkeit, ist – besteht jedenfalls eine verwickelte Identität und Verschiedenheit. Und dieses Zusammengehören ist ohne Zweifel ähnlich, wie es Johann Eduard Erdmann an einer bedeutenden Stelle seines vorhin erwähnten Vortrags mit den Worten ausgedrückt hat, daß die Roheit »die Praxis der Dummheit« sei. Er sagte: »Worte sind ... nicht die einzige Erscheinung eines Geisteszustandes. Derselbe offenbart sich auch in Handlungen. So auch die Dummheit. Das Dumm- nicht nur sein, sondern handeln, das Dummheiten begehen« – also die Praxis der Dummheit – »oder die Dummheit in Action, nennen wir Roheit.« Diese gewinnende Behauptung lehrt nun nicht weniger, als daß Dummheit ein Gefühlsfehler sei – denn Roheit ist doch einer! Und das führt geradeswegs in die Richtung jener »Affektstörung« und »Störung des affektiven Gleichgewichts« zurück, die andeutungsweise schon erwähnt werden konnte, ohne daß sie eine Erklärung gefunden hätte. Auch die in Erdmanns Worten liegende Erklärung kann mit der Wahrheit nicht ganz übereinstimmen, denn abgesehen davon, daß sie bloß auf den rohen, ungeschliffenen einzelnen Menschen im Gegensatz zur »Bildung« gezielt hat und keineswegs alle Anwendungsformen der Dummheit umfaßt, ist doch auch die Roheit nicht bloß eine Dummheit, und die Dummheit nicht bloß eine Roheit, und es bleibt darum an dem Verhältnis von Affekt und Intelligenz, wenn sie sich zur »angewandten Dummheit« vereinen, noch manches zu erklären, das erst, und am besten wohl wieder an Beispielen, hervorgekehrt werden muß.

Sollen dabei die Umrisse des Begriffes der Dummheit richtig hervortreten, ist es vor allem anderen nötig, das Urteil zu lockern, daß die Dummheit bloß oder vornehmlich ein Mangel an Verstand sei; wie denn auch schon erwähnt worden ist, daß die allgemeinste Vorstellung, die wir von ihr haben, die des Versagens bei den verschiedensten Tätigkeiten, die des körperlichen und geistigen Mangels schlechthin zu sein scheint. Es gibt dafür in unseren heimischen Mundarten ein ausdrucksvolles Beispiel, die Bezeichnung der Schwerhörigkeit, also eines körperlichen Fehlers, mit dem Worte »derisch« oder »terisch«, das wohl »törisch« heißt und damit der Dummheit nahesteht. Denn genau so wie da wird der Vorwurf der Dummheit volksmäßig auch sonst gebraucht. Wenn ein Wettkämpfer im entscheidenden Augenblick nachläßt oder einen Fehler begeht, sagt er nachher: »Ich bin wie vernagelt gewesen!« oder: »Ich weiß nicht, wo ich meinen Kopf gehabt hab'!«, obgleich der Anteil des Kopfes am Schwimmen oder Boxen immerhin als unscharf begrenzt gelten darf. Ebenso wird unter Knaben und Sportbrüdern einer, der sich ungeschickt anstellt, dumm heißen, auch wenn er ein Hölderlin ist. Auch gibt es geschäftliche Verhältnisse, unter denen ein Mensch, der nicht listig und gewissenlos ist, als dumm gilt! Alles in allem sind das die Dummheiten zu älteren Klugheiten als der, die heute öffentlich in Ehren steht; und wenn ich gut unterrichtet bin, sind in der altgermanischen Zeit nicht nur die moralischen Vorstellungen, sondern auch die Begriffe von dem, was kundig, erfahren, weise ist, also die intellektuellen Begriffe in Beziehung zu Krieg und Kampf gestanden. So hat jede Klugheit ihre Dummheit, und sogar die Tierpsychologie hat in ihren Intelligenzprüfungen herausgefunden, daß sich jedem »Typus von Leistung« ein »Typus von Dummheit« zuordnen lasse.
Wollte man darum einen allgemeinsten Begriff der Klugheit suchen, so ergäbe sich aus diesen Vergleichen etwa der Begriff der Tüchtigkeit, und alles, was untüchtig ist, könnte dann gelegentlich auch dumm hei-

ßen; in Wirklichkeit ist es auch dann so, wenn die zu einer Dummheit gehörende Tüchtigkeit nicht wörtlich als Klugheit angesprochen wird. Welche Tüchtigkeit dabei im Vordergrund steht und zu einer Zeit den Begriff der Klugheit und Dummheit mit ihrem Inhalt erfüllt, hängt von der Form des Lebens ab. In Zeiten persönlicher Unsicherheit werden sich List, Gewalt, Sinnesschärfe und körperliche Geschicklichkeit im Begriff der Klugheit ausprägen, in Zeiten vergeistigter – mit den leider nötigen Einschränkungen läßt sich auch sagen: – bürgerlicher Lebensgesinnung tritt die Kopfarbeit an ihre Stelle. Richtiger gesagt, es sollte das die höhere Geistesarbeit tun, aber im Gang der Dinge ist daraus das Übergewicht der Verstandesleistung geworden, das der geschäftigen Menschheit in das leere Gesicht unter der harten Stirn geschrieben steht; und so ist es gekommen, daß heute Klugheit und Dummheit, als könnte es gar nicht anders sein, bloß auf den Verstand und die Grade seiner Tüchtigkeit bezogen werden, obwohl das mehr oder minder einseitig ist.

Die mit dem Wort dumm von Ursprung verbundene allgemeine Vorstellung der Untüchtigkeit – sowohl in der Bedeutung der Untüchtigkeit zu allem als auch in der Bedeutung jeder beliebigen Untüchtigkeit – hat denn auch eine recht eindrückliche Folge, nämlich die, daß »dumm« und »Dummheit«, weil sie die generelle Unfähigkeit bedeuten, gelegentlich für jedes Wort einspringen können, das eine besondere bezeichnen soll. Das ist einer der Gründe, warum der gegenseitige Vorwurf der Dummheit heute so ungeheuerlich verbreitet ist. (In andrem Zusammenhang auch die Ursache davon, daß sich der Begriff so schwer abgrenzen läßt, wie unsere Beispiele gezeigt haben.) Man sehe sich die Bemerkungen an, die sich an den Rändern anspruchsvollerer Romane vorfinden, die längere Zeit im fast anonymen Leihbüchereiverkehr gestanden sind; hier, wo der Leser mit dem Dichter allein ist, drückt sich sein Urteil mit Vorliebe in dem Wort »dumm!« aus oder in dessen Äquivalenten, wie »blöd!«, »Unsinn!«, »unaussprechliche Dummheit!« und ähnlichem. Und ebenso sind das die ersten Worte der Empörung, wenn der Mensch in Theateraufführungen oder Bilderausstellungen gegen den Künstler in Masse auftritt und Anstoß nimmt. Auch des Wortes »Kitsch« wäre hier zu gedenken, das als erstes Urteil unter Künstlern selbst so beliebt ist wie kein anderes; ohne daß sich aber, wenigstens meines Wissens nicht, sein Begriff bestimmen und seine Verwendbarkeit erklären ließe, es sei denn durch das Zeitwort »verkitschen«, das in mundartlichem Gebrauch soviel besagt wie »unter dem Preis abgeben« oder »verschleudern«. »Kitsch« hat also die Bedeutung von zu billiger oder Schleuderware, und ich glaube wohl, daß sich dieser Sinn, natürlich ins Geistige übertragen, jedesmal unterlegen läßt, wo das Wort unbewußt richtig gebraucht wird.

Da Schleuderware, Kram hauptsächlich nach der mit ihnen verbundenen Bedeutung von untüchtiger, untauglicher Ware in das Wort eingehen, die Untüchtigkeit und Untauglichkeit aber auch die Grundlage für den Gebrauch des Wortes dumm bildet, ist es kaum eine Übertreibung zu behaupten, daß wir geneigt sind, alles, was uns nicht recht ist – zumal wenn wir es, abgesehen davon, als hoch- oder schöngeistig zu achten vorgeben! – als »irgendwie dumm« anzusprechen. Und zur Bestimmung dieses »Irgendwie« ist es bedeutsam, daß der Gebrauch der Dummheitsausdrücke innig durchdrungen wird von einem zweiten, der die ebenso unvollkommenen Ausdrücke für das Gemeine und sittlich Widerwärtige umfaßt, was den Blick zu etwas zurückleitet, das ihm schon einmal aufgefallen ist, zu der Schicksalsgemeinschaft der Begiffe »dumm« und »unanständig«. Denn nicht nur »Kitsch«, der ästhetische Ausdruck intellektueller Herkunft, sondern auch die moralischen Worte »Dreck!«, »widerlich!«, »scheußlich!«, »krankhaft!«, »frech!« sind kernhaft-unentwickelte Kunstkritiken und Urteile über das Leben. Vielleicht enthalten diese Ausdrücke aber noch eine geistige Anstrengung, einen Unterschied an Bedeutung, auch wenn sie unterschiedslos benutzt werden; dann springt als letztes für sie der wirklich schon halb sprachlose Ausruf »Solch eine Gemeinheit!« ein, der alles andere ersetzt und sich mit dem Ausruf »Solch eine Dummheit!« in die Herrschaft der Welt zu teilen vermag. Denn offenbar ist es so, daß diese beiden Worte gelegentlich für alle anderen einspringen können, weil »dumm« die Bedeutung der generellen Untüchtigkeit und »gemein« die der generellen Sittenverletzung angenommen hat; und belauscht man, was Menschen heute übereinander sagen, so scheint es, daß das Selbstporträt der Menschheit, wie es unbeaufsichtigt aus gegenseitigen Gruppenaufnahmen entsteht, durchaus nur aus den Abwandlungen dieser beiden mißfarbenen Worte gemischt ist!

Vielleicht lohnt es sich, darüber nachzudenken. Sonder Zweifel stellen sie beide die unterste Stufe eines nicht zur Ausbildung gelangenden

Urteils, eine noch völlig ungegliederte Kritik dar, die wohl fühlt, etwas sei falsch, aber nicht anzugeben vermag, was. Der Gebrauch dieser Worte ist der schlichteste und der schlechteste abwehrende Ausdruck, der sich finden läßt, er ist der Anfang einer Erwiderung und schon auch ihr Ende. Das hat etwas von einem »Kurzschluß« an sich und wird besser verständlich, wenn berücksichtigt wird, daß Dumm und Gemein, was immer sie bedeuten mögen, auch als Schimpfworte benutzt werden. Denn die Bedeutung von Schimpfworten liegt bekanntlich nicht so sehr an ihrem Inhalt als an ihrem Gebrauch; und viele unter uns mögen die Esel lieben, werden aber beleidigt sein, wenn man sie einen nennt. Das Schimpfwort vertritt nicht, was es vorstellt, sondern ein Gemisch von Vorstellungen, Gefühlen und Absichten, das es nicht im mindesten auszudrücken, sondern nur zu signalisieren vermag. Nebenbei bemerkt, ist ihm das mit den Mode- und Fremdworten gemeinsam, weshalb solche unentbehrlich erscheinen, auch wenn sie sich vollkommen ersetzen ließen. Aus diesem Grunde ist an Schimpfworten auch etwas unvorstellbar Aufregendes, das wohl mit ihrer Absicht übereinstimmt, aber nicht mit ihrem Inhalt; und am deutlichsten zeigt sich das vielleicht an den Hänsel- und Neckworten der Jugend: ein Kind kann »Busch!« oder »Moritz!« sagen und damit ein anderes auf Grund geheimer Beziehungen in Raserei versetzen.

Was sich so von den Schimpf-, Neck-, Mode- und Fremdworten sagen läßt, läßt sich sicher aber auch von den Witz-, Schlag- und Liebesworten sagen; und das Gemeinsame aller dieser, sonst so ungleichartigen, Worte ist es, daß sie im Dienst eines Affekts stehn und daß es gerade ihre Ungenauigkeit und ihre Unsachlichkeit sind, was sie im Gebrauch befähigt, ganze Bereiche besser zutreffender, sachlicher und richtiger Worte zu verdrängen. Offenbar besteht im Leben manchmal ein Bedürfnis darnach, und sein Wert soll ihm gelassen werden; aber dumm, sozusagen die gleichen Wege wandelnd wie die Dummheit, ist es ohne Zweifel, was in solchen Fällen geschieht; dieser Zusammenhang läßt sich am deutlichsten an einem Haupt- und Staatsbeispiel der Kopflosigkeit, an der Panik studieren. Wenn etwas auf einen Menschen einwirkt, das zu stark für ihn ist, sei es ein jäher Schreck oder ein anhaltender seelischer Druck, so kommt es vor, daß dieser Mensch plötzlich »etwas Kopfloses« tut. Er kann zu brüllen beginnen, im Grunde nicht anders, als es ein Kind macht, kann »blindlings« vor einer Gefahr davonlaufen oder sich ebenso blindlings in die Gefahr stürzen, eine berstende Neigung zum Zerstören, zum Schimpfen oder zum Jammern kann ihn erfassen. Alles in allem wird er an Stelle einer zweckmäßigen Handlung, die von seiner Lage gefordert würde, eine Fülle anderer hervorbringen, die scheinbar immer, allzu oft aber auch wirklich zwecklos, ja zweckwidrig sind. Man kennt diese Art des Widerspiels am besten durch den »panischen Schreck«; aber wenn das Wort nicht zu eng verstanden wird, läßt sich auch von Paniken der Wut, der Gier und sogar der Zärtlichkeit sprechen, wie denn auch überall dort, wo sich ein Aufregungszustand auf eine ebenso lebhafte wie blinde und sinnlose Weise nicht genugtun kann. Daß es eine Panik der Tapferkeit gebe, die sich von der der Angst bloß durch die umgekehrte Wirkungsrichtung unterscheide, ist von einem ebenso geistvollen wie tapferen Mann bereits längst bemerkt worden.

Psychologisch wird das, was sich beim Eintreten einer Panik abspielt, als ein Aussetzen der Intelligenz, und überhaupt der höheren geistigen Artung, angesehen, an deren Stelle älteres seelisches Getriebe zum Vorschein kommt; aber es darf wohl hinzugefügt werden, daß mit der Lähmung und Abschnürung des Verstandes in solchen Fällen nicht sowohl ein Hinabsinken zum instinktiven Handeln vor sich geht als vielmehr eines, das durch diesen Bereich hindurch bis zu einem Instinkt der letzten Not und einer letzten Notform des Handelns führt. Diese Handlungsweise hat die Form völliger Verwirrung, sie ist planlos und scheinbar von der Vernunft wie von jedem rettenden Instinkt verlassen; aber ihr unbewußter Plan ist der, die Qualität der Handlungen durch deren Zahl zu ersetzen, und ihre nicht geringe List beruht auf der Wahrscheinlichkeit, daß sich unter hundert blinden Versuchen, die Nieten sind, auch ein Treffer findet. Ein Mensch in seiner Kopflosigkeit, ein Insekt, das so lange gegen die geschlossene Fensterhälfte stößt, bis es durch Zufall bei der geöffneten ins Freie »stürzt«, sie tun in Verwirrung nichts anderes, als es mit berechnender Überlegung die Kriegstechnik tut, wenn sie ein Ziel mit einer Feuergarbe oder mit Streufeuer »eindeckt«, ja schon wenn sie ein Schrapnell oder eine Granate anwendet.

Mit anderen Worten heißt das, ein gezieltes Handeln durch ein voluminöses vertreten zu lassen, und nichts ist so menschlich, wie die Beschaffenheit von Worten oder Handlungen durch deren Menge zu ersetzen. Nun ist an dem Gebrauch undeutlicher Worte aber etwas sehr dem Gebrauch vieler Worte Ähnliches, denn je undeutlicher ein Wort ist, um so größer ist der Umfang dessen, worauf es bezogen werden kann; und von der Unsachlichkeit gilt das gleiche. Sind diese dumm, so ist Dummheit durch sie mit dem Zustand der Panik verwandt, und auch der übermäßige Gebrauch dieses Vorwurfs und seinesgleichen wird einem seelischen Rettungsversuch mit archaisch-primitiven – und, wie wohl mit Recht gesagt werden kann, krankhaften – Methoden nicht allzu fernstehen. Und wirklich läßt sich an dem rechten Gebrauch des Vorwurfs, etwas sei wahrhaftig eine Dummheit oder eine Gemeinheit, nicht nur ein Aussetzen der Intelligenz erkennen, sondern auch die blinde Neigung zum sinnlosen Zerstören oder Flüchten. Diese Worte sind nicht nur Schimpfworte, sondern sie vertreten einen ganzen Schimpfanfall. Wo etwas bloß noch durch sie ausgedrückt werden kann, ist die Tätlichkeit nahe. Auf früher erwähnte Beispiele zurückzukommen, Bilder werden in solchen Fällen mit Regenschirmen angegriffen (noch dazu an Stelle dessen, der sie gemalt hat), Bücher werden, als ließen sie sich so entgiften, zur Erde geschleudert. Aber auch der entmächtigende Druck ist vorhanden, der dem vorangeht und von dem es befreien soll: man »erstickt fast« an seinem Ärger; »kein Wort genügt«, außer eben den allgemeinsten und sinnärmsten; es bleibt einem »die Sprache weg«, man muß sich »Luft schaffen«. Das ist der Grad der Sprachlosigkeit, ja Gedankenlosigkeit, der dem Zerbersten vorangeht! Er bedeutet einen schweren Zustand der Unzulänglichkeit, und schließlich wird der Ausbruch dann gewöhnlich mit den tief durchsichtigen Worten eingeleitet, daß einem »endlich etwas *zu* dumm geworden« sei. Dieses Etwas aber ist man selbst. In Zeiten, wo große, zupackende Tatkraft sehr geschätzt wird, ist es notwendig, sich auch an das zu erinnern, was ihr manchmal zum Verwechseln ähnlich sieht.

Meine Damen und Herren! Man spricht heute vielfach von einer Vertrauenskrise der Humanität, einer Krise des Vertrauens, das bis jetzt noch in die Menschlichkeit gesetzt wird; sie ließe sich auch eine Panik nennen, die im Begriffe ist, an die Stelle der Sicherheit zu treten, daß wir imstande seien, unsere Angelegenheiten in Freiheit und mit Vernunft zu führen. Und wir dürfen uns nicht darin täuschen, daß diese beiden sittlichen, und auch sittlich-künstlerischen Begriffe, Freiheit und Vernunft, die als Wahrzeichen der Menschenwürde aus dem klassischen Zeitalter der deutschen Weltbürgerlichkeit auf uns gekommen sind, schon seit der Mitte des 19. Jahrhunderts oder einem wenigen später nicht mehr so ganz bei Gesundheit gewesen sind. Sie sind allmählich »außer Kurs« gekommen, man hat nichts mehr mit ihnen »anzufangen« gewußt, und daß man sie einschrumpfen ließ, ist weniger der Erfolg ihrer Gegner als der ihrer Freunde gewesen. Wir dürfen uns also auch nicht darin täuschen, daß wir, oder die nach uns, wohl nicht zu diesen unveränderten Vorstellungen zurückkehren werden; unsere Aufgabe, und der Sinn der dem Geist auferlegten Prüfungen, wird es vielmehr sein – und das ist die so selten begriffene schmerzlich-hoffnungsvolle Aufgabe eines jeden Zeitgeschlechts – den immer nötigen, ja sehr erwünschten Übergang zum Neuen mit möglichst geringen Verlusten zu vollziehen! Und um so mehr, als man den Übergang auf bewahrend-veränderte Ideen, der zur rechten Zeit stattfinden muß, verabsäumt hat, bedarf man bei solchem Tun helfender Vorstellungen von dem, was dumm ist. Welcher Begriff oder Teilbegriff der Dummheit läßt sich aber bilden, wenn der des Verstandes und der Weisheit wankt? Wie sehr sich die Anschauungen mit den Zeiten ändern, dafür möchte ich als ein kleines Beispiel bloß anführen, daß in einem ehedem sehr bekannten psychiatrischen Lehrbuch die Frage: »Was ist Gerechtigkeit?« und die Antwort darauf: »Daß der *andere* bestraft wird!« als ein Fall von Imbezillität angeführt werden, wogegen sie heute die Grundlage einer viel erörterten Rechtsauffassung bilden. Ich fürchte also, daß sich selbst die bescheidensten Ausführungen nicht werden abschließen lassen, ohne auf einen von zeitlichen Wandlungen unabhängigen Kern wenigstens hinzudeuten. So ergeben sich noch einige Fragen und Bemerkungen.

Ich habe kein Recht, als Psychologe aufzutreten, und will es auch nicht tun, aber wenigstens einen flüchtigen Blick in diese Wissenschaft zu werfen, ist wohl das erste, wovon man sich in unserem Fall Hilfe erhoffen wird. Die ältere Psychologie hat zwischen Empfindung, Wille, Gefühl und Vorstellungsvermögen oder Intelligenz unterschieden, und für sie ist es klar gewesen, daß Dummheit ein geringer Grad von Intelligenz sei. Die heutige Psychologie hat die elementare Unterscheidung der Seelenvermögen aber ihrer Wichtigkeit entkleidet, hat die gegenseitige Abhängigkeit und Durchdringung der verschiedenen Leistungen der Seele erkannt und – hat damit die Antwort auf die Frage, was Dummheit psychologisch bedeute, viel weniger einfach gemacht. Es gibt natürlich eine bedingte Selbständigkeit der Verstandesleistung auch nach heutiger Auffassung, doch sind dabei selbst in den ruhigsten Verhältnissen Aufmerksamkeit, Auffassung, Gedächtnis und anderes, ja beinahe alles, was dem Verstand angehört, wahrscheinlich auch von den Eigenschaften des Gemüts abhängig; wozu dann überdies noch im bewegten Erleben ebenso wie im durchgeistigten eine zweite Durchdringung von Intelligenz und Affekt kommt, die schier unlöslich ist. Und diese Schwierigkeit, Verstand und Gefühl im Begriff der Intelligenz auseinanderzuhalten, spiegelt sich natürlich auch im Begriff der Dummheit wider; und wenn zum Beispiel von der medizinischen Psychologie das Denken geistesschwacher Menschen mit Worten beschrieben wird wie: arm, ungenau, unfähig der Abstraktion, unklar, langsam, ablenkbar, oberflächlich, einseitig, steif, umständlich, überbeweglich, zerfahren, so läßt sich ohneweiters erkennen, daß diese Eigenschaften teils auf den Verstand, teils auf das Gefühl hinweisen. Man darf also wohl sagen: Dummheit und Klugheit hängen sowohl vom Verstand als auch vom Gefühl ab; und ob das eine oder das andere mehr, ob zum Beispiel bei der Imbezillität die Schwäche der Intelligenz »im Vordergrund steht« oder bei manchem angesehenen moralischen Rigoristen die Lahmheit des Gefühls, das mag den Fachleuten überlassen bleiben, indes wir Laien uns auf etwas freiere Weise behelfen müssen.

Im Leben versteht man unter einem dummen Menschen gewöhnlich einen, der »ein bißchen schwach im Kopf« ist. Außerdem gibt es aber auch die verschiedenartigsten geistigen und seelischen Abweichungen, von denen selbst eine unbeschädigt eingeborene Intelligenz so behindert und durchkreuzt und irregeführt werden kann, daß es im ganzen auf etwas hinausläuft, wofür dann die Sprache wieder nur das Wort Dummheit zur Verfügung hat. Dieses Wort umfaßt also zwei im Grunde sehr verschiedene Arten: eine ehrliche und schlichte Dummheit und eine andere, die, ein wenig paradox, sogar ein Zeichen von Intelligenz ist. Die erste beruht eher auf einem schwachen Verstand, die letztere eher auf einem Verstand, der bloß im Verhältnis zu irgend etwas zu schwach ist, und diese ist die weitaus gefährlichere.

Die ehrliche Dummheit ist ein wenig schwer von Begriff und hat, was man eine »lange Leitung« nennt. Sie ist arm an Vorstellungen und Worten und ungeschickt in ihrer Anwendung. Sie bevorzugt das Gewöhnliche, weil es sich ihr durch seine öftere Wiederholung fest einprägt, und wenn sie einmal etwas aufgefaßt hat, ist sie nicht geneigt, es sich so rasch wieder nehmen zu lassen, es analysieren zu lassen oder selbst daran zu deuteln. Sie hat überhaupt nicht wenig von den roten Wangen des Lebens! Zwar ist sie oft unbestimmt in ihrem Denken, und die Gedanken stehen ihr vor neuen Erfahrungen leicht ganz still, aber dafür hält sie sich auch mit Vorliebe an das sinnlich Erfahrbare, das sie gleichsam an den Fingern abzählen kann. Mit einem Wort, sie ist die liebe »helle Dummheit«, und wenn sie nicht manchmal auch so leichtgläubig, unklar und zugleich so unbelehrbar wäre, daß es einen zur Verzweiflung bringen kann, so wäre sie eine überaus anmutige Erscheinung.
Ich mag mir nicht versagen, diese Erscheinung noch mit einigen Beispielen auszuzieren, die sie auch von anderen Seiten zeigen und die ich Bleulers ›Lehrbuch der Psychiatie‹ entnommen habe: Ein Imbeziller drückt, was wir mit der Formel »Arzt am Krankenbett« abtäten, mit den Worten aus: »Ein Mann, der hält dem andern die Hand, der liegt im Bett, dann steht da eine Nonne.« Es ist die Ausdrucksweise eines malenden Primitiven! Eine nicht ganz klare Magd betrachtet es als schlechten Scherz, wenn man ihr zumutet, sie solle ihr Erspartes der Kasse übergeben, wo es Zinsen trage: So dumm werde niemand sein, ihr noch etwas dafür zu bezahlen, daß er ihr das Geld aufbewahre! gibt sie zur Antwort; und es drückt sich darin eine ritterliche Gesinnung aus, ein Verhältnis zum Geld, das man vereinzelt noch in meiner Jugend an vornehmen alten Leuten hat wahrnehmen können! Einem dritten Imbezillen endlich wird es symptomatisch aufgeschwärzt, daß er behauptet, ein Zweimarkstück sei weniger wert als ein Markstück und zwei halbe, denn – so lautet seine Begründung: man müsse es wechseln, und dann bekäme man zuwenig heraus! Ich hoffe, nicht der einzige Imbezille in diesem Saal zu sein, der dieser Werttheorie für Menschen, die beim Wechseln nicht aufpassen können, herzlich zustimmt!
Um aber nochmals auf das Verhältnis zur Kunst zurückzukehren, die schlichte Dummheit ist wirklich oft eine Künstlerin. Statt auf ein Reizwort mit einem anderen Wort zu erwidern, wie es in manchen Experi-

menten einstens sehr üblich war, gibt sie gleich ganze Sätze zur Antwort, und man mag sagen, was man will, die Sätze haben etwas wie Poesie in sich! Ich wiederhole, indem ich zuerst das Reizwort nenne, einige von solchen Antworten:

»Anzünden: Der Bäcker zündet das Holz an.
Winter: Besteht aus Schnee.
Vater: Der hat mich einmal die Treppe hinuntergeworfen.
Hochzeit: Dient zur Unterhaltung.
Garten: In dem Garten ist immer schönes Wetter.
Religion: Wenn man in die Kirche geht.
Wer war Wilhelm Tell: Man hat ihn im Wald gespielt; es waren verkleidete Frauen und Kinder dabei.
Wer war Petrus: Er hat dreimal gekräht.«

Die Naivität und große Körperlichkeit solcher Antworten, der Ersatz höherer Vorstellungen durch das Erzählen einer einfachen Geschichte, das wichtige Erzählen von Überflüssigem, von Umständen und Beiwerk, dann wieder das abkürzende Verdichten wie in dem Petrus-Beispiel, das sind uralte Praktiken der Dichtung; und wenn ich auch glaube, daß ein Zuviel davon, wie es recht in Schwang ist, den Dichter dem Idioten annähert, so ist doch auch das Dichterische in diesem nicht zu verkennen, und es fällt ein Licht darauf, daß der Idiot in der Dichtung mit einer eigentümlichen Freude an seinem Geist dargestellt werden kann.

Zu dieser ehrlichen Dummheit steht nun die anspruchsvolle höhere in einem wahrhaft nur zu oft schreienden Gegensatz. Sie ist nicht sowohl ein Mangel an Intelligenz als vielmehr deren Versagen aus dem Grunde, daß sie sich Leistungen anmaßt, die ihr nicht zustehen; und sie kann alle schlechten Eigenschaften des schwachen Verstandes an sich haben, hat aber außerdem auch noch alle die an sich, die ein nicht im Gleichgewicht befindliches, verwachsenes, ungleich bewegliches, kurz, ein jedes Gemüt verursacht, das von der Gesundheit abweicht. Weil es keine »genormten« Gemüter gibt, drückt sich, richtiger gesagt, in dieser Abweichung ein ungenügendes Zusammenspiel zwischen den Einseitigkeiten des Gefühls und einem Verstand aus, der zu ihrer Zügelung nicht hinreicht. Diese höhere Dummheit ist die eigentliche Bildungskrankheit (aber um einem Mißverständnis entgegenzutreten: sie bedeutet Unbildung, Fehlbildung, falsch zustande gekommene Bildung, Mißverhältnis zwischen Stoff und Kraft der Bildung), und sie zu beschreiben, ist beinahe eine unendliche Aufgabe. Sie reicht bis in die höchste Geistigkeit; denn ist die echte Dummheit eine stille Künstlerin, so die intelligente das, was an der Bewegtheit des Geisteslebens, vornehmlich aber an seiner Unbeständigkeit und Ergebnislosigkeit mitwirkt. Schon vor Jahren habe ich von ihr geschrieben: »Es gibt schlechterdings keinen bedeutenden Gedanken, den die Dummheit nicht anzuwenden verstünde, sie ist allseitig beweglich und kann alle Kleider der Wahrheit anziehen. Die Wahrheit dagegen hat jeweils nur ein Kleid und einen Weg und ist immer im Nachteil.« Die damit angesprochene Dummheit ist keine Geisteskrankheit, und doch ist sie die lebensgefährlichste, die dem Leben selbst gefährliche Krankheit des Geistes.

Wir sollten sie gewiß jeder schon in uns verfolgen, und nicht erst an ihren großen geschichtlichen Ausbrüchen erkennen. Aber woran sie erkennen? Und welches unverkennbare Brandmal ihr aufdrücken?! Die Psychiatrie benutzt heute als Hauptkennzeichen für die Fälle, die sie angehen, die Unfähigkeit, sich im Leben zurechtzufinden, das Versagen vor allen Aufgaben, die es stellt, oder auch plötzlich vor einer, wo es nicht zu erwarten wäre. Auch in der experimentellen Psychologie, die es vornehmlich mit dem Gesunden zu tun hat, wird die Dummheit ähnlich definiert. »Dumm nennen wir ein Verhalten, das eine Leistung, für die alle Bedingungen bis auf die persönlichen gegeben sind, nicht vollbringt«, schreibt ein bekannter Vertreter einer der neuesten Schulen dieser Wissenschaft. Dieses Kennzeichen der Fähigkeit sachlichen Verhaltens, der Tüchtigkeit also, läßt für die eindeutigen »Fälle« der Klinik oder der Affenversuchsstation nichts zu wünschen übrig, aber die frei herumlaufenden »Fälle« machen einige Zusätze nötig, weil das richtige oder falsche »Vollbringen der Leistung« bei ihnen nicht immer so einleuchtend ist. Erstens liegt doch in der Fähigkeit, sich allezeit so zu verhalten, wie es ein lebenstüchtiger Mensch unter gegebenen Umständen tut, schon die ganze höhere Zweideutigkeit der Klugheit und Dummheit, denn das »sachgemäße«, »sachkundige« Verhalten kann die Sache zum persönlichen Vorteil benutzen oder ihr dienen, und wer das eine tut, pflegt den, der das andere tut, für dumm zu halten. (Aber medizinisch dumm ist eigentlich nur, wer weder das eine noch das andere kann.) Und zweitens läßt sich auch nicht leugnen, daß ein unsachliches Verhalten, ja sogar ein unzweckmäßiges, oft notwendig sein kann, denn Objektivität und Unpersönlichkeit, Subjektivität und Unsachlichkeit haben Verwandtschaft miteinander, und so lächerlich die unbeschwerte Subjektivität ist, so lebens-, ja denkunmöglich ist natürlich ein völlig objektives Verhalten; beides auszugleichen, ist sogar eine der Hauptschwierigkeiten unserer Kultur. Und schließlich wäre auch noch einzuwenden, daß sich gelegentlich keiner so klug verhält, wie es nötig wäre, daß jeder von uns also, wenn schon nicht immer, so doch von Zeit zu Zeit dumm ist. Es ist darum auch zu unterscheiden zwischen Versagen und Unfähigkeit, gelegentlicher oder funktioneller und beständiger oder konstitutioneller Dummheit, zwischen Irrtum und Unverstand. Es gehört das zum wichtigsten, weil die Bedingungen des Lebens heute so sind, so unübersichtlich, so schwer, so verwirrt, daß aus den gelegentlichen Dummheiten der einzelnen leicht eine konstitutionelle der Allgemeinheit werden kann. Das führt die Beobachtung also schließlich auch aus dem Bereich persönlicher Eigenschaften hinaus zu der Vorstellung einer mit geistigen Fehlern behafteten Gesellschaft. Man kann zwar, was psychologisch-real im Individuum vor sich geht, nicht auf Sozietäten übertragen, also auch nicht Geisteskrankheiten und Dummheit, aber man dürfte heute wohl vielfach von einer »sozialen Imitation geistiger Defekte« sprechen können; die Beispiele dafür sind recht aufdringlich.

Mit diesen Zusätzen ist der Bereich der psychologischen Erklärung natürlich wieder überschritten worden. Sie selbst lehrt uns, daß ein kluges Denken bestimmte Eigenschaften hat, wie Klarheit, Genauigkeit, Reichtum, Löslichkeit trotz Festigkeit und viele andere, die sich aufzählen ließen; und daß diese Eigenschaften zum Teil angeboren sind, zum Teil neben den Kenntnissen, die man sich aneignet, auch als eine Art Denkgeschicklichkeit erworben werden; bedeuten doch ein guter Verstand und ein geschickter Kopf so ziemlich das gleiche. Hierbei ist nichts zu überwinden als Trägheit und Anlage, das läßt sich auch schulen, und das komische Wort »Denksport« drückt nicht einmal so übel aus, worauf es ankommt.

Die »intelligente« Dummheit hat dagegen nicht sowohl den Verstand als vielmehr den Geist zum Widerpart, und wenn man sich darunter nicht bloß ein Häuflein Gefühl vorstellen will, auch das Gemüt. Weil sich Gedanken und Gefühle gemeinsam bewegen, aber auch weil sich in ihnen der gleiche Mensch ausdrückt, lassen sich Begriffe wie Enge, Weite, Beweglichkeit, Schlichtheit, Treue auf das Denken wie auf das Fühlen anwenden; und mag der daraus entstehende Zusammenhang selbst noch nicht ganz klar sein, so genügt es doch, um sagen zu können, daß zum Gemüt auch Verstand gehört und daß unsere Gefühle nicht außer Verbindung mit Klugheit und Dummheit sind. Gegen diese Dummheit ist durch Vorbild und Kritik zu wirken.

Die damit vorgetragene Auffassung weicht von der üblichen Meinung ab, die durchaus nicht falsch, wohl aber äußerst einseitig ist und nach der ein tiefes, echtes Gemüt des Verstandes nicht brauchte, ja durch ihn bloß verunreinigt würde. Die Wahrheit ist, daß an schlichten Menschen gewisse wertvolle Eigenschaften, wie Treue, Beständigkeit, Reinheit des Fühlens und ähnliche ungemischt hervortreten, aber das doch eigentlich nur tun, weil der Wettbewerb der anderen schwach ist; und ein Grenzfall davon ist uns vorhin im Bilde des freundlich zusagenden Schwachsinns zu Gesicht gekommen. Nichts liegt mir ferner, als das gute, rechtschaffene Gemüt mit diesen Ausführungen erniedrigen zu wollen – sein Fehlen hat sogar geziemlichen Anteil an der höheren Dummheit! –, aber noch wichtiger ist es heute, ihm den Begriff des Bedeutenden voranzusetzen, was ich freilich nur noch gänzlich utopischerweise erwähne.

Das Bedeutende vereint die Wahrheit, die wir an ihm wahrnehmen können, mit den Eigenschaften des Gefühls, die unser Vertrauen haben, zu etwas Neuem, zu einer Einsicht, aber auch zu einem Entschluß, zu einem erfrischten Beharren, zu irgend etwas, das geistigen *und* seelichen Gehalt hat und uns oder anderen ein Verhalten »zumutet«; so ließe sich sagen, und was im Zusammenhang mit der Dummheit das wichtigste ist, das Bedeutende ist an der Verstandes- wie an der Gefühlsseite der Kritik zugänglich. Das Bedeutende ist auch der gemeinsame Gegensatz von Dummheit und Roheit, und das allgemeine Mißverhältnis, worin heute die Affekte die Vernunft zerdrücken, statt sie zu beflügeln, schmilzt im Begriff der Bedeutung zu. Genug von ihm, ja vielleicht schon mehr, als zu verantworten sein möchte! Denn sollte noch etwas hinzugefügt werden müssen, so könnte es nur das eine sein, daß mit allem Gesagten durchaus noch kein sicheres Erkennungs- und Unterscheidungszeichen des Bedeutenden gegeben ist und daß wohl auch nicht leicht ein ganz genügendes gegeben werden könnte. Gerade das führt uns aber auf das letzte und wichtigste Mittel gegen die Dummheit: auf die Bescheidung.

Gelegentlich sind wir alle dumm; wir müssen gelegentlich auch blind oder halbblind handeln, oder die Welt stünde still; und wollte einer aus den Gefahren der Dummheit die Regel ableiten: »Enthalte dich in allem des Urteils und des Entschlusses, wovon du nicht genug verstehst!«, wir erstarrten! Aber diese Lage, von der heute recht viel Aufhebens gemacht wird, ist ähnlich einer, die uns auf dem Gebiet des Verstandes längst vertraut ist. Denn weil unser Wissen und Können unvollendet ist, müssen wir in allen Wissenschaften im Grunde voreilig urteilen, aber wir bemühen uns und haben es erlernt, diesen Fehler in bekannten Grenzen zu halten und bei Gelegenheit zu verbessern, wodurch doch wieder Richtigkeit in unser Tun kommt. Nichts spricht eigentlich dagegen, dieses exakte und stolz-demütige Urteilen und Tun auch auf andere Gebiete zu übertragen; und ich glaube, der Vorsatz: Handle, so gut du kannst und so schlecht du mußt, und bleibe dir dabei der Fehlergrenzen deines Handelns bewußt! wäre schon der halbe Weg zu einer aussichtsvollen Lebensgestaltung.

Aber ich bin mit diesen Andeutungen schon eine Weile am Ende meiner Ausführungen, die, wie ich schützend vorgekehrt habe, nur eine Vorstudie bedeuten sollen. Und ich erkläre mich, den Fuß auf der Grenze, außerstande, weiterzugehen; denn einen Schritt über den Punkt, wo wir halten, hinaus, und wir kämen aus dem Bereich der Dummheit, der selbst theoretisch noch abwechslungsreich ist, in das Reich der Weisheit, eine öde und im allgemeinen gemiedene Gegend.

Walter Benjamin

# Über den Begriff der Geschichte

## I

Bekanntlich soll es einen Automaten gegeben haben, der so konstruiert gewesen sei, daß er jeden Zug eines Schachspielers mit einem Gegenzuge erwidert habe, der ihm den Gewinn der Partie sicherte. Eine Puppe in türkischer Tracht, eine Wasserpfeife im Munde, saß vor dem Brett, das auf einem geräumigen Tisch aufruhte. Durch ein System von Spiegeln wurde die Illusion erweckt, dieser Tisch sei von allen Seiten durchsichtig. In Wahrheit saß ein buckliger Zwerg darin, der ein Meister im Schachspiel war und die Hand der Puppe an Schnüren lenkte. Zu dieser Apparatur kann man sich ein Gegenstück in der Philosophie vorstellen. Gewinnen soll immer die Puppe, die man »historischen Materialismus« nennt. Sie kann es ohne weiteres mit jedem aufnehmen, wenn sie die Theologie in ihren Dienst nimmt, die heute bekanntlich klein und häßlich ist und sich ohnehin nicht darf blicken lassen.

## II

»Zu den bemerkenswertesten Eigentümlichkeiten des menschlichen Gemüts«, sagt Lotze, »gehört neben so vieler Selbstsucht im Einzelnen die allgemeine Neidlosigkeit der Gegenwart gegen ihre Zukunft.« Die Reflexion führt darauf, daß das Bild von Glück, das wir hegen, durch und durch von der Zeit tingiert ist, in welche der Verlauf unseres eigenen Daseins uns nun einmal verwiesen hat. Glück, das Neid in uns erwecken könnte, gibt es nur in der Luft, die wir geatmet haben, mit Menschen, zu denen wir hätten reden, mit Frauen, die sich uns hätten geben können. Es schwingt, mit andern Worten, in der Vorstellung des Glücks unveräußerlich die der Erlösung mit. Mit der Vorstellung von Vergangenheit, welche die Geschichte zu ihrer Sache macht, verhält es sich ebenso. Die Vergangenheit führt einen zeitlichen Index mit, durch den sie auf die Erlösung verwiesen wird. Es besteht eine geheime Verabredung zwischen den gewesenen Geschlechtern und unserem. Wir sind auf der Erde erwartet worden. Uns ist wie jedem Geschlecht, das vor uns war, eine *schwache* messianische Kraft mitgegeben, an welche die Vergangenheit Anspruch hat. Billig ist dieser Anspruch nicht abzufertigen. Der historische Materialist weiß darum.

## III

Der Chronist, welcher die Ereignisse hererzählt, ohne große und kleine zu unterscheiden, trägt damit der Wahrheit Rechnung, daß nichts was sich jemals ereignet hat, für die Geschichte verloren zu geben ist. Freilich fällt erst der erlösten Menschheit ihre Vergangenheit vollauf zu. Das will sagen: erst der erlösten Menschheit ist ihre Vergangenheit in jedem ihrer Momente zitierbar geworden. Jeder ihrer gelebten Augenblicke wird zu einer citation à l'ordre du jour – welcher Tag eben der jüngste ist.

## IV

> »Trachtet am ersten nach Nahrung und Kleidung, dann wird euch das Reich Gottes von selbst zufallen.«
>
> Hegel, 1807

Der Klassenkampf, der einem Historiker, der an Marx geschult ist, immer vor Augen steht, ist ein Kampf um die rohen und materiellen Dinge, ohne die es keine feinen und spirituellen gibt. Trotzdem sind diese letzteren im Klassenkampf anders zugegen denn als die Vorstellung einer Beute, die an den Sieger fällt. Sie sind als Zuversicht, als Mut, als Humor, als List, als Unentwegtheit in diesem Kampf lebendig und sie wirken in die Ferne der Zeit zurück. Sie werden immer von neuem jeden Sieg, der den Herrschenden jemals zugefallen ist, in Frage stellen. Wie Blumen ihr Haupt nach der Sonne wenden, so strebt, kraft eines Heliotropismus geheimer Art, das Gewesene, *der* Sonne sich zuzuwenden, die am Himmel der Geschichte im Aufgehen ist. Auf diese unscheinbarste von allen Veränderungen muß sich der historische Materialist verstehen.

## V

Das wahre Bild der Vergangenheit *huscht* vorbei. Nur als Bild, das auf Nimmerwiedersehen im Augenblick seiner Erkennbarkeit eben aufblitzt, ist die Vergangenheit festzuhalten. »Die Wahrheit wird uns nicht davonlaufen« – dieses Wort, das von Gottfried Keller stammt, bezeichnet im Geschichtsbild des Historismus genau die Stelle, an der es vom historischen Materialismus durchschlagen wird. Denn es ist ein unwiederbringliches Bild der Vergangenheit, das mit jeder Gegenwart zu verschwinden droht, die sich nicht als in ihm gemeint erkannte. (Die frohe Botschaft, die der Historiker der Vergangenheit mit fliegenden Pulsen bringt, kommt aus einem Munde, der vielleicht schon im Augenblick, da er sich auftut, ins Leere spricht.)

## VI

Vergangenes historisch artikulieren heißt nicht, es erkennen, »wie es denn eigentlich gewesen ist«. Es heißt, sich einer Erinnerung bemächtigen, wie sie im Augenblick einer Gefahr aufblitzt. Dem historischen Materialismus geht es darum, ein Bild der Vergangenheit festzuhalten, wie es sich im Augenblick der Gefahr dem historischen Subjekt unversehens einstellt. Die Gefahr droht sowohl dem Bestand der Tradition wie ihren Empfängern. Für beide ist sie ein und dieselbe: sich zum Werkzeug der herrschenden Klasse herzugeben. In jeder Epoche muß versucht werden, die Überlieferung von neuem dem Konformismus abzugewinnen, der im Begriff steht, sie zu überwältigen. Der Messias kommt ja nicht nur als der Erlöser; er kommt als der Überwinder des Antichrist. Nur *dem* Geschichtsschreiber wohnt die Gabe bei, im Vergangenen den Funken der Hoffnung anzufachen, der davon durchdrungen ist: *auch die Toten* werden vor dem Feind, wenn er siegt, nicht sicher sein. Und dieser Feind hat zu siegen nicht aufgehört.

## VII

> »Bedenkt das Dunkel und die große Kälte in diesem Tale, das von Jammer schallt.«
>
> Brecht, *Die Dreigroschenoper*

Fustel de Coulanges empfiehlt dem Historiker, wolle er eine Epoche nacherleben, so solle er alles, was er vom spätern Verlauf der Geschichte wisse, sich aus dem Kopf schlagen. Besser ist das Verfahren nicht zu kennzeichnen, mit dem der historische Materialismus gebrochen hat. Es ist ein Verfahren der Einfühlung. Sein Ursprung ist die Trägheit des Herzens, die acedia, welche daran verzagt, des echten historischen Bildes sich zu bemächtigen, das flüchtig aufblitzt. Sie galt bei den Theologen des Mittelalters als der Urgrund der Traurigkeit. Flaubert, der Bekanntschaft mit ihr gemacht hatte, schreibt: »Peu de gens devineront combien il a fallu être triste pour ressusciter Carthage.« Die Natur dieser Traurigkeit wird deutlicher, wenn man die Frage aufwirft, in wen sich denn der Geschichtsschreiber des Historismus eigentlich einfühlt. Die Antwort lautet unweigerlich: in den Sieger. Die jeweils Herrschenden sind aber die Erben aller, die je gesiegt haben. Die Einfühlung in den Sieger kommt demnach den jeweils Herrschenden allemal zugut. Damit ist dem historischen Materialisten genug gesagt. Wer immer bis zu diesem Tage den Sieg davontrug, der marschiert mit in dem Triumphzug, der die heute Herrschenden über die dahinführt, die heute am Boden liegen. Die Beute wird, wie das immer so üblich war, im Triumphzug mitgeführt. Man bezeichnet sie als die Kulturgüter. Sie werden im historischen Materialisten mit einem distanzierten Betrachter zu rechnen haben. Denn was er an Kulturgütern überblickt, das ist ihm samt und sonders von einer Abkunft, die er nicht ohne Grauen bedenken kann. Es dankt sein Dasein nicht nur der Mühe der großen

Genien, die es geschaffen haben, sondern auch der namenlosen Fron ihrer Zeitgenossen. Es ist niemals ein Dokument der Kultur, ohne zugleich ein solches der Barbarei zu sein. Und wie es selbst nicht frei ist von Barbarei, so ist es auch der Prozeß der Überlieferung nicht, in der es von dem einen an den andern gefallen ist. Der historische Materialist rückt daher nach Maßgabe des Möglichen von ihr ab. Er betrachtet es als seine Aufgabe, die Geschichte gegen den Strich zu bürsten.

## VIII

Die Tradition der Unterdrückten belehrt uns darüber, daß der »Ausnahmezustand«, in dem wir leben, die Regel ist. Wir müssen zu einem Begriff der Geschichte kommen, der dem entspricht. Dann wird uns als unsere Aufgabe die Herbeiführung des *wirklichen* Ausnahmezustands vor Augen stehen; und dadurch wird unsere Position im Kampf gegen den Faschismus sich verbessern. Dessen Chance besteht nicht zuletzt darin, daß die Gegner ihm im Namen des Fortschritts als einer historischen Norm begegnen. – Das Staunen darüber, daß die Dinge, die wir erleben, im zwanzigsten Jahrhundert »noch« möglich sind, ist *kein* philosophisches. Es steht nicht am Anfang einer Erkenntnis, es sei denn der, daß die Vorstellung von Geschichte, aus der es stammt, nicht zu halten ist.

## IX

»Mein Flügel ist zum Schwung bereit
*ich kehrte gern zurück*
denn blieb ich auch lebendige Zeit
ich hätte wenig Glück.«

Gerhard Scholem, *Gruß von Angelus*

Es gibt ein Bild von Klee, das Angelus Novus heißt. Ein Engel ist darauf dargestellt, der aussieht, als wäre er im Begriff, sich von etwas zu entfernen, worauf er starrt. Seine Augen sind aufgerissen, sein Mund steht offen und seine Flügel sind ausgespannt. Der Engel der Geschichte muß so aussehen. Er hat das Antlitz der Vergangenheit zugewendet. Wo eine Kette von Begebenheiten vor *uns* erscheint, da sieht *er* eine einzige Katastrophe, die unablässig Trümmer auf Trümmer häuft und sie ihm vor die Füße schleudert. Er möchte wohl verweilen, die Toten wecken, und das Zerschlagene zusammenfügen. Aber ein Sturm weht vom Paradiese her, der sich in seinen Flügeln verfangen hat und so stark ist, daß der Engel sie nicht mehr schließen kann. Dieser Sturm treibt ihn unaufhaltsam in die Zukunft, der er den Rücken kehrt, während der Trümmerhaufen vor ihm zum Himmel wächst. Das, was wir den Fortschritt nennen, ist *dieser* Sturm.

## X

Die Gegenstände, die die Klosterregel den Brüdern zur Meditation anwies, hatten die Aufgabe, sie der Welt und ihrem Treiben abhold zu machen. Der Gedankengang, den wir hier verfolgen, ist aus einer ähnlichen Bestimmung hervorgegangen. Er beabsichtigt in einem Augenblick, da die Politiker, auf die die Gegner des Faschismus gehofft hatten, am Boden liegen und ihre Niederlage mit dem Verrat an der eigenen Sache bekräftigen, das politische Weltkind aus den Netzen zu lösen, mit denen sie es umgarnt hatten. Die Betrachtung geht davon aus, daß der sture Fortschrittsglaube dieser Politiker, ihr Vertrauen in ihre »Massenbasis« und schließlich ihre servile Einordnung in einen unkontrollierbaren Apparat drei Seiten derselben Sache gewesen sind. Sie sucht einen Begriff davon zu geben, wie *teuer* unser gewohntes Denken einer Vorstellung von Geschichte zu stehen kommt, die jede Komplizität mit der vermeidet, an der diese Politiker weiter festhalten.

## XI

Der Konformismus, der von Anfang an in der Sozialdemokratie heimisch gewesen ist, haftet nicht nur an ihrer politischen Taktik, sondern auch an ihren ökonomischen Vorstellungen. Er ist eine Ursache des späteren Zusammenbruchs. Es gibt nichts, was die deutsche Arbeiterschaft in dem Grade korrumpiert hat wie die Meinung, *sie* schwimme mit dem Strom. Die technische Entwicklung galt ihr als das Gefälle des Stromes, mit dem sie zu schwimmen meinte. Von da war es nur ein Schritt zu der Illusion, die Fabrikarbeit, die im Zuge des technischen Fortschritts gelegen sei, stelle eine politische Leistung dar. Die alte protestantische Werkmoral feierte in säkularisierter Gestalt bei den deutschen Arbeitern ihre Auferstehung. Das Gothaer Programm trägt bereits Spuren dieser Verwirrung an sich. Es definiert die Arbeit als »die Quelle allen Reichtums und aller Kultur«. Böses ahnend, entgegnete Marx darauf, daß der Mensch kein anderes Eigentum besitze als seine Arbeitskraft, »der Sklave der andern Menschen sein muß, die sich zu Eigentümern... gemacht haben«. Unbeschadet dessen greift die Konfusion weiter um sich, und bald darauf verkündet Josef Dietzgen: »Arbeit heißt der Heiland der neuen Zeit. In der... Verbesserung... der Arbeit... besteht der Reichtum, der jetzt vollbringen kann, was bisher kein Erlöser vollbracht hat.« Dieser vulgärmarxistische Begriff von dem, was die Arbeit ist, hält sich bei der Frage nicht lange auf, wie ihr Produkt den Arbeitern selber anschlägt, solange sie nicht darüber verfügen können. Er will nur die Fortschritte der Naturbeherrschung, nicht die Rückschritte der Gesellschaft wahr haben. Er weist schon die technokratischen Züge auf, die später im Faschismus begegnen werden. Zu diesen gehört ein Begriff der Natur, der sich auf unheilverkündende Art von dem in den sozialistischen Utopien des Vormärz abhebt. Die Arbeit, wie sie nunmehr verstanden wird, läuft auf die Ausbeutung der Natur hinaus, welche man mit naiver Genugtuung der Ausbeutung des Proletariats gegenüber stellt. Mit dieser positivistischen Konzeption verglichen, erweisen die Phantastereien, die so viel Stoff zur Verspottung eines Fourier gegeben haben, ihren überraschend gesunden Sinn. Nach Fourier sollte die wohlbeschaffene gesellschaftliche Arbeit zur Folge haben, daß vier Monde die irdische Nacht erleuchteten, daß das Eis sich von den Polen zurückziehe, daß das Meerwasser nicht mehr salzig schmecke und die Raubtiere in den Dienst des Menschen träten. Das alles illustriert eine Arbeit, die, weit entfernt die Natur auszubeuten, von den Schöpfungen sie zu entbinden imstande ist, die als mögliche in ihrem Schoße schlummern. Zu dem korrumpierten Begriff von Arbeit gehört als sein Komplement *die* Natur, welche, wie Dietzgen sich ausdrückt, »gratis da ist«.

## XII

»Wir brauchen die Historie, aber wir brauchen sie anders als sie der verwöhnte Müßiggänger im Garten des Wissens braucht.«

Nietzsche, *Vom Nutzen und Nachteil der Historie für das Leben*

Das Subjekt historischer Erkenntnis ist die kämpfende, unterdrückte Klasse selbst. Bei Marx tritt sie als die letzte geknechtete, als die rächende Klasse auf, die das Werk der Befreiung im Namen von Generationen Geschlagener zu Ende führt. Dieses Bewußtsein war der Sozialdemokratie von jeher anstößig. Im Lauf von drei Jahrzehnten gelang es ihr, den Namen eines Blanqui fast auszulöschen, dessen Erzklang das vorige Jahrhundert erschüttert hat. Sie gefiel sich darin, der Arbeiterklasse die Rolle einer Erlöserin *künftiger* Generationen zuzuspielen. Sie durchschnitt ihr damit die Sehne der besten Kraft. Die Klasse verlernte in dieser Schule gleich sehr den Haß wie den Opferwillen. Denn beide nähren sich an dem Bild der geknechteten Vorfahren, nicht am Ideal der befreiten Enkel.

## XIII

»Wird doch unsere Sache alle Tage klarer und das Volk alle Tage klüger.«

Wilhelm Dietzgen, *Die Religion der Sozialdemokratie*

Die sozialdemokratische Theorie, und noch mehr die Praxis, wurde von einem Fortschrittsbegriff bestimmt, der sich nicht an die Wirklichkeit hielt, sondern einen dogmatischen Anspruch hatte. Der Fortschritt, wie er sich in den Köpfen der Sozialdemokraten malte, war, einmal, ein Fortschritt der Menschheit selbst (nicht nur ihrer Fertigkeiten und Kenntnisse). Er war, zweitens, ein unabschließbarer (einer unendlichen Perfektibilität der Menschheit entsprechender). Er galt, drittens, als ein wesentlich unaufhaltsamer (als ein selbsttätig eine gerade oder spiralförmige Bahn durchlaufender). Jedes dieser Prädikate ist kontrovers, und an jedem könnte die Kritik ansetzen. Sie muß aber, wenn es hart auf hart kommt, hinter all diese Prädikate zurückgehen und sich auf etwas richten, was ihnen gemeinsam ist. Die Vorstellung eines Fortschritts des Menschengeschlechts in der Geschichte ist von der Vorstellung ihres eine homogene und leere Zeit durchlaufenden Fortgangs nicht abzulösen. Die Kritik an der Vorstellung dieses Fortgangs muß die Grundlage der Kritik an der Vorstellung des Fortschritts überhaupt bilden.

## XIV

»Ursprung ist das Ziel.«

Karl Kraus, *Worte in Versen I*

Die Geschichte ist Gegenstand einer Konstruktion, deren Ort nicht die homogene und leere Zeit, sondern die von »Jetztzeit« erfüllte bildet. So war für Robespierre das antike Rom eine mit Jetztzeit geladene Vergangenheit, die er aus dem Kontinuum der Geschichte heraussprengte. Die französische Revolution verstand sich als ein wiedergekehrtes Rom. Sie zitierte das alte Rom genau so, wie die Mode eine vergangene Tracht zitiert. Die Mode hat die Witterung für das Aktuelle, wo immer es sich im Dickicht des Einst bewegt. Sie ist der Tigersprung ins Vergangene. Nur findet er in einer Arena statt, in der die herrschende Klasse kommandiert. Derselbe Sprung unter dem freien Himmel der Geschichte ist der dialektische, als den Marx die Revolution begriffen hat.

## XV

Das Bewußtsein, das Kontinuum der Geschichte aufzusprengen, ist den revolutionären Klassen im Augenblick ihrer Aktion eigentümlich. Die große Revolution führte einen neuen Kalender ein. Der Tag, mit dem ein Kalender einsetzt, fungiert als ein historischer Zeitraffer. Und es ist im Grunde genommen derselbe Tag, der in Gestalt der Feiertage, die Tage des Eingedenkens sind, immer wiederkehrt. Die Kalender zählen die Zeit also nicht wie Uhren. Sie sind Monumente eines Geschichtsbewußtseins, von dem es in Europa seit hundert Jahren nicht mehr die leisesten Spuren zu geben scheint. Noch in der Juli-Revolution hatte sich ein Zwischenfall zugetragen, in dem dieses Bewußtsein zu seinem Recht gelangte. Als der Abend des ersten Kampftages gekommen war, ergab es sich, daß an mehreren Stellen von Paris unabhängig voneinander und gleichzeitig nach den Turmuhren geschossen wurde. Ein Augenzeuge, der seine Divination vielleicht dem Reim zu verdanken hat, schrieb damals:

> Qui le croirait! on dit, qu'irrités contre l'heure
> De nouveaux Josués au pied de chaque tour,
> Tiraient sur les cadrans pour arrêter le jour.

## XVI

Auf den Begriff einer Gegenwart, die nicht Übergang ist, sondern in der Zeit einsteht und zum Stillstand gekommen ist, kann der historische Materialist nicht verzichten. Denn dieser Begriff definiert eben *die* Gegenwart, in der er für seine Person Geschichte schreibt. Der Historismus stellt das »ewige« Bild der Vergangenheit, der historische Materialist eine Erfahrung mit ihr, die einzig dasteht. Er überläßt es andern, bei der Hure »Es war einmal« im Bordell des Historismus sich auszugeben. Er bleibt seiner Kräfte Herr: Manns genug, das Kontinuum der Geschichte aufzusprengen.

## XVII

Der Historismus gipfelt von rechtswegen in der Universalgeschichte. Von ihr hebt die materialistische Geschichtsschreibung sich methodisch vielleicht deutlicher als von jeder andern ab. Die erstere hat keine theoretische Armatur. Ihr Verfahren ist additiv; sie bietet die Masse der Fakten auf, um die homogene und leere Zeit auszufüllen. Der materialistischen Geschichtsschreibung ihrerseits liegt ein konstruktives Prinzip zugrunde. Zum Denken gehört nicht nur die Bewegung der Gedanken, sondern ebenso ihre Stillstehung. Wo das Denken in einer von Spannungen gesättigten Konstellation plötzlich einhält, da erteilt es derselben einen Chok, durch den sie sich als Monade kristallisiert. Der historische Materialist geht an einen geschichtlichen Gegenstand einzig und allein da heran, wo er ihm als Monade entgegentritt. In dieser Struktur erkennt er das Zeichen einer messianischen Stillstehung des Geschehens, anders gesagt, einer revolutionären Chance im Kampfe für die unterdrückte Vergangenheit. Er nimmt sie wahr, um eine bestimmte Epoche aus dem homogenen Verlauf der Geschichte herauszusprengen; so sprengt er ein bestimmtes Leben aus der Epoche; so ein bestimmtes Werk aus dem Lebenswerk. Der Ertrag seines Verfahrens besteht darin, daß *im* Lebenswerk die Epoche und *in* der Epoche der gesamte Geschichtsverlauf aufbewahrt ist und aufgehoben. Die nahrhafte Frucht des historisch Begriffenen hat die Zeit als den kostbaren, aber des Geschmacks entratenden Samen in ihrem *Innern.*

## XVIII

»Die kümmerlichen fünf Jahrzehntausende des homo sapiens«, sagt ein neuerer Biologe, »stellen im Verhältnis zur Geschichte des organischen Lebens auf der Erde etwas wie zwei Sekunden am Schluß eines

Tages von vierundzwanzig Stunden dar. Die Geschichte der zivilisierten Menschheit vollends würde, in diesem Maßstab eingetragen, ein Fünftel der letzten Sekunde der letzten Stunde füllen.« Die Jetztzeit, die als Modell der messianischen in einer ungeheuren Abbreviatur die Geschichte der ganzen Menschheit zusammenfaßt, fällt haarscharf mit *der* Figur zusammen, die die Geschichte der Menschheit im Universum macht.

A

Der Historismus begnügt sich damit, einen Kausalnexus von verschiedenen Momenten der Geschichte zu etablieren. Aber kein Tatbestand ist als Ursache eben darum bereits ein historischer. Er ward das, posthum, durch Begebenheiten, die durch Jahrtausende von ihm getrennt sein mögen. Der Historiker, der davon ausgeht, hört auf, sich die Abfolge von Begebenheiten durch die Finger laufen zu lassen wie einen Rosenkranz. Er erfaßt die Konstellation, in die seine eigene Epoche mit einer ganz bestimmten früheren getreten ist. Er begründet so einen Begriff der Gegenwart als der »Jetztzeit«, in welcher Splitter der messianischen eingesprengt sind.

B

Sicher wurde die Zeit von den Wahrsagern, die ihr abfragten, was sie in ihrem Schoße birgt, weder als homogen noch als leer erfahren. Wer sich das vor Augen hält, kommt vielleicht zu einem Begriff davon, wie im Eingedenken die vergangene Zeit ist erfahren worden: nämlich ebenso. Bekanntlich war es den Juden untersagt, der Zukunft nachzuforschen. Die Thora und das Gebet unterweisen sie dagegen im Eingedenken. Dieses entzauberte ihnen die Zukunft, der die verfallen sind, die sich bei den Wahrsagern Auskunft holen. Den Juden wurde die Zukunft aber darum doch nicht zur homogenen und leeren Zeit. Denn in ihr war jede Sekunde die kleine Pforte, durch die der Messias treten konnte.

## Eugen Kogon

# [Das Gewissen der Deutschen und die Konzentrationslager]

Etwas Metaphysisches, das dem Verstand allein kaum mehr begreifbar ist, hat sich in den zwölf Rauhjahren des Dritten Reiches mit dem deutschen Volke abgespielt. Aus dem bayerisch-österreichischen Innviertel, wo die Überlieferungen des wilden Heerbanns zwischen Weihnacht und Epiphanie noch am lebendigsten sind, kam ein Mann, dem die Niedrigkeit in Form einer schwarzen Haartolle in die Stirn gestrichen und die Lächerlichkeit unter die Nase gewachsen war, ein Mann mit dem stechenden Blick des Gezeichneten. Er trommelte, trommelte über das Land hin – in einem Advent des Hasses sich selbst als Erlöser kündend, bis um die Zeit der Wende sein Sturm brausend sich erhob und Deutschland mitriß. Ob sie ängstlich am Boden kauerten in der Hoffnung, es werde ohne Schaden über sie hinwegziehen, oder erhobenen Hauptes der nationalsozialistischen Streitkraft sich beigesellten: Parteigenossen, Wehrwirtschaftsführer, HJ-Bannerträger, Frauenschafts-Leiterinnen, Blockwarte, Maiden, Soldaten, Soldaten, Soldaten, deren Blitzkriege Europa zerschmetterten, – sie waren alle gebannt von Ihm. Eingehüllt in ein gleißendes nationalistisches Blendwerk, jagte er sie in den apokalyptischen Feuer- und Bombenregen der jüngsten Tage. In den Abgrund der Not und Verkommenheit gestürzt, erwachte schließlich der Rest inmitten von Trümmern und Leichen zur Dumpfheit eines neuen Bewußtseins. Was war geschehen? Wie war es geschehen? Es war nicht möglich! *Das alles haben wir gar nicht gewußt!*

Noch während es halbbetäubt um die erste Besinnung rang, stürzte ein Chor von tobenden, haßerfüllten, scheltenden, anklagenden Stimmen des Abscheus, der Erbitterung und der Rache über das deutsche Volk her. Es bekam nichts anderes zu hören als den tausendfachen Schrei: Ihr, ihr allein seid schuldig! Ihr Deutsche alle seid schuldig! Da verwirrte sich das Herz des Volkes, in vielen verhärtete es sich. Wegen des argen Geschreis um sie und wegen der eigenen Blindheit wollten sie vom Insichgehen nichts mehr hören. Die *Stimme des Gewissens* ist nicht wachgeworden.

Nach allem, was ich seit Kriegsende bis jetzt in Deutschland gesehen, vernommen, selber gehört und beobachtet habe, weiß der durchschnittliche Deutsche noch immer nichts davon, daß Gott uns in Menschengestalt zu erscheinen pflegt, in der Gestalt des »Geringsten der Brüder und Schwestern«, um uns auf die erlösende Probe der einfachen Menschlichkeit zu stellen. Wir können Deutsche, Amerikaner, Engländer, Franzosen sein, aber vor dem höheren Forum nur so lange, als wir dabei nicht vergessen und nicht verlernen, zuallererst Menschen zu sein. Von einem Hitler verführt, hat das deutsche Volk die mannigfache mahnende Erscheinung des Herrn nicht erkannt. Von den Stimmen der Staatsanwälte betäubt, erkennt es ihn auch heute als Richter nicht. Aber hat Er denn nicht schweigend geprüft, gewogen und durch die Geschichte selbst ein Urteil gesprochen? Ich meine, das deutsche Volk sollte mit jener Objektivität, die es einst ausgezeichnet hat, lesen, was in den Prozeßakten der Wahrheit als ermittelt und bezeugt geschrieben steht, und dann sich selber fragen: Wo sind wir hingeraten? Wie war das möglich? Was können wir tun, um vor uns selbst und der Welt zu bestehen?

Die *Konzentrationslager* sind nur eines der grausigen Fakten, um die das deutsche Gewissen kreisen müßte. Gerade von ihnen will das Volk nichts mehr hören. Sollten wir nicht versuchen, in alter, guter Art, gründlich, gerecht und verstehend, die Frage abzustecken, den Kern bloßzulegen und dann unser eigenes Urteil zu fällen – das Urteil des Richters, das schon gefällt ist? Vielleicht werden wir seinen tiefen Sinn für Deutschland und die pädagogische Absicht der Geschichte begreifen.

Der Richter ist nicht identisch mit den *Exekutoren des Urteils.* Viele sagen heute in Deutschland: Woher nehmen die Alliierten das Recht, moralisch über uns zu Gericht zu sitzen? Ist ihre Geschichte frei von Gewalt und Greueln? Haben sie ihre Weltreiche vielleicht mit Predigten, mit christlicher Güte und nach der evangelischen Verheißung erworben, daß die Friedfertigen die Erde besitzen werden? Auf diese sittliche Frage hat die Bibel schon geantwortet, indem der Prophet den Gewalthaber Nabuchodonosor »Gottes Knecht« nennt, der von ihm gesandt sei, das israelitische Volk durch Strafe aus der Verirrung herauszuführen. Wer sich in den innersten Bereich des eigenen Gewissens begibt, um nach Recht und Unrecht bei sich selbst zu fragen, interessiert sich nicht für die moralische Qualifikation derer, die ihn äußerlich in die Lage der Besinnung gebracht haben. Er macht aus der beschämenden Not buchstäblich eine Tugend. Die andern sind ihm »Knechte Gottes«, ob gerecht oder ungerecht; er läßt ihnen den Triumph des Siegers, selbst wenn sie die gleichen oder ähnliche Wege betreten sollten, wie er selbst sie schuldhaft gegangen ist, und denkt nicht als Zöllner: »Herr, ich danke dir, daß ich nicht bin wie jener Pharisäer da vorne!« Denn wenn dieser den Tempel nicht gerechtfertigt verläßt, dann jener in solcher Gesinnung ebenso wenig. Verborgene Überheblichkeit ist nicht besser als offen zur Schau getragene.

Nun sagen freilich andere in Deutschland, sehr kluge Leute, Niederlage oder Sieg sei überhaupt keine moralische Frage, sondern ein Ergebnis der *Realpolitik*, die alles oder zu wenig abwog, jede Möglichkeit oder nur die eine und andere nutzte und materiell genügend oder zu mangelhaft unterbaut war. Die so denken – und gegenwärtig noch gehindert sind, es in größerem Kreise auszusprechen –, gehören nicht alle zur Masse derer, die Hitler bloß deshalb verurteilen, weil er nicht gesiegt hat. Erfahrene, weit in der Welt gereiste Männer halten bußhafte Gesinnung einer modernen Nation für ein gefährliches atavistisches Überbleibsel. Wenn die antiken Völker noch an die Kraft sühnender Reinigung glaubten, im heutigen Kampf der realen Interessen, der zäh, Position um Position, geführt wird, sei sie entschieden hinderlich. Ethos ist denen, die so denken, nicht Voraussetzung einer idealeren Politik, sondern Mittel wie dieses und jenes. Mag der Einzelne in sich gehen – ein Volk müsse auf dem harten Boden der Tatsachen bleiben. Die Argumentation, die einen gewissen Schein der Berechtigung trägt, entspringt indes einer der zahlreichen falschen Alternativen, durch die sich die seelisch allmählich dunkler und dunkler werdenden Jahrhunderte des zivilisatorischen Fortschritts auszeichnen. Denn Realpolitik, die mehr ist als die Variation der Fehler unserer Vorfahren und mehr als ein noch so kluger Opportunismus, gewinnt durch sittliche Läuterung erst ihre sichere Grundlage. Der deutsche Wehrkreisbefehlshaber in Frankreich oder im Osten, der zur Sühne eines zivilen Angriffs auf einige Wehrmachtsangehörige ein ganzes Dorf ausrotten oder anderswo Alleen von Galgen errichten ließ, gab sich dem Wahn hin, realpolitisch zu handeln. In Wahrheit erwürgte er, indem er die Gesetze der Humanität strangulierte, das wohlverstandene deutsche Interesse: ex ossibus ultor – aus den Leiden der Geiseln erstanden die Rächer zu Tausenden. Die beste Realpolitik kann auf Dauer nur die sein, die alle Werte in Rechnung stellt, die höchsten zuerst, und ihnen gemäß handelt. Nützt es dem deutschen Volke, blutbeschmiert und selbstbeschmutzt inmitten der zertrümmerten europäischen Arena unbesonnen zu verharren, in der es unter der Anführerschaft erklärter Verbrecher in ein Unrecht verflochten wurde, das über alle geschichtlichen Maße hinausgeht? Soll es hartnäckig spekulierend darauf warten, bis andere sich vielleicht finden werden, die schlecht genug sind, ihm eine neue Koalition der Schandtaten anzutragen? Oder ist es nicht besser, die größte Niederlage seiner Geschichte zum Anlaß zu nehmen, um in die eigenen verschütteten Tiefen hinabzusteigen, wo das Gold der hohen deutschen Qualitäten – jawohl: das Gold! – begraben liegt, den historischen und nationalpsychologischen Wurzeln der Schuld nachzuspüren und nach Generationen der Geduld gewandelt zur Erfüllung der wahren deutschen Aufgabe in Europa und der Welt, zur Leistung des Beitrags, der seinem gereinigten Wesen entspricht, hervorzutreten?

Die Kräfte der Besinnung im Deutschtum zu wecken, war Aufgabe einer weitblickenden Realpolitik der Alliierten. Sie faßte sie in dem Programm der »re-education« zusammen. Und sie wurde eingeleitet durch die *These von der deutschen Kollektivschuld.* Der Anklage-»Schock«, daß sie alle mitschuldig seien, sollte die Deutschen zur Erkenntnis der wahren Ursachen ihrer Niederlage bringen. Man kann heute, fast ein Jahr nach Verkündigung der These, nur sagen, daß sie ihren Zwecke verfehlt hat. Das spricht nicht so sehr gegen das deutsche Volk als gegen das angewandte pädagogische Mittel, da ja der praktische Wert eines politischen Instruments allemal von der Erreichung des gemeinten Zieles abhängt. Die »Schock«-Politik hat nicht die Kräfte des deutschen Gewissens geweckt, sondern die Kräfte der Abwehr gegen die Beschuldigung, für die nationalsozialistischen Schandtaten in Bausch und Bogen mitverantwortlich zu sein. Das Ergebnis ist ein Fiasko.

Infolgedessen ist auch die *allierte KZ-Propaganda* völlig fehlgeschlagen. Sie sollte, als die Sieger Zahl, Art, Umfang und System der Konzentrationslager in Deutschland selbst erst kennengelernt hatten, der Erhärtung der Schuldthese dienen. Abermals falsch. Die grauenhaften Tatsachen durften nicht im Zusammenhang mit dem Anwurf der Kollektivschuld, sie mußten unmittelbar auf das deutsche Gewissen wirken. Ehe sie noch die Sphäre des tiefsten Rechts- und Menschlichkeitsempfindens, ja des Religiösen berühren konnte, wo der Deutsche der zwölf Jahre Hitler-Herrschaft und ihres seelischen Einflusses noch genug Widerstand geleistet hätte, wurde die KZ-Propaganda schon abgelehnt, weil er merkte, daß er in die größere Schuld noch unentrinnbarer gestoßen werden sollte. Jeder von ihnen spürte, daß ihn ein höherer Richter nicht auf eine und dieselbe Anklagebank mit Verbrechern und Aktivisten der NSDAP gesetzt hätte – von den zahlreichen edlen und todesmutigen Kämpfern der inneren, im Ausland noch so unbekannten Opposition gegen das Regime ganz zu schweigen. Ein berechtigtes Gefühl von Millionen wehrte sich gegen die Kollektiv-Anklage, die einen egalisierenden Anschein hatte. Es brachte sie in der Selbstverteidigung auf die feinsten Ausflucht-Unterscheidungen, so zum Beispiel die, daß moralische Schuld – gar als Voraussetzung einer juristischen! – immer an ein Individuum, das heißt an ein persönliches Gewissen gebunden sei, nie an ein Kollektivum, das nicht Person sein kann. (Als ob die Verwerfung des Wortes »Kollektivschuld«, das der moraltheologischen Kritik nicht standhält, die Schuld selbst aufheben könnte, die eben die Anteilnahme jedes Einzelnen des nationalen »Kollektivs« gewesen wäre!) Hätte man der sehnsuchtsvollen Erwartung zumindest der guten Hälfte des deutschen Volkes, von den Alliierten endlich aus dem Terror des Nationalsozialismus, den sie allein nicht mehr abschütteln konnten, befreit zu werden, bis zu Höhen wahrer Begeisterung Lauf gelassen, dann wären auch die enthüllten Konzentrationslager zu Marksteinen der deutschen Selbstbesinnung, eines tiefen Erschreckens über den Abgrund geworden, in den die Nation versunken war.

Diese Entwicklung ist heute, in einer dumpfen Atmosphäre der Ressentiments und Verdrängungen, schwer blockiert. Die alliierte Propaganda mußte die Ausrottung des Übels in den Seelen zum Ziel haben, damit eine Wiederkehr des Unheils für immer unmöglich und der seelische Raum für ein erneuertes Deutschland inmitten Europas freigemacht wurde. Man kann ihr daher den Vorwurf nicht ersparen, daß sie die *Aufklärungsarbeit,* die sie leisten wollte, undifferenziert und ohne Berücksichtigung der besonderen deutschen Mentalität vorgenommen hat. Ein Volk, das in luftkrieggeschlagenen Städten allüberall die verkohlten Reste seiner Frauen und Kinder gesehen hatte, konnte durch die massierten Haufen nackter Leichen, die ihm aus den letzten Zeiten der Konzentrationslager vor Augen geführt wurden, nicht erschüttert werden, und es war nur allzu leicht geneigt, hartgeworden die toten Fremden und Verfemten mitleidsloser anzusehen als das eigene im Phosphorregen und Granatsplitterhagel getötete Fleisch und Blut. Ja manche gingen so weit, jene KZ-Aufnahmen für Luftkriegsbilder oder gar für gestellte Produkte einer einseitig zweckbestimmten Propaganda zu halten. Die unablässigen Greuelberichte des Rundfunks drehten sie einfach ab, nicht nur weil sie nicht fortwährend unterschiedslos und hart beschimpft werden wollten, sondern auch in Ablehnung der ihnen aus Goebbels' Zeiten gewohnten und verhaßten Einhämmerei, von deren Propaganda-Schlagworten sie doch wußten, daß sie gelogen waren. (Wenn Bestandteile des Nationalsozialismus noch immer tief im deutschen Volke sitzen, so ganz gewiß nicht wegen der Suaden, die vom Reichspropagandaministerium ausgegangen waren, das auch andere, raffinierte und wirklich eindringliche Methoden der Willensbildung und Meinungsmache, der Phantasievergiftung und Gefühlsverderbnis gekannt hat.)

Und dann kamen die *befreiten KZ-Leute selbst*! Es war nicht der Zug der Millionen stummer Toter. Es waren auch nicht die Zehntausende gerade noch überlebender Ausländer des europäischen Westens, die nicht schleunig genug das Land hatten verlassen können, wo sie von Sklavenhaltern, Mördern, Barbaren und Idioten entwürdigt, gequält, gemartert und dezimiert worden waren. Was das deutsche Volk zu sehen und zu spüren bekam, waren jüdische und östliche, vor allem polnische »displaced persons«, heimatlose Verstreute, wie die offizielle alliierte Propaganda sie nannte, und jeweils in einer Gegend einzelne, Dutzende oder ein paar hundert Deutsche (im Ganzen waren es höchstens 30000). Die aus dem Osten nach Deutschland verschleppten Juden, Russen und Polen sahen nicht ein, warum sie noch weitere Monate in öden Lagern weiterhausen sollten. Daß sie dem deutschen Volke gegenüber nicht von den erhabensten Gefühlen beseelt waren, kann man hoffentlich begreifen; unter ihnen befanden sich Menschen, denen Deutsche buchstäblich die gesamte Verwandtschaft – ich kenne Fälle, wo es bis zu 70 und mehr Angehörige waren – ausgerottet hatten. Geboten wurde ihnen außer Wochen zermürbenden Wartens und Dosen amerikanischer Konserven meistens nichts. Merkwürdig, daß es da Leute gibt, die nicht verstehen können, wie es zu der nachfolgenden Entwicklung kam. Verwahrloste und verbitterte Angehörige der »Vereinten Nationen«, nun endlich wenigstens dem Bewußtsein nach Sieger und einer Teilfreiheit zurückgegeben, trafen auf eine gleichfalls verbitterte, verfemte und verständnislose Bevölkerung, die sich fragte, wie sie dazu komme, zu allem übrigen Leid jetzt auch noch diese plündernde und rachenehmende »Landplage« über sich ergehen zu lassen. Es hätte allen psychologischen Erfahrungen widersprochen, wenn in einer solchen Situation das Licht der Humanität und des Christentums, das unentwegt in edlen Einzelnen leuchtete, der allgemeinen Herzensfinsternis Herr geworden wäre. Die meisten befreiten KZ-Deutschen taten noch ein übriges, um die letzten Flämmchen vorhandener Sympathie zum Erlöschen zu bringen. Eine tüchtige Minderheit ging still den neuen Weg – enttäuscht von dieser Art »besserer Welt«, die im Entstehen begriffen sein sollte, und für die sie gekämpft und gelitten hatten. Sie schweigen, arbeiten und warten. Die Mehrheit hingegen hatte für das deutsche Volk nichts übrig als Klagen, Beschimpfungen und Ansprüche – am lautesten, wie immer, die, denen die Leiden nicht gerade im Gesicht geschrieben standen. Ihr meist sehr eindeutiger Radikalismus, der oftmals glaubte, Methoden des Lagers auf diese andere Welt übertragen zu können, mußte das Bild, das sie sonst boten, nur noch abstoßender machen. Es gab niemanden, der nicht gesehen hätte, daß ihnen das sittliche Recht für den geltend gemachten Führungsanspruch fehlte.

So ist es also gekommen, daß ich Leuten begegnen konnte, die kaltblütig meinten, es wäre wohl besser gewesen, wenn alle »Kazettler« zugrundegegangen wären! Und daß kein vernünftiger Mensch mehr in Deutschland ohne spontane Abwehrreaktion – gegen uns bleibt, wenn er den berüchtigten Klang »KZ« hört! Und daß zum seelischen *Hindernis der inneren Erneuerung* geworden ist, was der Anfang der Besinnung hätte sein können! Wo immer man in Deutschland heute, sei es in der Straßenbahn oder im Eisenbahnabteil oder im Warteraum des Zahnarztes oder sonstwo, von Kriegsgefangenen hört, denen es im

Sommer 1945 in einzelnen Lagern teilweise sehr schlecht ging, sodaß die Sorge weit verbreitet war, es könnte durchwegs und überall und dauernd ähnlich sein, da spricht das Herz in den Worten mit – empört oder mitleidsvoll. Berichte aus den Konzentrationslagern erwecken in der Regel höchstens Staunen oder ungläubiges Kopfschütteln; sie werden kaum zu einer Sache des Verstandes, geschweige denn zum Gegenstand aufwühlenden Empfindens.

Der große Kredit, der für die gemeinsame Sache der deutschen Erziehung vorhanden gewesen wäre, ist durch die Schuld aller Beteiligten unausgenützt geblieben, ja zum Teil vertan worden. Da die Alliierten bis zum Ende des Jahres 1945 in Deutschland auch kein Publikationsorgan zugelassen haben, das klärend hätte eingreifen können, stehen wir wahrhaft vor einem Komplex. Nun kann es nur mehr die Aufgabe sein, im Vertrauen auf die Kraft der Wahrheit die Unwissenheit zu beseitigen und so den Einzelnen diesseits wie jenseits der deutschen Grenzen die Voraussetzungen für die eigene Meinungsbildung und die persönliche Besinnung zu bieten, damit der *notwendige Läuterungsprozeß* doch noch, wenn auch mühsam, in Gang gebracht wird. Vielleicht greift er dann mit nachhaltiger Wirkung in die eigentlichen Tiefen des nationalen Bewußtseins.

Die Erkenntnis ist erschreckend, daß so viele Deutsche jetzt, da sie die Möglichkeit haben, die Tatsachen aus den Konzentrationslagern zu kennen, sie nicht anerkennen wollen, nur weil sie fürchten, ihr früheres Nichtwissen könnte durch diese Aufklärung schuldhaft gemacht werden. Wir wollen in aller Ruhe *Frage um Frage* stellen, ohne vorgefaßte Absichten, ohne Nebenzwecke und so leidenschaftslos, wie diese Sache es zuläßt.

*Was hat der Deutsche von den Konzentrationslagern gewußt?* Außer der Existenz der Einrichtung beinahe nichts, denn er weiß heute noch wenig. Das System, die Einzelheiten des Terrors streng geheimzuhalten und dadurch den Schrecken anonym, aber umso wirksamer zu gestalten, hat sich zweifellos bewährt. Viele Gestapobeamte kannten, wie ich gezeigt habe, das Innere der KZ, in die sie ihre Gefangenen einwiesen, nicht; die allermeisten Häftlinge hatten vom eigentlichen Getriebe des Lagers und von vielen Einzelheiten der dort angewandten Methoden kaum eine Ahnung. Wie hätte das deutsche Volk sie kennen sollen? Wer eingeliefert wurde, stand einer ihm neuen, abgründigen

Welt gegenüber. Das ist der beste Beweis für die allgewaltige Wirksamkeit des Prinzips der Geheimhaltung. Und dennoch! Kein Deutscher, der nicht gewußt hätte, daß es Konzentrationslager gab. Kein Deutscher, der sie für Sanatorien gehalten hätte. Niemand, der nicht Angst vor ihnen gehabt hätte. Wenig Deutsche, die nicht einen Verwandten oder Bekannten im KZ gehabt oder zumindest gewußt hätten, daß der und jener in einem Lager war. Alle Deutschen, die Zeugen der vielfältigen antisemitischen Barbarei geworden, Millionen, die vor brennenden Synagogen und in den Straßenkot gedemütigten jüdischen Männern und Frauen gleichgültig, neugierig, empört oder schadenfroh gestanden haben. Viele Deutsche, die durch den ausländischen Rundfunk einiges über die KZ erfahren haben. Mancher Deutsche, der mit Konzentrationären durch Außenkommandos in Berührung kam. Nicht wenige Deutsche, die auf Straßen und Bahnhöfen Elendszügen von Gefangenen begegnet sind. In einem am 9. November 1941 an alle Staatspolizeistellen, an alle Befehlshaber, Kommandeure und Inspekteure der Sicherheitspolizei und des Sicherheitsdienstes, sowie an alle Kommandanten der Konzentrationslager und den Inspekteuren der KZ ausgegebenen Rundschreiben des Chefs der Sipo und des SD heißt es: »Insbesondere ist festgestellt worden, daß bei Fußmärschen, zum Beispiel vom Bahnhof zum Lager, eine nicht unerhebliche Zahl von Gefangenen wegen Erschöpfung unterwegs tot oder halbtot zusammenbricht... Es ist nicht zu verhindern, daß die deutsche Bevölkerung von diesen Vorgängen Notiz nimmt.« Kaum ein Deutscher, dem nicht bekannt gewesen wäre, daß die Gefängnisse überfüllt waren, und daß im Lande unentwegt hingerichtet wurde. Tausende von Richtern und Polizeibeamten, Rechtsanwälten, Geistlichen und Fürsorgepersonen, die eine allgemeine Ahnung davon hatten, daß der Umfang der Dinge schlimm war. Viele Geschäftsleute, die mit der Lager-SS in Lieferbeziehungen standen, Industrielle, die vom SS-Wirtschafts-Verwaltungs-Hauptamt KZ-Sklaven für ihre Werke anforderten, Angestellte von Arbeitsämtern, die wußten, daß die Karteikarten der Gemeldeten Vermerke über die politische Zuverlässigkeit trugen, und daß große Unternehmen SS-Sklaven arbeiten ließen. Nicht wenige Zivilisten, die am Rande von Konzentrationslagern oder in ihnen selbst tätig waren, Medizinprofessoren, die mit Himmlers Versuchsstationen, Kreis- und Anstaltsärzte, die mit den professionellen Mördern zusammenarbeiteten. Eine erhebliche Anzahl von Luftwaffenangehörigen, die zur SS kommandiert worden sind und etwas von den konkreten Zusammenhängen erfahren haben. Zahlreiche höhere Wehrmachtsoffiziere, die über die Massenliquidierungen russischer Kriegsgefangener in den KZ, außerordentlich viele deutsche Soldaten und Feldgendarmen, die über die entsetzlichen Greueltaten in Lagern, Ghettos, Städten und Dörfern des Ostens Bescheid gewußt haben.

Ist eine einzige dieser Feststellungen falsch?

Dann wollen wir in gleicher Ruhe und Sachlichkeit die weitere Frage stellen: *Wie hat das deutsche Volk auf das Unrecht reagiert?* Als Volk überhaupt nicht. Das ist eine bittere Wahrheit, aber es ist die Wahrheit. Man hat zur Erklärung des Versagens anführen wollen, daß Deutschland zu spät in der Geschichte seine Einheit erlangt habe; es sei ihm dadurch die Möglichkeit verschlossen geblieben, über gewöhnliches nationales Empfinden hinaus eine öffentliche Meinung von Rang zu entwickeln und für höhere Werte geschlossen aufzutreten. Abgesehen von der Tatsache, daß es nationale Einheiten gibt, die im gleichen Jahrhundert, ja um dieselbe Zeit entstanden sind, ohne daß man sagen könnte, diese Völker hätten Unrecht so hingenommen wie die Deutschen, verwechselt jener Erklärungsversuch Ursache und Wirkung: die besondere Art des Deutschen ist es, die ihn so spät zur nationalen Einheit hat gelangen lassen, nicht die späte staatspolitische Konkretisierung, die seine Art erzeugt hätte. Während alle übrigen europäischen Völker – von einigen slawischen vielleicht abgesehen – ein festes, bestimmtes Verhältnis zu der Wirklichkeit haben, in die sie gestellt sind oder die sich ihnen eröffnet, sodaß sie ihren realpolitischen Weg in der Geschichte bald fanden und mit einer gewissen Konsequenz, wenn auch mit wechselndem Erfolg gehen konnten, sind die Deutschen ein Volk der Möglichkeiten, nicht der Tatsachen. Schweifend im Reich der Phantasie, unerschöpflichen Plänen, vielen Empfindungen und Träumen hingegeben, sieht es in jeder Konkretisierung eine Beeinträchtigung des Hohen und Idealen. Wie es dem Irrglauben aus Glaubensüberfülle verfällt, so dann leicht einer realen Bindung, die gar nicht einmal aus ihm stammt. Ihr unterwirft es sich räsonierend-resignierend, am Ende zufrieden mit einer Philosophie des Besseren, oder es hält das brüchige Regiment, wenn andere Motive und Umstände noch dazu verleiten, eine Zeitlang gar für die Realisierung des Anfangs der ersehnten Idealgemeinschaft, wütend womöglich in diese fremde Wirklichkeit verbissen, weil es ihm doch endlich einmal gelingen müsse, politischen Erfolg zu haben »wie andere Völker«. Der Protestantismus deutscher Herkunft und deutscher Prägung, Ausbruch des individuellen Gewissens aus fester Norm, hat diese Tendenzen des Deutschtums noch wesentlich verstärkt. Denn er trennte das Gewissen, das er dem Schöpfer unmittelbar verbunden sah, auf den religiös-kirchlichen Raum es beschränkend, vom Machtgetriebe des irdischen Staates, der ihm verderbt, dem Bösen unterstellt und eigenen immanenten Gesetzen der Schlechtigkeit hörig erschien. Je kraftvoller die Autorität, die ihn im Zaume hielt, umso besser daher und umso gottwohlgefälliger. Ein bedeutender Impuls zum Absolutismus in Deutschland ging von dieser Anschauung aus. Er ließ die Kraft zur politischen Gemeinschaftsbildung erst recht verkümmern, und keine Intelligenzschicht, das nationale Gewissen verkörpernd, überwand den Widerstreit zwischen dem deutschen Möglichkeitenreichtum und den unzulänglichen politischen Ausdrucksformen. Denn der deutsche Geistesträger – bezeichnenderweise »Akademiker« genannt – hatte selbst kein reales Verhältnis zur Politik außer dem des Untertanen. Sein Reich war der Geist, das Denken und Dichten. Viele widerspruchsvolle Züge im deutschen Charakter und in der deutschen Geschichte werden durch diese Grundveranlagung erklärlich. Es ist nicht möglich, hier ausführlich darüber zu schreiben, obgleich es gerade jetzt, in diesem entscheidenden Abschnitt der Geschichte, wo es um die Selbsterkenntnis und die neue deutsche Stellung im europäischen Ganzen geht, notwendig wäre. Ein solches Volk konnte hohe Individualitäten von überragendem Kulturrang hervorbringen, sie mußten aber, bei aller Wirkung wieder auf einzelne, doch isoliert bleiben. Es konnte politisch debattieren, ohne je an den realen Kern der Politik heranzukommen. Es konnte rechtlich gesinnt sein und sich doch, als Volk, jeder autoritätsverkleideten Gewalt unterwerfen, sodaß es den Terror schon fürchtete, ehe er überhaupt in Aktion trat. Es verherrlichte in vielen Gesängen die Freiheit, die es als individuelle politische Realität nie erlebt hat. Ich möchte beinahe sagen, daß es infolge seiner Verlorenheit an die Vielfalt der Möglichkeiten fast instinkthaft einen ausgleichenden Halt in der Hingabe an die staatliche Autorität und in der Uniform das Gegenglück zum Multiformen seiner Seele suchte. Es hat niemals eine politisch prägende nationale Gemeinschaft hervorgebracht, die ihrerseits das Volk durch Generationen geschützt und gehalten hätte. Das Fehlen dieser befruchtenden Wechselwirkung zwischen echter, inhaltserfüllter politischer Form und möglichkeitsreichem Individuum macht beim deutschen Volk auch verständlich, warum es so tapfer und so feige zugleich ist. Angeborenes militaristisches Empfinden erklärt solches Doppelwesen nicht. Auch der Deutsche fürchtet, einzeln, den Tod, mag ihm das Knochengesicht durch allerlei nationale Mystik noch so verschönert werden. Sobald er sich aber in fester Gemeinschaft weiß, fürchtet er ihn nicht: denn er idealisiert die Gemeinschaft, wie immer sie ist, sofort und fühlt sich ihr durch »Pflicht« und »Ehre« verbunden. Selbst im kleinsten Stoß- und Spähtrupp oder als Einzelkämpfer bleibt er mutig, solange er das Kollektiv geistig und seelisch hinter sich weiß. Kaum soll er aber revolutionär – für das Recht etwa – aus den schützenden Reihen der vorhandenen, der konkret gegebenen Gruppe heraustreten und, auf sich ganz allein gestellt, für einen hohen menschheitlichen Inhalt, selbst unter Verfemung kämpfen, scheut er zurück und duckt sich. Als Mensch, individuell, ist er politisch ein Nichts, Objekt und Massenbestandteil so sehr, daß ihm jede Surrogatpolitik das individuelle Recht und die individuelle Freiheit zerschlagen kann, ja daß er noch, Parsifal und Faust in einem, mithilft, sich selbst in Ketten zu bringen, vertrauensvoll und sehnsüchtig wähnend, es sei die Freiheit, die ihm gebracht werde. Deutschland ist gegen den Terror des Nationalsozialismus nicht aufgestanden, weil es bis jetzt ein politisches Volk im vollen Sinne des Wortes nicht gewesen ist. Alle zivilen Helden in Deutschland waren Ausnahmen und mußten Ausnahmen bleiben – Tausende unter achtzig Millionen.

Die *Millionen einzelner Deutscher* haben sich unter dem System der Diktatur entsprechend verhalten. Wenn man ihre hohen Qualitäten: den Fleiß, die Sauberkeit, die Ordnungsliebe, die Pflichttreue, das Ehrbewußtsein, die Objektivität und das rechtliche Empfinden im Auge hat, dann kann man nur sagen: es war eine Tragödie sondergleichen. Wie hätte es aber unter den geschilderten Voraussetzungen anders sein können? Alles, was sie zu leisten vermochten, kam dem Regime zugute, auch wenn sie mit ihm nicht einverstanden waren (in manchem und vielem waren sie bei aller innerlichen Opposition wohl einverstanden). Von den Konzentrationslagern wußten sie zu wenig. Sie hätten sie auch bei vollem Wissen nicht zu einem moralischen Zentralproblem gemacht, weil Freiheit und Recht als absolute Werte ihnen kein Zentralproblem waren. Das vorhandene Wissen vom Unrecht entflammte daher die Männer und Frauen nicht. Der Deutsche hat während der Diktatur sogar mannigfache Beweise dafür erbracht, daß er aus Angst und aus einer gewissen Unbehaglichkeit bereit war, sich täuschen zu lassen, dem Ernst der Sache aus dem Wege zu gehen und die dunkle Angelegenheit zu verdrängen. Viele machten sich – gedankenlos, aber bezeichnenderweise – das schändliche Nazi-Wort »Konzertlager« zu eigen, durch das der Schrecken verniedlicht wurde. Sie enthoben sich, aus den angedeuteten Motiven, der Pflicht, den Vorgängen auf den Grund zu kommen, und verschlossen ganz bewußt ihre Augen jeder weiteren Kenntnis. Wissen hätte Verpflichtung gebracht, daher war es doppelt gefährlich. Außerdem erschien es ihnen wohl nicht so ausgemacht, daß alle, die in Konzentrationslager geschickt wurden, zu Unrecht hinkamen, wie? Prinzipiell, wenn man sich die Sache genau überlegt, immerhin – die Absonderung hatte bei dem und jenem vielleicht doch ihre Berechtigung ... Fälle von Justizirrtümern ereigneten sich ja wohl dann und wann, aber daß der Staat, die anerkannte Autorität, systematisch Unrecht tun könnte, das war doch schwer anzunehmen. Möglicherweise handelte es sich da und dort um Übertreibungen oder bei dem, was man so hörte, um individuelle Ausschreitungen. Im Ganzen – nein, so schlecht konnte eine deutsche Obrigkeit nicht sein, daß sie die pure Willkür, dazu mit einem System von Marterungen, betrieb. Noch gab es schließlich Richter im Lande! Das individuelle Rechtsempfinden des Deutschen, der Autoritätstreue hörig, führte in der Tat zu der Denkparadoxie des Morgensternschen Gedichtes vom Autounfall, den der als Opfer im Krankenhaus liegende Palmström sich selber logisch wegdisputiert, »weil, so schloß er messerscharf, nicht sein *kann,* was nicht sein *darf*«! Genau diesen Gedanken bringt eine sonst vorzügliche, an vielen Stellen in erhebliche Tiefen reichende Denkschrift der Leipziger Juristenfakultät zum Ausdruck, wenn sie bei Erörterung »der Ursachen für die Möglichkeit des Hitler-Regimes in Deutschland« und der »Haltung der deutschen Intellektuellen zur nationalsozialistischen Regierung« im Zusammmenhang mit der Frage der Mitschuld an den deutschen Greueltaten schreibt: »Wenn bei vielen die Behauptung Gehör fand, es handle sich nur um Feindpropaganda, so beruhte das nicht so sehr auf politischer Gleichgültigkeit als vielmehr darauf, daß viele Deutsche einfach überzeugt waren, es sei unmöglich, daß es sich nicht nur um einzelne Ausschreitungen handle, wie sie bei einer Revolution in allen Ländern auftreten, sondern daß eine deutsche Regierung solche Terrormethoden zum System mache.« Ihre fast bedingungslose Autoritätsgläubigkeit machte die Deutschen allmählich geneigt, selbst in der Diktatur die Verhafteten, nicht die Verhaftenden als Verbrecher anzusehen. (Bis sie selbst verhaftet wurden, dann war recht häufig des Entsetzens und des Jammerns kein Ende, und es dauerte bei diesen »braven, anständigen Deutschen« – die Hitler mit Vorliebe als solche ansprach – in der Regel ziemlich lange, bis sie den Glauben an die Gerechtigkeit »der Behörden« auch in ihrem individuellen Falle verloren hatten.) Welch ein Unterschied, wenn man als Polizeigefangener durch die Tschechoslowakei, um nur eines der anderen Länder zu nennen, oder durch Deutschland transportiert wurde! Dort Sympathie der Bevölkerung von allen Seiten, kleine Hilfen unter erheblichem Risiko, hier ängstliche Scheu, Ablehnung oder Verachtung. In Weimar haben NSV-Schwestern Buchenwälder KZ-Gefangenen, die nach einem Luftangriff im Februar 1945 Verschüttete ausgruben und Aufräumungsarbeiten leisteten, selbst einen Schluck Wasser verweigert. Das Städtische Krankenhaus lehnte es ab, schwerverwundete Häftlinge aus den dortigen Gustloff-Werken zur ersten Hilfe aufzunehmen. Noch im Spätherbst 1945 hörte ein Bekannter von mir in der Bahn eine deutsche Rotekreuz-Schwester, die in Weimar tätig gewesen war, erzählen, wie sie veranlaßt werden sollte, einige Zeit nach der Befreiung des Lagers Buchenwald sich dort kranken Gefangenen zu widmen. »Wie komme ich dazu«, meinte sie, »tuberkulöse Verbrecher zu pflegen!« Hat man vielleicht jemals gehört, daß in deutschen Kirchen von einem Bischof oder einem Superintendenten die versammelten Gemeinden zum »Gebet für die politischen Gefangenen« aufgefordert worden wären?[1] Alle diese Schwächen, Fehler und Unterlassungen hingen mit der deutschen Autoritätssüchtigkeit, dem mißbrauchten Rechtsbewußtsein und dem allgemeinen Mangel an

1 Mittlerweile wird mir aus Heft I der Evangelischen Reihe der Schriftensammlung ›Das christliche Deutschland 1933 bis 1945‹ (Verlag Herder, Freiburg i. Br.) bekannt, daß nach der Verhaftung Pfarrer Niemöllers in Gemeinden der Bekennenden Kirche für politische Gefangene in der Tat öffentlich gebetet worden ist.

freiheitlichem Mut zusammen. Der Einzelne konnte und wollte mit Aussicht auf Wirkung und Erfolg nichts mehr tun, weil die anderen Einzelnen fehlten, die gleich gehandelt hätten. So wurden die höheren Pflichten der Menschlichkeit und der Bergpredigt, die jedem gegenüber gelten, der unser menschliches Antlitz trägt, allmählich überdeckt von einem angstgeborenen und angstbeherrschten Opportunismus.

Hier beginnen die nationalen Fehler *individuelle Schuld* zu werden. Was das deutsche Volk in langen Generationenreihen nicht hervorgebracht hat, kann ihm auch nicht moralisch angelastet werden. Wo die vielen Einzelnen hingegen dem Anruf ihres persönlichen Gewissens nicht Folge geleistet oder das Gewissen in sich getötet haben, und wäre es nur durch Gewöhnung, da liegt in der Tat Schuld vor. Auch in der Politik, die von den Geboten der Sittlichkeit nicht frei ist. Der Geistliche, der nicht geholfen und nicht gesucht hat, wo er helfen konnte, ist schuldig. Der Richter, der nicht – wie so mancher seiner Kollegen im Deutschland des Dritten Reiches – genau die Art und die Länge der zu verhängenden Freiheitsstrafe abwog, um zu verhindern, daß der Verurteilte ein KZ-Opfer der Gestapo wurde, ist schuldig. Das Gleiche gilt vom Arzt, dem der unsittliche Parteiantrag gestellt war, zu sterilisieren oder unerwünschte Leute geistesschwach zu schreiben und sie so den bekannten Mordanstalten zu überantworten, vom Journalisten, vom Universitätsprofessor, vom Betriebsführer, vom Staats- und Kommunalbeamten, vom Offizier, vom Arbeiter, vom Soldaten, von jedem. Mir ist von einem deutschen Polizisten erzählt worden, der im Osten wie so viele seiner Kollegen den Befehl bekommen hatte, bei Bevölkerungs-»Liquidierungen« mitzuwirken. Als ihm ein blasses zwölfjähriges jüdisches Mädchen, schon in der Leichengrube stehend, flehend die Ärmchen entgegenstreckte und bat, er möge nicht schießen, senkte er die Pistole. Sein Offizier brüllte, er solle vorwärtsmachen, sonst werde er selbst die Kugel bekommen. Da schoß er. Der Mann ist trübsinnig geworden, weil er das schmale Gesicht des niederbrechenden Kindes nicht mehr vergessen konnte. Befehl? Zwang? Terror? Nein! Die Gebote des höchsten sittlichen Kodex kann kein Feldwebel und kein Blockwart, kein Minister und kein Feldherr, kein Himmler und kein Hitler über den Haufen kommandieren. Frage sich jeder, ob er nach diesem Maßstab, nicht nach dem wilden Grundsatz, Recht sei, was dem deutschen Volke nütze, oder gar was einem Parteiaktivisten paßte, immer und unter allen Umständen seine Pflicht, *die wahre Pflicht!* getan hat. Und nehme sich nur keiner pharisäisch aus, kein Bischof und kein Pfarrer, kein großer und kein kleiner Politiker, kein Lehrer, kein Unternehmer, kein Ingenieur, kein Arbeiter – niemand, weder Mann noch Frau! Haben wir wirklich alle, immer und überall, für Recht und Freiheit unsere Pflicht getan? Wäre es geschehen, die Wandlung des deutschen Volkes brauchte nicht erst jetzt zu beginnen, sie hätte längst begonnen – vor dem Kriege schon, während dieses entsetzlichen Krieges, zumindest aber am 20. Juli 1944. Unter den fünftausend Männern aller Schichten, die damals ihr Leben in die Waagschale warfen, befanden sich wahre Märtyrer für die deutsche Zukunft. Sie gaben das große Beispiel sittlicher Kraft und persönlichen Mutes. Diese hohe Bedeutung ihrer Tat wird nicht herabgemindert durch den echt deutschen Mangel an gleich großer politischer Klugheit, noch gar durch den Abenteurer- und Konjunkturisten-Anhang, den sie hatten; sie hat auch nichts zu tun mit den reaktionären Bestrebungen einiger von ihnen. Ihr Vorbild wird den Deutschen nicht verlorengehen, wenn sie nur einsehen lernen, daß Mann und Frau im Kampf um Freiheit und Recht – nicht des Kollektivs, sondern aller Einzelnen! – über berechtigte und gar über unberechtigte Bedenken hinweg zum höchsten Wagnis sich erheben müssen.

So rückblickend möge Deutschland sich selbst erkennen: seine edlen und seine entsetzlichen Züge, damit das entstellte, das verzerrte Antlitz wieder Gleichmaß gewinne. Es wird den Richter nicht mehr fürchten, weil es sich selbst gerichtet hat. Und wenn dann der Richter Deutschland wieder die Frage fragt: »Kennst du mich jetzt?«, dann wird es in ihm den Retter aus Irrtum, Verbrechen, Blutschuld, Schande und Not erkennen, den Erlöser zu Freiheit und Menschenwürde. Weit, weit hinter dem wiedergeborenen Deutschland werden dann die Konzentrationslager liegen, – eine Warnung nur aus den Tagen der Finsternis des dritten Reiches.

## Max Horkheimer

# Philosophie und Studium

Wenn heute in grundsätzlicher Weise von der Universität die Rede ist, so steht die Frage im Vordergrund, ob und wie sie dabei helfen kann, aus der gegenwärtigen kulturellen und gesellschaftlichen Not einen Weg zu weisen. Die weltanschauliche Verarmung, die sich in allen Ländern so stark fühlbar macht, kommt den Menschen in Deutschland vielleicht noch intensiver zum Bewußtsein als anderswo. Hier war der Ort, an dem aufgrund der bereits zerfallenden europäischen Humanität und einer im Übergang befindlichen internationalen Wirtschaft und Gesellschaft ein falscher Prophet eine mit den besten Kräften ausgestattete Jugend und ein ganzes Volk zum Unheil verführen konnte. Hier ist an den Tag getreten, was schon viele Jahrzehnte vorher Nietzsche erfaßt hatte: daß die alten Tafeln, die festen Gebote und Überzeugungen, die dieser Kultur das ideologische Rückgrat gaben, brüchig geworden waren. Noch klang an Sonn- und Feiertagen das Bekenntnis zu den allgemein verbindlichen Idealen von den Kanzeln und Rednertribünen, noch besaßen die traditionellen Lebens- und Sinnbedeutungen gleichsam einen offiziellen Kurs. Schon aber mehrten sich die Anzeichen, daß das Vertrauen in die alte Münze im Schwinden begriffen war. Und als die werbende Donnerstimme die Anteilscheine an der zu erobernden Welt feilbot, da war kein Halten mehr.
Nach dem Zusammenbruch ist die Jugend skeptisch geworden. Den Versuchen, die alten Systeme wieder in Geltung zu bringen, steht sie nicht wohlwollend gegenüber. Im Dritten Reich ist sie der Suggestion verfallen und will jetzt nicht noch einmal betrogen werden. Die ideologische Atmosphäre der Zeit *vor* den Predigern des Dritten Reiches wiederherzustellen, erweckt mit Recht den Argwohn der Gescheiterten. Wo zeigt sich im Zusammenbruch des Alten und des Neuen eine Ordnung, an die der Einzelne sich halten könnte? Ist die Universität der Born, an dem die künftigen Lehrer das Wissen schöpfen können, das

dem Leben des Einzelnen und der Nation ein Ziel, eine Richtung gibt?

Die alten Systeme wurden ohnmächtig, weil sie den Zusammenhang mit der Gestaltung der Wirklichkeit verloren hatten. Die Grund-Kategorien des religiösen und des säkularen Humanismus, die Liebe des Nächsten, das Gottesreich, die Gemeinde und Gemeinschaft, intelligible Ordnung und Vernunft, diese Begriffe deuteten ursprünglich auf die Verwirklichung des richtigen, den ewigen Ideen und Vorschriften entsprechenden Lebens. Unter Leben verstehe ich hier menschliches Sein, noch vor der Spaltung in privates und öffentliches, intellektuelles und gesellschaftliches Leben, Dasein vor der Abstraktion. Die Spaltung aber oder vielmehr ihre radikale Zuspitzung ist ein Erzeugnis geschichtlicher Entwicklung. Sie erreicht erst in unseren Tagen mit der Vernichtung des Individuums durch die Gesellschaft und anderseits dem Übergang der Gesellschaft in die Hände vernichtigter Individuen ihren Höhepunkt.

Die Emanzipation des Individuums der neueren Zeit, wie sie in den bürgerlichen Revolutionen zum Durchbruch kam, lag zunächst noch im Zuge der Verwirklichung des europäischen Humanismus. Die Trennung von Familie und Gesellschaft, privater und öffentlicher Existenz waren im Altertum wie in der neueren Zeit ein Moment der bürgerlichen, städtischen Gesellschaft. Sie bedeutete gegenüber den verkommenen feudalen Verhältnissen wirklich eine Verbesserung für die Menschen. Das patriarchale Verhältnis der Herrschaft sank zum allgemeinen Besten, nämlich zur Entfesselung der Produktion, vom Prinzip der gesamten Gesellschaft zu dem der bürgerlichen Familie herab, in der, zunächst wenigstens, der verdienende Mann, das Wirtschaftssubjekt, der Herr im Hause blieb. In den langsamer sich umwälzenden sozialen Bereichen, so in der Agrikultur, beruht ja heute noch der Betrieb in Haus und Feld nicht auf Tausch zwischen formell gleichen Personen, sondern auf Dienst und Autorität. Mit der modernen Gesellschaft aber war zugleich der Prozeß enthemmt, der die Idee, den Glauben, die Sittlichkeit immer mehr in den Bereich des Unverbindlichen und Privaten schob und das Gesellschaftliche, das Geschäft, das Fortkommen, die Politik dem nackten Kampf der Macht und Selbsterhaltung überließ. Auf der Seite des mehr und mehr sich ablösenden Privaten erstand die Sphäre der Innerlichkeit. Die Ideale blühten im

Kämmerlein und im Busen. Auf der Seite der Gesellschaft aber herrschte innerhalb der Staaten die Konkurrenz und jenseits der Grenzen der Kampf um den Absatzmarkt.

Solange noch in der freien Wirtschaft das gesellschaftliche Ganze durch das Zusammenspiel verhältnismäßig unabhängiger ökonomischer Subjekte sich reproduzierte, solange eine zahlreiche Schicht freier, mittlerer Unternehmer mit ihren eigenen Entscheidungen eine soziale Schlüsselstellung einnahm, besaß die Kultivierung des Individuums, auf welche Philosophie, Literatur und schöne Künste immer ausschließlicher hinausliefen, noch einen realen Sinn.

In Goethes Begriff der Persönlichkeit gewann diese Funktion der Idee ihren gültigen Ausdruck. Zum Ziel der Philosophie des von Beherrschungszwecken freien Denkens wird das entfaltete Individuum, der Einzelne. Da er kraft der Struktur der Gesellschaft als freier Unternehmer eine entscheidende Rolle spielte, hatte solche Entfaltung der Person, die Bildung, in jener Zeit eine aktuelle soziale Bedeutung. Aber schon die späteren Werke Goethes spiegeln das Bewußtsein des zunehmenden Übergewichts der unmittelbaren gesellschaftlichen gegen die persönlichen Kategorien wider. Das Interesse am Individuum tritt gegenüber dem am Sozialen zurück. Zu Lebzeiten Goethes noch wurde die innere Bildung in ihrer Bedeutsamkeit von Fragen gesellschaftlicher Gestaltung abgelöst, wenn freilich seinem eigenen Werk die gegenseitige Durchdringung von Persönlichem und Sozialem noch eigen bleibt. Bei Goethe herrscht eine Harmonie, die sich in der Wirklichkeit immer mehr als unerreichbar erweist.

Hegels Philosophie dagegen spricht das Dahinschwinden des Privaten schon offen aus. Zwar gilt auch ihm der Staat als die verwirklichte Idee nur insofern, als den Individuen in der Befriedigung ihrer Bedürfnisse, wie er sich ausdrückt, Ehre geschieht. Aber sein Denken ist ganz aufs gesellschaftlich Konkrete bezogen. Das Individuum, sofern es sich von anderen unterscheidet, ist ihm das Ohnmächtige und Unwirkliche schlechthin. Er verweist auf die Geschichte des athenischen Bürgers, der zum Philosophen kam und fragte, wie er seinen Sohn gut erziehen könne. »Indem Du ihn zum Bürger eines guten Staates machst«, war die Antwort. Der Umstand, daß Hegel seine Philosphie für die letzte hielt, hat nicht wenig mit dieser Einsicht zu tun. Seine oft geschmähte und mißverstandene Ansicht vom preußischen Staat als dem fortschrittlichsten, zukunftsträchtigsten Gebilde proklamiert weniger dessen Vollkommenheit als den Übergang der Freiheit aus der Sphäre des Privaten in die der Einrichtung des gesellschaftlichen Ganzen.

In der zweiten Hälfte des 19. Jahrhunderts hielt die Industrie ihren Einzug in Deutschland. Sie vertrieb zunächst die Philosophie weitgehend aus den Universitäten. Unter ihrer Herrschaft wurde das Studium nicht bloß von Bildung, sondern vom gesellschaftlichen Denken immer eindeutiger auf die ihr so notwendigen Naturwissenschaften und die technische Durchbildung für die modernen Berufe ausgerichtet. Philosophie als Organ menschlicher Selbstbestimmung verschwand. Sie bewahrte noch einen bescheidenen Platz als Methodenlehre, Systematisierung, Begründung und Apologetik der Einzelwissenschaften. Auch Geschichte der Philosophie und Logik fristeten noch ein toleriertes Dasein.

Die Umstellung bedeutete keineswegs, daß nun etwa das Denken die Wirklichkeit bestimmte. Denken beherrschte nicht die Gesellschaft, sondern war ihr unterstellt; es erhielt eine Rubrik innerhalb der Arbeitsteilung. Das anonyme Spiel wirtschaftlich-politischer Kräfte, nicht der Gedanke entschied über die gesellschaftliche Entwicklung, die der Katastrophe zutrieb. Philosophie im eigentlichen Sinne übernahm, ähnlich wie im Hellenismus, die Rolle der Trösterin, der stoischen Hinnahme des Unvermeidlichen, oder verfiel in die Lobpreisung des schönen Innenlebens. Es entstand der abstrakte Begriff der Philosophie, der nur wenig mit dem Werk ihrer Urheber zu tun hat. Man wollte sich einen Reim auf die Welt machen, in der man nichts mehr vermochte.

Die Jugend hörte aus diesem Reim nur die Mahnung heraus: die Hände von der welthistorischen Arbeit zu lassen. Da mit der Umstrukturierung der Wirtschaft in der Phase der Massenindustrie sich auch die Rolle des Individuums total veränderte, so verloren solche geistigen Bestrebungen auch noch den realistischen Zug, den Philosophie, Literatur und Kunst in der Zeit des Bildungshumanismus besessen hatten. Der ganze Bereich nahm den Charakter des hohlen Geredes, vergeblichen Scharfsinns an, der uns aus jenen Jahren nur allzu vertraut ist. Die Beethovensche Symphonie, die einmal der Welt den unversöhnlichen Kampf erklärt hatte, das Pathos der Humanität, die Werke Kants, des »Alleszermalmers«, ja die Religion selbst wurden als Museumsstücke zu Kulturgütern erhoben, um schließlich dem zu dienen, dem sie einmal den Widerstand angesagt hatten: der sozialen Ungerechtigkeit, der politischen Feigheit, dem schlechten Allgemeinen.

Solche Prozesse hatten sich auch früher abgespielt. Stets sind abstrakte Züge von Werken, in denen ursprüngliche Erfahrungen einmal ihren Ausdruck gefunden hatten, in Formen und Techniken übergegangen, gegen die eine neue Kunst sich erst behaupten mußte, stets auch sind künstlerische Gestalten zum puren Ornament versteinert. Was jedoch in der hektischen Entwicklung seit Mitte des letzten Jahrhunderts mit der Idee in ihren reinen Formen geschah, das war nicht bloß eine Entmächtigung, sondern ihre Verkehrung in die Verklärung entgeisterter Wirklichkeit. Je mehr man die Worte Geist und Kultur im Munde führte, desto verständnisvoller verhielten sich die Kultivierten zur heraufziehenden Barbarei. Die feinsinnigen Gedanken dienten schließlich zum Schmuck der verkümmerten Seelen, wie die exotischen Reiterbilder der Epigonen von Delacroix dem Schmuck des spießbürgerlichen Heims.

Zwei gesellschaftlich bedeutsame Arten, zu dieser Entwicklung sich zu verhalten, haben bis zum Ausbruch des Dritten Reiches eine Rolle gespielt. Die Arbeiterbewegung hatte sich zum Erben der idealistischen Philosophie erklärt. Von der Entmachtung des Einzelnen leibhaft durch eigene Erfahrung überzeugt, hatte sie die Verwirklichung des Allgemeinen im Besonderen, die dem Gedanken entsprechende vernünftige Einrichtung der Welt auf ihr Banner geschrieben. Daß sie sich bei ihrer Eingliederung in die bestehenden Verhältnisse der von ihr selbst gebrandmarkten Neutralisierung des Denkens im ökonomischen Betrieb nicht zu entziehen vermochte, war einer der entscheidenden Momente des Verhängnisses. Die Gruppe aber, welche die Spitze des Mittelstandes bildete, besonders die akademische Jugend, erfuhr die Entartung des bürgerlichen Geistes in Kulturgeschwätz als den Bankerott der Humanität überhaupt und suchte den neuen Zustand zu ertragen, indem sie ihn trotzig als Norm proklamierte. Sie ist zynisch geworden, nicht erst jetzt, da es ihr schlecht geht, – das von ihr zu glauben, wäre ein schlimmes Fehlurteil –, sondern gerade schon vor dem Dritten Reich. Das Individuum ist ohnmächtig, so dachte sie, daher Schluß mit dem Individuum, nur das Ganze ist alles! Die Menschlichkeit hat sich nicht durchgesetzt, daher Schluß mit der

Menschlichkeit, sie ist Humanitätsduselei! Das Privatleben wird immer schmäler und nichtiger; daher Schluß mit Familie und Privatleben; auch die letzte Minute, die man nicht unbedingt zur Reproduktion der Kräfte braucht, soll der öffentlichen Macht geopfert werden! Die Seele ist arm und leer geworden; daher Schluß mit der Seele, wenn nur der Staat zehntausend Jahre fortexistiert! Die christliche Moral hat die Profitgier nicht zu dämmen vermocht; daher Schluß mit der christlichen Moral, wir verkünden den neudeutschen Gott und die Religion der Macht!

Nicht, als ob etwa die Menschen diese Ideologie wirklich geglaubt hätten! Man kann die Lüge nicht so glauben wie die Wahrheit. Aber sie versprach dem isolierten Individuum Erfüllung der Sehnsucht nach Gemeinschaft, auch wenn sie eine Pseudogemeinschaft war, dem entmachteten Subjekt die geschichtliche Verwirklichung, auch wenn sie schließlich in den Abgrund führte. Fast verbissen und krampfhaft zwang sich die Jugend zu Gefolgschaft und Enthusiasmus, denen die Ahnung des Untergangs durch den häufigen Gebrauch des Wortes »tragisch« im ersten Augenblick anzumerken war. Die Massen, bestochen durch die Vollbeschäftigung der Kriegsindustrie, folgten geduldig und von ihren früheren Führern enttäuscht den Fanfarenrufen zur Eroberung der Welt.

Diese Haltung, könnte man sagen, war eine Überforderung der traditionellen, statischen Logik. Des dialektischen Denkens nicht mächtig, setzte die Jugend die Antithese absolut. Kein Geringerer als Nietzsche war ihr darin vorangegangen. Weil die Humanität zur Reklamelüge des Geschäfts und der Politik geworden war, sollte die Inhumanität Vernunft sein, weil Gleichheit, Freiheit und Brüderlichkeit als abgegriffene politische Scheidemünze zirkulierten, sollte die Zwangsordnung eines kriegerischen Regiments der Gesellschaft als Modell vorleuchten. Weil die Wahrheit feigen, phantasielosen Pedanten zum Unterschlupf diente, wurde die angeblich lebensfördernde Lüge auf den Thron erhoben. Während aber Nietzsches paradoxe Verkündigung kraft seines Stils, in dem die Verzweiflung durchklang, im Negativen das Positive bewahrte, in der Absage ans Mitleid noch diesem selbst zum vermittelten Ausdruck verhalf, so daß die verneinte Humanität in der geforderten über-menschlichen Seinsweise aufgehoben war, schritten die Epigonen zur furchtbaren Anwendung. In sturem Ernst verwirklichten sie die Antithese oder vielmehr das Antichristentum und stehen nun verstockt und trotzig vor dem geschändeten Glauben und der in den Staub gesunkenen Lüge zugleich.

Was ist in dieser Situation die geistige Aufgabe der Universität? Was darf der Studierende an richtungweisender Einsicht für sein Studium erwarten, so daß er die Ratlosigkeit, in welcher ihn die große Zeit gelassen hat, zu überwinden vermag? Kann man einfach wieder auf die Ideologie vor den Jahren des Grauens zurückgreifen, als ob nichts geschehen wäre? Ist es möglich, die Arbeitsteilung, wie sie sich schließlich in den bürgerlichen Jahrhunderten herausgebildet hat, wieder aufzunehmen, so daß der Student in seinem wissenschaftlichen Fache sich die notwendigen Tatsachen und Fertigkeiten aneignet, die er in seinem Beruf braucht, und daneben oder selbst im Hauptfache etwa dem Vertreter einer philosophischen Schule anhängt? Dieser erweckt dann durch irgend eine methodisch geschliffene Theorie, durch transzendentale oder phänomenologische Reduktion, erst recht in ihm den Eindruck, daß sich das Bedürfnis nach der Wahrheit unabhängig von der menschlichen Gestaltung der Welt, also im bloßen Denken ans Wahre, Gute, Schöne befriedigen ließe.

Die naive Übertragung der Arbeitsteilung von der Industrie auf das geistige Gebiet ist tiefer mit dem Verfall der Menschlichkeit unter den gegebenen Verhältnissen verknüpft, als es beim oberflächlichen Zusehen den Anschein hat. Wenn der Naturwissenschafter schon sagen kann: Ich verstehe etwas von Atomgewichten, aber das hat garnichts mit der menschlichen Wirklichkeit zu tun, gehe in die philosophische Fakultät: wenn nirgendwo die Einheit von Ganzem und Teil aufleuchtet und die objektive Vernunft total verschwunden ist, ja, dann verstehen wir auch die Haltung im Sozialen, die so namenloses Elend gebracht hat: den Bürger, der sich um das Tun seines Staates schon lange, ehe der Terror ihn davon abhielt, wohlweislich nichts zu wissen machte, den Offizier, der die Massenmorde der hinter ihm ins Dorf einrükkenden Spezialabteilungen durch den Hinweis abtat: das ist nicht mein Ressort, das geht mich nichts an!

Das Produkt des Fortschritts im Rahmen der Gegenwart ist die Atomisierung, die Spaltung des Menschen. In ihrer bis auf die Spitze getriebenen Verfeinerung und Spezialisierung fassen sich die einzelnen Wissenschaften mehr und mehr als eine bloße Apparatur auf, die mit Fragen der Lebensführung oder mit wesensmäßigen Einsichten nicht das Geringste zu tun hat. Der Positivismus ist die moderne philosophische Theorie. Ihm ist Wissen bloß funktional. Selbst die Psychologie, die ja – der Philosophie verhältnismaßig nahestehend – mit der lebendigen Seele sich abzugeben scheint, beeilt sich, teils eine Methodenlehre für Eignungsprüfungen und zweckmäßige Menschenführung in der Fabrik zu werden, teils die reibungslose Anpassung an die jeweils herrschenden Verhältnisse durch Ausscheidung allzu großer Hemmungen serienmäßig durchzuführen. Auch ist sie im neuen Sinne bescheiden geworden.

Die Forderung, die Schelling in seinen Jenaer Vorlesungen an Professoren und Studierende gerichtet hat, lassen daher heute nur noch sehr wenige Gelehrte als berechtigt gelten. »Nur das schlechthin Allgemeine«, sagte der Philosoph, »ist die Quelle der Ideen, und Ideen sind das Lebendige der Wissenschaft. Wer sein besonderes Lehrfach kennt und nicht fähig ist, weder das Allgemeine ihn ihm zu erkennen, noch den Ausdruck einer universal wissenschaftlichen Bildung in ihm niederzulegen, ist unwürdig, Lehrer und Bewahrer der Wissenschaft zu sein. ... Je mehr ein Gelehrter seinen besonderen Kreis als Zweck in sich selbst begreift, ja ihn für sich wieder zum Mittelpunkt alles Wissens macht, den er zur allbefassenden Totalität erweitern möchte, in dem er das ganze Universum reflektiert sehen möchte, destomehr bestrebt er sich, Allgemeines und Ideen in ihm auszudrücken. Dagegen je weniger er vermag, ihn mit universellem Sinn zu fassen, destomehr wird er ihn, er mag sich nun dessen bewußt oder nicht bewußt sein, weil da, was nicht Zweck an sich selbst ist, nur Mittel sein kann, nur als Mittel begreifen. Dies müßte nun billig jedem, der sich selbst ehrt, unerträglich sein.« Man braucht nur die mit den reichsten Mitteln ausgestatteten und daher auf vielen Gebieten führenden Universitäten zu besuchen und ihre Lehre kennen zu lernen, um inne zu werden, daß diese Gesinnung im Schwinden begriffen ist.

An dieser Frankfurter Universität noch habe ich einem der letzten ernsthaften Versuche beigewohnt, ja, vielleicht darf ich sagen, an ihm teilgenommen, die Trennung in bloßes Fachwissen und universelle Einsicht wieder aufzuheben. Ich denke an die Arbeit der Gestaltpsychologen und vor allem an den weit über sein Gebiet hinaus bedeutenden Adhémar Gelb. Er sah nicht nur gemäß dem Schellingschen Ideal in seiner eigenen psychologischen Arbeit einen Weg, das Ganze zu erhellen, sondern suchte auch anderen Wissenschaften das theoretische Bewußtsein zu geben, daß auf ihrem spezifischen Gebiet, ja gerade in den minutiösesten Einzelheiten das Gesetz sich offenbaren müsse, das die Welt durchherrsche und zusammenhalte. Solch heroischer Glaube, der Versuch – wie wir schon damals kritisch sagten –, Gott im Laboratorium zu beweisen, ist aber von der Weltgeschichte überholt. Die Einzelwissenschaften müssen immer weiter vom emphatischen Begriff der Wahrheit abrücken, und die Frage, ob an der Universität jenseits von ihnen ein Ort sei, an dem von ihr verantwortlich gehandelt werde, die Frage nach der Gefahr mechanischer Teilung zwischen Wissen und Geist, Fortkommen und Einsicht stellt sich in dieser Zeit mit erneuter Schärfe.

Wir kennen den Beitrag Max Webers zum Problem, das uns hier bewegt. Erkenntnis des sozial Richtigen ist ihm bloßer Schein. Universität und Wissenschaft vermögen nicht zu bezeichnen, welches Handeln vernünftig und welches unvernünftig ist. Der Lehrer kann dem Studenten nur sagen, welches Mittel in der menschlichen oder außermenschlichen Natur zu welchem Ziele führt, welche Konsequenzen bei einer bestimmten Handlung wahrscheinlich zu erwarten sind. Er kann die verschiedenen Ziele aufzählen, klassifizieren, historisch herleiten und definieren. Erkenntnis ist nach Webers Ansicht nicht so geartet, daß sich aus ihr die Entscheidung als notwendig ergibt. Diese ist irrational, frei oder vielmehr willkürlich dem Belieben des Einzelnen anheimgestellt. Es gibt also nur Einzelwissenschaften und gar keine Philosophie im Sinne Platos oder Spinozas. Dieser positivistische Pessimismus, wohltätig gegenüber den verstaubten Welt- und Moralsystemen, wirkt umso krasser, je mehr das Individuum, das da nach seinem Belieben sich entscheiden soll, ein Atom im Spiel der entfalteten Mächte wird.

In der gegenwärtigen Massengesellschaft steht jeder unter einem ungeheuren Druck; nicht bloß während der Arbeit, sondern auch in der sogenannten Freizeit wird er von industriellen Apparaturen, dem Vergnügungs-, Aufklärungs-, Geselligkeits- und Sportbetrieb erfaßt. Mitzukommen erfordert die rastlose Anstrengung des Menschen im beruflichen Fortkommen und darüber hinaus bei allem, was zum Sozialen wie zur sich komplizierenden Erholung gehört. Bei der gegebenen Struktur der Gesellschaft wird das Manipulieren der Menschen in gewissem Sinne immer notwendiger, und die Selbstbestimmung des Subjekts, das genug zu tun hat, um bei allem mitzukommen und nicht auf der Strecke zu bleiben, wird gleichsam dünn und illusorisch. Die der fortgeschrittenen industriellen Technik entsprechende gesellschaftliche Produktionsweise entwickelt einerseits die unmittelbare Initiative und Reaktionsfähigkeit des Einzelnen innerhalb der gegebenen Situation und läßt anderseits die Fähigkeit zu Entscheidungen, die einen weiten zeitlichen Horizont voraussetzen, rapide verkümmern. Diese werden in zunehmendem Maße vom Kollektiv, vom Zusammenwirken anonymer Kräfte und Gruppen besorgt. Angesichts dieser Situation den notwendigen Zusammenhang zwischen verbindlicher Objektivität und einsichtvoller Entscheidung als einen Wahn zu erklären, autonomes praktisches Urteil und Wissenschaft voneinander zu trennen und das Individuum ohne möglichen Appell an irgendeine geistige Instanz zum Richter des Handelns zu machen, bedeutet heute daher noch eine tiefere Resignation als zu Lebzeiten Max Webers. Es ist kein Wunder, wenn bei solchem Verzicht der Wissenschaft, nach welchem die Entscheidung für eine gerechte Einrichtung der Welt vor dem Bekenntnis zum nationalsozialistischen Wahn rational nichts voraus hätte, die Universitäten in ihrer Not wieder zu den feiertäglichen Systemen des Vorkriegs, der Lobpreisung der Kultur und des Feinsinns zurückkehren, deren Kraftlosigkeit und Nachgiebigkeit gegen das Schlechte gerade hier bewiesen worden ist.

Der Pessimismus Webers beherrscht in veränderter Gestalt, aber mit derselben Entschiedenheit auch die akademische und öffentliche Diskussion der Gegenwart. Ich denke an den sogenannten Existentialismus, vor allem der französischen Version. Der Existentialismus Sartres erklärt, der Mensch sei in Wirklichkeit ein freies Sein für sich selber. Solange er nur *ist*, existiert er noch nicht. Nur insofern er aus dem Nichts heraus, das er in der Seele trägt, stets sich selbst aufs Neue schafft, in jedem Augenblick *sich macht*, indem er seine eigene Wahl trifft, unterscheidet er sich vom bloßen Ding. Er ist nämlich nur in freier Entscheidung aus dem Nichts heraus. Das Nichts, das in dieser Philosophie eine bedeutsame Rolle spielt, heißt hier, daß der Mensch in seiner existentiellen Wahl sich nicht etwa an die Rolle halten kann, die ihm die Umwelt zuweist. Nicht, was die anderen glauben, daß ich bin oder soll, ja nicht einmal die Rolle, in die sie mich hineinzwingen, kann nach Sartre für mich bindend sein. Ob ich als Arbeiter, Verbrecher, Henker, Christ oder Jude wirklich existiere, ist meine eigene Freiheit, gleichviel, was in den Köpfen der anderen vor sich gehen mag. Auf meine Entscheidung kommt es an. Da gibt es kein Vorbild, keine Norm, keine Idee, keine Verpflichtung, nach der sie sich zu richten hätte. Meine Existenz zeitigt sich aus ihrem eigenen, dem diskursiven Begriff sich versagenden Grund.

Solcher Antiplatonismus läßt den Menschen bei den gesellschaftlichen Fragen nicht weniger ratlos als Webers Pessimismus. Ja, indem er vom ohnmächtigen gesellschaftlichen Atom emphatisch die grundlose Entscheidung nicht nur fordert, sondern verklärt, gewinnt diese Philosophie unter den gegenwärtigen Verhältnissen den Charakter eines illusionären Aktivismus. Als ob die Bedeutung der Entscheidung des Einzelnen als einer allgemeinen Kategorie für ihn selbst wie für die Anderen in den verschiedenen geschichtlichen Epochen und je nach den gesellschaftlichen Konstellationen nicht ganz verschieden wäre; als ob es darauf ankäme, sich zu entscheiden, wenn das Wofür der Entscheidung überhaupt keinen objektiven Vorrang vor dem Gegenteil hat! Als ob der Umstand, daß es meine Entscheidung ist, die ich treffe, den einzigen philosophischen Zug in meinen Handlungen bildete. Der Existentialismus in dieser Form drückt objektiv die Verzweiflung über das Verschwinden der Autonomie aus und entbehrt insofern keineswegs der Wahrheit. Aber er hält sich allein an diesen Zug der Wirklichkeit. Er ist der radikale Gegensatz zum totalitären Gehorsamswahn – allzu radikal, als daß man nicht eine logische Parallele zu ziehen versucht wäre.

Wie ist aber nun unsere ursprüngliche Frage nach der weltanschaulichen Aufgabe der Universität zu beantworten? Wenn wir nicht mehr zur Geistes- und Kulturphilosophie der vorhitlerschen Zeit zurückkehren können, wenn die Wissenschaft allein zu einer philosophischen Orientierung immer weniger zu verhelfen vermag, so wird es trübe um den Beitrag der Universität auf diesem Gebiet bestellt sein. Der Traum des abendländischen Bürgertums, daß die menschlichen Angelegenheiten einmal aufgrund menschlicher Einsicht gerecht geordnet werden könnten, die Vorstellung, daß eine der Vernunft entsprechende

Einrichtung des sozialen Ganzen möglich, ja das Ziel menschlicher Freiheit sei, scheint ausgeträumt. Die emanzipatorischen Ideen, die für die neuere Zeit im Kampf der philosophischen und theologischen Fakultäten der Sorbonne im 13. Jahrhundert zuerst akademisches Profil bekommen haben, scheinen wie manche andere bankrott zu sein. Aber nicht einmal die Theologie und kaum die Kirchen können in solchem Pyrrhussieg Befriedigung finden: losgerissen von einer zeitgemäßen Gestalt der weltlichen Vernunft, der befruchtenden Wechselwirkung mit kritischer Philosophie entbehrend, ist die Religion einerseits im Verkehr mit den Mächten der Zeit immer mehr auf pragmatische und politische Argumente angewiesen, anderseits gerät der Inhalt in die Gefahr der Neutralisierung und Umdeutung in reine Symbolik. Wirklich triumphieren würden die unkontrollierten politischen und wirtschaftlichen Mächte der Zeit, deren äußere Herrschaft über die Menschen durch die über ihr Innenleben in Form der verkitschten Massenkultur vollendet wird.

Ich habe nicht die Absicht, dieses düstere Bild nun durch einen trostreichen Ausblick aufzuhellen. Besser als zu dem abstrakten Kulturgerede oder etwa den gleißnerischen Werthierarchien zurückzukehren, besser als die Lobpreisung der großen Persönlichkeit, die dann im Reich der alles verbindenden Prominenz so leicht ihren Frieden mit den großen Verbrechern macht, ist noch das schlichte Wissen um die Abwesenheit einer positiven Philosophie, um die Preisgegebenheit des Individuums. Hegel hat einmal gesagt, das negative, kritische Element sei eigentlich die Seele des Denkens. Viel eher als im unmittelbaren Verkünden des Positiven scheint mir gerade heute die positive Wahrheit im befreienden Aussprechen des Negativen als des Negativen zu bestehen.

Wenn ich trotzdem auf die Kräfte der Universität hinweise, die dieser Entwicklung zuwiderlaufen, so ist mein Optimismus mäßig. Ich weiß nur zu gut, daß selbst in diesem Bereich das Gesetz des Fortkommens in vieler Hinsicht zu den menschlichen Qualitäten quer steht. Ich weiß, daß in einer Zeit des Niedergangs wie der unsrigen die wahrhaft edlen Kräfte des Einzelnen gegenüber dem Kollektiv (schon gegenüber dem der Schulklasse) nur eine karge Aussicht des Überlebens besitzen. Selbst in der Universität ist das Gesetz des Widerspruchs zwischen den Elementen des Aufstiegs und denen echter Begabung erschreckend wirksam. Dennoch ist die Technisierung des Studiums noch nicht so weit fortgeschritten, daß die Geistigkeit des aufzunehmenden Inhalts ganz aus ihm gewichen wäre. Noch ist die Entwicklung von der Einsicht in eine sinnvolle Ordnung, zu der das Studium einstmals hinleitete, zur bloßen Aneignung intellektueller Handgriffe nicht so weit gediehen, daß wir anstatt der Erziehung zur Wissenschaft einfach vom Erwerb von Herrschaftspraktiken sprechen müßten. Noch immer besteht eine innere Verwandtschaft zwischen dem Gegenstand des Unterrichts, dem geordneten Wissen, der Theorie auf der einen Seite und den spezifischen Kräften des Menschen als Vernunftwesen auf der anderen. Noch immer findet daher eine produktive Wechselwirkung zwischen beiden statt. Das ist einer der Gründe, warum die Universität in allen ihren Zweigen, keineswegs etwa bloß in dem der Philosophie, trotz allen mächtigen Gegenkräften auch jetzt noch einen wesensmäßig humanisierenden Faktor darstellt.

Ein großer Physiker unserer Tage hat in einer Erörterung über die gesellschaftliche Bedeutung der Naturwissenschaft ausgeführt, man könne vom Wissenschafter nicht erwarten, daß er als solcher über den Brauch oder Mißbrauch seiner Entdeckungen spekuliere oder sogar von solchen Rücksichten sich in seiner Arbeit leiten lasse. Dagegen leiste er insofern einen Beitrag zur Vermenschlichung, als die Wissenschaft zum vorsichtigen methodischen Urteil, zum Respekt vor Beweisen und Gegenbeweisen, zur Berücksichtigung aller Komponenten einer Sachlage anleite. So bescheiden dieser Anspruch, der mit jener soeben bezeichneten Verwandtschaft eng zusammenhängt, auch sein mag, er sollte in dieser Periode des Übergangs nicht leicht gewogen werden.

Wenn nun aber die Universität kraft ihrer gesellschaftlichen Aufgabe nicht umhin kann, gegenüber den Mächten der Welt die im Einzelnen wirkende Vernunft in gewissem Maße zu entfalten, so ist damit wenigstens die Möglichkeit angelegt, jenen Einzelnen zum Bewußtsein zu verhelfen, welche in diesen Jahrzehnten – dem Zeitgeist Trotz bietend – mit dem Wissen auch den Besitz des geistigen Erbes der bürgerlichen Epoche bewahren und weitergeben können. Dem Zeitgeist Trotz bietend. Versuchte man, nicht so sehr den Inhalt, als die Gabe des Gedankens mit einem Worte zu bezeichnen, so könnte man sagen, der Gedanke bestehe in der Kraft, bei unendlicher Weichheit und Offenheit gegenüber den Dingen sich doch in ihnen nicht zu verlieren, in den Wechsel eingehend unbeirrbar sich treu zu bleiben, aus dem Kennen nicht ins Anerkennen, sondern ins begreifende Erkennen überzugehen. Eben diese Kraft aber ist identisch mit dem Vermögen der Negation, die den negierten Inhalt nicht bloß durchstreicht und wieder vergißt, sondern ihn als einen bedingten und endlichen aufnimmt, um über ihn hinauszugehen.

Denken, wie es soeben gekennzeichnet wurde, kommt in der Periode der Massenkultur immer mehr aus der Welt. Dagegen besteht die intellektuelle Leistung wesentlich in der Anpassung. Wir haben schon auf die gewaltigen Apparaturen hingewiesen, welche in den verschiedenen Sphären der öffentlichen Meinung die Vorbilder und Schlagworte bereitstellen, welche die Gleichschaltung vermitteln helfen. Entscheidend ist dabei nicht so sehr der rasch wechselnde Inhalt der verschiedenen Reklamesphären – dabei betonen sie alle die ewige Dauer, vom Persil, das Persil bleibt, bis zum Tausendjährigen Reich –, sondern die Abstumpfung der Wahrnehmungsorgane gegenüber dem Dargestellten, der Verlust des Sinnes für die Logik der Sache selbst. Wenn man schon mit dem Strom mitschwimmen muß, wenn selbst die Intellektuellen trotz ihren vorsichtigen Vorbehalten so viel Einverständnis mit dem Unverstand aufgebracht haben, so erscheint das nonkonformistische Bewußtsein, das in seiner Schärfe und Differenziertheit der Dummheit überall auf der Spur ist, ohne ihr nachzugeben, schließlich als Extravaganz und Verschrobenheit. Daß die Universität, wenn sie sich nur genau an ihre akademischen Funktionen hält, ein paar Menschen hervorbringen kann, die auch in dieser Zeit der Massenlosungen, der schlechten Alternativen, der unentwegten Begeisterung für das Geistlose alleinstehen können, Menschen, die zum Widerstand fähig sind auch gegen ihre eigene Gruppe, in die sie einmal hineingeboren sind, das scheint mir ihre edelste Aufgabe zu sein, wie sie in der gegenwärtigen Lage aus dem Begriff des Gedankens selbst sich herleitet. Menschen, die der Zeit gerecht werden, indem sie ihr widerstehen, sind ja heute notwendiger als solche, denen sie nicht rasch genug wieder zu einer großen werden kann.

Indem ich dies sage, möchte ich zum Schluß vor einem Mißverständnis warnen. Der Widerstand, den ich meine, ist nicht jener umgekehrte Konformismus, wie er heute in einer scheinbar radikalen Massenliteratur den Gebildeten sich vorstellt. Ich denke nicht an die vornehme Abkehr von der politischen Praxis, an eine Elite, unseligen Angedenkens, in der sich die Fürsprecher des Bestehenden mit den pessimistischen Schriftstellern zusammenfinden, deren Pessimismus schließlich auf dasselbe hinausläuft wie das Anerkennen. Wir wollen den geschichtlichen Weg vernünftig nach vorwärts gehen, nicht nach rückwärts. Nur so vermögen wir die Elemente der untergehenden Kultur in den zukünftigen Zustand hineinzuretten. Der Zeit standzuhalten, das schließt in der Tat die Erinnerung ein. Nicht umsonst ist in der Sprache der Gedanke dem Eingedenken verwandt. Wir mißtrauen aus tiefstem Herzen denen, die das Gedächtnis an die Toten sogleich mit dem Anspruch der Lebendigen zum Schweigen bringen. Mit der Losung, daß Not kein Gebot kennt, hat immer schon der Wahnsinn begonnen. Solchem Trieb ist der Gedanke Feind, und die Universität muß die Fähigkeit stärken, ihn zu zügeln, als blinden nationalen Eigennutz sowohl wie als Verkehrung des Studiums in die eilige Vorbereitung zur Karrieremacherei. Aber zum Vergangenen zurückzukehren, ist nicht nur im Hinblick auf die alte Geistigkeit, sondern auch im Hinblick auf die gesellschaftlichen Zustände unmöglich, aus denen sie hervorgegangen war. Das Rad der Geschichte kann man nicht zurückdrehen. Schon der durch die Schreckenszeit unberührte Fortbestand mancher Denkweisen, Handlungen und Einrichtungen hat etwas Gespenstisches. Und sicher sind gerade die wertvollsten der überlebenden Deutschen durch das, was geschehen ist, so sehr bis ins Innerste erschüttert worden, daß sie nicht imstande waren, so rasch den Faden wieder aufzunehmen. Nicht die Rückkehr zu dem, was war, sondern der Versuch, ihm so sehr auf den Grund zu sehen, daß wir die Zukunft besser und verantwortungsvoller einrichten können, ist der Sinn der Weigerung zum blinden Fortschritt.

Wenn der Humanismus darin besteht, daß sich das Leben nach der Idee und nicht die Idee nach dem Leben richtet, so ist heute die Hinwendung zu gesellschaftlichen und politischen Problemen eine wahrhaft dringende humanistische Aufgabe der Universität. Ich denke dabei nicht so sehr an die rasche Übernahme aller und jeder sozialwissenschaftlichen Methoden und Techniken, die sich in den verschiedenen Ländern während der letzten Jahrzehnte in so reichem Maße entwikkelt haben, wenngleich auch die kritische Kenntnis dieser Verfahrensweisen ein nicht unwichtiges Moment der denkerischen Selbstbehauptung in der Gegenwart darstellt. Noch wichtiger als solche kritische Kenntnis ist jedoch die unbeeinflußte Analyse und theoretische Durchdringung der gesellschaftlichen Kräfte selbst. Gesellschafts- und Soziallehre muß an der heutigen Universität einen wichtigeren Platz einnehmen als zu jeder anderen Zeit. Sie besitzt, wenn ich so sagen darf, philosophische Dignität. Daß sich die verantwortlichen akademischen Körperschaften durch keine wie immer geartete Furcht daran verhindern lassen, den Studierenden die Einsicht auch in die schwer zugänglichen Seiten des gesellschaftlichen Getriebes zu vermitteln, ist eine Bedingung für die Erziehung der widerstandsfähigen Charaktere, die uns als notwendig für die Erhaltung der abendländischen Menschheit erscheint. Der Gesellschaft ins Auge zu blicken, von der die Gefahr des Untergangs ausgeht, ist heute das Kennzeichen des von ihr bedrohten, sich selbst bestimmenden Subjekts. An das Überleben dieses Subjekts aber knüpft sich die Hoffnung.

Victor Zuckerkandl

# Musik in zwei Weltteilen

Man spricht wohl von der abendländlichen Musik, als ob sie eins wäre, ein und dasselbe zu beiden Seiten des Ozeans, der die abendländische Welt in zwei Hälften scheidet. Und eines ist sie wohl auch in dem Sinne, daß da wie dort die gleichen Tonwerke gespielt, gesungen, gehört werden, die gleiche Tonsprache da wie dort gesprochen und verstanden wird, die Sprache von Modalität, Dur-Moll-Diatonie und Zwölfton-Chromatik, die über die Verschiedenheit der nationalen Temperamente hinweg die Völker der abendländischen Kultur verbindet und gegen andere Kulturen mit anderen Tonsprachen absetzt. Doch ist Musik noch anderes als Töne und Tonsysteme; und auch mit den Werken, wie sie dastehen, in dieser Sprache gedacht und geschrieben, ist sie nicht einfach gleichzusetzen. Vor allem ist Musik etwas in Gemütern, in dem Geist von Menschen. Sie ist im Zueinanderkommen von Tönen und Hörenden. Und in diesem Sinne ist es wohl berechtigt zu fragen, ob ein Europäer und ein Amerikaner dasselbe meinen, wenn sie »Musik« sagen.

Es geht hier nicht um ein Problem der Psychologie, sei es der individuellen oder der Gruppen-Psychologie, um die Frage, was dieses oder jenes Individuum als solches oder als Mitglied einer Gruppe beim Hören von Musik faktisch empfinde. Im psychologischen Verstande ist es klar, daß Musik nicht für zwei Menschen, auch nicht für denselben Menschen zu verschiedenen Zeiten, also gewiß nicht für zwei Völker dasselbe sein kann. Zur Klärung der Fragestellung seien drei Weisen unterschieden, den Satz »Was ist Musik?« zu verstehen; er kann danach fragen, woraus Musik bestehe, was sie bedeute, wie sie empfunden werde. Die erste Frage zielt auf das Material, Töne und Tonsysteme, ein Objektives; die dritte zielt auf Reaktionen der Hörer, gefühlsmäßige vor allem, ein Subjektives. Die mittlere Frage, nach dem Bedeuten – Bedeuten nicht für mich oder für irgendeinen anderen, sondern Bedeuten schlechthin – bringt etwas in den Blick, das weder ein Objektives noch ein Subjektives ist, sondern ein Drittes, wofür unsere nach dem Entweder-Oder von Objekt und Subjekt orientierte Schulphilosophie uns kein gültiges Wort zur Verfügung stellt – und der Begriff des Existentiellen ist durch modischen Mißbrauch verdächtig geworden. Wie dem auch sei, dieses Dritte, das Bedeuten, hat hier die Frage im Sinn, ob Musik diesseits und jenseits des Atlantischen Ozeans dasselbe sei.

Ein europäischer Musiker, der nach langem Aufenthalt in Amerika und langer Gewöhnung an den amerikanischen Orchesterklang zum ersten Male wieder ein europäisches Orchester hört, möchte in seiner Betroffenheit wohl ausrufen: Ein *Musik*-Instrument! Das Ungerechte einer solchen Formulierung soll vorläufig unbemerkt bleiben. Hier geht es zunächst um die Feststellung der Erscheinung, die den Eindruck auslöst, den Unterschied der beiden Orchesterklänge. Es ist ein Unterschied der Qualität – nicht im Sinne von »besser« und »schlechter«, diese Kategorien sind hier unbrauchbar –, man möchte sagen, ein Unterschied in der *Natur* des Klanges. Mit dem Stil des aufgeführten Werkes hat es wenig zu tun, der Unterschied manifestiert sich bei Bach wie bei Beethoven, bei Debussy wie bei Strawinsky. Auch der übliche Hinweis auf das verhältnismäßig größere Gewicht, das amerikanische Orchester auf technische Sauberkeit, auf Präzision und Disziplin legen, trägt zum Verstehen der Erscheinung wenig bei. Präzision und Disziplin des Orchesters der Mailänder Scala unter Toscanini, des Amsterdamer Concertgebouw Orchesters unter Mengelberg – um zwei große Beispiele aus noch nicht allzu ferner Vergangenheit zu nennen – sind von keinem amerikanischen Orchester übertroffen worden. Will man aber sagen, daß in Amerika technische Sauberkeit auf Kosten von Ausdruck und Lebendigkeit gepflegt werde, so ist damit gewiß nur ein Versagen des Dirigenten, nicht des Orchesters gekennzeichnet. Kein ernster Musiker wird in Präzision und Disziplin Hindernisse eines lebendigen Musizierens sehen; und durch ein *Leichter*nehmen technischer Probleme ist noch niemand dem Ziele eines ausdrucksvollen Vortrags um einen Schritt nähergekommen.
Man versteht die Erscheinung vielleicht besser, wenn man sie dort faßt, wo sie sich möglichst rein bietet, etwa in ein paar konventionellen Be-

gleitakkorden irgendeiner Opernarie. Technische, stilistische, ausdrucksmäßige Probleme kommen da nicht in Frage; die Aufgabe ist, ganz schlicht, Klang zu produzieren. Auch hier, und gerade hier, kommt der Unterschied deutlich zur Erscheinung. Er muß in einer tieferen Schicht seinen Ursprung haben als die es ist, wo geübt und geführt, Klang bewußt geformt und gestaltet wird, in der Schicht, die zuallererst ein Klang-Material für Übung und Führung, Formung und Gestaltung zur Verfügung stellt. Ist doch jedes musikalische Erzeugen von Tönen instinktiv geleitet von einer elementaren Klang-Vorstellung; jeder reale Klang verwirklicht, mehr oder weniger vollkommen, ein bestimmtes Klang-Ideal – wenn Worte wie Vorstellung und Ideal angewendet werden können, wo es sich um durchaus unreflektierte Vorgänge handelt. Die beiden Instrumente, das europäische und das amerikanische Orchester, dienen offenbar der Verwirklichung verschiedener Klang-Ideale, dienen also – sofern das Klang-Ideal etwas Grundlegendes über die Beziehung der Töne auf Menschen aussagt – nicht der gleichen Herrin »Musik«.

Der Unterschied qualitativ verschiedener Klänge ist nicht leichter zu beschreiben als der zweier Gerüche. Gleichnisse müssen helfen. Gesetzt, Klang könnte sich materialisieren, Körper werden: dann würde der Klang des amerikanischen Orchesters ein Körper mit metallisch leuchtender Oberfläche, bestimmt, gesehen zu werden, eine hohe Freude fürs Auge; die Oberfläche des europäischen Klang-Körpers dagegen wäre wie eine Haut, etwas, das berührt werden will, das seine Tugend der Fühlung erschließt. Er müßte sich warm und weich anrühren, der andere dagegen kühl und gespannt. Starr, wie gepanzert steht der eine da, wenn er sich voll entfaltet; er schwebt gewichtlos in vollkommener Ruhe, wenn er sich verdünnt. Der andere ist immer in Schwingung, je nach dem Grade der Entfaltung in mächtiger oder zarter. Dieser ist wie ein organisch Lebendiges; der andere ist gewiß nicht ein Totes, aber ein Lebendiges ohne Organschwere. Legte man die beiden Körper auf die Waage, der amerikanische würde leichter wiegen. Hätten die Engel zwischen zwei Klängen zu wählen, so fiele ihre Entscheidung zugunsten des amerikanischen: er diente ihren musikalischen Zwecken besser als der europäische, der so durch und durch ein menschlicher Klang ist. (Ein Beispiel: Der Anfang des Scherzos von Bruckners Vierter Symphonie. Ein europäischer Musiker hätte nicht

gewußt, daß es diesen Klang gibt: Ätherische Hörner! Für ihn ist der Hörnerklang ein Naturklang, der Klang des Natur*zaubers*, der dämonischen Verbindung von Mensch und Natur. Nie hätte er gedacht, daß Engel Hörner blasen. – Daß die Spieler dieser Hörner zum größeren Teil Europäer waren, besagt nicht viel; das seelische Klima Amerikas vermag aus diesem Faktum sehr rasch etwas rein Nominelles zu machen.) Je engelischer die zu spielende Musik, desto adäquater ist ihr der amerikanische Orchesterklang, je menschlicher, desto inadäquater. Die Darstellung des Allzumenschlichen (Tschaikowsky) mit den Mitteln engelischer Klänge kann peinlich, ja unanständig wirken.
Noch ein anderer Vergleich könnte brauchbar sein: mit Linie und Farbe, wobei der Klang des amerikanischen Orchesters vergleichsweise einem linearen, der des europäischen einem farbigen Gefüge entspräche. Von den beiden, Linie und Farbe, scheint uns die Farbe das größere Wunder, das eigentliche Rätsel. Geheimnis ist um die Farbe, nicht um die Linie. (Newton ist es, nicht Euklid, der einen Goethe zum Widerspruch reizt.) Was die Linie ist, ist sie in und durch sich selbst; sie stellt dar, sie verbirgt nicht. Farbe dagegen ist immer wie ein Schleier, etwas, das verlockt einzudringen, dahinter zu suchen. So entspräche es dem Beunruhigenden, Intrigierenden des europäischen Orchesterklangs: da scheint viel dahinterzustecken. Der amerikanische Orchesterklang ist vergleichsweise *naiv*.

Um das Problem von einer anderen Seite her anzugehen: daß das Ursprungsfeld musikalischer Erfahrung in Alter und Neuer Welt ein verschiedenes ist, kann nicht ohne weitgehende Folgen bleiben. In Schlagworten gesagt: für den Europäer ist es Oper und Konzert, für den Amerikaner Schallplatte und Rundfunk. Nicht daß der Europäer von Schallplatte und Rundfunk keinen Gebrauch machte; aber die Mitte des Feldes seiner Begegnung mit Musik liegt in Oper und Konzert. Schallplatte und Rundfunk schließen sich als willkommene Erweiterung und Ergänzung an. Für den Amerikaner dagegen – mit einer gleich zu erwähnenden Einschränkung – entspringt Musik unmittelbar der vollen Breite des Feldes mechanischer Reproduktion, um sich gelegentlich zu der gesteigerten Erfahrung von Oper und Konzert zu verdichten. Das nun hat die Folge, daß für den Europäer »Musik« wesentlich aus Werken besteht, die nach technischen Bedingungen und wirtschaftlicher Verwertbarkeit für Aufführungen in Oper und Konzert in Betracht kommen; und das sind, nebst einigem Zeitgenössischen, der Hauptsache nach die Meisterwerke der beiden Jahrhunderte von Bach bis Bruckner, die Werke, in denen eine tausendjährige Entwicklung kulminiert. (Auch die Hausmusik geht da mit, ohne zwingende Nötigung; es bestand kein Grund, warum die vokale Hausmusik, der Normalfall früherer Jahrhunderte, verschwinden sollte.) In der Neuen Welt ist das Feld musikalischer Erfahrung nicht in dieser Weise eingeschränkt. Wohl gibt es auch in Amerika ein importiertes Musikleben europäischen Stils, in wenigen großen Städten, das von seinem Vorbild nur durch das stärkere Hervortreten kommerzieller und gesellschaftlich-dekorativer Züge unterschieden ist. Das eigenständige Musikleben Amerikas aber, wie es sich seit einigen Jahrzehnten entwickelt, ist ein anderes. Gleichmäßig über das ganze Land verteilt, ist sein Ort jedes Haus und jede Schule, jeder Raum um Grammophon und Radio. Die radikale Dezentralisierung ist nicht nur eine örtliche, sondern auch eine sachliche. Schallplatte und Rundfunk – der selbst in zunehmendem Maße Schallplatten verwendet – sind an die Bedingungen von Oper und Konzert nicht gebunden; die Konzentrierung auf die Werke zweier Jahrhunderte macht einer plötzlichen und überraschenden Weitung des Blickfeldes Platz. Es ereignet sich, in engeren Grenzen, Analoges, was für die bildenden Künste Malraux in seinem ›Musée imaginaire‹ beschrieben hat. Die gleichgültige Leere bloß historisch oder geographisch gewußter Bereiche bevölkert sich mit lebendigen Gestalten. Musik ist nicht mehr einsam aufragender Gipfel, sondern weithin geschlossen sich erstreckender Gebirgszug. Die Gipfel sind da, aber der Blick umfaßt sie als Glieder eines Ganzen. Bach ist größer als Vivaldi und Scarlatti, aber die anderen stehen neben ihm, Begeisterung verteilt sich gleichmäßig über sie. Verdi ist nicht mehr der einzige, in dessen Tönen das Herz des Südens rein und vollkommen schlägt; Palestrina reicht ihm die Hand, Monteverdi tritt hinzu, Corelli; aus Spanien klingen ganz neue Stimmen herüber: der Raum füllt sich. Mozart hat nicht drei oder fünf Symphonien geschrieben, sondern einige dreißig mehr, nebst einer Menge zu ihnen gehöriger Serenaden und Divertimenti. Hört man die alle ebenso oft wie die drei oder fünf »großen«, dann ist Mozart ein anderer. Überall das gleiche: Umstellung der Perspektive von Gipfel auf Panorama.

Bild des Gipfels und Panorama des Gebirgszugs setzen einen optisch verschieden situierten Beschauer voraus. Den Gipfel sehe ich, ideell genommen, immer aus der Nähe, den Gebirgszug aus größerer Ferne. Dem Europäer ist Musik etwas sehr Nahes, ein Höchstes und Äußerstes, das ihn überwältigt. Der Amerikaner sieht aus einer gewissen Distanz; solche Betroffenheit ist ihm fremd, ja unheimlich, sie macht ihn stutzig, er vermutet Maßlosigkeit oder Unredlichkeit. Dem Europäer wiederum scheint die Reaktion des Amerikaners flach. Beide haben unrecht. Sie meinen nicht dieselbe Sache.

(Am Rande bemerkt: Es ist in alledem von Musik in strengem Sinne die Rede, von eigentlicher Ton-Kunst; auf Musik, die bloß unterhält oder anregt – Gefühle, Phantasien, Reminiszenzen – bezieht es sich nicht. Doch sind auch diese den heutigen europäischen Verhältnissen abgelesenen Abgrenzungen nicht einfach auf amerikanische Verhältnisse zu übertragen. Für die Nahsicht ist der Abgrund zwischen wahrer Musik und Unterhaltungsmusik unermeßlich; fast scheint es blasphemisch, dasselbe Wort für beide zu gebrauchen. In der Fernsicht verwischt sich auch dieser Abstand. Vieles von dem, was heute in Amerika unter dem Titel Unterhaltungsmusik produziert wird, ist zweifellos echte Tonkunst – in Europa hat sich das seit fünfzig Jahren nicht mehr ereignet. Jazz ist konzertfähig; gute Jazz-Kapellen konzertieren regelmäßig in New Yorks Carnegie Hall. Die Verwendung klassischer Werke zur Jazz-Improvisation reizt nicht zum Widerspruch. Andererseits ist auch der Gebrauch echter Tonkunst zu Unterhaltungs- und Anregungszwecken in Amerika selbstverständlicher als in Europa.)

Nietzsche, ein Kronzeuge in Fragen der Musik, meint, daß wir in ihr die Sprache unserer eigenen Vergangenheit reden hören. Nicht, daß es je eine Zeit gegeben hätte, in der Töne statt der Worte als Verständigungsmittel gedient hätten. Was Nietzsche hört, ist das eigentümliche Vermögen der Töne, Vergangenheit zu erschließen. Töne öffnen uns der Vergangenheit – übrigens auch der Zukunft; aber Zukunft kann hier außer Betracht bleiben.

Das Wieder-lebendig-Werden von Vergangenheit unter der Einwirkung der Töne kann, konkret genommen, sehr verschiedenes Gesicht haben. Es gibt Menschen, auf die Töne einen starken Reiz ausüben, sich in Erinnerungen aus ihrem Leben zu verlieren. Im Hinblick auf die Vergangenheit beschwörende Kraft der Töne ist das gewiß begreiflich, und es läßt sich auch gar nichts weiter dagegen sagen als nur das eine, daß, wer beim Erklingen von Musik der eigenen Vergangenheit nachträumt, wohl noch Klangreize aufnimmt, nicht mehr aber Musik hört. *Unsere* Vergangenheit, in Nietzsches Satz, heißt denn auch nicht die meine oder die deine, nicht irgendeine persönliche Vergangenheit – nichts, das erinnert werden kann –, sondern die Vergangenheit der Rasse, und auch nicht die historische, sondern die mythische Vergangenheit. Nietzsche glaubte in der Musik die Brücke zu erkennen, die letzte noch gangbare, die sich für den modernen Menschen nach jener Vorzeit hinüberschlägt, da das in inniger Naturverbundenheit lebende Geschlecht die Töne als Geschenk aus der Hand der Götter empfing, in den Tönen ein Mittel magischer Einwirkung besaß. (Wer nicht weiß, wie voll von magischen Formeln unsere Musik bis heute geblieben ist, wird Jules Combarieus Buch ›La musique et la magie‹ gewiß mit Staunen lesen.) Der Zugang zum Ursprung, der nie ganz verschüttet sein darf, wenn der Mensch in vollem Sinne Mensch sein will, steht heute unmittelbar nur noch durch die Musik offen – Wert, Wirkung, Stellung der Musik in der abendländischen Kultur sind ganz von dieser Funktion her bestimmt.

Durch diese von Nietzsche dem Nachdenken geöffnete Türe kann man noch ein Stückchen weiter vordringen, dorthin, wo man die allgemeine Frage der Beziehung zwischen Ton und Zeit in den Blick bekommt.

Bei der akademischen Klassifizierung der Künste in solche des Raumes und solche der Zeit wird der Musik bekanntlich die Stelle einer reinen Zeitkunst zugewiesen. So wenig diese Einteilung den Erfahrungen entspricht – kein musikempfindlicher Mensch kann den gewaltigen Raum-Wirkungen der Musik verschlossen sein –, so kann doch nicht bestritten werden, daß es mit der Beziehung von Ton und Zeit seine besondere Bewandtnis habe. Die Zeit hat sich, wenn man so sagen kann, mit den Tönen sehr tief eingelassen. Und die Töne tragen die Spuren dieser Beziehung hörbar mit sich. Töne sind von Zeit umgeben wie stoffliche Dinge von Raum. Wie das Auge nicht einfach Dinge sieht, sondern in ihnen und über sie hinaus noch Raum, so hört das Ohr nicht nur Töne, sondern in ihnen und über sie hinaus Zeit.

Der wolkenverhangene Nachthimmel ist eine schwarze Wand; der klare Nachthimmel ist nicht eine durchlöcherte Wand, sondern Raumtiefe, vor der die Sterne stehen. Bergwände, aus gleicher Höhe gesehen, verstellen nicht den Raum, sondern führen den Blick über ihre scharf gezogene Kammlinie hinaus ins Offene des Raumes hinter ihnen. Das stoffliche Ding innerviert sozusagen den Raum-Sinn, der dann aber nicht an den stoff-gefüllten Raumstückchen hängenbleibt, sondern darüber hinausgreift, das Ganze von Raum zur Wahrnehmung bringt. Sehr deutlich wird das im künstlerischen Schauen: Ein weißes Blatt Papier ist leer, man sieht da *nichts*; umreißen ein paar Linien, von Meisterhand gezogen, ein Ding, so ist sofort auch die Leere rings um das Ding nicht mehr nichts, sondern, ganz im Gegenteil, ein wirkendes und spürbares Etwas: Raum.

Wie Stoff ein Raum-Füllendes, ist Ton ein Zeit-Füllendes. Töne berühren die Stelle, wo wir in ganz konkretem Sinne für Zeit empfindlich sind. Der Ton innerviert den Zeit-Sinn, der seinerseits sich nicht darauf beschränkt, das ton-erfüllte Zeitstückchen zu präsentieren, sondern in ihm und durch es hindurch das Ganze von Zeit zur Empfindung bringt. Das ist nun freilich nicht die Zeit, die unsere Uhren messen und die als Größe in die Gleichungen unserer Naturwissenschaft eingeht; es ist die *andere* Zeit, die Zeit, von der Bergson und Whitehead, Alexis Carrell und Lecomte de Nouys reden, organische, lebende Zeit, eine Zeit, die nicht vergeht, sondern in dauerndem Fortschreiten eine sich stetig mehrende und anreichernde Vergangenheit in ein immer gleich weit Offenes von Zukunft hineinträgt. In diesem ausgezeichneten Sinne ist allerdings Musik die Zeit-Kunst schlechthin: als Ort einer einzigartigen Zeit-Erfahrung[1].

Das »Reden der Vergangenheit« in der Musik kann keinen anderen Sinn haben: nicht daß irgendein Gewesenes aus der Vergangenheit der Person oder der Rasse unter der Einwirkung der Töne durch Erinnerung wieder präsent würde; sondern Zeit selbst, als Vergangen-Sein, als Herkommen aus Vergangenheit, wird in Tönen spürbar (wie Wind auf hohen Bergen nicht Gerüche heranträgt, sondern Weite.)

Von hier aus fällt ein Licht auf die Frage nach Gleich- oder Anders-Sein von Musik in Alter und Neuer Welt. Nicht als ob Musik dasselbe nicht sein könnte, wo die Vergangenheit – wie schon die Namen sagen –

1 Das Problem des musikalischen Zeitbegriffs ist eingehend behandelt in einer größeren Studie: ›Die Wirklichkeit der Musik‹.

verschieden lang sei. Vergangenheit, wie es hier gemeint ist, ist für alle Menschen gleich lang, reicht für alle gleich weit zurück, in den Ursprung. Und dennoch, Zeit – Vergangenheit wie Zukunft, aber in besonderem Maße Vergangenheit – ist ein anderes da und dort; für den Menschen in Alter und Neuer Welt hat Zeitlich-Sein nicht das gleiche Gesicht.

Auf eine eigentümliche Weise bricht der Schritt von der Alten in die Neue Welt mit der Vergangenheit – wieder nicht mit der persönlichen oder nationalen, das hängt von Disposition und Umständen ab, wohl aber mit Vergangenheit, Vergangen-Sein überhaupt. Nicht kürzer wird die Vergangenheit – wie wäre das möglich –, aber sie wird von einer geringen Tiefe an als Kraft außer Funktion gesetzt. Das Organ, das sie in menschliche Nahrung verwandelte, schrumpft mangels zureichender Betätigung. Nichts in seiner Welt spricht da den Menschen als ein Wesen langer Herkunft an. Seine stolzen Straßen hat er eben erst selbst gebaut, es sind nicht Straßen von Römerzügen. An den ungeheuren Beton-, Stahl- und Glaswänden seiner Häuser bricht sich die Zeit wie das Licht und die Luft; die tröstlichen Spuren von Zeit in Stein, Zeugen ihres weither fortwährenden Wirkens, fehlen. Die Wärme, die aus den Wänden seiner Räume strahlt, ist eine gestern eingebaute, nicht eine in geduldiger Folge von Geschlecht nach Geschlecht in sie eingelebte, die Wärme langer Bewährung. Der Tisch, an dem er sitzt, die Dinge seines Gebrauchs erwidern seinen Druck nicht mit dem in langem stillem Dienen erworbenen lebendigen und verstehenden Gegendruck. Dem Geschmack seiner Früchte und seines Weins ist keine Patina jahrhundertelanger Betreuung beigemischt. So muß es seinem Zeit-Sinn ergehen wie dem Auge in einer Welt, die immer nur auf Armeslänge erhellt wäre: es verlöre die Fähigkeit, Tiefe zu sehen. Es wüßte nichts von Perspektive; oder vielmehr, es bildete sich seine eigene Perspektive. (Daß die Nation sich dieser Lage auch als eines Mangels bewußt ist, kommt zum Vorschein in der Liebe und Sorge, mit der sie auf die Spuren einer knapp zweieinhalb Jahrhunderte und oft viel weniger weit zurückreichenden Vergangenheit schaut, sie wie ein Kostbares betreut, wo sie sich lebendig wirkend erhalten haben: in dem schmalen Streifen der atlantischen Randstaaten und des Alten Südens; ein merkwürdiger Gegensatz zu dem in diesen Dingen oft so achtlosen Europäer.)

Die verschiedene Zeit-Perspektive des Amerikaners in der Richtung auf Vergangenheit wird den Europäer immer wieder in Erstaunen setzen. Einmal ist Historisches unmittelbar gegenwärtig, als wäre Vergangensein ein Nichts: von großen historischen Ereignissen wie der Gründung der Union, der Schaffung der Konstitution, dem Kriege zwischen den Staaten wird geredet, als wären sie eben erst geschehen. Dann aber wieder erscheint eben erst Vergangenes schon in einem historischen Licht; die Dreißiger Jahre werden bereits als historische Periode betrachtet (und das gewiß nicht erst seit den Wahlen dieses Jahres); von den Zwanziger Jahren spricht man mit einem Akzent wie ein Europäer von der Metternich-Zeit. Für den Westen vollends stehen Geschichten aus den Fünfziger Jahren des vorigen Jahrhunderts bereits in halb mythischer Entrücktheit, wie etwa für den Europäer die Sagen von König Arthurs Ritterschar. Es bringt eben auf der noch wenig beschwerten Waagschale ein geringes Mehr schon einen großen Ausschlag hervor.

Wie könnte so, wenn unter der Berührung der Töne der Zeit-Nerv in Schwingung gerät, die Empfindung von Zeit da und dort dieselbe sein? In dem einen Falle ist die Membran des gegenwärtigen Augenblicks durchzogen von den Spannungen einer ins Äußerste zurückreichenden und nie abgebrochenen Kette von Lebensspuren; die Vergangenheit dagegen, die in dem anderen Falle in die Gegenwart hereinwirkt, ist von geringer Tiefe an leer, – blinde Zeit. Der Unterschied ist nicht vergleichbar dem des Zeit-Empfindens eines Erwachsenen und eines Kindes; eher vielleicht dem des reifen Mannes und eines anderen, der als Kind eingeschlafen wäre, dreißig Jahre traumlos verschlafen hätte, mit vierzig Jahren zu leben begänne. Töne, von Zeit getragen, Zeit ausstrahlend haben ein anderes Gewicht, Lebensgewicht da und dort; sie machen aus Musik da und dort eine andere: Geschenk der reichsten inneren Fülle, der kostbarsten Schwere und des tiefsten Ernstes, und einer Leichtigkeit, die die Spuren des überwundenen Schwersten an sich trägt; oder einer Leichtigkeit, die von Schwere nicht weiß, eines gewichtlosen Schwebens, eines idealen Spiels voll höchster Versprechung. Keines ist ein Geringeres. Wahr und schön sind beide, aber vielleicht ist die eine mehr um Wahrheit besorgt, die andere mehr um Schönheit. –

Das markante Beispiel, an dem die Wege sich deutlich scheiden, ist

Beethoven. Nicht als ob er da und dort verschieden gewertet würde; aber der Ton, der Akzent, der Sinn der Wertung ist ein verschiedener. Der Europäer hört in Beethoven nicht nur das einmalige Gelingen, sondern auch, was es gekostet hat: die unendliche Bemühung, den Kampf, das Lebensopfer, den ganzen ungeheuren Aufwand, der diese unvergleichliche schöpferische Leistung hervorgetrieben hat – Bemühung, Kampf nicht nur des einen Mannes Beethoven, sondern all derer, die, Arbeiter im Dienste der Musik, die kostbare Last durch die Jahrhunderte getragen und von Hand zu Hand weitergegeben haben. Und mehr noch; nicht nur Musiker arbeiten ja an der Musik, ist es doch letzten Endes die zusammengefaßte Lebensmühe der abendländischen Menschheit als ganze, die in der Musik ihre sublimste Frucht getragen hat. All das schwingt im Klange des europäischen Orchesters, das Beethoven spielt. Es schließt den Hörer ein in den Aufwand, dessen Krönung er nun genießt. Da wird Beethoven gehört, wie man den Gipfel anschaut, den man selbst erstiegen hat. Im Anschauen des Ziels weiß man den Weg, der zu ihm führt; man ist ihn selbst gegangen.

Die Akzente des äußersten Aufschwungs und der letzten Versenkung, die für den Europäer auf Beethovens Werk liegen, müssen sich verschieben, wenn, als Folge eines anders gestimmten Zeit-Empfindens, Herkunft nicht mitspricht. Der Amerikaner (es ist doch klar, daß diese Verallgemeinerungen immer nur das Typische meinen, nichts für den Einzelnen Bindendes besagen) begeistert sich an der Vollendung Beethovenscher Tongestalten wie an einem göttlichen Geschenk; der Preis zählt für ihn nicht. Er ist mitgerissen von dem Triumph; der Gegenzug dessen, worüber da triumphiert wurde, findet kaum einen Angriffspunkt. Mit Staunen und beinahe religiöser Ehrfurcht lauscht er der Stimme höchster Vergeistigung; aber welche Gebirge irdischer Materie verzehrt werden mußten, damit dieses Destillat gewonnen werde, davon weiß sein Gefühl wenig. Von den frühen zu den späten Sonaten oder Quartetten führt ein Weg stilistisch-technischer Entwicklung, dessen unwahrscheinlicher Kühnheit seine ganze Bewunderung gilt; der Weg in ein nie zuvor betretenes Innere, der da auch gegangen wurde, ist kaum ein Teil des Bildes. Das ganze Werk ist, wenn man so sagen kann, mehr Botschaft als Prophetie – wenn der Prophet unter einer gewaltigen Last ferner und naher Vergangenheit in eine dunkle oder helle Zukunft schaut, während der Bote von Vergangenheit schweigt

und nur verspricht; und auch da ist es wieder mehr die *frohe* Botschaft, das Dunkle ist mehr um der Folie willen da: Beethoven, der große Freudige, der das tragisch Unvollkommene irdischer Zustände immer wieder siegreich überwindet. Konkret gesagt: die Neunte Symphonie eher ein Stufenbau, im letzten Satze gipfelnd, als ein Kraftfeld, zwischen den Polen des ersten und letzten Satzes gespannt. Sollte ein Werk gewählt werden, um, in einen Grundstein eingemauert, über mögliche Zerstörungen hinweg einer fernen Nachwelt die Kunde zu sichern, was Beethoven war, so würde Amerika sich wohl auf die Neunte Symphonie einigen; Europa auf die letzte Klaviersonate.
Und noch eines: Beethoven ist kein Ende, der Weg führt weiter, über den Gipfel hinweg und hinunter, hinunter nicht in wertmäßigem Sinne – Schubert ist gewiß kein geringerer Komponist als Beethoven –, wohl aber wie man aus dem Licht in den Schatten tritt. Und auch dieser Weg, der Weg durch die Nachtlandschaft der Romantik, mit seinen unverlierbaren Einblicken, Erleuchtungen der Dunkelheit, ist ein Teil der europäischen Herkunft, Teil der Vergangenheit, deren Sprache die Töne reden. Der Europäer, der auf Beethoven schaut, sieht ihn gleichsam über ein dunkles Tal hinweg, als einen deutlich Jenseitigen; und dieses Empfinden des Hinauf und Hinunter, des Gewonnen- und Verlorenhabens gibt seinem Bilde von Beethoven einen wesentlichen Zug, den Zug vielleicht, der es am kostbarsten macht. Der Mensch der Neuen Welt ist diesen Weg nicht gegangen; nichts scheidet ihn im Seelischen merklicher von dem heutigen Europäer, als daß er, Forderungen anderer Art gehorchend, die große Erfahrung der Romantik nur eben streifte, nicht mit Europa teilen konnte. Er schaut auf Beethoven nicht über einen Abgrund hinweg, kein Sonnenuntergang liegt da dazwischen, keine Trauer eines großen Verlierens. Beethoven ist für ihn anders *da* als für den Europäer, viel unmittelbarer, problemloser. – Das hat schließlich noch zur Folge, daß ihm moderne Musik anders im Ohr klingt als dem Europäer: der Ton des Gegenschlags gegen die Romantik *und* Beethoven muß ihr fehlen; sie klingt da unschuldiger als auf der anderen Seite des Ozeans.
Muß gesagt werden, daß mit all dem keinem Historizismus das Wort geredet wurde, als hänge die Erfahrung von Musik irgendwie mit einer Kenntnis ihrer Geschichte zusammen? Der Sitz des Wissens, um das es hier geht, ist Gehör und Gefühl, nicht der Verstand. Sonst ließe sich

doch – und nicht nur in musikalischen Dingen – durch bloßes Lernen aus einem Amerikaner ein Europäer machen, und durch bloßes Verlernen aus einem Europäer ein Amerikaner.

Das Unterscheidende, von dem hier die Rede war, ließe sich vielleicht in scharfer Zuspitzung – und mit dem jeder Pointe gegenüber gebotenen Vorbehalt – so formulieren: In Europa weiß man, in einem viel tieferen Sinn als in Amerika, was Musik ist; in Amerika weiß man nicht, in einem viel offeneren und tröstlicheren Sinn als in Europa, was Musik noch alles werden kann. Der Möglichkeit einer Neugeburt der Musik als religiöser Kunst stünde dann die Neue Welt näher als die Alte.

James B. Conant

# Das neue Weltbild der Naturwissenschaft

*[Eine Vorlesung]*

Dutzende von Büchern und Hunderte, vielleicht sogar Tausende von Artikeln haben sich während des vergangenen Jahrzehnts mit einem einzigen Thema befaßt, das man mit den Worten »Die philosophischen Folgerungen der neuesten Revolution in der Physik« abgrenzen könnte. Dennoch will es mir scheinen, daß es dem Laien durchaus nicht klar ist, was sich nun eigentlich auf dem Gebiet der Physik ereignet hat, das den Namen einer Revolution verdiente; ebenso ob er sicher ist, inwiefern die moderne Naturwissenschaft seine eigenen Hoffnungen, Ängste und Bestrebungen berührt. Ja sogar in jenen höheren Sphären, in denen Mathematiker, Logiker, Erkenntnistheoretiker und Kenner der theoretischen Physik hausen, ist man sich über die Beziehung der Begriffe der modernen Physik zu den verschiedenen kosmologischen Hypothesen, die seit Generationen Objekt der philosophischen Spekulation sind, nicht einig. Dem Laien ist nur eines klar: Auf dem Gebiet, das wir mit dem Wort Physik umreißen, ist etwas ungeheuer Aufregendes geschehen. Dieses Etwas ist eine Konstellation von unerwarteten Versuchsergebnissen, die sich im Laufe der letzten fünfzig Jahre zusammen mit erstaunlichen Einsichten auf dem Gebiet der Theorie als ungeheuer fruchtbar erwiesen haben. Was sich ereignet hat, steht nur in einer ganz indirekten Beziehung zur Explosion der ersten Atombombe. Für viele jedoch, sowohl für Laien als auch für Wissenschaftler, ist die Auslösung der Atomenergie, die seit 1940 in großem Umfang möglich ist, ein Symbol der neuen Physik. Eine revolutionäre Waffe und der Traum von einer zukünftigen revolutionären Kraftquelle für die Industrie haben sich in der Gedankenwelt vieler mit der Vorstellung einer revolutionären Veränderung des menschlichen Weltbildes verknüpft. Von allen Kennzeichen des neuen wissenschaftlichen Weltbildes stellt sich dem Nichtwissenschaftler die Tatsache, daß die Materie als solche vernichtet werden kann, als die absurdeste dar. Populärwissenschaftliche Autoren, die sich mit diesem Thema befassen, lassen sich keine Gelegenheit entgehen, darauf hinzuweisen, daß die Zerstörung Hiroshimas die Folge der Umwandlung einer kleinen Menge von Materie in Energie war, in jene Energie, die eine Stadt in Schutt und Asche legte. Manchen scheint in der Tat die Möglichkeit der Vernichtung von Materie viel erregender als der Tod einer Stadt; denn in der Vorstellung der meisten Menschen ist das Wort »Wirklichkeit« mit dem Wort Materie eng verbunden.

Schon im Jahre 1876 erklärte Professor P. G. Tait in einer Vorlesung ›Die jüngsten Fortschritte in der Physik‹: »Der Prüfstein dessen, was wir als Materie bezeichnen, der Beweis, daß sie objektive Existenz hat, ist ihre Unzerstörbarkeit und ihre Unschaffbarkeit – wenn es erlaubt ist, das Wort zu gebrauchen – durch einen menschlichen Akt.« Und indem er darstellte, wie der Chemiker stets damit rechnen könne, am Ende einer Reihe von chemischen Transformationen derselben Quantität von Materie gegenüberzustehen wie am Anfang, schloß Tait, dies also müßten wir als den Prüfstein der objektiven Wirklichkeit der Materie ansehen.

Eine sorgfältige Prüfung dieser Aussagen würde zeigen, daß sie keine Möglichkeit für ein kapriziöses und nicht vorhersagbares Verschwinden oder Auftauchen der Materie offenlassen. Aber die Art und Weise, in der die Sätze, die ich zitiert habe, formuliert sind, zeigt, wie sehr selbst ein philosophisch orientierter Physiker bereit war, die Unzerstörbarkeit der Materie zu unterstellen. Tait gab, wie mir scheint, eine beinahe volkstümliche Definition, und solche volkstümlichen Definitionen sind in der Bestimmung des philosophischen Weltbildes der Nachdenklicheren unter uns von großer Wichtigkeit.

Bei den Wissenschaftlern drang die Idee der Umwandlung von Materie in Energie nur langsam während des ersten Viertels des 20. Jahrhunderts durch. Am Anfang dieser Entwicklung stand die beinahe zufällige Entdeckung der Radioaktivität durch Becquerel. Eine Art durchdringender Strahlung, ähnlich den kurz vorher entdeckten Röntgenstrahlen, wurde anscheinend von einigen Mineralien abgegeben. Im Jahre 1903 war es dem Ehepaar Curie gelungen, Radium auszufällen, und im Jahre 1910 war die spontane Transmutation gewisser radioaktiver Elemente bereits bekannt, und die Zerfallsprodukte – wie einige dieser Elemente genannt wurden – waren in das Periodische System

der Elemente eingefügt worden. Einer der Pioniere dieser seltsamen neuen Chemie war der junge Frederick Soddy. Was er über Materie und Energie zu sagen hatte, ist im Lichte dessen, was einige dreißig Jahre später geschah, außerordentlich interessant. In einem 1912 veröffentlichten Buch schrieb er folgendes: »In jüngster Zeit konnte die Radioaktivität auf den spontanen Zerfall bestimmter Atome, die leichtere Atome bilden, zurückgeführt werden. Die Energie, die durch diesen natürlichen Prozeß frei wurde, übertrifft alles bisher Bekannte. Die stärksten Sprengstoffe, die wir kennen – was auch immer man betrachtet –, bei deren Explosion die Atome, die in einem Molekül enthalten sind, frei werden, enthalten kaum den millionsten Teil der Energie, die bei der Spaltung der Atome frei wird. Der große Unterschied zwischen diesen beiden Ereignissen – zwischen der grundlegenden Verwandlung der Materie, die vor zehn Jahren bekannt war, und der, die heute bekannt ist – erschließt der Wissenschaft ein Neuland. Nur kinetische Energie ist wahrnehmbar und erkennbar. Potentielle Energie dagegen kann in der Materie ruhen und ruht in der Tat in einem Maße in ihr, das selbst heute kaum vorstellbar ist. Aber so lange bis die Materie sich verwandelt und aus der Energie der Lage die Energie der Bewegung wird, bleibt diese Energie unerkennbar und unzugänglich.«[1]
Von der Zeit Soddys bis 1943, als in Chikago die erste selbsttätige Kettenreaktion ausgelöst wurde, kehrte eine Reihe von Wissenschaftlern von Zeit zu Zeit zu der Idee zurück, durch den Prozeß der Transformation der Elemente große Mengen von Energie zu gewinnen. Schon um 1920 operierten die meisten Physiker mit den Begriffen der Relativitätstheorie. Jedoch erst nach dem Ersten Weltkrieg, als Aston seine Arbeit über die Isotope der nicht radioaktiven Elemente beendet hatte, fingen die Naturwissenschaftler an, über die Umwandlung von Materie in Energie zu spekulieren. Ende der zwanziger Jahre ergaben Einsteins Theorie, die über die Radioaktivität bekannten Tatsachen, die Entdeckung der Isotope und die Bestimmung der Atomgrößen und -gewichte vieler »reiner« Elemente ein logisches Bild, in dem eine solche künstliche Umwandlung eine tatsächliche Möglichkeit war. Aber selbst dann waren alle Voraussagen, wenigstens in einer Hinsicht, falsch.

1 ›Matter and Energy‹, New York 1912, S. 143–144.

Ich erinnere mich noch an Astons Bericht – kurz nach dem Ersten Weltkrieg – über seine Arbeit auf dem Gebiet der Isotope und seine Ausführungen über die Möglichkeit, die Elemente an einem Ende des Periodischen Systems in jene in der Mitte des Systems umzuwandeln, mit dem aus dieser Transformation resultierenden Mengenverlust und der dadurch bedingten Entwicklung großer Mengen von Energie. (Die Einsteinsche Formel war die Grundlage für seine Berechnungen.) Die Wahrscheinlichkeit einer solchen Transformation erschien ihm – so deutete er wenigstens an – gering, und dann sagte er etwa folgendes: »Sollte jemals ein Weg gefunden werden, auf dem dies erreicht werden kann, so würde dieses Ereignis durch die Entstehung eines neuen Planeten eingeleitet werden.« Mit anderen Worten, er stellte sich vor, daß die ausgelöste Energie nicht unter Kontrolle gehalten werden könne, daß alle Atome des in Frage stehenden Elementes sich gleichzeitig spalten würden und daß unser Planet – die Erde – als feuriger Ball explodieren werde.

Die Wahrscheinlichkeit, die im Atom eingeschlossene potentielle Energie auszulösen, erschien gering, selbst nach den ersten experimentellen Umwandlungen Rutherfords. Diese wurden dadurch zuwege gebracht, daß man bestimmte Elemente mit sich schnell bewegenden Teilchen beschoß. Aber um die für eine Transmutation notwendige Geschwindigkeit zu erzeugen, mußte das Teilchen mit so viel Energie geladen werden – und außerdem »trafen« die Teilchen so selten –, daß die ausgelöste Energie nicht der Rede wert war. Die Umwandlung war zwar gelungen, aber die Hoffnung, durch diesen Prozeß Energie freizumachen, schien noch immer weit entfernt.

Dies wurde plötzlich durch die Entdeckung eines neuen Teilchens, des Neutrons, durch Chadwick im Jahre 1932, anders. Dieser Entdeckung folgten weitere umwälzende Erkenntnisse über die Natur des Uraniums auf dem Fuße. All dies ist seit 1945 so oft auf allgemeinverständliche Weise beschrieben worden, daß man eine gewisse Vertrautheit mit diesen Dingen bereits voraussetzen darf. Ich werde daher keine Darstellung der Entdeckung des Phänomens der Kernspaltung und seiner Verwendung in der Zeit von 1940 bis 1945 geben.

Außerhalb eines kleinen Kreises von Naturwissenschaftlern erregten sich nur wenige darüber, daß sich allmählich die Vorstellung durchsetzte, daß Materie in Energie verwandelt werden könnte, oder über die Folgerung, daß die Materie durch den Menschen vernichtet werden könnte. All diese Erkenntnisse und selbst die Anwendung der neuen Einsichten auf dem Gebiete der Atomenergie, in der Astronomie, die Erklärung des Ursprungs der Sonnenenergie, die kurz vor dem Zweiten Weltkrieg ausgearbeitet wurde, reichten nicht aus, um zu verdeutlichen, daß sich das Wesen des Weltalls irgendwie verändert hatte. Auf jeden Fall wurde das, was man die kosmologische Anwendung der Theorien der Kernphysik nennen kann, durch solche Dinge wie Atombomben und Atommeiler in den Hintergrund gedrängt. »Sehen ist glauben«, und das, was man, zumindest auf Photographien, von der Wirklichkeit dieser noch nie dagewesenen Auslösung von explosiver Gewalt zu sehen bekam, konnte nicht in Frage gestellt werden. Daher ist die Tatsache der Umwandlung von Materie in Energie und umgekehrt die dramatischste, wenn nicht die wichtigste Veränderung, die in unserer Zeit auf dem Gebiet der Naturwissenschaften stattfand.

Die kulturelle Bedeutung der Revolution in der Physik kann am besten durch die Reaktion des Laien auf Einsteins berühmte Gleichung $E = mc^2$ illustriert werden. Die Vorstellung, daß Materie unter gewissen Umständen verschwindet und Energie an ihre Stelle tritt, ist verhältnismäßig leicht zu akzeptieren; tatsächlich ist die Vorstellung der Konservierung der Materie trotz einer chemischen Veränderung, wie zum Beispiel der Verbrennung, ein relativ neuer Faktor in der Summe unserer alltäglichen Vorurteile; scheinbar wird es jedesmal, wenn wir ein Streichholz anzünden, Lügen gestraft. Aber was hat die Lichtgeschwindigkeit damit zu tun? Das ist eine peinliche Frage, oder vielmehr die Antwort auf diese Frage ist peinlich, denn der Wissenschaftler muß dem Fragenden entgegnen: »Es tut mir leid, aber das hat mit der Relativitätstheorie zu tun, und um diese zu erklären, bedarf es einiger Kenntnisse der Mathematik und Physik. Ich kann nicht einmal andeutungsweise darauf eingehen, und Sie müssen es einfach akzeptieren.« Darauf könnte man antworten: »Ihr Wissenschaftler erwartet von uns, daß wir uns mit Deutungen des Universums zufriedengeben, die für den gewöhnlichen Sterblichen nur wissenschaftliche Dogmen sind.«

Über die Rolle wissenschaftlicher Theorien als Deutungen des Universums, ob sie nun allgemeinverständlich sind oder nicht, werde ich später sprechen. Erlauben Sie mir, den Aufriß der neuen Physik fortzusetzen. Die Konvertierbarkeit von Materie in Energie und umgekehrt wird von den Physikern nicht als das aufregendste Ereignis der letzten dreißig oder vierzig Jahre angesehen. Viel wichtiger, sagen diese, sind die neuen Erkenntnisse über das Wesen des Lichtes und die quantitativen Zusammenhänge seiner Umwandlung in Materie. So erklärte P. W. Bridgman zum Beispiel, »daß der Physiker seit dem Beginn des Jahrhunderts eine Reihe intellektueller Krisen durchgemacht hat, die auf die Entdeckung experimentell belegter Tatsachen zurückzuführen sind, die er nicht voraussah und die er nicht einmal für möglich gehalten hatte«.[2]

Wie Professor Bridgmans Worte zeigen, handelt es sich also nicht einfach um einen Fortschritt der Naturwissenschaften, sondern um einen Bruch der Kontinuität hinsichtlich ihrer Grundlagen. Es ist daher nur billig, das, was geschehen ist, als eine Revolution des wissenschaftlichen Denkens zu bezeichnen, denn was sich tatsächlich vollzogen hat, ist eine Neuorientierung der Physik. Diese Neuorientierung ergab sich zwangsläufig aus einer Reihe von Experimenten, die den Naturwissenschaftler vor ein Dilemma stellten, das er noch vor fünfundsiebzig Jahren für unmöglich gehalten hätte. Diese Situation aber unterscheidet sich wesentlich von einer sogenannten revolutionären Entdeckung, wie etwa der Radioaktivität; es handelt sich eher um etwas, das mit der Formulierung ganz neuer epochaler Ideen zu vergleichen ist, wie etwa der der Newtonschen Mechanik oder der Darwinschen Evolutionstheorie. Einige allerdings werden behaupten, daß die neue Physik revolutionärer ist, grundlegender mit der Vergangenheit bricht als irgendeine andere neue wissenschaftliche Theorie seit dem Jahre 1600. Um jedoch die Wirkung geistesgeschichtlicher Ereignisse richtig bewerten zu können, muß man sich vor Augen halten, daß die Neuorientierung des Denkens sich in der Regel jenen, die sie erleben, drastischer darstellt als späteren Generationen. Es steht noch keinesfalls fest, wie die Revolution in der Physik, die sich während der ersten Hälfte des 20. Jahrhunderts vollzog, von den Historikern der Naturwissenschaften im 21. Jahrhundert beurteilt werden wird.

Um das, was ich für das Wesen der Neuorientierung der Naturwissen-

2 P. W. Bridgman, ›Philosophical Implications of Physics‹, in: ›American Academy of Arts and Sciences. Bulletin‹, Band III, No. 5 (Februar 1950).

schaften halte, zu illustrieren, möchte ich mich einer Analogie bedienen. Denken Sie einmal nicht an das Licht, sondern an die Wärme, und führen Sie sich vor Augen, daß vor etwas mehr als einem Jahrhundert Professoren ihre Hörer faszinierten, indem sie den Nachweis erbrachten, daß Wärme eine Art von Bewegung sei. Es wurde bewiesen, daß die Vorstellung eines feinen Wärmefluidums, das von warmen Körpern an kalte abgegeben wird, vollkommen unnötig war; sie erwies sich nicht nur als unnötig, sondern die Ergebnisse einiger Experimente, wie zum Beispiel die Entstehung von Wärme durch Reibung, konnten durch diese Vorstellung einfach nicht erklärt werden. Es hatte sich also die Wärmetheorie, die eine Zeitlang sehr nützlich gewesen war, als falsch erwiesen. Sie wurde von der Vorstellung verdrängt, daß die Wärmeentwicklung mit der Bewegung kleinster Teilchen der Materie zu tun habe. Nichtsdestoweniger hat die alte Wärmetheorie noch immer eine nützliche pädagogische Funktion. Wir sprechen noch immer vom Wärmestrom und benutzen sogar mathematische Bezeichnungen, um diesen Strom zu messen, als ob es ein Wärmefluidum gäbe. Innerhalb eines gewissen Rahmens experimenteller Tatsachen in der Physik und in der Chemie ist die alte Wärmetheorie noch immer die brauchbarste Methode, diese Tatsachen zu ordnen. Beachten Sie bitte, daß ich oben »innerhalb eines gewissen Rahmens der Tatsachen« sagte, denn es war die Erschließung neuer Versuchssituationen, die die Nützlichkeit der Vorstellung eines Wärmefluidums zerstörte. Um diese Theorie aufrechtzuerhalten und dennoch alle neuen Tatsachen in Rechnung zu stellen, hätte man willkürlich Annahme um Annahme hinzufügen müssen. Andererseits öffnete sich eine ganze Reihe neuer Ausblicke, als man diese Theorie aufgab und Wärme als die Bewegung kleinster Teilchen der Materie verstand. Um es kurz zu sagen, entschied das Experiment ein für allemal, welche der beiden Wärmetheorien, wie wir sagen, »wahr« war.

Gegen Ende des letzten Jahrhunderts schien das Wesen des Lichtes ebenso bekannt zu sein wie das Wesen der Wärme. Das Licht war eine elektromagnetische Störung im überall vorhandenen Äther; es war ein wellenartiges Phänomen. Die ältere Idee, daß das Licht aus kleinen Körperchen – einem Strom kleiner Geschosse – bestand, war sozusagen durch eine Reihe berühmter Experimente zerstört worden, die bewiesen hatten, daß das Licht tatsächlich wellenförmig sei. Dann jedoch tauchten gewisse neue experimentelle Phänomene auf, die sich ebenso schwer in die Wellentheorie des Lichtes einfügen ließen, wie die vorhergegangenen Versuchsergebnisse sich in die Korpuskular-Theorie hatten einfügen lassen. Etwa um das Jahr 1910 hatte sich eine unbefriedigende Situation entwickelt, die man etwa auf folgende Weise beschreiben könnte: Licht wird ausgesendet und empfangen, als ob es aus einem Strom von Teilchen bestünde, und wird übertragen, als ob es wellenförmig wäre. Für die Wissenschaftler war dies etwa dieselbe Situation, als ob man sagte, eine Schachtel ist zugleich voll und leer. Sie bestanden darauf, daß es unmöglich sei, daß das Licht zugleich wellenförmig und korpuskular sein könne. Daß es so schien, konnte nur ein vorübergehendes Stadium der Forschung sein. Man nahm an, daß es nur eine Frage der Zeit sei, bis man Experimente durchführen konnte, die die Schwierigkeiten lösen würden, denn bisher waren ja noch alle Schwierigkeiten in der gesamten Geschichte der Naturwissenschaften so gelöst worden.

Man könnte beinahe sagen, daß die Physiker im Laufe der letzten vierzig Jahre gelernt haben, Situationen zu akzeptieren, die sie früher für unerträglich gehalten hätten. Es ist beinahe so, als ob ihre Vorgänger gezwungen worden wären, das Wärmefluidum nicht nur als eine praktische Methode zur Durchführung gewisser Experimente, sondern einfach als Notwendigkeit beizubehalten, obgleich die Beweise gegen diese Theorie völlig überzeugend waren. Außerdem schien es, als hätten jene Vorgänger ein für allemal festgestellt, daß das Wesen der Energie und der Materie die Möglichkeit einer Entscheidung für die eine oder die andere Wärmetheorie ausschloß. Eine derartige Entscheidung wäre für die Wissenschaftler zu Anfang des 19. Jahrhunderts eine Verneinung der Wissenschaft schlechthin gewesen – oder jedenfalls hätte man es bis vor kurzem so aufgefaßt. Der Fortschritt der Wissenschaft bestand darin, daß man die Folgerungen aus verschiedenen Hypothesen prüfte und jene Hypothesen verwarf, deren Ableitungsergebnisse experimentell nicht zu belegen waren. Die Vorstellung, daß es zwei grundlegend entgegengesetzte Theorien über das Wesen der Wärme oder des Lichtes oder der Materie geben könnte und daß beide auf Grund gewisser Experimente sowohl widerlegt als auch bewiesen werden könnten, wäre jedem vernünftigen Menschen unsinnig erschienen. Was die Wärme betrifft, sind wir noch immer der Meinung, daß die

Vorstellung eines Wärmefluidums veraltet ist. Was jedoch das Licht betrifft, so können wir nicht mehr sagen, als daß es in gewissem Sinne zugleich korpuskular und wellenförmig ist. Auch in bezug auf die Materie haben wir bereits festgestellt, daß eine gewisse Zweideutigkeit im Spiele ist.

Ich habe nicht die Absicht, in diesen Vorlesungen auch nur den Versuch einer Aufzählung aller Experimente zu unternehmen, die die Revolution in der Physik bewirkt haben. Es sind ihrer sehr viele, und sie sind gewiß nicht einfach. Ihre Auslegung ist so eng mit dem neuen theoretischen Weltbild verknüpft, daß es außerordentlich schwierig wäre, ein einzelnes entscheidendes Experiment zu nennen. In der Tat scheint mir, daß ein gewisses Maß von Vorsicht beim Lesen der volkstümlichen Darstellung der Bedeutung der neuen Physik angebracht ist. Denn bei der einfachen Darstellung eines komplizierten Experiments kommt der Autor beinahe zwangsläufig zu Auslegungen, ehe er seine Folgerungen aus dem Beweismaterial zieht.

Auf jeden Fall wäre es aussichtslos, sich im Rahmen einer Vorlesung mit einer Menge von Versuchsergebnissen auseinanderzusetzen, die selbst für einen kurzen Überblick ein ganzes Semester erfordern würden. Ich möchte Sie daran erinnern, daß das Thema meiner Vorlesung die neue Einstellung der Öffentlichkeit zur Wissenschaft und die neue Haltung der Wissenschaftler gegenüber der Naturwissenschaft ist. Um das zu illustrieren, mögen ein paar Worte über das Schicksal der beiden großen physikalischen Prinzipien des 19. Jahrhunderts in unserem Jahrhundert am Platze sein: nämlich über die Erhaltung der Masse und die Erhaltung der Energie. Die Entwicklung der Atomenergie hat die Vereinigung dieser beiden Prinzipien bereits deutlich gemacht. Wir müssen uns nun der Bereitschaft der Physiker zuwenden, die Existenz eines Teilchens – des Neutrinos – ausschießlich zum Zweck des Ausgleichs der beiden Seiten der Gleichung in gewissen kernphysikalischen Transformationen vorauszusetzen. Bis heute gibt es, soviel ich weiß, keinen Beweis für die Existenz dieses Teilchens, noch ist es wahrscheinlich, daß sich Versuchsmethoden ergeben, durch die man seine Existenz nachweisen oder widerlegen kann. Wir haben nur die Wahl, anzunehmen, daß in gewissen Experimenten die Erhaltung der Masse und der Energie nicht gelingt oder daß ein Neutrino freigemacht wird. Auf jeden Fall ist die zweite Alternative bequemer. Es gibt nur wenige Experimente, in denen dieses Neutrino vorausgesetzt werden muß, in allen anderen treffen die Masse-Energie-Beziehungen im Rahmen einer meßbaren Genauigkeit zu. Daher erfüllt das Neutrino dieselbe praktische Funktion wie früher das Wärmefluidum, das diese Funktion ja immer noch erfüllt, wenn wir den Wärmestrom messen wollen.

Bisher habe ich vor allem auf die unangenehmen Situationen hingewiesen, die sich im Zuge des Fortschritts der Naturwissenschaften seit der Jahrhundertwende ergeben haben. Bei dem Versuch, ein ausgeglichenes Bild zu vermitteln, muß ich hier jedoch ein paar Worte über die überraschende Art und Weise (wenigstens für einige ist sie überraschend) hinzufügen, auf die die Theorien der Physiker und der Chemiker zusammentreffen. Daß dies geschehen würde, stand um das Jahr 1900 keineswegs fest. Um diese Zeit schienen die Atom-Molekül-Theorie der Chemiker und die Molekültheorie der Physiker nur entfernt verwandt zu sein. Die Chemiker hatten Bilder darüber entworfen, wie die Atome räumlich in den Molekülen angeordnet waren, um bestimmte Versuchsergebnisse zu belegen. Skeptiker gaben ihren Zweifeln über die Realität solcher Molekülmodelle Ausdruck. Sie waren begriffliche Schemata, die, sollten sie sich als wahr erweisen, geholfen hätten, die beobachteten Tatsachen zu erklären. Diese begrenzte Aussage war das Äußerste, was man zugestehen wollte. Ehe jedoch fünfzig Jahre vergangen waren, kamen die Physiker beim Studium vollkommen anderer Phänomene – der Wechselwirkung von Licht (der Kurzwellenlänge inklusive Röntgenstrahlen) und Materie – zu Schlüssen, die sich mit denen der Chemiker deckten. Wenn man heutzutage den Beweis für ein bestimmtes Modell eines komplizierten Moleküls erbringen will, sind die Ergebnisse chemischer und physikalischer Experimente zugleich darin enthalten und werden als gleichwertig behandelt. Mit anderen Worten, das begriffliche Schema der Chemiker und Physiker bezüglich der atomistischen Natur der Materie deckt sich, obgleich es von vollkommen verschiedenen Beobachtungen herrührt.

Ich möchte darauf hinweisen, daß man sich durchaus vorstellen könnte, daß wir mit zwei verschiedenen Modellserien operieren, von denen eine dem Chemiker bei der Formulierung seiner Versuchsergebnisse helfen kann, während die andere die Arbeit der Physiker leitet. Einige von uns hielten eine solche Entwicklung noch vor etwa vierzig Jahren für möglich. Wir können daher froh sein, daß sich die entgegengesetzte Entwicklung eingestellt hat, nämlich, daß beide Schemata durchaus identisch sind. Ich sage, wir können froh darüber sein, denn, von metaphysischen Vorbehalten abgesehen, ist es wesentlich einfacher und daher praktischer, sich nur mit einem Atombegriff auseinanderzusetzen, wenn wir über die Struktur der Moleküle sprechen.

Während die Experimente der letzten Jahrzehnte zu einer Vereinfachung des Begriffes der aus Atomen zusammengesetzten Moleküle geführt haben, zeigt die Struktur der Atome selbst ein kompliziertes und etwas verwirrendes Bild. Auch auf diesem Gebiet werde ich es nicht unternehmen, die Versuchsergebnisse im einzelnen darzulegen. Statt dessen werde ich lediglich versuchen, die allgemeine Richtung aufzuzeigen. Unser Wunsch nach einem einfachen Bild des Universums wurde vor ein paar Jahren noch weitgehend befriedigt, denn es schien, daß alle Atome aus drei Bestandteilen zusammengesetzt seien: aus Neutronen, Protonen und Elektronen. Die Transmutation der Elemente innerhalb dieses Schemas schien der Umwandlung einer chemischen Verbindung in eine andere ungefähr zu entsprechen. Nach der Atom-Molekül-Theorie unterscheidet sich eine Verbindung von der anderen nur durch die Zahl und Art der Atome, die in einem Molekül enthalten sind. In dem allgemein gebräuchlichen Bild der Struktur des Atoms unterscheidet sich ein Element vom anderen nur bezüglich der Zahl der Teilchen, aus dem sich der kompakte Kern des Atoms (der Nucleus) zusammensetzt. Beinahe jede volkstümliche Darstellung der Atomenergie gibt eine ausreichende qualitative Beschreibung der Struktur der Materie. Den Unterschied zwischen einer Art von Uran und einer anderen (der Begriff der Isotope) kann man sich leicht vorstellen. Ebenso ist es viel leichter, den spontanen Zerfall des Kerns der radioaktiven Elemente bildlich zu präsentieren, als es etwa für den Chemiker ist, den Unterschied zwischen Rohrzucker und Glukose darzustellen. (Halten wir uns vor Augen, daß das Bild einfach bleibt, solange wir nicht allzu genau nach der Beziehung zwischen Masse und Energie fragen, und wenn wir der peinlichen Frage, warum die Lichtgeschwindigkeit in Einsteins Formel enthalten ist, aus dem Wege gehen.)

Die Analogie zwischen der Struktur der Moleküle und der der Atome trifft jedoch in einer Reihe von wichtigen Punkten nicht zu. Im Laufe der letzten paar Jahre haben sich Schwierigkeiten ergeben, die dieses einfache Bild komplizieren und die man in wenigen Worten zusammenfassen kann: Die Zahl der Elementarteilchen hat in verwirrender Weise zugenommen. Um die Situation weiter zu vereinfachen, möchte ich mich so ausdrücken: Wenn Neutronen, Protonen und Elektronen die einzigen Bausteine der Atome wären, dann sollte der Zerfall der Atomkerne außer anderen Atomkernen nur diese Teilchen zeitigen. Es gäbe jedoch immer noch einige Ausnahmen; zum Beispiel wurde der Begriff des Neutrinos eingeführt, um die Erhaltung von Masse und Energie zu erklären. Experimente, die sich mit der Wechselwirkung zwischen Materie und sich sehr schnell bewegenden Teilchen (die daher sehr große Mengen von Energie enthalten) befassen, haben eine ganze Reihe, das heißt mindestens ein halbes Dutzend neuer Teilchen hervorgebracht. Wenn man als Beweis für das Proton-Neutron-Elektron-Bild die Entstehung dieser drei Teilchen sowohl bei spontanen als auch künstlich hervorgerufenen Atomspaltungen anführen will, ist die Tatsache, daß so viele andere Teilchen entstehen, wenn diese Spaltungen unter leicht veränderten Umständen hervorgerufen werden, recht peinlich. Vielleicht ist es nicht richtig zu behaupten, daß im Atom irgendeins dieser Teilchen in demselben Sinne vorhanden ist, wie etwa eine Schachtel Pillen enthält. Vielleicht wäre das Bild eines spröden Gegenstandes, der in kleine Stücke zerspringt, wenn man mit dem Hammer daraufschlägt, besser, vielleicht entstehen alle Teilchen erst beim Zerfall, anstatt als solche im Kern des Atoms vorhanden zu sein. Wenn dem jedoch so ist, dann erhebt sich die Frage, warum sich dieser Zerfallsprozeß so uniform vollzieht und warum nicht statt dessen bei jedem neuen Prozeß völlig neue Teilchen entstehen.

Derartige Fragen – oder um es genauer zu sagen: die wissenschaftliche Formulierung dieser Fragen – lassen Zweifel daran entstehen, ob das begriffliche Schema der Kernphysik ein »wirkliches Inbild« der Struktur des Universums ist. Derartige Zweifel sind jedoch nicht nur laut geworden, sie wurden sowohl von vielen (jedoch nicht allen) führenden Physikern als auch von philosophisch orientierten Naturwissenschaftlern seit mehr als zwanzig Jahren hinausgeschrien. Schon lange, ehe sich das Bild der Struktur des Atoms derartig komplizierte, erklärten diese Wissenschaftler, daß die neue Physik revolutionär sei. Und mit dem Wort revolutionär meinten sie, daß das auf der neuen Physik fußende Weltbild sich vollkommen unerwartet verändert hatte.

Einer der wichtigsten Faktoren, der zur Veränderung des naturwissenschaftlichen Standpunktes beigetragen hat, war die Unmöglichkeit, die Gültigkeit einer der beiden Theorien von der Natur des Lichtes – der Wellentheorie und der Korpuskulartheorie – experimentell zu belegen. Ich habe schon darauf hingewiesen, daß der Physiker sich mit diesem Paradoxon, das früher unerträglich schien, abgefunden hat. Oder um es anders auszudrücken, er entdeckte, wie allgemein dieses Paradoxon ist und wie er durch mathematische Manipulationen experimenteller Daten, auf vielen Gebieten gerade auf Grund dieses Paradoxons, Ergebnisse erzielen konnte. Wenn ein Laie heute darauf bestünde, eine Antwort auf die Frage zu erhalten: besteht ein Lichtstrahl aus kleinen Teilchen oder aus Wellen, dann würde er von einem philosophisch eingestellten Physiker etwa folgende Antwort erhalten: »Diese Frage führt zu nichts. Wir Physiker stellen sie nicht mehr. Aber wenn Sie auf einer Antwort bestehen, könnte man sagen, daß ein Lichtstrahl gleichzeitig wellenförmig und korpuskular ist. Aber wir müssen sofort hinzufügen, daß es mit einem Elektronenstrahl oder mit sich schnell bewegenden Atomkernen die gleiche Bewandtnis hat. Außerdem, damit Sie nicht auf den Gedanken kommen, daß es sich bei der neuen Physik nur um einen Ausweg aus dem Versagen der alten handelt, möchte ich folgendes klarstellen: In unserem neuen begrifflichen Schema können wir die Ungenauigkeit bezüglich der Wechselwirkung eines Stromes von Teilchen oder Wellen mit größeren Aggregaten von Materie mathematisch ausdrücken. Um es kurz zu sagen, es gibt einen vollkommen neuen Zweig der Physik, der sich Quantenmechanik nennt, der eine große Anzahl von Versuchsergebnissen sowohl in der Physik als auch in der Chemie verständlich macht und der sich als so fruchtbar erwiesen hat, wie nur je eine Entwicklung in der Geschichte der Naturwissenschaften. Wenn sich also an der Unzerstörbarkeit der Materie nicht festhalten läßt, so dürfen Sie jedoch nicht annehmen, daß dies den Fortschritt der Naturwissenschaften aufgehalten hat – eher das Gegenteil ist eingetreten.«

Um die revolutionäre Natur der Quantenmechanik auch nur anzudeuten (es handelt sich wirklich nur um eine Andeutung), möchte ich nicht auf die Wechselwirkung zwischen Strahlung und Materie eingehen, obgleich man Quantenphänomene gewöhnlich mit Beispielen aus diesem Gebiet illustriert, sondern das moderne Bild eines Moleküls benutzen. Wir wollen eine verhältnismäßig einfache Verbindung, wie zum Beispiel Tetrachlorkohlenstoff, den Grundstoff vieler nicht feuergefährlicher Reinigungsmittel, nehmen. Vor weniger als einem Jahrhundert war die Atom-Molekül-Theorie der Chemiker so weit entwickelt, daß man sich darüber einig war, daß Tetrachlorkohlenstoff am besten durch die Annahme dargestellt wurde, daß jedes Molekül ein Kohlenstoffatom enthielt, das von vier Chloratomen mehr oder weniger in Form eines Tetraeders umgeben war. Jetzt, im Jahre 1952, dagegen sagen wir, wir können durch die technischen Mittel der Physik den Kern des Kohlenstoffatoms und der vier Chloratome räumlich bestimmen. Aber sobald wir versuchen, etwas über die räumliche Bestimmung der Elektronen, die irgendwie mit der Verbindung zwischen dem Kohlenstoff- und dem Chloratom zu tun haben, auszusagen, gelingt es uns nicht mehr, genau zu sein.

Nach unserem gegenwärtigen Vorstellungsbild sind die fünf Atomkerne positiv geladen; der Kohlenstoffkern mit vier und jeder der Chlorkerne mit sieben Ladungen. Das Tetrachlorkohlenstoff-Molekül ist elektrisch neutral, und daher verteilen sich auf irgendeine Weise $4+(4\times7) = 32$ Elektronen um die 5 Atomkerne. Noch vor einigen Jahrzehnten beschäftigten sich die Chemiker mit Spekulationen über die Position dieser 32 Elektronen im Modell eines Moleküls. Das Wesen der neuen Quantenmechanik besteht darin, daß wir heute sagen, daß man durch kein irgendwie vorstellbares Experiment die genaue Position dieser Elektronen feststellen kann. Es gibt verschiedene Weisen, auf die man etwas über ihre Verteilung aussagen kann, die die Kraft, welche die Atomkerne zusammenhält, hervorbringt. Aber die Position dieser sogenannten bindenden Elektronen können wir nur statistisch bestimmen.

Der Versuch, eine Vorstellung von den berühmten Heisenbergschen Unbestimmtheitsrelationen zu vermitteln, könnte unter Umständen als ein pädagogisches Hilfsmittel für Sie, meine Hörer, angesehen werden. Man könnte vielleicht eine Gegenüberstellung der Genauigkeit, mit der wir die Position der Atomkerne in den Molekülen ermitteln können, und der den Elektronen eigenen Nichtbestimmbarkeit der Position als Illustration benutzen. Aber dies ermöglicht es mir dennoch nicht, die neue, der Quantenmechanik eigene Ungewißheit mit der etwas älteren zu vergleichen, die mit der kinetischen Theorie der

Gase zu tun hat. Die Vorstellung eines Gases als einer Substanz, die aus sehr kleinen Teilchen besteht, deren Gesamtmasse nur einen Bruchteil ihres Volumens einnimmt, entstand in der ersten Hälfte des 19. Jahrhunderts. Dem Bild des Gases als eines Schwarmes sich schnell bewegender Teilchen ist eine statistische Betrachtung der ganzen Szene eigen. Niemand versucht, die Bahn eines einzigen herumquirlenden Moleküls zu verfolgen, das an die Wände des Behälters und an andere Moleküle anstößt. Aber es ist möglich, eine große Anzahl solcher Teilchen mathematisch zu behandeln. Die Theorie, die so entstand, war einer der Grundsteine der Physik und der Chemie des 19. Jahrhunderts.

Nun unterscheiden die meisten Anhänger der Quantenmechanik scharf zwischen der Ungenauigkeit in bezug auf ein einziges Gasteilchen im Rahmen der kinetischen Theorie und jener bezüglich der Position der bindenden Elektronen in einem Molekül. Andere hingegen haben in ihrem Versuch, das neue Weltbild der Physik allgemeinverständlich zu machen, behauptet, daß die beiden Ungenauigkeiten, obgleich sie sich nicht genau gleichen, doch sehr ähnlich sind. Die Gründe jener, die auf dem besonderen Wesen der Ungenauigkeit bezüglich der Position der Elektronen bestehen, sind besonders interessant. Sie laufen etwa auf folgendes hinaus: Bis die Quantenphänomene von den Physikern beobachtet wurden und die Quantenmechanik sich entwikkelte, waren die Wissenschaftler davon überzeugt, daß *im Prinzip* die Bewegung jedes Teilchens vorausberechnet werden könne. Heute jedoch sind sie davon überzeugt, daß dies nur innerhalb der von mathematischen Gleichungen gesetzten Grenzen zutrifft. Und diese Gleichungen sind derart, daß die Unbestimmtheit, die zum Wesen solch kleiner Objekte wie der Elektronen gehört, sehr groß ist. Vielleicht könnte man behaupten, daß die neue Quantenmechanik in dem Grad revolutionär erscheint, in dem die Wissenschaftler sich zu dieser »im Prinzip« mechanistischen Philosophie bekennen.

Was bedeutet nun dieser neue Ausblick für jene, die am Entwurf eines umfassenden Weltbildes interessiert sind? Professor Bridgman sagte im Hinblick auf die philosophischen Folgerungen der Physik: »Endlich komme ich zu dem Punkt, der mir auf lange Sicht gesehen als revolutionärste unserer jüngsten Erfahrungen in der Physik erscheint, umwälzender noch als die Erkenntnisse Galileis, Newtons und Darwins. Es handelt sich um die Erkenntnis, daß es unmöglich ist, von der menschlichen Erkenntnisfähigkeit abzusehen ... Diese neue Einsicht entspringt der Erkenntnis, daß die Struktur des Kosmos unter Umständen derart sein könnte, daß unsere Denkprozesse ihr nicht hinreichend entsprechen, um es uns überhaupt zu ermöglichen, darüber nachzudenken. Etwas derartiges meldet sich schon im Verhalten der kleinsten Teilchen auf dem Gebiet der Quantentheorie an. ... Es kann keine Meinungsverschiedenheit über das Dilemma geben, vor dem wir auf dem Gebiet des Allerkleinsten stehen. Wir nähern uns nun einer Grenze, deren Überschreitung unserem Forschen für immer versagt bleibt. Und dies ist nicht durch die Struktur des Kosmos, sondern durch unsere eigene Natur bedingt. Die Welt verschwindet und entzieht sich uns, indem sie sinnlos wird. Selbst dies können wir nicht mehr so ausdrücken, wie wir möchten. Wir können auf Grund des Wesens der Erkenntnis nicht sagen, daß eine Welt jenseits aller möglichen Erkenntnis existiert. Selbst der Begriff der Existenz wird sinnlos. Es ist buchstäblich wahr, daß die einzige mögliche Reaktion auf diese Einsicht das Schweigen ist. Wir stehen tatsächlich dem Unsagbaren gegenüber. Wir haben die Grenze der Vision der großen Pioniere der Wissenschaft erreicht, jener Vision nämlich, derzufolge wir in einer vertrauten, unserer Vernunft zugänglichen Welt leben.«[3]

Der Londoner Professor Dingle schrieb: »Jene Männer, die die wissenschaftliche Tradition des 17. Jahrhunderts fortentwickelten, taten es aufrichtig und hingegeben, jedoch meinten sie, etwas ganz anderes zu tun. Die Revolution, die sich im 20. Jahrhundert ereignete, bestand vor allem im Hinwegräumen der falschen Vorstellung vom Wesen der Wissenschaft; die Wissenschaft selbst jedoch ist unabweichlich von Galilei über Newton und Einstein bis in unsere Zeit demselben Kurs gefolgt.«[4]

»Die Naturwissenschaftler um die Mitte des 19. Jahrhunderts nahmen an«, fährt Dingle fort, »daß sie einer wirklichen, äußeren, substantiellen Welt konkreter Körper gegenüberstanden, deren Inhalt durch Masse und Gewicht meßbar war ... Die so erhaltenen Daten weisen – oft recht indirekt – auf die ewigen und unveränderlichen Prinzipien hin,

3 P. W. Bridgman, ›Philosophical Implications of Physics‹, a.a.O.

4 Herbert Dingle, ›The Scientific Outlook in 1851 and in 1951‹, in ›British Journal for the Philosophy of Science‹, II (1951), S. 86.

die, so glaubte man, das Verhalten der ganzen Natur bestimmten ... Man nahm an, daß der Kosmos im Laufe der Zeit eine Folge von Stadien durchlief, von denen jedes mit dem vorhergehenden durch die unabreißbare Kette der absoluten Notwendigkeit verbunden war. Dies nannte man das Kausalitätsprinzip ...

Allgemein kann man sagen, daß die Menschen des viktorianischen Zeitalters den Fortschritt der Naturwissenschaft als einen Akkumulationsprozeß ansahen ... Unser heutiger Standpunkt ist ganz anders ... Das Bild des Ganzen, das wir uns im Verlauf unserer Versuche, seine Zusammenhänge zu erklären, machen, unterliegt ständigen Verwandlungen ... Wir sind nicht mehr in der Lage zu sagen: ›Die Welt ist so oder so.‹ Wir können nur noch sagen: ›Unsere bisherige Erfahrung wird am besten durch ein solches Weltbild dargestellt.‹ Ich weiß nicht, welch ein Entwurf dem Weltbild von morgen am besten entspricht, jedoch weiß ich, daß er eine größere Erfahrungssumme als die heute gegebene koordinieren wird.«[5]

Im Zuge dieser Auslegung der Geschichte der Naturwissenschaften nahmen die Physiker des 19. Jahrhunderts an, daß sie im Entdecken der Kausalzusammenhänge, die die Welt der Materie regierten, begriffen waren. Tatsächlich unternahmen sie, um wieder mit Professor Dingle zu sprechen, nicht mehr und nicht weniger »als den Beginn der Aufgabe, die empirische Welt zu verstehen«. Bei der Gegenüberstellung von Gegenwart und Vergangenheit ist es jedoch wichtig, darauf hinzuweisen, daß sich die Wissenschaftler des 19. Jahrhunderts über das Wesen ihrer Aufgabe nicht einig waren. Man braucht nur an Ernst Mach zu erinnern, dessen Standpunkt in unseren Tagen zu den Theorien des logischen Empirismus geführt hat, um hervorzuheben, daß es einige Skeptiker gab, die die Möglichkeit, die Natur des Universums ein für alle Male zu erkennen, bezweifeln. P. G. Tait stellte 1876 in seinen Vorlesungen ›Einige der letzten Fortschritte in der Physik‹ fest, daß »nichts so widersinnig und unwissenschaftlich ist, wie die (von Pseudowissenschaftlern ständig wiederholte) Behauptung, daß die äußersten Anstrengungen der Wissenschaft uns notwendig einer Einsicht in die endgültige Natur der Materie wesentlich näherbringen müßten«. Selbst ein so orthodoxer Physiker wie J. J. Thomson wandte sich in

5 Ebd., S. 89, 98–99.

den einführenden Paragraphen seines kleinen Buches ›Die Korpuskular-Theorie der Materie‹, das im Jahre 1907 erschien, gegen diese Behauptung, als er feststellte, daß seine neue Theorie nicht als »eine endgültige« anzusehen sei; »sie betrifft die Physik«, erklärte er, »nicht die Metaphysik«. Und er fügte hinzu: »Vom Standpunkt des Physikers her gesehen ist eine die Materie betreffende Theorie eine Methode, nicht ein Dogma; ihr Zweck ist es, scheinbar verschiedenartige Phänomene zu verbinden und zu koordinieren und vor allem Experimente anzuregen, zu fördern und zu leiten.«

Bei einem Versuch, die philosophischen Folgerungen der neuen Physik in einem Satz zusammenzufassen, möchte ich Sir J. J. Thomson zitieren. Die Summe der experimentellen Funde im 20. Jahrhundert hat jenen Argumenten großes Gewicht verliehen, denen zufolge wissenschaftliche Theorien als Methode anzusehen sind, und hat zumindest eine der Theorien, die für dogmatisch gehalten wurden, völlig entwertet. Eine Methode ist immer eine Anleitung zum Handeln, und von den verschiedenen gängigen Interpretationen der Bedeutung der Naturwissenschaften erscheinen mir jene am fruchtbarsten, die ihren dynamischen Charakter hervorheben. Ich weiß, daß es Philosophen gibt, die zwischen Wissen und Handeln eine scharfe Trennungslinie ziehen und die alles Philosophieren, das eine Verbindung zwischen der Suche nach der Wahrheit und der praktischen Anwendung anstrebt, scharf ablehnen. Für mich jedoch führt jede Analyse des Überprüfungsprozesses einer naturwissenschaftlichen Aussage unmittelbar zu einer Vielzahl weiterer Untersuchungen. Daher möchte ich die Naturwissenschaft als eine Reihe von untereinander verbundenen Begriffen und begrifflichen Entwürfen definieren, denen das Experiment zugrunde liegt und die für weitere Experimente und Beobachtungen fruchtbar sind. Der Prüfstein einer wissenschaftlichen Theorie ist, möchte ich unterstellen, ihre Fruchtbarkeit oder, in den Worten Sir J. J. Thomsons, ihre Eignung, »das Experiment anzuregen, zu fördern und zu leiten«.

Der grundlegende Irrtum dessen, was man die im 17. und 18. Jahrhundert vorherrschende Idee vom Wesen der wissenschaftlichen Forschung nennen könnte, scheint in einer falschen Analogie zu liegen. Jene, die meinten, der Struktur des Kosmos nachzuforschen, stellten sich vor, daß ihre Aufgabe dieselbe sei wie die der frühen Entdecker

und Kartographen. Die Entdecker im 15. und 16. Jahrhundert hatten mit unvollständigen Landkarten neue Welten erschlossen. In ihren Berichten über ferne Länder gab es einige falsche und viele zweideutige Aussagen. Als aber mit der Zeit jedermann daran glaubte, daß die Erde rund sei, begannen auch die Karten ferner Kontinente eine einigermaßen übereinstimmende Form anzunehmen. Im 17. Jahrhundert hatten sich aus den neuen Methoden der Messung von Raum und Zeit die Grundlagen einer genauen Geographie entwickelt. Die zunehmende Verbesserung empirischer Methoden auf dem Gebiet der Meßgeräte förderte auch die Genauigkeit der Beobachtung. Durch eine Folge von »Annäherungen« sozusagen entsprachen die Karten und Beschreibungen ferner Länder immer mehr der Wirklichkeit. Warum sollten nicht die Arbeiten in den Laboratorien dasselbe Resultat zeitigen? Niemand bezweifelte, daß es wirkliche Flüsse, Berge, Bäume, Buchten mit Ebbe und Flut, Regen, Schneefall, Gletscher gab. Natürlich konnte man die Richtigkeit einer bestimmten Landkarte oder Beschreibung bezweifeln, aber man glaubte, daß mit einem gewissen Aufwand von Zeit und Geduld die Wahrheit zu ermitteln wäre. Also mußte es auch eine Wahrheit über das Wesen der Wärme, des Lichtes und der Materie geben.
Sicherlich, die Kartographen hatten grobe Gegenstände, wie Felsen und Bäume, Flüsse und Berge, beobachtet, während sich die Physiker bei der Erschließung der Welt der Naturwissenschaften mit der Gravitation, den Atomen und dem Äther befaßten. Dennoch spielten in beiden Fällen Hypothesen eine ähnliche Rolle. Arbeitshypothesen bezüglich der Eigenschaften eines Flußtales, des Ursprungs eines Sees oder der Grenze eines Bergzuges schienen jenen vom Wärmefluidum oder der frühen Korpuskulartheorie des Lichts zu entsprechen. Die frühen Geographen folgten bei ihren Identifizierungen im wesentlichen den Methoden, die der gesunde Menschenverstand vorschrieb. Alle gegebenen Beobachtungen konnten falsch sein. Doch konnten auch falsche Voraussetzungen zeitweilig einem nützlichen Zweck dienen. Die Vermutung bezüglich der Existenz eines Sees jenseits einer Bergkette konnte sich als richtig erweisen; als »Arbeitshypothese« konnte sie jedenfalls, selbst wenn sie falsch war, einen Forscher auf wichtige Entdeckungen bringen.
Die Möglichkeit des Irrtums besteht natürlich bei allen Vermessungen. Es wäre sogar denkbar, daß es selbst auf dem Gebiet der Geographie

keine endgültige Gewißheit gibt. Stellen Sie sich eine von Felsenriffen umgebene Insel vor, die nicht ohne besondere Ausrüstung zugänglich ist, und stellen Sie sich zugleich einen Forscher ohne solche Ausrüstung vor. Dieser Forscher muß sich vorerst mit Beobachtungen durch ein Fernrohr aus den verschiedensten Blickwinkeln zufrieden geben; er kann also nur eine Landkarte mit vielen Ungenauigkeiten konstruieren. Bedeuten jene dunklen Farben etwa Felsen oder Vegetation? Wenn er später mit angemessener Ausrüstung zurückkommt, kann er landen, die dunkel erscheinenden Gebiete betreten und sie aus erster Hand untersuchen. Sollte die Insel, ehe er zurückkommt, im Meer verschwinden, so würde dies die Gültigkeit seiner Methoden dennoch nicht berühren. Wir sind alle davon überzeugt, daß er, im Prinzip, hätte zurückkommen können, um die Richtigkeit seiner Vermutungen über die Art des Terrains zu überprüfen.

Die Anwendung dieses »im Prinzip« war, wie ich schon betonte, die Grundlage des Vertrauens, das die Physiker des 19. Jahrhunderts in ihre Vorstellung der Gase, als sich schnell bewegender Teilchen, setzten. Jene, die auch heute noch daran glauben, daß das Universum eine Struktur hat, die, wie die Geographie einer Insel, durch fortschreitende Annäherungen an die Wirklichkeit entdeckt werden kann, müssen sich an dieses »im Prinzip« halten. Weist man diese Leute etwa auf die Phlogistontheorie, das Wärme-Fluidum, den lichttragenden Äther hin, auf Vorstellungen also, die, von ihrem pädagogischen Wert abgesehen, heute veraltet sind, dann werden sie sagen: »Ja, auch die ersten Landkarten waren unvollkommen, aber im Prinzip ist es möglich, die wirkliche Struktur des Universums zu erkennen.«

Über diese grundsätzliche Frage besteht gegenwärtig keine Einigkeit unter jenen Philosophen, die sich mit den Naturwissenschaften beschäftigen. Jeder von Ihnen kann seine Seite des Argumentes wählen und sehr ernst zu nehmende Verteidiger des gewählten Standpunktes finden. Angesichts der Revolution in der Physik muß jedoch jeder, der heute darauf besteht, daß die Naturwissenschaft eine Entdeckung des Universums ist, die Last der Beweisführung auf sich nehmen. Was mich betrifft, so halte ich die Analogie zwischen dem Kartographen und dem Naturwissenschaftler für falsch. Eine wissenschaftliche Theorie entspricht nicht einmal annähernd einer Landkarte. Sie ist kein Glaube. Sie ist eine Methode, eine lohnende und fruchtbare Anleitung zum Handeln für Forscher auf dem Gebiet der Naturwissenschaft.

Aber damit mein Skeptizismus das Bild nicht zu sehr entstellt, möchte ich noch darauf hinweisen, wie wenig die neue Physik einige der alten Voraussetzungen der Physik und der Chemie verändert hat. Ich möchte ausdrücklich feststellen, daß sich die neue Physik, was das Experiment betrifft, als eine ausgezeichnete Methode erwiesen hat. Die meisten Leute empfinden die Schwierigkeiten, die sich aus der Analogie mit dem Kartographen ergeben, als störend. Daß zwei Begriffswelten sich als so unähnlich erweisen sollten, wie einerseits die Wellentheorie, die die Übertragung des Lichtes regiert, und andererseits die Korpuskulartheorie von der Lichtaussendung, stört jene, die von den Naturwissenschaften eine stetig fortschreitende Erklärung der wirklichen Struktur der Materie erwarten. Es sieht beinahe so aus, als ob der moderne Physiker ein Entdecker wäre, der sich nicht klar darüber ist, ob die dunkelgetönten Landstriche, die er aus der Entfernung gesehen hat, Felsen oder Bäume sind. Aber die Parallele ist falsch. Man könnte vielmehr sagen, daß der Physiker gegenwärtig in der Situation eines Entdeckers ist, der nie an den Küsten der fernen Inseln anlegen kann. Oder um es kurz zu sagen, die Analogie zwischen einer Landkarte und einer wissenschaftlichen Theorie trifft nicht zu.

Ein Einwand gegen den Standpunkt, den ich in dieser Vorlesung vertrete, muß noch kurz in Erwägung gezogen werden. Er könnte so formuliert werden: Gesetzt den Fall, eine wissenschaftliche Theorie entspricht nicht einmal annähernd einer Landkarte eines Teiles des Universums, wäre dann der Fortschritt der sogenannten reinen Wissenschaft nicht nur ein Spiel? Daraus folgt, besagt dieser Einwand weiter, daß die Rechtfertigung der Wissenschaft nur in ihrer praktischen Anwendung liegt. Die Antwort auf diesen Einwand kann nur in einem Hinweis auf die Arbeit der Mathematiker, Maler, Dichter und Komponisten liegen. Meiner Ansicht nach ist die Bedeutung der wissenschaftlichen Theorien der letzten dreihundertfünfzig Jahre die gleiche, wie die der Kunst der großen Epochen der Geschichte oder die der Werke der großen Komponisten. Für die meisten Wissenschaftler, will mir scheinen, liegt die Rechtfertigung ihrer Arbeit in der reinen Freude am Schöpferischen. Der Geist, der diese Forscher bewegt, ist der Vision der Künstler eng verschwistert. In gewisser Hinsicht bewundern alle heute die schöpferischen Errungenschaften der Vergangenheit und messen den Grad des Erfolgs dieser Arbeiten nicht mit materiellen Maßstäben. Vielleicht wird irgendwann in der Zukunft auch der Fortschritt der Wissenschaft von 1600 bis 1950 ausschließlich als ein Triumph des schöpferischen Geistes angesehen werden, als ein Ausdruck der ungeheuren Möglichkeiten des menschlichen Geistes, die uns stolz machen, Menschen zu sein.

Ein zweiter Einwand gegen den Skeptizismus, der wissenschaftliche Theorien nur als die Formulierung von Methoden ansieht, besagt, daß unser Standpunkt nur ein zeitbedingtes gesellschaftliches Phänomen ist. Nehmen wir an, daß die Kinder, die heute in die Grundschule gehen, um die Mitte ihres Lebens herum fühlen, daß ein Bild des Universums, das im Grunde gar kein Bild ist, ausreicht. Es hat Generationen gedauert, bis die heute gängige Vorstellung von der Wirkung der Schwerkraft akzeptiert wurde. Sicherlich werden im Jahre 2052 die Relativitätstheorie und die Quantenmechanik eine andere Position im Rahmen der Naturwissenschaften einnehmen als heute. Wenn diese neuen Ideen kulturell assimiliert worden sind, dann mag sich der Begriff der Naturwissenschaft als eines Forschens nach der Struktur des Universums im Denken des Menschen wieder durchsetzen.

Ich allerdings glaube nicht an diese Möglichkeit. Mir kommt es wahrscheinlicher vor, daß auch der Durchschnittsmensch in Zukunft anders über die Naturwissenschaft denken wird als jene, die diese Wissenschaft vor fünfzig Jahren auslegten. Wenn mein Standpunkt sich als richtig erweist, dann müssen wir, um die Naturwissenschaften in die Kultur der industrialisierten Gesellschaft des 20. Jahrhunderts einzufügen, wissenschaftliche Theorien als Anleitungen zum Handeln ansehen, als nicht mehr und nicht weniger als eine Projektion des gesunden Menschenverstandes. Jedenfalls ist dies der Standpunkt, den ich in diesen Vorlesungen vertreten habe.

*(Aus dem Amerikanischen von Marianne Regensburger)*

# Paul Claudel

## [Augendichtungen. Ansichten der holländischen Malerei]

Die flämische Malerei ähnelt der italienischen darin, daß sie wie jene ihren Ruhm darein setzt, ihre Augendichtungen in so herrlich-greifbarer Gegenwärtigkeit zu verkörpern, daß uns die Lust vergeht, woanders sein zu wollen. Dank dieser vorgetäuschten Gegenwärtigkeit findet sich der seelisch-geistige Inhalt des Bildes mit den jeweiligen Verkörperungen ab. Wir machen die Wände bewohnbar, indem wir sie mit diesen angeblichen Zeitüberwindungen behängen. Wie die italienische Malerei von der Wand und dem Kalkbewurf herkommt, so kommt die flämische Malerei von der grundierten Leinwand her. An Stelle des wogenden Laubdickichts und der bunten Gesellschaft des alten Arras sehen wir bald auf Wache ziehende Soldaten oder Bildnisse, eine bis zu uns herabreichende Abordnung unserer Ahnen, unserer Herren, unserer zeitlichen und geistigen Anwälte und Bürgen, oder einen Haufen Blumen, Wildbret oder Früchte, die, während es draußen so schlechtes Wetter ist, das Auge in ihnen zu schwelgen einladen. Die Bacchanale von Rubens und Jordaens mit ihren nackten Frauengestalten, die ebenso frisch sind wie ein Armvoll Junirosen, unterscheiden sich kaum davon. Das Bild ist nicht mehr Werk einer in harten Stoff ritzenden Spitze, von starken Händen erzeugte Erschaffung harmonischer Umrisse, Verknüpfung und melodischer Übergang von einer Bewegung in eine andere Bewegung, sondern, aus einer gewaltigen Herzensfreudigkeit aufsteigend, ein Aufblühen des Fleisches, Speise kraftstrotzender Fibern, Blut und Saft, die durch den weichen Stoff und das pflanzliche und menschliche Gewebe empordrängen zum Licht. In den Augen- und Mundwinkeln dieser porträtierten Gestalten fühlt man das Wasser zum Herausquellen und in den blauen Adern das Blut zum Durchbrechen bereit. Selbst in den Bildern religiösen Vorwurfs herrscht nicht mehr die feierliche Ordnung einer Komposition, sondern der Drang nach allgemein verständlichem Ausdruck, ein aus dem Gefühl geborener Zuruf an die Menge, dem Anreiz gleichend, den auf Ausführende und Anschauende Wildbret, Prozession, Umzug und Kirchweih ausüben. Das in einer vorgeschriebenen Haltung erstarrte Modell ward durch einen mitspielenden Darsteller ersetzt. Er kümmert sich nicht mehr um uns, sondern er horcht nur noch auf einen innerhalb des Bildes ertönenden Ruf.

Solcherweise werden wir zur holländischen Malerei zurückgeführt, in welcher Rembrandt nicht, wie Fromentin es will, eine Ausnahme, sondern vielmehr eine triumphierende Vertiefung darstellt. Wäre es allzu gewagt, wenn ich sagen wollte: Gleich wie der Italiener von der Mauer, der Flame von der Leinwand ausgeht, so ginge der Holländer vom Wasser aus, oder genauer, von jenem geläuterten, verdichteten, endgültigen Wasser, als welches der Spiegel ist, das Glas über dem Silber? Gar viele Sätze meiner bisherigen Ausführungen haben Ihnen schon das Wirken dieser Spähkraft nahegebracht. Das genaue Auge eines Gerard Dou, eines Mieris, eines Terborch und gar eines Vermeer hat photographische Kraft. Es saugt das Geschaute in sich hinein und einverleibt es einer gleich dem Gewissen untrüglichen Netzhaut. Es komponiert durch Zusammenziehen und Verdichten. Die Wesen und Gegenstände werden so vertraut miteinander, daß sie keine Lust mehr verspüren, sich zu trennen. Und um uns kümmern sie sich meistens überhaupt nicht mehr! Ihr Interesse ist irgendwie nach innen gerichtet. Nicht mehr sie kommen uns entgegen, sondern wir werden auf sie zugezwungen, wir selber betreten den Hohlweg Hobbemas, wenn wir nicht gar aufgefordert werden, unseren Obolus – den Obolus an Charon – auf dem Tische der fünf Haarlemer Hospizvorsteherinnen zu entrichten.

Es ist ein großes Datum in der Geschichte der Kunst, der Tag, an welchem die Malerei aufhört, eine zeremoniale oder dekorative Rolle zu spielen, und anfängt, unvoreingenommen ein geistbegabtes Objektiv auf die Wirklichkeit zu richten und die Register jener mehrgliedrigen Größen oder gleichzeitigen Tonsätze zu ziehen, Linien und Farben, durch welche die Geschöpfe lernen, sich einander beizugesellen und dadurch einen Sinn zu entwickeln. Der holländische Künstler ist nicht mehr ein Wille, der einen vorgefaßten Plan ausführt und ihm die Verkörperungen und die Bewegungen unterordnet, sondern er ist ein Auge, das wählt und erfaßt, ein Spiegel, der malt, alles, was er vollbringt, ist Ergebnis einer Rückstrahlung, eines kunstreichen Wirkenlassens der Linse auf die Platte: von allen Gestalten, die er erschafft, möchte man sagen, daß sie von einer Reise aus jenem Reiche zurückkehren, das in der silberunterlegten Glasplatte sich wölbt und breitet. Die Abstufung der Dunkelheiten, die Beherrschung der Lichtwerte rings um den Lichtherd, das Verdämmern oder die Verdeutlichung der Einzelheiten im Verhältnis zur Kraft und Dichtigkeit des gewollten Brennpunktes, das umgrenzte Leuchten, welches alles in bezug auf sich selber ordnet und rings um sich alle Arten des Funkelns, Verflimmerns, Rückstrahlens und Widerklingens erweckt, die Wertigkeit, welche der Leere und dem bloßen Raum gegeben ist, all die Stille, welche ein Gegenstand ausströmt, indem er den Blick auf sich zieht, alles dieses hat nicht Rembrandt allein erfunden und gestaltet! Er ist nicht der erste und nicht der einzige, welcher der Leinwand eine Seele einzuhauchen vermochte, indem er sie, wenn ich so sagen darf, von rückwärts durchstrahlte, und welcher dem Lichte mit einem Blick zu entsprechen gewußt hat, der das menschliche Antlitz erschuf, indem er es von innen erleuchtete. Aber dort, wo die anderen zaghaft ein Verfahren versuchen, wendet er es mit der Kraftfülle und dem Königtum eines wirklichen Meisters an. All die Bildnisse rings um uns her sind keine mit dem eifrigen Fleiß eines Historikers oder Sittenforschers studierten oder erarbeiteten menschlichen Dokumente, sondern diese Männer und diese Frauen sind fernab in der Nacht gewesen; übergossen von einem dem Gedächtnis entliehenen Lichte, kehren sie, von der dichteren Umwelt eher angezogen als abgestoßen, zu uns zurück und werden ihrer selbst sich bewußt. Sie zeigen sich, um im Herzen des Künstlers einen Widerhall dort zu erwecken, wo, wie in den Tiefen der Eingeweide der Natur, die Schöpfer- und Bildnerkraft schlummert. Auf ihrem Wege ins Nichts haben sie sich halb umgewandt. Ihnen ist endgültig gelungen, was unser schwaches Gedächtnis tastend zu verwirklichen trachtet. Bedingt von der Person und den Umständen, gezeichnet mit dem Stempel der Persönlichkeit stellen sie in ihrer Absonderung das Abbild, das Ebenbild Gottes wieder her, das verschüttet unter dem Alltäglichen schlummerte.

Das ist der Ursprung jener ganz besonderen Luft, welche jedem Bilde und jeder Radierung Rembrandts entströmt, Traumluft, etwas Gestilltes, in sich Ruhendes und Schweigendes, gewissermaßen eine abgewandelte Nacht, ein seelisches Scheidewasser im Kampf mit der Finsternis, das vor unseren Augen seine zehrende Wirksamkeit unaufhaltsam fortsetzt. Die Kunst des großen Holländers ist nicht mehr nachbildende Bestätigung des Unmittelbaren, Einbruch der Phantasie in den Bereich der gegenwärtigen Wirklichkeit, sinnliches Ergötzen, Verlängerung eines Augenblickes der Freude und der Farbe. Seine Kunst will nicht mehr Betrachtung eines Gegenwärtigen sein, sondern sie ist eine Aufforderung, sich zu erinnern. Man möchte sagen, daß der Maler jede Gebärde seiner Vorbilder, jede ihrer Haltungen und jede Verbindung, die sie mit ihrer Nachbarschaft eingehen, in ihrem Entweichen aus dem Sichtbaren und dem Unmittelbaren in eine Jenseitigkeit begleitet. Dieser Verfolgung setzt er keine Grenze, und sie führt ihn weniger zum Festlegen eines Umrisses als zur Erfassung einer Vibration. Der Sinneseindruck erweckt die Erinnerung, und die Erinnerung ihrerseits erreicht und erschüttert die übereinanderliegenden Schichten des Gedächtnisses und ruft rings um sich andere Bilder hervor.

Von diesen Exkursionen in die Tiefe kehren die Gestalten Rembrandts verändert zurück, angetan mit seltsamen Verhüllungen. Man möchte sagen, daß sie ein Vergnügen darin finden, uns in die Irre zu führen, ein Gewand anzulegen, das ihnen nicht zukommt, und Traum mit Zeit und Abbild zu verweben. *Anima* ist nicht mehr die verständige Hausfrau, die wir noch eben in den Bildern von Nicolas Maes bewunderten, sondern sie hat ihre Röcke emporgerafft und stapft durch den Lethefluß. Hier wiederum erscheint sie mit einem Federhut oder einem Silberhelm bedeckt oder mit einem Schwerte in der Hand und schickt sich an, das Haupt des Holofernes abzuschlagen. Wenn es in der Kunst ein Altes und ein Neues Testament gibt, einerseits eine Gestaltenreihe und einen Vorrat an Formen, Wesenheiten und Ideen, die ganz roh und ganz jung, fast hätte ich gesagt, die noch ganz lebendig sind und noch immer in jener Gegenwart bluten und schreien, aus der wir sie herauslösen, und wenn andererseits aus den gewissermaßen in unseren Geist versenkten unterirdischen Gewölben des Tempels zu Jerusalem – Speichern ohne Ende – das Erbgut und die von der Vergangenheit geschaffenen und entwickelten Wahrzeichen und Symbole fortfahren, in die Zeit herüberzugleiten und – eingegangen in einen neuen Sinn – geheimnisvolle Beziehungen mit allen Läuften des Romans der Zeit, so, wie er unter der Sonne der Lebenden seinen Fortgang nimmt, zu unterhalten, so ist es dieses zweite Reich, aus dem der Sohn des Lichtes und der Finsternis seine Eingebungen sich herholt. Daher rührt die Lockung, welche die jüdische Rasse, die noch tief im Unvordenklichen und im unermüdlichen Umwühlen von Buchstaben und Lumpen steckt, auf ihn ausgeübt hat. Er braucht nur durch das kleine Judasfenster in seiner Tür zu blicken, um sich als Zeitgenosse Abrahams und Labans zu fühlen: allenthalben sog er rings um sich jenen Wohlgeruch ein, den *foetor judaicus,* der die Rosse Pharaos zum Wiehern brachte. Wenn er die breiten Hohlgänge des Organs, das er zum Leben und zum Atmen brauchte, ich meine die dicke Nase inmitten seines Gesichtes, über seiner Arbeit aufblähte und seine Platte mit einer ebenso sicheren Spitze angriff, wie es die Waffe der semitischen Schreiber gewesen, so hörte er mit dem Auge, das jeder Künstler im Rücken hat, hinter sich nicht das Schreien und Brodeln eines großen Hafens und einer großen Welttribüne: er vernahm nicht den schweren Schritt Hendrikje Stoffels' auf dem Flur, nicht den von Husten unterbrochenen heiseren Gesang des lieben Titus, den ihm seine erste Frau hinterlassen hatte, er weilte an unbeschreibbarer Stätte, auf den Bergesgipfeln der Vision, und dort hat er aus dem Herzen der alten Rabbiner das Staunen und den Durst geschöpft. Ein Priester, geschmückt mit der Tiara, funkelnd von Gold und Edelsteinen gleich einer Pinie im ersten Sonnenstrahl, über und über benetzt von den Tränen des Morgenrotes, reicht dort auf der höchsten Stufe, inmitten eines sich türmenden Gedränges von Bauten, ein nacktes Kind in die Hände einer Schifferin auf dem Y zurück, und in der Ferne sieht man die beiden Führer und Zeugen des Auszuges aus Babylon, die Säulen Jachim und Boas sich emporrecken. Die Wahrheit ruht im Inneren, und durch Forschen dringen wir zu ihr vor: möge es sich nun um jenes riesige Buch handeln, auf das mit beiden Händen der Menonitenpriester seine Gemeinde verweist (sie besteht aus einer dikken sitzenden Frau), oder um jenen ausgeweideten Leichnam, den ein Professor mit der Spitze seines Skalpells erklärt, oder um jene Schreinerwerkstatt in Nazareth rings um die Wiege des Jesuskindes oder um das offene Grab, von dem das menschgewordene Wort mit der erhobenen Rechten, welche die Welt erschaffen, gebieterisch den Freund zurückfordert. Aber nirgends hat man vor einem Gemälde Rembrandts den Eindruck des Bleibenden und Endgültigen: stets ist es eine doppeldeutige Verwirklichung, eine Erscheinung, Mirakel und ewige Wiederkunft des Verflossenen: der für einen Augenblick aufgehobene Vorhang ist im Begriff, wieder herabzufallen, das Licht verlöscht, der um die Breite einer Linie schrägende Strahl vernichtet das heilige Blendwerk, der Gast, der eben noch da war, ist verschwunden, kaum haben wir Zeit genug gehabt, ihn in dem Augenblicke wiederzuerkennen, *da er das Brot brach*, oder wenn er noch da ist, könnte man angesichts des feierlichen Schwebens, des magischen Aufleuchtens wohl eher sagen, daß er zu leben niemals aufgehört hat. Hier ist etwas dem Phänomen der Flutwelle, von der ich Ihnen vorhin gesprochen habe, Gleiches, verwandt dem wechselnden Leben, das Holland beseelt, jener alles umfassenden Fülle, der man allenthalben anfühlt, daß sie sich bereits wieder zur Ebbe vorbereitet. Aber bei Rembrandt handelt es sich nicht um ein Wasser, das herandringt, unsere Gewebe zu weiten und unsere Substanz zu durchdringen. Es handelt sich um Licht, das für ihn Lebenssaft war und zugleich Träger und Ausstrahl des Gedankens. Wie hat er das Licht geliebt! Wie hat er des Lichtes Leben und Absichten verstanden, jene Abschirmungen, die sich überall am Himmel öffnen und schließen, jenes feierliche Schrägen des Strahls, der unsere innere Wohnstatt besucht und durchleuchtet und unser Rückstrahlungsvermögen erforscht. Die Ägypter und die Griechen errichteten auf fester Erde und in der Helle des Verstandes nackte fließende Formen, ein Göttergespräch mit der heiligen Ferne. Rembrandt aber ist der Meister des Lichtes, des Lichtblicks und alles dessen, was unter diesem Blicke zu leben und leise und laut zu sprechen beginnt: er erhellt weniger, als daß er die Gestalten und die Gegenstände geduldig zu einer entsprechenden Wirksamkeit auffordert. Für dieses Gespräch zwischen dem Äußeren und dem Inneren will ich drei Beispiele anführen.

Als erstes das berühmte Bildnis des Bürgermeisters Six, das einen an ein Fenster gelehnten lesenden Mann darstellt. Ich sehe darin etwas wie die Gestalt des Malers selber, welcher zugleich zwei Welten angehörte, der des Inneren und der des Äußeren, und der sich der Wirklichkeit bediente, um das Zauberbuch zur Beschwörung der Geister zu entziffern. Das zweite ist das Gemälde, auf dem sich die Philister Simsons bemächtigt haben, man kann es im Museum in Frankfurt am Main bewundern. Simson ist hintenübergeworfen und streckt alle viere in die Luft, ein gepanzerter Henker hält ihn fest, und ein komischer Wicht bedroht ihn mit seiner Hellebarde. Nichts hindert uns, in diesem Gemälde die Darstellung eines von seinen Gläubigern und seinen Kritikern zu Boden geworfenen Genies zu erblicken. Aber wer ist die Frau, die gegen die leuchtende Türöffnung flieht, in ihren Fingern die dichten goldfarbenen Locken emporhebend, die sie von dem mit dem Öl des Herrn gesalbten Haupte geraubt hat? Ist es Delila, ist es die seltsame Fee, der wir sogleich in der ›Nachtwache‹ wiederbegegnen werden, oder sollte es nicht eher die göttliche Gnade sein, welche diese Handvoll als Erstlingsopfer dem tierischen Fell eines ehrgeizigen und jetzt erniedrigten Künstlers entrissen hat? Das dritte Bild ist die Danaë der Eremitage. Mit einer großen Gebärde hat sie die Tücher entfernt und bietet dem als Boten einfallenden Lichtstrahl nicht nur ihr Antlitz dar, sondern ihren nackten Leib, ihren ganzen zur Empfängnis bereiten Körper.

Wir haben zögernden und doch schnellen Schrittes die wunderbare Sammlung durcheilt und sind nun im Mittelsaal angelangt, den ganz allein die große Offenbarung innehat und erfüllt, die man die ›Nachtwache‹ nennt. Seit ich die Tantalusqualen der Lektüre des Buches von Fromentin erlitten, hatte ich mir seit langer Zeit vorgenommen, innerhalb der gesamten Malerei des Goldenen Zeitalters, auf die von der ›Nachtwache‹ her allenthalben ein Licht fällt, quer durch Holland gerade sie in Amsterdam aufzusuchen.

Sobald man nur die Augen wieder aufmacht, sobald man sich von dem beseligenden Schrecken erholt hat, mit dem einen dies in den geheimsten und tiefsten Verstecken des Geistes angesammelte und gestaute Gold, dieses Licht durchfährt, das einem geläuterten und kostbar gemachten Elemente, einem sichtbar gewordenen Gedanken gleicht und unserem innersten Wesen gewissermaßen einen seelischen Backenstreich versetzt, sofort erfaßt einen die Komposition des Bildes. Die beiden Hauptgestalten, die eine, der Anführer, in Schwarz mit einer roten Schärpe, die andere – womit soll man die andere bekleidet nennen? – ziehen das Ganze hinter sich her, sie setzen ihren Fuß auf den Rand des Bildes selbst, noch einen Schritt – man sieht, daß der Veteran mit einer Gebärde seinen leuchtenden Gefährten dazu ermuntert – und sie würden von dem dunklen Portal in ihrem Rücken her, aus dem sie gekommen sind, hinüberschreiten in das Reich des Unsichtbaren. Aber all die anderen Gestalten hinter ihnen, die mitten im Alarm sind, schließlich haben sie sich doch nicht für nichts und wieder nichts mit all den zusammengewürfelten, hocherhobenen Waffen ausgerüstet – oder werden auch sie sich nicht in Marsch setzen? So geschieht es. Von ganz vorn bis ganz hinten hat der Maler alle Grade und Stufungen einer sich vorbereitenden Bewegung verteilt, wir spüren, wie wir selber das Gleichgewicht nachahmen, das man in dem vorangesetzten Beine sucht, wenn das Knie des hinteren sich bereits erhebt, um der Blickrichtung zu folgen. Die Fahne ist entfaltet, der Trommler trommelt oder wird vielmehr trommeln, mir ist sogar, als ob ich einen Flintenschuß hörte. Zweifellos hat ihn der wunderliche Zwerg abgefeuert. Welch seltsames Kostüm trägt er, und was hat seine ganz mit Laub umkränzte Pickelhaube zu bedeuten? Und neben ihm diese brave kleine Frau, an deren Gürtel ein weißer Vogel hängt und die von innen heraus wie eine Laterne leuchtet? Auch sie leitet die Szene in die Tiefe zurück, während sie zugleich ihr Gesicht uns zuwendet, denn offensichtlich hat sie es auf uns abgesehen, man möchte sagen, sie hätte etwas, was sie uns erklären will. Warum leiten diese beiden im Widerstreit zu der allgemeinen Bewegung derartig nach rückwärts? Sie wollen doch offensichtlich das Losbrechen des gesamten Blockes nicht anhalten. Nein, sie wirken im Aufbruch mit: aber es ist, als wollten sie darin eine Spaltung zuwege bringen. Sie wirken in einer Schräge nach der Richtung hin, in welche die Lanze eines der Mitwirkenden im Hintergrunde deutet. Dieser Spalt hat auf der rechten Seite der Komposition zwei Dreiecke hergestellt. Und während ich jetzt darauf achte, werde ich gewahr, daß die gesamte Komposition aus vier Dreiecken zusammengesetzt ist, deren erstes vorne, um in der Sprache der Heraldiker zu reden, als Mittelschild über den drei anderen angebracht ist. Außer diesen drei Hauptfeldern gibt es noch alle Arten von parallel angeordneten Nebenfeldern. Was bedeutet das alles?

Man darf die Erklärung nicht im äußeren Geschehen suchen. Jedes große Kunstwerk gehorcht ebenso wie die Offenbarungen der Natur einer innewohnenden Notwendigkeit, welche das Gefühl des Künstlers mehr oder weniger deutlich erfaßt. Wie der Anatomiker, der in einer anderen Gattung die vereinfachte Erklärung für eine körperliche Erscheinung sucht, die sich aus dem untersuchten Einzelfall nur undeutlich demonstrieren ließe, so werden wir durch die Betrachtung einer bestimmten Gattung holländischer Bilder, von denen wir bisher noch nicht gesprochen haben und die scheinbar dem von uns untersuchten Bilde sehr fernstehen, sehr seltsame und vielleicht grundlegende Anregungen gewinnen.

Ich will von der Bildgattung der *Stilleben* sprechen.

Vorhin lud ich ein, mit mir die Stilleben der flämischen Maler zu betrachten, zum Beispiel die von Snyders oder die von Fyt, safttriefende Anhäufungen von Fleisch, Gemüse, Fischen und Früchten, vor denen der Magen ebenso wie die Augen auf ihre Rechnung kommen, Trophäen, gleich dem prachtvollen Gemälde von Jan Davidsz de Heem im Brüsseler Museum, die zwischen Melonen, Weintrauben und Granatäpfeln mit einer großen, von Pfirsichen erfüllten Schale anfangen und, unter Lianengehängen, mit einem Kristallkelch aufhören, der eine unkörperliche Flüssigkeit umschließt. Die holländischen Stilleben zeigen nicht diese prangende Überfülle. Wenn man mit der ihnen gebührenden Aufmerksamkeit lange die Malereien eines Pieter Claesz, eines Heda, eines van Beijeren, eines Willem Kalf betrachtet hat, muß einem unweigerlich die geringe Mannigfaltigkeit sowohl ihrer Vorwürfe wie ihrer Kompositionen, wie die Beharrlichkeit auffallen, mit der sie sich in ein bestimmtes Programm sperren, und man fragt sich schließlich, ob diese ihre Vorliebe und Begrenzung einfach von Zufall und Routine herrührt, oder ob ihre entschlossene Haltung nicht einen geheimen Grund hat. Was sehen wir in der Tat auf diesen Leinwänden, welche Wunder stillen Darbietens und mehr ein Schmaus für die Seele als für die körperliche Phantasie sind? Fast immer und bisweilen ausschließlich: Brot, Wein und einen Fisch, das heißt die Gegenstände des eucharistischen Mahles. Fast immer sieht man auch eine durchgeschnittene oder halbgeschnittene Zitrone darauf, deren Schalenspirale herabhängt, und eine Perlmuttermuschel, welche durch den Fuß, auf den sie gestellt ist, abgesondert und bedeutungsvoll gemacht wird, und endlich alle Arten von Schüsseln und Tellern in reicher Bewegtheit, die einander ihre Schätze weisen. Was die Komposition anbelangt, so ist es unmöglich, nicht zu gewahren, daß es allenthalben die gleiche ist. Überall ein fester, unbeweglicher Hintergrund, und im Vordergrund alle Arten nicht in ein Gleichgewicht gebrachter Gegenstände. Man befürchtet, sie könnten herunterfallen. Ein Mundtuch oder eine Tischdecke, die sich faltig verschoben haben, eine abgleitende Messerscheide, ein Brotlaib, der wie von selbst in Schnitten zerfällt, ein umgeworfener Kelch, ein Durcheinander von allerlei Früchten und Tellern und schiefstehenden Schüsseln. Aber im Hintergrunde, oder sich über die Speisen wie eine durchleuchtende Opferdarbietung erhebend, gewahrt man zum Gegensatz eines jener schönen Gläser, von denen die Schränke im Volk noch so viele Muster erhalten. Meiner Meinung nach spielen sie hier nicht einfach eine dekorative Rolle, ihr Vorhandensein hat nicht nur den Zweck, das Innenlicht einzufangen und gleich den Spiegeln in den Bildern eines Mieris oder eines Gerard Dou das Bewußtsein eines eingeschlossenen Raumes zu verkörpern, sondern sie sind das Sinnbild für irgend etwas. Warum sich nicht vorstellen, daß dieser dauernden Verbindung eines hohen, schmal und schlank emporragenden Glases und eines geräumigen Kelches, neben dem oft eine ovale Schüssel steht, eine bestimmte Absicht innewohnt? Ist die in dem großen Glase ausgewogen stillstehende Flüssigkeit nicht das Denken im Zustand der Ruhe, die mittlere Stufenhöhe, die unserem seelischen Wasserstand zur Grundlage dient, während das mit einem rötlichen Elixier angefüllte schlanke Horn, das in die Finsternis emportaucht und von dem allein oft ein flüchtiger Strahl ausschießt – ein Mallarmé würde gleich mir völlig bereit sein, darin etwas wie eine Widmung an das Jenseits zu erblicken. Die gewissermaßen seelische Unbewegtheit des Hintergrundes und das Emporstreben der fast aus geformter Luft bestehenden Wahrzeichen vorne geben all dem zusammengetragenen stofflichen Geröll erst seinen Sinn. Das holländische Stilleben ist ein Gefüge im Zustand der Auflösung, etwas, das der Macht der Zeit unterworfen ist. Und wenn jene Uhr, welche Pieter Claesz so oft auf den Rand seiner Schüsseln zu legen liebt und deren Zifferblatt von der Schnittfläche einer Zitrone nachgebildet wird, es uns zu künden nicht ausreichte, wie könnte man in der herabhängenden Schale dieser Frucht nicht die aus ihren Fugen geratene Spannfeder der Zeit erblicken, welche uns oben das Gehäuse der Perlmutterschnecke wieder einrenkt und aufgewunden zeigt, während im Pokal daneben der Wein etwas wie das Gefühl der Ewigkeit darstellt.

*Ein Gefüge, das sich auflösen will,* das ist offensichtlich auch die ganze Erklärung der ›Nachtwache‹. Wie ein auseinanderrinnender Sandhaufen ist die ganze Komposition von vorne bis hinten auf den

Grundsatz einer mehr und mehr sich beschleunigenden Bewegung erbaut. Die beiden Gestalten im Vordergrund sind im Schreiten, diejenigen in der zweiten Reihe haben schon einen Fuß vorangesetzt, und die im Hintergrunde messen vorläufig nur mit dem Blick den zurückzulegenden Weg, dessen Richtung der auf der Seite befindliche Weisheitsfreund mit der Hand andeutet, aber gleich leichteren Körnern, die entrieseln, haben sich schon rechts der Junge mit dem Pulverhorn und links der kleine Hund in Galopp gesetzt. Die Lanze in der Hand des Strahlenkapitäns spielt (die Pendelkraft darstellend) die gleiche Rolle wie vorhin der Wein im Pokal und die Zitronenschale, sie dient sozusagen als Regulator und Balancierstange für die Bewegung, welche das Ganze erfüllt. Die drei roten Bogenschützen in der zweiten Linie – der eine seine Waffe ladend, der andere hinter seinem Führer gewissermaßen eingeklemmt und wie im Hinterhalt auf der Lauer liegend –, das ist der Aufbruch zu einem Abenteuer, das, man sieht es wohl, Gefahren in sich birgt. Wie aber seine Phantasie vor der leuchtenden Fee, dieser ergreifenden Botin des Jenseits, versperren, die gewissermaßen als Beglaubigungsschreiben eine Taube an ihrem Gürtel trägt? Und schon hat sich ihr verkleideter Jünger einen Weg ins Innere durch die Gruppe der Ritter des Abenteuers gebahnt, unter denen über ihm ein funkelnder, meerfarbener Edelmann stolz die rot und schwarz gestreifte Fahne entfaltet. Aber im Hintergrund, zwischen festen Bauten aus einem dunklen Tor aufleuchtend, erschaut und ermißt über den Köpfen der Gefährten, die von Reihe zu Reihe den Schritt nach vorwärts getan haben, die Nachhut reglos die Zukunft: um in sie vorzudringen, haben sie sich zweifellos mit den langen Piken bewaffnet. Man sieht Helme, einen Harnisch, eine Schärpe, ein Seidenkoller aufglänzen. Da ist nichts – den hohen Hut auf dem Kopfe des schnurrigen Kauzes in der Mitte eingerechnet –, was nicht wie ein Leuchtturm, wie ein Beobachtungsturm wirkte. Bald werden sich die Zuschauer, man fühlt es, in Handelnde verwandeln, sie sind bereit, der Tambour trommelt, denn die ganze, aus den dunkelsten Werkstätten des Traumes heraufbeschworene Szene ist nichtsdestoweniger von einem seltsamen stummen Lärmen erfüllt: der Trommelwirbel, das Gebell des kleinen Hundes, das Wort auf den geöffneten Lippen des Hauptmanns Cocq, das Gespräch von Auge zu Auge unter den Zuschauern rechts, der Büchsenschuß und der zukünftige

Schuß, den der Büchsenträger zur Linken sorgfältig in seinen Gewehrlauf lädt! Man bricht auf!
Man bricht auf! (Ja, dergestalt ist man früher aufgebrochen!) Geschieht's zur Eroberung der Welt? Ist's der Ozean selber, auf den die beiden Anführer dieser wunderlichen Gesellschaft – der eine schwarz, der andere leuchtend – ihren Fuß zu setzen sich anschicken? Handelt es sich um den großen Aufbruch Hollands? Gilt er den Küsten an den vier Enden der Welt, mit denen die Soldaten, die Matrosen und die Kaufleute Amsterdams in Verbindung zu treten sich vorbereiten, zeigt die Vergangenheit sie der Zukunft mit der Hand, als ob sie sagen wollte: Dort erschaust du, was wir in Bälde vollbracht haben werden? Geht es um die unermeßlichen, von Reichtümern überquellenden Inseln jenseits von Indien und China, die an das glorreiche batavische Schiff zu ketten sie jetzt schon unternehmen wollen? Es ist möglich. Aber diese in der Malerei aller Zeiten einzigartige Komposition, welche in Wirklichkeit das Studium und die Zergliederung einer Dekomposition ist, läßt noch eine andere Erklärung zu. Es ist eine psychologische Studie: die Denkarbeit selber wird in dem Augenblick überrascht, in dem sich in ihr eine Idee gestaltet, welche sofort eine Spaltung hervorruft, und diese Spaltung verursacht eine Erschütterung des Ganzen. Schon ist der Wille auf dem Marsche, schon entwirft der Verstand mit seiner unbehandschuhten, mit seiner starken, arbeitsamen Rechten einen Plan, während *der Sohn der Sonne* lauscht und folgt, während im Hintergrund Klugheit und Überlegung die Bewegung unterstützen und die urteilenden Fähigkeiten sich miteinander, Auge in Auge, verständigen. Ein unaufhörliches leises Surren erfüllt den ganzen zum Ausschwärmen bereiten Stock. Ganz in der Tiefe, am Eingang des Binnenhofes, im Schatten des Banners, den eine Hand wie einen Schleier schon dem Winde überläßt, der vom Geiste heranwehen wird, sind Kräfte gegenwärtig, die das Ganze überragen und dem Unternehmen ins Antlitz schauen, alle jene stehenden Leute, die sich noch nicht entschlossen haben. Sie bedeuten alles, was in uns der Überlegung, des Gedächtnisses, des Wägens, des Beharrens und der Eingebung fähig ist, den stillen und klaren Blick, der mit dem fernen Horizonte das notwendige Einvernehmen herstellt. Einer ist sogar schon da, der, mit einem langen Holz in der Hand, sich auf das Einfangen von Rekruten eingelassen hat. Man

bricht auf! Ausgerüstet mit allen Arten von Waffen, wie aus Zufall mit allen Arten von Hüten bedeckt, der gesamte widerspruchsvolle Gestaltenreichtum unserer Phantasie hat sich in Marsch zur Eroberung dessen gesetzt, was es noch nicht gibt, und links der komische Zwerg, der sich des Pulverhorns und der Spitze des ganzen Unternehmens bemächtigt hat, ist derjenige, der am schnellsten läuft.

*(Aus dem Französischen von Ernst Hardt)*

# Richard Alewyn

# Feste des Barock

Vom »Herbst des Mittelalters« bis zum sterbenden Rokoko rauscht ein bacchantischer Festzug durch die Gassen und Gärten, die Schlösser und Kirchen Europas. Hier ziehen Reiter oder Tänzer durch die Straßen, kostbar geschmückt oder seltsam vermummt, kolossale Bilder schwanken im Getümmel, dort bedeckt sich ein Fluß, ein Teich mit Flottillen von bunten Schiffen oder fremdartigen Fabelwesen. Götter steigen hernieder und schlingen einen wunderbaren Reigen, Fontänen sprudeln aus dem Boden und Kaskaden von den Wänden, zwischen Gartenhecken tanzen Schäfer und Nymphen. Die Nacht verwandelt sich in künstlichen Tag: Lichter überall, Häuser, Wege, Kanäle sind besäumt, die Lichtwoge bäumt sich gen Himmel, Feuergarben schießen in die Nacht, und die Sterne erbleichen. Überall ziehen Vermummte einher, sie dringen in die Häuser und mischen sich unter die Tänzer, auf erhöhter Bühne gründen sie ihr eigenes Reich. Ihr Agieren, Singen, Tanzen hallt aus der Menge als Lachen zurück. Der Vorhang schließt sich, und ein tödlicher Abglanz liegt auf Gesichtern, die der Flügel des Schicksals gestreift hat. Die Luft ist geschwängert von Musik: Musik zum Gottesdienst, Musik zur Tafel, Musik zum Tanz und zum Spiel der Masken. Masken, Lichter, Musik – darein scheint alles Leben verwandelt.

Die Höfe Europas werden von einem Taumel erfaßt. Im Burgund des späten Mittelalters entbrennt der Herd. Das Italien der Renaissance entzündet daran seine Fackel. Sie setzt das Spanien Philipps IV. in Brand. Unter Englands Königen lodert die Flamme zu mehreren Malen auf. Sie ergreift den Kaiserhof zu Wien und schlägt nach Frankreich zurück, wo ein junger glänzender Fürst den Thron besteigt und ein Beispiel gibt, wie es die Welt seit den Tagen der römischen Kaiser nicht mehr gesehen hat. Alles Frühere erscheint nur noch wie ein Vorspiel: die Feste der Medizeer in Florenz, der Päpste in Rom, der Este in

Belriguardo, Gonzaga in Mantua – das alles verblaßt. Selbst die sagenhaften Nächte von Aranjuez und Buen Retiro, selbst der wahrhaft kaiserliche Pomp Leopolds I. können sich vielleicht an Aufwand, aber nicht an Eleganz mit dem weltstädtischen Geschmack des neuen Sonnenkönigtums messen. Hingerissen folgt der ganze Hof, die Blüte der Nation schart sich um Ludwig XIV. Und von hier geht nun ein Flammenmeer aus, das ganz Europa blendet. Bis hinüber nach Warschau und Stockholm und Petersburg verwandeln sich alle Höfe in Trabanten eines Sonnensystems, das – nicht um die staatliche Macht, das um den festlichen Glanz von Versailles kreist.

Da ist ein kleines Land, ihm wird die ganze Steuerkraft aus den Adern gepumpt, um ein Schloß von Ausmaßen zu errichten, die der Wahnwitz diktiert zu haben scheint, einen Park anzulegen mit Marmorbildern und Wasserkünsten, eine Oper zu unterhalten mit kostspieligen italienischen Kastraten und Primadonnen, mit Orchester und Ballett, Dekorationen und Maschinen, um eine Mätresse auszustatten und dieser Feste zu geben, über die der ›Mercure Galant‹ berichten und ganz Europa aufhorchen machen wird. Ein paar Jahre oder Jahrzehnte, und das Land ist von der unnatürlichen Anstrengung erschöpft, vielleicht für Generationen. Es sinkt zurück, von Schulden erdrückt. Die Oper ist geschlossen, die fremden Sänger sind entlassen, die Schlösser verfallen, die Gärten verwildern. Die fürstliche Tafel ist wieder karg, der Adel speist zu Hause. Der Schwarm der Gäste hat sich an den Nachbarhof verzogen, wo für die nächsten Jahre die große Welt sich ein Stelldichein gibt. Bis eines Tages das Land sich erholt hat oder neue Geldquellen fündig geworden sind, und ein junger Fürst den Thron besteigt, dem Ehrgeiz oder Leichtsinn keine Ruhe lassen, bis wiederum die Ersparnisse eines strengeren Regimentes in Jubel und Trubel vergeudet sind. Das ist die Geschichte aller mittleren, kleineren und kleinsten Höfe des Rokoko.

In den Glassärgen unserer Museen zerfällt die Seide, erblindet das Gold, das die Menschen des Barock für ein paar Stunden ihrer Notdurft enthoben und Göttern gleich gemacht hat. Unsere Bibliotheken und Kupferstichkabinette bewahren kostbare Werke, die sich in Allerhöchstem Auftrag bemühen, jede einzelne der flüchtigen Phasen und Figuren höfischer Feste in Beschreibung und Abbildung festzuhalten. Die Verfasser verhehlen sich nicht, wie vergebens ihre Mühe ist. Weder das starre Bild noch das leere Wort sind vermögend, den Zauber zu vermitteln, den eine Nacht gebar und verschlang.

Versuchen wir immerhin, uns eines der berühmtesten Feste des Jahrhunderts ins Gedächtnis zu rufen: Im Juli 1674 wurde zur Feier der Eroberung der Freigrafschaft Burgund das »Divertissement de Versailles« veranstaltet. Am Abend des ersten Tages genießt man, nach einem Imbiß im Bosquet du Marais, in der festlich illuminierten, mit Orangenbäumchen und Blumen geschmückten Cour de Marbre unter dem Nachthimmel die ›Alceste‹, zu der Quinault den Text und Lully die Musik geschrieben hatte, mit Tänzen von Benserade. Danach ist ein Souper de Medianoche im Schloß und anschließend Ball bis zum Morgengrauen.

Am andern Tag ist im Garten des Trianon ein »Salon de Verdure« errichtet, eine Architektur aus nichts als Laub, achteckig, mit offenem Dach und einem Ausblick auf die Allee. Man spielt die ›Eglogue de Versailles‹, ein Intermedium von Lully und Quinault. Danach ein Souper auf einer schwimmenden Insel im Großen Kanal, die durch dreiundzwanzig Wasserstrahlen wie durch ein Gitter abgeschirmt war. Man speiste beim Licht der Fackeln, das der Widerschein des Tafelsilbers vertausendfachte, beim Rauschen des steigenden und stürzenden Wassers ... Am dritten Abend folgte dem Imbiß in der Menagerie eine Spazierfahrt auf dem Kanal mit Lichtern und Musik. Dann wurde in einem bizarren Grottenrahmen Molières ›Eingebildeter Kranker‹ aufgeführt.

Am vierten Abend wurde der Imbiß im Wassertheater eingenommen. Auf den drei Stufen, die das Rund umgaben, waren 160 Obstbäume, 120 Körbe mit Bäckereien und Konfitüren, 400 Schüsseln mit Eis, 1000 Karaffen mit Likören aufgestellt. Dazu rauschten die Wasserkünste. An einer anderen Stelle des Parks war ein Theater errichtet. Es wurde gespielt, gesungen, getanzt: ›Die Feste des Amor und des Bacchus‹. Daran schloß sich eine Rundfahrt durch den nächtlichen Park mit Fackeln und Feuerwerk am Großen Kanal, und endlich wiederum zum Abschluß eine »Medianoche« im Marmorhof. Die Tafel war ein Wunder von Speisen, Blumen und Steinen.

Am fünften Tag folgte der Aufführung von Racines ›Iphigénie‹ in der Orangerie eine zauberhafte Illumination des Großen Kanals. Ihr Schöpfer war der Hofmaler Le Brun. Mitten aus dem Wasser erhob sich, getragen von goldenen Greifen, ein Obelisk aus Licht. Von seiner Spitze strahlte eine Sonne. An seinem Fuße schlug ein Drache majestätisch die Flügel. Man sah demütige Gefangene und den triumphierenden König. Plötzlich knallten 1500 Böller. Die Ufer des Kanals, die Stufen des Wasserfalls strahlten auf, der Drache spie Ströme von Feuer, blauen und roten Rauch aus Mund, Augen und Nüstern, über die Wasserfläche zuckten Blitze, endlich stiegen 5000 Raketen zugleich in die Nacht, bildeten für einen Augenblick einen Dom von Licht über dem Kanal und sanken in einem Sternenregen zur Erde.

In der letzten Nacht – einer der dunkelsten und stillsten des Sommers – erstrahlte um ein Uhr der ganze Park in Licht: die Terrasse, die Geländer, die Becken, der Kanal sind mit leuchtenden Perlenketten umsäumt, die Fontänen schimmern geheimnisvoll, der Kanal sieht aus wie ein ungeheurer kristallener Spiegel. An seinem Ende leuchtet die Fassade eines Zauberpalastes. Der ganze Hof besteigt Gondeln. Neptun kommt, von vier Seepferden gezogen, seinen Gästen über das Wasser entgegen. Der Palast trägt Figuren. Als die Musik sich nähert, beginnen diese lieblich zu singen und zu tanzen unter dem schwülen Himmel und den schweren Düften der Julinacht. So endete das letzte der großen Feste von Versailles ...

Wir können typische Formen des Festes herausschälen, sie bestimmten sozialen Schichten zuweisen. Wir können die stehengebliebenen Rahmen vermessen. Aber solange wir nur Teile und Trümmer haben, haben wir nichts. Und wer vermöchte das Ganze wieder zu beschwören, wer auch nur den gerechten Sinn für das bewegte Ganze wiederzubringen? Jedes barocke Fest ist eine ausgedehnte und ausgewogene Komposition aus vielen Elementen. Durch Abwechslung und Abwandlung ist der Übersättigung und Ermüdung vorgebeugt. Jede Stunde hat ihr eigenes Gesicht, jeder Tag steht unter einer anderen Devise. Und doch ist auch wiederum alles einer leitenden Idee verbunden. Wie viele Wasser trugen, wie 1608 der Arno, den Zug der Argonauten nach dem Goldenen Vlies! Wie viele Gärten haben sich, wie 1682 der Heidelberger Schloßgarten, in den Parnaß verwandelt! Wie oft sind, wie 1668 in Versailles, die Kämpfe christlicher Ritter mit Heiden oder Zauberern wiederholt worden! Wie oft ist ein fürstliches Beilager zur Götterhochzeit erhoben worden, wenn auch nicht stets mit der gleichen Übertreibung wie 1679 in Spanien, wo die Hochzeit des impotenten zweiten Karl gleich als Sturz des ganzen Amazonenreiches ausgelegt wurde. Tage, Wochen, Monate sind durchkomponiert, und alles, Lebendes und Totes, bis zum letzten Lakaien im Schloß und bis zum letzten Orangenbäumchen im Garten, ist nichts mehr als ein Bestandteil eines großen Plans.

Im Aufbau des Programms zeigt sich die Eleganz und der Scharfsinn, die das Entzücken der Zeitgenossen ausmachten. Das ist keine Aufgabe für bloße Handwerker oder Beamte. An den großen Festen von Versailles haben Lully und Le Brun, Racine und Molière, Quinault und Benserade gearbeitet, die ersten Künstler des Landes. Anderswo haben Männer wie Rubens und Bernini, Velazquez und Calderon, Inigo Jones und Boucher, ja noch der Weimarer Goethe ein gut Teil ihrer Kraft solchen Aufgaben gewidmet, die höchst vergänglich und nach unseren Begriffen unter der Würde des Genies sind. Das barocke Fest hat der Kunst ihre gewaltigsten Anstrengungen entlockt, und somit ist ein mächtiger Arm der künstlerischen Hervorbringung des Zeitalters auf diesem Feld unwiderruflich versickert.

Ganze Stäbe von Künstlern und Gelehrten waren unablässig beschäftigt. Ein Heer von Gehilfen stand bereit, ihre verwegensten Einfälle in die geschwindeste Wirklichkeit zu verwandeln. An Anlässen gab es keinen Mangel: die Geburts-, Namens- und Todestage der fürstlichen Familie, eine Hochzeit, eine Genesung, ein auswärtiger Besuch, Friedensschluß, Staatsverträge, Einweihungen, Grundsteinlegungen, von dem kirchlichen Festkalender ganz zu schweigen. Dabei hatte es bei einem einmaligen Akt selten sein Bewenden. Der Geburtstag des Herzogs Karl Eugen wurde 1763 in Stuttgart zwei Wochen lang gefeiert. Da gab es nacheinander: Festvorstellungen in der Oper, Ball, Festtafel in Ludwigsburg mit Ballett und Feuerwerk, Voltaires ›Zaïre‹ mit Ballett, Jagd und Konzert, die Oper zum drittenmal, wiederum Ball, abermals Konzert, noch ein Ballett und zum Abschluß ein »Karussell«. Das ist ein Beispiel aus bescheideneren Verhältnissen. Die Vermählung des Kaisers Leopold I. mit der Infantin Margarete Eleonore von Spanien wurde 1667 in Wien ein ganzes Jahr lang gefeiert. Fest in Permanenz endlich war der Karneval, der die ganze zweite Hälfte des Winters ausfüllte.

Die Festtage im Barock drängten sich so dicht, daß die Zeit zur Vorbereitung natürlich knapp bemessen war. Selten entläßt ein Künstler seine Arbeit ohne den Seufzer, man möge die Unvollkommenheiten mit dem bekannten höfischen Tempo entschuldigen. Molière hat im »Impromptu de Versailles« launig die Verlegenheit geschildert, die dieses Fapresto hervorruft. Aber man ließ sich auch da keine Zeit, wo man sie hätte finden können. Man war viel zu sehr in die Improvisation verliebt und was daran an die Zauberei erinnerte. Um seiner Königin ein einziges Fest zu geben, läßt der Graf von Artois sozusagen über Nacht das Schlößchen Bagatelle entstehen. Neunhundert Arbeiter sind Tag und Nacht beschäftigt. Huissiers belagern die Straßen und beschlagnahmen alle durchkommenden Stein- und Kalkfuhren. In wenigen Wochen ist der Bau vollendet. Von einem ähnlichen Ursprung hat ein Schlößchen in Salzburg den Namen »Monatsschlössel« behalten.

Man kennt die Ungeduld Ludwigs XIV., Versailles entstehen, die Ungeduld Urbans VIII., die Peterskirche vollendet zu sehen. Im Mittelalter hatten Jahrzehnte an einem Mosaik gearbeitet, Jahrhunderte an einem Dom. Die Lebensspanne des Individuums zählte wenig. Das Barock ist eine ungeduldige Kultur. Es kann nicht warten. Es kann den Abstand zwischen Entwurf und Ausführung nicht ertragen. Lieber baut man unsolid. Bloße Kulissen, die sich an einem Tag aufrichten lassen, zieht man einem soliden Bau vor, dessen Fertigstellung sich ins Unabsehbare hinzieht. Zu keiner Zeit gab es so viele Einstürze wegen minderwertigen Materials oder schludriger Arbeit. Das Riesenwerk von Versailles ist kaum vollendet, da beginnen auch schon die Reparaturen, die neue Unsummen verschlingen.

Die Hast war nicht unbegründet. Wer stand dafür, daß morgen die königliche Laune noch die nämliche war? Daß der Minister oder die Mätresse, für die man baute, noch in Gunst war? Wie ging es doch mit dem Schlößchen Clagny? Für die Montespan wurde es gebaut. Aber als es nach sechs Jahren fertig war, war ihr Stern schon im Sinken. Drei Jahre später diente es ihrer Abfindung. Zehn Jahre bewohnte sie es noch, dann schenkte sie es ihrem Sohn und ging ins Kloster. Ein paar weitere Jahre, und es wurde eingerissen, ohne daß eine Spur zurückblieb. Andererseits hat man an Marly vierzig Jahre lang nicht aufgehört zu ändern. Und wie oft kam es vor, daß man das Halbfertige völlig ummodelte oder wieder einriß oder ganz liegen ließ und dem natürlichen Verfall auslieferte.

Es gibt eine Lust an der Verschwendung im Barock, die eben dieses

Mißverhältnis zwischen Aufwand und Wirkung auskostete. Monate, ein Jahr vielleicht ist unter ausgedehnten Zurüstungen vergangen. Der Fürst hat Wünsche geäußert, Künstler haben Entwürfe vorgelegt, Beamte haben Berechnungen angestellt, Kommissionen haben beraten. Ein Stab von Handwerkern ist in Bewegung gesetzt worden: Zimmerleute, Maler, Schneider, Gärtner, Köche. Die königlichen Werkstätten sind fieberhaft beschäftigt gewesen. Wagenladungen von Holz und Werg und Leinwand sind bestellt worden. Häuser sind errichtet, Berge versetzt, Wälder gepflanzt und Teiche ausgehoben worden. Tausende von Arbeitern sind Hunderttausende von Stunden beschäftigt gewesen – und das alles, um vielleicht in einer einzigen Nacht vergeudet zu werden. Als man dem alternden und lebensmüden Philipp V., dem letzten Habsburger auf dem spanischen Thron, die neue Fontäne der Diana im Garten von La Granja gezeigt hatte, bemerkte er trübe: »Drei Millionen hat es mich gekostet, und drei Minuten hat es mich unterhalten.«

Es gab im höfischen Kalender der roten Tage mehr als der schwarzen. Man gönnte sich kaum die unerläßlichen Pausen der Ruhe von den vergangenen und des Rüstens zu neuen Festen. Im bürgerlichen Leben sind Festtag und Werktag – ebenso wie Festraum und Werkraum – streng getrennt. Auf ihrem Grundsatz und ihrem Wechsel beruht der Rhythmus des Lebens. In der höfischen Welt ist jeder Raum Festraum und alle Zeit Festzeit. Das höfische Leben ist totales Fest. In ihm gibt es nichts als das Fest, außer ihm keinen Alltag und keine Arbeit, nichts als die leere Zeit und die lange Weile. Und es sieht aus, als ob es der horror vacui sei, der das höfische Fest erzeugt habe, der gleiche horror vacui, der dem barocken Auge eine leere Wand zu einem so unerträglichen Anblick macht, daß die Künstler angehalten werden, sie mit einem Netz von Pomp oder Zierlichkeit zu überspinnen. So scheint die Jagd nach dem Vergnügen nichts als die Flucht aus dem leeren Leben, die Flucht aus der Langeweile, dem Gespenst, das auf den Schlössern des Landadels umgeht und die Provinz entvölkert. Wer beschreibt die Qualen der Verbannten auf dem Lande und in der Kleinstadt, die Sehnsucht, mit der sie nach der Hauptstadt blicken, das Fieber, mit dem sie Briefe oder Besucher erwarten, mit dem sie den wöchentlichen ›Mercure Galant‹ verschlingen, der sie über das Leben in der Großen Welt auf dem laufenden hält, und die vielbändigen Romane, die ihnen wenigstens die Illusion verschaffen, teilzunehmen an der großen Festgemeinschaft des Jahrhunderts!

Die Flucht aus dem leeren Raum – die Flucht aus der leeren Zeit: beides Sinnbilder der Angst vor dem Nichts. Hören wir die Stimme des Widersachers: »Man lasse einen König ganz allein, lasse ihm, ohne seine Sinne zu beschäftigen oder seinen Geist abzulenken, alle Muße, an nichts zu denken als an sich, und man wird erleben, daß ein König, der sich selbst erblickt, ein Mensch ist voll Elend, und daß er es fühlt wie irgendein anderer. Darum vermeidet man dies so sorgfältig, und darum fehlen in der Nähe der königlichen Personen niemals die Menschen in großer Zahl, die darauf sehen, daß den Geschäften die Zerstreuungen folgen, Menschen, die ihre Mußezeit bewachen und für Vergnügungen und Spiele sorgen, damit nur ja keine Leere entstehe. So sind die Könige umgeben von Leuten, die wunderbar aufpassen, daß der König niemals allein sei und in die Lage komme, über sich nachzudenken, denn sie wissen, daß er dann – wie königlich er immer sei – unglücklich sein wird.« So sagt Pascal, der Verfasser eines Traktats über den leeren Raum, der einzige, der sich über diesem Nichts anzusiedeln wagte.

So wie für das Barock die Sprache erst der Metapher bedarf, um aus ihrer Gewöhnlichkeit erlöst zu werden, wie der Körper des Kostüms bedarf, nicht nur um seine Blöße zu verhüllen, sondern überhaupt seine kreatürliche Armseligkeit zu erhöhen, so ist ihm auch das Dasein ohne Fest arm und gemein. Am Grunde des barocken Festeifers liegt das Eingeständnis, daß das Leben es nötig habe. Damit enthüllt sich die Schwäche, aber auch die ganze Größe des Zeitalters.

Freilich, der Bürger auf der Gasse, der mit scheelem Auge zu den erleuchteten Fenstern hinaufschaut, gewahrt nichts als die Genüsse, die ihm mehr sein Gewissen versagt als seine Mittel. Wenn er eifert gegen Üppigkeit und Ausschweifung, hat er ein historisches und vielleicht auch ein moralisches Recht in der Verfallzeit des höfischen Festes, dem Rokoko, an der sein sittliches und soziales Selbstbewußtsein sich gestärkt hat. Aber wenn wir das Bild eines bacchantischen Festzuges lieben, müssen wir einem Mißverständnis vorbeugen. Gewiß: das barocke Fest ist eine sublime Form des Müßiggangs, ein zur Kunst erhobener Genuß, durchaus zu nichts nütze und damit eine Herausforderung für bürgerliche Gesinnung. Aber wenn auch kein bürgerliches, so lebt im höfischen Fest darum doch kein geringes Ethos. Man macht es sich zu leicht, wenn man in der barocken Festfreude nichts als gemeine Genußsucht wittert. Zum mindesten wäre das ein Versuch mit untauglichen Mitteln gewesen. Die höfischen Feste waren keineswegs ein ungetrübtes Vergnügen. Sie stellten allein an die physische Leistungsfähigkeit ganz erhebliche Anforderungen. War schon das höfische Leben überhaupt wenig mehr als eine permanente Unbequemlichkeit, so bedeutete das Fest darin den Gipfel. Die Mlle de Scudéry bestätigt in ihren ›Conversations‹, die großen Feste dienten nicht so sehr dem Vergnügen der Teilnehmer als der Demonstration der Größe – der »grandeur« – ihrer Veranstalter. Und es ist vielmehr das Volk, das nichts als zuzuschauen brauchte, das sich am besten dabei unterhielt.

Wenn hier von einem Genuß geredet werden kann, so war es zum mindesten kein gemeiner, sondern von der Art, wie er jede Steigerung unserer Persönlichkeit begleitet. Wenn sich bei Gelegenheit einer Hochzeit ein ganzer Hof in den Garten der Armida verwandelt, wenn die Begegnung zweier Fürsten behandelt wird als eine Entrevue auf dem Olymp, dann ist das mehr als nur ein Maskenscherz. Es ist nicht weniger als der Ausdruck eines gesellschaftlichen und politischen Anspruches. Im Fest erst erreicht die höfische Gesellschaft ihre gültige Form. Im Fest stellt sie dar, was sie sein möchte, was sie vielleicht zu sein glaubt, was sie in jedem Fall zu sein scheinen möchte. Es ist eine hochpathetische Demonstration, bei der die Gesellschaft alle die rhetorischen Metaphern, mit denen sie sich gerne feierte, nun wirklich als Maske benutzt und diese Maskerade in den Stand der Mythologie erhebt. Und so verrichten noch einmal die alten Heidengötter und Heldengestalten ihr erstaunliches Amt. Beginnt man nicht ein wenig, die Rolle zu glauben, in der man sich so gut gefällt? Wäre die Versuchung so klein oder die Kunst so schwach oder die Eitelkeit so gering? Und ist dann nicht überhaupt das Fest der Zauber, in dem die höfischen Götter sich selber beschwören, der Kult, den sie sich selber darbringen? Alles kommt darauf an, wie groß der geistige Abstand ist, der zwischen dem Alltag und dem Fest zu überwinden bleibt. Ob man die mythologische Maske als ein Recht empfindet oder einen Raub, als die Wahrheit oder einen Wahn. Es ist nicht möglich, diesen Abstand nachzumessen, aber eine wirkliche Geschichte der höfischen Feste vermöchte vielleicht zu zeigen, wie das Bewußtsein des Unterschiedes unerbittlich wächst, je mehr sich die höfische Kultur des Barock der Neige nähert. Die Göttlichkeit des höfischen Menschen verwandelt sich unaufhaltsam aus einem heroischen Anspruch in eine reizvolle Illusion.

Die Maske ändert sich. Statt der Götter und Helden wählt man Hirten und Bauern. Man sucht nicht mehr die Erhöhung, sondern den Austausch des Selbst, die Flucht in das Fremde, Ferne, Unverbindliche. Das ist das Fest des Rokoko, das neue Zauber entbindet: die Mächte des Rauschs und des Traums, die Reize des Spiels und der Verwandlung, das aber, von der stolzen Höhe des hochbarocken Ethos gesehen, einen Abfall bedeutet.

Ein letztes Mal stellt der bacchantische Zug sich her. Je weiter die Stunde vorrückt, desto heißer und hastiger wirbelt der Reigen, desto greller flackern die Lichter, desto lauter lärmen die Gäste, als lauerte im Dunkel schon die eisige Hand des Todes. Aber wenn im strahlendsten Fest jäh die Türen auffliegen, ist es nur der Bürger, der hereintritt und die Fackeln löscht, weil vor den Fenstern ein fahler Morgen erwacht ist.

# Theodor W. Adorno

## Musikalische Warenanalysen

### I

*Ave Maria von Gounod.* Ein Engländer hat als Maxime der Music Hall formuliert: Put three half-naked girls on a revolving stage. Then play the organ. Dies Tonbild kündigt in der ›Meditation‹ sich an. Sie ist ein Sakralschlager, vom Stamme jener Magdalenen, deren Buße und Busen zusammengehören. Sie entblößen sich aus Zerknirschung. Die versüßte Religion wird zum bürgerlichen Vorwand der tolerierten Pornographie. Man sagt Bach und meint Gounod. Man hat das strenge Präludium und hört die schmachtende Melodie heraus. Am liebsten auf der Orgel, aber mit der obligaten Geige zur Singstimme. Es ist die Geburt Wurlitzers aus dem faustischen Geiste. Urkinomusik.

Die Geste ist die des Flehens als der sakrosankten Preisgabe. Die Seele überliefert sich mit gerafftem Kleid in die Hand des Höchsten. So konnte die Henny Porten flehen. Einer ihrer ältesten Filme hieß ›Des Pfarrers Töchterlein‹. Sein Ausgang war letal.

Mit dem Text geht es über Stock und Stein. Wo er nicht langt, wird wiederholt. Aber eine Vokabel ist darin, in deren innerste Zelle die Musik hineinschlägt. Es ist »peccatoribus«. Wenn die Steigerung auf den Erlösungseffekt mit jener Verhaltenheit des Ora pro nobis angebahnt wird, der man schon von weitem anhört, wie hoch sie hinauswill, dann ist die Endung des lateinischen Ablativs das Sprungbrett, das die Sünder in die Transzendenz abstößt. Auf peccatoribus fällt die raffende Gebärde. Das Kleid, das in den Himmel trägt, läßt den Schenkel frei. So groß aber ist der Schwung, daß auch die Stunde unseres Todes ihm nichts mehr anhaben kann. Der Höhepunkt wird, absurd, mit hora erreicht; nachdem einmal den peccatoribus ihr Glück widerfuhr, ist es schon ganz gleich, wohin sie transportiert werden. Die Elevation reißt noch die hora mortis mit sich und ohne auch nur einen

Moment Atem zu lassen das schon überflüssige Amen als fröhlichen Beschluß. Da der großen Musik das Bild des utopischen Glücks verloren ist, wird es allein von der niedrigen noch aufgehoben in der Karikatur, dem vollendeten Schein als Gebet.

*Prélude cis-moll von Rachmaninoff.* Aus Stücken für die Jugend und Schülerkonzerten sind Stellen vertraut, die »grandioso« überschrieben sind. Die kleinen Hände machen die Geste der Kraft. Kinder imitieren die Erwachsenen; womöglich die Liszt paukenden Virtuosen. Es klingt ungeheuer schwierig, jedenfalls sehr laut. Aber es ist tröstlich leicht: das spielende Kind weiß genau, daß die kolossale Stelle nicht fehlgehen kann, und ist im voraus des Triumphs gewiß, der keine Anstrengung kostet. Diesen Kindertriumph hält das Präludium für infantile Erwachsene fest. Es hat seine Beliebtheit den Hörern zu verdanken, die sich mit dem Spieler identifizieren. Sie wissen, sie könnten es ebensogut. Indem sie die Macht bestaunen, die die vier Notensysteme in vierfachem Fortissimo bezwingt, bestaunen sie sich selber. Es wachsen ihnen die imaginären Tatzen. Psychoanalytiker haben den Nerokomplex entdeckt. Das Präludium hat ihn vorweg befriedigt. Es erlaubt dem Größenwahn sich auszutoben, ohne daß er dingfest zu machen wäre. Keiner kann den donnernden Akkorden nachrechnen, daß der Dilettant, der sie makellos hinlegt, an ihnen zum Weltbeherrscher wird. Wagnis und Sicherheit vermengen sich in einem der verwegensten Fälle von Tagträumen in der Musik. Die Begeisterung steigt am höchsten, wenn es als Zugabe im dreiviertel verdunkelten Saal gespielt wird. Die Düsternis der Vernichtung, die der slawische Jargon des Stückes androht zugleich und verherrlicht, weckt in jedem Zuhörer die Gewißheit, daß bei solch ominösem Dämmer auch er selber den Flügel in Trümmer schlagen könnte. Dazu hilft ihm aber nicht bloß die Konstellation von schwerem Geschütz und leichter Spielbarkeit, sondern die Anlage der Riesenbagatelle. Fast alle tonale Musik und zumal die vorklassische gibt heutzutage dem Amateur die Chance zur Kraftgeste in der Schlußkadenz. Sie ist affirmativ und sagt: es ist so; Bekräftigung als solche, ganz gleich, was vorausgeht. Daher das Ritardando. Es unterstreicht, und an seiner Kraft mißt der Spieler die eigene, indem er sein Ungestüm zu bändigen, sich zurückzuhalten vermag. Wenn diese gestische Bedeutung der Schlußkadenz vielleicht erst seit der Romantik markiert wird, so hat Rachmaninoff in nachromantischem Verschleiß sie vollends von allem Inhalt – allem musikalisch Vorausgehenden – emanzipiert und als Ware auf den Markt geworfen. Das Präludium ist eine einzige Schlußkadenz: wenn man will, ein einziges unersättliches, wiederholtes Ritardando. Es parodiert die Stufenfolge der Passacagliaform, indem es die drei kadenzbildenden Baßtöne, die ein Passacagliathema beschließen könnten, selber gewissermaßen als Passacagliathema hinstellt. Die Wiederholung prägt sie ein mit rücksichtsloser Reklame; die Kurzatmigkeit der Phrasen erlaubt noch dem stumpfesten Gehör, sich zurechtzufinden. Auch die motivbildende melodische Gegenstimme umschreibt bloß die Kadenz. Die Musik sagt überhaupt nur noch: »es ist so«. Daß man nicht weiß was, macht ihre russische Mystik aus. In der Mitte kommt es mit Triolen billig zum Laufen und täuscht virtuose Geläufigkeit vor. Vergebens. Es ist alles nur die motivische Gegenstimme. Das Schicksal bleibt dabei, es sei so und nicht anders. Explodiert es dann aber zum Schluß mit der Urgewalt der Konvention, so ist ihm der Dank all derer gewiß, die es schon immer gewußt haben und kommen sahen.

*Humoreske von Dvořak.* Einst spielte in Unterhaltungsbeilagen und Didaskalien von Tageszeitungen eine Art scherzhafter Rätsel ihre Rolle. Sie hießen Vexierbilder. Darunter stand etwa: »Wo ist der Einbrecher?« Man erblickte eine menschenleere, ganz verlassene Straße. An einem der Häuser lehnte eine hohe Feuerleiter: leer auch diese. Es regnete in Strichen auf die hellen Häuser. Kein Einbrecher weit und breit. Man mußte das Ding lange hin und her wenden, auf die Seiten, auf den Kopf stellen, bis man entdeckte, daß irgendwo die Regenstriche mit einem klobigen Schornstein eine Grimasse bildeten, die sich verhaften ließ. Das Gedächtnis dieser Vexierbilder wird von Dvořaks Genrestück aufbewahrt. Wo steckt der Humor? Der bürgerliche Haushalt hat für seinen Kunstverbrauch den Begriff des Feinsinnigen erfunden. Er bezeichnet ein Verhalten zum Kunstwerk, das dem des Sammlers ähnelt. Das Verständnis des Feinsinnigen gehört zu dem dessen, der auf den Briefmarken die Wasserzeichen zu entziffern vermag. Es könnte dadurch konkrete Vertrautheit mit dem Werk suggeriert werden. Aber das täuscht. Der Feinsinnige ist kein echter Sammler. Er schließt nicht durch Wahl das Werk auf wie der Sammler die Sache. Er vollzieht

bloß mit einsamem Blick nach, was alle zuvor schon gewürdigt haben. Die Wasserzeichen, die er liest, sind Schablonen des Ruhmes. Die Liebhaber der Humoreske sind Feinsinnige. Die Welt ist voll von ihnen.
Die Schablone des Ruhmes ist der Titel. In ihn allein hat der Humor sich geflüchtet, zu dem der Feinsinnige sein Lächeln hinzugibt. Man muß schon ungemein feinsinnig sein, um ihn etwa noch im Rhythmus der Anfangsmelodie herauszufinden. Gewiß, er hüpft punktiert, mit schleppendem Ansatz; dann improvisatorisch beschleunigt. Es ist ein melancholisches Hüpfen. Für den Feinsinnigen: ein Hüpfen unter Tränen. Kommt die Melodie wieder, so wendet sie sich, gegen ihr Ende, mit einer schluchzend aufsteigenden Sext in intermittierendes Moll. Das klingt auf Kubeliks Geige, wie wenn Moissi als Fedja »das Abendrot« sagte.
Überhaupt ist viel Abendrot darin. Für den Ruhm gibt nicht der Titel die zureichende Bedingung an und nicht das Hüpfen. Das Geheimnis steckt in den breiten böhmischen Terzen. Schön, wie man sich auf diesen noch wälzen darf. Man taucht hinein: vielleicht ist man gerade hier dem Einbrecher am nächsten.
Die Terzen sind böhmisch, der Mittelsatz slawisch schlechthin. Er hebt mit Leidenschaft an und dunkel. Er könnte ein Tanz werden. Aber es geschieht gar nichts. Die Leidenschaft ist kurz wie ein Tunnel: am anderen Ende sieht schon wieder das Abendrot hinein. Man braucht sich nicht aufzuregen und bekommt mit der getreuen Reprise heitere Resignation als Gratisgabe mitgeliefert. So geht es im Leben: immer dasselbe. Man kann nichts machen.
Die Sentimentalität, die allen gemeinsam ist, weiß nichts von ihrer Allgegenwart. Deshalb kommt sie sich auch noch gewählt vor, pikfein. Quaint: das Stück ist irgendwo in Amerika geschrieben, und man hat ihm an der Stelle ein Denkmal gesetzt. Das wissende Zucken um die Mundwinkel aber, als dessen Denkmal die Humoreske selber fortlebt, ist die Bereitschaft, alle herrschende Gemeinheit erst noch einmal zu verstehen, um sie dann desto besser verzeihen zu können.

*Tschaikowsky, e-moll-Symphonie, langsamer Satz.* – Sonnige Mondnacht in der Krim. Garten des Generals, helle Wolken, Bank unter Rosen. Die Aufnahmen sind grün getönt. Ein junger praller Offizier, mit dem edlen, aber runden Gesicht eines Tenors, in voller Uniform.

Über und über mit Orden bedeckt, auf denen die Kamera spielt. Zuweilen blitzt ein Stein auf seiner Brust auf. Die Hornmelodie meint den Duft und das heiße Werben des Offiziers. Eine keusche, zarte Mädchenstimme antwortet. Es ist die Oboe, die Tochter des Generals. Die beiden müssen bereits im Einverständnis sein, kein Widerstand. Der Offizier kniet vor ihr nieder: »Alles will ich für dich opfern, Karriere, Ruhm, selbst das Leben, selbst die Ehre.« Er birgt seinen Kopf in ihrem Schoß. Eine Holzbläserstimme, vielleicht die südrussische Nachtigall, des Namens Tatjana, beschreibt eine melancholische Arabeske. Die Uniform mit den Orden wird jetzt gegen das weiße Kleid des Mädchens photographiert, das soeben erst aus einem Schweizer Pensionat zurückgekehrt ist. Da fahren schneidend kriegerische Klänge dazwischen, die kaiserliche Garde, an ihrer Spitze der alte General. Unerbittlich fordert er Rechenschaft von dem jungen Offizier. Dieser steht wortlos, mit gesenktem Kopf, tief getroffen, doch in Haltung. Langes Schweigen. Sonnige Mondnacht in der Krim. Garten des Generals, ein junger Offizier, Tatjana, die Nachtigall, die kaiserliche Garde, diesmal wird der Held von der Garde erschossen. Dann wiederholt er: »Alles will ich für dich opfern, Karriere, Ruhm, Leben, Ehre.« Wenn jene Musik gegen Ende des 19. Jahrhunderts, welche die Menschen mitriß, indem sie Konventionalität mit Drastik des Einfalls verband, die Funktion des Kinos schon vor dessen Erfindung genau erfüllte; wenn sie bis in Einzelheiten der streifenhaft bequemen Perzeption hinein die kinematographische Technik in sich beschließt; wenn die Zurückgebliebenheit Tschaikowskys hinter Wagner sich zugleich als ihrer Zeit voraus erweist, weil sie Massenkultur war, noch ehe es deren eigentliche Konsumenten gab – dann ist ihr, zum Lohn für ihr Verhalten, doch ein Versöhnliches beigesellt aus der Kindheit des Hörers. Mögen auch diese Symphonien den Filmen gleichen, so gleichen sie doch nicht den prätentiösen, die man von Anbeginn bis zu Ende absolviert, weil sie soviel Entrée kosten. Ihre Form ist vielmehr die längst vergangene, als man mitten hineinkam, nichts ganz verstand und doch alles, wo das Ganze sich dissoziierte in die bekannten Namen und Gesten – wie schlagend hat nicht Tschaikowsky diesen die Melodien gefunden – und wo nach der Katastrophe der versäumte Anfang wiederkehrte, wie wenn nichts Schlimmes geschehen wäre, ohne daß einer es gewagt hätte, den geduldigen Betrachter, dem alle Rätsel sich lösen, von seinem

Platz zu verscheuchen. Kitsch kennt so viel Hoffnung, wie er die Zeit umzukehren vermag, depravierter Widerschein jenes Einstandes im Augenblick, der nur den größten Kunstwerken gewährt wird. Erst wenn der Kitsch in ein parasitäres Verhältnis tritt, ihre Verdikte imitiert und es sich verbieten muß, diese sogleich selber wieder gutzumachen, verliert er sein Recht. Die Massenkunst von heute ist eben darum schlechter als das Andante, ihr Modell, weil sie nichts mehr von der Art des Wiedereintritts der Hornmelodie nach der tragischen Generalspause erlaubt. Der Rest unbeholfener Naivität, den Tschaikowsky vor ihrer beholfenen voraushat, war die Zuflucht dessen, was Kunst verweigern muß und wofür sie doch allein existiert.

## II

*Especially for you.* Karl Kraus ist in den Abgrund des Wortes »speziell« hinabgestiegen. Dort entdeckte er die Intention, Waren, die ihr Dasein einzig dem Prinzip des Profits verdanken, durch besondere menschliche Bedürfnisse, die des Käufers, zu rechtfertigen und damit gerade marktfähig zu machen. Aber der, für den »speziell« ein Ding gemacht sein soll, wird in Wahrheit vom Produkt her bloß als Kunde visiert und sein besonderes Bedürfnis bloß als auswechselbarer Repräsentant eines allgemein vom Produkt erst produzierten. Die strafenden Zitate, in denen Kraus das Wort »speziell« beschwor, verraten zugleich, daß der Warencharakter das Individuelle, dem er sich anbiedert, selber ergreift. Individuum oder individualistische Gemeinschaft sind nicht besser als die Ware, die im Zeichen des Individuellen durchgesetzt werden soll: »Speziell ein solches Volk kann nicht untergehen«, während es in dem Augenblick schon untergegangen ist, indem es sich speziell anreden läßt. In diesen Abgrund fällt Licht aus der amerikanischen Schlagerproduktion. Die Idiotie des speziell für Einen hergestellten Massenproduktes nimmt den Charakter grausiger Notwendigkeit an. Denn das individuelle Bedürfnis ist aus dem Produkt so radikal ausgeschieden, daß es wie eine Zauberformel angerufen werden muß, um das Kundenopfer daran zu verhindern, des mörderischen Rituals innezuwerden, das an ihm vollzogen wird. Das ganze Leben eines Liebenden wird dem nächstbesten andern als speziell für ihn hergestelltes annonciert: »*Especially for you* That's all I live for / *Especially for you* That's I'm here for.« Die vollendete Banalität der Allerweltsmelodie straft gleichzeitig die Versicherung Lügen. Daß sie in der Sphäre des Geschäfts zuständig ist, daran läßt die Sprache keinen Zweifel. Sie erweckt die Assoziation des Kontos: »Can't you see what love has done to me / Just on account of *Especially for you*.« Der Schwindel ist schon so durchsichtig geworden, daß er sich zynisch einbekennt und das Spezielle auf Sphären überträgt, wo es absurd ist. Der, dem es zugemutet wird, kann nicht anders als verspottet sich fühlen, soll es wohl auch: »*Especially for you* the birds are singin', / *Especially for you* the bells are ringin'.« Oder gar die Teleologie des Massenartikels als Erklärung des Daseins von Sonne, Mond und Sternen: »*Especially for you* that's what a moon's for / *Especially for you* that's what a June's for.« Der Zynismus hat seine genaue Funktion: indem dem Konsumenten zu verstehen gegeben wird, daß er ins Produkt nicht dreinzureden hat, und daß sein Bedürfnis den Unternehmer so sehr interessiert wie jenen Mond der Hund, der ihn anbellt, wird ihm bedeutet, daß man sich über ihn lustig macht. Man läßt ihn fühlen, daß man von ihm gar nicht erwartet, daß er das Spezielle ernst nimmt oder glaubt, aber solche Aufklärung dient nur dazu, ihn vollends vorm Produkt und vor sich verächtlich zu machen. Der Ton des Lachens, das dabei laut wird, ist vom Radio her vertraut, wo der Ansager, indem er lacht, über sein Lachen lacht und den Hörer noch um den Betrug betrügt, den er gleichzeitig an ihm verübt. Der Kunde aber weiß, daß er nichts Klügeres tun kann als dem Lachen der Institution gutwillig sich anzuschließen: daß ihm, wie immer auch er sich verhalten mag, nichts übrigbleibt als zu parieren, als Käufer, als Sänger, als Liebender und als Mitglied einer nachgerade kosmischen Organisation. Die Wahrheit wird erst von einem Warning ausgesprochen, das wie ein Verkehrszeichen auffällig unter den Schlager gesetzt ist: Any copying of the words or music of this song or any portion thereof, makes the infringer liable to criminal prosecution under the U.S. copyright law. Der Mann, der sich beikommen ließe, etwas sei speziell für ihn da, und der es deshalb gar kaufte, wird danach nicht mehr auf den Gedanken verfallen, es gehöre ihm. Er gehört dem Produkt, nicht umgekehrt. Wollte er daran etwas ändern, so würde man ihn einsperren, wenn er es nicht bereits wäre.

*In an eighteenth century drawing room.* What about Mozart. Weder stellt seine Musik von sich aus die marktgängigen Emotionen bei, noch verhält sie durch Pomp, Macht und rhythmische Befehlsgewalt den Konsumenten zu jener Art von Gehorsam, die er sich wünscht. Trotzdem hat Salzburg seinen Touristenwert. Mozart wird durch mehrfache Fälschungen adaptiert. Zunächst datiert man ihn zurück ins Rokoko, das er gerade sprengt. Es ist ein Rokoko, das von den Pralinéschachteln auf stilisierte Cembaloweiber mit Haarknoten, Kerzenlicht und Silhouette heruntergekommen ist. Das Mozartsche Menuett war wenig mehr als das gemalte Band, das die Menschen Figaro, Cherubino, Susanne und Zerlina an die Konvention der Epoche knüpfte. Heute wird Mozart manipuliert, als wäre er der Erfinder des Menuetts. Zur Transvestition des Humanisten ins Stilkleid hilft aber gerade sein subjektiver Gehalt. Die aufatmend beseelte Stimme wird zur zierlichen Klage ums Ancien régime umgelogen. Das Espressivo der Wertherdekade erscheint als sentimentale Reflexion der Barbarei auf formvolle Vergangenheit. Jener Barbarei gehört der Schlager an. Er schlachtet die Sonate facile aus, ein Kinderstück, das sie mit Bedacht gewählt haben: seine Simplizität fügt sich der Versimpelung des Hörens ein, und seine etüdengleichen Skalen erlauben es zugleich den zeitgemäßen Barbaren, über die Vergangenheit zu lachen, nach der sie sich sehnen, und sich zu attestieren, wie weit sie es über Mozart hinaus gebracht haben. Fortschrittsschwachsinn hat die Sonatine erfaßt. Vier Takte Vorspiel, alberne Fiktion eines altmodisch Mechanischen, dann acht Takte originaler Mozartmelodie, aber mit einer Wendung nach der Unterdominante umharmonisiert. Die Änderung hat keinerlei Funktion, kaum die ordinärsten Schlageranforderungen machen sie notwendig. Sie geschieht aus der reinen Freude am Antasten: nichts in der Weltgeschichte darf in Tin Pan Alley bleiben, wie es ist, und je mehr man der Weltgeschichte Respekt bezeigt, um so mehr schreibt man ihn sich selber gut als dem, der souverän über Souveräne verfügt zum höheren Ruhm des Komforts. Dann folgt die Mozartsche Skala und bekommt eine aufs Dach. Nicht eine: drei. Sie wird k. o. geschlagen, und die beiden letzten Takte affektieren jene Art Gavotte, die das Menuett vorstellen soll, das Mozart nicht war. Daraus ist der Mittelsatz gebildet, echter Raymond Scott. Der Reprise werden wieder die vier albernen Einleitungstakte vorangestellt. Aber sie sind als »optional interlude« bezeichnet. Der

Cutter ist gewissermaßen mitkomponiert. Im Text wird zunächst das Rokoko in eine Urzeit umgesiedelt, in der ein altes Buch, vom Ahn vermacht, immerhin die Anweisung auf einen auf Hochglanz polierten Mustersalon enthält. »I found in an old musty book, / long lost in some far forgotten nook! In the book a faded picture, / and the scent of faint perfume, / two old fashioned lovers *in an eighteenth century drawing room.*« Die Gavotte zieht aus dem archaischen Salon wiederum den Trost, daß nun und nimmer etwas Neues passieren könne. Wenn es jetzt nicht besser wird, so hat man dafür die Beruhigung, daß es damals schon nicht schlechter war: »Nothing is ever new, / ever since love began, / see her two eyes of blue, / flirting behind her fan. / Look at his silk and lace, / isn't he debonair? / And the smile on his face / tells of the love they share.« Die Reprise konzentriert sich auf den fruchtbaren Moment, betrachtet sich als Bild durch ein umgekehrtes Opernglas und gibt schließlich einer Sehnsucht Ausdruck, die, obwohl sie retrospektiv ist, völlig abstrakt gehalten werden muß, um ja nicht aufzufallen. Die Sehnsucht nach dem Paradies ist nur noch die Sehnsucht nach dem Schlager, der von eben der Sehnsucht zehrt: »Hear their two hearts softly beat, / one moment more and their lips will meet. / What a sweet and charming picture, / love in glory, love in bloom, / don't you wish that we are *in an eighteenth century drawing room?*« Nein.

*Penny Serenade.* Auf dem Titelbild ist eine schiefe südländische Straße in der Weise des Reklamekubismus dargestellt, türkisfarben, ein weißer Mond und eine weiße Fassade. Davor der Sänger mit bebänderter Gitarre, Sombrero und Cowboyhosen. So tief steht er im Schatten, daß zweideutig bleibt, ob es der Troubadour ist oder der Lone Ranger. Die Dame zeigt sich nicht. Dafür glotzt rechts, groß wie King Kong im Smoking, Guy Lombardo in die Szene. Der Guy hat pomadisierte Haare, das Blinzeln des schmählichen Humors, Zähne vom Weiß des Mondes. Er ist einverstanden; erst hat er es selber eingeführt, dann schaut er zu wie einer gedeihlichen Entwicklung.

Dabei hätte er gar nicht soviel Grund zum Stolz. Der Song kommt aus England und ist aus der Art geschlagen: ein Nichts, das zwanghaft als Nichts sich bekennt. Es gibt keinen verse, der abgesetzt die Geschichte des chorus erzählte, es gibt überhaupt kaum chorus und verse: der

Schlager ist nur noch die Anrufung seiner selbst. Couplet und Refrain sind kaum ungleich an Gewicht: beide ganz kurz, das Couplet sogar vier Takte länger, der Refrain – als »Serenade« affichiert – nur eine achttaktige Periode. Es klingt schon so winzig und geschrumpft, wie es von weither der Erinnerung einfällt. Von der Ware ist einzig noch der Warenstempel übrig. Darum nennt es sich alles auf einmal: Tango Fox trot Ballad. Karg, nicht ohne Anmut breitet der verse seine drei Eingangstöne aus; ein impressionistischer Nonenakkord wird dazwischen gekleckst und sofort in die Grundtonart revoziert, daß man ihm ja nicht glauben soll; über der Dominante, wenn das Warenzeichen zum ersten Male zitiert wird, gibt eine plagale Synkope einen hübschen, traurig saloppen Sprachakzent. Der Miniaturrefrain ist eigentlich nur ein Motiv, das zweimal gebraucht wird. Es gliedert sich in das »Si si si« und das »You can hear it for a penny«. Aber selbst a penny ist bloß die verkleinerte Umkehrung von Si si si. Das Ganze, verse und chorus, wiederholt; die übliche Schlagerpraxis, die den Refrain variiert und den verse fallenläßt, wird gleichsam um ihr Material gebracht. Es ist so unscheinbar geworden, daß der Betrieb die Macht darüber verliert. Im Gegensatz zum Schema gibt es denn auch ein Trio, in der Mollparallele der Dominanztonart, aus einem umgekehrten Motivrest des Refrains. Auch das Trio hält nur acht Takte vor. Seine Sekunden trägt es wie eine Tarnkappe, man sieht es kaum. Die Quint, mit der es schließt, fügt sich völlig an den verse, der getreu zum dritten Male folgt: ihre halben Noten sind auf die eingestimmt, die auf dem Schwerpunkt des verse erscheinen. Dann nochmals der Refrain und eine Coda des Verschwindens.

Der Text beginnt mit der obligaten Liebesgeschichte: »Once I strayed 'neath the window of a lovely, lovely lady.« Noch lächelt sie, da wird sie vergessen, um dessentwillen, was sie ausgelöst hat: des Warencharakters selber. Vielleicht kommt der Name von der Dreigroschenoper. Aber er lädt nicht sowohl die Armen mehr ein, als daß er die eigene Armut deklariert. Die italienischen Silben – nicht aus Neapel, sondern aus dem Slums, wie denn die Straßenmusik von Süditalien zu den Arbeitslosen von Soho und zu den Einwanderern drüben sich geflüchtet hat – wackeln mit dem Kopf wie ein alter Bettler; bejahend sind sie nicht. Die Serenade hat keinen weiteren Inhalt, als daß man sie für den Groschen hören kann: Just a Penny Serenade. Zwar wird die Lovely

Lady nochmals bemüht und sogar die Penny Serenade als lovers serenade verkitscht. Aber das sind Flausen, und es wird nicht mehr von ihnen dahergemacht als vom Sieg der Polizei in einem Kriminalfilm. Als neues Abracadabra scheucht die Penny Serenade die Phantome der Humanität weit von sich.

Der musikalische Fetisch kommt zu sich selber. Wenn wirklich aus den Majuskeln der Schlager götzenhaft der Tauschwert starrt, dann wird er erlöst, wenn das Wort Penny fällt. Sein Zauber ist gebrochen wie der der Meduse, der ihr eigenes Bild vorgehalten wird. Wo der Möglichkeit des Glücks nicht mehr gedacht ist, wo an deren Statt die nackte Ziffer sich installiert, findet der Traum seinen Unterschlupf wie auf den Marken von Thurn und Taxis. Wen hätte nicht schon vor den verworfensten Stätten der Armut blasphemischer Neid ergriffen: daß das äußerste Unglück mehr tauge als das usurpatorische Glück einer Ordnung, deren Macht an jenem Unglück wenigstens ihre Grenze erreicht. Von der Erfahrung dieses Neides bewahrt der Schlager die Spur. Sie hat sich an das Warenwesen geheftet, das von je mehr versprach, als es hielt, aber am Ende mehr versprechen kann, als jene Welt hält, die seine Heimat ist.

## III

Die Vorstellung populärer Sozialpsychologen, der Film sei eine Traumfabrik und das happy end eine Wunscherfüllung, greift zu kurz. Das Ladenmädchen identifiziert sich nicht unmittelbar mit dem als Privatsekretärin kostümierten glamour girl, das den Chef heiratet. Aber im Angesicht jenes Glücks, von seiner Möglichkeit überwältigt, wagt es sich einzugestehen, was einzugestehen sonst die gesamte Einrichtung des Lebens verwehrt: daß es am Glück keinen Teil hat. Was für Wunscherfüllung gilt, ist die karge Befreiung, die darin liegt, daß man sich einmal wenigstens nicht noch das letzte Glück verbieten muß: zu wissen, daß man es nicht hat und daß man es doch haben könnte. Die Erfahrung des Ladenmädchens ist verwandt der des Mütterchens, das bei einer fremden Hochzeit weint, indem es selig der Unseligkeit des eigenen Daseins inne wird. Auf den Trick, einmal ziehe ein jeder das große Los, fallen längst die Dümmsten nicht mehr herein. In der temporären Freigabe der Ahnung, daß man sein Leben versäumte, besteht das Recht des Kitsches. Es erweist sich vorab an der Musik. Die meisten hören emotional: alles in Kategorien der Spätromantik und der von dieser derivierten Waren, die schon aufs emotionale Hören zugeschnitten sind. Sie hören um so abstrakter, je emotionaler sie hören: Musik erlaubt ihnen nur noch endlich zu weinen. Sie lieben darum den Ausdruck der Sehnsucht, nicht den des Glücks selber. Die Funktion etwa der genormten slavischen Melancholie im musikalischen Konsum der Massen ist unvergleichlich viel größer, als die der erfülltesten Momente Mozarts oder des jungen Beethoven. Die Hebelwirkung der Musik – das, was sie das Befreiende nennen – ist die Chance, überhaupt etwas zu fühlen; der Inhalt des Fühlens aber ist allemal bloß die Versagung. Musik ist zum Bild der Mutter geworden, die sagt: komm und weine, mein Kind. Selber gewissermaßen eine Psychoanalyse für die Massen, aber eine, die sie nur um so fester bei der Stange hält.

Das ist nicht mehr ganz leicht, selbst musikalisch nicht. Je genauer man etwa die Jazzenthusiasten beobachtet, um so mehr drängt sich der Verdacht auf, daß es an der Einsicht in ihr reflektorisches Verhalten nicht genug ist. Sie sind nicht die willenlos Faszinierten, als welche sie ausgegeben werden und sich selber ausgeben. Zur kommandierten Lust gehört ein besonderer Willensakt: man entschließt sich zur Begeisterung, wie man sich entschließt, a good time zu haben. Die Identifikation mit der Instanz, die die Lust anordnet, vollzieht sich derart, daß man sich als Ich den Befehl zur Lust selber erteilt und die offiziell triebmäßige Reaktion nur als Rationalisierung hervorbringt. Das Urbild dafür ist das Kind, das erklärt, »heute will ich ungezogen sein«, oder der Backfisch, der in sein Tagebuch schreibt, von nun an werde er für eine bestimmte Lehrerin schwärmen. Das mimische Moment im Verhalten aller »fans«, ihr Eifer zum Nachmachen, entspringt wahrscheinlich aus jener Art von Entscheidung, die recht nahe an der Bewußtseinsoberfläche stattfindet. Ebenso der Humor. Der jitterbug vermag nicht an seine Begeisterung zu glauben, weil er sie selber angedreht hat, und hilft sich durch Zweideutigkeit aus dem Konflikt. Hier greift der Mechanismus der Wut an. Wer sich entschlossen hat, begeistert zu sein, muß die Augen zukneifen und die Zähne aufeinanderbeißen.

Man kann nach solchen Erwägungen, ähnlich wie nach manchen die

Gesellschaft unmittelbar betreffenden, ernsthaft fragen, wie weit die psychoanalytische Unterscheidung des Bewußten und Unbewußten überhaupt noch der Situation angemessen ist. Sie setzt eine monadologische Dichte und Autonomie der Person voraus, die nicht mehr existiert: zum Verdrängen muß man wenigstens Ich sein. Die gegenwärtigen Massenreaktionen, als deren Modell die musikalischen stehen, sind nur noch durch eine dünne Hülle vom Bewußtsein getrennt. Die müßte durchschlagen werden, aber gerade dies Durchschlagen ist fast unmöglich. Eigentlich ist die Wahrheit subjektiv gar nicht mehr so sehr unbewußt – so wie die objektive Praxis die Ideologie durch die Lüge zu ersetzen beginnt. Danach wäre dann auch wohl die These zu modifizieren, daß an Stelle der Spontaneität die blinde Annahme des Aufgezwungenen träte. Selbst der Glaube, daß die Menschen heute wie die Insekten reagierten und sich in bloße Gehorsamszentren verwandelten, gehört noch zur Fassade. Er paßt denen, die vom Mythos schwatzen, allzugut in den Kram. Viel eher ist zu sagen, es werde die Spontaneität gleichsam aufgezehrt von der ungeheuren Mühe, die die Annahme des Aufgezwungenen den Betroffenen auferlegt, gerade *weil* die Hülle um das Aufgezwungene so dünn geworden ist. Um ein jitterbug zu sein und für das Befohlene sich zu begeistern, genügt es keineswegs, sich aufzugeben und passiv einzuordnen. Zur Verwandlung der Menschen in Insekten brauchen sie die Energie, die es vielleicht vermöchte, sie in Menschen zu verwandeln.

# Hannah Arendt

# Freiheit und Politik

*Ein Vortrag*

## I

Über das Verhältnis von Freiheit und Politik in einem Vortrag zu sprechen, ist nur möglich, weil auch ein Buch nicht ausreichend wäre, es angemessen zu behandeln. Denn Freiheit, die nur sehr selten – in Revolutions- und Krisenzeiten – zum direkten Zweck politischen Handelns wird, ist eigentlich der Sinn dessen, daß es so etwas wie Politik im Zusammenleben der Menschen überhaupt gibt. Dabei verstehe ich unter Freiheit nicht jene Mitgift der menschlichen Natur, welche die Philosophen so oder anders bestimmen, so oder anders innerhalb der menschlichen Fähigkeiten lokalisieren mögen. Noch weniger meine ich die sogenannte innere Freiheit, in die man vor einem äußeren Zwang ausweicht; sie ist historisch ein spätes und sachlich ein sekundäres Phänomen. Ihr liegt ein Rückzug aus der Welt zugrunde, bei dem man gewisse Erfahrungen und Ansprüche in das eigene Innere verschleppt, welche ursprünglich in dem Außen der Welt ihren Platz hatten und von denen wir nichts wüßten, hätten wir sie nicht erst einmal als weltlich-greifbare Wirklichkeit kennengelernt. Ursprünglich erfahre ich Freiheit und Unfreiheit im Verkehr mit anderen und nicht im Verkehr mit mir selbst. Frei *sein* können Menschen nur in Bezug aufeinander, also nur im Bereich des Politischen und des Handelns; nur dort erfahren sie, was Freiheit positiv ist und daß sie mehr ist als ein Nichtgezwungen-werden.

Man kann nicht über Politik sprechen, ohne immer auch über Freiheit zu sprechen, und man kann nicht von Freiheit sprechen, ohne immer schon über Politik zu sprechen. Wo das Zusammenleben der Menschen nicht politisch organisiert ist – also zum Beispiel in dem Zusammenleben primitiver Stämme oder in der Privatsphäre des Familienhaushaltes –, ist es nicht von Freiheit, sondern von der Notwendigkeit des Lebens und der Sorge um seine Erholung bestimmt; und wenn die von Menschen erstellte Welt nicht der Schauplatz politischen Handelns wird – wie in einem despotisch regierten Gemeinwesen, das die Untertanen in die Enge ihrer Häuser und Privatsorgen verbannt –, hat Freiheit keine weltliche Realität. Ohne einen politisch garantierten öffentlichen Bereich hat Freiheit in der Welt keinen Ort, an dem sie erscheinen könnte, und wenn sie auch immer und unter allen Umständen als Sehnsucht in den Herzen der Menschen wohnen mag, so ist sie doch weltlich nicht nachweisbar. Im Sinne einer nachweisbaren Realität fallen Politik und Freiheit zusammen, sie verhalten sich zueinander wie die beiden Seiten der nämlichen Sache.

Nun ist aber dies Zusammenfallen von Politik und Freiheit uns heute aus sehr guten Gründen keineswegs selbstverständlich. Seit unserer Bekanntschaft mit den totalen Herrschaftsformen sind wir gemeinhin der Meinung, daß nichts geeigneter ist, die Freiheit ganz und gar abzuschaffen, als eine totale Politisierung des Lebens. Von diesen jüngsten Erfahrungen her gesehen, die uns natürlich für Betrachtungen dieser Art immer gegenwärtig bleiben müssen, liegt es nahe, nicht nur an dem Zusammenfallen von Freiheit und Politik zu zweifeln, sondern sich zu fragen, ob diese beiden überhaupt miteinander vereinbar sind, ob nicht vielleicht Freiheit erst da anfängt, wo Politik aufhört, so daß es eben Freiheit dort nicht mehr gibt, wo das Politische nirgends ein Ende hat und nirgendwo auf eine Grenze stößt. Je weniger Politik, so scheint es, desto mehr Freiheit, oder je kleiner der Raum, den das Politische einnimmt, desto größer der Raum, der der Freiheit gelassen ist. So ist es uns heute ja ganz selbstverständlich, das Ausmaß an Freiheit in einem gegebenen Gemeinwesen an dem freien Spielraum zu messen, welcher angeblich nicht-politischen Tätigkeiten, also dem Wirtschaftsleben oder der akademischen Lehrtätigkeit oder der Religionsfreiheit oder dem Kultur- und Geistesleben, zugestanden wird. Wir meinen, das Politische sei nur insofern mit Freiheit überhaupt vereinbar, als es eine mögliche Freiheit von Politik gewährleistet.

In der Geschichte der politischen Theorie hat diese Bestimmung der politischen Freiheit als einer möglichen Freiheit von Politik, zu der wir durch unsere jüngsten Erfahrungen wieder gedrängt werden, eine große Rolle gespielt. Wir finden sie vor allem bei den politischen Denkern des 17. und 18. Jahrhunderts, die politische Freiheit kurzweg mit Si-

cherheit identifizierten. Der Sinn von Politik war es, Sicherheit zu gewährleisten, damit Freiheit als etwas Nicht-Politisches, als ein Inbegriff von Tätigkeiten, die außerhalb des politischen Bereiches vollzogen werden, möglich sei. Selbst Montesquieu, der doch von Politik eine ganz andere und wesentlich höhere Meinung hatte als Hobbes oder Spinoza, konnte noch gelegentlich bemerken, politische Freiheit sei dasselbe wie Sicherheit. Der Abstand, der hier zwischen Freiheit und Politik aufgerissen wird, hat sich dann bei den Staatswissenschaften und der politischen Ökonomie des 19. und 20. Jahrhunderts noch vergrößert. Denn der Staat, der seit Beginn der Neuzeit mit dem Gesamtbereich des Politischen identifiziert wird, gilt seither als die Instanz, welche nicht die Freiheit, sondern den Lebensprozeß und die Lebensinteressen der Gesellschaft und der Einzelnen zu schützen habe. Sicherheit bleibt auch hier das entscheidende Kriterion; aber das, was diese Sicherheit gewährleisten soll, ist nicht mehr so sehr die Freiheit als der ungestörte Lebensprozeß. Dieser Lebensprozeß hat mit Freiheit im eigentlichen Sinne nichts zu tun; er folgt einer ihm inhärenten Notwendigkeit. Freiheit wird hier zu einer Art Grenzphänomen, sie bildet nämlich die Grenze, die das Politische nicht überschreiten darf, es sei denn, das Leben selbst mit seinen unmittelbaren Interessen und Notwendigkeiten stehe auf dem Spiel.
Nicht nur wir also, die oft dann gegen Politik am mißtrauischsten geworden sind, wenn uns die Freiheit am meisten am Herzen liegt, sondern die gesamte Neuzeit hat Freiheit und Politik voneinander getrennt. Dennoch glaube ich, daß Sie alle der Meinung waren, etwas längst Bekanntes und eigentlich Selbstverständliches zu hören, als ich sagte, der Sinn aller Politik sei Freiheit. Dies hat historische wie sachliche Gründe. Zu den historischen gehört die ja erstaunliche Tatsache, daß wir in allen europäischen Sprachen immer noch ein Wort für das Politische gebrauchen, in dem der Ursprung aus dem Griechischen, der griechischen Polis, nachschwingt. Nicht nur etymologisch und nicht nur für den Gelehrten ist dies Wort mit Assoziationen getränkt, die aus jenem Gemeinwesen stammen, in welchem das Politische in einem spezifischen Sinne zum ersten Mal entdeckt wurde. Es ist diesem Sprachgebrauch und seinen Assoziationen zu danken, daß wir, wie weit wir uns auch von der Polis entfernt haben mögen, in einer entscheidenden Hinsicht ihre Art, das Politische zu denken, niemals

aufgegeben haben, nämlich in der einstimmigen Meinung aller Staatsmänner und aller Theoretiker des Abendlandes, daß die Tyrannis die schlechteste aller Staatsformen ist. Denn diese Meinung ist nicht selbstverständlich und für sie ist nichts maßgeblich außer der Tatsache, daß die Tyrannis unter den klassischen Staatsformen die einzige ist, die prinzipiell nicht mit Freiheit zu vereinbaren ist. Wären wir wirklich der Meinung, die die Theorien der Neuzeit uns einreden möchten, daß es in der Politik nur um Sicherheit und Lebensinteressen geht, so hätten wir keinen Grund, die Tyrannis prinzipiell abzulehnen; denn Sicherheit gerade kann sie gewährleisten und für den Schutz des schieren Lebens hat sie sich oft allen anderen Staatsformen als überlegen erwiesen. Wenigstens in diesem negativen Sinne also hat sich das ursprüngliche Zusammenfallen von Freiheit und Politik, das für die klassische Antike, aber auch nur für sie selbstverständlich war, erhalten.

Unsere jüngsten Erfahrungen mit totalitären Diktaturen scheinen mir geeignet, diese ältesten Erfahrungen mit dem Politischen aufs neue zu bestätigen. Denn sie haben uns eindeutig gezeigt, daß, wenn man mit der Abschaffung der politischen Freiheit Ernst machen will, es nicht damit getan ist, nur das zu unterbinden, was wir gemeinhin unter politischen Rechten verstehen, daß es nicht genügt, den Bürgern zu verbieten, sich politisch zu betätigen, Meinungen öffentlich zu äußern und sich in Parteien oder anderen Verbänden zum Zwecke des Handelns zusammenzuschließen. Man muß die Gedankenfreiheit, soweit man es kann – und man kann es sehr weitgehend –, man muß die Willensfreiheit und selbst die doch wirklich harmlos scheinende Freiheit künstlerischer Produktivität mitvernichten. Man muß sich, mit anderen Worten, all der Gebiete bemächtigen, die wir gewohnt sind, als außerhalb des Politischen liegend zu betrachten, weil auch in ihnen ein politisches Element enthalten ist. Oder anders gewendet: will man die Menschen daran hindern, daß sie in Freiheit handeln, so muß man sie daran hindern zu denken, zu wollen, herzustellen, weil offenbar all diese Tätigkeiten das Handeln und damit Freiheit in jedem, auch dem politischen Verstande mitimplizieren. Daher glaube ich auch, daß wir das Phänomen der totalen Herrschaft durchaus mißverstehen, wenn wir meinen, daß in ihr eine totale Politisierung des Lebens erfolgt, durch die Freiheit zerstört wird. Das gerade Gegenteil ist der Fall; wir haben es mit Phänomenen der Entpolitisierung zu tun, wie in allen Diktaturen und

Despotien, nur daß diese Entpolitisierung hier so radikal auftritt, daß sie das politische Freiheitselement in allen Tätigkeiten vernichtet und sich nicht nur damit zufrieden gibt, das Handeln, also die politische Fähigkeit par excellence, zu zerstören.

Auch diese Ansicht der Dinge, wenn sie Sie vielleicht auch befremdet, liegt noch ganz im Sinne der Tradition politischen Denkens. So meint etwa Montesquieu, es sei Zeichen einer freien Nation, daß Menschen überhaupt von ihrer Vernunft Gebrauch machen (raisonner), und daß, ganz gleich, ob sie das gut oder schlecht machen, es genüge, daß sie denken, um Freiheit entstehen zu lassen. Daher sei es charakteristisch für die Despotie, daß das Prinzip ihrer Herrschaft in Gefahr gerät, sobald Menschen anfangen zu räsonieren, und zwar auch dann, wenn sie versuchen, die Tyrannis theoretisch zu rechtfertigen. Worum es hier geht, ist nicht Wahrheit, sind überhaupt keine eigentlichen Denkresultate, sondern ist die schiere Tätigkeit des Räsonierens selbst, aus der Freiheit entsteht; das Räsonieren schafft einen Raum zwischen den Menschen, in dem Freiheit wirklich ist. Nun ist es, wiederum nach Montesquieu, das Eigentümliche dieser durch das Räsonieren entstehenden Freiheit, daß sie vor den Folgen des »raisonnement« schützt; wo daher die Freiheit, besser: der durch das Räsonieren entstehende Freiheitsraum zwischen den Menschen zerstört wird, wie dies in allen tyrannischen Staatsformen der Fall ist, da können die Folgen des Räsonierens nur verderblich sein. Wo also Freiheit aufgehört hat, eine weltliche Realität zu sein, da kann Freiheit als subjektives Vermögen der Einzelnen nur ins Verderben führen. All dies wissen moderne Diktatoren nur zu gut; sie können, wie uns die Ereignisse nach Stalins Tod gezeigt haben, Gedankenfreiheit nicht gewähren, selbst wenn sie es wollen.

Es gibt also eine Fülle von Assoziationen, die mitschwingen, wenn wir von Freiheit und Politik hören; zu ihnen gehören die ältesten historischen Erinnerungen, die sich in unserer Sprache niedergeschlagen haben, so gut wie die Überlieferung politischen Denkens und die uns bewußt gegenwärtigen Erfahrungen der Gegenwart. Sie alle zusammen ermöglichen ein Verständnis, das über die zeitgenössische politische Theorie und ihr Begriffsgefüge weit hinausgeht. Sie setzen nämlich ein anderes Bewußtsein von Freiheit und einen anderen Begriff von Politik voraus, als wir gemeinhin haben, und bei denen wir jetzt erst einmal etwas verweilen müssen.

## II

In dem Verhältnis von Politik und Freiheit handelt es sich nicht um die Willens- oder Wahlfreiheit, das »liberum arbitrium«, das zwischen Vorgegebenen, dem Guten und Bösen, eine Entscheidung trifft, etwa in dem Sinne, in dem Richard III. beschloß, ein Bösewicht zu werden. Eher ist es schon, um bei Shakespeare zu bleiben, die Freiheit des Brutus: »That this shall be or we will fall for it«, also die Freiheit, etwas in die Wirklichkeit zu rufen, das es noch nicht gab, das nicht vorgegeben ist, auch nicht für die Einbildungskraft, und zwar deshalb, weil es als Gegebenes noch gar nicht bekannt ist. Das Handeln wird hier nicht von einem Zukünftigen geleitet, das der Vorstellung gegenwärtig ist und daher von dem Willen ergriffen werden kann. Was das Handeln leitet, ist vielmehr, wie Montesquieu in seiner Analyse der Staatsformen ausführt, ein Prinzip. Das Prinzip inspiriert es, aber es schreibt ihm kein Resultat vor, als ginge es um die Verwirklichung eines Programmes; es realisiert sich nicht in irgendwelchen Ergebnissen, sondern allein in dem Vollzug des Handelns selbst. In diesem Vollzug fallen Wollen und Tun zusammen, sie sind ein und dasselbe; das Wollen bereitet das Tun nicht vor, es ist bereits Tat. Und das Tun vollstreckt nicht einen Willensakt, in ihm manifestiert sich überhaupt nicht so sehr ein subjektiver Wille und sein Endzweck, als sich in ihm, solange es dauert, das es leitende Prinzip kundtut – die Ehre also oder der Ruhm oder das Sich-vor-allen-Auszeichnen, das griechische ἀεὶ ἀριστεύειν, aber auch Furcht oder Mißtrauen oder Haß. Freiheit wiederum ist nicht ein Prädikat dieser Prinzipien, und sie ist weder im Willen noch sonstwo in der Menschennatur lokalisiert; sie fällt vielmehr mit dem Handeln zusammen: solange man handelt, ist man frei, nicht vorher und nicht nachher, weil Handeln und Frei*sein* ein und dasselbe sind.

Um Ihnen zu illustrieren, was ich mit einer dem Handeln selbst innewohnenden Freiheit meine, möchte ich Sie an Machiavelli erinnern, der noch vor Montesquieu diesen spezifisch antiken Aspekt der Freiheit wiederentdeckte und begrifflich formulierte. Seine *virtù*, die der *fortuna* der Welt antwortet, ist nicht römische *virtus* und nicht das, was wir unter Tugend verstehen. Sie gleicht noch am ehesten dem, was wir Virtuosität nennen, jener Qualität, die nie bei den herstellenden, sondern nur bei den ausübenden Künsten zur Geltung kommt, bei denen die Leistung im Vollzug selbst liegt, und nicht in einem die Tätigkeit überdauernden und von ihr unabhängig bestehenden Endprodukt. Dies Virtuose der Machiavellischen *virtù* hat viel mit der griechischen ἀρετή gemein, wiewohl Machiavelli die Griechen kaum kannte. Er hat schwerlich gewußt, daß die Griechen, wenn immer sie das Spezifische des politischen Tuns kennzeichnen wollten, zu Gleichnissen griffen wie dem Flötespielen, dem Tanzen, der ärztlichen Tätigkeit oder dem Seefahren, also zu Künsten, in denen die Virtuosität des Vollzugs den Ausschlag gibt.

Weil Handeln Virtuosität erfordert und Virtuosität eine Eigentümlichkeit der ausübenden Künste ist, hat man oft gemeint, Politik überhaupt sei eine Kunst. Dies ist ganz falsch, wenn man, wie es oft geschieht, das Wort Kunst im Sinne der herstellenden Künste versteht und den Staat für ein Kunstwerk, sogar das größte von Menschenhand, hält. Im Sinne der herstellenden Künste, die etwas Handgreifliches produzieren, das die Tätigkeit, die es hervorbrachte, überdauert und sich von ihr ganz ablöst, ist Politik das gerade Gegenteil einer Kunst – was nicht heißen soll, daß sie eine Wissenschaft ist. Der Staat ist schon darum kein Kunstwerk, weil er in seiner Existenz niemals unabhängig wird von dem Handeln der Menschen, die ihn hervorgebracht haben. Durch eine solche Unabhängigkeit der Existenz weist sich ein Kunstwerk als ein Produkt des Herstellens aus, und durch seine Abhängigkeit von dem Weiterhandeln der Menschen weist sich der Staat als ein Produkt des Handelns aus. Die Ähnlichkeit zwischen dem Handeln und den ausübenden Künsten aber geht noch weiter. Genau so, wie das Musizieren oder das Tanzen oder das Theaterspielen für die Entfaltung ihrer Virtuosität auf ein Publikum angewiesen sind, das dem Vollzug beiwohnt, bedarf auch das Handeln der Präsenz anderer in einem eben politisch organisierten Raum, der keineswegs selbstverständlich und nicht überall anzutreffen ist, wo Menschen in irgendeiner Art von Gemeinschaft zusammenleben. Eine solche für das Handeln erforderliche »Staatsform« war einmal die Polis.

Verstehen wir das Politische im Sinne der Polis – zu der nur zugelassen war, wer weder als Sklave dem Zwang durch andere noch als Arbeiter der Notwendigkeit des biologischen Lebensprozesses unterworfen war –, so stellt es den Erscheinungsraum dieser nur dem Handeln eigenen virtuosen Freiheit dar. Der politisch-öffentliche Bereich ist dann der weltlich sichtbare Ort, an dem Freiheit sich manifestieren, in Worten, Taten, Ereignissen wirklich werden kann, die ihrerseits in das Gedächtnis der Menschen eingehen und geschichtlich werden. Was immer in diesem Erscheinungsraum vor sich geht, ist politisch per definitionem, auch wenn es mit Handeln direkt nichts zu tun hat. Was immer außerhalb seiner verbleibt, wie etwa die großen Leistungen der Barbarenreiche, mag groß und denkwürdig sein; politisch im eigentlichen Sinne ist es nicht. Ohne einen solchen eigens für sie gegründeten und eingerichteten Raum kann Freiheit sich nicht verwirklichen. Freiheit ohne Politik gibt es eigentlich nicht, weil sie gar keinen Bestand hätte. Ein Gemeinwesen andererseits, das nicht ein Erscheinungsraum für die unendlichen Variationen des Virtuosen ist, in denen Freisein sich manifestiert, ist nicht politisch.

Diese Vorstellungen von Freiheit und Politik, ihrem Verhältnis zueinander und dem Zusammenhang zwischen ihnen, muten uns so fremdartig an, weil wir unter Freiheit entweder Gedankenfreiheit oder Willensfreiheit verstehen, und weil wir der Politik die Sorge um eine Lebensversorgung zuschreiben, in der es um die Sicherung des Daseins geht und die Förderung seiner Interessen. Aber auch hier gibt es eine uns irgendwie bekannt und selbstverständlich klingende Grundüberzeugung, die nur dann in Vergessenheit gerät, wenn wir anfangen, uns theoretisch mit diesen Dingen zu beschäftigen. Dies ist die uralte Überzeugung, daß die Kardinaltugend des Politischen der Mut ist. Nun, Mut ist ein großes Wort. Ich meine nicht die Tollkühnheit, welche die Gefahr sucht und gern alles aufs Spiel setzt um der gesteigerten Lebensintensität willen im Angesicht von Gefahr und Tod. Dieser tollkühne Mut ist dem Leben nicht weniger verhaftet als die Feigheit. Der Mut, von dem auch wir noch glauben, daß er für das politische Handeln unerläßlich sei, entspringt nicht dem Lebensgefühl des Einzelnen, sondern der Natur des Öffentlichen. Denn im Gegensatz zu dem Privaten, wo in der Behütetheit der Familie und der Geborgenheit der eigenen vier Wände alles dazu dient und dienen muß, das Leben von Individuen zu schützen, steht die öffentliche, uns allen gemeinsame Welt, die schon darum, weil sie vor uns da war und nach uns weiterbestehen soll, sich um das schiere Lebendigbleiben und die elementaren

Daseinsinteressen der Einzelnen niemals primär bekümmern kann. Des Mutes in einem politischen Sinn bedarf es, um diese uns überdauernde Welt des Öffentlichen überhaupt zu betreten, nicht weil in ihr besondere Gefahren lauerten, sondern weil in ihr die Sorge um das Leben seine Gültigkeit verloren hat. Der Mut befreit von der Sorge um das Leben für die Freiheit der Welt. Des Mutes bedarf es, weil es in der Politik niemals primär um das Leben, sondern immer um die Welt geht, die so oder anders aussehen, so oder anders uns überdauern soll.

Diejenigen also, für die in dem Wort »Politik« die Idee der Freiheit noch mitschwingt, können nicht gut der Meinung sein, daß das Öffentliche nichts sei als die Summierung aller privaten Interessen, beziehungsweise die Ausbalancierung ihrer Konflikte, oder daß der Staat zu der Gesamtbevölkerung seines Territoriums sich ähnlich verhalte wie der Hausvater zu den Mitgliedern seiner Familie. Wenn das so wäre, dann wäre Politik mit Freiheit nicht zu vereinbaren. Freiheit kann der Sinn von Politik nur sein, wenn wir unter dem Politischen einen öffentlichen Raum verstehen, der sich nicht nur von der Sphäre des Privatlebens abgrenzt, sondern sogar immer in einem gewissen Gegensatz zu ihr steht.

Theoretisch sind die Vorstellungen, welche den öffentlich-staatlichen Bereich eines politischen Körpers, also beispielsweise einer Nation, am Modell einer ins Ungeheure angewachsenen Familie und einer gigantischen Haushaltsorganisation ablesen, sehr alt; von praktischem Belang aber sind sie doch erst, seitdem sich die moderne Gesellschaft zwischen den öffentlich-politischen und den privaten Bereich geschoben hat, und diese beiden Bereiche sich nicht mehr klar voneinander abheben. In diesem Zwischenbereich des Gesellschaftlichen leben wir heute überall, und die modernen politischen Theorien, ob sie nun liberal oder konservativ oder sozialistisch sind, handeln eigentlich alle im wesentlichen von der Gesellschaft, auf deren eigentümliche Strukturen ich hier nicht weiter eingehen kann, zu deren Wesen es aber gehört, das Öffentliche zu privatisieren und das Private zum Gegenstand der öffentlichen Sorge zu machen. Am weitesten in dieser Hinsicht sind natürlich die totalitären Diktaturen gegangen, die sich bekanntlich ausdrücklich rühmen, den Unterschied zwischen privat und öffentlich, den Gegensatz von privaten und öffentlichen Interessen abgeschafft zu haben, und zwar zugunsten eines Macht- und Terrorapparates, der das einheitliche Interesse des Gesellschaftskollektivs vertritt. Aber auch in den westlichen Demokratien hat sich der Unterschied zwischen privat und öffentlich immer mehr verwischt, wenn auch in der umgekehrten Richtung; hier rühmen sich die Parteipolitiker, die Privatinteressen ihrer Wähler so zu vertreten, wie ein guter Anwalt seine Klienten, so daß der öffentliche Raum, die uns gemeinsame Welt, von individuellen Privatinteressen gleichsam überwuchert wird. Die Wissenschaften von dieser Gesellschaft, die Gesellschaftswissenschaften sind ihnen alle bekannt, und vom Behaviorism zum Vulgärmarxismus laufen sie alle auf das Gleiche heraus, nämlich, den handelnden Menschen und seine Freiheit aus dem Gang der Ereignisse auszuschalten. Dabei ist es in unserem Zusammenhang gleichgültig, ob die Vergesellschaftung des Menschen im Sinne des Behaviorism geschieht, der alles Handeln von Personen in ein Sich-Verhalten von atomisierten Individuen auflöst, oder ob sie wesentlich radikaler im Sinne der modernen Ideologien geschieht, die politische Ereignisse und politisches Handeln in den Geschichtsprozeß einer Gesellschaft auflösen, der seinen eigenen Gesetzen folgen soll. Der Unterschied zwischen diesem verbreiteten ideologischen Denken und der totalen Herrschaft ist, daß die letztere das Mittel entdeckte, die Menschen in den gesellschaftlichen Geschichtsstrom so einzufügen, daß er dies automatische Strömen gar nicht mehr hemmen will, sondern im Gegenteil sich selbst zu einem Moment seiner Beschleunigung macht. Die Mittel, mit denen dies geschieht, sind der von außen losgelassene Zwang des Terrors und der von innen losgelassene Zwang ideologisch-stimmigen Denkens. Zweifellos ist diese totalitäre Entwicklung der entscheidende Schritt auf dem Wege der Entpolitisierung des Menschen und der Abschaffung der Freiheit; theoretisch aber ist der Begriff der Freiheit überall im Verschwinden, wo entweder der Begriff der Gesellschaft oder der Begriff der Geschichte an die Stelle eines Begriffes von Politik getreten sind.

## III

Wir sahen, daß der Satz: Der Sinn von Politik ist Freiheit, voraussetzt, daß Politik es mit der Welt zu tun hat und nicht mit dem Leben, und daß Freiheit dort beginnt, wo die Sorge um das Leben aufgehört hat, die Menschen zu zwingen, sich so oder anders zu verhalten. Und wir sahen, daß diese Begriffe von Freiheit und von Politik im Widerspruch stehen zu den Gesellschaftstheorien der Moderne. Dieser Sachverhalt legt natürlich nahe zu versuchen, hinter die Neuzeit und ihre Theorien zurückzugehen und uns älteren Traditionen anzuvertrauen. Die eigentliche Schwierigkeit in der Behandlung unseres Themas entsteht in der Tat dadurch, daß dies nicht so einfach möglich ist. Denn meine Behauptung, daß Freiheit ein wesentlich politisches Phänomen ist, daß sie primär weder im Wollen noch im Denken, sondern im Handeln erfahren wird und damit auf einen eigens für dies Handeln erstellten, eben politischen Raum angewiesen ist, widerspricht sehr alten und sehr ehrwürdigen Vorstellungen. Weder der auf die Spätantike zurückgehende philosophische Freiheitsbegriff, für den Freiheit ein Phänomen des Denkens ist, noch die christliche und moderne Willensfreiheit sind politischer Natur; ja sie beinhalten sogar beide eine ausgesprochen antipolitische Stellung, die ihrerseits keineswegs eine Marotte von Philosophen oder homines religiosi ist, sondern auf höchst authentische Erfahrungen zurückweist, die Menschen mit dem Politischen gemacht haben. Auf diese Erfahrungen selbst können und brauchen wir hier nicht einzugehen. Für uns muß es genügen, uns daran zu erinnern, daß die Tradition auf unsere Frage nach dem Verhältnis von Politik und Freiheit uns nahezu einstimmig sagt, daß Freiheit erst dort beginnt, wo der Mensch sich aus dem Zusammenleben mit den vielen, also aus dem politischen Bereich, zurückgezogen hat, und daß er Freiheit in dem Umgang mit sich selbst, nicht mit anderen, erfährt, entweder nämlich in dem Dialog mit sich selbst, den wir seit Sokrates mit Denken identifizieren, oder in dem Konflikt mit sich selbst, dem Streit zwischen Wollen und Können, in dem das Christentum in der Nachfolge Paulus' und Augustinus' die Unzulänglichkeit und Fragwürdigkeit menschlicher Freiheit erblickte.

Was das Freiheitsproblem anlangt, so ist es uns selbstverständlich, es im Horizont der christlichen Tradition zu stellen und zu beantworten.

Darauf deutet schon die einfache Tatsache, daß wir zumeist und unwillkürlich alle Freiheit als Willensfreiheit verstehen, also als das Prädikat einer Fähigkeit, die der Antike eigentlich unbekannt war. Erst das Christentum entdeckte den Willen als eine Fähigkeit, die mit dem einfachen Begehren und Hinstreben zu ersehnten Gegenständen so wenig zu tun hat, daß sie sogar in Konflikt mit ihnen treten kann. Wäre Freiheit wirklich ausschließlich ein Willensphänomen, so müßten wir erklären, die Antike habe nicht gewußt, was Freiheit ist. Eine solche Meinung wäre zwar absurd, aber sie könnte sich immerhin darauf berufen, daß in keiner der klassischen Philosophien vor Augustinus die Freiheit eine Rolle spielt. Der Grund für diese auffällige Lücke ist, daß Freiheit im Altertum ein ausschließlich und radikal politischer Begriff war; sie war der Inbegriff der Polis und des politischen Lebens, des βίος πολιτικός. Unsere philosophische Tradition aber, sofern sie von Parmenides und Plato ihren Ausgang nimmt, ist ursprünglich im Gegensatz zur Polis und dem Bereich des Politischen gestiftet worden. Daß die antike Philosophie mit Freiheit, diesem politischsten aller Begriffe des Altertums, nichts anzufangen wußte, versteht sich eigentlich von selbst. Das konnte erst anders werden, als das Christentum in der Willensfreiheit eine unpolitische Freiheit entdeckte, die im Verkehr mit sich selbst erfahrbar und daher von dem Verkehr mit den vielen unabhängig war.

Angesichts des außerordentlichen Machtpotentials, das dem Willen innewohnt, vergessen wir leicht, daß das Wollen ursprünglich nicht in einem Ich-will-und-kann erfahren wurde, sondern in dem Konflikt zwischen Wollen und Können; was der Antike unbekannt war, war gerade dieser Konflikt. Denn das Ich-will-und-kann war der Antike natürlich ganz vertraut; ich brauche Sie nur an die auf Plato zurückgehende Lehre zu erinnern, daß nur der, der sich selbst befehlen und sich selbst gehorchen kann, das Recht haben dürfe, anderen zu befehlen, und die Freiheit, anderen nicht gehorchen zu müssen. Diese Selbstbeherrschung, beziehungsweise die Überzeugung, daß nur Selbstbeherrschung zur Herrschaft legitimiere, ist bis auf den heutigen Tag das eigentliche Zeichen aristokratischer Gesinnung geblieben. Und sie ist in der Tat eine typisch politische Tugend, nämlich ein Phänomen der Virtuosität, in dem Können und Wollen so genau aufeinander abgestimmt sind, daß sie praktisch zusammenfallen. Indem wir so das Können und

Wollen wieder auseinanderlegen, sprechen wir bereits unangemessen, nämlich im Horizont der christlichen Willensfreiheit. Hätte die Antike überhaupt diesen Unterschied gekannt, so hätte sie zweifellos die Freiheit zu einem Prädikat des Könnens, und nicht des Wollens, gemacht. Wo immer das Können scheiterte, sei es an den Umständen der Welt oder denen des eigenen Selbst, wäre von Freiheit nicht die Rede gewesen.

Ich wählte das Beispiel der Selbstbeherrschung, weil hier ein Phänomen vorliegt, das wir uns überhaupt nur durch den Willen erklären können. Über das Maßhalten, über die Notwendigkeit, die Rosse der Seele zu zähmen und zu lenken, haben die Griechen, wie Sie wissen, viel nachgedacht, und dennoch haben sie an all diesen Phänomenen, in denen sich für uns Willensstärke bekundet, niemals den Willen als eine von den übrigen Fähigkeiten des Menschen getrennte, ganz und gar besondere Qualität entdeckt. Es ist eine geschichtliche Tatsache, die des Nachdenkens wohl wert ist, daß die Menschen des Willens in ihnen erst ausdrücklich gewahr wurden, als sie seine Ohnmacht, und nicht seine Stärke, erfuhren, als sie mit Paulus zu sagen begannen: »Wollen habe ich wohl, aber vollbringen das Gute finde ich nicht.« Dabei ist für uns entscheidend, daß, was hier erfahren wurde, nicht die Ohnmacht des Willens in der Welt war, nicht daß er scheiterte an der Übermacht der Natur oder der Verhältnisse oder der vielen gegen den einzelnen, sondern daß es sich ausschließlich um die Ohnmacht des Willens in dem einzelnen Menschen selbst handelte. Alles Wollen wächst aus dieser ursprünglichen Konfliktsituation des Wollenden mit sich selbst als einem Könnenden, und das heißt: das Ich-will schlägt buchstäblich auf das Ich zurück, spornt es an, stachelt es auf oder geht an ihm zugrunde. Diese Ichbezogenheit des Wollenden bleibt bestehen, auch wenn einer sich anschickt, die ganze Welt zu erobern, und sie unterscheidet das Ich-will prinzipiell von dem Ich-denke, das zwar auch einen Selbstbezug impliziert, den Dialog mit sich selbst, aber immerhin nicht dieses Selbst auch noch zum Gegenstand hat. Vielleicht ist der Wille, weil er an der Ohnmacht zuerst erfahren wurde, so ungewöhnlich machthungrig geworden, so daß für uns Wille und Wille zur Macht schon fast identisch geworden sind. Jedenfalls ist die Tyrannis, die der Singularität des Ich-will entspringt, wegen ihrer absoluten Ichbezogenheit so unvergleichlich grausamer und gieriger als die utopischen Vernunftherrschaften, mit denen die Philosophen die Menschen zwingen wollten und die sie sich am Modell des Ich-denke ausdachten.

Ich sagte, die Philosophen haben erst angefangen, sich für die Freiheit zu interessieren, als sie nicht mehr im Handeln und im Verkehr mit anderen, sondern im Wollen und im Verkehr mit sich selbst erfahren wurde. Daß damit die Freiheit aus einem primär politischen Faktum zu einem philosophischen Problem ersten Ranges wurde, hat natürlich nicht verhindert, daß auch die nun problematisch gewordene und philosophisch gedeutete Freiheit ihrerseits wieder sich im politischen Bereich geltend machte. Aber das Ideal des Freiseins konnte jetzt, da sich der Akzent so entscheidend vom Handeln-Können auf das Wollen verschoben hatte, nicht mehr die Virtuosität des mit anderen zusammen Handelns sein, das Ideal wurde vielmehr die Souveränität, die Unabhängigkeit von allen anderen und gegebenenfalls das Sich-Durchsetzen gegen sie. Politisch hat sich vermutlich kein anderer Bestandteil des traditionellen philosophischen Freiheitsbegriffs als so verderblich erwiesen wie die ihm inhärente Identifizierung von Freiheit und Souveränität. Denn sie führte entweder zu der Leugnung der Freiheit – nämlich wenn man einsah, daß Menschen souverän gerade nicht sind – oder zu der, dieser Leugnung nur scheinbar entgegengesetzten Ansicht, daß die Freiheit eines Menschen oder einer Gruppe immer nur auf Kosten der Freiheit, nämlich der Souveränität aller anderen realisierbar war. Was innerhalb dieses Problemzusammenhanges so außerordentlich schwer zu verstehen ist, ist die einfache Tatsache, daß es menschlicher Existenz eigentümlich ist, daß ihr Freiheit nur unter der Bedingung der Nicht-Souveränität geschenkt ist; und daß es ebenso unrealistisch ist, um dieser Nicht-Souveränität willen die Freiheit zu leugnen, wie es verderblich ist zu glauben, daß man nur dann frei sei – als Einzelner oder als organisierte Gruppe –, wenn man souverän ist. Auch die Souveränität eines politischen Körpers ist immer nur ein Schein, der zudem niemals anders als mit den Mitteln der Gewalt aufrechterhalten werden kann.

Allerdings muß man, wenn man das Irreale und Verderbliche dieser Identifizierung recht verstehen will, sich von dem alten, auf die römische Stoa zurückgehenden Vorurteil befreien, daß Nicht-Souveränität das gleiche sei wie Abhängigkeit, so daß die Tatsache der Nichtsouveränität menschlicher Existenz lediglich darin läge, daß Menschen einander bedürften, um überhaupt nur am Leben zu bleiben. Diese Abhängigkeit der Menschen untereinander in allen Fragen des schieren Lebens ist evident; sie ist besiegelt schon in dem Faktum der Geburt, insofern die Menschen ja, wie die Griechen sagten, ἐξ ἀλλήλων auseinander entstehen. Aber diese Abhängigkeit des menschlichen Lebens gilt in der Tat nur für den Einzelnen, sie braucht nicht für eine Gruppe zu gelten, wenn nur diese Gruppe eine absolute Übermacht über alle anderen hat, beziehungsweise mächtig und genügsam genug ist, sich gegen alle anderen zu isolieren. Viel entscheidender als diese Abhängigkeit ist, daß Menschen im Singular gar nicht vorstellbar sind, daß ihre Gesamtexistenz daran hängt, daß es immer auch andere gibt, die ihresgleichen sind. Gäbe es nur *einen* Menschen, wie wir sagen, daß es nur *einen* Gott gibt, so gäbe es den Begriff Mensch in unserem Sinne überhaupt nicht; gäbe es nur *eine* Nation auf der Erde oder nur *ein* Volk, so würde natürlich kein Mensch wissen, was eine Nation oder ein Volk ist. Das Unter-seinesgleichen-Sein ist für Menschen in der Tat erst im Tod aufgehoben, wie der lateinische Sprachgebrauch, der das *inter homines esse* mit Leben und das *desinere inter homines esse* mit Sterben gleichsetzt, so schön andeutet. Nur im Tod oder angesichts des Todes kann menschliches Dasein ganz und gar singulär werden.

Wie die Souveränität des Einzelnen ist letztlich auch die Souveränität einer Gruppe oder eines politischen Körpers immer nur ein Schein; sie kann nur dadurch zustandekommen, daß eine Vielheit sich so verhält, als ob sie *einer* wäre und noch dazu ein *einziger*. Solch ein Verhalten ist allerdings möglich, wie wir aus vielen Phänomenen der Massengesellschaft nur zu gut wissen, aber es besagt auch, daß es gerade Freiheit in einer solchen überhaupt nicht gibt. Wo alle das gleiche tun, handelt niemand mehr in Freiheit, auch wenn keiner direkt gezwungen wird. Unter menschlichen Verhältnissen also, die dadurch bestimmt sind, daß es nicht *den*, sondern nur *die* Menschen, nur viele Völker, aber nicht ein Volk gibt, sind Freiheit und Souveränität so wenig miteinander identisch, daß sie nicht einmal zusammen bestehen können. Wo Menschen, sei es als Einzelne, sei es in organisierten Gruppen, souverän sein wollen, müssen sie die Freiheit abschaffen. Wollen sie aber frei sein, so müssen sie auf Souveränität gerade verzichten.

Wie schwer es ist, innerhalb des philosophischen Begriffsgefüges unserer Tradition zu einem gültigen Begriff politischer Freiheit zu kommen, beziehungsweise einen gerade den politischen Erfahrungen gemäßen Freiheitsbegriff zu formulieren, möchte ich an zwei Denkern der Neuzeit illustrieren, die, was politische Theorie und Philosophie angeht, vielleicht die tiefsten und größten sind, nämlich an Montesquieu und Kant.

Montesquieu ist sich der Unangemessenheit der philosophischen Tradition in diesen Dingen so sehr bewußt, daß er ausdrücklich zwischen philosophischer Freiheit und politischer Freiheit unterscheidet. Der Unterschied besteht darin, daß die philosophische Freiheit nur die Ausübung des Willens verlangt, »l'exercice de la volonté«, also unabhängig ist von den Verhältnissen der Welt und den Zielen, die der Wille sich setzt. Die politische Freiheit dagegen besteht in der Sicherheit (»la liberté politique consiste dans la sûreté«), die es nicht immer und überall, sondern nur in politischen, durch Gesetze bestimmten Gemeinschaften gibt. Ohne diese Sicherheit gibt es keine Freiheit, denn Freiheit heißt »tun können, was man wollen soll« (»La liberté ne peut consister qu'à pouvoir faire ce que l'on doit vouloir«). So offenbar in diesen Formulierungen Montesquieus die Tendenz ist, der philosophischen Freiheit eines wollenden Selbst das politische Frei*sein* als eine weltlich-handgreifliche Realität gegenüberzustellen, so evident ist doch auch, wie sehr er von der philosophischen Tradition der Willensfreiheit abhängig bleibt. Denn es klingt ja, als sei in der Montesquieuschen Formulierung die politische Freiheit nichts als eine Ausweitung der philosophischen, diejenige nämlich, welche unerläßlich ist, um die Freiheit eines Ich-will zu realisieren. Wollen wir die eigentlichen Intentionen Montesquieus verstehen, so müssen wir mit einiger Mühe seine Sätze so lesen, daß der Ton nicht auf dem Können liegt – daß man auch tun *können* muß, was immer man will oder wollen soll –, sondern auf dem Tun, und außerdem noch hinzufügen, daß Handeln und Tun in diesem Zusammenhang erheblich mehr sein müssen als der gleichsam automatische Vollzug eines Willens. Das Freisein selbst ist in dem Handeln beschlossen, und sein Können ist von den anderen als Sicherheit garantiert. Die Freiheit liegt nicht in einem Ich-will, dem dann je nachdem ein Ich-kann entsprechen oder widersprechen mag, ohne doch die menschliche Freiheit in Frage zu stellen; das Freisein beginnt überhaupt erst mit dem Handeln, so daß Nicht-handeln-können und Nicht-freisein auch dann ein und dasselbe bedeuten, wenn die (philosophische) Willensfreiheit intakt fortbesteht. Mit anderen Worten, die politische Freiheit ist nicht »innere Freiheit«, sie kann in kein Innen ausweichen; sie hängt daran, ob eine freie Nation den Raum gewährt, in welchem das Handeln sich auswirken und sichtbar werden kann. Die Macht des Willens, sich durchzusetzen und andere zu zwingen, hat mit diesem Freisein gar nichts zu tun.

Bei Kant, dem einzigen unter den großen Philosophen, für den die Frage: »Was soll ich tun?« die gleiche Dignität besaß wie die spezifisch philosophischen Fragen: »Was kann ich wissen? Was darf ich hoffen?«, zeigt sich die Stärke der antipolitischen Tradition in der Philosophie nicht so sehr in einer Unzulänglichkeit der Formulierungen wie bei Montesquieu, als in der merkwürdigen Tatsache, daß es bei ihm eigentlich zwei, untereinander sehr verschiedene politische Philosophien gibt, diejenige, die gemeinhin als solche anerkannt ist in der ›Kritik der praktischen Vernunft‹ und eine andere in der ›Kritik der Urteilskraft‹. Daß der erste Teil der ›Kritik der Urteilskraft‹ eigentlich eine Philosophie der Politik ist, ist in der Kant-Literatur nur selten bemerkt worden; dafür aber kann man, glaube ich, nachweisen, daß für Kant selbst in allen seinen eigentlich politischen Schriften die Thematik der ›Urteilskraft‹ maßgebender war als die der ›praktischen Vernunft‹. Die Freiheit erscheint in der ›Urteilskraft‹ als ein Prädikat der Einbildungskraft, nicht des Willens, und die Einbildungskraft hängt aufs engste mit jener »erweiterten Denkungsart« zusammen, welche die politische par excellence ist, weil wir durch sie die Möglichkeit haben, »an der Stelle jedes anderen zu denken«. Nur in diesem Zusammenhang wird philosophisch deutlich, warum Kant so emphatisch sagen konnte: »Die äußere Gewalt, welche die Freiheit, seine Gedanken öffentlich mitzuteilen, den Menschen entreißt, nimmt ihnen auch die Freiheit zu denken.« Hier schlägt das Unfrei-*sein* auf die »innere« Fähigkeit zur Freiheit zurück und vernichtet sie. Auch die Freiheit des Denkens, der, wie Kant sagt, inneren »Rede mit sich selbst« hängt, wenn es zu Gedanken kommen soll, an der Präsenz der anderen und damit an der Möglichkeit, unsere Gedanken »öffentlich aufzustellen, um zu sehen, ob sie auch mit anderem Verstand zusammenpassen«.

Aber dieser von der Willensfreiheit ganz unabhängige Freiheitsbegriff hat in der Überlieferung der Kantischen Philosophie kaum eine Rolle gespielt. Und auch in der Philosophie Kants selbst ist er überschattet von dem Begriff der »praktischen Vernunft«, die dem Wollen in seiner Güte oder Schlechtigkeit alle Macht in den Angelegenheiten der Menschen zuschrieb, während das Handeln selbst, wie Sie sich erinnern, bereits nicht mehr in den Bereich menschlicher Macht und Freiheit fällt, sondern der Notwendigkeit untersteht und dem Kausalgesetz anheimfällt. Daß man frei sei, so lange man nur wollen könne, das heißt, so lange nur dem Ich-will nicht ein inneres Ich-kann-nicht entgegensteht, daß man unfrei wird, sobald man angefangen hat zu handeln –, an diesen beiden Grundvoraussetzungen seiner im engeren Sinne praktisch-politischen Philosophie hat Kant ausdrücklich jedenfalls kaum je gezweifelt.

## IV

Daß dem Tun und Handeln eine von dem Willen unabhängige Freiheit innewohnen könne, ist für uns, für die das gesamte Freiheitsproblem im Schatten des Christentums und einer ursprünglich anti-politischen Tradition der Philosophie steht, schwer zu verstehen. Um nun dies Freisein, das nur im Handeln erfahren wird, näher zu bestimmen, werfen wir noch einmal einen Blick auf die Antike. Nicht aus Gelehrsamkeit und nicht einmal um der Kontinuität unserer Tradition willen, sondern lediglich um der Erfahrungen habhaft zu werden, die wir zwar alle noch irgendwie kennen, die aber doch später in solcher, eben klassischer Reinheit nicht mehr artikuliert worden sind.

Da muß uns zunächst auffallen, daß sowohl das Griechische wie das Lateinische zwei Wörter für das Wort »Handeln« hat, denen zwei voneinander streng geschiedene Vorgänge entsprechen. Im Griechischen handelt es sich um die Wörter ἄρχειν (anfangen, führen und herrschen) und πράττειν (etwas durchführen und es vollbringen). Dem entsprechen im Lateinischen die Wörter *agere* (etwas in Bewegung setzen) und *gerere,* jenes tragende und ertragende Weiterführen, das dann in den *res gestae* zu jenen Taten und Ereignissen wird, die wir geschichtlich nennen. In beiden Fällen fängt das Handeln damit an, daß ein Anfang gesetzt, daß etwas Neues begonnen wird. Daß Freiheit ursprünglich in dieser Fähigkeit des Neubeginnens erfahren wurde, also in dem, was wir seit Kant Spontaneität nennen, liegt in der Vieldeutigkeit des griechischen Wortes, für welches das Anfangen mit dem Führen und schließlich Herrschen, also den auszeichnenden Qualitäten des freien Mannes zusammenfiel. Die Vieldeutigkeit des Wortes ἄρχειν besagt: das Anfangen kann nur dem zufallen, der Herrscher bereits ist, und dies hieß in Griechenland ein Mann, der einem Sklavenhaushalt vorstand, sich durch Herrschaft von den Notwendigkeiten des Lebens befreit hat und so frei geworden ist für das Leben in der Polis unter seinesgleichen; das Anfangen selbst aber fällt mit dem Andere-Anführen zusammen, denn nur mit Hilfe der anderen kann der Anfangende etwas vollbringen (πράττειν).

Freisein und Beginnen sind auch im Lateinischen miteinander verkoppelt, wenn auch auf andere Weise. Die Freiheit ist den Römern eine Erbschaft, die sie der Gründung Roms und damit dem Beginn ihrer Geschichte verdanken, jenem Anfang, den die Vorfahren machten und den die Nachkommen in dem *gerere* und den *res gestae* zu tragen, zu verwalten und zu mehren haben. Darum kann römische Geschichtsschreibung, die wie die griechische immer zugleich politisch ist, doch nicht, wie bei Thukydides oder Herodot, sich damit begnügen, einzelne große Ereignisse und Geschichten dem Gedächtnis der Mitbürger zu empfehlen; da die römische Freiheit, also das eigentlich politische Element des Geschichtlichen, nur durch den Anfang der römischen Geschichte garantiert ist, muß sie immer *ab urbe condita* erzählen, mit der Gründung der Stadt anheben und das Ereignete ausdrücklich an diesen Anfang zurückbinden.

Gehen wir einen Schritt weiter, so können wir sagen, daß der eigentliche Sinn des Politischen in der Antike mit diesem Anfangenkönnen aufs engste verbunden war. Daß das Politische ohne das Städtische für die Antike buchstäblich undenkbar war, hatte seinen guten Grund. Nur eine städtische Gründung konnte dem Anfangen und etwas In-Bewegung-Setzen, dem ἄρχειν und *agere,* eine zuverlässige Chance geben, weil die Hilfe der anderen, die für das Vollbringen und tragende Weiterführen, das πράττειν und *gerere,* unerläßlich ist, in dem geregelten Zusammenwohnen der Bürger immer zur Hand ist. So werden die Bürger einer Polis in den Stand gesetzt, nicht nur wie alle, die der Lebensnotwendigkeiten Herr geworden sind, hie und da zu handeln, sondern ständig frei zu *sein.* Dabei liegt es im Wesen dieser stadt-staatlichen Entwicklung, daß das Vollbringen und Weiterführen im Laufe der Zeit eine höhere Bedeutung für das politische Leben erlangen müssen als das schiere Initiieren selbst, und die Folge hiervon ist, daß sowohl im Griechischen wie im Lateinischen es schließlich nur noch *ein* Verb für das Handeln gibt, nämlich das πράττειν und *gerere*, während das ἄρχειν und *agere* zwar nicht aus den Sprachen verschwinden, aber aufhören, ihre volle politische Bedeutung zu haben. Dennoch sagt noch Aristoteles, der in seiner politischen Philosophie sonst ausschließlich das Wort πράττειν benutzt, um den Gesamtbereich menschlicher Angelegenheiten und seiner Tätigkeit zu bezeichnen, daß die Polis sich aus ἄρχοντες – und nicht aus πράττοντες – zusammensetze, und darin schwingt sowohl das Herrschen, nämlich die Herrschaft über Sklaven mit, welche das Freisein erst ermöglichte, wie die positive Freiheit des Anfangens.

Ich erwähnte bereits, daß der antike Freiheitsbegriff, gerade weil er so ausschließlich politisch war, in der Philosophie der sokratischen Schule keine Rolle spielte. Und auch die Römer, die ja trotz gelegentlichen Rebellionen gegen die antipolitischen Tendenzen der griechischen Philosophenschulen weder die Thematik noch die Denkweise der ihnen überkommenen Lehren erweiterten oder entscheidend änderten, sind natürlich gar nicht auf die Idee gekommen, ihre politisch erfahrene Freiheit philosophisch zu formulieren und zu begründen. Noch weniger Hoffnung dürfte uns die christliche Philosophie geben, und am wenigsten wohl der große christliche Denker, welcher die von Paulus vielleicht zuerst erfahrene neue Willensfreiheit des »inneren« Menschen zu einem Grundbestand abendländischer Philosophie ausdeutete, nämlich Augustinus. Nun findet sich aber bei Augustinus neben der für die Tradition so bestimmend gewordenen Erörterung des *liberum arbitrium* noch eine andere und ganz anders geartete Freiheitstheorie, die charakteristischerweise in seinem einzigen wesentlich politisch bestimmten Traktat, in der ›Civitas Dei‹, auftaucht, wo Augustinus natürlicherweise sehr viel stärker aus spezifisch römischen Erfahrungen her spricht als in seinen anderen Schriften. In der ›Civitas Dei‹ nämlich ist Freiheit für Augustinus nicht eine innere Verfassung des Menschen, sondern ein Zeichen für die Art und Weise, in der menschliche Existenz in der Welt vorkommt, und er begründet diese Freiheit damit, daß der Mensch selbst in der Welt ein Anfang sei, ein *initium*, insofern er ja nicht ebensolange existiert habe wie die Welt selbst, nicht mit ihr gleichzeitig geschaffen worden sei, sondern als ein neuer Anfang in die schon geschaffene Welt. Dieses Anfang-Sein bestätigt sich in der menschlichen Existenz, insofern jeder Mensch wieder durch Geburt als etwas je ganz und gar Neues in die Welt kommt, die vor ihm war und nach ihm sein wird. Weil er ein Anfang *ist,* meint Augustinus, kann der Mensch etwas Neues anfangen, also frei sein; und damit es so etwas wie Anfangen in der Welt überhaupt gebe, habe Gott den Menschen erschaffen: *initium ut esset homo creatus est ante quem nemo fuit.*

Angesichts der antipolitischen Tendenzen des frühen Christentums mag es uns wohl paradox scheinen, daß gerade ein christlicher Denker die philosophischen Implikationen des antiken, ursprünglich politisch erfahrenen Freiheitsbegriffes entwickeln sollte. Auf die Tradition christlicher oder neuzeitlicher Philosophie ist denn auch dieser Freiheitsbegriff ohne alle Wirkung geblieben, und wir finden Spuren, die auf ihn zurückdeuten, erst bei Kant wieder, der auch, ähnlich wie Augustinus, zwei voneinander ganz unabhängig konzipierte Freiheitsbegriffe kennt: die praktische Freiheit, die er als »Unabhängigkeit der Willkür von der Nötigung durch Antriebe der Sinnlichkeit« bestimmt und die also negative Freiheit bleibt, und jene »Spontaneität«, die in seiner Philosophie vor allem für das Denken und Erkennen wesentlich ist und die er als die Fähigkeit bestimmt, »eine Reihe von Begebenheiten ganz von selbst anzufangen«. Wie nahe verwandt die Kantische Spontaneität dem Augustinischen Anfang ist, kann man schon daran sehen, daß er sie wohl auch eine »Freiheit im kosmologischen Verstande« nennt. Wäre sie für ihn primär und ausschließlich ein Willensphänomen, so wäre unverständlich, warum gerade Erkenntnis nicht möglich wäre ohne die Spontaneität der Verstandesbegriffe und warum er so nachdrücklich von der »Spontaneität des Denkens« spricht.

Wie dem auch sei, die Tatsache, daß wir eine philosophische Fundierung der politisch erfahrenen Freiheit zuerst bei einem christlich-römischen Denker finden, mutet sonderbar nur an, wenn wir unsere Vorstellung vom Christentum an der antipolitischen Stimmung des Urchristentums und vor allem an der Willenslehre der Paulinischen Briefe orientieren. Mir scheint es zweifellos, daß sich diese Vorstellung erheblich ändert, wenn wir unsere Aufmerksamkeit mit größerer Entschiedenheit auf Jesus von Nazareth selbst, seine Person und seine Predigt richten. In ihr kommt ein ganz außerordentliches Verständnis für Freiheit und die Macht, die menschlicher Freiheit innewohnt, zum Ausdruck, aber die menschliche Fähigkeit, die dieser Macht entspricht und in den Worten des Evangeliums imstande ist, Berge zu versetzen, ist nicht der Wille, sondern der Glaube. Das Werk des Glaubens ist das Wunder, dessen Begriff in vielem vieldeutig und schwer zu interpretieren ist. Von dieser Vieldeutigkeit dürfen wir hier absehen und uns allein auf die Stellen berufen, in denen das Wunder keineswegs als ein ausschließlich jenseitig bewirktes Ereignis erscheint, wiewohl es in allen Fällen natürliche Abläufe, die automatisch verlaufen, unterbricht zugunsten von etwas Unerwartetem.

Ich möchte nun behaupten, daß, wenn es richtig ist, daß Handeln wesentlich Anfangen ist, diese Wunderkräftigkeit ebenfalls zu seinem Wesen gehört. Und um Ihnen diese These ein wenig schmackhafter zu machen, möchte ich Sie daran erinnern, daß es in der Natur eines jeden Neubeginns liegt, daß er von dem Gewesenen her gesehen schlechterdings unerwartet und unerrechenbar in die Welt bricht. Im Grunde mutet uns jedes Ereignis wie ein Wunder an. Dies Wunder als ein ausschließlich religiöses Phänomen zu sehen, scheint mir auf einem Vorurteil zu beruhen. Und um dies wiederum zu erläutern, darf ich Sie vielleicht noch daran erinnern, daß der gesamte Rahmen unserer realen Existenz: die Erde, das organische Leben auf ihr, das Menschengeschlecht inmitten der Tiergattungen – auf einer Kette von Wundern beruht. Vom Standpunkt der Vorgänge in dem Universum und der in ihnen waltenden Wahrscheinlichkeit, die statistisch erfaßbar sind, ist bereits die Entstehung der Erde eine »unendliche Unwahrscheinlichkeit«, wie die Naturwissenschaftler sagen, ein Wunder nämlich, wie wir sagen würden. Nicht anders verhält es sich mit der Entstehung des organischen Lebens aus den Ablaufsprozessen des Unorganischen, oder mit der Entstehung der Spezies Mensch aus den Entwicklungsprozessen des organischen Lebens. Mit anderen Worten, jeder neue Anfang wird zum Wunder, wenn er gesehen und erfahren wird von dem Standpunkt der Prozesse, die er notwendigerweise unterbricht, wobei ausschlaggebend ist, daß diese Sicht nicht irgendeinem besonderen oder besonders erhöhten Standpunkt geschuldet ist, sondern im Gegenteil diejenige ist, die uns am nächsten liegt und die alltäglichste ist.

Mit diesem Beispiel möchte ich erläutern, daß das, was wir wirklich nennen, immer ein Geflecht irdisch-organisch-menschlicher Realität ist, das gerade qua Realität durch Einschläge von unendlich Unwahrscheinlichem entstanden ist. Nimmt man dies Beispiel als ein Gleichnis für das, was nun wirklich im Bereich menschlicher Angelegenheiten vorgeht, so fängt es natürlich gleich an zu hinken. Denn die Prozesse, mit denen wir es im Politischen zu tun haben, sind, wie wir sagen, geschichtlicher Natur, das heißt, sie verlaufen nicht in Form natürlicher Entwicklungen und ihrer Zufälle, sondern sind Ereignisketten, in deren Gefüge jenes Wunder des Zufalls oder der unendlichen Unwahrscheinlichkeit sich immerhin so häufig ereignet, daß es uns seltsam erscheint, hier überhaupt von Wundern zu sprechen. Das liegt aber nur daran, daß der Geschichtsprozeß aus menschlichen Initiativen entsteht und von ihnen dauernd unterbrochen wird. Sieht man diesen Prozeß in seinem schieren Prozeßcharakter, so ist jeder Neubeginn in ihm, ob zum Heile oder Unheil, so unendlich unwahrscheinlich, daß alle größeren Ereignisse sich wie Wunder ausnehmen. Objektiv, beziehungsweise von außen gesehen, sind die Chancen, daß der morgige Tag genau so verlaufen wird wie der heutige, immer überwältigend. Sicher nicht ganz so überwältigend, aber in menschlichen Proportionen annähernd so groß wie die Chance, daß aus kosmischen Geschehnissen *keine* Erde, aus anorganischen Vorgängen *kein* Leben und aus der Evolution der Tiergattungen *nicht* die Spezies Mensch entstehen wird.

Der entscheidende Unterschied zwischen den »unendlichen Unwahrscheinlichkeiten«, auf denen alles Leben auf der Erde und alles natürlich Wirkliche beruht, und den Ereignis-Wundern innerhalb menschlicher Angelegenheiten ist natürlich, daß es hier einen Wundertäter gibt, den wir kennen, daß der Mensch nämlich auf eine höchst geheimnisvolle Weise dafür begabt scheint, Wunder zu tun. Im gewöhnlichen Sprachgebrauch nennen wir diese Begabung das Handeln. Und insofern Handeln und Anfangen das nämliche sind, steckt ein Element des Handelns in allen menschlichen Tätigkeiten, die mehr sind als bloße Reaktionen. Auch das bloße Herstellen fügt der Welt einen neuen Gegenstand hinzu, auch das reine Denken fängt immer eine Reihe neu und ganz von selbst an.

## V

Versuchen wir von diesen philosophischen Begründungen eines politisch erfahrenen Freiheitsbegriffes zurückzufinden, um uns mit seiner Hilfe noch kurz im Felde unserer gegenwärtigen politischen Erfahrungen zu orientieren, so können wir sagen, daß die außerordentliche Gefahr der totalen Herrschaft für die Zukunft der Menschheit weniger darin besteht, daß sie tyrannisch ist und politische Freiheit nicht duldet, als daß sie jede Form der Spontaneität, das heißt das Element des Handelns und der Freiheit in allen Tätigkeiten zu ertöten droht. Es liegt im Wesen dieser furchtbarsten Form der Tyrannis, daß sie die Möglichkeit des Wunders oder, um eine Ihnen vertrautere Sprache zu sprechen, die Möglichkeit des Ereignisses aus der Politik auszuschalten strebt, um uns jenen automatischen Prozessen zu überantworten, von denen wir ohnehin umgeben sind – in der irdischen Natur wie dem die Erde umgebenden Universum – und von denen wir zudem selber, sofern wir organische Natur sind, getrieben werden. Wundergläubig in einem schlechten Sinn, das heißt abergläubisch wäre es, zu glauben, daß sich innerhalb dieser automatischen Prozesse das »unendlich Unwahrscheinliche« ereignen werde, wie wohl auch dies nie ganz und gar ausgeschlossen ist. Gar nicht abergläubisch aber, sondern nur realistisch ist es, in der Politik mit dem Unvorhersehbaren zu rechnen, auf es gefaßt zu sein und Wunder dort zu erwarten, wo sie tatsächlich dauernd möglich sind. Denn das menschliche Freisein ist nicht weniger eine Tatsache, und nicht ein nur metaphysisch zugänglicher Sachverhalt, wie der Automatismus von Prozessen, innerhalb deren und gegen die sie sich ständig durchsetzt. Andererseits haben auch die durch Handeln entstandenen Prozesse immer eine Tendenz, automatisch zu werden, und das heißt, daß es keine Tat und kein Ereignis geben kann, das die Menschheit oder ein Volk ein- für allemal erlöst und ihm das Heil bringt.

In der Natur der automatischen Prozesse, denen der Mensch ohnehin unterworfen ist und denen er ohne das Wunder der Freiheit absolut unterworfen wäre, liegt es, daß sie für den Menschen als solchen immer ruinös sind, so ruinös wie der biologische Prozeß, der sein ganzes Wesen durchwaltet und ihn, biologisch gesehen, immer nur von der Geburt in den Tod führen kann. Von dem Wunder, das sich in allen politischen Vorgängen ereignen kann, solange die Freiheit des Menschen, seine Gabe, den Ruin zu unterbrechen, intakt geblieben ist, können immer nur die Welt und *die* Menschen ein Heil erwarten, aber niemals das Leben, das als Leben der Gattung natürlicherweise immer währt und des Heils nicht bedarf, und niemals der Mensch, der als Einzelner sterben muß. Unterbrechbar sind die ruinösen Prozesse nur für die uns allen gemeinsame Welt, die unser Leben überdauert oder jedenfalls überdauern kann und mit der es Politik in einem ausdrücklichen Sinne zu tun hat. Dem entspricht, daß das Anfangenkönnen zwar eine Gabe des Menschen in seiner Singularität sein mag, daß es sich aber nur realisieren kann im Bezug auf die Welt und unter der Mitwirkung der anderen.

Handeln, im Unterschied zum Denken und Herstellen, kann man nur mit der Hilfe der anderen und in der Welt. In dem Zusammenhandeln, dem »acting in concert«, wie Burke zu sagen pflegte, realisiert sich die Freiheit des Anfangenkönnens als ein Frei*sein.* Der Unterschied zwischen dem Handeln einerseits, dem Herstellen und Denken andererseits liegt darin, daß in Herstellen und Denken nur der Anfang frei ist; das Vollbringen, wenn es glückt, realisiert nie mehr als den zu Beginn ergriffenen Gedanken oder das von der Einbildungskraft vorweg vorgestellte Ding, dem der Herstellungs- oder Denkprozeß unterworfen ist. Demgegenüber bleibt das Handeln, soll es auch nur das Geringste zustandebringen, auch in seinem Vollzug darauf angewiesen, daß Freiheit dauernd neu betätigt wird, daß neue Anfänge gleichsam dauernd neu in das einmal Begonnene nachströmen. Denn das Resultat des Handelns ist nicht ein Gegenstand, der, ist er erst einmal konzipiert, auch herstellbar ist. Das Resultat des Handelns hat eher den Charakter einer Geschichte, die so lange weitergeht, als gehandelt wird, deren Ende und Endresultat aber keiner, auch nicht der, welcher die Geschichte anfing, voraussehen und konzipieren kann. Das Anfangen und Vollbringen sind also im Falle des Handelns nicht so geschieden, daß derjenige, der anfängt, alles vorauswüßte, und die anderen, die ihm beim Vollbringen helfen, nur sein Wissen zu realisieren, seinen Befehlen zu gehorchen, seine Entschlüsse zu vollstrecken brauchten. Im Handeln gehen Anfangen und Vollbringen ineinander über, was politisch gewendet besagt, daß derjenige, der die Initiative ergreift und so anzuführen beginnt, sich unter denen, die zu ihm stoßen, um ihm zu helfen, stets wie unter seinesgleichen bewegen muß, und weder wie ein Herrscher unter seinen Dienern noch wie ein Meister unter seinen Lehrlingen und Gesellen. Dies ist der Sinn des Herodot-Wortes, daß es zur Freiheit gehört, daß man weder beherrscht wird noch selber herrscht, und daß daher Menschen nur in der ἰσονομία wie Demokratie ursprünglich hieß –, in dem Unter-seinesgleichen-Sein frei sein können.

Durch das Freisein, in dem die Gabe der Freiheit, das Anfangenkönnen, zu einer greifbar weltlichen Realität wird, entsteht zusammen mit den Geschichten, die das Handeln erzeugt, der eigentliche Raum des Politischen. Es gibt ihn immer und überall, wo Menschen in Freiheit, ohne Herrschaft und Knechtschaft miteinander leben, aber er verschwindet – auch wenn das institutionell-organisatorische Gerüst, das ihn einschließt, intakt bleiben sollte – sofort, wenn das Handeln aufhört, das Sicherverhalten und Verwalten anfängt oder auch einfach die Initiative erlahmt, neue Anfänge in die Prozesse zu werfen, die durch das Handeln entstanden sind. Dann werden auch die durch Freiheit entstandenen Prozesse automatisch, und dieser von Menschen selbst erzeugte Automatismus ist für die Welt nicht weniger verderblich als der Automatismus der Naturprozesse für das Leben des Einzelnen. In der Geschichtswissenschaft sprechen wir in solchen Fällen von versteinerten oder untergehenden Kulturen, und wir wissen, daß solche Untergangsprozesse viele Jahrhunderte überdauern können, ja daß sie rein quantitativ vermutlich den weitaus größten Raum der uns überlieferten Geschichte einnehmen.

Weil in der Geschichte der Menschheit die Epochen des Freiseins immer nur verhältnismäßig kurz waren und weil andererseits auch in den langen Versteinerungs- und Untergangsepochen das schiere Anfangenkönnen, das Freiheitselement, das allen menschlichen Tätigkeiten innewohnt, intakt bleiben kann, ist es nicht verwunderlich, daß Menschen immer dazu geneigt haben, Freiheit als etwas zu verstehen, das nur außerhalb des Politischen möglich ist, als eine Freiheit von Politik. Aber dies Selbstverständnis ist ein Mißverständnis, das einer Lage entspringt und entspricht, in der alles im spezifischen Sinne Politische erstarrt oder in einen ausweglosen Automatismus geraten ist. In diesen Situationen gibt es ein Freisein als eine positive Tätigkeit mit der nur ihr eigenen Virtuosität nicht mehr. Das Freisein ist zurückgedrängt auf die

Gabe der Freiheit, jene Mitgift, die in der ganzen Schöpfung nur dem Menschen eigentümlich zu sein scheint, die sich auch in anderen Tätigkeiten als den politischen äußern kann, die aber doch nur im Handeln sich den ihr zugehörigen Raum, die ihr angemessene weltliche Realität schafft.

Daß Freisein als eine weltliche Realität zerstörbar ist, ja daß es nur selten in der Geschichte seine volle Virtuosität entfaltet hat, hat die europäische Menschheit eigentlich immer gewußt. Daß nicht nur das Freisein, sondern auch die Gabe der Freiheit, also das, was der Mensch nicht gemacht hat, sondern was mit ihm zusammen in der Welt erschien, zerstört werden kann, wissen wir oder müssen wir befürchten, seitdem wir die Bekanntschaft mit den totalen Herrschaftsformen gemacht haben. Dies Wissen oder diese Furcht lastet heute schwerer auf uns als je. Denn von der Freiheit der Menschen, von ihrer Fähigkeit, das Unheil zu wenden, das immer automatisch verläuft und daher stets unabwendbar scheint, von ihrer Gabe, das »unendlich Unwahrscheinliche« zu bewirken und als Wirklichkeit zu konstituieren, mag diesmal mehr abhängen als jemals zuvor, nämlich die Fortexistenz der Menschheit auf der Erde.

## Michel Butor

# Zu der ›Erklärung über das Recht auf Gehorsamsverweigerung im algerischen Krieg‹

In einem der an französischen Schulen gebräuchlichsten Lesebücher, in dem von Chevaillier und Audiat, ebenso wie in anderen Anthologien klassischer Texte kann man einen berühmten Brief von Bossuet an Ludwig XIV. lesen, einen Brief, dessen äußerst vorsichtige Formulierungen keineswegs die bewunderungswürdige Festigkeit der Opposition verbergen:
»... und um Eurer Majestät über diese Begründung das zu sagen, was ich für Ihre unerläßliche eigentliche Verpflichtung halte, so muß Sie sich vor allem bemühen, das Elend der Provinzen gründlich kennenzulernen, und insbesondere, was diese, ohne daß Eure Majestät Nutzen daraus zöge, sowohl durch das Unwesen der Kriegsleute zu erdulden haben als auch durch die Kosten, die das Aufbringen der Steuern verursacht, welche unglaubliche Ausmaße erreichen. Wenngleich Eurer Majestät ohne Zweifel bekannt ist, wieviel Ungerechtigkeiten und Diebereien allerorten begangen werden, so ist doch das, was Ihr Volk aufrecht erhält, der Umstand, daß es nicht glauben kann, daß Eure Majestät davon weiß, und es hofft, daß die Sorgfalt, die Eure Majestät für alle Dinge des eigenen Heils hat erkennen lassen, Sie verpflichten wird, Ihre Kenntnisse auf diesem Gebiet zu vertiefen ...«
Bossuet war damals Lehrer, vom Staat bezahlter Lehrer, denn er war der Erzieher des ältesten Sohnes Ludwigs XIV.
Einige Seiten weiter findet man einen anderen, nicht minder berühmten Brief an denselben König von Fénelon, der einen wesentlich schärferen Ton anschlägt:
»... das Volk selbst (alles muß ausgesprochen werden), das Euch so geliebt, das so viel Vertrauen in Euch gesetzt hat, beginnt die Freundschaft, das Vertrauen und sogar die Achtung zu verlieren ... Der Aufruhr entbrennt allmählich allenthalben. Es glaubt, daß Ihr mit seinem Elend kein Mitleid habt, daß Ihr nur Eure Autorität und Euren Ruhm

liebt ... Erregungen des Volkes, die seit so langer Zeit unbekannt waren, werden häufig ... Die Beamten sind gezwungen, die Anmaßungen der Aufrührer zu dulden und ihnen heimlich Geld zufließen zu lassen, um sie zu besänftigen; jene, die es zu bestrafen gälte, werden also bezahlt. Ihr seid in die schmachvolle und bedauernswerte Notlage geraten, entweder den Aufruhr unbestraft und ihn durch diese Straflosigkeit anwachsen zu lassen, oder mit Unmenschlichkeit ein Volk niedermetzeln zu lassen, das Ihr dadurch zur Verzweiflung treibt, daß Ihr ihm durch Eure Steuern für diesen Krieg das Brot entreißt, welches es im Schweiße seines Angesichts zu verdienen sucht.

Doch indes es dem Volk an Brot gebricht, fehlt es Euch selbst an Geld, und die Notlage, in die Ihr geraten seid, wollt Ihr nicht erkennen. Weil Ihr immer glücklich gewesen seid, könnt Ihr Euch nicht vorstellen, daß Ihr jemals aufhören könntet es zu sein. Ihr fürchtet, die Augen zu öffnen. Ihr fürchtet, daß man sie Euch öffnet ...«

Fénelon war damals Lehrer, vom Staat bezahlter Lehrer, denn er war der Erzieher des zweiten Sohnes Ludwigs XIV.

Es besteht kein Zweifel darüber, sagen uns die Historiker, daß ein solcher Brief dem König nicht direkt überbracht worden ist, sondern daß er in der Umgebung des Königs von Hand zu Hand ging, um so ein Höchstmaß an Wirkung zu erreichen. Fénelon ermaß gewiß die Gefahren, denen er sich aussetzte, wenn er mit solcher Heftigkeit das Wort ergriff. Die Ungnade, in die er fiel, hat ihn nicht erstaunen können.

Als Schüler habe ich diese Texte gelesen. Als Lehrer hatte ich später die Möglichkeit, sie meine Schüler lesen zu lassen und sie ihnen zu erklären. Ich kann versichern, daß diese Seite von Fénelon sie mehr erschütterte als Auszüge aus den ›Abenteuern des Telemach‹. Ich habe mich bemüht, meinen Schülern begreiflich zu machen, daß es von bestimmten Augenblicken an für einen Lehrer oder Schriftsteller nicht mehr möglich ist, seine Arbeit fortzusetzen, ohne daß gewisse Mißverständnisse beseitigt oder benannt werden und daß angesichts von Ungerechtigkeiten, deren gefügige Mitwisser zu sein man von uns verlangt, Schweigen nicht nur Feigheit, sondern Selbstmord ist. Die neuere Geschichte liefert leider eine Fülle von Beispielen für das, was ich sage, und es ist bemerkenswert, daß man unter jenen, die sich angesichts der ›Erklärung über das Recht auf Gehorsamsverweigerung im algerischen

Krieg‹ (das man auch das ›Manifest der 121‹ genannt hat) oder angesichts der Unterstützung, die ihr von jenseits der Grenzen zuteil wurde, das Gesicht verhüllen, sozusagen berufsmäßige Anhänger der Unterwerfung unter Tyrannen, der stummen Servilität vor den Herren der Stunde erkennt, und es ist nicht minder bemerkenswert, daß sich zum Beispiel unter denen, die erklärt haben, daß es Schriftstellern nicht zukomme, sich in das zu mischen, was »in einem anderen Land« geschieht, solche gefunden haben, die es vor noch nicht allzu vielen Jahren für richtig hielten, sich sehr genau damit zu befassen, und das unter Umständen, die wir nicht vergessen.

Es gibt also Augenblicke, in denen ein Mensch, der das ungeheure Privileg genießt, verhältnismäßig ungestört in seinem Laboratorium oder seinem Zimmer an der Erweiterung des menschichen Wissens und der Vertiefung der menschlichen Bewußtheit arbeiten zu können, zum Verräter an allem wird, was er tut, an sich selbst und an allen, die ihm folgen und ihn wirklich hören, sei er nun Wissenschaftler, Komponist oder Architekt, wenn er nicht das Wenige an moralischer oder geistiger Autorität, das man ihm zuerkennt, in die Waagschale wirft.

»Es muß alles ausgesprochen werden«; wenn es eine französische Tradition gibt, dann diese. Deshalb habe ich meine Zeugen nicht einmal in der bewunderungswürdigen Linie unserer Protesterheber Voltaire, Victor Hugo oder Zola zu wählen brauchen, sondern habe die beiden Prälaten genommen, diese beiden Stützen von Thron und Altar, diese beiden glänzenden Berühmtheiten der glänzendsten Epoche von Versailles, denn selbst sie drängten uns zu unserer Geste, selbst sie werden von unseren Gegnern verleugnet.

Gewiß, es geschieht, daß Erklärungen von Intellektuellen nutzlos sind, daß sie schlecht sind, daß sie nicht die Sache treffen, daß sie ein eingebildetes Übel zum Ziele haben, daß sie ein Schlag ins Wasser sind; sie erwecken dann vielleicht ein Lächeln. In dem Fall jedoch, der uns beschäftigt, liegt der beste Beweis, daß eine tatsächliche Bedrohung bestand, daß der wunde Punkt getroffen wurde, daß die Freiheit der Meinungsäußerung in Gefahr war, in dem Verbot, das diesen Text sofort nach seinem Erscheinen getroffen und seinen Abdruck verhindert hat, ebenso wie in den absurden Sanktionen, die ergriffen worden sind.

Es ist deshalb erforderlich, den Text selbst zu lesen und ihn sorgfältig

von allen systematischen Verfälschungen zu befreien, zu deren Gegenstand er schon allein durch die Tatsache geworden ist, daß es unmöglich war, ihn wörtlich zu zitieren.
Ich erkenne an, daß es in vielen Fällen besser ist, zäh die Arbeit fortzusetzen, die man sich vorgenommen hat, und den gewählten Spezialisten die Regelung der politischen Probleme des Augenblicks zu überlassen; aber bei der Betrachtung dessen, was seither geschehen ist und was ständig geschieht, wer wagte da noch zu sagen, daß es diesmal nicht Zeit war, allerhöchste Zeit, die Stimme zu erheben?
Und was könnten sich heute die Verfasser und Unterzeichner der Erklärung (zwischen ihnen gibt es keinen Unterschied) anderes vorwerfen, als daß sie damit nur allzulange gezögert haben?

*(Aus dem Französischen von Helmut Scheffel)*

Jean Starobinski

# Jean-Jacques Rousseau und die List der Begierde

Als armer Lehrjunge hat Rousseau stets nur im Geheimen begehrt. Braten, Früchte, Näschereien (von den Mädchen, deren Verwendung er nicht kennt, ganz zu schweigen) – immer betrachtet er sie verstohlen »aus den Augenwinkeln«, und alsbald spürt er, wie die Röte ihm in die Wangen steigt. Hätte er auch alles erforderliche Geld in der Tasche, er schämte sich doch, beim Konditor einzutreten. Er müßte den Gegenstand bezeichnen, nach dem es ihn gelüstet, und somit vor den anderen das Verlangen verraten, das ihn beherrscht. Davor empfindet er eine unüberwindliche Scheu. »Ich entdecke Frauen am Ladentisch; schon vermeine ich zu sehen, wie sie lachen und untereinander über das kleine Leckermaul spotten ... Drei oder vier junge Burschen stehen daneben und sehen mich an.«[1] Er fühlt sich auf gefährliche Art bloßgestellt. Enthüllt er sein Verlangen, so werden die auf ihn gerichteten Blicke sogleich ihre Feindseligkeit offenbaren. Und indes er seine Naschhaftigkeit zügelt und hungrig bleibt, überzeugt er sich davon, daß die anderen ihn »mit den Blicken verschlingen«. Der Esser entdeckt plötzlich die Gefahr, gegessen zu werden.

Überstark lasten die Zehn Gebote auf seinem Gewissen. »Du sollst nicht begehren.« Nicht einmal das, was du ehrlich erstehen könntest ... Es ist ihm nicht gestattet, sich beim Begehren auf frischer Tat ertappen zu lassen: das hieße, das Schauspiel einer schuldigen Schwäche, eines beschämenden Bedürfnisses bieten. Bevor die geringste Bewegung oder das leiseste Wort ihn verraten haben, ist seine Phantasie schon vorausgeeilt: im Blick des Zeugen hat er vorgreifend Ironie,

1 ›Confessions‹, Buch I, S. 37. Wir zitieren nach dem ersten Band der Ausgabe der ›Œuvres Complètes‹, die in der Bibliothèque de la Pléiade von Bernard Gagnebin und Marcel Raymond unter Mitarbeit Robert Osmonds veröffentlicht wurden. Dieses Werk wird in unseren Fußnoten mit den Anfangsbuchstaben O.C.I bezeichnet.

Zorn und zerstörerisches Lachen entdeckt. Und da steht er nun gelähmt, ein schüchterner Tantalus, der sein Verlangen unterdrückt und spürt, wie es brennender wird: »Überall werde ich eingeschüchtert, von irgendeinem Hindernis zurückgehalten. Mein Verlangen wächst mit meiner Beschämung, und schließlich kehre ich wie ein Tor nach Hause, von Begierde verzehrt, wobei ich in meiner Tasche das Nötige hätte, um sie zu stillen und nicht gewagt habe, irgend etwas zu kaufen.«[2] Das derart enttäuschte und gesteigerte Verlangen wird andere Befriedigungen erfinden müssen, es wird auf Schleichwegen oder auf direktere Art nach Stillung suchen.

Wer belauert denn seine Gesten? Rousseau weiß es nicht. Seine Kurzsichtigkeit hindert ihn, die Gesichter auf Abstand zu erkennen. Er wird darob erst recht beunruhigt. Er ist das Opfer eines anonymen Blickes, eines Zuschauers ohne Identität. Auf diese Weise ist er einer universalen Gefahr ausgeliefert. Denn der feindselige Zeuge, der niemand im besonderen ist, wird potentiell zu *aller Welt.* Und schon entgleitet Rousseau die gesamte Situation. Unter dem Blick des Zeugen (dem mutmaßlichen Blick eines gesichtlosen Zeugen) wird die Beziehung zum begehrten Gegenstand völlig verfälscht: Abstand und Beleuchtung werden anders, ein unsichtbares Hindernis stellt sich dazwischen. Das Verlangen, wissend, daß es auf einen untersagten Gegenstand abzielt, darf sich nicht mehr offen kundtun. Da ist es nun zur Verstellung gezwungen. Hinfort ist es verstecktes Verlangen nach einem verbotenen Gegenstand.

Man darf ihm nicht zu schnell unrecht geben. Die Situation, die Rousseau beunruhigt, ist durchaus real: die anderen sind da, sie sehen ihn an. Rousseau erfindet nichts: er täuscht sich nicht über die Tatsachen, sondern über deren Bedeutung. Welcher Gedanke liegt in dem auf ihn gerichteten Blick? Will man ihm wohl oder hegt man böse Gefühle? Vielleicht ist da nichts, was ihn betrifft: Gleichgültigkeit, Zerstreutheit... Der normale Mensch schickt sich darein, das Bild nicht zu kennen, das die anderen sich von ihm machen, und interpretiert er den äußeren Schein, so weiß er, daß er sich einer Mutmaßung hingibt. Um die Fortsetzung des Zwiegesprächs nicht zu beeinträchtigen, lassen wir für gewöhnlich eine unbestimmte Anzahl von Möglichkeiten offen. In

2 Ibid.

der Einstellung, die wir den anderen zuschreiben, gleichen die uns günstigen Gedanken ungefähr die feindseligen Absichten aus. Dank den höflichen Vorsichtsmaßnahmen und den Konventionen der Sprache bilden alle in der Schwebe befindlichen Eventualitäten, bis man mehr über sie weiß, eine neutrale Ungewißheit, eine unbeständige Zweideutigkeit. Diese Verschwommenheit der Gefühlssituation, welche die Gefahren nicht ausschließt, entsteht aus der gegenseitigen Respektierung einer nie ganz zu fassenden Freiheit[3]. Im Umgang mit den anderen akzeptieren wir mühelos die Unentschiedenheit, die uns auch die Selbständigkeit bewahrt, indem sie es uns verwehrt, die wahren Gefühle der anderen zu erfassen. Und wir denken nicht daran, uns über dieses ständige Hin- und Herschwanken zwischen einem Phantom des Wohlwollens und einem der Böswilligkeit zu beklagen – wissen wir doch recht gut, daß unsere Gefühle für die Gesprächspartner nicht weniger hypothetisch sind als die, welche wir in ihren Augen zu lesen vermeinen. Rousseau jedoch vermag nicht in der Ungewißheit zu leben. Mit der für seine Gefühlsregungen bezeichnenden Raschheit streicht er alle Möglichkeiten bis auf die eine: die Feindseligkeit. Bevor die Begegnung erlebt werden konnte, bevor ein genauer Gedanke sich spontan auf dem Grunde des Blickes der anderen zu bilden vermochte, hat Rousseau entziffert, was sie von ihm denken werden. An Stelle der Verworrenheit und des fließenden Spieles der Möglichkeiten setzt sich eine grausame Klarheit durch und herrscht ohne Gnade. Die Lage, mit unwiderruflichem Sinn behaftet, ist festgefahren. Die Böswilligkeit des Zeugen ist nicht eine Gefahr, mit der man rechnen muß, sondern eine Gewißheit, die jeder weiteren Begegnung vorausgeht und sie vergiftet. Hinfort entstehen Rousseaus Gesten nicht so sehr aus eigenem Antrieb, sondern sind vielmehr Gegenhiebe: Herausforderungen, die man den Anklägern entgegensetzt, feinsinnige oder heftige Dementis, Erwiderungen und Rechtfertigungen im Angesicht der argwöhnischen Wachsamkeit, von der er sich verfolgt glaubt. Die Partie hat noch nicht einmal begonnen, und Rousseau, überzeugt, sie bereits verloren zu

3 Paul Valéry: »Die menschlichen Beziehungen beruhen auf *Ziffern*. Entziffern heißt, sich entzweien. Diese Ziffer hat den Vorteil, daß sie sagt, ohne zu sagen, und die gegenseitige Meinung in der Schwebe und *umkehrbar* bleiben läßt. Sie bewahrt uns davor, entscheidende und endgültige Urteile zu fällen, die immer nur im Augenblick wahr sind.« ›Choses tues‹, Paris 1932, S. 103f.

haben, denkt schon an die Revanche, die er auf einem anderen Felde erringen könnte, bereitet seine Verteidigung vor besseren Schiedsrichtern vor. Nimmt man das Schlimmste an, so sind Spannung und Zweideutigkeit schneller vorbei: die Niederlage setzt dem Schwanken des Geistes ein Ende. Es bleibt einem dann nur übrig, trotz der anderen zu leben, und nicht mehr, um ihre Freundschaft oder Achtung zu erringen. Rasch entschlossen entscheidet die Einbildungskraft hier wieder und wieder, um sich freien Spielraum in vollständiger Einsamkeit zu schaffen.

Dieser Überzeugung gegenüber, bei der sich die Paranoia der letzten Jahre bereits abzeichnet, fehlt es der Psychologie nicht an Kommentaren. Ist die ironische und strenge Mißbilligung, die Rousseau in den Mienen der anderen liest, nicht Projektion einer Angst, deren Schlagschatten das eigentliche Aussprechen des Verlangens begleitet? Projiziert er nicht in den hypothetischen Blick des Zeugen eine gegen ihn selbst gerichtete Verurteilung, an der er leichter trägt, wenn er die anderen für sie verantwortlich macht? Sich von einer von außen kommenden Feindseligkeit verfolgt zu fühlen, anstatt den Konflikt und die Zerrissenheit innerlich zu empfinden, erspart einem Leiden. Der Schmerz dauert fort, doch für das gequälte Bewußtsein ist er das geringere Übel. Indem er es zwingt, gegen einen Feind Front zu machen, der es umzingelt, stellt der Verteidigungsmechanismus die Einheit des Ichs wieder her. Gewiß, die Projektion führt zu keiner wahrhaften Befreiung: durch sie wird die Zerrissenheit nicht aufgehoben, doch die Bruchlinie verläuft außerhalb des Ichs. Das heißt, die Besänftigung des inneren Schmerzes mit äußerem Unfrieden bezahlen. Wird die Lage dadurch erträglicher, so bekommen sie dafür einen endgültigen Aspekt. Die in der Vorstellung nach außen transponierte Bedrohung erhält den Anschein eines anonymen und unabänderlichen Verhängnisses. Man muß sie erdulden wie etwas, das einem unverschuldet zustößt, muß sie wie eine ungerechte Belagerung ertragen: eine hoffnungslose Aufgabe, auf die hin die Existenz sich jedoch *sammeln* kann, im Unterschied zu dem wirren Kampf, zu dem ein Aufruhr gezwungen hätte, der das Bewußtsein und seine verborgenen Schichten von innen her heimsucht.

Die Projektion erklärt vieles, nur nicht ihren eigenen Ursprung. Gibt es zuerst eine innere Angst (von der Rousseau sich zu befreien versucht, indem er sie fremdem Übelwollen zur Last legt), wo rührt sie dann her? Ist sie ein ursprüngliches und geheimnisvolles Leiden, eine Abart der Erbsünde, ein spontanes Erzeugnis jener übermäßigen Empfindsamkeit, die Rousseau selber so häufig als *wunderlich* bezeichnet? Man mag eine Absonderlichkeit, die sich nicht zu Unrecht für einmalig hält, noch so sehr respektieren und wird doch gezwungen sein, andere Erklärungen zu suchen und zunächst einmal die der Psychologie bis zu ihrem äußersten Punkte zu führen, das heißt bis dorthin, wo sie die Differenz von Außenwelt und Bewußtsein enthüllt. Weit zurückgreifen, »tief« zurückgreifen, heißt versuchen, den bewußten Menschen in seinen Anfängen erfassen, zu einem Zeitpunkt seiner Entwicklung also, da ihn seine Umwelt unendlich mehr beeinflußt und er unendlich weniger selbständig ist, als er es im Verlauf seiner Entfaltung sein wird. Durch eine nicht nur auf diesem Gebiete anwendbare Dialektik läßt die Bemühung um *Tiefe* uns zu dem Punkt vordringen, wo der Mensch sich der Außenwelt öffnet, den Zwang der Natur erleidet und von der Gesellschaft geprägt wird. Gewiß, gerade dann, wenn seine Abhängigkeit am stärksten ist, weiß der Betroffene nicht von ihr: der Kritiker jedoch, wie groß auch immer seine Anteilnahme zu sein hat, soll diese Unkenntnis begreifen und nicht sie teilen.

Veranlaßt der Projektionsmechanismus Rousseau dazu, die Feindseligkeit der anderen anzuklagen, so besteht sein Fehler darin, das innere Wesen des Schuldgefühls zu verkennen. Befragen wir uns aber über die Ursprünge dieses Schuldbewußtseins, so müssen wir wohl zugeben, daß vom ersten Unbehagen an die Gesellschaft und ihre Werte nicht ohne Einfluß waren. Hat die Projektion also recht? Nein. Sie ist ein Gegenhieb, der daneben trifft, ist eine abwegige Reaktion, die nicht zugeben will, daß das Ich zuerst verletzt worden ist, und den Feind blindlings bezeichnet. Sie irrt sich nicht nur in der Person, sondern täuscht sich vor allem über die Zeit, indem sie eine Konfliktsituation, die auf eine ferne Vergangenheit zurückgeht, einer gegenwärtigen Böswilligkeit zuschreibt.

Tatsächlich weist die Psychologie des Schuldgefühls auf die vorangehende Existenz eines Systems kollektiver Werte hin, die eine gewisse

Anzahl Vergehen näher umschreiben und bestrafen. Die schuldvolle Angst kann nur im Angesicht einer Obrigkeit oder eines Gesetzes entstehen, von denen die Übertretung vorausgesehen und definiert wird. Um schuldig zu werden, muß man in der Außenwelt auf eine Anklage gestoßen sein, auf eine Drohung, die das Verbrechen vermuten. Und sogar ohne als tatsächlich Angeklagter zu gelten, werde ich von dem Augenblick an von einem möglichen Schuldbewußtsein geplagt, da ich in meinem Umkreis eine anklägerische Macht bemerke, die mich dazu zwingt, mich von ihrem Standpunkte aus zu betrachten. »Durch das Gesetz erfolgt das Wissen um die Sünde.« Es ist, als wäre das Schuldgefühl ein Mittel, das die Obrigkeit anwendet, um den Widerspenstigen zuvorzukommen oder sie zu umstellen, indem sie *auf deren Geist einwirkt* und sie von innen packt.

Getrennt vermögen weder Individualpsychologie noch Soziologie eine befriedigende Erklärung zu bieten. Will man, daß einem nichts Wichtiges entgehe, so muß man zu einer zusammenhängenden Methode greifen, die es erlaubt, die seelischen Reaktionen von dem sozialen Milieu aus zu analysieren, in dem sie sich abspielen. Rousseaus Schuldgefühl entsteht nicht mit einem Schlag aus seinem ungewöhnlichen Charakter heraus; ebensowenig ist es das unvermeidliche Produkt der strengen Erziehung, die einem Waisenkind im Genf des Jahres 1720 zuteil wurde, in einer puritanischen Stadt voller Unfrieden durch den Konflikt, der Patriziat (die »Negativen«) und niederes Volk der Handwerker entzweite. Dieser wirklich einzigartige Mensch wird versucht haben müssen, sich den Verhältnissen gegenüber zu behaupten, die ihm in seiner Familie und seiner Klasse auferlegt waren. Jawohl, Rousseau ist »wie keiner von denen, die leben«[4] geschaffen, die Natur hat die Gußform zerbrochen, doch ist er auch, wie er selber zugibt, »Bürger von Genf«. Um vor die Welt zu treten, hat er sich abwechslungsweise auf sein absolutes Anderssein und auf seine Zugehörigkeit zu einer städtischen Gemeinschaft berufen: eine doppelte Definition, mit der er jedes Mal recht hat.

Alles läßt also vermuten, das Schuldgefühl habe sich bei ihm während der frühen Stadien seiner Entwicklung herausgebildet, zu der Zeit also, da er erstmals auf die Ordnung (und die Wirren) der Genfer Gesell-

4 ›Confessions‹, Buch I, O. C. I, S. 24.

schaft gestoßen ist. Die ›Bekenntnisse‹ sagen uns über diesen Punkt nur implizite etwas. Es besteht kein Anlaß, sich darüber zu wundern: wenn sie auch behaupten, eine »Verkettung geheimer Gemütsstimmungen«[5] nachzuzeichnen, so drücken sie doch die Überzeugung der letzten Jahre aus; sie sind das Werk eines Menschen, der sich in seiner äußersten Verteidigungsstellung verschanzt hat. Er hat zur Feder gegriffen, um die Unschuld seines Wesens zu verfechten. Und wir müssen uns mit den indirekten Beweisen seines Schuldgefühles begnügen: allzu oft wiederholt er, er habe das Böse niemals mit Vorsatz begangen. Weit davon entfernt, zu erklären, wie das Schuldgefühl in ihm entstand, bietet Rousseau uns das Schauspiel eines Menschen, der, um sich von dem von ihm selbst geargwöhnten Bösen zu befreien, seine Erlösung in der Magie des Leugnens sucht. Wenn sich Gelegenheit dazu bietet, so versteht er es, aus den demütigenden Berichten einen neuen Vorwand zu ruhiger Befriedigung zu schöpfen. Der zynische Mut zur Beichte gleicht die Missetat aus, als deren Urheber er sich bekennt. »Ich habe alles gesagt«[6] – das läßt ihn wieder in seinem guten Recht sein, sollten wir einen Augenblick lang Zweifel hierüber gehegt haben.

Es fehlt wahrhaftig nicht an Hinweisen, die es uns zu verstehen erlauben, wie ein empfindsames Kind gerade an jenem Ort und zu jenem Zeitpunkt die Angst der Schuld in sich wachsen fühlen konnte. Stellt Rousseau sich einen tadelnden Blick vor, wo doch keiner sich um seine mittelmäßige Existenz kümmert, so deshalb, weil die *Vorstellung* eines allwissenden und gerechten Auges nicht vom Himmel Genfs zu trennen ist. Kierkegaard hat gut sagen, Rousseau wisse »absolut nichts vom Christentum«[7]. Die Luft Genfs einatmen heißt, die Überzeugung vom Sündenfall einatmen, heißt fühlen, wie die mögliche Gefahr des Zornes auf einem lastet. Die Wachsamkeit des Konsistoriums hält in der Atmosphäre der Stadt den Verdacht des Skandales aufrecht. Der Kirchenrat hat auf alles ein Auge: er säumt niemals, die Ausschweifenden, die das geringste öffentliche Ärgernis erregt haben könnten, anzuzeigen und zu brandmarken; er schreibt auf, erteilt Verweise und

5 ›Ebauches des Confessions‹, O. C. I, S. 1149.

6 Was den Ehrgeiz, *alles zu sagen,* betrifft, vgl. unser Werk: ›J.-J. Rousseau: la transparence et l'obstacle‹, Paris 1958, S. 235.

7 S. Kierkegaard, ›Tagebuch‹.

verurteilt. Ein Protokoll wird erstellt: »Er wurde beim Kartenspiel gesehen ... Sie wurde als Mann oder Bäuerin verkleidet gesehen« (es handelt sich um Rousseaus Mutter[8]).

Gegenüber einem Waisenknaben »von unten«, dessen Vater ein »Lebemann« ist, der fliehen mußte, nachdem er einen Bürger »von oben« schwer beleidigt hatte, ist der Blick zweifellos ganz und gar nicht von Nachsicht erfüllt. Hat man nicht guten Grund zu fürchten, er könnte lasterhaft und liederlich wie sein älterer Bruder werden und ebenfalls aus der Stadt fliehen, ohne mehr von sich hören zu lassen? Die Behörden lauern auf das entstehende Böse, und deshalb liegt das Gefühl für das Böse seinerseits auf der Lauer. Im übrigen sorgte der Zufall dafür, daß Rousseau dem inquisitorischen Blick nie zu entgehen vermochte. Das erste Buch der ›Bekenntnisse‹ erzählt von keinem Lausbubenstreich oder Diebstahl, der nicht schließlich entdeckt und bestraft worden wäre. Er wird dabei überrascht, wie er einen Nußbaum auf der Terrasse von Bossey pflanzt[9]; überrascht, als er in Herrn Ducommuns Werkstatt Medaillen prägt[10]. Stiehlt er Spargel, so um sie »einer biederen Frau zu verkaufen, die sah, daß er sie soeben gestohlen hatte«[11]. Entwendet er seinem Meister Äpfel, so will es das Pech, daß er auf frischer Tat ertappt wird[12]. Belastet er sich mit zu vielen Vorsichtsmaßnahmen? Trifft er ihrer zu wenige? Immer verrät er sich schließlich. Ein kleines Fräulein Goton spielt die Lehrerin und verabfolgt ihm die Tracht Prügel, die er sich wünscht, und schon verbreitet das Gerücht davon sich fast augenblicklich – die Buben des Viertels rotten sich zusammen, um ihn zu plagen: »Goton tic tac Rousseau ...«[13]

Was liegt hinfort daran, ob der Blick weicher wird, sich abwendet oder entfernt? Rousseau fährt fort ihn zu spüren und in sich zu tragen, so wie man durch das Beharrungsvermögen der Netzhaut das Licht weiterhin wahrnimmt, das man soeben gelöscht hat. Fiele die äußere Überwachung selbst weg, so bliebe gleichwohl der Gedanke an deren Anwesenheit unverändert in ihm. Vor lauter Sich-beobachtet-Glauben

8 Eugène Ritter, ›La famille et l'enfance de J.-J. Rousseau‹, Paris 1896, S. 89–103.
9 ›Confessions‹, Buch I, O. C. I, S. 24.
10 Ibid., S. 31.
11 Ibid., S. 33.
12 Ibid., S. 34.
13 Ibid., S. 27.

hält Rousseau seine Begierden zurück und untersagt es sich, das Verlangen zu billigen – seine Vorstellung springt ein, füllt die Zwischenräume aus, arbeitet mit der verfolgenden Obrigkeit zusammen und verleiht ihr die Kontinuität, die ihr abging. Bald wird das Zornesantlitz, als dessen bevorzugtes Opfer er sich fühlt, zum integrierenden Bestandteil des Bewußtseins seiner selbst. Der tadelnde Blick verinnerlicht sich; er ist nicht mehr eine getrennte Macht und wird sogar nicht mehr als Blick wahrgenommen: eine bleibende Brandwunde bezeichnet die Stelle, auf die er sich gesenkt hat. Am Schluß dieser *Introjektion* hat der Verdächtige sich in einen Schuldigen verwandelt und trägt seinen Ankläger in sich. Von nun an sind alle Umstände vereint, damit in umgekehrtem Sinne die Projektion stattfinde, die den verfolgenden Zeugen dort neu erschaffen wird, wo es ihn nicht gibt. Aus der Tiefe einer allzu freien und allzu unterdrückten Kindheit steigt Terror herauf. Mit einem stürmischen Temperament begabt, das ihn dazu treibt, wild zu begehren, fühlt Rousseau seine Begierden nur, wenn er sie sogleich als bestraft oder sträflich empfindet. Ein Verbot schneidet ihn von aller körperlichen Befriedigung ab. Nachdem er aus Genf geflohen ist, sieht er immer wieder einmal den belauernden und tadelnden Blick auftauchen, einen Blick, der um so grausamer sein wird, je mehr er ihn sich einbildet. Im übrigen werden die Dinge nicht besser stehen, wenn Rousseau einer wirklichen Feindseligkeit ausgesetzt ist – niemals wird er der Feindschaft der Menschen kaltblütig entgegenzutreten vermögen. Unfähig, seine Feinde zu identifizieren, wird er sich für das Opfer universalen Grimms und universaler Ungerechtigkeit halten. Seine Verfolgungsangst ist die erweiterte Version seiner jugendlichen Unruhe. Und die unzähligen Fluchten (in den realen Raum, den glücklichen Traum, die Freuden der Musik, in die zur Schau getragene Tugendhaftigkeit und die Erinnerung) sind lauter Wiederholungen seines ersten Weggangs aus Genf, halb erduldetes Verhängnis, halb beherzter Versuch, von der Schuld befreit in die Ferne zu gelangen[14].

14 Jede Flucht versetzt Rousseau wieder in den Seelenzustand, in dem er sich mit sechzehn Jahren aus der Heimatstadt entfernte, zur Freiheit des äußeren Raumes hin – auf andere Städte und Gesellschaften zu (Turin, Venedig, Paris), die ihn ihrerseits zum Gefangenen machen. Zur Zeit der ›Träumereien‹ vermögen Flucht und Seßhaftigkeit schließlich nebeneinander zu bestehen: jeder Spaziergang aus den Toren von Paris hinaus hat etwas von einer kleinen Flucht an sich.

Nun läßt sich die Rolle der Gesellschaft und die von Rousseaus Freiheit besser entwirren. Die Umwelt verlangt jene hundertäugige religiöse Überwachung, jene sittenstrenge Forderung, die rasch dazu bereit ist, das Laster zu entdecken und zu verurteilen; sie steht auch für die gesellschaftliche Ungleichheit, die Rousseaus Familie in eine demütigende Lage voller Ressentiments versetzt – er ist »Bürger«, gehört jedoch einer Klasse an, welcher der Zugang zur politischen Macht verweigert wird, und ist in Wahrheit der Vorrechte beraubt, die das Gesetz ihm zuspricht. Angesichts all dessen erfindet Rousseau seine Antworten. Sich schuldig fühlen, sich rechtfertigen, fliehen, das ist kein eng durch die Umwelt bestimmtes Benehmen: ein Übermaß an persönlicher Interpretation, eine zusätzliche Wahl sind dazu vonnöten. Tatsächlich sind die Gelegenheiten selten, da der anklagende Blick sich ausdrücklich auf ihn richtet. Meist steht Rousseau einem *allgemeinen Willen* zur Sittenstrenge gegenüber, der ihn nicht in seiner persönlichen Schuld bedroht. Eine mögliche, anonyme, unklare Schuldhaftigkeit wird vom Gesetz mit einbegriffen: ohne Namen zu nennen, verurteilt es das Böse, das geschehen *könnte*. Doch Rousseau ist es, als weise man auf ihn. Es liegt eine diffuse Anklage in der Luft, und durch Rousseaus Angst wird sie dazu gezwungen, Gestalt anzunehmen und über ihn zu kommen.[15] Und obgleich der erzürnte Blick sich nicht auf ihn heftet, macht er sich zum Gegenstand dieses Blickes. Ebensogut hätte er sich mit dem furchterregenden Auge identifizieren können. Und tatsächlich versucht er unter gewissen Umständen, das zu tun. Warum sollte er sich nicht auf die richtige Seite schlagen? Warum mit der Schreckensherrschaft nicht gemeinsame Sache machen? Rousseaus tu-

15 Man sehe, auf welche Art Rousseau im ›Emile‹ die Verwirrung des jungen Mannes beschreibt, der in die Welt hinaustritt. Die Verfolgung durch den Blick fehlt darin nicht: »Was erblickt er, wenn er die Augen öffnet? Eine Menge sogenannter Güter, die er nicht kannte, und deren größter Teil, da er ihm nur einen Augenblick lang zugänglich ist, sich ihm einzig zu zeigen scheint, um in ihm das Bedauern darüber zu erwecken, daß er ihrer beraubt ist. Geht er in einem Palast umher, so sieht man an seiner unruhigen Neugier, daß er sich fragt, warum sein Vaterhaus nicht so ist... Bald kommt alles wie auf Verabredung zusammen; die beunruhigenden Blicke eines gewichtigen Mannes, die spöttischen Worte eines Sarkastikers werden nicht verfehlen, bis zu ihm zu dringen; und würde er auch nur von einem einzigen Menschen mißachtet, so vergiftete die Verachtung dieses Mannes augenblicklich den Beifall der anderen.« ›Emile‹, Buch IV, S. 43–44. ›Œuvres Complètes de J.-J. Rousseau‹, IV., Paris 1826.

gendhafter Extremismus (den man als ein Abwehrmanöver auffassen kann) beweist, daß er wirklich freie Wahl zwischen der Rolle des Angeklagten und der des Anklägers hat. Auch das ist nicht durch die Lage *gegeben.* Sowohl, um sich als Schuldiger zu objektivieren, wie auch um das Verbrechen auf die anderen abzuwälzen, sind ein Übermaß an Einbildungskraft und ein sonderbares Bedürfnis, Stellung zu nehmen, vonnöten. Warum drückt Rousseau die geschichtliche Situation, in die er hineingestellt ist, alles in allem so gut aus? Weil er ihr nicht so gegenübertritt, wie sie ist, sondern so, wie sie ihm erscheint in ihren letzten Auswirkungen auf das Gefühl.

Dem tadelnden Blick entfliehen, sich verstohlen des begehrten Gegenstandes bemächtigen: Rousseau hat diese Versuchung gekannt und ihr manchmal nachgegeben. Kommt es vor, daß er stiehlt (am häufigsten entwendet er »Eßware«), so um die Schmach zu vermeiden, sein Verlangen kundzutun. Er glaubt, auf diese Weise geradewegs zum Genuß zu gelangen, ohne die Zustimmung der anderen zu erbitten, ohne das Geldstück, jenes abstrakte Zeichen, das alle mit Geld erworbenen Freuden um ihren Glanz bringt, dazwischen legen zu müssen. Was keiner gesehen hat, das wird von keinem gewußt: indem er zum Dieb wird, schafft er paradoxerweise die Schuld ab, einfach dadurch, daß er sich außer Reichweite des anklagenden Blickes begibt. Stehlen wird also zu einer unschuldigen Handlung, unter der Voraussetzung allerdings, daß das Bewußtsein in der Vorstellung zu dem Stadium zurückkehrt, wo es noch nicht von der Gegenwart des verinnerlichten Zeugen erfüllt war. Rousseau stiehlt weder, um zu trotzen, noch aus Freude am Übertreten der Gesetze: er stiehlt, um die Lage zu vereinfachen, um einen »unbequemen Dritten« loszuwerden, und flüchtet in eine primitive Amoralität, diesseits der Erkenntnis von Gut und Böse.
Tatsächlich ist alles so, als sei die Welt zu eng für die gleichzeitige Anwesenheit des begehrenden Bewußtseins, des begehrten Gegenstandes und des strengen Zeugen. Ihre Verknüpfung ruft unerträgliches Unbehagen hervor. Einer der drei muß sich verstecken, sich verwandeln oder verschwinden. Dank den Hilfsmitteln der Phantasie und der Geschmeidigkeit des Verlangens sind die möglichen Lösungen zahlreich, und Rousseau hat nicht wenige von ihnen versucht, ohne Ordnung noch Methode, ohne Vorbedacht, nur von dem Bedürfnis getrieben,

seine Angst zu beschwichtigen und trotz des widrigen Geschicks zu *genießen.* Dem Blick des Zeugen ausweichen, ist nur eine der Möglichkeiten, die impulsivste, aber auch die, deren Erfolg besonders ungewiß ist. Der Zeuge verschwindet niemals für lange Zeit aus dem Gesichtskreis: ihm um jeden Preis entfliehen wollen, heißt, das Risiko seiner unvorhergesehenen Rückkehr heraufbeschwören. Wir haben bereits bemerkt, daß Rousseaus heimliche Handlungen fast immer entdeckt werden. Ist das nur Pech? Man könnte meinen, er selber rufe diese Katastrophen, bei denen er sich mit Schande bedeckt, herbei: vielleicht wünscht er sie sich, um andere Lösungen erfinden zu müssen. Da läßt er die Beute fahren und wählt die vollkommene Welt der Schatten. Die eingebildeten Verbote führen zur Befriedigung im Reich der Phantasie. Läßt der Zeuge sich nicht beiseiteschieben, so ist es Sache des Verlangens, nach den Verwandlungen zu suchen, welche die Lage mit dem Streben nach Glück vereinbar machen werden. Ohne seine Intensität zu verlieren, wird das Verlangen ein anderes Wesen annehmen, seine Hoffnungen ändern, sich auf andere Ziele einstellen. In seiner Beziehung zum Gegenstand wird nicht nur der Abstand ein anderer werden, sondern der Gegenstand selber wird seine Gestalt verlieren und andere Gesichter zeigen. Denn auf andere Art begehren, heißt bereits, etwas anderes begehren. Wir erkennen hier einen vorherrschenden Zug in Rousseaus Verhalten: so wie er häufig zwischen Gleichgültigkeit und Glut hin- und herschwankt, so kennt auch seine Leidenschaft seltsame Verschiebungen des Interesses. Die Lust, nach der er strebt, hängt nicht von irgendwelchen bestimmten Gegenständen ab, sondern ist an einen Zustand höchster Begeisterung gebunden, der seinen Anlaß unendlich oft wechseln kann. Welches auch immer die Mißerfolge und Hindernisse sein mögen, Rousseau findet oder erschafft neue Gegenstände, die es ihm erlauben, im Zustand des Begehrens zu verbleiben. Er ist bereit, sich Sand in die Augen zu streuen, solange nichts ihn zwingt, die Wallung seiner »sich ausbreitenden Seele« zu opfern. Deshalb kann er leicht damit einverstanden sein, den Gegenstand, dessen Eroberung ihm untersagt ist, mit einem anderen zu vertauschen. Jedes Ding kann ersetzt werden, zuerst durch sein Bild, dann durch die Reihe symbolischer Stellvertretungen, die zu ihm im Verhältnis der Analogie stehen. Durch einen Beschluß der Phantasie stellt der unschuldige Gegenstand einer erlaubten Begierde insgeheim die verbotene Frucht dar, auf die verzichtet werden mußte. Doch welches ist die verbotene Frucht? Läßt sich ein ursprünglicher, realer und genauer Gegenstand festhalten, dessen Stelle in der Folge von verschiedenen eingebildeten oder symbolischen Kompensationen eingenommen wird?

Tatsächlich geht das Abenteuer des Begehrens nicht von einem realen Gegenstand aus: es wird ihn ständig suchen, ohne daß es ihm gelänge, ihn näher zu umschreiben. Was man zu Beginn feststellt, ist das blinde Gefühl – eine begehrende Kraft, die noch nicht fähig ist, unter den vielfachen Gestalten, die sich ihr in der Außenwelt bieten, zu wählen. Wir finden sogleich einen von der Einbildungskraft beherrschten Rousseau vor, dem es wenig darum zu tun ist, gegen die Schwierigkeit oder Trägheit anzukämpfen, die er empfindet, soll er die kindliche Welt der egozentrischen, märchenhaften Träumereien verlassen. Wir müssen das Geständnis ernst nehmen, das uns zu Beginn der ›Bekenntnisse‹ gemacht wird: Rousseau ist durch die Romanlektüre zum Bewußtsein seiner persönlichen Existenz erweckt worden.[16] Von Anfang an entdeckt das Ich sich selber in dem Akt, der es den Traumbildern weiht, in der Bewegung, die es über die väterliche Werkbank und die bescheidene häusliche Wirklichkeit hinaus zu einem Universum der Gefühle und erdachten Abenteuer hin trägt. Rousseaus ganzes Werk enthüllt, daß das Verlangen zu seinem Glück und Unglück die unbeschränkte Macht in sich hat, die veränderlichen Bilder hervorzubringen, die seine *Begeisterung* erregen sollen.

Eine Grundwahrheit der Psychologie besagt, daß man durch die Zuflucht zur Vorstellung darauf ausgeht, die bei der Suche nach greifbaren Besitztümern erlittenen Mißerfolge zu kompensieren. Entkommt die Beute, so begnügt man sich mit dem Schatten. Solch eine Suche nach der *Entschädigung* fehlt nicht bei Rousseau; zahlreiche Seiten der autobiographischen Schriften sprechen ausdrücklich von ihr.[17] Da er seinen Appetit nicht mit dem Brot der Wirklichkeit zu stillen vermag, schlemmt er mit Kuchen und Wein der Phantasie. Diese Interpretation, so gültig sie auch sein mag, bleibt jedoch unvollständig. Sind die erdachten Gesellschaften eine Zuflucht, in die Rousseau sich zurückzieht, um den feindlichen Blicken zu entfliehen, erstatten sie ihm die Lust, die er im

16 Ibid., S. 8.
17 Vor allem in der fünften ›Rêverie‹, O. C. I, S. 1047.

Wirbel der Welt nicht zu erobern verstand, hundertfach zurück, so nicht nur deshalb, weil er in ihnen einen verschönerten Abglanz der entschlüpften Beute zu finden vermag – das Reich der Phantasie ist für ihn zuerst eine Heimat gewesen, ein Urland, von dem er sich nie ganz hat lösen können, um in die »Welt« der Menschen überzutreten. Gewiß läßt sich nicht leugnen, daß das Herbeirufen der Phantasiegebilde häufig aufgrund der Enttäuschung stattfindet: ernüchtert, stürzt die liebende Seele sich in die tröstenden Phantastereien. Doch gibt es eine Bewegung in umgekehrtem Sinn, die wirre Vorahnung, fabulierende Vorwegnahme ist, und die, von einer rein illusorischen Glückseligkeit ausgehend, deren Verwirklichung leidenschaftlich herbeisehnt. Dies ist der Urzustand des Phantasierens. Es wendet sich von der Welt nicht ab, sondern bereitet sich darauf vor, in sie einzudringen, und macht sich von ihr ein bezauberndes Bild, das es nach Gutdünken belebt, indem es Gestalten erspäht und ins Dasein ruft, die, sind sie auch noch nicht wirklich, es doch bald werden sollten[18]. Die konkrete Beute, die das Verlangen entdeckt, die Frauen aus Fleisch und Blut, denen es huldigt, lassen den Phantasiegrund erahnen, auf dem ihr Bild von einem schattenbevölkerten Nichts aus allmählich deutlichere Formen angenommen hat. Der geliebte Mensch ist die sichtbare Gestalt, in die eine lange Träumerei mündet, er löst ein Traumbild ab, von dem Rousseau besessen war. Mit Recht darf man sagen, bei Rousseau trete nur die Vorhut der einem Bilde nachjagenden Phantasie an die Wirklichkeit heran. Und erweist sich der reale Mensch in der Folge als eine Enttäuschung, so zweifellos deshalb, weil Rousseau in ihm die restlose Verwirklichung einer zuvor erträumten Glückseligkeit suchte. Die Vorstellung stellt Archetypen, Modelle *a priori* vor ihn hin. Die Kompensation, die er nachträglich sucht, ist nur eine Rückkehr zum vorangegangenen Stadium – eine Rückzugsposition, in welcher der Mensch sich jedoch erneut in das morgendliche Licht der glücklichen Erwartung und der sich ausbreitenden Begeisterung versetzt. Gewiß enthalten Rousseaus eingebildete Genüsse ein unbestreitbar rückblickendes Element[19]: er beschwört die

18 Über den prophetischen Aspekt mancher Rousseauscher Träumereien vgl. Marcel Raymond, ›Deux aspects de la vie intérieure de J.-J. Rousseau‹, in: ›Annales J.-J. Rousseau‹, Bd. XXIX, S. 44ff.

19 Wir weisen den Leser auf das Kapitel hin, das George Poulet J.-J. Rousseau in seinen ›Etudes sur le temps humain‹, Paris 1950, S. 158–193, widmet.

Erinnerung an das idealisierte Trugbild der verpaßten Gelegenheiten herauf, den glänzenden Widerschein der schönen Gegenstände, die sich nicht greifen ließen; diese Vergangenheit jedoch durchlebt er noch einmal so, als könnte er sie in Zukunft verwandeln, als ließe sich zur Betrachtungsweise der Hoffnung Zuflucht nehmen, um das wiederzusehen, was nicht mehr ist. Der erweckte Träumer hebt die Zeit auf und erlebt sein verpaßtes Glück in einer quasi-Zukunft. Das Kostbarste, was die eingebildete Kompensation zurückerstattet, ist nicht die mit dem Besitz des Gegenstandes verbundene Lust, sondern die ursprüngliche Euphorie begeisterten Zustrebens auf ein freundliches *Bald*, das freie Sich-Öffnen zum Möglichen, das nicht von der Sorge um Anpassung an die kleinlichen Gesetze dieser Welt gestört wird.

Welchen Anteil auch immer ein geisterbeschwörendes Erinnerungsvermögen daran haben mag, Rousseaus Träumerei ist eine ankündende Bewegung, die ihre geschauten Bilder innerhalb eines von Hindernissen freien Gesichtskreises und vor dem friedenstörerischen Zeugen ausbreitet. In einem endlosen Kreislauf zehrt der Traum von der Erinnerung an erlebte Begegnungen, doch das Zusammentreffen mit dem realen Gegenstand ist die Verlängerung eines anderen Traumes, die Jagd nach einem Trugbild, das unklar verspricht, sich greifen zu lassen. Was Rousseau anzieht, ist, jenseits der körperlichen Wirklichkeit von Menschen und Dingen, daß sich in ihnen ein geistiges Abenteuer erfüllt, ist das Erdichtete in der zweiten Potenz, die Ähnlichkeit mit den Gestalten der persönlichen Fabel. Er jagt der wirklichen Beute nur nach, um in ihr zu geliebten Schatten zu gelangen. In Sophie d'Houdetot glaubt Rousseau die Verkörperung von Julie d'Etanges[20] zu finden, deren Bild er mit der Erinnerung an Madame de Warens (und an einige andere) geformt hat; er bleibt jedoch nicht bei der Vergangenheit stehen, die er tatsächlich bei »Mama« erlebt hat, sondern läßt in der Vorstellung die Jugend dieser Frau zur geheimnisumwobenen Zeit ihres ersten Liebeserlebnisses aufsteigen: Julie ist die Traumgestalt einer im Mädchenalter stehenden Eleonore. Überdies vermochte Rousseau nur deshalb eine solch starke Zuneigung für Madame de Warens zu empfinden, weil er in ihr die Dame seiner ersten romantischen Träumereien wiederfand und

20 Siehe den Artikel von Robert Osmond, ›La genèse de la Nouvelle Héloïse‹, in: ›Annales J.-J. Rousseau‹, Bd. XXXIII, S. 93–148.

die erdachten Züge einer auf immer verlorenen Mutter ... Darum kann er gegebenenfalls die Beute für den Schatten fahren lassen. Pygmalion liebt zuerst ein körperloses Bild, und in der Gestalt, die er formt und die zum Leben erwacht, vergöttert er noch jenes erste Bild, das sich für ihn kaum von seinem eigenen Ich unterscheidet.
Bei jedem der realen Gegenstände, auf die sich Rousseaus vergebliche Begierde richtet, kann man sich zuerst die Frage stellen: durch welchen weiteren Traum wird er sich über seinen Mißerfolg hinwegtrösten? Doch kann man sich auch fragen: von welchem vorangegangenen Traum aus und durch welche Ablenkung hat das Verlangen sich auf diesen Gegenstand gerichtet? Begehrt er jene Äpfel, die er stiehlt, nicht an Stelle von etwas anderem? Die Psychoanalyse würde hier nicht grundlos, jedoch ohne absoluten Beweis, irgendein Traumbild der Mutterbrust nahelegen. Und vorher? Von Vermutung zu Vermutung würde man weit zurückgehen und doch niemals die Gewißheit erlangen, bis zum Grunde vorgedrungen zu sein.

Der Entdeckung des wirklichen Gegenstands geht die Reihe der ihn ankündenden erdichteten Präfigurationen voraus. Doch das Erdachte selber hebt sich von einem bildlosen Grund ab. In den ›Bekenntnissen‹ spricht Rousseau zu verschiedenen Malen von einem Urzustand des Begehrens, der reines Gefühl ist und seinen Blick noch nicht der wirklichen Welt oder den Schauspielen der Träumerei geöffnet hat. Es ist ein unklarer Drang, ein Brennen, das sich nur wirr kennt und erst recht nicht weiß, was es zu stillen vermag.[21] Welchem Ding soll er sich zuwenden? Er weiß es nicht oder will es nicht wissen. Wenn wir ihm glauben wollen, so ist Rousseau lange Zeit der Gefangene einer blinden Unruhe geblieben, bei der er das berauschende Gefühl genoß, hingerissen und verwirrt zu sein, ohne zu wissen, weshalb. Eine erstaunliche Unschuld für einen Jungen, der so viele Romane verschlungen hat. Zweifellos hat der puritanische Terror etwas damit zu tun. Diese Verspätung in der »Wahl des Gegenstandes« scheint mir den frühen Einfluß des Untersagens zu bezeugen, und den abwehrenden Gegenhieb eines Menschen, der von der Anklage frei bleiben will, die er drohend bevorstehen fühlt – das Verlangen streitet ab, daß es die geringsten

21 ›Confessions‹, Buch I, O. C. I, S. 41.

Absichten verfolge, es interessiert sich für nichts und für niemanden, verzehrt sich in sich selbst und erleidet sein eigenes Überströmen wie ein Verhängnis, niederdrückend und köstlich zugleich. So ist er also frei von Schuld, da er nicht einmal weiß, wonach er begehrt ... Rousseau verweilt in der Unkenntnis, so wie er es später in der Einbildung tun wird: es sind dies lauter Arten, das Böse nicht zu begehen, sich von der Sünde fern zu halten. Ist es nicht das, was ihn nach seinen eigenen Worten vor sich rettet? Sonderbares Heil: liefert er sich seinem eigenen Ich aus, so vermeint Rousseau, sich zu befreien!

Als erstes ist das Gefühl da. Dann kommt das Hervorbringen innerer Bilder dem Gefühl zur Hilfe: »Meine seit langem erregten Sinne verlangten von mir einen Genuß, dessen Gegenstand ich mir nicht einmal vorstellen konnte. Ich war von der eigentlichen Sache so weit entfernt, als wäre ich geschlechtslos gewesen, und, schon in mannbarem Alter und empfindsam, dachte ich bisweilen an meine Liebeleien, darüber hinaus sah ich jedoch nichts. In dieser seltsamen Lage faßte meine unruhige Phantasie einen Entschluß, der mich vor mir selber rettete und meine erwachende Sinnlichkeit beruhigte. Sie gefiel sich darin, von den Situationen zu zehren, die mich bei der Lektüre gefesselt hatten, sie vor meine Seele zurückzurufen, sie abzuwandeln, zusammenzustellen und mir derart zu eigen zu machen, daß ich zu einer der Gestalten wurde, die ich erdachte, und mich stets in den Verhältnissen erblickte, die mir nach meinem Geschmack am angenehmsten waren, auf daß die erdichtete Lage, in die mich zu versetzen mir gelang, mich meinen wirklichen Zustand vergessen ließe, der mich so wenig befriedigen konnte.«[22]

Man sieht, die Tätigkeit der Einbildungskraft setzt mit einer gewissen Verspätung ein; ihre Wirkung ist es, die Lage zu entspannen, die Unruhe zu beschwichtigen und das Gären des Verlangens erträglicher zu machen. Doch echt ist hier nicht die Erschaffung der Bilder (die alle Büchern entstammen), sondern die stumme Intensität der ursprünglichen Gemütsbewegung – das Gefühl sucht einen Ausweg und verlangt von den Bildern Ablenkung und vorläufige Befriedigung zugleich. Man muß diesen Punkt besonders hervorheben: bei Rousseau ist das Leben in der Phantasie vor allem ein Entfalten der Gefühls-

22 Ibid., S. 41.

kräfte, ein liebendes Sich-Ausbreiten, das sich abwechselnd die höchsten Freuden des Stolzes und die masochistischen Wonnen der kniefälligen Demut verschafft. Und da das Bewußtsein versucht, seine Erregung mit *sichtbaren* Gründen in Verbindung zu bringen, erfindet es umständlich erzählte Anlässe und gebietet eine dramatische Inszenierung. Das urprünglich wirre Verlangen umgibt sich mit einem Roman, der ihm eine Form aufzwingt. Die Bilder sind bei Rousseau nur die Hilfsmittel des Gefühls; sie haben keine eigene Originalität. Man versteht deshalb, daß, während Rousseaus Zeitgenossen in ihm das eigentliche Urbild des von seiner Einbildungskraft beherrschten Menschen zu finden vermeinten, die modernen Exegeten des Imaginären (wie Gaston Bachelard) bei ihm nicht die Beweise für eine wahrhaft Neues schaffende Phantasie entdeckt haben – alles liegt in der Dynamik des Gefühls, in der Leidenschaftlichkeit der Situation. Für die »konkrete Phantasie«, das heißt für die traumhafte Erforschung der Natur, bleibt wenig Raum. Die Träumerei ist für Rousseau vor allem der Ort, an dem seine *Geselligkeit* sich voll ausleben kann: braucht er einen ländlichen Rahmen, um zu träumen, so ist sein bevorzugtes Thema die »Gemeinschaft der Auserwählten«: in ihr erlebt er eine ideale Beziehung zu den anderen.[23] Auf seiner erdichteten Bühne ist Rousseau nie isoliert, er steht seinen Partnern Rede und Antwort. Die Natur ist die Szenerie, vor der er Zwillingsseelen auftauchen läßt, wobei die Lustwäldchen die bescheidene Funktion eines Bühnenbildes übernehmen. Die Phantasie regelt das wechselnde Spiel der seelischen Spannungen, sie erdenkt Konflikte, Opfer, Entzweiungen, Reue, Verzeihung...

In diesem erdachten Universum treffen die Blicke liebevoll aufeinander, Hindernisse tauchen nur auf, um alsbald beseitigt zu werden, Mißverständnisse werden im gegebenen Augenblick zerstreut. Die Lust und das Gefühl der Befreiung rühren hier von der Tatsache her, daß die Initiative zum Zwiegespräch der Blicke nun bei Rousseau liegt und ihm ganz gehört. Freunde, Geliebte, Vertraute, alles wird durch seine Schau hervorgebracht; und bei den Blicken, die seine erdachten Partner auf ihn richten oder die sie erwidern, ist wiederum er es, der ihnen gebietet und frei über sie verfügt: er weiß genau, was ihre Augen

23 ›Deuxième dialogue‹, O. C. I, S. 814.

und Mienen sagen wollen; so geheimnisvoll er sie sich auch vorstellt, ist doch in ihnen nichts, was ihm grundsätzlich entginge. Ihm sind alle ihre Absichten klar. Er stößt bei ihnen nicht auf jene dunklen, unergründlichen und nicht zu fassenden Seiten, die bei den wirklichen Zeugen mit Sicherheit Mißtrauen erwecken. Tatsächlich schließen sich Rousseaus Blick auf seine Phantasiegebilde und der Blick des Zeugen auf Rousseau gegenseitig aus. Auf die Gefahr hin, für einen Menschenfeind gehalten zu werden, hütet er deshalb seine Einsamkeit eifersüchtig; er kann sich mit seinen teuren Schattenbildern nur dann unterhalten, wenn keiner ihn sieht. Es ist eine Art menschlichen Vakuums vonnöten, damit sich die »ausbreitende« Kraft seiner liebenden Seele entfalte. Diese seltsame Eroberung eines erdichteten Raumes setzt die allergrößte Verengung der wirklichen Existenz voraus, und die Psychologen haben nicht unrecht, wenn sie hier von *Introversion* sprechen. Die Träumerei gibt sich der Illusion hin, sich der wirklichen Welt zu öffnen, indes sie nur in einen Raum eintaucht, den sie selber erschafft.

Bei Rousseau lebt sich die Beweglichkeit der Gefühle nicht nur im Abwandeln der erdichteten Vorfälle aus, sondern auch darin, daß er sich der Reihe nach mit den verschiedenen Trägern der Handlung identifiziert. Das Wichtigste beim Leben in der Phantasie ist nicht so sehr das Schauspiel, das man sieht, als vielmehr die bewunderungswürdige Gestalt, die man ist (oder zu der man wird). Darin beruht der Zauber, den Rousseau beim Verfassen eines Romanes in Briefen wie die ›Nouvelle Héloïse‹ empfindet – er kann so von einem Ich zum anderen übergehen und wird der Reihe nach Saint-Preux, Julie, Claire, Wolmar ... Seine Helden sind alle hochherzig, die einen leidenschaftlich, die anderen tugendhaft; kein Bösewicht mischt sich in diesen Kreis Erwählter. Deshalb hat Rousseau das Recht, sich mit jedem einzelnen von ihnen restlos solidarisch zu fühlen. Wenn er sich mit seinen Romangestalten identifiziert, dann genießt er die Lust, ein anderer zu sein, und muß sich doch dem eigenen Ich nicht untreu fühlen. Er bleibt in einer verzauberten Stimmung von Zärtlichkeit, Tugend und Erlösung von Schuld: da ist seine ganze Seele, unter verschiedene Gestalten verteilt. Überdies bleiben die erdachten Ausschweifungen und seltsamsten Metamorphosen mit der Gleichförmigkeit eines frugalen Lebens vereinbar, bei dem Tag für Tag der einsame Spaziergang regelmäßig auf die dem Abschreiben der Partituren gewidmeten Stunden folgt. Soll man lächeln, wenn er uns sagt, die Tage, an denen er seinen Träumereien nachhing, seien die, an denen er am meisten er selber war? Keineswegs. Er selber sein, heißt für Rousseau, die Freiheit haben, sich ohne Rücksicht auf jeden Zwang und jedes Komplott in der Vorstellung zu *einem anderen zu machen.*

Aus dem blinden Begehren entstanden, das seinen Gegenstand noch nicht sieht, endet das erdachte Abenteuer mit der glücklichen Verzükkung, die jeglichen Gegenstand aus den Augen verliert. Die kostbarsten Augenblicke der Träumerei sind die, in denen das Bewußtsein, vom allmächtigen Gefühl überflutet, alle Bilder vergißt, die ihm als Anlaß gedient haben. So liegt der eigentliche Bereich der Phantasie zwischen einer anfänglichen Dunkelheit und einem schließlichen Geblendetsein, die sich zu treffen scheinen. Alles begann im dumpfen Aufwallen eines »brennenden Bluts«; und Visionen, Trugbilder, »Goldene Zeitalter«, »Gemeinschaften der Auserwählten« haben nur dazu gedient, den Geist zu dem Punkt zu geleiten, an dem er im Paroxysmus versinkt, und wo der Körper, bestürzt und triumphierend, nur noch die geheimnisvolle Woge kennt, die ihn durchquert – er nimmt keine andere Anwesenheit mehr wahr als die seine, am Rande der Abwesenheit. Diese totale Anwesenheit, die alle Unterschiede aufgehoben hat und kein Zwiegespräch mehr mit einer fremden Gestalt führt (und wäre diese erdichtet), gelangt häufig dazu, sich dem Universum gleichwertig zu fühlen. Die Übereinstimmung mit der kosmischen Gesamtheit ist der höchste Punkt, den die Einbildungskraft zu erreichen vermag, dort verflüchtigt sich jedoch jegliches Bild. Mag es sich um die ruhigen Träumereien am Bielersee handeln oder um die »betäubende Verzückung« des dritten Briefs an Malesherbes – Zustände, durch die Intensität ihrer Schwingung verschieden: der eine erreicht die äußerste Zartheit, der andere dagegen ist ein »die Grenze der Menschen«[24] übersteigender Tumult –, man entdeckt einen gemeinsamen Zug in der Tatsache, daß es sich um »gegenstandslose Träumereien«[25], um ein Hingerissensein handelt, dessen Gegenstand, unermeßlich groß und

24 ›Troisième lettre à M. de Malesherbes‹, O. C. I, S. 1141.
25 ›Confessions‹, 12. Buch, O. C. I, S. 644.

unabgrenzbar geworden, die Seele in einen wirren Zustand hineinzieht, in dem jede klare Vorstellung erlischt.[26]
Die Bilder verschwinden, der Blick verliert sich ... Die sich ausbreitende Macht des Begehrens, welche die erdachte Welt hervorgerufen hatte, um die Unvollkommenheit der realen abzustreiten und zu übersteigen, beendet ihre Bahn mit einer letzten Verneinung, die das erdichtete Schauspiel selber abschafft. In der Reihe der durchlaufenen Stufen tritt das Fortschreiten der Verneinung deutlich zutage. Die Einbildungskraft stellt sich den Lügen und Lastern der Gesellschaft entgegen, indem sie abseits von ihnen das Reich der vollkommenen Typen und der höchsten Tugend erbaut – ein Aufstand, der keinerlei Ketten zerbricht, die ungerechte Welt jedoch durch die Vorstellung einer »anderen Sphäre« verdrängt. Nur ist dieses erdachte Universum, in dem es dem Menschen gegeben ist, nach Belieben die »Lust, Ursache zu sein« zu genießen, mit einer Schwäche behaftet, die man von seiner »Vollkommenheit« nicht zu trennen vermag. Seine Schönheit ist an das Nicht-Sein gebunden. »Ich suchte immer, was nicht war.«[27] »Ist es meine Schuld, wenn ich liebe, was nicht ist?«[28] Die Vollkommenheit der erdachten Welt wird ganz und gar von der Bemühung des Ichs getragen, und dieses kann sich nicht endlos verhehlen, daß seine Schöpfung *ex nihilo* entsteht. Die Bilder, die er heraufbeschwört, um sein Liebesbedürfnis zu stillen, sind nur ein Köder, an dem seine eigene Freiheit, der Verblendung erliegend, sich selbst verliert. Gerade in der Leichtigkeit, mit der er über seine Traumbilder verfügt, tut sich deren Nichtigkeit kund und »betrübt mit einem Mal« seine Seele. Jene Leere muß noch angefüllt, jenes Nichts seinerseits geleugnet werden. So wie er sich der Welt entzogen hatte, um sich dem Reich der Phantasie zu weihen, muß er sich nun diesem entwinden, um sich der geheimnisvollen Wahrheit zu weihen, die ihm durch dessen Nichts hindurch erscheint. Die kosmische Verzückung hat den Wert einer Verneinung der Verneinung (die

26 In seiner Einleitung zu den ›Träumereien‹ bemerkt Marcel Raymond feinsinnig: »Rousseau, der Mensch des Begehrens, muß so weit kommen, daß er nichts mehr begehrt und sich nichts mehr vorstellt.« O. C. I, S. XXIII.

27 ›Deuxième lettre à M. de Malesherbes‹, O. C. I, S. 1134.

28 ›Emile‹, 5. Buch, ›Œuvres de J.-J. Rousseau‹, Bd. V, S. 117. Vgl. Martin Rang ›Rousseaus Lehre vom Menschen‹, Göttingen 1959, S. 316–317, und P. Burgelin ›La philosophie de l'existence de J.-J. Rousseau‹, Paris 1952.

in der Einsamkeit durchlebt wurde): Rückkehr zur ursprünglichen Fülle, nach dem Umweg über den täuschenden Schein. Doch hierfür ist eine Art Gnade vonnöten, will sagen ein Übermaß an sich ausbreitender Energie oder die Fähigkeit völliger Hingabe.

Mag in der Verzückung noch so sehr das Gefühl vorherrschen, sich über das Gesetz der Zeit zu erheben, sie wird doch den Augenblick, der sie trägt, nicht überleben. Was bleibt? Wenn das allzu große Glück schwindet, die Phantasie ermattet oder aus ihrer Verzauberung erwacht, dann fällt der Blick wieder auf die Welt des Wirklichen – um nicht von der grausamen Feindseligkeit der zusammengerotteten Menschen affiziert zu werden, muß das Auge auf der Unschuld zur Natur gehörender Gegenstände verweilen: Pflanzen am Rande der Pfade, vertraute Tiere, frugale Küche und einfache Gerichte, die Thérèse ihm kocht. Nach jeder Verzückung kommt stets der Augenblick, da Rousseau sich »dem Eindruck der Gegenstände hingibt, jedoch ohne zu denken, *ohne sich etwas vorzustellen,* ohne etwas anderes zu tun, als die Ruhe und das Glück zu empfinden«.[29] Es ist die glückliche Ermattung auf dem abendlichen Rückweg. Und in den letzten Jahren, als seine Einbildungskraft versiegt und »erkaltet« ist, findet er in der Botanik jenes gleiche eng umgrenzte Glück, das sich auf die einfache Wahrnehmung angenehmer Gegenstände beschränkt. »Die Menschen fliehend, die Einsamkeit suchend, *mir nichts mehr vorstellend,* noch weniger denkend und doch mit einem lebhaften Temperament begabt, das mich von matter und schwermütiger Teilnahmslosigkeit fernhält, begann ich mich mit all dem abzugeben, was um mich war, und aus einem sehr natürlichen Trieb heraus gab ich den angenehmsten Gegenständen den Vorzug.«[30] Die ländlichen Gegenstände und tröstlichen Romanzen verschaffen ihm einen köstlichen Genuß, der durch den Gedanken an dessen vollkommene Unschuld noch erhöht wird. Wir werden alle zu Zeugen genommen. Wer dächte daran, sich darüber zu erzürnen?

Kein Ausbrechen in das Reich der Phantasie. Tatsächlich beschreibt Rousseau den Zustand des *Naturmenschen* so. Er lebt im Einklang mit allem, begehrt nur die Gegenstände, deren Bedürfnis die Natur ihn

29 ›Troisième lettre à M. de Malesherbes‹, O. C. I, S. 1141.
30 ›Rêveries‹, VII, O. C. I, S. 1066.

empfinden läßt, und sein Verlangen ist so berechtigt, daß es augenblicklich gestillt werden kann, da es niemals die von der konkreten Umwelt gebotenen Möglichkeiten übersteigt. Im unberührten und fruchtbaren Urwald ist das Verlangen, dem sich nichts in den Weg stellt, auch von sich aus beschränkt. Der Naturmensch braucht sich nicht tugendhaft um die Bewahrung des Gleichgewichts zu bemühen: »Seine Einbildungskraft malt ihm nichts aus: sein Herz verlangt nichts von ihm. Seine bescheidenen Bedürfnisse können so leicht befriedigt werden, und er ist so fern von dem Kenntnisgrad, der erforderlich ist, um zu wünschen, größere zu erwerben, daß er weder Vorsorge noch Neugier zu empfinden vermag ... Die Einbildungskraft, die bei uns so viele Verheerungen anrichtet, spricht nicht zu wilden Herzen.«[31]

Der hypothetischen Geschichte zufolge, welche die ›Abhandlung über den Ursprung der Ungleichheit‹ vorschlägt, erscheint die Einbildungskraft erst mit der Vorsorge und dem Denkvermögen, also in dem Augenblick, da der Mensch die Möglichkeiten seiner Vervollkommnung entwickelt und sich von seinem Naturzustand entfernt. Die Phantasie ist eine jener bewunderungswürdigen und verderblichen Mächte, welche die Unzufriedenheit nähren, den Geist dazu zwingen, von sich selber entfernt zu leben, und die ihn dazu bringen, den heimatlichen Boden des unmittelbaren Lebens und das Gleichgewicht des ursprünglichen Gesetzes zu verlassen.

Man wird sich also nicht darüber wundern, daß die pädagogische Theorie des ›Emile‹ genau in dem Maße, in dem Rousseau sich in ihr darum besorgt zeigt, den Zustand der Kindheit zu verlängern und die Pubertät hinauszuzögern, nicht mit Ratschlägen spart, die darauf abzielen, die Einbildungskraft so lange wie möglich schlummernd zu erhalten: »Weder durch das Temperament noch durch die Sinne beginnt die Verwirrung der Jugend, sondern durch die Meinung.«[32] Die Phantasie ist über alle Maßen gefährlich, da sie dem ahnungslosen jungen Menschen die Augen öffnet, seinem Blick begehrenswerte Gegenstände weist und so das Zeitalter der schuldhaften und unglücklichen Begierde anheben läßt. Nichts ist schlimmer als die vorzeitige Entdek-

31 ›Discours sur l'origine de l'inégalité‹, ›Œuvres de J.-J. Rousseau‹, Bd. I, S. 260 und 284.

32 ›Emile‹, IV, ›Œuvres Complètes de J.-J. Rousseau‹, Paris 1826.

kung des Geschlechtstriebs und seines Gegenstandes. Also muß man alle Antizipationskräfte ersticken, seien sie nun geistig oder durch das Gefühl bedingt. Vor allem muß man die Städte meiden, wo die Menschen nur antizipierend leben ... Doch von dem Augenblick an, da die Sinne erwacht sind und das Begehren seinen Gegenstand erkennt, bekommt die Einbildungskraft einen anderen Aspekt und wird zum Hilfsmittel der Tugend. Von Versuchungen umgeben, für die er empfänglich geworden ist, wird der junge Mann durch die Ablenkung gerettet, die ihm jegliche »erdachte Verwirklichung« vorstellt. Bemühen wir uns also, die Liebesträumerei zu begünstigen, indem wir sie auf fiktive Vorzüge hinlenken: sie wird für den Jüngling Anlaß sein, im voraus keine Lust an den Freuden zu finden, welche die Erstbeste bietet.[33] Vom Bild des idealen Geliebten gebannt, bewahren sich Emiles und Sophies Seelen ihre Reinheit bis zu dem Augenblick der Begegnung.

Und weiter: ist die Phantasie eine verderbliche Macht im Vergleich zu dem Urzustand, in dem der Mensch sich auf die vertraute Berührung mit den unschuldigen Dingen beschränkt, so besitzt sie doch Vorrechte, die ihr eine wichtige Funktion auf geistigem Gebiete verleihen. Bevor der Jüngling fähig ist, sein Verstandes- und Redevermögen voll anzuwenden, ist es zwecklos, ihm gegenüber die Sprache der strengen Vernunft zu gebrauchen; wenden wir uns mit den Mitteln an ihn, welche die »Einbildungskraft packen«, mit konkreten Beispielen und Zeichen. Dies war das Geheimnis der Beredsamkeit der Alten: »Was man am lebendigsten sagte, drückte man nicht durch Worte, sondern durch Zeichen aus; man sagte es nicht, man zeigte es. Der Gegenstand, den man den Augen zur Schau bietet, setzt die Phantasie in Bewegung, erregt die Neugier, läßt den Geist in der Erwartung dessen leben, was man sagen wird; und häufig hat jener Gegenstand allein alles gesagt.«[34]

33 »Ich muß der ungeschickteste aller Menschen sein, wenn ich ihn nicht im voraus mit Leidenschaft erfülle, ohne daß er weiß, wem sie gilt. Es hat nichts zu bedeuten, daß der Gegenstand, den ich ihm ausmalen werde, erdacht ist, es genügt, daß er überall Vergleiche findet, die bewirken, daß er das Traumbild den realen Gegenständen vorzieht, die auf ihn Eindruck machen werden: und was ist die wahre Liebe selber denn anderes als Trugbild, Lüge, Illusion? Man liebt das Bild, das man sich macht, weit mehr als den Menschen, auf den man es bezieht.« ›Emile‹, IV, ibid., S. 282.

34 ›Emile‹, IV, ibid, S. 266–267.

Rousseau fordert uns auf, »die Sprache des Geistes durch das Herz« gehen zu lassen – dies ist die einzig gültige Methode, um von den jungen Menschen gehört zu werden, »die nur so weit denken, als sie sich etwas vorstellen«.[35] Indes man sich bemüht, der stürmischen Phantasie entgegenzutreten, welche die Sinnlichkeit zu früh erwecken würde, wendet man sich jedoch an die Einbildungskraft, um der vorzeitigen Anwendung des Denkvermögens vorzubeugen. Zwischen der reinen Empfindung und der scharf denkenden Vernunft hat die Phantasie eine Zwischenstellung inne.

Im Naturzustand wirkt die Einbildungskraft verderblich; in unseren unvollkommenen Gesellschaften ist sie die einzige Rettung der tugendhaften und zärtlichen Seele. Wie kann Rousseau eigentlich wissen, was der Naturzustand ist? Durch eine Bemühung der Phantasie, indem er »alle Tatsachen beiseiteschiebt«.[36] Für den, der die Ungerechtigkeit und Sittenverderbnis der entarteten Welt erleidet, existiert der Naturzustand nur als *Vorstellung.* Rousseau muß allein im Wald von Saint-Germain sein, um dort »das Bild der Urzeiten«[37] zu suchen. Und die einzige Art, sich in das Glück des Goldenen Zeitalters zurückzuversetzen, ist zu träumen – sogar ohne den Versuch, Arkadien zum genauen Gegenstand der Träumerei zu machen. Denn im erdichteten Zustand sind das Verlangen und sein Gegenstand genaue Korrelative, sie entsprechen einander auf die allerangemessenste Art: weder Dunkelheit noch Undichte oder Hindernis auf seiten des Gegenstands, keines jener überflüssigen und unvorhersehbaren Elemente, die in der Wirklichkeit das Begehren irreleiten und unsicher machen[38]. Die erdachte Gestalt entspricht ganz und gar dem Verlangen, das sie erweckt hat. Der träumende Mensch versetzt sich in einen Zustand, in dem er sein Glück erreicht durch die vollkommene Übereinstimmung zwischen dem Verlangen und dem erdichteten Gegenstand, der diesem Verlangen entgegenkommt. So wird ein Gleichgewicht verwirklicht, analog dem, das der Naturzustand im konkreten Empfinden besaß. Die Analogie wird durch einen Ausdruck bestätigt, den Rousseau un-

35 Ibid. S. 268. Und Rousseau selber: »Alle meine Gedanken leben in Bildern« – ›Confessions‹, IV, O. C. I, S. 174.
36 ›Discours sur l'origine de l'inégalité‹, S. 242.
37 ›Confessions‹, VIII. Buch, O. C. I, S. 388.
38 Siehe Jean-Paul Sartre, ›L'Imaginaire‹, Paris 1940, S. 189.

terschiedslos verwendet, um das Glück des Naturzustands und das der phantasierenden Träumerei zu beschreiben: *sich selbst genügen*.

Die Analogie ist so auffallend, daß man sich fragen kann, ob das Bild des Naturzustandes nicht nach dem Muster des *Phantasierens* geformt wurde und dessen nach rückwärts projizierte märchenartige Erweiterung ist. Jedes Verlangen wird augenblicklich gestillt, jeder Impuls stößt auf die wohlwollende Zustimmung der Natur, und es kommt kein Zeuge, das einsame Fest zu stören. Das Glück des Naturzustandes erfüllt sich mit der äußersten Leichtigkeit des in der Phantasie Erlebten, nur, daß sich bei ihm alles in der Fülle der Wirklichkeit abspielen soll. Anstatt zu sagen, die Einbildungskraft stelle den Naturzustand auf fiktive Art wieder her, können wir ebensogut behaupten, der Naturzustand sei ein Mythos, den die Träumerei zu ihrer Rechtfertigung braucht: Rousseaus Traum darf sein, da er durch die einfache Tatsache, daß er ein Traum ist, wieder zur ursprünglichen Unschuld gelangt. Der Naturmensch ist der Bürge, dessen Rousseau bedarf, um kein schlechtes Gewissen zu haben, wenn er die Welt und ihre Pflichten flieht.

Was wird geschehen, wenn die Gesellschaft sich der Vollkommenheit nähert? Wenn sie sich die Gesetze gibt, die es ihr erlauben werden, ihre gegenwärtigen Laster zu überwinden? Die »stets umherschweifende und traurige« Träumerei[39] soll, wie es scheint, keinen großen Raum in ihr haben. Die wunderbare Selbstgenügsamkeit, die für den unabhängigen Menschen der Urzeit bezeichnend war, sie finden wir wieder unter der absoluten Abhängigkeit vom Gesetz, das unsere bürgerliche Freiheit gewährleistet. Da das Verlangen seinen Sonderwillen geopfert hat, um zum allgemeinen Willen beizutragen, nimmt es eine neue Form an, die es dazu berechtigt, sich offen kundzutun. Es will das Wohl aller und kann ohne Beschämung seine Befriedigung finden. Nicht nur anerkennt das Gesetz das Verlangen, sondern dieses ist selbst zum Gesetz geworden. An diesem Punkt angelangt, hat es von einem feindseligen Zeugen nichts mehr zu fürchten; es übernimmt dessen Rolle – sich allen Blicken zur Schau stellend, sieht es seinerseits auf die gesamte Gemeinschaft, die ihm nichts mehr verbirgt. Ein hinreißendes Vorrecht, welches das eigentliche Wesen des Bürgerfests aus-

39 Alain, ›Système des Beaux-Arts‹, Paris 1953, S. 18.

macht. Warum sollte der Mensch in die Einbildung flüchten, wo er doch öffentlich die Oberherrschaft ausüben kann?

Die Gemeinschaft des *Contrat,* die, deren tugenhafte Einrichtungen Rousseau sich schon seit 1752 vorstellt, gestattet ihren Bürgern nicht, den Staat zu verlassen: »Wäre ich Führer irgendeines der Völker Nigritiens, so erklärte ich, daß ich an der Grenze des Landes einen Galgen errichten ließe, an dem erbarmungslos... der erste Bürger gehenkt würde, der versuchte, es zu verlassen... Er richtet Schaden an durch das schlechte Beispiel, das er gibt, er tut ihn sich selber an durch das Laster, das er aufsuchen geht. Auf jeden Fall ist es Sache des Gesetzes, ihm zuvorzukommen, und es ist immer noch besser, er sei gehenkt als schlecht.«[40]

Eine sonderbare Strenge, die sich sogleich gegen Rousseaus Vergangenheit richtet. Hat er nicht den Staat verlassen? Ist er nicht in der Ferne den Trugbildern nachgejagt, die er erdichtet hatte? »Da er rings um sich nichts fand, was seine Vorstellungen verwirklichte, verließ er seine Heimat als noch zarter Jüngling, stürzte sich vertrauensvoll in die Welt und suchte in ihr die Aristiden, Lykurgen und Astreen, von denen er sie erfüllt vermeinte.«[41]

Seine »wirre Phantasie«[42] hat ihn in die Welt hinausgetrieben, auf die Suche nach einem Glück, das sich nicht verwirklichen läßt. Doch die gerechte Gemeinschaft, so wie Rousseau sie erträumt, ist die, in der Rousseau nicht träumen würde.

*(Aus dem Französischen von Mirjam Josephsohn)*

40 ›Dernière réponse à M. Bordes‹, ›Œeuvres Complètes de J.-J. Rousseau‹, Bd. I, S. 139.

41 ›Deuxième dialogue‹, O. C. I, S. 819.

42 ›Première lettre à M. de Malesherbes‹, O. C. I, 1131.

Helmuth Plessner

# Das Lächeln

An Vieldeutigkeit alle anderen mimischen Bewegungen des Menschen übertreffend, scheint das Lächeln seine Ausnahmestellung darin zu haben, daß eine Verbindung zwischen Ausdrucksform und Anlaß, die für die Gebärden starker Affekte und für Lachen und Weinen gilt, bei ihm nicht nachweisbar ist. Angenommen, diese Feststellung bewahrheitet sich, ließe sich der Mangel geradezu als ein Vorzug auffassen, da dem Menschen im Lächeln ein Ausdruck zu Gebote stünde, der zu den verschiedensten und selbst gegensätzlichen Regungen seines Inneren paßt. Auf den ersten Blick ist es so. Die Situationen, die Stimmungen, in denen Lächeln auftritt, haben nichts miteinander gemein. Das erste Lächeln des Säuglings und das letzte Lächeln nach dem Todeskampf scheinen die Ausdrucksbewegung sogar dem sinngebenden Bewußtsein zu entziehen und an die Grenzen bewußten Lebens zu verweisen. Zugleich spiegelt es in unzählbaren Brechungen und Nuancen die Zustände und Haltungen menschlichen Daseins. Die Klugheit lächelt und die Dummheit, der Stolz und die Bescheidenheit, die Überlegenheit und die Verlegenheit. Wir kennen das freundliche, das abweisende und das zurückhaltende, das spottende und mitleidige, das verzeihende und das verachtende Lächeln. Es kann Überraschung, Einsicht und Wiedererkennen, Unverständnis und Einverständnis, sinnliches Behagen, Zufriedenheit, aber auch Leid und Bitterkeit ausdrücken. Sieg und Niederlage empfangen gleichermaßen sein Siegel. Das umeinander Wissen der Auguren und die verhaltene Tiefe des Buddha, die stereotype Maske archaischer Figuren, die Rätselhaftigkeit der Gioconda, die süße Erlöstheit der Inconnue de la Seine, die Skepsis des alten Voltaire und der Weltblick des alten Rembrandt haben aus diesem seltsamen Lichte ihr unverwechselbares Leuchten.

# I

Was ist sein Wesen? Um beim Eindruck zu bleiben, zweifellos eine Erheiterung und Auflichtung des Gesichts, eine Auflockerung, die freundlichen Anblick und Gelöstheit mit sich bringt. Die Erfahrung der Porträtisten und Photographen hat daraus ihren Nutzen gezogen. Allzuleicht scheint nämlich das ausdruckslose Gesicht, wird es im Bilde festgehalten, den Eindruck der Gespanntheit zu machen, die erst im freundlichen Lächeln zur Entspanntheit sich befreit. Die leichte Vertiefung der Falten um Augen und Mund bringt mit der Verstärkung des Reliefs, der Lichter und Schatten, eine Verdeutlichung und Verlebendigung der Züge ins Bild, eine größere Wärme und Nähe, welche das nie ganz ruhende Mienenspiel im täglichen Leben nur in seltenen Fällen entbehrt. Zu dieser Erfahrung paßt eine mehrfach geäußerte, wiewohl bisher noch unbewiesene und wohl auch sehr schwer korrekt beweisbare Vermutung der Physiologen: daß nämlich das Lächeln, abgesehen von den in ihm sich auslebenden Ausdruckstendenzen, die »leichteste« mimische Bewegungsform darstellt, in die das Gesicht »von selbst« übergeht, wenn die gewöhnlichen Hemmungen wegfallen. Es ließe sich denken, daß die durchschnittliche Gespanntheit der mimischen Muskulaturen im Widerschein der Affekte und der Fixierung an die wechselnden Verrichtungen des täglichen Lebens nur einer Enthemmung bedarf, um in Lächeln und nicht, wie man erwarten sollte, in Ausdruckslosigkeit überzugehen. Das Lächeln beim Säugling und nach beendetem Todeskampf könnte diese Theorie bestätigen.
Wie immer es sich damit verhalten mag, so ist es gewiß im Wesen des Eindrucks, den das Lächeln auf den Lächelnden und seine Umwelt macht, und seiner leichten Hervorrufbarkeit begründet, daß die Zivilisierung des Umgangs sich gerade dieser vieldeutigen Gebärde bedient. Sie liegt in der gemäßigten Zone zwischenmenschlicher Temperatur. Verbindlich-unverbindlich hält sie höflichen Abstand zur eigenen Regung und zum anderen, durch den sie geweckt ist und an den sie sich wendet. Die Auflichtung teilt sich dem anderen mit und wird ihm mitgeteilt, ohne ihn direkt auf eine Reaktion festzulegen. Ob stilisierte Geste oder unwillkürlicher Ausdruck, meidet das Lächeln die Extreme der affektgeladenen Grimasse und der explosiven Katastrophenreaktion des Lachens und Weinens. In den Zügen des Schreckens, der

Angst, der Wut, der Gier, des Hasses und der Freude malen sich die Erregungen unverkennbar. In den Explosionen des Lachens und Weinens malt sich zwar nicht die Erregung, aber manifestiert sich der Verlust der Selbstbeherrschung als Bruch zwischen der Person und ihrem Körper. So oder so tritt der Erregte seiner Umwelt gegenüber, zwingt sie zum Eingehen auf ihn, zur Abwehr, zu Mitleid und Mitfreude, zum Mitlachen und Mitweinen. Die malende Gebärde des Affekts, die explosiven Reaktionen des Lachens und Weinens schaffen für das Miteinandersein eine unausweichliche Lage, wie sie für gewöhnlich solcher Lage entstammen und auf sie antworten. Ein Witz, eine Beleidigung, Streit und Zank, Konflikte, Zwischenfälle, Unfälle, außergewöhliche Begegnungen rufen derartige Lagen hervor.

Sicher ist das Lächeln von beiden Ausdrucksformen unterschieden. Ihm fehlt die Explosivität. Es ist lautlos und gedämpft, ein Ausdruck im Diminutiv. Ihm fehlt gewiß auch die grobe Affektladung. In seiner Gebärde kann eine starke Erregung nicht ausgedrückt werden. Aber man muß sich hüten, daraus den Schluß zu ziehen, daß Lächeln die Ausdrucksform nur schwacher Erregungen sein könnte. Mit dem Klagesschen Begriff der Antriebsform der Gefühle läßt sich die Schwierigkeit beheben. Das Gefühl der Seligkeit, der seligen Entrücktheit z. B., kann uns völlig ausfüllen, doch bleibt seine Antriebsform schwach, genauer gesagt, es besitzt keine oder nur wenig ausgeprägt motorische Impulswerte. Eine jähe Freude dagegen will uns »zerspringen« lassen, wir springen, tanzen, jubeln; ihr motorischer Impulswert ist groß. Die Intensität eines Gefühls variiert unabhängig von seiner Antriebsform. Ein schwaches Gefühl kann eine starke, d. h. ausgesprochene, ein starkes Gefühl eine schwache, unausgesprochene Antriebsform haben. Der Satz, daß dem Lächeln die grobe Affekthandlung fehlt, bedarf mithin einer zusätzlichen Erläuterung. Lächeln kann kein Ausdruck von Affekten mit ausgesprochener Antriebsform sein. Die Gedämpftheit der Ausdrucksform sagt also nichts über die Stärke oder Ausgesprochenheit der sich in ihr manifestierenden Erregung. Es gibt auch hier eine Angleichung der Gebärde an das Gefühl oder, umfassender gesagt, an die seelische Bewegung. Die Zartheit, der diminutivische Charakter des Lächelns korrespondiert mit der Zartheit der Empfindung, Stimmung, Erregung oder wie immer man den jeweiligen Zustand des Erlebens glaubt benennen zu müssen. Ein triumphierendes, ein seliges, ein friedliches Lächeln ist seinem Gefühl nicht weniger adäquat als ein süffisant-maliziöses, ein ironisches, ein bitteres Lächeln. Über die Größe, Stärke, Fülle und Echtheit des Gefühls ist damit nichts gesagt. Es braucht nicht darum schwächer, kleiner, oberflächlicher oder gar unecht zu sein, weil es sich in zarten Gebärden äußert. Es kann in reinster und kräftigster Entfaltung lebendig sein und erfüllt sich doch in dieser und keiner anderen Ausdrucksform.

Wir nannten sie lautlos und gedämpft, einen Ausdruck im Diminutiv. Dieses Wort ist gefährlich, da es der Suggestion nachzugeben scheint, die von den Bezeichnungen des Lächelns in einigen Sprachen ausgeht. Lächeln, sourire (subridere), glimlachen benennen es vom Lachen her, als ob es seine anklingende Anfangsform oder seine verkleinerte Andeutung wäre, und auch da, wo das Lächeln einen Namen mit eigener Stammform hat (z. B. smile), gehen die Bezeichnungen für Lachen und Lächeln ineinander über. Natürlich ist das nicht aus der Luft gegriffen. Sehr oft entwickelt sich das Lachen aus einem Lächeln oder klingt darin aus. Oft begnügt man sich mit einem Lächeln, wo ein Lachen am Platz wäre. Ein alter, ein fader Witz, billige Komik können uns mehr nicht entlocken. Aber auch die Gebärden selbst, abgesehen davon, daß die eine als Anfangs- oder Endphase der anderen auftritt, haben Gemeinsamkeiten, weshalb es nicht auffällt, wenn ein Lächeln das Lachen vertritt oder (wie man dann sagt) sich nicht zum Lachen entfaltet. Der Funke glimmt, solange als er nicht zur vollen Flamme entfacht ist.

Lächeln kann Anfangs- und Endphase des Lachens sein, es kann auch Lachen vertreten. Eine Vertretung in umgekehrte Richtung freilich ist unmöglich, und diese Unumkehrbarkeit läßt sich wiederum am einfachsten durch die Auffassung des Lächelns als eines verkürzten, verkleinerten, keimhaften Lachens begreifen. Das Entwickelte, Ausführliche, Große kann nun einmal das Unentwickelte, Skizzenhafte, Kleinere nicht vertreten oder andeuten. Nur etwas, das noch Raum und Durchblick läßt, vermag dies von sich aus und bietet sich von selbst als Ersatz an. So verhält sich denn das Lächeln zum Lachen wie das Liebeln zum Lieben: es hat etwas davon, es tut so als ob, es ist seine Vollform in der Verkürzung und Andeutung.

Die flüchtige Ähnlichkeit der Gebärde genügt der Sprache jedenfalls, an dieser Analogie und – sit venia verbo – mikrologischen Deutung des Lächelns festzuhalten. In Wirklichkeit verhält es sich anders. Wir können unerörtert lassen (was tatsächlich auch noch nicht untersucht ist), ob Lächeln ein stets wiederkehrendes Anfangsstadium des Lachens sein muß. Schwerer als diese mimische Frage wiegt die Einsicht, daß Lächeln von sich aus nicht zum Lachen hinstrebt. Es tritt oft (aber keineswegs immer) an seine Stelle, es wechselt auch wohl mit ihm ab, aber es hat sein eigenes unverwechselbares Wesen, seine spezifische Angemessenheit, es ist eine Ausdrucksform sui generis. Zur Malice, zur Ironie, zum Humor, vor allem wenn er sich verschmitzt gibt, paßt allenfalls ein sehr zurückhaltendes Lachen, besser die Lautlosigkeit des Lächelns. Für andere Regungen wie Mitleid, Melancholie, Verzeihung, Scham, Einverständnis, Güte wäre Lachen nicht weniger deplaciert. Hier zeigt sich manchmal eine merkwürdige Diskrepanz zwischen Feingefühl und Nuancierungsvermögen der Mimik. Zarter besaitete Naturen, Menschen von größerer Distinktion (es sind nicht immer Leute von reicherem Wissen oder, sofern es das noch gibt, guter Erziehung) werden in entsprechenden Lagen eher lächeln als lachen. Scharfe Grenzen bestehen jedoch nur für die sublimen Regungen der Entrücktheit, der Abgeschiedenheit, der Verschwiegenheit und Verinnerlichung und weiterhin überall da, wo der Akzent auf das Sublime, Zarte und Feine der Regung fallen soll. Es gibt ein gutmütiges Lachen und ein gutmütiges Lächeln. Soweit sie Gebärden der Gutmütigkeit sein wollen, unterscheidet sich das Hoho des Ersten nicht von dem andeutenden Schweigen des Zweiten. Aber dieses »sagt« mehr. Es wahrt Abstand im Ausdruck zum Ausdruck.

Mit dem echten Lachen hat das Lächeln, von gewissen Äußerlichkeiten vielleicht abgesehen, nichts zu tun. Aber mit der Geste des Lachens steht es anders. Sie ist auch mit der explosiven Reaktion auf Komik und Witz nicht zu verwechseln. Als Geste bleibt sie der Verfügungsgewalt des Einzelnen unterworfen, der sich mit ihr der gesellschaftlichen Konvention anpaßt. Sie kann das Lächeln ebensogut ersetzen wie das Lächeln umgekehrt die Geste des Lachens, gewiß nicht überall und nur innerhalb der eben erwähnten Grenzen; aber der Stil spielt hier sicher eine erhebliche Rolle. Das maskenhafte Lächeln des Asiaten und das burschikose »Lachen« des Yankees, so verschieden sie auch sind, schaffen ein bestimmtes gesellschaftliches Klima. Daß sie es schaffen können, beruht jedoch auf der Erkenntnis von der weitgehenden (wenn auch nicht durchgängigen) Ersetzbarkeit des Lächelns durch die

Geste des Lachens, welche die Distanziertheit des Lächelns, den Umstand, daß es im Ausdruck zum Ausdruck Abstand wahrt, nachdrücklich bestätigt. »An sich« ist Lächeln keine künstliche Geste, sondern eine natürliche Gebärde, zu bestimmten Regungen passend. Aber von gewissen Grenzfällen abgesehen, läßt sich die natürliche Ausdrucksgebärde durch die künstliche Geste des freundlich jovialen, des fröhlichen usw. »Lachens« ersetzen. Diese Ersetzbarkeit ist im ganzen Umkreis der mimischen Ausdrucksbewegung sonst unbekannt. Sie weist auf den eigentümlichen Charakter des Lächelns, den wir seine Distanziertheit, Verschwiegenheit, Verhaltenheit nannten: daß es im Ausdruck zum Ausdruck Abstand wahrt.

## II

Nichts spricht deutlicher für die Sonderstellung des Lächelns unter den mimischen Ausdrucksformen als die mit seiner Lautlosigkeit, Gedämpftheit und Verhaltenheit gegebene Unmöglichkeit, scharf die Grenze anzugeben, in der seine natürliche Gebärde in andeutende Geste, die verhüllende Maske übergeht. Die leichte Auflockerung des Gesichts, in der sich offenbar alle Erregungen mit schwacher, unausgesprochener Antriebsform spiegeln, insofern sie dem Erregten das Gefühl der Lockerung vermitteln, bietet sich ihm selbst als *Spielfeld* dar. Sagten wir, daß Lächeln im Ausdruck zum Ausdruck Abstand wahrt, d. h. den Eindruck einer gewissen Distanz hervorruft, so erlebt das der Lächelnde selbst als »ein Verhältnis zu« seinem Ausdruck, zu seinem Gesicht. In den Affekten mit starker Antriebsform und in den explosiven Reaktionen des Lachens und Weinens sind wir ganz hingenommen und gehen unmittelbar im Ausdruck auf, allenfalls mit Anspannung darauf bedacht, uns nichts anmerken zu lassen und uns nicht bloßzustellen. Ist dagegen bei eventuell starker und ausgesprochener Regung die Antriebsform schwach, dann merken wir die sich ergebende, die sich von selbst einstellende Lockerung als ein spielendes Geschehen, dem wir auf alle möglichen Weisen übertreibend oder dämpfend, aber stets andeutend und zu verstehen gebend nachhelfen. Warum? Weil wir die Unausgesprochenheit der mimischen Motorik, die zur Schwäche der Antriebsform paßt, als *inadäquat* zur Qualität und Intensität der Regung selbst erleben. Lächeln entfaltet somit ein symbolisches Mienenspiel, das mit seinem Ausdruck spielt.

Erstes Ergebnis: ein Reichtum an motorischen Nuancen, die zu einer unübersehbaren Vielfalt von Regungen passen bzw. an sie angepaßt werden. Zweites Ergebnis: im Ausdruck ist die Grenze zwischen natürlicher Gebärde und andeutender Geste fließend. Natur wird – Kunst. Die spontane Symbolik des Leibes wird zur Allegorie.

In den Grimassen der Affekte mit starker Antriebsform wie Angst, Schrecken, Gier, Wut, Haß, jähe Freude malt »sich« die Erregung ab. In den Explosionen des Lachens und Weinens malt sich zwar nicht die auslösende Erregung, wohl aber der Bruch zwischen Leib und Person im Verlust ihrer Selbstbeherrschung. Im Lächeln schließlich malen *wir* unsere Regung, *geben* ihr Ausdruck im Spielfeld des Gesichts. Dies erklärt zugleich die Ungenauigkeit des Begriffs, der die unwillkürliche Aufheiterung der Freundlichkeit, Sympathie, Zufriedenheit und des Behagens ebenso deckt wie die Gebärde des Spotts, der Suffisance, der Verachtung, der Schamhaftigkeit oder der Verlegenheit, die, jede für sich, ihre Ersatzform in einer entsprechend getönten Geste des Lachens haben kann oder in ursprünglich sich einstellender Form in abgewandelter Mimik die Lockerung hindurchscheinen läßt.

Sein Spiel mit den Mienen der Lockerung bedient sich deshalb häufig der Asymmetrie, in der nicht nur der auflockernde, leichte, unbeschwerte und schwebende Charakter der Regung, der Abstand des Erregten zu sich und der Umwelt, sondern oft auch die Ambivalenz und Vieldeutigkeit der Sache, das Schiefe, Riskante einer Situation angedeutet werden soll. Die »Sprache« der Mundwinkel, Augenbrauen, Lider geht sehr gern in diese Richtung; vom einseitig zugekniffenen Auge nicht zu reden. Sie gehört, streng genommen, nicht mehr zur Mimik des Lächelns als einfacher Aufhellung des Gesichts, schließt sich jedoch zum Zweck der Nuancierung des Ausdrucks häufig daran an, übertreibend oder dämpfend, stets ins Bedeuten hebend, den anderen zugewandt, doch nicht weniger: sich selbst.

Durch seine Distanziertheit gewinnt das Lächeln Bedeutung als Mittel und Ausdruck der Kommunikation. Man gibt sich lächelnd zu verstehen: gemeinsames Wissen um etwas, Gemeinsamkeit überhaupt, auch in der Form des Getrenntseins wie Triumph und Niederlage, Überlegenheit, Verlegenheit, Demut. Das Lächeln reagiert auf die Situation und bestätigt zugleich sich selbst und dem anderen, daß man die Situation begreift und insofern ihre Bindung wieder gelockert hat. Es wird durch Lagen ausgelöst, aber es bezieht sich zugleich auf sie, es akzentuiert sie, doch gedämpft. Dabei bleibt es den Beteiligten und der Nuancierung überlassen, ob die Dämpfung einen mildernden oder verschärfenden Sinn hat. Ein Zucken um die Mundwinkel kann verletzen, ein breites Haha und Hoho versöhnen. Als Reaktion auf und Zeichen von Begreifen und Nichtbegreifen irgendeiner Sache, als Symbol des Ich hab's oder des Ich hab's nicht bekundet das Lächeln nicht weniger die Begegnung mit einer Situation, als es entsprechende Ausdrucksformen der Scham, Bescheidenheit, Unschuld, des Erstaunens und der Verblüffung, des Wiedererkennens und des Zweifels usw. vermögen. Natürlich braucht die Gebärde nicht immer etwas zu besagen. Das irre und blöde Lächeln beruht vielleicht auf rein physiologischen Mechanismen, die nur noch einen ungewollten Ausdruckssinn mit sich führen. Das Spiel der Gelöstheit auf dem Gesicht des Säuglings, der Adel friedlicher Heiterkeit in den Zügen des Toten sind ebensowenig gewollt. Doch künden sie.

Sein allegorischer Charakter, d. h. seine bewußte Symbolik und Fähigkeit, die natürliche Gebärde zur Gebärdensprache und Geste spielend zu verwenden, gibt dem Lächeln die Funktion beredten Schweigens. Es hat damit den gleichen Hintergrund wie die Sprache, es gibt zu verstehen, besagt und bedeutet, wiewohl in verhaltener, verhüllter, unausgesprochener Form. Darum kann es ebensogut nichtssagend und leer wie vielsagend und schließlich unerschöpflich, unergründlich sein und mehr ausdrücken, als alle Worte sagen können. Die Vieldeutigkeit des Schweigens und des Lächelns sind einander verwandt, äquivalent und im strengen Sinne äquivok. Unterbricht das Schweigen den Strom der Rede, um ihn unterirdisch weitergehen zu lassen oder abzubrechen und mit der Stille das Gesagte zu begrenzen, zu vertiefen, ins Unsagbare zu heben oder ausklingen zu lassen, setzt es ihm, gleich der Pause im Spiel der Töne, Lichter auf, so leistet das Lächeln dasselbe. Es kündet auf seine Weise schweigend das Schweigen, das verbergende und behütende ebenso wie das gelöste, das allen Besitz und alles Wissen hinter sich gelassen und die Welt überwunden hat. Aber sein Künden bedarf nicht mehr einer Umwelt, an die es gerichtet ist. Auch das Lächeln der Andacht, Entrücktheit, Verzücktheit, Erlöstheit gibt nichts mehr »zu verstehen«. Es ist weltabgewandt, bedeutet nicht mehr, sondern läßt wie die lächelnden Gebärden einfacher Zustände die Lockerung ausklingen. Nur seine Luzidität verrät seine Höhe, den Adel der Menschheit.

## III

Die verwirrende Vieldeutigkeit des Lächelns, sein Auftreten bei Anlässen, die nichts miteinander gemeinsam haben, seine unübersehbare Mannigfaltigkeit in affektiver Tönung verleiht ihm eine Sonderstellung im Gebiet mimischen Ausdrucks. Wußte die Wissenschaft bisher keinen Rat mit ihr, zu einseitig festhaltend an dem schon durch die sprachliche Bezeichnung suggerierten Gedanken, Lächeln sei ein Lachen im Kleinen oder in statu nascendi, auch wohl durch Lachen in gewissen Grenzen ersetzbar, daher im Annex zu ihm zu studieren und gesonderter Behandlung nicht wert, so belehrt uns genauere Analyse doch eines Besseren. Lächeln ist eine Ausdrucksform sui generis, passend für und anzupassen an Regungen der verschiedensten Art und Stärke, doch schwach ausgeprägter Antriebsform. Als Gebärde der Auflockerung bei entsprechenden Anlässen von selber sich einstellend, bietet es Möglichkeiten, mit ihr zu spielen, zumal wenn das Mißverhältnis zwischen der Ausgesprochenheit von Art und Stärke der Regung und der Unausgesprochenheit ihrer Antriebsform dazu anreizt, der Gebärde nachzuhelfen. So entfaltet sich Lächeln in vielen Lagen, will es etwas andeuten und zu verstehen geben, die flüchtige Regung festhalten oder von sich absetzen, zu einem bewußt symbolischen Mienenspiel – mit seiner eigenen Gebärde. Unmerklich gleitet der Ausdruck aus natürlicher Gebärde in die gewollt bedeutende Geste und wandelt sich die spontane Symbolik zur sublimen Allegorie des beherrschten Leibes.

Nennen wir daher das Lächeln die Mimik des Geistes, so bedarf dieses Wort zugleich der Einschränkung und der Erweiterung. Nahe liegt es nämlich, um allein das Spiel mit der natürlichen Symbolik der Auflokkerung als geistige, geistreiche Gebärde zu bezeichnen, die spontanen

Formen aber des Behagens, der Freundlichkeit und Erheiterung, sowie die nicht weniger spontanen Gebärden der Seligkeit, Entrückung, Andacht und des Friedens davon auszunehmen. Oder aber auf den Inhalt der Gebärde zu achten und dann die erst genannten Spontanformen als Äußerungen bloßer Stimmungen und vitaler Zustände davon auszuschließen. Beide Auffassungen sind zu eng, da sie entweder nur den Charakter der Geste (die »Geist« in sich trägt) oder gewisse geistige Inhalte im Auge haben. *Umgekehrt: weil* Lächeln als natürliche Gebärde bereits im Ausdruck zum Ausdruck Abstand wahrt, drückt es die Distanziertheit des Menschen zu sich und seiner Umwelt aus, die wir seine Geistigkeit nennen, kraft deren er sich einer geistigen Welt verbunden weiß. Weil Lächeln eine Lockerung verrät, deren das Tier durch seinen Mangel an Distanz zum eigenen Leib und dem ihm entsprechenden Umfeld nicht teilhaftig werden kann, hat es für den Lächelnden jenen spielerischen Zug, der zum Spiel mit ihm, zum Mienenspiel verlockt; wird es zum Bedeutungsträger par excellence, zum Spiegel nicht nur sehr vieler und nuancierter Gefühle, sondern gerade zu der menschlichen Position. Wir meinen hiermit gewiß nicht, daß jedes Lächeln »im Grunde« ein Lächeln über sich selbst sei. Von dieser Überschätzung des Humors und der Ironie sind wir weit entfernt. Aber seine Reaktionsfähigkeit auf Regungen, deren Antriebsschwäche in keinem Verhältnis zu ihrer Art und Stärke steht, beweist, daß in jedem Lächeln, unabhängig von seiner Transponierung in die Geste oder Maske, abgesehen auch von dem Inhalt, den es hat, jene spezifische Distanz zum Vorschein kommt, welche allen menschlichen Monopolen, nicht zuletzt der Sprache, zugrunde liegt.

Lächeln ist Mimik des Geistes. Wir können auch sagen: Mimik der menschlichen Position. Wie aber steht es dann mit Lachen und Weinen? Steht das Urteil nicht in Widerspruch zu unserer eigenen These, daß Lachen und Weinen Monopole des Menschen sind, Ausdrucksweisen seiner exzentrischen Position? Zunächst sind beide überhaupt keine mimischen Gebärden, sondern Katastrophenreaktionen an Grenzen menschlichen Verhaltens. Als Ausbrüche ziehen sie auch die Mimik in Mitleidenschaft, jedoch durch Verlust unserer Selbstbeherrschung und damit auch unserer Herrschaft über den eigenen Körper. Dieser Verlust trifft den Menschen in Situationen, auf die er keine Antwort weiß, da sie durch ihre Mehrdeutigkeit oder Unvermitteltheit zugleich an sein Verständnis appellieren und ihn der Mittel berauben, ihrer Herr zu werden. Ein Wesen ohne Verständnis, ein ungeistiges Wesen könnte demnach seiner Inkongruenz mit der Situation nicht gewahr werden. Nur ein geistiges Wesen vermag auf solches Mißverhältnis entsprechend, d. h. in diesem Falle mit einem Bruch zwischen sich und seinem Leib zu reagieren.

Lachen und Weinen sind unbeherrschte und gebrochene Antworten auf Situationen, welche beherrschte, auf geordnetem Verhältnis der Person zu ihrem Leib beruhende und solches Verhältnis wahrende Antworten unmöglich machen, doch die Person zugleich zur Antwort zwingen. Wenn die Formel erlaubt ist: sinnvolle Fehlreaktionen mit Hilfe eines Bruchs zwischen Mensch und Körper. Die Distanziertheit der menschlichen Person wird als Bruch im Verlust ihrer Selbsbeherrschung sichtbar. Ein physischer Automatismus tritt an die Stelle artikulierter, von der Person selbst ausgehender Antworten. Ein Wesen ohne Distanz, ohne Exzentrum kann nicht objektivieren, nicht begreifen, kennt weder Sinn noch Unsinn und vermag darum weder zu lachen noch zu weinen. Es vermag, da es nicht »über sich« steht, auch nicht, »unter sich« zu fallen. Nur wer Selbstbeherrschung besitzt, kann sie verlieren.

In ihrem Verlust wird die Distanziertheit, die Geistigkeit manifest. Ihr explosiver und desastreuser Ausdruck reißt auch die Mimik mit sich, läßt aber der Person gerade keine Freiheit zu ausdrückender Gebärde mehr. Sie ist das katastrophale Ende aller Mimik, wiewohl darin ein Zeugnis menschlicher Distanz und ein Monopol des Menschen. Im Lächeln dagegen bewahrt er seine Distanz zu sich und zur Welt und vermag sie, mit ihr spielend, zu *zeigen.* Lachend und weinend ist der Mensch das Opfer seines Geistes, lächelnd gibt er ihm Ausdruck.

In seiner lehrreichen Auseinandersetzung mit den Auffassungen Duchennes, Spencers und Dumas' vom Mechanismus des Lächelns kommt Buytendijk[1], wiewohl am üblichen Gedanken festhaltend, Lächeln sei Einleitung des Lachens, Ausdruck der Freude[2], zu dem trefflichen Satz, seine Paradoxie bestünde in der Spannung einer Muskelgruppe, welche Spannung als Entspannung einer *aktiven Ruhehaltung*

1 ›Alg. Theorie der menselijke houding en beweging.‹
2 Ibid., S. 347f.

erlebt werde. Diese bilde zugleich die Vorbedingung für die Entwicklung einer ausdrucksfähigen Innerlichkeit, somit für die Erscheinung des Lächelns als echter Ausdrucksbewegung. Hiermit ist physiologisch fixiert, was wir Abstand im Ausdruck zum Ausdruck nannten. Sicher trifft auch seine Zeichnung der Genese etwas Richtiges, die er als Entwicklung aus einer puren Reaktion auf ein passiv erlebtes ambivalentes Lustgefühl, den Kitzel, zu einem aktiven Lächeln, einem Suchen nach expansivem Gefühl – wir sprechen von Lockerung – sieht. Das Lächeln wird dann Ausdruck einer Vorwegnahme und zugleich Reaktion auf eine sinnlich bestimmte Empfindung, die sensorische Verlegenheit. Freilich scheint mir die Entfaltung des ausdrücklichen Lächelns hier zu stark an ein sinnliches Anfangsstadium gebunden und seiner Emanzipationsfähigkeit zu wenig Rechnung getragen. Selbst wenn das erste Lächeln des Kleinkindes Reaktion auf kitzelnde Reize wäre, brauchte seine weitere Ausbildung zum Ausdruck der Lockerung nicht an Verlegenheit und strukturell verwandte »Freuden« gebunden oder darauf bezogen zu sein. Hier macht sich auch für die Entwicklungspsychologie des Phänomens die einseitige Auffassung als Einleitung des Lachens und als Ausdruck der Freude störend bemerkbar. Wie für die Genese des Lachens und Weinens hat auch für die Genese des Lächelns der methodische Grundsatz zu gelten, daß man erst den vollentwickelten Ausdruck in seinem vollen Sinn verstanden haben muß, will man seine Keimformen richtig taxieren.

Nur dann wird die Gefahr der Überbestimmung ebenso wie der Unterbestimmung eines Ausdrucksphänomens vermieden. Das Diffuse in den kindlichen Reaktionen kann erst zum Ansatz eines Studiums gemacht werden, wenn ihre entwickelten Endstadien bekannt sind, so aufschlußreich auch der erinnernde Rückblick auf ihre Keimformen bleibt. Die Formel: Lächeln ist Ausdruck des Geistes, scheint das Phänomen viel zu hoch und einseitig im Hinblick auf gewisse Formen des Lächelns beim Erwachsenen zu nehmen, für die einfachen Freuden des sinnlichen Wohlseins und Behagens und für die entsprechenden Gebärden des Kleinkindes dagegen verfehlt. Nimmt man sie freilich in verengter Bedeutung, als Gebärdensprache und Sinnbezüge andeutendes Gebaren, dann fällt das sinnlich-reaktive und vitale Lächeln aus dem Bereich der Formel. Jedoch auch das »nicht mehr« andeutende und zu verstehen gebende Lächeln des Friedens, des Erlöstseins und

der Entrückung, das sich bisweilen auf dem Antlitz der Toten malt, gehört dann nicht mehr dazu.
Wird Lächeln Ausdruck, dann drückt es in jeder Form die Menschlichkeit des Menschen aus. Nicht nur so wie jede Expression bei ihm, auch die ungehemmteste der starken Affekte, noch etwas Menschliches durchscheinen läßt, nicht wie Lachen und Weinen, die als Monopole in spezifischen Formen eines Verlusts seiner Selbstbeherrschung zum Vorschein kommen, sondern in aktiver Ruhehaltung und beherrschtem Abstand. Noch in den Modifikationen der Verlegenheit, Scham, Trauer, Bitterkeit, Verzweiflung kündet Lächeln ein Darüberstehen. Das Menschliche des Menschen zeigt sich nicht zufällig in leisen und gehaltenen Gebärden, sein Adel in Lockerung und Spiel; wie eine Ahnung im Anfang, wie ein Siegel im Ende. Überall, wo es aufscheint, verschönt sein zartes Leuchten, als trage es einer Göttin Kuß auf seiner Stirn.

Golo Mann

# Heine, wem gehört er?

Man ist zusammengekommen aus vieler Herren Länder, um einen Dichter, nicht rhetorisch zu feiern, woran ihm wenig gelegen wäre, sondern um zu gewinnen aus einem Vergleich zwischen uns selber und seiner großen, beziehungsreichen, vieldeutigen Hinterlassenschaft. Es ist gut, daß dieser Kongreß sich versammelt hat in Heines Vaterland und Vaterstadt. Wir wissen, wie töricht sein Gedächtnis allzu lang, allzu oft von den Deutschen gepflegt wurde, wie die immense Popularität einiger seiner Gedichte zusammenging mit Mißachtung von der Seite der Herren Gelehrten, mit kondeszendierendem Lob, dem alsbald der hochnäsig patriotische oder moralische Tadel folgte, mit lauter oder schweigender Verwerfung.

Das war anders anderswo. Ein englischer Politiker unseres Jahrhunderts erzählt in seinen Memoiren, wie seine Eltern ihn früh nach der Stadt Hannover schickten, damit er dort das reinste Deutsch lerne, wie aber die harte Mühe vergeblich gewesen sei; denn außer Heine habe er in der deutschen Literatur nichts Lesenswertes gefunden. Ein ganz gerechtes Urteil war das kaum, vielleicht als Vorurteil schon von zu Hause mitgebracht; gerade dann würde es Heines Weltruhm bezeichnen. Weltruhm besaß er, wie kein anderer deutscher Dichter; wie Schiller ihn besaß in Osteuropa, aber nicht im Westen, wie Goethe ihn zuerst besaß als Autor des ›Werther‹, dann als ein Mythos, mit dem man einige Titel verband, ohne Genaueres über sie zu wissen. Gelesen wurde Heine. Tolstojs Moskauer Aristokraten zitieren ihn in ihren Salons. Gedichte aus dem ›Buch der Lieder‹ gab und gibt es in japanischer Übersetzung. General de Gaulle zitierte ihn; Sie mögen erraten, welches Heine'sche Gedicht er auswendig herzusagen liebte. Der europäische Ruhm Heines, Weltruhm durch das Medium Europas, ist ein in sich stimmiger. Stimmig nicht nur durch die äußeren Daten der Biographie: daß Heine in Paris lebte durch zwei Drittel seiner Künstlerexistenz, daß die Großen der französischen Literatur seine Freunde waren, daß er Henri Heine war und blieb, so gut wie Heinrich Heine. In Europa erhielt Heine ehrendes Hausrecht, weil er ein deutscher Europäer war, durchaus in europäischer Dialektik denkend; weil er, wie später Nietzsche von sich selber sagte, Europas Zukunft auf seinen Schultern trug. Es ist wieder Nietzsche, der, angewidert von der geistigen Öde des neuen ›Reiches‹, dessen Bürger von Einem draußen befragen läßt: »Habt ihr auch nur einen für Europa *mitzählenden* Geist aufzuweisen? wie euer Goethe, euer Hegel, euer Heinrich Heine, euer Schopenhauer mitzählte?« – Nietzsche, so streng er auch mit seinen Landsleuten ins Gericht ging, verzieh man im Vaterlande sein Europäertum aus den bekannten, etwas peinlichen Gründen; Heine nicht.

Was man ihm ferner nicht verzieh, solange Deutschland sich weigerte, zu sein wie andere europäische Völker, solange es im dumpfen Protest gegen die fortschreitende Zeit verharrte: daß in Heines Geist und Sprache das Deutsche mit einem Schlag modern geworden war. Da geschah binnen eines einzigen Jahrzehnts ein Durchbruch, über den ich nie aufhören werde zu staunen. Das große, freie, das politische, philosophische, literarische Feuilleton war da mit einem Schlag; besser würde man es inskünftig nicht machen können. Das politisch-satirische Zeitgedicht war da mit einem Schlag; ein Nonplusultra. Frank Wedekind, 50, 60 Jahre später, in seinen Verspottungen Wilhelms II., Tucholsky in seinen gereimten Attacken gegen die Weimarer Republik, Brecht in seinen sozialistischen Gesängen, die kamen, wo sie ihr Höchstes erreichten, an Heine heran; über ihn hinaus nie. Nein, sie kamen nicht wirklich an ihn heran. Ein Lied von so düsterer, unheilverkündender, tönender Anklage wie das ›Lied der Schlesischen Weber‹; eine Vision des kommenden Ansturms der vielen Armen gegen die wenigen Reichen wie ›Die Wanderratten‹; ein Gedicht zum trüben historischen Moment, zur erstickten Revolution wie ›Im Oktober 1849‹; eine so abgründig witzige Persiflage des deutschen Gemütes wie der Vergleich zwischen dem Ende Karls I., Ludwigs XVI. und des deutschen Fürsten, der einmal dasselbe, doch nicht dasselbe Schicksal erleiden wird:

»In einer sechsspännigen Hofkarrosse
Schwarz panaschiert und beflort die Rosse
Hoch auf dem Bock mit der Trauerpeitsche
Der weinende Kutscher – so wird der deutsche
Monarch einst nach dem Richtplatz kutschiert
Und untertänigst guillotiniert«

– das konnte nur einer, es war nicht wiederholbar. Freilich aber hatte es Einfluß, wohl ein Jahrhundert lang. Selbst der österreichische Schriftsteller, der darüber ein feindliches Pamphlet ›Heine und die Folgen‹ schrieb, stand unter ihm; auch Karl Kraus wäre ohne Heine gar nicht möglich gewesen.

Wäre Heines Leistung nur diese, die moderne Auflockerung der Sprache sozusagen über Nacht, die Schöpfung und alsbald die Krone des zeitkritischen, satirischen, humoristisch-tragischen Gedichts, er verdiente ein Denkmal und verdiente, daß die Universität seiner Vaterstadt seinen Namen trüge. Aber sie ist ja seine einzige Leistung bei weitem nicht. Sie ist nur ein Splitter vom Werk dieses »göttlichen Talents«, um ihn so zu benennen, wie Richard Wagner es in einem generösen Augenblick tat. Der Mönch kommt von seinem Mönchtum nicht so einfach los, auch wenn er die Kutte abgeworfen hat, und weiß es. Heine, der *Romantique défroqué* – für einen Romantiker hielt er sich bis zuletzt, wenn auch für den letzten. Und wenn man sich in Gedichte vertieft, spätere noch, sogar späteste, wie ›König Harald Harfagar‹, ›Frühlingsfeier‹, ›Schelm von Bergen‹, ›Kleines Volk‹, der ›Asra‹, die ›Beschwörung‹, wie ›Morphine‹ und ›Für die Mouche‹: dann ist man wohl versucht, ihm recht zu geben, ist man versucht, in solchen poetischen Höhenflügen sein bleibendstes Geschenk zu sehen, sein, mit Verlaub gesagt, der Zeit enthobenes Geschenk. Der Zeit enthoben: ›Im Oktober 1849‹ ist ja nur zu verstehen, wenn man weiß, wie und von wem der Aufstand der Ungarn besiegt wurde; aber »Der junge Franziskaner sitzt / Einsam in der Klosterzelle ...«, das bewegt jeden, der ein Herz im Leibe hat, das könnte, wenn wir unverdientes Glück haben, auch noch nach Jahrhunderten bewegen.

Ich will mich in acht nehmen, damit man mir nicht vorwirft, ich ginge, wie Professor Heidegger, mit »Was aber bleibet, stiften die Dichter« gegen die Zeit hausieren. An das der Zeit ›Enthobene‹ glaube ich.

Horaz, in seinen schönsten Oden, ist der Zeit enthoben, *aere perennius,* wie er sich selber prophezeit hatte; und war doch nur ein quälend abhängiger, freier Schriftsteller wie Heine, als Günstling der Plutokratie und der neuen Diktatur nur etwas glücklicher. So Heine, gegen den toten Börne: »Ob das, was ich überhaupt schuf in diesem Leben, gut oder schlecht war, darüber wollen wir nicht streiten. Genug, es war groß; ich merkte es an der schmerzlichen Erweiterung der Seele, woraus diese Schöpfungen hervorgingen...« Monumente habe er in der Literatur Europas aufgepflanzt, »zum ewigen Ruhme des deutschen Geistes«. So schrieb er, so ließ er es drucken, des Wortes »ewig« in bezug auf sein Werk sich erkühnend. Andererseits kannte er seinen historischen Platz gut, allzu gut. Mit schärfstem Gewissen wußte er, oder glaubte er zu wissen, was jetzt nicht mehr ging, oder gerade noch ging und demnächst nicht mehr gehen würde; was wohl noch gegangen war in seiner frühen Jugend, aber jetzt, da er nur 35 war, schon nicht mehr ging; zum Beispiel die holden Romanzen von Königstöchtern und Schäfern. In Einem erlebte er sein eigenes Fortschreiten in der Zeit und das Fortschreiten der Zeit überhaupt. Dies bewußte, überbewußte Partizipieren am historischen Fortschreiten war neu, neu auch im Vergleich mit den Intellektuellen des späten 18. Jahrhunderts, in deren Denken das mit einem Schlage kommende Glück der Zukunft stärker ausgebildet blieb als der nie zur Ruhe kommende geschichtliche Prozeß.

Natürlich war Heine bei weitem nicht der einzige deutsche Schriftsteller, der so dachte, beobachtete, voraussah, aber sein Blick war intuitiver, nervöser als der seiner ungefähren Gesinnungsfreunde. Hielt er sich für einen Späten oder für einen Frühen? Offenbar für Beides. Insofern er sich für einen Letzten hielt, beginnt mit ihm eine pessimistische Linie, die über Nietzsche zu dem späten Thomas Mann führt; der, im Alter, meinte, seine späte Hochkunst könne schon gar nicht mehr verstanden werden, kurz vor Anbruch von Barbarei und langer Nacht. Persönlich halte ich die Frage nach früh oder spät subjektiv für sinnvoll, wenn sie nämlich dem Gefühl des Künstlers gilt, aber objektiv für sinnlos. Man ist weder früh noch spät. Heine, in Einem romantischer Balladendichter und Pionier politisch-radikaler Schriftstellerei, gibt ein Beispiel dafür. Man ist identisch mit der Zeit und dem Augenblick und muß mit ihnen zu Rande kommen, wie mit sich selber. Das gelingt den guten Dichtern allemal gut und gelingt den schlechten allemal schlecht; und das ist alles.

Von Heines Verstrickung in die geistigen, politischen, sozialen Kämpfe seiner Zeit, nein, von seiner aktiven Teilnahme an ihnen, wird auf unserem Kongreß zweifellos viel die Rede sein. Es ist ja die aktuellste Seite der Sache oder scheint es; zumal wir in Europa jenen, die Heine die »Doktoren der Revolution« nannte, seinen Freunden für eine Zeit, Marx und Engels, wieder so strenggläubig huldigen. Heine und seine Zeit, Heine und unsere Zeit, Heine und die Zeit zwischen der seinen und der unseren, Heine und unsere Zukunft – von alledem wird reichlich gesprochen werden. Ich darf das eigentlich nicht, zumal ich kein Literaturgelehrter bin, oder darf es nur in der Form von Bekenntnis und persönlichstem Urteil.

Ich liebe Heine seit meiner Kindheit, will sagen, seit rund 50 Jahren, da bekam ich zum ersten Mal seine sämtlichen Werke geschenkt, die Ausgabe habe ich noch, neben vielen anderen Ausgaben, darunter der vorbildlich gestalteten, die der Ostberliner Aufbau-Verlag in den sechziger Jahren herausbrachte und die nur der Vorbote von ungleich Umfassenderem ist. Ich liebte das ›Buch der Lieder‹ als Kind, als Student die ›Neuen Gedichte‹, zumal die politischen und die Balladen, als junger Emigrant in Frankreich den ›Romanzero‹ und die ›Letzten Gedichte‹. In allem war jederzeit Entzücken und Trost, und ist es heute noch: in der Flucht nach einem paradiesisch erträumten Indien, nach der Fabelpracht des Orients, so früh schon, ›Auf Flügeln des Gesanges‹, so spät noch, ›Der Dichter Firdusi‹, ›Der weiße Elefant‹; in der Erinnerung an den ertrunkenen kleinen Schulfreund:

»Seit langen Jahren, wie oft, o Kleiner,
Mit Neid und Wehmut gedenk ich Deiner,
Doch die Katze, die Katz ist gerettet...«

in der Schar der Engel, Flammenschwerter tragend, die um Salomos Lager stehen; in ›Jetzt wohin?‹, der Frage des Alternden, Heimatlosen:

»Manchmal kommt mir in den Sinn,
Nach Amerika zu segeln,
Nach dem großen Freiheitsstall,
Der bewohnt von Gleichheitsflegeln...«

– im Mitleid und fürchterlichen, in der Folge der Strophen sich noch steigernden Haß von »Nicht gedacht soll seiner werden«; in der nächtlich-grauen Sterbe-Öde von ›Sie erlischt‹; in den blasphemischen, unsagbar gedrängten, drängenden, ohne Reim abbrechenden Frage-Reimen »Laß die heil'gen Parabolen ...«; und in sechs Dutzend anderen. Nicht daß Heine der einzige Dichter gewesen wäre, den man liebte; er war der einzige, mit dem man sich identifizieren konnte. Mit dem Olympier, dem verwöhnten Jüngling, dem zeremoniösen Alten ging das offenbar nicht. Es ging nicht mit Hölderlin, nicht mit Eichendorffs frommem Zauber, nicht mit Brentano, nicht mit dem seherischen Burgfräulein, Annette von Droste. Mit Heine, ja. Warum? Vielleicht, weil er sich offener, natürlicher, schamloser gab als die anderen, nichts verbarg, keine Schwäche, keine Antipathie, vor allem keinen Scherz unterdrücken konnte; kurz, weil hier die Beziehung zwischen Dichter und Gedicht oft die allerdirekteste war. Das gehört nun wieder zu dem, was die Deutschen ihm verübelten; die im Dichter so gern den verborgenen König, den *Vates* suchten, nicht den lächelnden Bekenner. Geldsorgen haben auch andere deutsche Dichter gekannt, nur zu viele von ihnen; aber sie behielten das für sich, ließen es in ihr Werk nicht eindringen. Heine tat es. In seiner Prosa, wie im Gedicht, begegnet man, wie oft, dem Wagnis, dem bitteren Opfer, das es bedeutete, ein freier Schriftsteller zu sein.

»Ich ward bedrängt von schwarzen Sorgen,
Ich mußte lügen, ich mußte borgen
Bei reichen Buben und alten Vetteln –
Ich glaube sogar, ich mußte betteln ...«

Nie machte er sich edler, als er war, unedler wohl; was ihn jenen auf den ersten Blick näher bringen mag, die nicht, wie er, aus Genieland stammen. Daß seine Gestalt auch ganz andere Aspekte bietet, daß er scheu war, *auch* scheu, trotz aller Bekenntnis-Neigung, während der unvorstellbar langen Jahre seiner Krankheit ein Held, aber einer, der es beileibe nicht sein wollte, darüber gibt es einen einzigen so klugen wie schönen Satz Arthur Schopenhauers: »Als wirklicher Humorist tritt Heinrich Heine auf, in seinem ›Romanzero‹: hinter allen seinen Scherzen und Possen merken wir einen tiefen Ernst, der sich schämt unverschleiert hervorzutreten.«

Soviel über mein Verhältnis zu dem Dichter. Der Schriftsteller, der Zeitkritiker, der Journalist, der Politiker, der Philosoph, der Prophet?

In der erwähnten Ostberliner Heine-Ausgabe findet am Ende sich ein überaus kenntnisreicher, klug abwägender Essay: ›Heinrich Heine, Poesie, Vaterland und Menschheit‹. Der erste Satz des Essays lautet: »Freunde Heines unter den bürgerlichen Philologen sprechen heute wie früher im Tone der Betrübnis davon, daß das Urteil über den Dichter immer wieder vom weltanschaulich-politischen Tageskampf bestimmt sei.« Im weiteren handelt der Gelehrte von einem »Zitatenduell« zwischen Bürgerlichen und Marxisten, das zwar die letzteren nicht zu fürchten bräuchten, das aber in keinem Fall etwas beweise, denn Heine schrieb einmal so, einmal ganz anders, je nach dem polemisch bestimmten Moment. Die Kernfrage sei: »Wen legitimiert die Vergangenheit?«, was nur ein anderer Wortlaut sei für die Frage: »Wem gehört die Zukunft?« – Nur leicht vergröbert würde die Frage dieses Kommentators lauten: In welchem Lager steht Heine heute? Oder: Wem gehört er? Oder: Was beweist sein Dichtertum für den zukünftigen ganzen Sieg der einen oder anderen Partei? – Die Antworten liegen schon in den Fragen.

Ich könnte, meine Herren Professoren im Saal, mir denken, daß sich einige mehr oder weniger marxistisch Gesinnte unter Ihnen finden. Wo, zumal in diesem deutschen Bundesstaat, eigentlich noch bürgerliche Philologen herkommen sollten, ist mir schwierig vorzustellen; es müßten stark überalterte Menschen sein. Was mich betrifft, so bin ich in aller Bescheidenheit weder ein bürgerlicher noch ein marxistischer Schriftsteller, sondern ein freier; könnte ich dichten wie Heine, so dürfte ich vielleicht auch mit ihm sagen:

»Die Apfelsinen, lieb Mütterlein,
Sind gut, und mit wahrem Vergnügen
Verschlucke ich den süßen Saft,
Und ich lasse die Schale liegen.«

Man sucht sich seine Wahrheiten oder Halbwahrheiten, wo man sie finden kann, und läßt die Doktrinen liegen; man nimmt die abergläubischen Alternativen nicht an.

In diesem Fall war Heinrich Heine. Müßte man sein Wesen auf einen

Nenner bringen, so mag der immerhin »Kämpferische Humanist«, Freund aller Ausgebeuteten und Unterdrückten, Soldat der Freiheit lauten, zumal er sich selber gern als einen solchen stilisierte:

»Verlorner Posten in dem Freiheitskriege
Hielt ich seit dreißig Jahren treulich aus ...«

Und wenn, wiederum von marxistischer Seite, betont wird, daß es keinen Sinn habe, den Dichter vom Politiker zu trennen, den Geist zu zerstückeln, den einen Teil zu loben, den anderen zu bedauern, so ist das ganz wahr, obgleich banal. Es war in der Tat nur *ein* Geist, der an die vierzig Jahre sein erhellendes, erheiterndes Feuerwerk spielen ließ. Aber in diesem Geist, dieser einen Seele, ging es mannigfaltig zu. Heine, heißt es in der Betrachtung aus dem Nachbarland, sei nicht in dem gefährlichen Sinn Dichter gewesen, daß der Stil ihm mehr gegolten hätte als die Wahrheit. Die These würde ich nuancieren: Wahrheit und Stil waren ihm eines. Das schlecht Geschriebene stieß ihn allemal ab; nicht zuletzt darum zog Karl Marx ihn an, weil der mit glanzvoller Bosheit schreiben konnte; was er auf Heinrich Laubes Einwände gegen die Verfänglichkeiten des Buches über Börne erwiderte: »Aber ist's nicht schön ausgedrückt«, bleibt seine gültige Antwort, jenseits allen Zitatenduells. Dann auch: Heine wußte von der Vielfalt des Wahren. Darum war er kein Bundesgenosse, sondern Freibeuter; Repräsentant seiner Epoche wohl, aber ganz auf sich gestellt und einsam trotz seiner Erfolge und Wirkungen. Griff man ihn an, so reagierte er mit der Hysterie des Künstlers und übersteigerte eben das, was man ihm vorwarf; so, gegen Börne, die apolitischen, die konservativen, die antidemokratischen Instinkte, die in ihm waren. Ebenso reagierte er, wenn man ihn binden, festlegen, zur Partei machen wollte; in Angst um seine Freiheit, mit der Sensitivität und dem Hochmut des Künstlers. Er schrieb nieder, was ihm gerade einfiel, und ihm fiel so manches ein. Unnütz, hier nach Widersprüchen zu kramen; es gibt sie zu Hunderten, und sie, diese Teilwahrheiten, die er ohne Skrupel aneinander oder gegeneinander reihte, widerlegen die Wahrheit seines Werkes und Lebens nicht. In seiner Prosa ist mir die Sammlung, die ›Gedanken und Einfälle‹ genannt wird, fast das Liebste. Hier steht ein Juwel neben dem andern, und das eine kümmert sich um das andere nicht im mindesten. »Ist die Mission der Juden geendigt? Ich glaube: wenn der weltliche Heiland kommt: Industrie, Arbeit, Freude. Der weltliche Heiland kommt auf der Eisenbahn, Michel bahnt ihm den Weg, Rosen werden gestreut auf seinen Pfaden.« Und ein paar Seiten später: »Demokratischer Haß gegen die Poesie – der Parnass soll geebnet werden, nivelliert, makadamisiert, und wo einst der müßige Dichter geklettert und die Nachtigallen belauscht, wird bald eine platte Landstraße sein, eine Eisenbahn, wo der Dampfkessel wiehert und der geschäftigen Gesellschaft vorübereilt.« Einmal ist Deutschland das Land der Nachtmützen und der sechsunddreißig Monarchen, die unbesorgt schlafen dürfen, der gesundesten Eichen und Linden, der Knödel und des Bieres, das gutmütigste Land unter der Sonne. Dann wieder ein radikal anderes:

»Aber wir verstehen uns baß,
Wir Germanen auf den Haß.
Aus Gemütes Tiefen quillt er,
Deutscher Haß! Doch riesig schwillt er,
Und mit seinem Gifte füllt er
Schier das Heidelberger Faß.«

Dann wieder wird Deutschland die allerschrecklichste Revolution machen, die es je gab, und obendrein eine für den welschen Nachbarn hochgefährliche. Einmal ist Hoffnung auf die Einigung des Vaterlandes, auf deutsche Großmacht; demnächst kommen die Deutschen mit der Ausbildung ihrer Nationalität zu spät, weil, hätten sie ihr Ziel endlich erreicht, das ganze Nationalitätswesen schon am Ende sein wird. Oft, sehr oft liebt er die alten Sagen, die Volksballaden, die ehern-wilden Kämpenlieder; weiß aber recht wohl, welch potentiell mörderische Sehnsüchte in solchen Erdichtungen nisten. Und so weiter, immerzu. Hier findet kein Zitatenduell statt. Es soll nur angedeutet werden, wie Heines genialer Spürsinn funktionierte; wie er der schwankenden, unerschöpflichen Wirklichkeit im Werden von den unterschiedlichsten Seiten sich annäherte; wiedergab, was er gehört oder erspürt hatte; keiner Augenblicksstimmung widerstand; kämpferisch sich einsetzte; den bloßen Zuschauer des historischen Dramas spielte; bejahte, verneinte, hoffte, fürchtete – in einem. Eben, vom Politiker ist der Philosoph, vom Philosophen der Dichter nicht zu trennen. Ein Element wirkte auf das andere, und das künstlerische blieb das stärkste.
Es ist darum, daß es nur begrenzten Sinn hat, nach Heines theoreti-

scher Botschaft zu fragen. Zur Theorie der Revolution braucht man keine Dichter; wissenschaftliche Schriftsteller braucht man dazu, einige gute, viele mittelmäßige.

Wir haben eine Studie erhalten, von der reiche Nachrichten zu erwarten sind über die eine Konzeption, die sich in der Tat durch Heines Werk zieht an die dreißig Jahre lang: die Welt ohne Sünde, die Partei der Rosen und Nachtigallen, der Griechen Lustsinn gegen den Gottgedanken Judäas. Ein Aperçu, zäh durchgehalten, vielfach abgewandelt, auch ins Politische, in das es sich nicht recht fügen wollte, noch auch heute fügt; es wäre denn, wir verständen das Versprechen einer ›besseren Lebensqualität‹ in seinem Sinn. Aber auch ›bessere Lebensqualität‹ kann nicht Nachtigallen und Rosen meinen. Hier werden prosaischere Dinge erstrebt. Heines Aktualität ist nicht die, welche rebellische Jugend, welche anderswo die Autorität erstarrter Revolutions-Orthodoxie ihm beilegt.

Nur zum dürftigsten Teil ist sie in jenen nun wieder allenthalben zitierten Versen aus dem ›Wintermärchen‹:

»Ein neues Lied, ein besseres Lied,
O Freunde, will ich euch dichten!
Wir wollen hier auf Erden schon
Das Himmelreich errichten ...
Es wächst hienieden Brot genug
Für alle Menschenkinder,
Auch Rosen und Myrthen, Schönheit und Lust,
Und Zuckererbsen nicht minder ...«

Nein, das ist Heines allundeine Botschaft nicht. Wie kann man einen so freien, reichen Geist so arm machen, und damit sich selber? Was nun wieder nicht einmal heißt, daß von Heines Versprechen sich in der Zeit gar nichts erfüllt hätte. In unseren Weltgegenden wenigsten haben wir ja heute Brot genug für alle Menschenkinder, und Zuckererbsen auch, wenn darunter etwa die Fülle nützlicher oder unnützlicher Kaufhausware verstanden werden soll. Wir haben den Himmel den Engeln und den Spatzen überlassen. An die Welt ohne Sünde, die Lustgesellschaft, die *permissive society* – auch an sie sind wir unglaublich nahe herangekommen. Aber Rosen und Myrthen sind ausgeblieben. An ihrer Stelle plagen uns viele graue Schlacken.

Soll heißen: was vor hundertdreißig Jahren in der Luft lag, was von hochangeregten Geistern wie Heine ergriffen und formuliert wurde, ist nicht gleich mit hundertdreißig Jahre späterer Wirklichkeit, obgleich es in einer verdrehten Beziehung zu ihr steht, halb gleich und halb nicht.

Heine, meint Dolf Sternberger treffend, konnte das Prophezeien nicht lassen. Manches, was er voraussagte, ist von der Wirklichkeit nie auch nur angespielt worden. Jene fürchterliche teutonische Revolution, altheidnisch und neuprotestantisch-radikal, äußerst wild zwar, aber doch wohl schöpferisch, die kam nie; man wird ja die Wahnsinnslumperei, die 1933 begann, mit ihr nicht assoziieren wollen. Anderes kam wohl, vor allem jener ›Kommunismus‹, von dem er neugierig-eingeweiht und angstvoll-sachlich zu reden wußte; aber er kam auf so unvorhersagbar gewundenen Umwegen und so sehr viel später, als erwartet wurde, daß er, was erwartet worden war, in seiner Verwirklichung durchaus nicht mehr sein konnte. So pflegt es zu gehen. Die großen Gegenstände seiner Zeit, die Heines intuitiver Blick erfaßte, ließen sich durch des Künstlers Einfälle so wenig für alle Zukunft binden wie durch die Gelehrsamkeit der Revolutionsdoktoren. Gedachte Zukunft versank langsam in der Wirklichkeit, die den Gedanken zugleich bestätigte und widerlegte. Ideen und Parteiungen von 1832 oder 1848 sind mit nichts mehr zu identifizieren, was heute ist.

Strenge Wissenschaft, Ökonomie, politische Theorie, Geschichtsphilosophie, grimmiger Ernst überhaupt, das veraltet. Wie soll gedichtetes Leben veralten? Wie soll veralten, worin Schiller das den Menschen Charakterisierende, zu seiner eigensten Würde Erhebende begriff, Spiel; Spiel der Formen, Spiel der Gedanken? Einen Philosophen kannte ich, der nahm's mit der Wahrheit gewaltig ernst; so ernst, daß er auf bloße Literatur wohl herabsah, besonders strafend aber auf jene, für die Ideen nur Wahrheit haben sollten im Getriebe des Kunstwerks. Es wird, fürchte ich, von dieses Mannes Schrifttum allzuviel nicht bleiben, und allzuviel hat er uns auch zu seinen Lebzeiten nicht geholfen. Die sind der Wahrheit näher, die heiter mit ihr umgehen, weil sie von ihrer Unerschöpflichkeit wissen. Die trösten uns am verläßlichsten, die ihren tiefen Ernst hinter Scherzen verbergen; die den Zweifeln und Leiden ihrer Seele Rhythmen, Farbe, schönen Klang verleihen.

Heine gehört niemandem. Besser: Er gehört allen, die ihn lieben.

# André Malraux

## [Leidenschaft der Verwandlung – Pablo Picasso]

Die Metamorphose beschäftigte Picasso bedrängender als der Tod. Er schien an sie gefesselt wie die Fetischgläubigen an das Volk jenseits des Grabes. Geradezu als ansteckend empfand er (ich habe das Atelier in der Rue des Grands-Augustins nicht vergessen) die Metamorphose, die ihm das Violin-Idol und die ›Venus‹ von Lespugue antrugen, aber auch sein ›Stierkopf‹, von dem er sich ausmalte, wie er wieder zu Sattel und Lenker wurde. »Was ich da gemacht habe, der Lenkersattel und das alles, das genügt nicht: Man müßte einen Ast finden und einen Vogel daraus werden lassen.« Dann die Metamorphose, die ihn zu der Äußerung veranlaßte, bei den Ausstellungen träten ihm seine eigenen, vergessenen Bilder im Prachtgewand entgegen; und wenn eine Form geschaffen sei, so sei sie dazu da, »ihr Leben zu leben«. Seine eigene Metamorphose, die ihn eine »Manier« nach der anderen aufgeben ließ und der er seine Schöpfungen hinwarf, wie andere die ihren der Zeit anvertrauen: Sie zwang ihm die Konfrontationen ab und das Volk der ›Tarots‹, das wie Schmetterlinge die vierhundert Meter Wandlänge seiner beiden Jüngsten Gerichte bedeckte – im Papstpalast, wo das kretische Geschrei aufstieg wie die Klage der Pasiphaë um den Tod des Minotaurus. Und die Metamorphose, die ihn hier erwartete.

»Es war einmal ein kleiner Mann auf den Kykladen ...«

Sein Pariser Atelier, einmal, bei Tage, mit ›Guernica‹, einmal, am Abend, ohne ›Guernica‹; der Abstellraum voller Kleinplastiken unter den Fledermausknöchelchen, die kleine Gestalt mit dem runden Kopf und den schwarzleuchtenden Augen unter dem spitzen Hut, bekleidet mit einem Gabardinemantel, wie ihn in jenem Jahr ein amerikanischer Schauspieler in der Rolle des Todes trug. Er drehte ein Violin-Idol in der Hand und sprach vom Ewigen Juden, von der schöpferischen Kraft und von dem vor drei- oder viertausend Jahren auf den Kykladen geborenen Kleinen Mann, dessen Inkarnation durch die Jahrhunderte bis zu van Gogh gegangen war wie der unzerreißbare Faden der Mutterliebe – von dem Kleinen Mann, der wußte, daß die Bilder für die Götter immer von unbekannten Bildhauern gefunden werden. »Ich mache meine Pläne mit den Träumen meiner schlafenden Soldaten«, hat Napoleon gesagt... Zwischen die mit dem Taschenmesser geschnittenen Figürchen, die ›Venus‹ von Lespugue und die leidenschaftlichen Bilder drängte sich mit abgerissenem Hundegebell die Rue des Grands-Augustins. Er fragte mit dem erstaunten Gesichtsausdruck einer jungen Katze: »Vielleicht bin ich der Kleine Mann, wer weiß? Er liebt den Stierkampf, natürlich... Und die Leute erinnern sie an ihn, klar...«

Das war in Paris, bei den Lebenden. Aber auch hier bleibt dem Kleinen Mann noch etwas zu sagen. Man hat Picasso vorgeworfen, er habe seine Kunst nur immer wieder zu erneuern versucht, während seine Vorgänger, sogar van Gogh, die ihre vertiefen wollten. Wie die schwarze Statue auf dem Grabe antwortet dieses wehrhaft gegen den Tod gestellte Schloß, daß ein Maler die Verkleidungen wechseln kann, ein Toter aber nicht mehr unter Kostümierungen wählt: Er steckt auch für die anderen in seiner eigenen Haut. Die ›Tarots‹ sind weit entfernt von den ersten »Neger«-Bildern, aber in der gleichen Richtung, die von allen wegführt. »Der Stil«, hat er zu mir gesagt, »der kommt, wenn man tot ist: schauen Sie sich doch die Liegefiguren auf den Sarkophagen an!« Was ist ihnen gemeinsam, der Malerei seiner größten Rivalen – zu einer der größten Epochen der Malerei in dem Land der ersten Maler seiner Zeit – und seinen wie von der Hand eines gefangenen Propheten geschaffenen Plastiken oder dem gefesselten Ingrimm seiner ›Tarots‹? Die verbissene Beharrlichkeit. Von den ›Demoiselles d' Avignon‹ an ist die Konstante in seiner schweifenden Kunst die Vertiefung seiner Revolte.

Wenn es Jacqueline nur gelänge, dies den Malern bewußt werden zu lassen, die hierherkommen werden, so wäre ihre Mühe nicht vergebens. Van Gogh sucht in der Revolte seine Kommunion, Rembrandt auch. Ich glaube, Picasso hat im Chaos der Jahrhunderte nur einen Vorgänger gefunden: Goya, seinen Lehrmeister. Die ›Disparates‹ dringen tiefer ins Heillose ein als die ›Caprichos‹, der letzte nebelhafte ›Koloß‹ träumt wie ein Atompilz zwischen den Gestirnen über den verzweifelt gestikulierenden Signalen des Untergangs. Mit achtzig Jahren zittern die Finger des Malers beim Zeichnen seiner letzten Schrekkensszenen, und dennoch zeigt seine Kunst keine Spuren des Alterns, so wenig wie die Picassos. Aber noch seine letzten Meisterwerke setzen die von einst fort. Selbst die ›Schwarzen Bilder‹, die er verbarg und nur seinen Freunden zeigte, brechen durchaus nicht mit der ›Erschießung‹ wie die ›Tarots‹ von Avignon mit ›Guernica‹. Beim Gedanken an den in seiner Einsamkeit abgeschlossenen Goya und an den in seinen Ruhm eingekerkerten Picasso erinnere ich mich wie schon in Notre-Dame-de-Vie an Menuhin: »Es gibt auch den Lobpreis ...«

»Ich halte es nicht aus, wenn man mich für einen Bonnard hält, alles was recht ist. Heute nicht und später auch nicht!« Bonnard verkörperte für Picasso eine schuldhaft heitere Gelassenheit, die er weder bei Matisse noch bei Braque empfand. Und ein Einverstandensein mit den eigenen Bildern, das er, der Ambivalente, beneidete und verabscheute. Niemals vor ihm hat ein Maler dieses gnadenlose Gefühl so stark verspürt; die Malerei blieb stets der Bereich seiner Knechtschaft und das Mittel zu seiner Freiheit. Er unterstellte, daß seine Revolte unheilbar sei, und sie war es. Von dieser Ambivalenz her war seine Aggressivität, seine tiefe Feindschaft gegenüber dem ganzen Kosmos zu erklären. Der Anti-Takanobu. Er hatte mir gesagt, er brauche keinen Stil, weil seine Wut ein entscheidend wichtiges Element der Wut unseres Zeitalters werden würde. Er behauptete, die Negerplastik habe sich ihren Virus erhalten. Vauvenargues kann nichts anderes als eine Herausforderung sein und bleiben. »Lautréamont erscheint am Ende in Luxusausgaben, und die Totentänze kommen ins Museum«, hatte er hinzugesetzt. So bitter, daß ich es unterließ, ihm zu antworten: »Goya auch. Aber dort hat ihn Picasso gefunden.«

Er wußte zu genau, daß er sein Schicksal auf die Vertiefung seiner Revolte gesetzt hatte, um nicht zu fürchten, die Metamorphose könne ihn »einfangen«. Sie hat ihn oft in ihren Bann geschlagen, und sie war bei den ›Tarots‹ nicht unbeteiligt. Ihre Bedrohung war die feinste, schärfste Inkarnation dessen, was er bekämpft hatte. Nur in marxistischen Kategorien waren Picassos Befürchtungen gegenstandslos: Goya ist nicht für die spanische Aristokratie in den Prado gekommen, sondern für den jungen Picasso, für die republikanischen Soldaten, die vor der ›Erschießung‹ fasziniert zusammenstanden. Allerdings wird die Revolte, wenn sie stechend wird, zum Gefühl, zur grundsätzlichen Ablehnung der Welt – sprich: der Lebensbedingung der Menschen. Zur Gegnerschaft gegen die Macht, aber auch, ob sie es weiß oder nicht, jeder Macht. Die Revolte, nicht eine Revolution. In religiösen Kategorien ist sie die Entdeckung eines Usurpatorgottes oder, in wieder anderen Kategorien, das dem Leben selber entgegengeschleuderte »Nein« der Antigone mit seinen heroischen Nebentönen. Usurpatorisch ist demnach das Festhalten an der Welt, das siegreich bleibt über eine nicht faßbare Revolte, den höchsten Wert für den Künstler oder den Selbstmörder. Doch während Rimbaud ›Eine Saison in der Hölle‹ schreibt, während Goya den ›Saturn‹ malt, existiert eine Welt, in der das Lachhafte nicht nur lachhaft ist, und sie würde auch dann existieren, wenn Rimbaud sein Manuskript, Goya sein Bild verbrennen wollte. Alles lachhaft zu finden, ist ein Gefühl des Unterworfenseins, und gerade das Unterworfensein wird von der künstlerischen Schöpfung in Frage gestellt. Weder der Aztekenbildhauer noch Picasso formen einen Schädel, um sich dem Tode zu unterwerfen. Was heißt das: Saturn einfangen? Ein Bild aus ihm machen? Das ist er. Nur ein Bild aus ihm machen? Das ist in der Vergangenheit nicht besonders gut gelungen... Das Museum kann ganz gewiß ›Massaker in Korea‹ einfangen, aber nicht das Totem der ›Frau mit Kinderwagen‹, nicht die zerrissensten der ›Tarots‹, ja, nicht einmal ›Guernica‹, den Schrei Spaniens durch die Jahrhunderte. Und warum sollte das Imaginäre Museum ein solches Einfangen versuchen? Wenn dieses Museum unsere Antwort auf das Unerkennbare ist, so deshalb, weil es die aufnimmt, von denen die Griechen sagten, sie seien »die Götter, die man bei der Nacht anbetet«.

Die Musik kennt die unmittelbare Anklage nicht, wie sie die Hingerichteten bei Goya ausdrücken, die Reste des Gefangenen an seinem Ast, der abgestumpfte Sieger, der neben den Gehenkten von 1813 seine Pfeife raucht, wie mein Oberzöllner neben dem Flüchtlingsstrom von 1938 seine Vögel fütterte. Besonders aber, vor allen anderen Plastiken, wie der ›Dévot Christ‹ in Perpignan. Diese Werke haben sich in ein Museum eingeschlichen, das sich, wenn auch immer zaghafter, auf die Schönheit berief. Weder der schreckliche Gekreuzigte noch Goya, noch der Schiwa der ›Totentänze‹ sind von den heiteren Gestalten, ja, nicht einmal von den Gestalten der Kommunion bezwungen worden. Kein Fra Angelico und kein Giotto haben sie aus dem Imaginären Museum vertrieben. Die verbissenste Revolte entfernt sich von ihrer Revolte, aber auch die strahlendste Übereinstimmung entfernt sich von ihrer Übereinstimmung: Goya ergeht es wie Raffael, Picasso wie Fra Angelico. Und Goya entfernt sich nicht etwa, um sich Raffael zu unterwerfen. Picasso wollte, die Zukunft solle das höchste Abenteuer sein; dabei war die Metamorphose des nächsten Jahrhunderts nicht weniger unvorhersehbar, als es sein eigenes Genie gewesen war. Nichts hat Goya zu einem Maler galanter Feste gemacht, trotz seiner Kartons für Wandteppiche, ja, nicht einmal zu einem Rivalen Manets. Die Schreie der Atriden stoßen in die Erinnerung des Abendlandes, das vollständig die Versöhnung vergessen hat, mit der die Orestie endet. Der Prospero im ›Sturm‹, der Herr ist über die Menschen »des Stoffs, aus dem die Träume sind«, ist für uns nicht der Herr über die nachtwandlerische Lady Macbeth. Die Fetische werden keine Engel, und die Welt der Kunst ist irrationaler und abgründiger als die Welt der Versöhnung.

Was diese Welt der Kunst ist, glauben die meisten Menschen gewiß erst von ihrer Nachfolgerin zu erfahren. Wir sind uns jedoch bewußt, eine Mutation mitzuerleben, die wir vergleichen dürfen mit der, durch welche die Welt der Kathedrale von der Welt des Traums abgelöst wurde; wir sind uns des Einbruchs der Bildermenge bewußt, die der Maler zum erstenmal unter die Willkür der großen Kirchenfenster zwingt. Die Fenster beriefen sich auf Christus, während unsere Malerei sich nur auf ihre eigene Kraft beruft. Aber sie hat Picasso eine geheimnisvolle Zusage gemacht. In seinem Atelier in der Rue des Grands-Augustins hat der Maler Worte gehört, die der Kleine Mann nie ausgesprochen hatte, obwohl er sie in sich trug; ebenso werden zwei- oder dreitausend Jahre nach uns die Künstler vom Kleinen Mann von Vauvenargues, der da auf dem Rasen die Erde zum Zeugen nimmt, ganz unvorhersehbare Worte hören, die weit über das hinausweisen, was wir mit Einfangen und Revolte meinen ... Die zukünftige Sprache der Kunst ist immer eine unbekannte Sprache.

Dieses Grabmal, das jetzt die strahlenden oder umgetriebenen Bilder ausfüllen werden, dieses Mausoleum für das Schöpferische in einer Zeit der brennenden Städte und der Vernichtungslager wird auch der Tempel für die zeitlose Schöpfung sein. Sobald wir die schöpferische Kraft nicht mehr mit der Kraft zur Interpretation von Schauspielen oder Träumen verwechseln, entdecken wir ihr brüderliches Verhältnis zur Kraft unserer Kunst. Sie ist dann gar nicht so rätselhaft, weil wir wissen, was die romanischen Bildhauer an Gotik in sich trugen; wir kennen nur die Kunst des 21. Jahrhunderts nicht. Eine Folge von Schöpfungen ist weniger undurchschaubar als eine einzelne entscheidende Schöpfung, die erst die Bedeutung des Stils, dem sie angehört oder den sie entstehen läßt, erkennbar macht. Sie läßt sich nur von weitem erfassen; denn aus der Nähe heißt sie einfach die Wahrheit ... Man hat von Shakespeares Genius gesagt, er reiße einen Vorhang weg und enthülle, was jeder kennt, als habe es niemand je gesehen; in diesem Sinne hat seine eigene Kunst Picasso die schöpferische Kraft enthüllt, einschließlich der seiner ›Venus‹ von Lespugue. Und unsere ganze Kunst legt uns den Gedanken nahe, daß die Ausübung dieser Kraft vergleichbar ist mit der mystischen Erfahrung, wenn der Künstler zu imitieren glaubt, mit der prophetischen Erfahrung, wenn er etwas Neues schaffen will. Der anonyme Bildhauer, der im Göttlichen aufzugehen glaubt, indem er getreulich irgendeinen Prototyp imitiert, schafft die ›Majestät‹ von Elephanta, die Dogon-Antilopenmaske; der ebenfalls anonyme Steinmetz von Moissac enthüllt vor der Menge der Christen das Göttliche, so daß diese Menge es begrüßt, wie das gläubige Volk später im Triumphzug die toskanische Madonna durch die Straßen trägt. Vauvenargues, randvoll mit Bildern, die aus dem Grabmal strahlen, wird es laut herausschreien, weil Picasso uns hier heftiger als seine Vorgänger aufruft, zu begreifen, daß die Schöpfung ebenso geheimnisvoll ist wie der Tod.

Gewiß ist das der Grund, warum der Kleine Mann, der unter dem Namen ›Figur mit Vase‹ der Sonne seine Gabe darzureichen scheint, mir so hartnäckig den Kopf aus Obsidian in Erinnerung ruft. Der Schädel ist das Zeichen für den Tod, ganz gleich in welcher Kultur wir dieses Bild finden, aber in den Religionen, die den großen Ausdruck für den Tod kennen, hat es kein Gewicht. Der aus Köpfen bestehende Halsschmuck der Göttin Durga gehört in den Bereich des Pittoresken, verglichen mit Schiwa; Schädel und Schenkelknochen sind lächerlich, verglichen mit dem Kruzifix.

Und doch ist dieser Ausdruck untergeordnet: bei Schiwa dem ungeschaffenen Brahma; beim sterbenden Christus der Menschwerdung und Auferstehung. Nur bei den Azteken scheint der Tod, von dem wir wenig wissen, zu herrschen; dort scheint die Kunst das Umfassende zu erreichen, das sie weder ihn Jahve noch in Gottvater, weder in Allah noch in Brahma erreicht. Denn die Köpfe aus Obsidian, aus Quarz, aus Türkis sind ebensowenig bloße Zeichen wie der von Picasso geschaffene Bronzeschädel, über den ich auf dem Flur in der Rue des Grands-Augustins gestolpert bin. Das Zeichen kennen wir, es ist die mexikanische Hieroglyphe vom Monolithen des Heiligen Krieges, die das herausgerissene Herz der Gefangenen symbolisiert. Dem Obsidianschädel dagegen hat der Bildhauer das rätselhafte Leben der Kunst eingehaucht, die gleiche Verklärung, wie sie die griechische Plastik dem menschlichen Körper gegeben hat, um ihn zum Leib ihrer Götter zu machen. Die unmittelbare Rivalität von Kunst und Tod erschiene uns unvorstellbar, wenn wir sie nicht kennen würden. Um vom Tod zu sprechen, hatten wir nur die Gebeine gefunden, vor denen unsere Einsiedler meditierten, die Liegefiguren auf unseren Sarkophagen und die Skelette auf unseren Grabsteinen.

Des Todes düsterer Schein beleuchtet, was am schöpferischen Akt Hexenkünste sind, rückt den Stil in die Nähe der Nadel des Beschwörers. Um mit dem Nichts rivalisieren zu können, enthüllt uns die Kunst, wie sie mit dem Schicksal rivalisiert. Das Symbol, das den Menschen seine Abhängigkeit tief spüren läßt, das Zeichen des Todes, lehrt uns, daß die Pranke, die dieses Zeichen zu reißen vermag, auch in den Kosmos und ins Unerkennbare ihre Spur reißt.

Vom Tod bei den Azteken wissen wir nicht einmal, welche Rolle er gespielt hat. Gar nichts. Aber die düstere Brüderlichkeit im Tode zwingt uns, ihn zu erkennen, auch da, wo uns alles von ihm verborgen ist. Die als Grabbeigaben gefundenen Kykladen-Idole sind in dem gleichen Bereich, in der Vorhölle, das Leben gewesen: die Große Göttin, die Erdmutter, die dann zur byzantinischen Madonna wurde. Ein Emblem, violinförmig oder als Trapez zwischen den angedeuteten Armen um die ausgerundeten Brüste über der Messerkerbe, die vom Schoß ausgehend die Beine spaltet. Ich erinnere mich an die Verblüffung, mit der Picasso, weil er an sein Idol gewöhnt war, dessen Bedeutung ihn nicht interessierte, die fleischfressenden Blütenkronen meiner kleinen tönernen Fruchtbarkeitsgöttinnen betrachtete, die so willkürlich wirkten wie seine eigenen Plastiken. Um zugleich das Wesentliche und das Unsichtbare darzustellen, haben die Kykladen das subtilste und abstrakteste Zeichen für die Muttergöttin gefunden, die ohne Ende der Erde die Menschen wiedergibt, die sie unaufhörlich zu sich ruft. Die Seele des Lebens und die Seele des Todes, Wischnus und Schiwas Lianen verwirren sich im unbekannten Unzugänglichen des ungeschaffenen Brahma; die Fruchtbarkeitsgöttin aus der Ägäis und der mexikanische Schädel treffen und verbinden sich einander in dem Spiegel, auf dem über dem Obsidian die erinnerungslosen Wolken vorbeizogen … Das Umfassende dessen, was wir immer noch Kunst nennen, ist die Metamorphose. Auf ihre Sternenbahn zieht es Vauvenargues, zusammen mit den mexikanischen Ruinen, wo die Staubwirbel auf den Totengöttern tanzen: Dieses Grabmal, das dem Morgenlicht die unerbittlichsten Werke der Geschichte entgegenhalten wird, findet sich auf dieser Bahn mit dem Ausdruck zusammen, den ein Kleiner Mann im Aztekenland dem Tod zu geben gewagt hat, mit den Idolen, die in der Finsternis der Kykladen die schwankenden Schatten auf dem Wege zu ihrer Auferstehung an den Dämonen vorbeigeleitet haben.

Warum war Dostojewski von der »Ermordung eines unschuldigen Kindes durch einen Wüstling« geradezu besessen? Ich habe vor einiger Zeit geschrieben, daß vor dem Hintergrund des Nichts der bescheidenste Akt von Heldenmut oder Liebe nicht weniger mysteriös sei als der gewaltsame Tod. Vor dem Hintergrund des Nichts ist noch die bescheidenste Schöpfung ein Wunder – schüchterner, aber nicht weniger auffallend, nicht weniger faszinierend. Sie führt ihren Dialog nur mit der Metamorphose, von der sie in ihre eigene Rätselhaftigkeit hineingezogen wird, weiter als in Revolte und Aussöhnung – in den Prado, von dem wir noch nichts wissen, in dem Spanien auf ›Guernica‹ wartet und wo der Größte, Goya, auf den jungen Picasso gewartet hat. Vor mir zittert die winzige Papiergirlande, die einst von ihm ausgeschnitten worden ist, in der heißen Luft des Kaminfeuers. Ihr Reigen ruft mir wegen des Obsidianschädels eine Szene in Erinnerung, die ich in Mexiko etliche Male mitangesehen habe. Kinder schauten zu, wie sich das Glücksrad einer Lotterie mit seinen kleinen Skeletten um eine unsichtbare Lampe drehte: Die torkelnden Schatten glitten über die abgezehrten kleinen Gesichter, auf denen nach und nach ein wundervolles Lächeln aufging …

Alles, was nicht unter das Gesetz der Zeit fällt, gehört dem Mysterium an, und was die Künstler hier in dem unmittelbaren Dialog zwischen schöpferischer Hervorbringung und Tod zunächst finden werden, ist das, was sie gestern in der Fondation gefunden haben: die unfaßbare Zeit, in der die Kunstwerke leben. Wenn Jacqueline hier eines Tages ›Guernica‹ auf seinem Wege nach Madrid ausstellt, wird ›Guernica‹ nicht zur gleichen Vergangenheit gehören wie der Spanienkrieg. Denn der Spanienkrieg ist gewesen, das Bild dagegen *ist* – was uns so verstört, seit die Meisterwerke nicht mehr unsterblich sind.

*(Aus dem Französischen von Ulrich Friedrich Müller)*

# Ernst H. Gombrich

# Hegel und die Kunstgeschichte

*[Eine Rede]*

Ich bin Professor Dr. Henrich zu wärmstem Dank verpflichtet, vor allem für seine Schätzung, und wenn ich so sagen darf, seine Überschätzung meiner Arbeit[1] – aber auch dafür, daß er es mir erleichtert hat, Ihnen zu erklären, warum mir die Ehre dieser hohen Auszeichnung auch einige Verlegenheit bereitet hat. Ein wenig gilt das ja allgemein für jede öffentliche Ehrung, da der Empfänger meist genau weiß, daß er nicht gar so ehrwürdig ist; aber im besonderen bin ich mir auch bewußt, nicht Hegel-preiswürdig zu sein. Spielt doch die Kritik des Hegelschen Erbes keine geringe Rolle in meinen Arbeiten. Heinrich Heine bezeichnete sich einmal als einen entlaufenen Romantiker. Vielleicht bin ich auch so etwas wie ein entlaufener Hegelianer.

Ich bin nämlich der Überzeugung, daß Hegel der Vater der Kunstgeschichte ist, jedenfalls der Vater der Kunstgeschichte, wie ich sie immer aufgefaßt habe. Nun haben wir uns ja an den Gedanken gewöhnt, daß die Söhne gegen ihre Väter rebellieren, und wenn man den Psychologen glauben darf, so tun sie das gerade deshalb, weil sie sich frei machen wollen und auch müssen von dem übermächtigen Einfluß, den die väterliche Autorität in ihrem Innern noch ausübt. Ich glaube noch immer, daß sich die Kunstgeschichte von Hegels Autorität emanzipieren soll; aber ich bin auch überzeugt, daß das nur möglich sein wird, wenn sie die überwältigende Wirkung Hegels verstehen gelernt hat.

Ich nannte Hegel den Vater der Kunstgeschichte, aber gewöhnlich ist es Johann Joachim Winckelmann, dem man diese Rolle zuschreibt. Und doch scheint mir, daß nicht Winckelmanns ›Kunstgeschichte des Altertums‹ von 1764, sondern Hegels ›Vorlesungen über die Ästhetik‹

1 Der Text der vorangehenden Ansprache von Professor Dr. Dieter Henrich, dem Präsidenten der Internationalen Hegel-Vereinigung, ist in leicht gekürzter Form in der ›Neuen Zürcher Zeitung‹ vom 5./6. März 1977 veröffentlicht worden.

aus den Jahren 1820 bis 1829 als die Gründungsurkunde der neueren Kunstwissenschaft gelten sollten; enthalten sie doch den ersten Versuch, der je gemacht wurde, die gesamte Weltgeschichte der Kunst, ja aller Künste, zu übersehen und in ein System zu bringen. Hegel selbst verehrte Winckelmann als einen der Menschen, die, wie er sagt, »im Felde der Kunst für den Geist ein neues Organ und ganz neue Betrachtungsweisen zu erschließen wußten« (A. I. 92)[2]. Aber Winckelmann faßte den Kunstbegriff anders als Hegel. Für ihn lag das Wesen der Kunst im griechischen Ideal, und so, wie seinerseits sein Vorläufer Vasari die Geschichte der Wiedergeburt dieses künstlerischen Ideals beschrieb, so ging es auch Winckelmann um die Entwicklung der mustergültigen Kunst zur absoluten Meisterschaft. Er sah in seinem Werk zugleich ein Lehrgebäude, das den Zweck hatte, an der griechischen Kunst darzulegen, was Schönheit sei. Hegel, wenn ich es so vereinfachend vorwegnehmen darf, nahm dieses Lehrgebäude in sein System auf, aber er beschränkte seinen Geltungsbereich. Den Griechen blieb der Ruhm unbestritten, der sinnlichen Schönheit klassische Gestalt gegeben zu haben, aber das Klassische selbst ist nur eine vorübergehende Erscheinungsweise der Kunst, denn die Kunstgeschichte kann so wenig stillstehen wie die Geschichte selbst.

Ich möchte in ein paar Schlagworten zu formulieren versuchen, was Hegel von Winckelmann übernahm und wie er das statische Lehrgebäude zur universalen Kunstgeschichte erweiterte, wie wir sie heute treiben. Er fand drei Grundgedanken in Winckelmann, die er in sein Ideengerüst einbaute. Der wesentlichste unter ihnen ist die Überzeugung von der göttlichen Würde der Kunst. So wie Winckelmann in seinem berühmten Hymnus auf die Schönheit des Apollo vom Belvedere eigentlich die Sichtbarmachung des Göttlichen im Menschenwerk feiert, so sah auch Hegel letztlich in aller Kunst eine Offenbarung transzendenter Werte. Es ist eine Einstellung, die Plato bewußt verwarf, die aber durch den Neuplatonismus wieder in den Blutkreislauf des europäischen Geisteslebens eintrat, denn hier wird dem Künstler

2 Ich zitiere nach der Ausgabe von ›Hegels Werken in zwanzig Bänden‹, die im Suhrkamp Verlag, Frankfurt/Main, 1970 erschienen ist. Die Abkürzung A. I. bezieht sich auf die ›Vorlesungen über die Ästhetik‹, I. Band.

die Fähigkeit zugeschrieben, die Idee selbst zu schauen und anderen sichtbar zu machen. Ich darf diese metaphysische Kunstgläubigkeit vielleicht als ästhetischen Transzendentalismus bezeichnen, wobei ich freilich vor einer Verwechslung mit Kants transzendentaler Ästhetik warnen muß. Dieser neuplatonisch gefärbte ästhetische Tranzendentalismus erscheint bei Winckelmann zwar mehr gemildert als etwa in der Philosophie seines Freundes und Rivalen Anton Raphael Mengs, aber Winckelmanns Schönheitskult wird doch von dort her legitimiert. Der zweite Grundgedanke, den Hegel übernimmt, kann als historischer Kollektivismus bezeichnet werden. Ich meine damit die Rolle, die dem Kollektiv, dem Volk, zugeschrieben wird. Die griechische Kunst ist für Winckelmann nicht so sehr das Werk einzelner Meister als der Ausfluß oder die Spiegelung des griechischen Geistes, wobei freilich der Begriff Geist noch nicht ganz den metaphysischen Klang hat wie bei Hegel, sondern noch viel von Montesquieus ›Esprit des Nations‹ an sich trägt. Drittens ist auch bei Winckelmann dieser vollendete Ausdruck das Resultat einer Entwicklung, und zwar einer Entwicklung, die in ihrer inneren Notwendigkeit verständlich ist. Die Stufen der griechischen Kunst, die Stilabfolge, läßt sich logisch begründen, was Winckelmann den schönen Stil nennt, mußte erst durch die Phase des hohen oder strengen Stils hindurchgehen und führte auch wieder unausweichlich über die Zugeständnisse ans Gefällige zum Verfall. Man kann hier drittens von einem historischen Determinismus sprechen, der erklärt, wieso die griechische Kunst trotz aller Vollendung schon den Keim des Verfalls in sich tragen mußte[3].

Es leuchtet ein, daß dieser Determinismus einigermaßen im Widerspruch stand mit dem, was Winckelmann als seine Sendung empfand, den Aufruf zur Nachahmung der griechischen Werke, zur Rückkehr zum Goldenen Zeitalter der Kunst. Winckelmanns Zeitgenossen sahen natürlich diesen Bruch in seinem Lehrgebäude um so deutlicher, als sie sich der Eigenständigkeit ihrer Kunst bewußt zu werden mühten. Ich muß hier vor allem an Herder erinnern, aber auch an Schiller, dessen Aufsatz ›Über naive und sentimentalische Dichtung‹ der goldenen

3 In meinen Vorträgen ›The Ideas of Progress and their Impact on Art‹, die von der Cooper Union, New York, 1971 veröffentlicht wurden (nicht im Handel), gehe ich näher auf Winckelmanns Quellen ein. Deutsch: ›Kunst und Fortschritt. Wirkung und Wandel einer Idee‹, Köln 1978.

Zeit des Griechentums gerecht werden will, ohne sie zu verabsolutieren.

Waren das doch die Jahre, in denen dieser uralte Traum von der goldenen Zeit eine unerwartete Aktualität gewann. Es schien, als ob die menschliche Vernunft nur die Zügel in die Hand zu nehmen brauchte, um ihn zu verwirklichen. Ich spreche natürlich von der Französischen Revolution, die auch Hegel als ein geradezu kosmisches Ereignis ansah: »Solange die Sonne am Firmamente steht und die Planeten um sie herumkreisen«, heißt es in der ›Philosophie der Geschichte‹, »war das nicht gesehen worden, daß der Mensch sich auf den Kopf, das ist auf den Gedanken stellt, und die Wirklichkeit nach diesem erbaut ... Alle denkenden Wesen haben diese Epoche mitgefeiert ... ein Enthusiasmus des Geistes hat die Welt durchschauert, als sei es zur wirklichen Versöhnung des Göttlichen mit der Welt nun erst gekommen« (S. 529).

Ich bin überzeugt davon, daß Hegels Philosophie, die ich als metaphysischen Optimismus bezeichnen möchte, nur aus diesem Erlebnis heraus ganz verständlich wird. Wie viele seiner Zeitgenossen blickte er von dieser hohen Warte auf die Entwicklung, die dem Triumph der Vernunft voranging, und sah selbst in der Stufenleiter der Natur, von toter Materie über die Pflanzen und Tierwelt zum Menschen eine Bestätigung dafür, daß der gesamte historische Prozeß als zwingender Ablauf zur Bewußtwerdung des Geistes hinführe.

Die Überzeugung, daß der Kunst in diesem kosmischen Prozeß eine wichtige Rolle zukommt, hat Hegel wohl, wie so manches, von seinem Jugendfreund Schelling übernommen. Die drei Abschnitte über die Kunst-Religion in Hegels schwierigem Frühwerk, der ›Phänomenologie‹ von 1806, sind im ganzen so abstrakt gehalten, daß die eigentliche Kunstgeschichte darin nicht zu Worte kommt, und doch scheint es mir, daß auch hier sowie in der darauffolgenden ›Enzyklopädie‹ von 1817 die drei Winckelmannschen Grundgedanken hinter den Abstraktionen stehen. Denn auch hier ist Kunst im wesentlichen Theophanie, die Enthüllung des Göttlichen, und auch hier ist sie einem historischen Kollektiv verpflichtet. In Hegels Sprache: »... das Kunstwerk ist nur dann Ausdruck des Gottes, wenn ... der innewohnende Geist des Volkes sich ohne ... Beymischung ... empfangen und herausgeboren hat«

(›Enzyklopädie‹, § 462). Und so, wie ästhetischer Transzendentalismus und Kollektivismus hier aus einer Hilfskonstruktion zu treibenden Prinzipien werden, so wird natürlich auch was bei Winckelmann die Logik der Entwicklung war zum logischen Determinismus schlechthin. Denn auch die Kunst hat an Selbstschöpfung des Geistes Anteil, die sich mit der Notwendigkeit einer Schlußfolgerung vollzieht. Auch in der Kunstgeschichte geht es um die »Entfaltung der Wahrheit ... die sich in der Weltgeschichte offenbart« (A. III. 573).

Jener metaphysische Optimismus, der sich auch in diesen Worten kundtut, muß nun notwendigerweise auch ein weiteres Prinzip mit sich führen, das für Hegels Auffassung der Kunstgeschichte nicht weniger wesentlich ist als für seine Deutung alles übrigen historischen Geschehens, ich meine das Prinzip des Relativismus, das bei ihm aus der Dialektik folgt. Was die Kunstgeschichte betrifft, so kommt dieser dialektische Relativismus, der selbst wieder relativ ist, erst in den ›Vorlesungen über die Ästhetik‹ voll zu Geltung.

Diese Vorlesungen, die Hegel in Berlin viermal gehalten hat, sind uns aus der liebevollen Rekonstruktion seines Schülers Hotho bekannt, der sowohl Hegels Notizen als auch Nachschriften seiner Hörer verwendete. Vielleicht darf man darum nicht jedes Wort auf die Goldwaage legen, aber im ganzen tragen sie doch den Stempel unzweifelhafter Authentizität. Wie andere Werke Hegels, bieten auch sie nicht gerade eine leichte Lektüre. Die abstrakte Systematik, von der ich keine Proben zu geben brauche, steigert sich oft ins Abstruse, aber wenn dem Leser schon die Geduld zu reißen droht, versöhnt ihn manchmal ein Abschnitt, der aus lebendiger Anschauung heraus geschrieben scheint.

Hegel hatte ein echtes Verhältnis zur Malerei und übrigens auch zur Musik, aber seine Kenntnisse der eigentlichen Kunstgeschichte waren so dürftig, daß er sich das Küstermärlein aufbinden ließ, das Grabmal des Grafen Engelbrecht II. von Nassau in Breda sei ein Werk des Michelangelo. Dabei hatte Hegel einen klaren Begriff von dem, was er die Erfordernisse der Gelehrsamkeit nennt, »die genaue Bekanntschaft mit dem unermeßlichen Bereich der individuellen Kunstwerke alter und neuer Zeit«. Ebenso verlangt nach ihm die Kunstgelehrsamkeit »einen weiten Reichtum von historischen und zwar zugleich sehr speziellen Kenntnissen, indem eben die individuelle Natur des Kunstwerks sich aufs Einzelne bezieht und das Spezielle zu seinem Verständnis und Erläuterung nötig hat« (A. I. 30). Er spricht mit Dankbarkeit von dieser Leistung der Kenner, erinnert aber mit Recht daran, daß sie mitunter »bei der Kenntnis bloß äußerlicher Seiten stehenbleiben ... und von der wahrhaften Natur des Kunstwerks ... nicht viel ahnen, ja von dem Werte tieferer Betrachtungen ... geringschätzig urteilen« (A. I. 56).

Hegel selbst ging es natürlich um diese tieferen Betrachtungen. Wollte er doch den ihm unerläßlichen Glauben an das Walten der Weltvernunft auch durch die Geschichte der Künste belegen, indem er zeigte, daß sie sich eingliedern ließ in die stetig ablaufenden Begriffsketten, die für ihn alles Geschehen bestimmten. Auch dort, wo die Abwegigkeit eines solchen Unternehmens in die Augen springt, vermag den Leser die Konsequenz zu fesseln, mit der nun Hegel darangeht, jeder Kunstart, jedem Zeitalter und jedem Stil den zugewiesenen Begriff auch abzugewinnen. Gerade dieser Konsequenz bedurfte es ja, um den Kernpunkt seiner Lehre zum Sieg zu verhelfen, eben der Dialektik, die den metaphysischen Optimismus im Relativismus verankert.

Am leichtesten läßt sich dieser Zusammenhang wieder am Beispiel der antiken Klassik erklären, die für Hegel in der griechischen Plastik kulminiert. Denn als Kunstform steht die Plastik zwischen der Architektur, die noch tief der Materie verhaftet ist, und der Malerei, die den weiteren Prozeß der Vergeistigung repräsentiert, da ihr eigentlicher Gegenstand das Licht ist – ein Gedanke, der vielleicht von Herder stammt.[4]

Natürlich ist bei Hegel auch die Malerei selbst wieder nur eine Durchgangsphase hinüber zur fast völlig entmaterialisierten Kunstform der Musik, die ihrerseits der Poesie weichen muß, in der es um reine Bedeutung geht. Und doch ist auch der Wert aller Künste wieder relativ, denn »die Kunst ist weit entfernt ... die höchste Form des Geistes zu sein«, sie wird durch die Reflexion aufgelöst und durch das reine Denken ersetzt, also durch die Philosophie, durch die nun die Kunst eigentlich zur Vergangenheit gehört (A. I. 24/5).

So bildet für Hegel die antike Kunst, wie sie Winckelmann geschaut

4 Ich verdanke den Hinweis auf Herders ›Plastik‹ (1778) in diesem Zusamenhange meinem Schüler Herrn Alex Potts.

hatte, zwar das Mittelstück der eigentlichen Kunstgeschichte, aber ihre Vollkommenheit war nur in einer zeitlich beschränkten Phase des Geistes möglich, in der das Göttliche noch als sichtbar vorgestellt werden konnte. Was ihr vorausgeht, ist eine unbewußtere Phase, die Kunst des Ostens, die Hegel eine Vorkunst nennt, und der er in Anlehnung an den Neuplatoniker Creuzer eine bestimmte Form der Symbolik zuschreibt, die dem Geist noch »unangemessen«[5] ist. Hegel hatte das Glück, oder das Unglück, die Kunst der alten Ägypter gerade im letzten Moment zu kommentieren, bevor die Entzifferung der Hieroglyphen das Bild dieser Hochkultur von Grund auf veränderte. Für Hegel ist »Ägypten das Land des Symbols, das sich die geistige Aufgabe der Selbstentzifferung des Geistes stellt, ohne zu der Entzifferung wirklich hinzugelangen. Die Aufgaben bleiben ungelöst und die Lösung, die *wir* geben können, besteht deshalb auch nur darin, die Rätsel der ägyptischen Kunst und ihrer symbolischen Werke als diese von den Ägyptern selbst unentzifferte Aufgabe aufzufassen« (A. I. 456/7). »Als Symbol für diese eigentliche Bedeutung des ägyptischen Geistes können wir die Sphinx bezeichnen. Sie ist das Symbol gleichsam des Symbolischen selber ... Es sind liegende Tierleiber, an denen als Oberteil der menschliche Körper sich herausringt ... Aus der dumpfen Stärke und Kraft des Tierischen will der menschliche Geist sich hervordrängen, ohne zur vollendeten Darstellung seiner eigenen Freiheit und bewegten Gestalt zu kommen« (A. I. 465).

So wird ein ungedeutetes Kunstdenkmal der Vergangenheit für Hegel zu einer Metapher, die das Wesen des ganzen Zeitalters enthüllt. Und einmal seiner Ansicht gewiß, daß damals der Geist wie die Sphinx noch dem Tierischen verhaftet blieb, konnte er auch sagen, daß die Ägypter ihre religiösen Bauten »instinktartig, wie die Bienen ihre Zellen bauen, emportürmten ... Das Selbstbewußtsein ist noch nicht zur Frucht gereift, noch nicht fertig für sich, sondern treibend, suchend, ahnend, fort und fort produzierend, ohne absolute Befriedigung und deshalb ohne Rast« (A. II. 286).

Es ist nicht schwer zu sehen, wieviel dieses dramatische Bild des rin-

5 Vergleiche meinen Aufsatz ›Vom Wert der Kunstwissenschaft für die Symbolforschung‹ in: ›Wandlungen des Paradiesischen und Utopischen‹ (Probleme der Kunstwissenschaft, II), Berlin 1966.

genden Geistes dem Prinzip der Dialektik verdankt; ist es doch im wesentlichen als Negation des klassischen Ideals zu verstehen, das Hegel eben mit Winckelmann in der griechischen Antike verwirklicht sah. Aber so oft sich auch Hegel in den betreffenden Abschnitten auf Winckelmann bezieht, so sah er doch mit bemerkenswerter Klarheit, daß die 60 Jahre, die ihn von seinem Vorbild trennten, das Bild der griechischen Plastik von Grund auf verwandelt hatten. Die Bekanntwerdung der Ägineten und vor allem der Parthenonfiguren mußten den Akzent verschieben. In der Tat ist Hegel einer der ersten, der den Apollo Belvedere beinahe mit einem Witzwort aus einer englischen Zeitung abtut, das ihn als »a theatrical coxcomb« charakterisiert (A. II. 431), und der auch den Laokoon als ein spätes, schon der Manier verfallenes Werk bezeichnet (A. II. 435). Mag sein, daß Hegel nicht sehr an diesen Werken hing. Er war nie in Italien gewesen und suchte nach Gründen, »weshalb uns die Skulpturwerke der Alten zum Teil kalt lassen« (A. III. 17). »Einheimischer« – so lesen wir – »wird uns ... sogleich bei der Malerei ... wir sehen in ihren Gebilden das, was in uns selber wirkt und tätig ist.« Es war ein Angelpunkt der Hegelschen Geschichtskonstruktion, daß die Plastik der heidnischen Antike, die Malerei den christlichen Jahrhunderten, die Hegel die romantischen nannte, angehörte. Es kam ihm dabei natürlich der Zufall zu Hilfe, daß sich Marmorstatuen wesentlich besser erhalten als Gemälde. Auch Hegel wußte natürlich, daß die alten Griechen von ihren Malern wie Zeuxis und Apelles wenigstens so viel hielten wie von ihren Bildhauern, und es war ihm nicht ganz wohl bei dieser Deutung der Malerei als einer subjektiv romantischen Kunstform. Aber da, wie er sagt, der eigentlichste Kern der griechischen Anschauung mehr als mit jeder anderen Kunst gerade mit dem Prinzip der Skulptur »zusammenstimme«, so sei, wie er sich vorsichtig ausdrückt, »das Zurückbleiben der Malerei hinter der Skulptur« in der Antike zu »präsumieren« (A. III. 20).

Wie dem auch sei, Hegels Bestreben, jede Kunstform auf ihre Eignung zum Ausdruck gewisser geistiger Inhalte zu prüfen, führte ihn dazu, die Kunstmittel des Malers mit einer Eindringlichkeit zu beschreiben, die in der Kunstgeschichte weder vorher noch nachher oft erreicht wurde.

Wir verbinden den Begriff des Malerischen in diesem Sinn mit dem Namen Heinrich Wölfflins, der ja in seinen ›Kunstgeschichtlichen

Grundbegriffen‹ die Entwicklung des Stils vom Plastischen zum Malerischen mit großer Wortkunst nachzeichnete. Erinnern wir uns daran, daß auch bei Hegel die plastische Kunstform der malerischen notwendigermaßen vorangeht. Und so bespricht auch Hegel das Plastisch-Skulpturmäßige als ein Element der Malerei (A. III. 68), und er beschreibt die Probleme malerischer Komposition in einem Abschnitt, der fast aus Wölfflin stammen könnte: »Die nächste Weise der Anordnung bleibt noch ganz architektonisch, ein gleichartiges Nebeneinanderstellen von Figuren oder regelmäßiges Entgegensetzen und symmetrisches Zusammenfügen sowohl der Gestalten selbst als auch ihrer Haltung und Bewegungen. Hierbei ist dann besonders die pyramidale Gestalt der Gruppe sehr beliebt... Selbst in der Sixtinischen Madonna ist diese Art der Gruppierung noch als durchgreifend festgehalten. Überhaupt ist sie für das Auge beruhigend, weil die Pyramide durch ihre Spitze das sonst zerstreute Nebeneinander zusammenfaßt und der Gruppe eine äußere Einheit gibt« (A. III. 98).

Aber der Maler, der, wie Hegel sagt, die Mittel, die in seiner Kunst liegen, sämtlich benutzt (A. III. 99), das heißt der malerische Maler findet noch ganz andere Möglichkeiten künstlerischer Entfaltung, wobei im Laufe der Entwicklung, die Hegel eingehend beschreibt, die Malerei in der holländischen Kunst des 17. Jahrhunderts beinahe zum Selbstzweck wird.

Es wäre wohl der Mühe wert, eine kleine Anthologie dieser Abschnitte zusammenzustellen, in denen Hegel, des trockenen Tones satt, seiner spontanen Reaktion auf die Malerei nachgibt. Das Klappern seiner Begriffsmühle kommt zum Schweigen und weicht einer wirklichen Liebe zum Kunstwerk. Ein kurzes Beispiel muß auch hier genügen: »Wenn die klassische Kunst in ihrem Ideal wesentlich nur das Substantielle gestaltet, so wird uns hier die wandelnde Natur in ihren fliehenden Äußerungen, ein Strömen des Wassers, ein Wasserfall, schäumende Meereswogen, ein Stilleben mit dem zufälligen Blitzen der Gläser, Teller u. s. f., die Außengestalt der geistigen Wirklichkeit in den besondersten Situationen, eine Frau, die beim Licht eine Nadel einfädelt, ein Halt von Räubern in zufälliger Bewegung, das Augenblicklichste einer Gebärde, die sich schnell wieder verzieht, das Lachen und Grinsen eines Bauern, worin Ostade, Teniers, Steen Meister sind, gefesselt und zur Anschauung gebracht...« (A. II. 227). »Wird auch Gemüt und

Gedanke nicht zufriedengestellt«, so schreibt er, »so versöhnt doch die nähere Anschauung damit. Denn die Kunst des Malens und des Malers ist es, von der wir sollen erfreut und hingerissen werden. Und in der Tat, wenn man wissen will, was Malen ist, so muß man diese Bildchen ansehen, um von diesem oder jenem Meister zu sagen: *Der* kann malen« (A. II. 226).

Hegel war in den Niederlanden gewesen und hatte sich dort offenbar für die holländische Malerei begeistert. Während er in der Darstellung der italienischen Kunst weitgehend dem eben erschienenen grundlegenden Werk von Rumohr folgt, schreibt er hier durchaus aus eigener Anschauung. Vielleicht schwingt dabei auch noch Ideologisches mit. Das Katholisieren der Nazarener hatte vielen die neu entdeckten sogenannten »primitiven« Italiener etwas verleidet, während Hegel in Holland in und mit der Malerei auch den Triumph des Protestantismus genießen konnte. »Keinem anderen Volke wäre es unter anderen Verhältnissen eingefallen, Gegenstände, wie die holländische Malerei sie uns vor Augen bringt, zum vornehmlichsten Inhalt von Kunstwerken zu machen.« »Die Rechtfertigung für die Wahl ihrer Kunstgegenstände« findet Hegel gerade in ihrem »Gefühl einer selbsterworbenen Freiheit«, durch die sie »zu Wohlstand, Behäbigkeit, Rechtlichkeit, Mut, Fröhlichkeit und selbst zum Übermut des heiteren täglichen Daseins gekommen« sind (A. II. 226).

Wenn man will, kann man sogar in dieser Verherrlichung des holländischen Volkes noch ein Nachbild von Winckelmanns Idealvolk der frühen Griechen sehen. Und so wie dort, so folgt auch hier aus dem Hegelschen System, daß diese Blüte einer Kunst ihre innere Auflösung in sich trägt. Die Farbenmagie der Malerei drängt zum Übergang zur Musik. Auch bei der Analyse dieser Kunstform überrascht uns Hegel durch seine lebendige Begeisterung für Mozart und Rossini, die mit seinen mühsamen Versuchen einer rein begrifflichen Systematik in seltsamem Gegensatz steht.

Eines steht jedenfalls außer Zweifel. Für Hegel selbst war seine ästhetische Kategorienlehre ein untrennbarer Teil seines gesamten philosophischen Systems. Denn, wie es in der ›Ästhetik‹ heißt, »erst die gesamte Philosophie ist die Erkenntnis des Universums als in sich *eine* organische Totalität ... in der Krone dieser wissenschaftlichen Notwendigkeit ist jeder einzelne Teil ebenso sehr einerseits ein in sich zurückkehrender Kreis, als er andererseits zugleich einen notwendigen Zusammenhang mit anderen Gebieten hat, – ein Rückwärts, aus dem er sich herleitet, wie ein Vorwärts, zu dem er selbst in sich weitertreibt, insofern er fruchtbar Anderes wieder aus sich erzeugt, und für die wissenschaftliche Erkenntnis hervorgehen läßt« (A. I. 42/3).

Es liegt offenbar etwas ungeheuer Bestechendes in einem solchen System, in dem jedes auch nur erdenkliche Phänomen der Natur, des Geistes oder der Geschichte seinen Platz finden kann, und gerade weil Hegel der letzte und konsequenteste Konstrukteur eines solchen Systems war, so büßte seine Philosophie auch dann nicht ihre Wirkung ein, als seine Metaphysik an Einfluß verlor. Beschränkt sich eine geistige Nachfolge doch nicht nur auf Denker, die alle Definitionen seiner ›Enzyklopädie‹ unterschrieben hätten. Es ist ja bekannt, daß z. B. Karl Marx der These Hegels vom Primat des Geistes die Antithese vom Primat der Materie gegenüberstellte, um so das System im berühmten Doppelsinn der Dialektik »aufzuheben«, das heißt, sowohl aufzulösen als zu bewahren. Sein Versuch ist der einflußreichste, aber durchaus nicht der einzige, die Hegelsche Metaphysik sozusagen zu säkularisieren, ohne dabei die Zusammenschau wenigstens aller geschichtlichen Ereignisse aufzuopfern. In einer Schrift über die gegenwärtige Krise der Kulturgeschichte[6] habe ich seinerzeit zu zeigen versucht, wie sehr gerade die größten Vertreter der Kultur- und Kunstwissenschaft im deutschen Sprachgebiet im Banne Hegels standen. Das Streben, die Wirkung des Zeitgeistes in der Kunst sozusagen nachzukonstruieren, reicht von Carl Schnaase über Jacob Burckhardt, Heinrich Wölfflin, Karl Lamprecht, Alois Riegl, Max Dvořák zu Erwin Panofsky. So kurz ich auch dort diese Analyse fassen mußte, so kann und will ich sie doch hier nicht wiederholen. Eines aber liegt mir am Herzen. Ich möchte nicht den Eindruck erwecken, daß es mir an Respekt vor diesen Meistern fehlt. Man kann nicht oft genug sagen, daß der beste Tribut, den man einem Wissenschaftler zollen kann, darin liegt, ihn ernst zu nehmen und seine Argumente frisch durchzudenken. Wäre ich doch der letzte, der verlangen würde, die Kunst- und Kulturgeschichte

6 In ›Search of Cultural History‹, Oxford 1969. Deutsch: ›Die Krise der Kulturgeschichte‹, Stuttgart 1983.

solle darauf verzichten, Zusammenhänge zu suchen, um sich einfach aufs Katalogisieren zu beschränken. Wäre das mein Ziel gewesen, hätte ich mich gewiß auch nicht mit Hegel auseinanderzusetzen versucht. Was mich bedenklich gestimmt hat, ist nicht die Erkenntnis, daß es schwer ist, Zusammenhänge herzustellen, sondern paradoxerweise, daß es oft allzuleicht scheint. Der gigantische Bau von Hegels Ästhetik kann selbst als Beweis für diese These gelten. Seine Virtuosität in allen Ehren, so haben wir doch auch gesehen, wie er etwa in der Deutung der ägyptischen Kunst vom Metaphorischen ins Tatsächliche hinüberzugleiten versuchte, oder wie er eine Gestalt wie Apelles an den Rand der griechischen Kunstgeschichte schob, um seine Konstruktion von der Abfolge der Kunstarten aufrechtzuerhalten.

Auch der Historiker vom Fach verfällt leicht der Versuchung, zu *corriger la fortune*. Schließlich ist jede historische Darstellung selektiv und muß es auch sein. So liegt es nahe, sich auf das zu beschränken, was ihm bezeichnend scheint, und das zu vernachlässigen, was aus seiner Sicht weniger wesentlich aussieht. Mein Freund Sir Karl Popper, der große Theoretiker der Wissenschaft, hat mich hellhörig gemacht für diese Sirenenklänge[7]. Der echte Wissenschaftler sucht nicht nach Bestätigungen seiner Hypothesen, er ist vor allem auf Ausschau nach Gegenbeispielen. Eine Theorie, die nirgends anstoßen kann, hat auch keinen wissenschaftlichen Gehalt. Die Gefahr des Hegelschen Erbes liegt gerade in seiner verführerisch leichten Anwendbarkeit. Ermöglicht uns doch die Dialektik allzu leicht, einen Ausweg aus jedem Widerspruch zu finden. Gerade weil es uns im Leben leicht so vorkommt, als hinge wirklich alles mit allem zusammen, so hat auch jede Deutungsmethode leichtes Spiel. Es kommt da vor allem auf den einleuchtenden Ausgangspunkt an. »Die Kunst geht nach Brot«, heißt es bei Lessing; und da Künstler wirklich nicht malen können, ohne zu essen, kann auch auf die Magenfrage ein plausibles System der Kunstgeschichte aufgebaut werden.

Ich muß bei all diesen Erklärungsansprüchen oft an die alte Anekdote von dem Bauern denken, der ein Schwein für 300 Taler verkauft hat.

7 K. R. Popper, ›Logik der Forschung‹, Wien 1935, Tübingen 1966; ›Die offene Gesellschaft und ihre Feinde‹, Bern 1957, 1958; ›Das Elend des Historizismus‹, Tübingen 1965.

Nun sitzt er behaglich im Wirtshaus, einen Sack mit dem Geld vor sich, schüttet es auf den Tisch und beginnt zu zählen: »eins, zwei, drei«, ... er kommt bis zehn, bis fünfzig, bis hundert, und beginnt zu gähnen – 150, 180, 181 –, plötzlich schiebt er den Haufen zusammen und packt ihn wieder in den Sack. »Aber was machst du denn?« fragen ihn die Kumpane. »Hat's bis daher g'stimmt, wird's weiter a stimmen.«

Ich bilde mir natürlich nicht ein, daß ich der erste oder gar der einzige Kunsthistoriker bin, der gerne nachzählt. Im Gegenteil, ich habe mich oft gefragt, ob heute – fast anderthalb Jahrhunderte nach Hegels Tod – meine Polemik gegen gewisse Geschichtskonstruktionen nicht ein Kampf gegen Windmühlen ist. Und doch habe ich oft genug gefunden, daß es nicht Windmühlen sind, sondern wirkliche Riesen, gegen die man da anreitet. Ich habe fünf dieser Riesen schon bei ihren abenteuerlichen Namen genannt. Sie heißen ästhetischer Transzendentalismus, historischer Kollektivismus, historischer Determinismus, metaphysischer Optimismus und Relativismus. Sie sind alle Verwandte des Riesen Proteus, die in jeder Metamorphose doch die gleichen bleiben.

Die Auffassung von der Transzendenz der Kunst ist in der säkularisierten Form zur Transparenz geworden. Das Kunstwerk ist eben der Ausdruck zwar nicht des sich selbst verwirklichenden göttlichen Geistes, aber doch des Zeitgeistes, der sozusagen durch seine Oberfläche durchscheint. Das Wort »Ausdruck« in seiner schillernden Vieldeutigkeit erleichtert diesen Übergang, der es dem Historiker ermöglicht, hinter dem Kunstwerk die Weltanschauung oder die Produktionsverhältnisse sichtbar werden zu lassen. Was beiden Methoden gemeinsam ist, ist natürlich die Verbindung mit dem Kollektivismus; denn der Weg führt vom einzelnen Kunstwerk über den Stil, der nun als Anzeichen deutbar werden soll, als eine Manifestation der Klasse oder der Rasse, der Kultur oder der Epoche.

Bei diesem Vorgehen kommt natürlich dem Determinismus eingestandener oder nicht eingestandener Maßen eine Schlüsselstellung zu. Gerade darin liegt ja das Hegelsche Erbe, daß man zeigen will, daß etwa der gotische Stil zwangsläufig aus dem Feudalismus oder aus der Scholastik folgt oder daß alle drei Phänomene nur verschiedene Erscheinungsformen eines Prinzips sind. Nun kann man gerne zugestehen, daß sich auch zwischen diesen disparaten Erscheinungen direkte oder indirekte Zusammenhänge finden lassen; worauf es ankommt, ist nur, den Punkt zu finden, wo, um ein Lieblingswort Hegels zu variieren, die Trivialität in die Absurdität umschlägt. Allerdings sind dem historischen Determinismus so viele Gegner erwachsen, daß man das Problem für erledigt ansehen könnte, wenn irgendein Problem je zu erledigen wäre. Es bedarf nämlich gar keiner Entscheidung etwa über die Frage der Kausalität, der Geltung der Naturgesetze oder der Willensfreiheit, um diese Vorstellung von einem notwendigen Ablauf historischen Geschehens zu widerlegen. So hat der Göttinger Nobelpreisträger Manfred Eigen vor kurzem betont, daß die Geltung einer naturwissenschaftlichen Gesetzmäßigkeit als notwendig begriffen werden kann, ohne deshalb hinreichend zu sein, daraus die Unabdingbarkeit eines bestimmten historischen Verlaufs herzuleiten[8]. Ich vergleiche oft gerne die mannigfachen Einflüsse, denen das Kunstschaffen unterliegt, mit dem Einfluß des Klimas auf die Vegetation. Niemand wird diese Abhängigkeit leugnen, und die Tatsache, daß die Vegetation ihrerseits wieder das Klima beeinflußt, mag den Vergleich auch den Anhängern der Dialektik empfehlen. Es ist sogar möglich, aus der Dichte der Jahresringe eines alten Baumes Schwankungen des Klimas abzulesen. Und doch stimmt die Rechnung eben nur bis dahin. Denn die Wechselwirkung ist nicht auf diese zwei Faktoren beschränkt; es kommen noch unzählige andere mit ins Spiel, die nicht vorauskalkuliert oder nachkonstruiert werden können. Erinnern Sie sich daran, daß die zufällige Einfuhr eines Kaninchenpaars in Australien beinahe dazu geführt hätte, daß das ganze Land ratzekahl gefressen wurde. Um den Zufall kommt man nicht herum.

Ich weiß wohl, daß Hegel den berühmten Satz aus seiner ›Philosophie des Rechts‹: »Was vernünftig ist, das ist wirklich und was wirklich ist, das ist vernünftig«, in der zweiten Auflage der ›Enzyklopädie‹ dahin auslegte, daß er unter Wirklichkeit »nicht das bloße Empirische, mit dem Zufall ... gemischte Dasein, sondern die mit dem Begriff der Ver-

8 Manfred Eigen/Ruthild Winkler, ›Das Spiel. Naturgesetze steuern den Zufall‹, München 1975, S. 197.

nunft identische Existenz« verstehe[9]. Aber dieser Rettungsversuch beruht schließlich auf einem Zirkelschluß, denn wenn das Zufällige die Philosphie nichts angeht, dann geht die Geschichte sie eben auch nichts an. Bewahrheitet die Geschichte doch immer wieder das alte Sprichwort »Kleine Ursache, große Wirkung« – ein wahres Zauberwort, das das Gespenst des historischen Determinismus unfehlbar bannt.

Eigentlich erscheint das so selbstverständlich, daß man sich fragen muß, warum sich die Menschen dieser Einsicht so oft widersetzen. Mag sein, daß die Macht des Zufalls unser Selbstgefühl kränkt. Wir sprechen vom blinden, vom sinnlosen oder dummen Zufall und finden im Leben und in der Geschichte selbst das Unglück erträglicher, wenn wir es als unabwendbares Schicksal ansehen können. Noch leichter wird es, wenn man Hegels metaphysischen Optimismus teilt, der uns überzeugen will, daß letztlich alles zum Guten führt. Der Wunsch ist der Vater des Gedankens, in welcher Fassung der Gedanke vom vorbestimmten happy end des Weltendramas auch formuliert wird. Freilich sind nicht alle Deterministen auch Optimisten. Oswald Spengler zum Beispiel, der so manches mit Hegel gemein hatte, prophezeite den unvermeidlichen Untergang des Abendlandes. Dagegen ist es natürlich das Wesentliche am metaphysischen Optimismus, daß es keinen Untergang, keinen Verfall geben kann und darf, der nicht einer höheren Entwicklungsform den Weg ebnet.

Ich glaube nicht fehl zu gehen, wenn ich diesen Relativismus auch als das sozusagen offizielle Dogma der heutigen Kunstgeschichte charakterisiere, soweit sie sich dem Determinismus verschrieben hat. Was unvermeidlich ist, kann man nicht verurteilen, so wenig etwa ein Geologe die Eiszeit verurteilt. Gewiß dauerte es eine gewisse Zeit, bis die Kunstgeschichte zu dieser Einstellung gelangte, die in ihrer nivellierenden Tendenz noch weit über Hegel hinausgeht. Bei Hegel gibt es natürlich einen Verfall, wenn er auch dem Fortschritt dient. Heute gilt es als wissenschaftlich, den Begriff des Verfalls womöglich aus dem Vokabular des Kunsthistorikers zu tilgen, um jeder einst verurteilten Epoche ihr Recht in der Kette der Entwicklung zuzusprechen. Die Ehrenrettung der Gotik im 18. Jahrhundert wurde auch von Hegel

9 Ich zitiere nach Karl Rosenkranz, ›Georg Friedrich Wilhelm Hegels Leben‹, Berlin 1844, S. 335.

akzeptiert. Später rehabilitierte Wölfflin auf den Spuren Burckhardts die Barockkunst, Wickhoff nahm Partei für die römische Kunst, Riegl für die Spätantike, Max Dvořák für die Katakombenmalerei und Greco, bis Walter Friedländer die Kunst des Manierismus ganz vom Stigma des Verfalls befreite und Millard Meiss auch die Malerei des späteren Trecento positiv zu werten unternahm. Im Augenblick erleben wir sogar die Aufwertung der französischen Salonmalerei des 19. Jahrhunderts, die vor kurzem noch als der Inbegriff alles Kitschigen galt.

Ich will durchaus nicht bestreiten, daß jede dieser Bemühungen uns viel Gewinn gebracht hat, wir sind Vorurteile losgeworden und haben gelernt, besser hinzusehen.

Ich bin nämlich ein friedfertiger Mensch und auch gern bereit, jedem der fünf Riesen sein Riesenspielzeug zu lassen, wenn er nur seine Herrschaftsansprüche vernünftig einschränkt. Selbst dem metaphysischen Optimismus will ich das Zugeständnis machen, daß es wirklich einen Fortschritt gibt, der das Reich der Natur mit dem der Geschichte verbindet. Wir verstehen ja seit Darwin, daß es dazu keiner Teleologie bedarf; es genügt der grausame Mechanismus der Auslöschung des nicht Angepaßten. Vielleicht führt auch im Bereich der Kunst mitunter eine zufällige Mutation zu einer vielversprechenden Lösung, die ihrerseits zu weiterer Auslese führt. An Hand von solchen Entwicklungsreihen ist die Kunstgeschichte zuerst im Altertum, in der Renaissance, und von Winckelmann dargelegt worden, und was man damals als Verfall ansah, kann man zugegebenermaßen im Sinne des Relativismus auch als einen weiteren Anpassungsprozeß deuten. Aber Anpassung woran? Stellt doch nicht jede Menschengruppe, das heißt jedes Kollektiv an die Bildner gleiche und gleich hohe Anforderungen. In diesem Zusammenhang bestand mein verehrter Lehrer Julius von Schlosser mit Recht darauf, daß man die eigentliche Geschichte der Kunst nicht mit der Geschichte der Kunstsprache, das heißt des Stils, verwechseln soll[10], und sicher fügt sich die Stilgeschichte noch eher dem Versuch einer hypothetischen Nachkonstruktion als das Phänomen der Meisterschaft. Auch das Meisterwerk ist nicht unabhängig von der Gunst des Augenblickes, aber hier will ich dem ästhetischen Transzendenta-

10 Julius von Schlosser, ›Stilgeschichte und Sprachgeschichte der bildenden Kunst‹, Sitzungsberichte der Bayr. Akademie der Wissenschaften, Phil.-hist. Abt. 1935, I.

lismus gerne konzedieren, daß die höchste künstlerische Leistung in eine Sphäre hineinragt, die sich der wissenschaftlichen Analyse auch im Prinzip entzieht[11].

So steht die Aktualität der Probleme, die Hegel aufgeworfen hat, für mich außer Zweifel. Zur brennenden Frage aber werden sie erst im Zusammenhang mit dem gegenwärtigen Kunstbetrieb. Ich muß hier an den Doppelsinn des Wortes Geschichte erinnern, der sich auch in den Titel meines Vortrages eingeschlichen hat: ›Hegel und die Kunstgeschichte‹, das kann auf das Verhältnis Hegels zur Kunstgeschichtsschreibung hinzielen, von dem ich hier gesprochen habe, es kann aber auch Hegels Einfluß auf das Kunstgeschehen selbst miteinbeziehen, und diese Frage ist sicher bei weitem schwerwiegender als alle Fachprobleme der Kunsthistoriker.

Kann doch die Geschichtsschreibung selbst wieder den weiteren Ablauf des historischen Geschehens steuern, und in diesem *feedback*, dieser Rückkoppelung, die Hegel wohl als Dialektik bezeichnet hätte, liegt der entscheidendste Einfluß seiner Geschichtsphilosophie. Erinnern wir uns daran, daß bei ihm die Kunst nicht bloß ein Widerschein des Göttlichen ist, sondern ein Teil des andauernden Schöpfungsprozesses, der durch den Künstler hindurchgeht (A. I. 50). Was die Antike vor allem im Dichter sah, gilt darum hier für jeden echten Künstler, er ist ein Seher, ein Prophet, durch den Gott nicht nur spricht, sondern der Gott dazu verhilft, sich selbst bewußt zu werden.

Deutlicher noch als die ›Vorlesungen über die Ästhetik‹ belehrten uns die ›Vorlesungen über die Philosophie der Geschichte‹, wie Hegel die historische Rolle einer solchen Begnadung auffaßte. Seine dortigen Überlegungen über die »welthistorischen Individuen« beziehen sich freilich zunächst auf politische Führer, wobei Hegel vor allem an Napoleon dachte, der die Französische Revolution überwunden und »aufgehoben« hatte, und den er in einem berühmten Brief nach der Schlacht bei Jena als »diese Weltseele« bezeichnete[12]. Aber wenn er von großen Menschen spricht, so dürfen wir auch den Künstler miteinbe-

11 Vergleiche meinen Vortrag ›Art History and the Social Sciences‹, Oxford 1975. Deutsch: ›Kunstgeschichte und Sozialwissenschaft‹, in: ›Die Krise der Kulturgeschichte‹, a.a.O.

12 Karl Rosenkranz, op. cit., S. 229.

ziehen, jedenfalls ließen es sich die Künstler nicht verbieten, das zu tun. Nach Hegel ist es die Angelegenheit »dieser Geschäftsführer des Weltgeistes« (das ist sein Ausdruck) »...die nothwendige nächste Stufe ihrer Welt zu wissen, diese sich zum Zwecke zu machen, und ihre Energie in dieselbe zu legen« ... »Sie vertrete sozusagen die nächste Gattung, die im Innern bereits vorhanden war« (S. 46).

Es ist klar, daß es dem gewöhnlichen Sterblichen nicht gegeben ist, diese Vorwegnahme des Zukünftigen in der Gegenwart zu erkennen und zu verstehen. Nur einen Schluß kann er aus Hegels Philosophie ziehen: Was immer der Weltgeist jetzt erstrebt, es muß etwas Neues sein. So wird das Alte von selbst abgewertet, während das bisher Unbekannte, Unerprobte wenigstens die Möglichkeit in sich schließt, den Keim der Zukunft in sich zu tragen. Die Ablehnung durch die Gegenwart wird geradezu zum Kennzeichen des Genies. Die großen Meister sind eben ihrer Zeit voraus, und wären sie's nicht, so wären sie auch keine großen Meister.

Wer im Wechsel der Stile, Strömungen und Moden nicht die Offenbarung eines höheren Zweckes sieht, muß sich fragen, woher man nun aber eigentlich wissen kann, was die Zukunft anerkennen wird; ja er mag sogar zweifeln, warum man annehmen muß, daß die nächste Generation notwendigerweise einen besseren Geschmack haben wird als unsere. Aber für den, der sich dem metaphysischen Optimismus verschrieben hat, ist der Prozeß der Auslese selbst aus der Gegenwart in die Zukunft vertagt. Nur der Erfolg in der Zukunft darf gelten, er ist das eigentliche Gottesurteil. Die Kritik des Zeitgenossen ist eine theoretische Unmöglichkeit, ja sie läuft stets Gefahr, sich als Blasphemie zu entpuppen. Was dem Kritiker übrigbleibt, ist schließlich nur, aufzupassen, wohin der Hase läuft. Wie Popper zeigt, taucht hinter dem metaphysischen Optimismus ein noch gefährlicherer Riese auf – der metaphysische Opportunismus.

Weder Popper noch ich wollen behaupten, daß diese Philosophie des Fortschritts in der Kunst, die Theorie der Avant-Garde[13], allein von Hegels Philosophie inspiriert und genährt wurde. Und doch glaube ich, daß sich zeigen ließe, ein wie wesentliches Element im Erbe Hegels

13 Renato Poggioli, ›Teoria dell'Arte d'Avanguardia‹, Bologna 1962, bezieht sich in diesem Zusammenhang nicht auf Hegel. Vgl. auch die unter 3 angeführten Vorträge.

liegt. Ich habe schon anderwärts auf eine Äußerung Heinrich Heines aufmerksam gemacht, die diese Konsequenz aus Hegels Philosphie für die Kunstkritik unzweideutig formuliert. Heine, der in Hegel den größten deutschen Philosophen seit Leibniz sah und ihn über Kant stellte, nahm es in einem seiner ›Pariser Salons‹ vom Jahre 1831, dem Todesjahr Hegels, mit den Kritikern auf, die ein Bild von Descamps als verzeichnet getadelt hatten. Er besteht darauf, »daß jeder Originalkünstler und gar jedes neue Kunstgenie nach seiner eigenen mitgebrachten Ästhetik beurteilt werden muß. ... Farben und Formen ... sind jedoch nur Symbole der Idee, Symbole, die in dem Gemüte des Künstlers aufsteigen, wenn es der heilige Weltgeist bewegt«. Heine spricht von einer »mystischen Unfreiheit« des Künstlers, und in Anbetracht dieser Unfreiheit wird jede Kritik zur vermessenen Schulmeisterei.

Gewiß währte es auch auf diesem Gebiet der Kunstkritik noch eine gute Weile, bis sich die Kunstrichter geschlagen gaben und es, um mit Hegel zu reden, zu einer Selbstauflösung der Kritik kam. Aber jede sukzessive Welle der künstlerischen Revolution im 19. Jahrhundert gab dem optimistischen Relativismus einen neuen Auftrieb. So wie die politische Welt wurde auch das Kunstleben durch den Fortschrittsglauben polarisiert – es gab nur mehr Vorwärtsstürmende und Reaktionäre. In dieser Konstellation kam es dem Kritiker eben nicht mehr zu, zu kritisieren, sondern seine Aufgabe war es, der Bewegung Waffenhilfe zu leisten; er wurde zum Ausrufer einer neuen Epoche und tat sein Bestes, diese Prophezeiung auch wahr werden zu lassen. Ich muß Sie kaum daran erinnern, wie gerne die künstlerischen Manifeste des frühen 20. Jahrhunderts im apokalyptischen Pathos schwelgten und den Anbruch, Umbruch oder Aufbruch verkündeten. Auch hier stand Hegel direkt noch Pate. So schreibt etwa Eckart von Sydow in einer Flugschrift ›Die deutsche expressionistische Kultur und Malerei‹ von 1920: »Man darf mit gewisser Einschränkung sagen: der deutsche Geist hat wieder unmittelbaren Anschluß an die Weltseele gefunden wie in den Tagen des Mittelalters« (S. 73).

Ich will auch hier nicht mißverstanden werden. Die Äußerung spricht durchaus nicht gegen den Expressionismus, nur gegen seine metaphysische Begründung im ästhetischen Transzendentalismus. Ich will sogar weitergehen und zugeben, daß ein metaphysischer Glaube einen

Künstler oder eine Kunstströmung begeistern kann. Fast alle große Kunst ist religiös, und auch das religiöse Element in Hegels Philosophie hat inspirierend gewirkt. Ich glaube in der Tat, daß der Historiker der Kunst unseres Jahrhunderts Hegel so studieren muß wie etwa der Erforscher der kirchlichen Kunst des Mittelalters die Bibel. Erst so wird er etwa den Aufschwung der modernen Architektur und ihre heutige Krise verstehen lernen. Schreibt doch Walter Gropius 1923 in seinem Aufsatz über Idee und Aufbau des staatlichen Bauhauses: »Das Weltgefühl einer Zeit kristallisiert sich deutlich in ihren Bauwerken, denn ihre geistigen und materiellen Fähigkeiten finden in ihnen gleichzeitig sichtbaren Ausdruck.«[14] Von welchem Ausdruck er selbst träumte, erhellt aus seiner schönen Rede bei der ersten Ausstellung von Schülerarbeiten des Bauhauses: »Keine großen geistigen Organisationen, sondern kleine, geheime, in sich abgeschlossene Bünde, Logen, Hütten, Verschwörungen, die ein Geheimnis, einen Glaubenskern hüten und künstlerisch gestalten wollen, werden entstehen, bis sich aus den einzelnen Gruppen wieder eine allgemeine große, tragende, geistig-religiöse Idee verdichtet, die in einem großen Gesamtkunstwerk schließlich ihren kristallischen Ausdruck finden muß. Und dieses große Kunstwerk der Gesamtheit, diese Kathedrale der Zukunft, wird dann mit seiner Lichtfülle bis in die kleinsten Dinge des täglichen Lebens hineinstrahlen.«[15]

Ich hoffe, auch Sie empfinden das Berauschende an diesen Worten eines großen Architekten. Nur folgt auf den Rausch leicht die Ernüchterung; und tatsächlich ließ sie ja nicht auf sich warten. Vor ein paar Monaten sprach einer der bedeutendsten Architekturkritiker und Historiker Englands, Sir John Summerson, anläßlich der Verleihung der Goldenen Medaille des Royal Institute of British Architects von seinen Anfängen als begeisterter Vorkämpfer der modernen Architektur im England der frühen dreißiger Jahre und bemerkte, daß ihn der naiv unfundierte Optimismus seiner damaligen Aufsätze heute geradezu anwidert[16]. Mit derselben Offenheit legt ein anderer führender Kriti-

14 Abgedruckt in ›Manifeste 1905–1933‹, herausgeg. von Diether Schmidt, Dresden 1964, S. 290.

15 Juni 1919, a.a.O., S. 238.

16 Abgedruckt in RIBA (›Journal of the Royal Institute of British Architects‹), Dezember 1976.

ker Englands vor demselben Forum das Bekenntnis ab, er habe in den Jahren des Kampfes um die neue Architektur mitunter auch Arbeiten gelobt, die er gar nicht so gut fand, nur weil sie eben modern waren und nicht reaktionär[17]. Diese Bekenntnisse sind der höchsten Achtung würdig, wie denn überhaupt die Debatten, die sich heute überall abspielen, wo Architektur gelehrt und betrieben wird, aufs wärmste zu begrüßen sind. Denn nun wird mit Gründen und Gegengründen argumentiert, um aus den Fehlern der letzten Jahrzehnte zu lernen.

In der bildenden Kunst der Malerei und Plastik wird eine solche Rückkehr zur kritischen Diskussion nicht ganz so leicht sein, denn dort fehlen ja die praktischen Kriterien, denen ein Werk gerecht werden soll. Hier ist der Kritiker ganz auf sich gestellt. Natürlich darf man nicht verlangen, daß er keine Vorurteile und keine Wunschbilder für die Zukunft hat. Aber theoretisch hat er nie das Recht, mit den Schlagworten von »unserer Zeit« oder gar der »kommenden Zeit« zu argumentieren.

Es war Immanuel Kant, der auf der strengen und bestürzenden Lehre bestand, daß uns niemand und nichts die Bürde der moralischen Verantwortung für unser Urteil abnehmen kann: nicht einmal eine Theophanie, wie sie Hegel in der Geschichte sah. »Denn«, so schreibt er, »auf welcherlei Art auch ein Wesen als Gott beschrieben ... ja ... selbst erscheinen würde«, so enthebt das noch niemanden von der Pflicht, »selbst zu urteilen, ob er befugt sei, es für eine Gottheit zu halten und zu verehren«.[18] Es mag wohl sein, daß diese Forderung Übermenschliches verlangt; aber es wäre schon viel getan, wenn sich auch im Kunstleben die Einsicht verbreiten ließe, daß Kant recht hatte.

17 J. M. Richards, ›The Hollow Victory: 1932–1972‹, im selben Journal, Mai 1972.

18 ›Die Religion innerhalb der Grenzen der bloßen Vernunft‹, II. Abschn., II. Teil, 4. Stück, § I (›Werke‹, Berlin 1914, Bd. VI., S. 318).

Hubert Fichte

# Totengott und Godmiché
## Zu einer Ausstellung haitianischer Kunst im Brooklyn Museum September 1978

I.

Das Gemeinschaftstaxi hält.
Eine Schwangere mit einem Lastkorb auf dem Kopf tritt heran. Von der anderen Straßenseite kommt ein junger Mann, nimmt der Frau den Korb vom Kopf und verstaut die Last der Fremden auf dem Dach des Gemeinschaftstaxis.

II.

Es ist ein Wunder, was an Grazie und Solidarität, an Zauber und Maß von den Massen Haitis – nach Verschleppung und Pferch, nach Völkermord und Revolutionen, nach Fron, Besatzung, Folter, Hunger und Tourismus – geleistet wird.

III.

Eine widerspenstige Kultur, auf die ich zu sprechen komme, keine Siege, keine Reinheit, kein Spezialistentum – sondern Vermischen und Allesumfassen.
Gesellschaft und Kunst der armen Republik Haiti gehören zu den bedenkenswerten der Moderne; die kommunalen Lebensformen dort, das Théâtre de la Cruauté, Gruppentherapie und Konzeptkunst der Haitianer bleiben beispiellos und beispielgebend in allem modernen Ausdruck vom Menschen.

## IV.

Der erste Eindruck ist entsetzlich.
Gemälde zu Hunderten auf Schubkarren, Lagerhallen voller Souvenirs, neben Verhungernden, im Schlamm; Bilder kellervoll, Säle voller Maler, Fabriken für Schnitzwerk, Galerien, die den Malern die Werke für weniger als ein Butterbrot abhandeln, Galerien, die Bilder für Tausende von Dollar in die USA, nach Europa an Sammlungen und Museen verkaufen. Ein haitianischer Maler sagte von seinem Kunsthändler:
Er hat meine Seele gefressen.
Dieser Maler verkauft selbst, um seine Familien zu ernähren und die Kinder auf die Schule zu schicken, die Bildchen von Bauern an unbegüterte Touristen, die sich eins seiner eigenen teuren Gemälde nicht leisten können.
Der reiche Weiße hat seinen Ti Neg – seinen kleinen Neger.
Der reiche Schwarze hat seinen Ti Blanc – seinen weißen Schlucker.
Der unterdrückte haitianische Maler hat seinen Ti Neg für einen Ti Blanc.
Die Zimperlichkeit der Sittenrichter der eigenen, westlichen Zivilisation gegenüber kehrt sich in Unerbittlichkeit bei der Beurteilung der III. Welt. Die Vermarktung haitianischer Kunst ist schlimm, gewiß, aber darf man vielleicht an Kahnweiler erinnern und den Fall Jacques Villon, an die Souvenirindustrie von Picasso und Chagall, an Korrumpierung und Korruption von Bernard Buffet, an die Selbstmorde von Nicolas de Staël und Mark Rothko?

## V.

Das heute verkarstete Haiti war, als Kolumbus es am 6. Dezember 1492 entdeckte, dicht mit Urwald bestanden.
Die Arawak und Ciboney bewegen sich auf Baumpfaden hindurch.
Diese Indianer waren einige Jahrzehnte später ausgerottet.
Von ihrer Kultur hat sich kaum etwas tradiert.
Hernán Colon, der Sohn des Conquistadors, berichtet von einer Ahnenbefragung der Arawak:

Eine Tonfigur wurde mittels vergrabener Röhren durch einen versteckten Priester zum Wahrsagen gebracht.
Ich habe an einer solchen Befragung als Ritus des Vaudou teilgenommen. Arawak und Ciboney – geplündert von Europäern, zerrieben, weg, aus.
Um die zarten Indianer der Karibik zu retten, hatte Pater Las Casas einen Einfall: Man sollte Negersklaven statt der Indianer in den Bergwerken und auf den Plantagen beschäftigen.
Der geistvolle Geistliche hielt die Ausrottung der Indianer nicht auf und leitete die Ausrottung ganzer afrikanischer Stämme ein. Auch ein Arbeiterpriester und Ecrivain Engagé!

So üppig die Blutbäder, Raubzüge, Kaiserkrönungen, Korruptionsskandale auf der Insel Haiti, so dünn ist die Chronik Haitianischer Kunst.
Wir wissen gerade, daß die aus Afrika Verschleppten ihre Riten herüberbrachten – ungenau welche von wo! –, ihr handwerkliches Vermögen, ihre Psychologien, ihre Botanik.
Kultgegenstände wurden gelegentlich im Darm herübergeschmuggelt.
Wie sich die als Sklaven gehaltenen Könige, Priester, Psychotherapeuten damit in der Neuen Welt verhielten, kann nur aus Andeutungen dechiffriert werden.

Ein kurioses Datum:
1779 stirbt in Port-au-Prince der Freimaurer Martinez de Pasqually, der die Logen der Martinisten in Europa begründet hatte und eine Reihe von Geheimnissymbolen aus der Virga Aurea – Goldener Zweig – der Vatikansbibliothek übernahm.
Freimaurerlogen entstehen auf Haiti, und die Verfolgung von Geheimgesellschaften durch den haitianischen Kaiser Jacques I. mag sich nicht nur gegen den Vaudou, sondern auch gegen die Martinisten gerichtet haben. Auf jeden Fall: Freimaurersymbole werden noch heute in den Tempeln der Afroamerikaner auf den Boden gezeichnet.
Nächst greifbar:
Pauline Bonaparte und Henri Christophe.
Schon die Negerrevolutionäre Macandal und Biassou führten afrikanische Idole auf ihren Feldzügen mit.

Und Pauline Bonaparte, die ihren Mann auf der Strafexpedition gegen Haiti begleitet, bringt ein Vaudouamulett mit nach Frankreich zurück – die Flotte den haitianischen General Toussaint-Louverture, durch Verrat. 1803 stirbt Toussaint im Fort Joux, wo man Kleist 1807 gefangenhält. Kleist verfaßte später eine rassistische Novelle, die vorgeblich auf Haiti spielt und die von Theodor Körner zu einer rassistischen Schnulze dramatisiert wurde – ›Toni‹!
– Die Probleme der Dritten Welt finden in den westlichen Literaturen, von Camões, Lope und Lohenstein abgesehen, keine Reflexion. –
Napoleon haßte sein »Double« Toussaint.
Der Formenapparat des napoleonischen Kaisertums aber hat die französischen Kolonien bis zu Bokassas Kaiserkrönung hin beeinflußt.
Europa hatte sich angewöhnt, vor Napoleon zu zittern und über die haitianischen Kaiser zu lachen.
Ist der Mummenschanz eines Generals der Französischen Revolution weniger lächerlich als die karnavaleske Geste eines ehemaligen Sklaven? In Frankreich war die Bastille geschleift worden; der haitianische König Henri errichtete mehrere Zwingburgen.
Beim Bau der Zitadelle sollen 10000 Strafgefangene zerschunden worden sein.
Auch das bewirkte das europäische Vorbild:
Hofzeremoniell und Palast Sans Souci.
– Wie die Negerinnen durch die Liebe der Weißen ihr Blut zu ›veredeln‹ suchten, so versuchten die Künstler ihr Werk in gewisser Weise zu ›verweißlichen‹, indem sie den ästhetischen Normen von Paris folgten. Das taten zum Beispiel die Maler des Regnums von Henri Christophe, von Alexandre Pétion und die Maler der Ecole Nationale de Peinture des Fabre Geffrard um 1861 und gleichermaßen der Chevalier Lamothe de Duthier und der Baron Colbert de Lochard, die offiziellen Maler des Kaisers Faustin I. – so berichtet uns Serge St. Jean.

Am 28. März 1860 wird nach dem Großen Haitianischen Schisma ein Konkordat mit der katholischen Kirche eingegangen.
Aber erst 80 Jahre später fühlt sich der Klerus gesichert genug, um mit der Regierung zusammen eine Kampagne gegen den Aberglauben des Vaudou zu unternehmen – »Renonce«!
Das 1938 gegründete Haitianische Nationalmuseum hat die Autodafés

von Kultgegenständen – unwiederbringliches Schichtwerk der Geistesgeschichte – im Jahre der Kristallnacht nicht aufhalten können. Aus Protest dagegen wird 1944 das Bureau d'Ethnologie geschaffen, wo noch im selben Jahr der Arzt und Ethnologe Dr. François Duvalier ein Lob auf Alfred Rosenberg drucken läßt und wo die Abhandlungen von Jacques Roumain erscheinen, dem Gründer der Haitianischen Kommunistischen Partei.

1943 kam der Holländer de Witt Peters, ein Englischlehrer aus den USA, nach Haiti.

Er entdeckte die Maler Hector Hyppolite und Philomé Obin.

1945 eröffnet Peters das heute noch bestehende Centre d'Art, wo den haitianischen »Naiven« die technischen Grundlagen der Tafelmalerei beigebracht werden sollen.

Wilfredo Lam, aus Kuba, holt den Surrealistenpapst André Breton herbei, und der erklärt, daß Hyppolite den Gang der Europäischen Malerei hätte verändern können.

Ein billiges und paternalistisches Statement – die Afrikaner hatten gerade ihr Wichtiges zur Entwicklung des analytischen Kubismus getan!

Der oft finanziell interessierte missionarische Eifer unternimmt den Versuch, den Haitianern die Malerei mit Eitempera beizubiegen.

Bischof Voegelie von der Episkopalen Kathedrale in Port-au-Prince gibt Wandgemälde in Auftrag.

Seit 1971 entsteht – von der Galerie »Poteau Mitang« ausgehend – eine Bewegung gegen den routinierten haitianischen Kunstmarkt.

Der Maler Ti Gars will Bauern, Vaudougläubige, Kinder stärker an Malerei, Plastik, Theater interessieren.

Er gründet bei Kenskoff eine Malkommune unter dem Namen ›Clair Soleil‹.

Er versucht diese Kommune, ihre Poesie, Malerei, Masken, bemalten Friedhöfe, Druckerzeugnisse vom Tourismus und vom Kunstmarkt fernzuhalten.

So weigerte er sich auch, an der Ausstellung des Brooklyn Museums teilzunehmen.

Die Malerei des Ti Gars und seiner Kommune bringt nicht das hervor, was man »klassische Malerei der Naiven« nennen könnte; die Resultate ähneln denen des französischen Pädagogen Freinet.

Die Gefahr des baren Kunstgewerbes wird nicht immer vermieden.

VI.

Afroamerikanische Kultur, haitianische Kultur gibt es im Merkheft des Gebildeten nicht.

Wahrgenommen werden Partikel, Reste, was noch am ehesten in einen gewohnten Rahmen gebracht werden kann.

Daß in den Schwarzen Amerikas neue Lebensformen, neue Formen der Kultur gefunden wurden, nicht imperialistische, sondern Kulturformen der Unterdrückten, Kunst und Psychologie, die sich als erste mit dem Problem der Massen in einer verschmutzten, ganz schädlichen Umwelt auseinandersetzen – das wird im Bewußtsein des Gebildeten eskamotiert.

Die Liste der Nationalitäten der verschleppten Afrikaner ist lang, lang wie die Liste der Nationalitäten der europäischen Sklavenhändler.

Auf Haiti konnte ich das Milchbad der senegalesischen Serer wiederfinden. In Tanzania hörte ich Gesänge, die mir aus der Karibik bekannt waren.

Wörter der Ewe, der Aschanti haben sich bis heute auf Haiti erhalten. (Pedevi für einen kinderreichen Familienvater, Petro – Ich liebe Gott – für eine Sektengruppe.)

Der Einfluß der Kongo, der Adja ich noch nicht analysiert.

Doch sicher sind es die Fon, aus dem heutigen Benin, welche haitianische Kunst und Kultur vor allem ausgebildet haben.

Ohne das liturgische Genie der Fon wäre der Vaudou nicht entstanden.

Der Schlangentempel in Ouidah, die Zaubermärkte von Lomé und Cotonou, die Klöster und Psychiatrien des Königshofes von Abomey finden alle ihre Spiegelung in der ersten schwarzen Republik der Neuen Welt.

Afroamerikanische Kultur ist eine synkopische, eine schräge Spiegelung der Künste Afrikas und Europas.

Es ist eine Kultur, die nicht missionarisch recht behalten will über andre, die nicht wirtschaftliche Imperien vorbereiten hilft und solcher Imperien nicht bedarf, um sich auszuprägen.

Sie benützt die Materialien zu ebener Erde, Lehm, Holzwerk, Schilf, Ranken, Milch, die Tiere des Haushalts, Torten, den Schnaps von der

Eckbude, Kienspan und den ganzen Abhub, den die Exportation der Umweltverschmutzung und der Tourismus hereinschwemmen – Puderdosen für die Hagia Sophia, Kürbis und Federn zur Psychoanalyse.

Das Holzschneiden ist volkstümlich an beiden Stränden des Atlantik; auf Haiti hat es die gleichen riesigen Holzphalli hervorgebracht wie in Benin oder Togo – hier werden sie von den Totengöttern präsentiert, von dem schrecklichen, schwulen Guédé Nibo.

Die Reliefkunst des dahomeyischen Königspalastes ist über die Sklaverei hinweggebrochen, nicht aber die Freskomalerei des Hofes.
Herskovits erübrigt für sie nur einen unverständlichen unverständigen Nebensatz:
These are crude in design and execution and need only be mentioned in passing.
In Petit Goave hat sich ein kleiner Bauerntempel erhalten, der durch Generationen der Sklaverei genau die Tempelmalerei der Könige von Abomey überliefert.
Die Maler waren in Afrika streng durch Gilden beschränkt, es muß also ein Mitglied der Malergilde des Königshofes gewesen sein, das seine Kunstfertigkeit unerbittlich weitergelehrt hat.

Daneben gibt es in Nordhaiti Schmuckleisten, Zeichenfelder an Häusern, wie man sie in Nubien, in Ägypten sieht.
Und berichten die Mina nicht, daß ihr Ahn, mit dem heiligen weißen Stuhl, der an die Kopfstützen der Pharaonen erinnert, aus Ägypten hergewandert sei?
In diesen »kruden« Wandmalereien müssen wir wohl einen Ausgangspunkt sehen für das, was letztlich und gefällig im Brooklyn Museum gezeigt wird.

Doch stellen wir noch einen anderen möglichen Ursprung fest:
Am Königshof von Abomey waren geschnitzte Kalebassen häufig.
Der Maler André Pierre begann seine Laufbahn als Vaudoupriester und Künstler mit dem Verzieren von Kalebassen – doch schnitzte er sie nicht, er malte sie aus.

Über diese gewölbten Gemälde kam er zur Tempelmalerei und zum Tafelbild. Ein Maler erfährt nun eine ganz besondere gestische Frische durch vorgegebene Volumen.
Es sind die Wölbungen der romanischen Kirchen, an denen, nach den dunklen Jahrhunderten, die europäische Malerei wiederbeginnt.
Cézanne, am anderen Ende der Entwicklung, um eine neue Spannung auf der leidigen Malfläche zu erreichen, verlegte das Kippen ins Sujet; er fälschte die Stellung seiner Teller und Äpfel mit Hilfe von Bolzen beim Arrangieren.

Herskovits vergleicht die Formen der Kunst der Fon kategorisch mit »reinen« und »angewandten« Kunstformen in Europa.
Es ist auffallend, daß diese Idee eng mit der Kleinplastik in Dahomey zusammenhängt.
In Haiti hat sich die Kunst des Verlorenen Gusses verloren.
Welch ein Beispiel für die Zusammenhänge zwischen Ästhetik und Sozietät. Die feine Fähigkeit, Wachsgebilde in Metallfiguren umzuschmelzen, konnte den Menschenhandel nicht überleben.
So wie die klassische Schönheit dieser Figuren in Abomey nicht den Tourismus überdauert.
In Dahomey war die Stellung des Königs, des Staatschefs für Künstler und Kunsthandwerker bestimmend.
In Haiti ist sie es nicht.
Die um den König benötigten Applikationsarbeiten verschwinden, sie werden durch karnavaleske Paillettenfahnen, Paillettenprunkgewänder auf Haiti ersetzt.
Wohl erwerben hier reiche, regierungstreue Familien, auch Minister und Botschafter – oft zu Rabattpreisen – haitianische Kunst –, einen Status als Regierungsbeamte, Hoflieferanten haben Künstler und Priester nicht; das feudale, das bürgerliche Spezialistentum Afrikas hat sich aufgelöst.
Keine Nähergilden.
In Haiti geht es wieder, schon, gesamtkünstlerisch durcheinander.

## VII.

So verdienstvoll die Ausstellung im Brooklyn Museum immer sein mag – haitianische Kunst darf nicht allein an ihrem domestizierten Ableger, der Tafelmalerei, gemessen werden; das wäre so, als wollte man die Kunst der Romanik allein nach den Bilderhandschriften von St. Martial de Limoges beurteilen.
Afroamerikanische Kunst ist religiös, gesellschaftlich wirksam und erst zuletzt ästhetisch in einem Rahmen an die Wand zu hängen.
Das heißt nicht, daß dem Haitianer das Begriffsvermögen für das Schöne in einem kollektiven Unbewußten abhanden komme; es gibt eine Ästhetik des Faktischen – Ready Made und Objet trouvé –, ohne die weder der Vaudou zu begreifen ist noch ein großer Teil der abendländischen Kunst, sobald man das Asianistische, das unregelmäßig Kalkulierte neben dem Attizismus gelten läßt.
Ästhetik des Faktischen:
Wenn eine Marktfrau der Ewe weiße Sepiastücke mit roten Einweihungsfedern spickt.
Ästhetische Theorie nicht – wohl aber ästhetische Empfindlichkeit und ästhetisches Handeln.

Wie soll man alles beschreiben?
Eine Vaudouzeremonie ist alles.
Akut. Geschichte. Struktur.
Und alles noch einmal reflektiert, gebrochen in Vorstellung; Vorstellungen, die wieder ablaufen, strukturiert, und die in Geschichte zurückgenommen werden.
Die vielen Heimaten und Stämme der Verschleppten spiegeln sich in einer solchen religiösen Vorstellung, auch die Zonen des Katholizismus, die protestantischen Sekten, die Dialekte der Lagerwärter, der Slang des Poitou aus dem 16. Jahrhundert, amerikanische Touristen als Götter, Ministerpräsidenten in Litaneien und Kunstsprachen, der »Langage« des Heiligen.
Die Toten, die Ahnen, die Heroen flattern herüber, die Götter steigen herunter. Sie rechnen mit den Existierenden ab, und die Lebenden rechnen in einer tragischen Räterepublik mit den Göttern ab, den Mächtigen, dem Familienvorstand.

Beobachtung, Erinnerung, Rührung, Rausch, Trance, Schauprozeß – Strindbergs kühler Beobachter und Freuds Sofa und Artauds Tomatenketchup.
Die Tänze heißen nach den Städten Afrikas.
Die Kostüme sind die der Französischen Revolution und der haitianischen Kaiser.
Als Götterbrieflein hängen Papa Doc und Jean-Claude Duvalier am Tempeldach.
Die Trillerpfeifen stammen aus der Zeit der Fron.
Die Parodie der christlichen Messe ist die Parodie auf Missionare, die sich einmal im Jahr mit ein paar hungrigen Kindern hier photographieren lassen und dann in den Staaten Tausende dafür abstauben, um das Geld für sich selbst zu verbrauchen.
Die Bewußtseinsebenen geraten durcheinander, das Sprachverhalten, aber auch die Geschlechter und die zoologischen Ordnungen.
Ein Mann wird zur Göttin.
Die Priesterin trägt den Holzphallus der Toten unter dem Rock. Der Totengott begattet den schwarzen Ziegenbock.
Sessel stehen gazeverhüllt für die Verschiedenen bereit, und das Brautbett ist für die Liebesgöttin gerichtet.
Der Priester schnürt Götterwürste.
Er hängt Geisterstühle in den Baum.
Champagner für Guédé Journaille – den Reporter als Gespenst.
Blätterspäße der Geheimsekten.
Feuerspiele auf den Asphaltchausseen.
Landstriche voller beflaggter Pilger.
Nackte in Trance unter den Wasserfällen.

## VIII.

Ein L'Art pour l'Art – wie es nach Herskovits in Afrika schon konzipiert wird, existiert in Haiti nicht mehr.
Es gibt keinen Künstler, der seine Werke nicht mit dem Vaudou in einen Zusammenhang brächte, und sei er auch noch so vom Tourismus korrumpiert.

Ich glaube, daß es keinen einzigen Kunsthändler gibt, keinen einzigen zynischen Haitianer, mit seinen den Hungernden abgesogenen Millionen in Miami, der nicht doch die Götter des Vaudou fürchtet.
Ein Direktor des Kunstmuseums berichtet von fliegenden Dämonen, der Ethnologiestudent vom Boxer mit den zwei Köpfen, und noch beim Bau des Hotels wird ein magisches Angebinde untergebracht.
Die durch die Versklavung hindurch eingehaltene totale Stilisierung des Alltags und die in der frühen Republik gelungene Einmischung des ganzen Alls in das haitianische Schöne machen Haiti zur Insel der Avantgarde.
Der Vaudou ist das frühe Neue – das für die Moderne früheste Neue.
Jeder Alltag wird verfremdet und jede Verfremdung zurückversetzt in blutigen Alltag – schon zu Lebzeiten Strindbergs war Haiti absurdes, grausames und armes Theater.
Die surreale Revolution fand 1804 auf Haiti statt.
Das, wovon Freud, Strindberg und Artaud träumten, durch Assoziationen, Wortspiele, Opferattrappen, V-Effekte die Wirklichkeit zu verändern, wird auf Haiti erreicht:
Der Arzt Roulx Leon berichtet von einer Hodenoperation in Port-au-Prince.
Die Narkose ist unzulänglich.
Der Mann brüllt vor Schmerzen.
Er beginnt Vaudouhymnen zu singen.
Er singt sich in Trance, und mit der Besessenheit überkommt ihn die Schmerzunempfindlichkeit der Trance – die Operation kann zu Ende geführt werden.
Eine lyrische Empfindlichkeit, die dem Abendland wohl seit den Merseburger Zaubersprüchen abgeht.

## IX.

Ein letztes Beispiel, das uns wieder zurückführt ins Bildliche, in Zeichen und Zeichnen:
Die Wéwé.
Die Wéwé oder Vèvès sind Zauberzeichen aus Maismehl, gemahlener

Borke, Puder, die auf den Tempelboden aus der Hand des Priesters gerieselt werden, schnell, kompliziert, um die Götter günstig zu stimmen und herbeizurufen.
Man weiß nicht, wo die Wéwés herstammen.
Maya Deren bringt sie mit den indianischen Ureinwohnern in einen Zusammenhang.
Gilberto Antolinez entdeckte in ihnen Geheimsymbole der Martinisten wieder.
Wer sich die Mühe macht, ein bißchen herumzufragen, wird von den togolesischen Orakelpriestern, die Bokonor heißen, wie die Zauberpriester auf Haiti, folgende Auskunft erhalten:
Vèvè nennt man in Lomé ein Opfer aus ölgetränktem Maismehl, Mais, Fleischstücken und Ruß. (Vèvè heißt dort »Gemisch«.)
Diese Gemische werden in einfachen quadratischen und kreisförmigen Figuren den Göttern geopfert.
Eat Art.

## X.

Es ist ein finsteres Kapitel, das der intellektuellen Zermürbung, der geistigen Knebelung, der geistigen Aussengung ganzer Erdteile durch westliche, durch europäische Hybris und Borniertheit.
Es wird heute täglich weitergeschrieben in der phosphoreszierenden Dämmerung unserer nuklearen Strategien.
Ein schlimmes Abfallprodukt, das die Exportation der Umweltverschmutzung in die Dritte Welt verschiebt, ist eine abgewrackte Ästhetik, mit ihren ewigen Uhlands und Racines, ihrem subventionierten strukturalistischen Délire Verbal und soziologischen Fetischen, während daheim bei uns jedes Margarinepapier vom Kultursenat als Kunst gegengezeichnet wird.
Auf ästhetische Exportkriterien pfeifen die Haitianer.
Die Kriterien, mit denen wir Brecht und Warhol messen, dürfen nicht gemildert werden zur Beurteilung der afroamerikanischen Realität, sie müssen geschliffen werden, weil sie sonst ein Phänomen wie das der haitianischen Kunst gar nicht erfassen.
Den Begriff der Kunst, den Begriff des Menschen als Massenware haben die Haitianer von den Europäern eingebrannt bekommen.

Das Wunder der afroamerikanischen Kultur, der haitianischen, ist es, trotz des totalen Ramsches, den wir in die Dritte Welt abwälzen, durch den Vaudou Schönheit und Sensibilität zu erreichen, Analyse und Veränderung.

## XI.

Die Stellung des offiziellen Amerika zu den Menschen, deren Ölbilder im Licht des Kunstmarktes hochgetoastet werden, ist schwankend.
Noch vor einem Jahr konnte man im Miami Herald – keinem underground-Blatt der Exilhaitianer – lesen, daß die USA, als Papa Doc starb, eine Million Dollar nach Haiti pumpten, um einen Aufstand des Volkes gegen den neuen Präsidenten Jean-Claude Duvalier zu unterbinden.
Man las, daß mittellose haitianische Flüchtlinge in Miami ins Gefängnis gesteckt wurden und nur wenige den Status des politischen Flüchtlings zuerkannt erhielten.
1976 erhängte sich Deville Tirenne in seiner Zelle, als er und 97 andre nach Haiti zurückgeschafft werden sollten.
Der Miami Herald berichtete vom Tode des 26jährigen Clovius Joseph, der dem Ozean getrotzt hatte, wie man an seinem Grab hörte, der auf Befreiung und Freiheit hoffte und auf ein besseres Leben. Wasser und Nahrung gingen auf der 14 Tage währenden Fahrt zu Ende, und Clovius' Zustand wurde schwach. Er trank Seewasser und konnte nicht überleben und er ging dahin ...
Vor einer Woche nun schien es, als würden die Immigrationsbehörden in Miami die Haitianer nur noch wenige Tage im Gefängnis halten, ihnen Sozialfürsorge gewähren, wie Exilkubanern und Exilvietnamesen auch – und als würde der Rücktransport nach Haiti gestoppt.
Die Menschenrechtskommission der UNO verlangte, daß jede Finanzhilfe für die haitianische Regierung unterbleibe, da in diesem Land, wie in Nicaragua und El Salvador, Folter an der Tagesordnung sei.
Amerikanische Untersuchungen, wie die des Kongreßmitglieds Fauntroy, machten deutlich, daß das Prokopfeinkommen der haitianischen Landbevölkerung 55 Dollar jährlich beträgt.
Die Lebenserwartung liegt bei 50 Jahren.

Die tägliche Ernährung deckt mit 1850 Kalorien nur 80 % des menschlichen Mindestbedarfes.
In den bewässerten Gebieten liegt die Bevölkerungsdichte bei 515 Personen je Quadratkilometer.
10 % der Haitianer können lesen und schreiben.
Dies alles trotz einer Finanzspritze aus den Industrienationen von 500000 Dollar täglich.
Der US-Botschafter auf Haiti, William B. Jones, deutete der Regierung Duvalier brieflich an, daß, wenn sich die Lebensbedingungen für das arme und unterdrückte Volk nicht besserten, nicht nur Amerika, sondern die anderen Nationen, also Frankreich, Kanada, Nationalchina, die Bundesrepublik, Israel, von einer weiteren Unterstützung Haitis absehen.
Die Regierung des Sohnes Duvalier hat nicht, wie der Vater, einen Abbruch der internationalen Beziehungen riskiert, sondern zugesagt, die Zustände auf Haiti zu verbessern.
Gestern wird mir belegt, daß die 300 im August aus Haiti Geflohenen von den amerikanischen Immigrationsbehörden wieder in Gefängnissen gehalten werden, daß man 50 Haitianer wieder zurücktransportiert hat.
Die des Amerikanischen Unkundigen mußten eine amerikanisch abgefaßte Erklärung unterschreiben, daß sie dem Rücktransport zustimmten, da sie auf Haiti keinerlei Repressalien ausgesetzt würden.

## XII.

Es ist beachtlich, was das Brooklyn Museum an Bildern der klassischen Maler Haitis zusammengetragen hat – und es ist beachtlich, wie überhäufend und unsensibel gehängt wurde.
Aufschlußreich sind die Bilder über Freimaurerei, deren Einfluß auf die haitianische Geistesgeschichte mir noch nie so deutlich wurde wie hier.
Vielleicht beginnen nun die längst fälligen Studien zur Geschichte der Geheimgesellschaften, der Martinisten etc. auf der »Perle der Antillen«.

Erstaunlich auch das nüchterne Bild von Valcin, eine Vaudouszene am Bett des sterbenden Ethnologen und Präsidenten Dr. François Duvalier.
Da hat man ein Gespür bewiesen, das leider bei der Auswahl modernistischer Bilder ganz versagte.
Da gibt es anderes, Diffizileres, Bedeutsameres.
Auch darf der Hinweis auf die Maler von ›Clair Soleil‹ in einer solchen Ausstellung nicht fehlen.
Es ist erfreulich zu hören, daß diese Ausstellung von Tafelmalerei nur als Einleitung verstanden wird zu einer weiteren mit Assemblagen, Environments, Konzeptkunst.
Als erste Andeutung davon werden die raffinierten bemalten Kalebassen André Pierres gezeigt, die man sonst nie zu sehen bekommt.
Die Filme und Erklärungen um die Ausstellungen herum haben nicht einmal die neuen offiziellen Kenntnisse verarbeiten wollen.
Was man übrigens gewinnt, wenn man zu Malerei ständig mehrere TV-Übertragungen ablaufen läßt, bleibt mir unklar.
Sie wurden in Zusammenarbeit mit dem Haitianischen Touristenbüro eilig zusammengeschossen.
Allein der geniale Rigaud Benoit ließ sich durch eine Interviewfrage zu einem hinreißenden Stück haitianischer Poesie über einen Ehebruch provozieren.
Doch sicher, und auch das sollte man bedenken, fühlen sich die haitianischen Massen in New York, 300000 soll es geben, weniger verletzt, wenn sie ihre Verwandten in der Heimat in anständigen Schuhen und gebügelten Hosen und lächelnd im Kulturfilm erleben, wenn zur Herablassung nicht auch noch die Heuchelei kommt.

## XIII.

Atomverträge, Mörderplotts, Concorde und schlesisches Hoftheater fallen einem ein, wenn man vor den Bildern des Brooklyn Museums steht, und sie müssen einem einfallen, denn als Grundierung, auf der diese leuchtenden Farben haften, gehört es alles mit dazu.
Die Veranstalter verdienten also sicher die übliche ideologische Schelte

– doch, indem ich schon dazu ansetze, überfällt mich Maulsperre und Schreibkrampf.

Denn wenn es stimmt, daß eine fortschrittlichere Gesellschaft eine phantasiebegabtere ist, L'Imagination au Pouvoir schrieben die Studenten im Mai 1968 an die Mauern, dann wird man die Haitianer nicht verdammen wollen, die auch den Pinsel ergreifen, und Veranstalter nicht, die sich einer Facette haitianischer Kunst so umfangreich widmen.

Eine Dokumentation haitianischer Kunst liefert die Ausstellung nicht, wohl aber stellt sie einen Schritt zu einer solchen Dokumentation dar. Jetzt ist es an der haitianischen Regierung, am Museum of Modern Art, am Musée de l'Homme, an der UNESCO.

Die Kultur Haitis ist dem Hermes Trismegistos verwandt.

Gründete nicht Athanasius Kircher, der Verfasser des Oedipus Aegyptiacus in Rom, im 17. Jahrhundert, die erste Sammlung afrikanischer Kunst, der Jesuit, der Anreger Daniel Caspers von Lohenstein und des Quirinus Kuhlmann!

## XIV.

Die Säkularisation hat ihre eigenen Mythen hervorgebracht, den Mythos der Objektivität und darauf fußend die Märlein der Psychoanalyse, die von westlichen Psychologen in der Dritten Welt zur Verbrämung von Elektroschocks und Humanversuchen nachgeplappert werden. Und nicht nur in der Dritten Welt.

Zur Zeit der Ausstellung im Brooklyn Museum konnte man von den Humanversuchen, auch an Schwarzen und Puertoricanern, in einem Psychiatrischen Institut von Harlem lesen, von gefälschten Autopsiebefunden und 3000 Todesfällen 1976 in New Yorker Irrenhäusern. Es sollte zu denken geben, daß die Psychotherapie des Vaudou nicht die hohen Honorare der Psychoanalytiker kennt, keine Todesfälle nach Krampfbehandlungen und Lobotomien. Diese Psychotherapien sind deshalb nicht weniger wirksam.

Eros und Thanatos rücken im Vaudou genauso nahe wie auf dem Wiener Sofa. Sie treffen zusammen in der Gestalt des Totengottes Guédé Nibo mit seinem Godmiché aus Holz.

Hanns-Josef Ortheil

# Die Sprachen Mozarts und die Sprache der Musik

»ja ... mozart. immer wenn sie mozart spielen bekomme ich sehnsucht nach little richard, nach einem kotelett, nach helga, nach irgendetwas; ach mozart, mozart ist ein inbegriff.«

Oswald Wiener, *Die Verbesserung von Mitteleuropa*

## I

Mozart, das Kind: Musik schafft die einzige Kulisse, in die sein Bild gehört. Nichts darüber hinaus, an Takten wird seine Kindheit gemessen, an eingeübten Stücken und Proben, an Stunden am Klavier und mit der Violine. Im Notenbuch der Schwester fixiert Leopold die Leistungen, die Stunden, die erworbenen Fertigkeiten. Das Kind erhält Aufgaben, die es spielend bewältigt; spielend – das meint: willig, scheinbar ohne Anstrengung, nicht Opfer einer Erziehung, sondern einer Affektion.

Diese breitet sich aus, und ihr Panorama bilden die Reisen, mit denen der Vater schrittweise beginnt. Erst nach München, dann nach Wien zum Kaiserhof, dann nach Paris, ins Zentrum des europäischen Geschmacks. Auf diesen Reisen entlädt sich die Affektion wie eine Krankheit, eine Seuche. Die Reisen hinterlassen die sichtbarsten Spuren, setzen Menschen, die das Kind spielen hören, in Verzückung. Wolfgang, infiziert von den Tönen und angezogen von den Instrumenten, den Orgeln, Klavieren und Violinen, plötzlich gestaltend, was die von überallher zusammenlaufenden Menschen erwarten: das Heilige als Schrecken, das Unantastbare als Gewalt, nicht frei von Dämonie.

Auf diesen Reisen erscheint der junge Mozart wie ein Gerufener, wie einer, den alle Orgeln des Landes anhalten, bis er sie gespielt hat, und er kommt durch kaum eine größere Stadt, in der es nicht den obligatorischen Volksauflauf gibt. In Ybbs an der Donau spielt er so, daß die an der Mittagstafel sitzenden Franziskaner aufspringen und in den Kirchenchor laufen. An einer Zollstation packt er Klavier und Violine aus, dadurch lenkt er die Zollbeamten ab, die ihn wiedersehen wollen und sich seine Adressen notieren. Das Kind erreicht alles durch Musik; das Auspacken der Instrumente – ein »Sesam öffne dich!«, und der Vater vermerkt stolz, wieviel Geld es wieder gebracht hat.

Seine Briefe an den Salzburger Handelsherrn und Freund Lorenz Hagenauer sind voll mit Verrechnungen: was kommt herein, was gibt man aus? Und Wolfgang, Woferl, ist die Maschine, die den Zwischenraum ausfüllt. Es ist etwas Eiliges, Klappriges in diesen Briefen. Namen als Signale für Visiten, Auftritte als Finanzierungslücken. Ansonsten kommt gar keine Sprache in ihnen zum Vorschein, keine plötzliche, den Augenblick fixierende Rede, kein Durchqueren, Aufatmen. Leopold kennt auch hierin das Maß, die Reise verläuft nach Plan, und in seinem Hirn kreuzen sich die Strategien, den Knaben aufs vorteilhafteste in Szene zu setzen.

Das aber ist eine Kunst, eine Kunst des Ankündigens, Wartens, Probierens. Ein Aufenthalt wie der in Wien kann nur über drei Monate hinausgezögert werden, weil man beinahe täglich Konzerte gibt. Wenn Wolfgang krank wird, stockt die Mühle, die Pläne geraten durcheinander, Verzögerungen müssen kalkuliert werden. Leopold überschlägt: die Trinkgelder für die Kutscher, die Trinkgelder für die Lakaien – lohnt sich das Bleiben noch? Wolfgang sichert in dieser Zeit der Familie den materiellen Boden. Er garantiert allein durch sein Auftreten für die Dauer des Aufenthalts. Schon dadurch ist der Woferl »Meister«, vollkommen in der Beherrschung der irdischen Materialität, die auf sein Spielen hin in Bewegung gerät. Geschenke und Gelder kommen durch dieses Spiel ins Haus, und der Vater sucht die Dukaten in sicheren Schuldbriefen anzulegen.

Die Reise aber ist eine Jagd, immer hinter den Gelegenheiten her, die Musik zu Gehör zu bringen, ein Hasten über Stock und Stein, wo ein defektes Rad einen weit zurückwirft, wo die Günstlinge des Hofes einem schon immer voraus sind, wo man die Launen der Fürsten erahnen muß und zuweilen gar gezwungen ist, schnelle Nachtfahrten einzulegen.

Es dreht sich um die Mozartsche Kutsche, die da unterwegs ist, es dreht sich fortwährend dieses Spiel der Launen und Zufälle, der Gelegenheiten und verpaßten oder genutzten Chancen. Die Pläne Leopolds sind Wunder an Voraussicht, in Gedanken tastet er Wege, Verbindungen, Städte, Schlösser, Aufenthaltsorte der Herrscher ab. Es kommt auf alles an, auf die Jahreszeit, eine Heirat, einen Krieg, eine Erbangelegenheit – denn alles könnte einen Plan zunichte machen, und am Ende könnte man vergeblich einen Umweg gemacht haben, einen Umweg von Tagen, die nicht mehr aufzuholen wären.

Die Welt erscheint als ein Karussell auf den Empfängen und in den Jagdschlössern, zu denen die Fürsten, wenn es ihnen eben gefällt, noch in der Nacht aufbrechen. Ein Karussell – auf dem man nie sitzt, das einen antreibt, nur für einige Minuten aufzuspringen, um mitmachen zu dürfen, die launigen Melodien des Vergnügens zu fabrizieren, für eine Stunde vielleicht, bei der Kaiserin sogar für drei. Aufspringen und mitmachen – man wird bezahlt, man fliegt, von der Geschwindigkeit getrieben, wieder herunter, und – kein Wunder! –, so aus der Ferne betrachtet, ist dieses Karussell dann nur noch eine Maschine, die einen in Atem hält, ein Intrigantengeschöpf, ein Monstrum, das einen treibt, bis man krank dabei wird.

1763: am 6. Juli Abreise von Augsburg, abends in Ulm, aufgehalten wegen der Pferde, weiter nach Plochingen, wo man hört, daß der Herzog ins Jagdschloß Grafenegg will, Änderung der Reiseroute, statt nach Stuttgart gleich nach Ludwigsburg, Ankunft am 9. Juli, abends, spät, und zu spät für diesen Herzog, Karl II. Eugen von Württemberg, von dem Leopold schon weiß, daß er einer von denen ist, die einen lange warten lassen, bis sie einen hören, und die einen noch länger warten lassen, bis sie einen beschenken.

Man muß die passenden Gelegenheiten und Stunden aufspüren, die der Adel sich erlaubt. Es gibt ja keinen Vorrat an Musik, wie für uns heute, es gibt nur die glückliche, die passende Stunde. Eine Kutsche wird vorbeigeschickt, ein Auftritt wird erlaubt, die Musikanten werden entlassen. Ein Fürst kann diese Stunde aber auch verschieben, vom Nachmittag auf den Abend, die Nacht, den nächsten Tag. Leopold stellt seine Uhren nach diesem Belieben. Er ordert die Termine, ein Spiel am kaiserlichen Hof sichert Auftritte für die nächsten Wochen. Und er kann froh sein, wenn er ein gutes Orchester hört, das meint: lauter junge Leute, dazu noch von »guter Lebensart«, also nicht, wie doch häufig genug zu sehen, Spieler, Säufer, Lumpen. Denn ein Orchester ist nur ein musikalischer Apparat, geringgeschätzt, abseits von der gesellschaftlichen Sprache aufgebaut, die Leier neben der Hofsprache, unaufmerksam gehört.

Leopold aber erkennt, daß seine Kinder mehr sind. Sie überschreiten durch ihr Spiel das Weghören, sie durchbrechen gleichsam Schallmauern – und sie zwingen zum Schauen. Das ist das Wichtigste. Die Kinder geben der Musik plötzlich einen kreatürlichen Charakter, sie sind wie die Töne und Klänge, unauffindbar im Gespräch, aber geeignet zum stummen Anschauen und Staunen, zum Hinterdreinsummen und Nachblicken. Dadurch setzen sie, wie Leopold notiert, alles in Bewegung; sie kehren die Konventionen um, denn *sie* sind der Mittelpunkt, nicht mehr nur der Hof, obwohl sie ihm zutragen: »Alles gerieth in Erstaunen! Gott giebt uns die Gnade, daß wir, Gott Lob, gesund sind, und aller Orten bewundert werden.« (I, 89)[1]

So der Vater, und das ist in doppeltem Sinn notiert: pragmatisch, denn Gesundheit ist Geld, dankbar, denn die Gnade kann nur von dem kommen, der die Gesundheit gibt. Die Musik reicht also durchaus bis zu dem, der die Ursache der Zufriedenheit bildet. Sie entlockt ein Staunen, sie wirkt wie eine Offenbarung, sie entwickelt ein Transzendieren, über die Sphäre des Hofes und am Ende auch über die der sichtbaren Welt hinaus. Alle sagen es ja, »göttlich!«, eine Einmaligkeit, das Besondere.

Dieses Transzendieren muß gereicht haben, damit auch der Knabe etwas davon hatte. Es mag ihn gefreut, befriedigt haben, und es mag ihm den später verhängnisvollen Irrtum eingeredet haben, man brauche nur zu spielen (was für ihn heißt: Spaß treiben, Freude machen, jenen unaufhörlichen Kreislauf aus gegenseitiger Affektion in Bewegung setzen), man brauche sich nur in diesen abberufenen Stunden zu erhöhen, um leben zu können.

Denn in der Tat lebte die Familie ja von diesen Kunststücken. Die Musik aber und die Kunst, ihre Instrumente zu beherrschen, könnten dem

1 Zitate in diesem Text nach der ›Gesamtausgabe der Briefe und Aufzeichnungen‹, hrsg. von der Internationalen Stiftung Mozarteum Salzburg, gesammelt und erläutert von Wilhelm A. Bauer und Otto Erich Deutsch. Kassel u. a. 1962 ff. (Römische Ziffern = Bandzahl; arabische Ziffern = Seitenzahl)

jungen Mozart vorgegaukelt haben, man brauche es mit der Welt nicht ernst zu nehmen, wenn diese nur ihren Spaß an der Musik habe. Jedenfalls begegnete diese Welt dem Knaben ja mit Freundlichkeit, mit Bewunderung, mit angedichteter Verehrung, freilich nur, solange er spielte. Er interessierte sprachlos, nur mit der Gewalt der Musik ausgestattet, während der Vater die Sprachen des Hofes und die Sprachen der Macht studierte.

Denn von den Zentren dieser Macht, den Herrschern, ist man zunächst immer weit entfernt. Leopold entwickelt Strategien der Annäherung an diese wie abgewandt erscheinenden Innenhöfe, die umgeben sind von konzentrischen Ringen, auf denen die Trabanten, die Hofleute und Zubringer, kreisen. Man bedarf der Augen und Ohren dieser Trabanten, man muß ihre Bewegungen studieren und vorausahnen – ganz aus der Ferne zunächst, einer kommt vielleicht in einer Kutsche vorbei, dem anderen geht man unauffällig hinterher. Schon ein Stallmeister vermag etwas, ein »Obriststallmeister« kann die rechte Hand des Fürsten sein, man muß es nur wissen. Die Gerüchte zirkulieren, das also, was man sich zuflüstert, und man muß sich entsprechend diesem Geflüster bewegen, *al tempo* oder *alla zoppa,* auf hinkende Art.

In diese Bewegungen aber wirken störende Kreise und Zirkel hinein, sie können verzögern, den direkt erscheinenden Anlauf auf das Zentrum zum Schlingern bringen. Zu diesen störenden Kreisen zählen die Spektakelmeister, die andere Musikanten protegieren, zählen aber auch Komponisten wie die am Wiener Hof, die neidisch sind auf das Treiben, die Gegengifte und Gegengerüchte ausstreuen, um den Weg des Jungen zu stoppen. Dann heißt es, er sei ein Scharlatan (Kehrseite seiner göttlichen Sendung: der Teufel, der Betrüger), und es gehe nicht an, daß so einer ein Orchester dirigiere. Leopold muß sehen, wie er diese Gegengifte unschädlich macht. Er hat keinen Einfluß darauf, er muß also den Knaben herumschicken, damit man ihn sieht, antastet, küßt, damit man ihn hört, in diese Musik hineinhört, die der Verzükkung dient. So muß Wolfgang seine Künste vor einem ausgewählten Publikum demonstrieren, am Ende kann er froh sein, die Gegengifte unschädlich gemacht zu haben, wenn auch der Erfolg sich nach soviel Intrigen nicht mehr auf den ersten Blick hin einstellt. Jetzt *muß* er spielen, nicht nur, um zu überzeugen, sondern auch, um seine Feinde zu überwinden. Auch das fällt ihm leicht, denn auch das macht Spaß, und er mag von den Gefahren, denen er ausgesetzt war, noch wenig geahnt haben, während es doch schon um ihn tuschelte. Um so naiver die Grazie des Auftritts und um so siegesgewisser das Spiel! Die Sprache der Musik – ein Wundermittel, das die Welt, die steife, spröde, unsinnliche, aufschließt, und das selbst diesen Menschen, die er mit Blicken überfliegt, solange sie ihm wohlgesonnen sind, Seufzer abnötigt.

Paradoxität des Empfindens: Wolfgang interessierte, wenn er spielte, und gerade in diesen Stunden, in denen er gefordert wurde und zur Verfügung stand, entspannte er sich, entspannte sich das Gefühl, nur hin- und hergerissen zu werden. Ein Zwiespalt, der sich daraus ergab, daß er gerade dort, wo er am meisten geordert, bestellt, beengt wurde, wo man ihm also am meisten zusetzte, daß er gerade dort und dann am ehesten er selbst war? Ein Zwiespalt vielleicht – aber mit Sicherheit hat er es noch nicht so empfunden, eher vielleicht als eine Gelegenheit, ganz ins Musikalische zu geraten, in die Sprache der Musik, um »das Leben«, die Stunden dazwischen, zu den weniger bedeutsamen zu rechnen, aus denen man erst einen Spaß herauszaubern und herausinszenieren mußte. Vielleicht auch die allmählich stärker werdende Empfindung, diese Stunden »dazwischen« seien höchstens noch als Kopien zu ertragen. Kopien von was? – Davon weiß der junge Mozart noch nichts, und um so deutlicher strafen seine späteren Briefe die Unwissenheit, an die der sonst im Menschenverständnis so geübte Vater allenfalls nicht dachte, bis er klarer sah, zu einer Zeit, als diese Entdeckung ihm einen Schleier von den Augen riß, alles aber schon zu spät war.

Vorläufig aber zählen nur die sichtbaren Erfolge, und es gibt noch keine Theorien von ihrer Magie und Dämonie. Erfolge wie etwa in London, wo man schon am fünften Tag nach der Ankunft beim Hof vorstellig werden kann. Das sichert Interesse, Aufmerken von allen Seiten, Aufmerken etwa der Botschafter, auf die es besonders ankommt in diesem Vermittlungsspiel. Der Gottesdank, an den Leopold sich hält, schlägt sich in Messen nieder, die man für die Familie und die Kinder in Maria Plain und Umgebung lesen läßt. Bei Krankheiten wird ihre Zahl erhöht, denn Gesundheit ist Geld.

Einen Höhepunkt der Erfolge markiert der Neujahrstag 1764. Da nimmt man an der Hoftafel zu Versailles teil, und Wolfgang ist, wieder deutlich sichtbar und auch im höfischen Zeremoniell betont, die Schaltfigur. Er erhält den besten Platz, er spricht mit der Königin, und sie reicht ihm die Speisen. Bei all diesen Verrichtungen ist der junge Mozart der anschaubare Ausdruck eines Elements, das ansonsten nicht zum Schauen und erst recht nicht zum Anfassen taugt. Das erhebt ihn in einen kaum angreifbaren Rang. Selbst Leopold, ein überaus vorausschauender, wenig zur Euphorie neigender Vater, nennt ihn »unüberwindlich« und »großmächtig«. Andere Texte feiern ihn, wie es sich ja zum Vergleich anbietet, als Orpheus, der die Umgebung zum Verstummen bringt und aus der grobschlächtigen Schar von Zuhörern eine Gemeinde von Andächtigen hervorzaubert.

In Mozarts kindlicher Gestalt erhält die Musik einen besonderen Rang, in seinem Transzendieren stellt sie sich als Wunder vor. Nicht daß diese Gestalt nur ihr Werkzeug wäre – im Gegenteil: Erst Mozart bringt die Musik zum Leben, erst in seiner Aktion werden Publikum und Musikant eins in einem Medium, das keiner begreift und von dem doch die begeisterten Rufe und Bravostürme handeln. Die Musik – was ist das, was hat sie aus einem gemacht?

Denn Mozart *ist* Musik, nicht nur ihr Diener, ihr Geschöpf. Auf ihn projizieren die Zuhörer das Erlebnis der magischen Annäherung. Mozarts Spiel ist so sehr eins mit dem Medium, in dem er allmählich, aber auf gefährliche Weise (unsichtbar für den Vater) auch lebt, daß er beginnt, seine Umgebung durch die Optik des musikalischen Vergnügens zu betrachten. Auch die Welt um ihn soll sich in seine Späße finden, sie soll Freude werden für ihn, und erst in diesem Wunsch mag sich seine Hoffnung ausgesprochen haben, die Stunden »dazwischen« könnten etwas von ihrer Langeweile verlieren.

Paris, Neujahr 1764, weiß noch niemand davon, der junge Mozart am wenigsten, denn die ersten Spuren dieser Entdeckung können wir erst auf den Reisen nach Italien verfolgen, auf Reisen, die unter ganz anderen Vorzeichen begonnen werden. 1764 in Paris soll erst für die Augen der entfernten Welt sichtbar werden, was dieser Knabe bedeutet. Seine ersten Kompositionen werden daher hier gestochen, die Sonaten für Klavier und Violine, das op. I, das, wie es sich gehört, einer Tochter des französischen Königs gewidmet wird. Treu seinem Programm meldet Leopold nach Salzburg, daß man diese Sonaten das Stück für 45 Kreuzer zu verkaufen, daß man dies in die Zeitungen zu setzen und dabei daran zu erinnern habe, daß eine Sonate in Paris umgerechnet 84 Kreuzer koste, woran sich Wolfgangs gesteigerter Kurs leicht ablesen ließ. Aber Leopold hat nicht nur über den Geldwert dieser Sonaten spekuliert, er hat auch genauer hingehört und dabei ein »Andante von einem ganz sonderbaren goût« entdeckt, das uns noch heute als Adagio der Sonate KV7 auffällt: »Nun sind 4 Sonaten von Mr: Wolfgang Mozart beym stechen. stellen sie sich den Lermen für, den diese Sonaten in der Welt machen werden, wann am Titlblat stehet daß es ein Werk eines Kindes von 7 Jahren ist, und wann man die unglaubigen herausfordert eine Probe diessfals zu unternehmen, wie es bereits geschehen ist, wo er jemand einen Menuet, oder sonst etwas niederschreiben lässt, und dann gleich ohne das Clavier zu berühren den Bass, und wenn man will auch das 2te Violin darunter setzet. Sie werden seiner Zeit hören wie gut diese Sonaten sind; ein Andante ist dabey von einem ganz sonderbaren goût.« (I, 126)

## II

Am 13. Dezember 1769, dem Tag, an dem Christian Fürchtegott Gellert in Leipzig stirbt, brechen Leopold und Wolfgang nach Italien auf. Zu dieser Zeit ist der Knabe schon beinahe 14 Jahre alt. Nun beginnt es.

Mozart entfernt sich allmählich von jenem Innenraum der Affektion, in dem sich seine Bewunderer um sein Spiel versammelten. Auf dieser Reise und der später folgenden zweiten nach Italien ist er nicht mehr das Kind, das spielt – er wird vielmehr zum Knaben, der komponiert, eine Veränderung, die man sich nicht einschneidend genug vorstellen kann. Sicher, auch auf diesen Reisen musiziert der junge Mozart noch wie früher, und auch hier antwortet ihm die ungeschmälerte Begeisterung seiner Zuhörer. Beinahe ein Jahrzehnt später wird er sich sogar dieser Begeisterung, die er dann mit wacheren Sinnen genießt, erinnern und sich besonders zu ihr, der italienischen Kunst des Feierns, zurücksehnen. Die Aufgaben, die sich jedoch zuvor in Italien stellen, sind eng an das Land des Gesangs gebunden, es sind Aufgaben der Komposition, und das große Probestück dieser Kunst muß er mit einer Oper und einem Singspiel beweisen.

Mutter und Schwester sind diesmal in Salzburg geblieben, wir wissen

im Detail von diesen beiden Reisen durch die wie immer ausführlichen Briefe und Berichte des Vaters, denen manchmal kurze Nachschriften des Sohnes Wolfgang beigefügt sind. In ihnen meldet sich Mozart, nicht mehr, er grüßt, er macht Scherze. Worauf kommt es ihm überhaupt an, was will er auf diesen nachgereichten Zetteln sagen? Nichts – er will dokumentieren, daß er gesund ist, und wenn er es besonders betonen will, dann gehört zu dieser Betonung der Hinweis darauf, daß er lustig, daß er fröhlich ist. In den seltenen Briefen an seine Schwester erhebt er diese Lustigkeit zum hohen Lebensziel, darauf, flüstert er der Schwester ein, komme alles an, und sie solle alles daransetzen, diese Freuden zu erreichen, sei es auch nur bei einer Schlittenfahrt.
Beim deutlicheren Hinschauen wirken manche dieser Nachschriften wie Parodien auf den Ernst des Vaters und auf die Konvention. Kein Zweifel – Mozart parodiert nicht mit Bewußtsein, er entzieht sich der Konvention, indem er sich die Freiheit zum Spaß nimmt. Es ist, wie er meint, von allem Notwendigen ja schon genug getan. Mit seinen sprachwandlerischen Späßen nimmt er sich in gewisser Weise aus, wird er dann doch (in seinen Grenzen) privat, das aber unaufdringlich und kosend. Mozart mag die Differenzen zwischen den Berichten des Vaters und dem, was die Daheimgebliebenen doch auch hören wollten (die Sprachmusik der Reise), empfunden haben. Also schreibt er nicht wie der Vater, gesetzt, eins nach dem anderen, in jenem Briefstil, der einer bürgerlichen Haushaltungsökonomie abgeschaut ist, sondern so, daß man ihn, lautmalerisch, die Sprachen wechselnd, abschweifend, hören kann. Man soll ihn *hören*, und schon wird man ihn auch sehen. Das Gewurstel seiner Briefchen hält gleichsam die Intimität der Familiengespräche in Gang: »Cara sorella mia. Heunt raucht der Vesuvius starck, poz bliz und ka nent aini. haid homma gefresn beym H: Doll, des is a deutscha Compositeur, und a brawa mo. anjezo beginne ich meinen lebenslauf zu beschreiben. alle 9 ore, qualche volta anche alle Dieci mi sveglio, e poi andiamo fuor di casa, e poi pransiamo d'un tratore e Dopo pranzo scriviamo et di poi sortiamo e indi ceniamo, ma che cosa? – – Al giorno di graßo, un mezzo pullo, overo un piccolo boccone d'un arosto, al giorno di magro, un piccolo pesce, e di poi andiamo à Dormire. est ce que vous avez compris? redma dofia Soisburgarisch don as is geschaida. wia sand got lob gsund, do Voda und i, ich hoffe du wirst dich wohl auch wohl befinden, wie auch die mama. se viene un altra volta la sig:

alouisia de scitenhofen fatte da parte mia il mio complemento. neapel und rom sind zwey schlaff=stätte, a scheni schrift, net wor? schreibe mir, und seye nicht so faul, altrimenti averete qualche bastonate di me. quel plaisir! Je te caßerei la tête.« (I, 357/358)

In solchen Passagen kreuzen sich nicht nur die fremden Sprachen, ihre Wirkung geht vielmehr insgesamt darauf aus, die Sprache fremd zu machen. Mozart zitiert sie, die Formeln, die Plaisirreden, er verformt sie zu Litaneien, so daß sich die immer in Eile hingetupften Meldungen dabei verflüchtigen. Denn auf das, *was* gemeldet werden soll, kommt es nicht an. Mozart meldet sich selbst, und er entwirft in solchen Briefen den Klangraum seiner Umgebung, er sammelt Partikel, ohne sie wieder zusammenzusetzen, und am Ende ist ihm das alles ein Beweis seiner Kunst, vergnügt zu sein.

Beides hängt schon hier, auf den Reisen nach Italien, auf unmerkliche Weise zusammen: die Lust, an den Sachgehalten vorbei zu sprechen, einen Spaß zu machen, und die Lust, sich als Kind vorzustellen, dem all der Ernst, der ihm aufgedrängt wird, nichts anhaben kann. Nichts anhaben – und Mozart zieht sich vor der Berührung zurück.

Das musizierende Kind wollten sie anfassen, umarmen – dem komponierenden Knaben kommt das nicht mehr zu. Der Kompositeur ist ein Arbeiter, einer, den der Vater den Menschen entzieht. Mozart arbeitet in einem abgedichteten Raum, dorthin ist er verbannt, und in diesem Raum erhält sich sein Empfinden der Unantastbarkeit. Es ist ein eingegrenzter Raum, eine Kammer, um die es von musikalischen Stimmen echoartig klingt und als seltsames Gewirr dem Komponieren kontrapunktiert: »oben unser ist ein violinist, unter unser auch einer, neben unser ein singmeister der lection gibt, in dem lezten Zimmer gegen unser ist ein hautboist. daß ist lustig zum Componiern! giebt einen viell gedancken.« (I, 432)

Man hätte das Gegenteil erwartet. Doch die kreuz und quer laufenden Stimmen imitieren Mozarts Sprachgefühl, und er betont das, indem er es (wie meist) »lustig« findet.

So beginnt er, sich in den Briefen auszuschweigen. Teils hat ihm der Vater schon alles »von der Feder genommen«, teils ist er erschöpft, teils hat er einfach nichts mehr zu sagen, es hat sich ausgesagt, das meint: es hat sich auskomponiert.

Schon hier, in diesen Wochen, in denen er in kaum glaublichem Tempo eine Oper und ein Singspiel zu entwerfen hat, den Proben beiwohnt, den Sängern, dem Orchester, den Kopisten Anweisungen gibt, schon in diesen von der Musik ganz aufgebrauchten und durch sie verzehrten Wochen ist Mozarts Sprache das Komponieren, eine Lust, die eben noch Antennen zur Welt findet, weil die Maschinerien ineinandergreifen müssen. Den Sängern müssen die Arien gefallen, den Musikern die Schwierigkeiten liegen, den Kopisten muß der Gewinn vor Augen stehen. Alles läßt sich noch an dieser Wirkung, die nicht ausbleibt, messen; doch die Grundlage dieser Wirkung bilden die Künste des Vaters, die diese Maschinerien steuern, während der Knabe in seinem Zimmer sitzt: »viell kan ich nicht schreiben. erstens: weiß ich nicht was: zweytens: thun mir die finger von schreiben wehe. lebe wohl.« (I, 439)

So schreibt er nur, damit er schreibt. Das muß genügen, denn seine Sprache, die der Musik also, verbraucht die Worte. Auf diese Erschöpfung kann er nur Reime von der lustigen Art machen: »du kanst hoffen, glauben, Meynen, der meynung seyn, in der stäten hofnung verharren, gut befinden, dir einbilden, dir vorstellen, in Zuversicht leben daß wir gesund sind, aber gewiß kan ich dir nachricht geben. ich muß eilen. addio.« (I, 430/431)

Dieses Eilen markiert auch eine Entfernung von den Worten. Denn diese indirekte Sprache sagt ja etwas, sagt, ›es ist genug‹. Die Musik nimmt Mozart im wahrsten Sinne des Wortes in Anspruch, sie läßt ihn schläfrig werden, sie nimmt ihm die Welt. Nur auf den Proben und bei den öffentlichen Auftritten findet er sie wieder, vom Vater inszeniert und aufnahmefähig gemacht.

Aber: es beginnt. Mozart beginnt, sich zu entfernen, und seine Briefchen melden es: ›Musik, Musik!‹ – und wehe, wenn es in den anderen Stunden nicht lustig dahergeht! »Nun hab ich noch 14 stuk zu machen, dann bin Ich fertig, freülich kan man daß Terzet und Duetto für 4 stück rechnen. Ich kan ohnmöglich viell schreiben, dan ich weiß nichts, und zweitens weiß ich nicht waß ich schreibe, indem ich nun immer die gedancken bey meiner opera habe, und gefahr lauffe, dir, anstatt worte eine ganze Aria herzuschreiben.« (I, 465)

Man sieht: Mozart wird nicht aus Scheu oder Diskretion verschwiegen; die Musik nimmt ihm die Sprache. Es gibt nichts mehr sonst, und wir erfahren von ihm nur noch durch die Teichoskopie in den Berichten des Vaters.

## III

Das ändert sich scheinbar, als er im September 1777 von Salzburg aus (diesmal allein mit der Mutter) zu einer größeren Reise aufbricht. Nun sind die Mißverständnisse bereits angelegt und vorbereitet.

Auf dieser Reise kommen sie ganz zum Ausbruch, und am Ende kommt ein Geschlagener heim, ein Unbekannter, der seine Ziele, Geld zu verdienen oder eine Anstellung bei Hofe zu finden, nicht erreicht hat.

Die Dispositionen sind klar, und sie scheinen Mozart selbst deutlich genug gewesen zu sein: »Ich bin der anderte Papa« (II, 7). So schreibt er gleich im ersten Brief an den Vater. Der »anderte Papa« soll er sein, und das drückt sich zunächst ja aufs deutlichste darin aus, daß *er* jetzt die Briefe nach Hause schreibt. Mozart beginnt zu schreiben und zu berichten, er nimmt die Rolle des Vaters ein, und er gerät ins Schwadronieren. Aber die Nebentöne verraten schon mehr: »ich bin der anderte Papa. ich gieb auf alles acht. ich habe mir auch gleich ausgebeten die Postilionen auszuzahlen, denn ich kan doch mit die kerls besser sprechen als die Mama. zu wasserburg beym stern ist man unvergleichlich bedienet. ich sitze da wie ein Prinz. vor einer halben stund, Meine Mama war just auf dem h=l klopfte der hausknecht an, und fragte sich um allerley sachen an, und ich antwortete ihm mit aller meiner Ernsthaftigkeit, wie ich im Portrait bin; ich muß schliessen, Meine mama ist schon völlig ausgezogen. wir bitten alle zwey, der Papa möchte achtung geben auf seine gesundheit; nicht zu früh ausgehen; sich nicht selbst verdruß machen. braf lachen und lustig seyn ...« (II, 7)

Die Passage ist unnachahmlich, und sie enthält in nuce bereits die Elemente der Klaviatur, auf der bei dieser Reise gespielt wird. Vom gemimten Ernst, mit dem Mozart sich in Positur setzt, bis zur gespielten Gründlichkeit bei der Abfertigung der Dienstleute und der nicht unterdrückten Nachricht, daß die Mama auf dem Häusel gesessen habe, verfügt sie über alle Anklänge an eine Sprache, die sich einer *vornimmt*, um dann doch anders zu sprechen. Anders, damit es nur »lustig« bleibt und damit der Vater lacht, brav lacht, denn diesen Vater kann man sich wahrhaftig nicht als lauthals lachenden denken.

Mozart stürzt sich in seine Rolle, doch nun ist er allein, und er soll, gleichsam in höherer Absicht, mit größerem Erfolg, jene Reise wiederholen, die die Eltern mit dem Kind machten. Wenn es nur ebenso lustig wäre! Aber es gerät nicht, und die Bewegung der Mißverständnisse beginnt.

Anfangs merkt man ihm noch die Freude an, sich umsehen zu dürfen. Freilich gehen dabei die Grundsätze des Vaters verloren, die Grundsätze also, niemanden ins Haus zu lassen, den Kontakt nur mit höher gestellten, adligen Personen zu suchen, jede Minute der Protektion zu opfern, sich ansonsten aber zurückzuziehen, um für den rechten Augenblick vorbereitet zu sein.

Diese Gesetze beachtet Mozart nicht mehr, und er betreibt die Mißachtung mit Genuß. Der lange Aufenthalt in Mannheim, der kein Ende nehmen will, deutet darauf. Mozart geht den Gesetzen aus dem Wege, und in den Gesprächen mit den Angehörigen des Hofes häufen sich schon bald die Ärgernisse. Alle scheinen nicht richtig hinzuhören, wenn er, Mozart, redet. Wissen sie nicht, wen sie vor sich haben? Nein, sie wissen es ganz und gar nicht, es ist ihnen sogar gleichgültig.

Und da antwortet er, der 22jährige, denn auch. Es ist, als habe er es darauf angelegt, diesen Personen, die nichts von ihm wissen wollen, auszuweichen. Er meldet das alles dem Vater nur versteckt, in einer stockenden, ausschweifenden Sprache, und er kaschiert es anfangs durch ein gewisses bürgerliches Selbstbewußtsein. Er will nicht kriechen, nicht betteln. Doch das hatte auch der Vater nicht vor. Kein Kriechen, aber ein notwendiges Taktieren, kein Betteln, aber eine Spielprobe des Könnens dort, wo es sich lohnt.

Leopold hat überhaupt keinen Sinn für ein Übermaß, für die freie Zeit, und Mozart nimmt es sich auf dieser Reise, allein mit der Mutter, die tagelang ohne die Gegenwart des Sohnes in ungeheizten Zimmern sitzt, aber nur selten klagt, eher ein stummes Zeichen seiner Flucht wird und darüber stirbt.

Mozart agitiert nicht gegen den Willen des Vaters, das wäre viel zu deutlich. Er läßt sich gehen, er schafft sich Raum, denn er hat genug von den engen Stuben. Das mag dem Vater vorgekommen sein, als vertändelte er seine Zeit, für Mozart aber war es eine Antwort auf seine Probleme und auf die Mißachtung durch den Adel. Zugleich bedeutete es eine Hinwendung zur bürgerlichen Intimität, den »weberischen«, der Familie Weber also, die er vor dem Vater so lange verschweigt. Statt der Konzerte, dem Orgelspiel, den Auftritten bei Hof – Sonatenspielen, Spaß haben, eine Arie schreiben für die Geliebte.

Die Mißverständnisse zwischen Vater und Sohn könnten nicht größer sein. Was der Vater als Unterhaltung versteht, das ist für Mozart Unterhaltung eines Lebensraumes. Was der Vater als notwendiges Taktieren empfiehlt, das ist für Mozart Konvention, die immer unerträglicher wird.

Kein Wunder: er wird empfindlich, er entwickelt ein Sensorium für beleidigende Blicke, falsche Worte, unangenehme Auftritte. Er scheint nur zweierlei zu kennen: sich den Leuten um den Hals zu werfen oder sie sich zum Feind zu machen. Für alle Situationen »dazwischen« ist kein Raum und keine Sprache vorhanden; so bleibt er lieber länger bei den »weberischen«, am liebsten würde er ganz mit ihnen ziehen, »herumzigeunern«, wie es der Vater nennt, nach Italien, in die Schweiz oder nach Holland.

So geraten ihm die Pläne durcheinander, er bekommt keine Ordnung mehr hinein. Er ist nicht der »anderte Papa«, und die Maschinerien, die seine Auftritte bewerkstelligten, arbeiten nicht mehr. Dafür kommen dann die Briefe des Vaters, pünktlich an jedem Posttag, und jenes merkwürdige Gegeneinandersprechen der beiden beginnt, das einzigartig ist in der deutschen Sprache, eine Technik, sich gegenseitig mißzuverstehen, umzudeuten, auszuspielen, zu überlisten – und das alles im Versteck der Worte, oft genug zwischen den Zeilen!

Mannheim ist dafür der zentrale Platz, der Umschlagplatz der Anklagen und Verdächtigungen, des Ausweichens und Probierens. Hier probiert Mozart seine Stimmungen aus, die ganze Skala, Liebe und Freundschaft, die sich Tage später schon in Feindschaft verwandelt haben kann. Es ist, als schwelgte Mozart in diesen Bekanntschaften, als habe er noch nie so nah mit Menschen zu tun gehabt. Dabei soll die Sympathie aber ihm, dem Begnadeten, zufallen, sie soll sich ergeben, wie sich ja mit ihm immer alles begeben hat, in heiterem Sinn, aus der Luft, ohne Zutun.

Anders der Vater: er rechnet ihm vor, was er zu tun hat, nennt unermüdlich Adressen und Personen, an die er sich wenden soll, er rechnet die ausgegebenen Beträge nach, er verfolgt die Realien bis ins letzte Detail, den letzten ungewaschenen Strumpf. Aus der Ferne beschleicht ihn mit Grund das Gefühl, daß Mozart seine langen Briefe nicht mehr

genau genug liest. Aber er kann sie nicht lesen, denn er versteht sie nicht mehr!
Der Vater redet inzwischen anders als er, und da gerät er aus dem Konzept und erwidert, was der Vater nicht lesen und hören will. Ermahnungen bleiben nicht aus, Ermahnungen darüber, wie ein Brief zu schreiben sei, nämlich an jedem Abend ein Stück, eine Stunde lang, damit am Posttag ein langer Schwanz von Mitteilungen zustande gekommen sei. Mozart gerät das nicht, er will ja nicht schreiben, nicht an den Vater, aber er muß, und je mehr er Strategien, Pläne und Aussichten imitiert, desto genauer empfindet der Vater das Hohle in seinem Vortrag. Denn Mozart will nicht bei den Personen von Stand auf sich aufmerksam machen, er sucht nicht wahrhaftig nach Möglichkeiten, auftreten zu dürfen. Er sucht gewissenhaft an ihnen vorbei, denn er will gefunden werden.
Gefunden – als Kompositeur. Auf dieser Reise mit der Mutter setzt sich diese Vorstellung durch. Mozart verkapselt sich in diesem Gedanken, er will die Instrumente nicht mehr spielen, vielleicht berichten sie ihm von der Kinderzeit. Auftreten will er jetzt als Kompositeur und am liebsten in die Reihen des Orchesters fahren, wenn sie seine Stücke nicht so spielen, wie es ihm gefällt. Er dringt darauf, daß es so werde wie in der Kindheit. Er dringt darauf: nicht bewußt, nicht mit wachem Sinn, der ihm diese Absicht ins Gedächtnis, in Erinnerung rufen würde. Über solche Transportleitern der Gefühle und der Vernunft verfügt er überhaupt nicht. Er will überzeugen, ohne Anstalten dazu zu machen, und er rechnet damit, daß man schon auf den ersten Blick erkennen werde, wozu die Musik fähig sei.
Natürlich ist das nicht mehr so. Das Lob wird matter, denn Mozarts Gestalt ist nicht mehr die des Kindes, sie übersetzt die Musik nicht mehr in einen Ausdruck. Dafür aber nimmt Mozarts Sprache jetzt immer häufiger die des Kindes und des Jugendlichen an. Er will das Kind sein, wie gesagt, ohne Absicht, ohne Anstrengung, er will es sein *dürfen.* Daher die Kaskaden des Wortwitzes, daher dieses beharrliche Vergnügen an den Wortspielen und einem Fäkalhumor, der gar nicht einmal so ausschweifend ist, denn wie in einer Manie repetiert Mozart hier immer dieselben Worte, er klammert sich an sie. Dreck, Dreck, Dreck: »wie mir Mannheim gefällt? – – so gut einen ein ort ohne bääsle gefallen kan. Verzeihen sie mir meine schlechte schrift, die feder ist schon

alt, ich scheisse schon wircklich bald 22 jahr aus den nemlichen loch, und ist doch noch nicht verissen! – und hab schon so oft geschissen – – und mit den Zähnen den dreck ab=bissen.« (II, 122)

So wirkt das geheime Diktat der Kindersprache, der Nachklang seiner lustigen Kritzeleien in den Briefen aus Italien. Wie auch hier, so hält Mozart in seinen Verrichtungen still und macht sich ein Amüsement vor, nichts nimmt Richtung an, und die Tage werden zu Erkundungen in der Kunst des Umherschweifens, des Abschweifens, wie es der Vater nennen würde.

Wie wird das Sprache, wie ergibt es sich? Versteckt, verborgen, man sieht es kaum. Ein plötzliches »quer schreiben« in einem Brief an den Vater, wobei die beiden Worte (»quer schreiben«) über drei Zeilen verteilt werden, ist ein Indiz. Auch sichtbar hält Mozart die Zeilen nicht mehr ein. »Krumm« und »quer« werden seine Lieblingswörter für die Kunst des Umherschweifens. Sie bilden die äußerste Markierung dieser Kunst, die sich aber noch anders, wenngleich ebenfalls versteckt, darstellt. Die Zeit steht still – und Mozarts Reaktion? Er breitet sich aus, er spricht gegen den Vater an, er führt die Technik der gegenseitigen Regelverstöße durch: »doch, ich mag niemahl gern etwas vor der zeit schreiben; es wird sich alles geben; vielleicht kann ich ihnen im zukünftigen brief etwas *sehr gutes* für ihnen, aber nur *gutes* für mich, oder etwas *sehr schlechtes* in ihren augen, aber etwas *Paßables* in meinen augen, vielleicht aber auch etwas *Paßables* für sie, und aber *sehr gut, lieb* und *werth* für mich, schreiben! das ist ziemlich oracl=mässig, nicht wahr? – – es ist dunckl, aber doch zu verstehen.« (II, 138)

Ja, es ist zu verstehen, mag sich dahinter auch nur die eine oder andere unbequeme Nachricht verbergen. Darauf kommt es nicht an. Wichtiger ist, daß Mozart in derartigen Passagen, die allmähliche Schritte zum Komischen, Parodistischen hin machen, eine Art Monolog entwickelt, der exakt das Gegeneinandersprechen von Vater und Sohn imitiert. Damit gerät er aus der gehobenen Briefsprache heraus, er versetzt sich in eine andere Stimmlage, die des »oracl=mäßigen« Redens. »Potz oracl-sprüche, und kein Ende!« reagiert der Vater darauf, und dieses »kein Ende« ist genauer gesagt als er vielleicht dachte. Denn es führt nicht zum Ende, im Gegenteil, es reizt Mozart sich auszubreiten, die Sprache des Stillstands einzuführen, die Zeit Besitz ergreifen zu lassen. Daraus entsteht dann jene sonderbare Sprache, die von nichts

zu handeln scheint, jener Klingklang der Worte, der von nichts als der Kunst des Aufschubs berichtet. Man muß aber genauer hinhören. So etwa, wenn Mozart sich beim jungen Bullinger, einem Freund der Familie, für dessen Briefe bedankt: »an H:bullinger meine Empfehlung, und ich schäme mich, so oft ich einen brief von ihm bekomme, denn es steht gemeiniglich etwas von ihm selbst geschrieben darin; und wenn ich hernach bedencke, daß ich ihm, der mein bester und wahrer freünd ist, und von dem ich so viell höflichkeit und güte genossen habe, noch niemahlen geschrieben habe! – doch – – ich entschuldige mich nicht – – nein! sondern; ich bitte ihn, er möchte mich, er selbst so viel es nur möglich ist bey sich entschuldigen, mit der versicherung daß ich ihm, so bald ich einmahl *ruhig* seyn kann, schreiben werde. bis dato war ich es noch nie; denn so bald ich noch weis, daß ich gewisser als nicht, und wahrscheinlicher weise ein ort verlassen muß, so habe ich keine ruhige stunde! und obwohlen ich iezt doch ein wenig hofnung habe, so bin ich doch nicht ruhig, bis ich nicht weis woran ich bin. etwas von dem oracl mus geschehen; – – ich glaube, es wird eintweders das mittere oder das lezte geschehen – – das ist mir nun eins; denn das ist allerweil ein ding, ob ich den dreck fresse, oder der Papa ihn scheist – Nu, so kann ich doch das ding nie recht sagen! ich habe sagen wollen, es ist ein ding ob der Papa den dreck scheist, oder ich ihn fresse! – – iezt lasse ichs lieber seyn. ich sehe es schon; es ist umsonst.« (II, 138)
Man darf sich durch solche Passagen nicht täuschen lassen. Sicher, sie geraten ja Wort für Wort, immer mehr ausweichend, ins Komische, und sie enden mit den bei Mozart häufig wiederholten Wendungen vom »ding«, vom Dreck, von denen es ein überaus kompliziertes Stimmungsgehäuse gibt. Aber: man muß diese ausweichende Rede auch wörtlich nehmen. Und dann kommt etwas Anderes als die Albernheit eines Humors zum Vorschein, den man ihm, weil man ihn ganz und gar nicht verstand, immer wieder vorgehalten hat. Man muß darauf achten, wie hier von der Zeit die Rede ist. Mozart spielt mit der Zeit, und, versteckt, gleichsam von hinten, gibt er es zu erkennen: ›die Zeit zergeht mir‹. Man höre also diesen Generalbaß aus Zeitvokabeln heraus, über dem es tremoliert, damit man nicht hören soll, was doch erkennbar wird: »doch ... bis dato, noch nie, noch nicht, keine ruhige Stunde, jetzt, doch, doch nicht, bis nicht ...« So macht er die Zeit breit, tritt er auf der Stelle.

Die Sprache, die hier durchdringt, setzt sich gegen den scheinbaren Spaß durch. Allmählich mischt sich eine andere Melodie in die Abschweifungen, reißt den Schleier herunter, und Mozart wehrt sich, wehrt sich bis zuletzt: das Ding – der Dreck!, wer scheißt – wer frißt?, ich oder der Papa, der Papa oder ich?

So entlockt ihm die Sprache die Wahrheit, so bezwingt sie ihn, und es ist ganz und gar keine Redensart, wenn er schließt: »iezt lasse ichs lieber seyn. ich sehe es schon; es ist umsonst.« Ja, es ist umsonst, und es bleibt nichts als die Erschöpfung, die diese Auseinandersetzung mit dem Vater, die ja im kleinen Maßstab nichts anderes ist als die Auseinandersetzung mit der Welt, ihm abnötigt.

Man muß die bekannten Bäsle-Briefe in diesem Zusammenhang begreifen, man muß sie im Zusammenhang mit den Briefen an den Vater lesen. Denn sie nehmen oft genug die Stelle der Nachschriften aus Italien ein, sie sind die Rattenschwänze, die Wolfgang nach diesen Briefen dreht, in denen vom Vater der Ernst verlangt wird. Das Bäsle wird zu Mozarts Mitspielerin im Kinderspiel, es souffliert ihm *die* Sprache, die er gegenüber dem Vater zu unterdrücken versucht. Hier kann er endlich über nichts schreiben (was er am liebsten tut), hier kann er jene Polarität entwickeln, in die ihn die Mannheimer und Pariser Reise immer mehr hineindrängt. So schreibt er am 3. Dezember 1777 einen Brief an den Vater, einen, in dem er sich im Ernst versucht, und das fällt ihm schwer, so daß er alle Register ziehen muß, um in façon zu bleiben. Das beengt, das drückt.

Darauf, noch am selben Tag, der Brief ans Bäsle, der, durch diese Lupe betrachtet, sehr verständlich beginnt: »Ma très chère Cousine!

Bevor ich Ihnen schreibe, muß ich aufs Häusel gehen – – ietzt ist's vorbey! ach – – nun ist mir wieder leichter ums Herz! – jetzt ist mir ein Stein vom Herzen ...« (II, 163)

Die Befreiung, die Entleerung, die Erleichterung haben ihren Sinn, wenn man sie nicht nur für sich betrachtet, sondern sich erinnert: er hat zuvor an den Vater geschrieben. Auf sehr komplizierte Weise entwikkeln die Bäsle-Briefe eine Sprache der Erleichterung, sie nehmen, musikalisch gesprochen, die Themen der Briefe an den Vater auf, bis ins Detail sogar, und drehen, wenden, zerren an ihnen herum, bis eine andere Sprache daraus wird, und der ungeliebte Ernst verschwindet in der Verflüchtigung.

»Sie sehen also daß ich schreiben kann, wie ich will, schön und wild, grad und krumm. Neulich war ich übels Humors, da schrieb ich schön, gerade und ernsthaft; heute bin ich gut aufgereimt, da schreib ich wild, krumm und lustig; ietzt kommts nur darauf an, was Ihnen lieber ist, – – unter den beyden müssen Sie wählen ...« (II, 164) Es ist klar, was dem Bäsle lieber ist. Es wird zu Mozarts Vertrauter in der Kunst, lustig zu bleiben und sich gegenüber den Ansprüchen, die die Welt an ihn stellt, zu behaupten. Denn die Ansprüche, die die Musik an ihn stellt, erfüllt er ja von Jahr zu Jahr immer souveräner. Mit der Mannheimer Reise, die dann nach Paris führt, wo das Fiasko, nicht beachtet zu werden, einen Höhepunkt erhält, beginnt es aber, treiben Musik und Welt auseinander, entwickelt sich das eine und retardiert das Verhältnis zum anderen.

Ich will nicht allzuviel weitergehen. Die Rückkehr Mozarts aus Paris ist vielsagend genug. Er wird ja vom Vater zurückbefohlen, noch früher als erwartet bricht er aus der verhaßten Stadt auf, in der die Mutter gestorben ist. Das »schwermende Leben«, von dem der Vater spricht, nimmt ebenso ein Ende wie die Orakelsprüche ein Ende nehmen. Noch einmal lehnt sich Mozart auf bei der Rückreise, er macht einen Umweg, und es sagt genug, daß er nach Mannheim geht.

Mannheim – die Stadt des Aufschubs, in der es sich – gegen den Willen des Vaters – noch einmal verweilen läßt, während dieser Vater seine Inszenierungen in Salzburg schon zu einem Ende geführt hat und die Stelle eines Hoforganisten für Mozart frei wird.

Leopold liest die Briefe seines Sohnes jetzt mit größerer Entschlossenheit, er taktiert nicht mehr, er befiehlt, und es überkommt ihn, wenn er an den Wolfgang in der Ferne denkt, eine Art von Daseinsgrauen. Was wird er jetzt machen, geheiligt die Stunde, wo er wieder in Salzburg ist!

Mozart bemerkt es, man zieht ihn mit Gewalt zurück, aber er hat sich allmählich darein gefunden, und der Schmerz darüber gräbt sich nun in seine Briefe ein und hinterläßt jenes grüblerische Hin und Her, jene lückenvolle Diktion, mit der er nichts verschweigt, sondern sich aufreißt, bis man sieht: diese Briefen sind Reprisen auf die Zeiten der Auseinandersetzung mit dem Vater, auf die Zeiten des Gegeneinanderschreibens. Leise, sacht, mischen sich die Stimmen, das Abwägen wie früher, das eine wird gegen das andere gehalten, und dazwischen die neue Stimme, die von der Angst berichtet, ein »niemand« zu werden, sich zu verlieren in der Bodenlosigkeit: »betrachten sie es selbst – setzen sie sich in meine Person; – zu Salzburg weis ich nicht wer ich bin – ich bin alles – und bisweilen auch gar nichts – ich verlange mir aber nicht *gar so viel,* und auch nicht *gar so wenig* – sondern nur etwas – wenn ich nur etwas bin . . .« (II, 496)

Etwas in Mozart stirbt hier, wie man deutlich erkennt, etwas nimmt Abschied und wird noch mit den letzten Reserven jener Mittel, die er früher gebrauchte, fortgespielt. Der Vater hört das alles nicht mehr, er wird einseitig, fordernd, und er wird eindeutig, so scharf, daß es einen heute erschreckt: »alles lief auf Vorschläge, leere Worte, und am Ende auf *gar nichts* hinaus . . . ich hoffe du wirst nach Empfang dieses Schreibens, deine Reise alsogleich beschleinigen, und so verfahren, daß ich dich mit freuden empfangen, und dir nicht mit Vorwürfen entgegen gehen darf: ja ich hoffe, daß du, nachdem deine Mutter mal à propos in Paris hat sterben müssen, du dir nicht auch die Beförderung des Todes deines Vaters über dein Gewissen ziehen willst.« (II, 508/510)

Das ist deutlich: es ist eine Verurteilung ohne Maß, und Mozart reagiert darauf ebenfalls maßlos, mit dem letzten Freiheitsüberschuß, der ihm geblieben ist. Er wählt sich die Stunde, eine intime, wo man im bürgerlichen Kreis zusammensitzen kann. Weihnachten 1778 reist er nach München, zu den »weberischen«, den einzigen Freunden, die ihm auf dieser Reise geblieben sind. Er versucht, Aloisia Weber für sich zu gewinnen, alles ist vorbereitet, eine Arie für sie, die Sängerin, hat er bereit, der Text ist vielsagend genug (»Io non chiedo, eterni Dei«). Aber Aloisia zieht, im familiären Rahmen, dem Zufluchtsort Mozarts nach dieser Reise, den Schlußstrich: sie weist ihn zurück.

Wir wissen heute, wie Mozart darauf reagierte, und in dieser Reaktion fallen alle Stimmen seines Sprachenkonzertes noch einmal zusammen und ergeben einen übermäßig lauten und gänzlich dissonanten Akkord. Nissen berichtet, daß er sich ans Klavier gesetzt habe, eine Wendung, die doch verblüfft, da er an einem Instrument niemals etwas anderes suchte als die Musik, also nicht etwa Beruhigung, Entspannung. Diesmal ist es anders, und Mozart setzt sich ans Klavier, nein, nicht um zu spielen, wie man denken könnte, sondern um zu singen, »laut« zu singen.

Beides gerät also hier einmal, seltener Fall in seinem Leben, durcheinander: Musik und Sprachen mischen sich, Mozart singt laut und spielt dabei am Klavier – dissonante Rückung! Nissen hat versucht, diese Dissonanz zu mildern, und ihm Verse untergeschoben, die er gesungen haben soll: »Ich lass das Mädel gern, das mich nicht will«, Verse eines bekannten Vierzeilers.

Es ist aber nichts mit der Abmilderung. Das hat Mozart nicht gesungen, wie man später rekonstruieren konnte. Die Dissonanz bleibt erhalten, und die Stimmen fallen ineinander: Musik, Dreck, Abscheu – das endlich vollzogene Wissen, nicht gewollt zu werden.

Mozart also setzte sich ans Klavier, und er sang laut: »Leck mir das Mensch im A-, das mich nicht will« – das mich nicht will.

Nun fällt ihm nichts mehr ein, seine Gegenwehr ist gebrochen, und nur der Gedanke ans Bäsle bleibt noch. Das Bäsle soll ihn heimbegleiten, nach Salzburg. Man braucht über diesen Wunsch jetzt nichts mehr zu sagen, man versteht ihn vollständig.

Carl E. Schorske

# Die Seele und die Politik: Schnitzler und Hofmannsthal

Am Ende des Ersten Weltkriegs zeichnete Maurice Ravel in ›La Valse‹ den gewaltsamen Tod der Welt des 19. Jahrhunderts auf. Der Walzer, lange das Symbol des heiteren Wien, wurde in den Händen des Komponisten zu einer rasenden *danse macabre*. Ravel schrieb: »Ich empfinde dieses Werk als eine Art Verherrlichung des Wiener Walzers, die in meiner Vorstellung verbunden ist mit dem Eindruck von einem phantastischen Wirbel des Schicksals.«[1] Sein groteskes Denkmal möge als symbolische Einleitung zu einem geschichtlichen Problem dienen: der Beziehung von Politik und seelischer Verfassung im Wien des Fin de siècle.

Obwohl Ravel die Zerstörung der Welt des Walzers feiert, stellt er diese Welt am Anfang nicht als einheitlich dar. Das Werk beginnt vielmehr mit einer Skizzierung der einzelnen Teile, die das Ganze bilden werden: Bruchstücke von Walzerthemen, die über eine brütende Stille zerstreut sind. Schrittweise finden die Teile einander – die kämpferische Fanfare, der kraftvolle Trab, das sanfte Obbligato, die schwungvolle Hauptmelodie. Jedes Element wird in seiner eigenen Triebkraft magnetisiert, in das größere Ganze gezogen. Jedes entfaltet seine Individualität, wenn es sich mit seinen Partnern im Tanz vereinigt. Der Schritt beschleunigt sich: unmerklich fast geht der schwungvolle Rhythmus ins Zwingende über, dann ins Rasende. Die konzentrischen Elemente werden exzentrisch, machen sich vom Ganzen los und verwandeln so die Harmonie in Kakophonie. Das treibende Tempo nimmt weiter zu, bis plötzlich Brüche im Rhythmus erscheinen. Der Hörer wird innehalten und in Schrecken erstarren vor der Leere, die entsteht, wenn ein tragendes Element in Schweigen fällt und zu handeln aufhört. Teilweise Lähmung jedes Teils schwächt die Bewegung,

1 Roland Manuel, ›Maurice Ravel‹ (engl. Übers., London 1947), S. 83.

und doch bewegt sich das Ganze so unbarmherzig antreibend weiter, wie es nur der zwingende Dreiviertel-Takt kann. Bis zum Ende, wenn der Walzer in einem Kataklysmus von Klängen zusammenbricht, strömt jedes Thema seine inzwischen exzentrische und verdrehte Eigenheit aus in das Chaos des Ganzen.

Ravels musikalisches Gleichnis einer modernen Krise der Kultur stellt, ob er es wußte oder nicht, die Frage in eben der Weise, in welcher sie von der österreichischen Intelligenz des Fin de siècle empfunden und gesehen wurde. Wie war ihre Welt ins Chaos gestürzt? War es geschehen, weil ihre Individuen (bei Ravel die musikalischen Themen) in ihrer psychischen Verfassung Merkmale aufwiesen, die zutiefst unverträglich waren mit dem gesellschaftlichen Ganzen? Oder war es vielmehr das Ganze, welches seine individuellen Teile verzerrte, lähmte und zerstörte? Oder gab es etwa gar kein harmonisches gesellschaftliches Ganzes, sondern nur die Illusion einer einheitlichen Bewegung, die aus der zufälligen Gliederung von grundsätzlich unzusammenhängenden vereinzelten Teilen sich ergeben hatte? Und falls letzteres zutraf, ließ sich die Illusion einer Einheit verwandeln in Wirklichkeit? Mögen diese Fragen für die menschliche Gesellschaft wenig Neues haben, so wurden sie doch besonders dringlich für die Wiener Intelligenz der Jahrhundertwende. Wiens bedeutendste Schriftsteller nicht allein, sondern auch seine Maler und Psychologen, sogar seine Kunsthistoriker waren erfüllt von der Problematik des einzelen in einer zerfallenden Gesellschaft. Aus dieser Voreingenommenheit entwickelte sich Österreichs Beitrag zu einer neuen Sicht des Menschen.

Das überlieferte liberale Weltbild kreiste um den rationalen Menschen, von dessen wissenschaftlicher Beherrschung der Natur und sittlicher Selbstbeherrschung man die Schöpfung der glücklichen Gesellschaft erwartete. In unserem Jahrhundert hatte der Mensch der Ratio seinen Platz jenem reicheren, aber auch gefährlicheren und schwankenden Geschöpf, dem homo psychologicus, zu räumen. Dieser neue Mensch ist kein vernünftiges Wesen allein, sondern auch ein fühlendes und instinktgelenktes. Nach ihm messen wir alle Erscheinungen unserer Kultur. Unsere verinnerlichten Künstler stellen ihn dar, unsere existentialistischen Philosophen verleihen ihm Bedeutung, und unsere Sozialwissenschaftler, Politiker und Werbefachleute manipulieren ihn. Selbst unsere fortschrittlichsten Gesellschaftskritiker benutzen ihn statt des Maßstabs eines rationalen Grundes, um den Wert einer gesellschaftlichen Einrichtung zu beurteilen. Sogar politische und wirtschaftliche Unterdrückung schätzen wir ab in Begriffen von psychischer »Frustration«. Die Ironie der Geschichte will es, daß es in Wien die politische Enttäuschung war, welche die Entdeckung des jetzt überall durchgedrungenen homo psychologicus antrieb. Sein Entstehen aus der politischen Krise der Wiener liberalen Kultur liefert mir mein Thema.

Dieser Essay will nach einer knappen Skizze von Art und Hintergrund der politischen Krise des Fin de siècle die wichtigsten Merkmale der Wiener liberalen Kultur des 19. Jahrhunderts zeichnen. Obwohl sie viel mit den anderen liberalen Kulturen europäischer Staaten gemeinsam hat, gehören bestimmte Züge doch nur ihr allein an. Seltsam aufgeteilt in schlechtvermittelte moralische und ästhetische Komponenten, versorgte sie die Intelligenz der Jahrhundertwende mit der geistigen Ausrüstung, mit welcher diese der Krise ihrer Zeit entgegentreten sollte. In diesem Zusammenhang lassen sich die unterschiedlichen Weisen verstehen, auf welche zwei führende literarische Gestalten, Arthur Schnitzler und Hugo von Hofmannsthal, sich in der Krise der liberalen Kultur zu orientieren und Vorstellungen von der Beziehung zwischen der Seele und der Politik zu formulieren versuchten.

## I

Der österreichische Liberalismus hatte wie der der meisten europäischen Völker sein heroisches Zeitalter im Kampf gegen den Adel und den barocken Absolutismus. Das fand in der überwältigenden Niederlage von 1848 sein Ende. Beinahe aus Versehen kamen die geläuterten Liberalen an die Macht und errichteten nun in den 1860er Jahren eine verfassungsmäßige Regierung. Nicht ihre eigene innere Stärke brachte sie an die Spitze des Staates, sondern die Schlappen, welche die alte Ordnung durch äußere Feinde erfuhr. Von Anfang an mußten sie die Macht mit dem Adel und der kaiserlichen Bürokratie teilen. Selbst während der zwei Jahrzehnte ihrer Herrschaft blieb die gesellschaftliche Grundlage der Liberalen schwach und war auf die mittelständischen Deutschen und deutschen Juden der städtischen Zentren begrenzt. Zunehmend mit dem Kapitalismus identifiziert, hielten sie die parlamentarische Gewalt aufrecht durch das undemokratische Mittel eines beschränkten Klassenwahlrechts.

Bald erhoben neue Gesellschaftsgruppen Anspruch auf Teilhabe an der politischen Macht: die Bauern, die städtischen Handwerker und Industriearbeiter und die slawischen Völker. In den achtziger Jahren bildeten diese Gruppen zur Herausforderung der liberalen Vorherrschaft Massenparteien – antisemitische Christlich-Soziale und Alldeutsche, Sozialisten und slawische Nationalisten. Sie hatten raschen Erfolg. 1895 war Wien selbst, die Bastion der Liberalen, verschlungen von einer Christlich-Sozialen Flutwelle. Der Kaiser Franz Joseph weigerte sich mit Unterstützung der katholischen Hierarchie, die Wahl von Karl Lueger, dem antisemitischen katholischen Bürgermeister, zu bestätigen. Der Liberale Sigmund Freud rauchte eine Zigarre, um diese Handlung des selbstherrlichen Retters der Juden zu feiern. Zwei Jahre später konnte die Flut nicht mehr aufgehalten werden. Der Kaiser beugte sich dem Willen der Wähler und bestätigte Lueger als Bürgermeister. Die christlich-sozialen Demagogen begannen ein Jahrzehnt der Herrschaft in Wien, das all das verband, was dem klassischen Liberalismus verhaßt war: Antisemitismus, Klerikalismus und Sozialismus auf kommunaler Ebene. Auf nationaler Ebene wurden die Liberalen ebenso 1900 als parlamentarische politische Macht geschlagen, um sich nie wieder zu erholen. Sie waren von den modernen Massenbewegungen, christlichen, antisemitischen, sozialistischen und nationalistischen, verdrängt worden.

Diese Niederlage zeitigte tiefe psychologische Rückwirkungen. Die Stimmung, die sie hervorrief, war weniger eine der Dekadenz als der Impotenz. Der Fortschritt schien ein Ende erreicht zu haben. Die ›Neue Freie Presse‹ sah den erwarteten rationalen Lauf der Geschichte grausam verändert. Die »kulturfeindliche Masse« hatte gesiegt, ehe die Erfordernisse einer politischen Aufklärung geschaffen waren. Am Fastnachtsdienstag 1897 schrieb die ›Neue Freie Presse‹, die Liberalen trügen »eine falsche Nase in einem ernsten Gesicht« ... »Statt eines fröhlichen Walzers vernahm man nur das Geschrei einer erregten streitenden Menge und die Kommandorufe der Wachtleute, welche die Kämpfer auseinandertrieben.«[2] Angst, Unfähigkeit, eine gesteigerte Wahrnehmung der Härte der sozialen Existenz: diese Züge gewannen eine neue Bedeutung in dem sozialen Klima, in dem der Glaube des Liberalismus von den Ereignissen erschüttert worden war.

Die Schriftsteller der neunziger Jahre waren Kinder dieser bedrohten liberalen Kultur. Welche Werte hatten sie ererbt, mit denen sie jetzt der Krise begegnen mußten? Zwei Gruppen von Wertvorstellungen kann man in der liberalen Kultur der zweiten Jahrhunderthälfte einigermaßen unterscheiden: eine moralische und wissenschaftliche und eine andere ästhetische.

Das moralische und wissenschaftliche Weltbild der Wiener Großbourgeoisie läßt sich kaum vom gewöhnlichen Viktorianismus im übrigen Europa unterscheiden. Moralisch war sie sicher, rechtschaffen und repressiv; politisch um die Herrschaft des Gesetzes besorgt, welchem sowohl die Rechte des Individuums wie die gesellschaftliche Ordnung untergeordnet wurden. Intellektuell vertraute man darauf, daß der Geist den Körper beherrsche, man verschrieb sich einem verspäteten Voltairismus: sozialer Fortschritt durch Wissenschaft, Erziehung und harte Arbeit. Die Errungenschaften, die sich aus der Anwendung dieser Wertvorstellungen in wenigen kurzen Jahrzehnten für das Rechtswesen, die Erziehung und die Wirtschaft Österreichs ergaben, werden zu häufig unterschätzt. Aber weder diese Wertvorstellungen noch der mit ihrer Hilfe vollzogene Fortschritt sind allein für den österreichischen Mittelstand kennzeichnend.

Aussagekräftiger für unsere Frage ist die Entwicklung der ästhetischen Kultur des gebildeten Bürgertums nach der Jahrhundertmitte, weil aus ihr die besondere Empfänglichkeit einer ganzen Gesellschaftsschicht für die Kunst erwuchs und gleichzeitig damit auf der Stufe des Individuums eine psychologische Empfindlichkeit. Zu Beginn unseres Jahrhunderts wurde das übliche moralische Weltbild des europäischen Bürgertums in Österreich sowohl überlagert wie untergraben von einer amoralischen »Gefühlskultur«. Diese Entwicklung ist noch nicht eingehend genug untersucht worden, es können nur ihre Umrisse angedeutet werden.

Zwei grundlegende soziale Tatsachen unterscheiden das österreichi-

2 ›Neue Freie Presse‹, 2. März 1897, Abendblatt, S. 1.

sche Bürgertum von dem in Frankreich oder England: es vermochte den Adel weder zu zerstören noch sich gänzlich mit ihm zu verschmelzen. Und dieser Schwäche wegen blieb es vom Kaiser abhängig und zugleich ihm tief ergeben als einer fernen, aber notwendigen schützenden Vaterfigur. Das Versagen beim Erringen eines Monopols der Macht gab dem Bürger immer etwas von einem Außenseiter, der zu seiner Vervollständigung sich mit dem Adel verbinden wollte. Der große und wohlhabende jüdische Bevölkerungsanteil in Wien bestärkte noch mit seinem heftigen Assimilationsdrang diese Neigung.

Dabei war die direkte gesellschaftliche Aufnahme in den Adel selten in Österreich. Selbst diejenigen, welche ein Adelspatent erhielten, wurden nicht wie in Deutschland zum kaiserlichen Hof zugelassen. Man konnte die Assimilation auf einem anderen, offeneren Wege erstreben, dem der Kultur. Auch dies hatte seine Schwierigkeiten. Die überlieferte Kultur des österreichischen Adels war weit entfernt von der gesetzestreuen, puritanischen Kultur sowohl des Bürgers wie des Juden. Zutiefst katholisch, war sie eine sinnliche und plastische Kultur. Während das überkommene bürgerliche Weltbild die Natur als einen Bereich auffaßte, den unter göttlichem Gesetz die auferlegte Ordnung sich untertan zu machen hat, erblickte die adelige Kultur Österreichs in der Natur einen Schauplatz der Freude, eine Offenbarung göttlicher Gnade, die es durch die Kunst zu verherrlichen galt. Die österreichische Kultur war ihrem Herkommen nach nicht wie die des deutschen Nordens sittlich, philosophisch und wissenschaftlich, sondern in erster Linie künstlerisch. Ihre Glanzleistungen vollbrachte sie in den angewandten und darstellenden Künsten, der Architektur, dem Theater und der Musik. Das im liberalen Weltbild von Vernunft und Gesetz verwurzelte österreichische Bürgertum stieß damit auf eine ältere adelige Kultur der Sinnlichkeit und Anmut. Die beiden Elemente konnten, wie wir es im Falle Schnitzlers sehen werden, nur eine höchst prekäre Mischung bilden.

Die erste Etappe in der Assimilation an die adelige Kultur blieb rein äußerlich, nahezu mimetisch. Das vom aufsteigenden Bürgertum der sechziger Jahre erbaute neue Wien dokumentiert dies in Stein. Die liberalen Herrscher versuchten in einem städtebaulichen Konzept, welches das Paris Napoleons III. übertrumpfte, mit gewaltigen Bauwerken, die von einer Vergangenheit, die nicht ihre eigene war, sei es

Gotik, Renaissance oder Barock, sich inspirieren ließ, ihren Weg in eine Geschichte oder Herkunft zu gestalten.

Ein zweiter Weg zur adligen Kultur, der noch eindrucksvoller war als die Bauwut, lag in der Begünstigung der traditionell starken darstellenden Künste. Diese Art aristokratischer Überlieferung drang tiefer in das Bewußtsein des Mittelstandes, als es die Architektur vermochte, denn das alte Wiener Volkstheater hatte den Boden dafür bereitet. Mag Wiens neues Großbürgertum seine Patenschaft über das klassische Theater und die Musik in Nacheiferung der Lobkowitze und Rasumowskys begonnen haben, so kann doch niemand leugnen, daß es am Ende des Jahrhunderts mehr wirkliche Begeisterung für diese Künste bewies als seine Standesgenossen in irgendeiner europäischen Hauptstadt. In den neunziger Jahren waren die Helden des gehobenen Mittelstands schon keine Politiker mehr, sondern Schauspieler, Künstler und Kritiker. Die Zahl der berufsmäßigen Literaten und Gelegenheitsschreiber stieg gewaltig an.

Gegen Ende des Jahrhunderts hatte sich die Bedeutung der Kunst für die mittelständische Wiener Gesellschaft verändert, und bei diesem Wandel spielte die Politik eine entscheidende Rolle. Hatten die Wiener Bürger anfänglich den Tempel der Kunst gepflegt als Ersatz für die verweigerte Aufnahme in den Adel, so fanden sie schließlich in ihm Zuflucht und Freistatt vor der unfreundlichen Welt einer zunehmend bedrohlichen politischen Wirklichkeit. Karl Kraus, der Kritiker, erkannte 1899 die steigende Teilnahme an der Literatur und ihre Kommerzialisierung als ein Ergebnis der Politik: »Vollends in den letzten Jahren, die den Wirkungskreis des Wiener Liberalismus auf ein Premierenparkett beschränkten, hat das literarische Manchestertum eine Entwicklung genommen, die geradenwegs einer Katastrophe zutreiben muß.«[3] Hofmannsthal verknüpfte die zunehmende Hingabe an die Kunst mit der Angst, welche das politische Versagen gezeitigt hatte. »Wir sollen von einer Welt Abschied nehmen, ehe sie zusammenbricht«, schrieb er 1905. »Viele wissen es schon und ein unnennbares Gefühl macht Dichter aus vielen.«[4] Anderswo in Europa bedeutete l'art pour l'art den Rückzug ihrer Jünger aus der angestammten gesell-

3 ›Die Fackel‹, Heft I, April 1899, S. 15.
4 Hofmannsthal, ›Eines Dichters Stimme‹, in: ›Prosa II‹, S. 182.

schaftlichen Klasse. In Wien allein beanspruchte sie die Gefolgschaft fast einer ganzen Schicht, von welcher die Künstler ein Teil waren. Das Leben der Kunst wurde ein Surrogat für das Handeln. Und je mehr sich das politische Handeln als vergeblich erwies, desto stärker wurde die Kunst zu einer Religion, der Quelle des Sinns und der Nahrung der Seele.
Daraus darf man nicht folgern, daß der Wiener Bürger in seiner Aneignung der ästhetischen Bildung allen kollektiven Kastengeist und das Gefühl für seine Rolle in sich aufnahm, den der Adel sogar in seinem Niedergang aufrecht erhielt. Ob er nun Geck, Künstler oder Politiker war, von seinem individualistischen Erbe vermochte sich der Bürger nicht zu lösen. Mit dem Wachsen seiner Empfindung für das, was Hofmannsthal »das Gleitende« der Welt nannte, wendete der Bürger die angeeignete ästhetische Kultur nach innen zur Kultivierung des Selbst und seiner persönlichen Einzigkeit. Unvermeidlich führte diese Entwicklung zur vorwiegenden Beschäftigung mit dem eigenen Seelenleben. Sie ergibt das verbindende Glied zwischen Hingabe an die Kunst und der Beschäftigung mit der Seele. Das läßt sich an dem Stil veranschaulichen, der im kulturellen Teil der Zeitungen verwendet wird, im »Feuilleton«.
Der Feuilletonist, ein Kleinkünstler in Zierformen, arbeitete mit jenen versteckten Einzelheiten und Episoden, die dem Geschmack des 19. Jahrhunderts am Konkreten so sehr entsprachen. Aber er versuchte seinem Stoff Farbe zu verleihen, die er aus seiner Einbildungskraft bezog. Das persönliche Reagieren auf ein Erlebnis beim Reporter oder Kritiker, der Eigenton seines Gefühls überwog deutlich den Gegenstand. Einen Zustand der Empfindung wiederzugeben, wurde die Weise, in der man ein Urteil aussprach. Demgemäß verschlangen im Stil des Feuilletonisten die Adjektive die Hauptwörter, und die persönliche Färbung verwischte womöglich die Umrisse des dargestellten Gegenstands.
Theodor Herzl erkannte in einem Aufsatz, den er schrieb, als er erst siebzehn Jahre alt war, einen der wichtigsten Züge des Feuilletonisten, den Narzißmus. Der Feuilletonist, schrieb Herzl, stehe vor der Gefahr, als Narziß sich in seinen eigenen Geist zu verlieben und dadurch jeden Maßstab für sich und andere zu verlieren[5]. Der Feuilletonist ver-

5 Alex Bein, ›Theodor Herzl. Biographie‹, Wien 1934, S. 36; vgl. S. 96f.

sucht, die objektive Analyse der Welt in subjektive Kultivierung persönlicher Empfindungen zu verwandeln. Er nimmt die Welt wahr als eine zufällige Folge von Sinnesreizen, nicht als Schauplatz von Handlungen. Der Feuilletonautor verkörpert selbst den Typus, an den er sich in seinen Spalten wendet: seine Merkmale sind Narzißmus und Introversion, passive Empfänglichkeit für die Außenwelt und vor allem Empfindungsvermögen für seelische Zustände. Diese bürgerliche Gefühlskultur schuf die Bedingungen für die Geisteshaltung ihrer Intellektuellen und Künstler, verfeinerte ihre Sensibilität und erzeugte ihre Probleme.

Versuchen wir nun, die verschiedenen Stränge geistiger und gesellschaftlicher Entwicklung zu verbinden, wie sie in den neunziger Jahren zusammenliefen. In seinem Bestreben, der älteren aristokratischen Kultur der Anmut sich anzupassen, hatte das gebildete Bürgertum sich das künstlerische sinnliche Empfindungsvermögen zu eigen gemacht, aber in einer verweltlichten, verzerrten und hochgradig individualistischen Form. Selbstbespiegelung und eine Hypertrophie des Gefühlslebens waren die Folge. Die Bedrohung durch die politischen Massenbewegungen verlieh diesem schon vorhandenen Zug neue Stärke, weil sie das überkommene liberale Vertrauen in sein eigenes Vermächtnis der Rationalität, des Sittengesetzes und des Fortschritts schwächte. Von einem Ornament wurde die Kunst zum Wesentlichen verwandelt, und von einem Ausdruck von Werten zu einer Quelle der Werte. Der Unglücksfall des Zusammenbruchs des Liberalismus bildete das ästhetische Erbe zu einer Kultur empfindsamer Nerven, eines mißmutigen Hedonismus und einer oft rückhaltlosen Angst. Dazu kam noch, daß die liberale österreichische Intelligenz den älteren Strang ihrer Überlieferung, die moralisch-wissenschaftliche Gesetzeskultur, nicht völlig aufgab. Die Bejahung der Kunst und das Leben der Sinne wurden damit in den besten Geistern Österreichs vermischt mit Schuld und von ihr gelähmt. Die politischen Quellen der Angst wurden in der Seele des einzelnen noch verstärkt durch die hartnäckige Gegenwart des Gewissens im Tempel des Narziß.

## II

Die beiden Stränge der Kultur des österreichischen Fin de siècle, der moralisch-wissenschaftliche und der ästhetische, fanden sich bei Arthur Schnitzler (1862–1931) in nahezu gleichen Anteilen. Schnitzlers Vater, der ein bekannter Arzt war, bestimmte Arthur für die handfeste ärztliche Laufbahn, welche der junge Mann auch über ein Jahrzehnt verfolgte. Da er die Wiener Begeisterung für die darstellenden Künste teilte, zählte der Vater Schnitzler stolz die großen Wiener Schauspieler und Sänger zu seinen Freunden und Patienten. Aber als Arthur in seinem eigenen Hause von einem so ernsten Fall von künstlerischem Fieber angegriffen wurde, daß er sich zur Literatur berufen fühlte, erwies sich der Vater als Moralist aus der Jahrhundertmitte, der sich heftig den Absichten des jungen Mannes widersetzte.

Schon als Medizinstudent war Schnitzler von der Psychologie angezogen. Er arbeitete als Assistent in der Klinik von Theodor Meynert, dem Lehrer Freuds, und wurde zum Fachmann in klinischen Hypnosetechniken. Wie Freud empfand Schnitzler eine tiefe Spannung zwischen dem väterlichen Erbe sittlicher Werte und seiner modernen Überzeugung, daß das Instinktleben Anerkennung verlange, weil es entscheidend das menschliche Wohl und Wehe bestimmt. Wiederum wie Freud beendete er sein Schwanken, indem er seine wissenschaftliche Haltung von der moralistischen Herkunft löste und sie kühn auf die Beobachtung des Lebens der Instinkte richtete. Kein Wunder, daß Freud Schnitzler zu dessen fünfzigstem Geburtstag (1912) als einen »Collegen« bei der Erforschung seines Gebietes begrüßte, das der «thörichten und frevelhaften Geringschätzung« ausgesetzt sei, »welche die Menschen heute für die Erotik bereithalten«[6]. Allerdings fühlte Freud seine Verwandtschaft zu Schnitzler so stark, daß er den Schriftsteller bewußt als seinen »Doppelgänger« mied[7].

Als Wiener konnte Schnitzler die Welt des Instinkts gleich von den

6 Georg Brandes und Arthur Schnitzler, ›Ein Briefwechsel‹, hg. von Kurt Bergel, Bern 1956, S. 29.

7 Freud an Schnitzler, 14. Mai 1922, in: Ernest Jones, ›The Life and Work of Sigmund Freud‹, London 1957, Bd. 3, S. 474; vgl. Herbert I. Kupper und Hilda S. Rollman-Branch, ›Freud and Schnitzler‹ (Doppelgänger), in: ›Journal of the American Psychoanalytical Association‹, Jg. 7, Jan. 1959, S. 109ff.

sozialen Typen aus angehen, die sich dem schriftstellernden Naturforscher darboten. Wiens Verführer und »süße Mädel«, die Sinnesmenschen dieser Zeit, lieferten ihm die Charaktere seiner frühen Werke. Was er in ihnen erkundete, war der Zwang des Eros, waren seine Befriedigungen, seine Täuschungen und – besonders im ›Reigen‹ (1896) – seine seltsame Nähe zum Tod. In den späten neunziger Jahren wuchsen mit dem klaren Sieg der Wiener Antisemiten seine Rücksicht und Sympathie für die alte sittliche Welt. Er wandte sich von den fröhlichen Liebhabern ab, die über die Kultur sittlicher Werte spotten, und hin zu den gläubigen Opfern dieser Kultur. In den Stücken ›Paracelsus‹ (1897) und ›Frau Berta Garlan‹ (1900) zeigt Schnitzler die Brüchigkeit des moralischen Haltes selbst bei denen, die fest entschlossen sind, ihre vitalen Instinkte im Interesse einer ordnungsgemäßen, sittlichen und zielvollen gesellschaftlichen Existenz zu unterdrücken. Ein anderes Stück, ›Der Ruf des Lebens‹ (1905), deckt die grausam-hemmende Macht der herkömmlichen Kultur auf, aber auch die Vergeblichkeit des Versuches, außerhalb der Welt der Konvention in der Hingabe an den Instinkt der Liebe Befriedigung zu finden. Der Ruf des Lebens ist ein Ruf zu einem dionysischen Dasein, das einen Sprung in den Strom bedeutet und damit auch ein Ruf zum Tode ist. Und während Schnitzler die moralistische Tradition bekämpft wegen ihres Versagens beim Verstehen des Triebhaften, verwies er doch auch wie Freud auf die unausweichliche Grausamkeit sich selbst und anderen gegenüber, welche die Befriedigung des Instinkts bedeutet.

Während der Krise des Liberalismus in der Mitte der neunziger Jahre wandte Schnitzler sich Problemen der Politik zu oder vielmehr der Seele, wie sie sich in der Politik offenbart. ›Der grüne Kakadu‹ (1898) ist ein brillantes satirisches Szenarium, bei welchem das Triebleben der Charaktere ihr Schicksal in der Französischen Revolution bestimmt. Schnitzler ergriff nicht Partei, weder für noch gegen die Französische Revolution, die für ihn wie für so viele andere Liberale des späten 19. Jahrhunderts ihre geschichtliche Bedeutung verloren hatte. Er benutzte die Revolution lediglich als Vehikel seiner Ironie über die zeitgenössische österreichische Gesellschaft in ihrer Krise. Die Charaktere aus den Oberschichten ergeben sich im ›Grünen Kakadu‹ einer sinnlichen Existenz, einige als offene Sinnesmenschen, andere als Anhänger der Schauspielkunst. Schauplatz und Mittelpunkt des Spiels ist ein Kabarett, wo die Darstellungen die Grenze zwischen Spiel und Wirklichkeit, Mensch und Maske für ihre Gönner verwischen sollen. Ein bloßer Scherz in gewöhnlichen Zeiten, erweist sich dieses Spiel in revolutionären Zeiten als verhängnisvoll für seine Verehrer. Die Verderbnis der Kunst und die Kunst des Verderbens mischen sich. Mord auf der Bühne wird tatsächlicher Mord, ein von einem Schauspieler aus Eifersucht ausgeführter wirklicher Mord erscheint als heldenhafter politischer Mord, und der Mörder aus Liebe wird ein Idol des vernunftlosen revolutionären Mobs. Zu viel Hingabe an das Sinnesleben hat in der Oberschicht die Kraft zerstört, politisches Handeln vom Spiel zu unterscheiden, sexuelle Aggressionen von sozialer Revolution und Kunst von der Wirklichkeit. Und die Unvernunft herrscht über das Ganze.

Im ›Grünen Kakadu‹ behandelt Schnitzler die österreichische Frage von Psyche und Gesellschaft abstrakt, leicht und ironisch. Fast ein Jahrzehnt später kommt er in einem umfangreichen Roman darauf zurück, doch behandelt er sie diesmal konkret, soziologisch und ernsthaft. Das Phänomen der Auflösung der liberalen österreichischen Gesellschaft unter dem Einfluß des Antisemitismus liefert die geschichtliche Grundlage des Romans. Sein Titel, ›Der Weg ins Freie‹, bezieht sich auf den verzweifelten Versuch der gebildeten jüngeren Generation der Wiener, ihren Weg aus dem Sumpf einer kranken Gesellschaft zu einem befriedigenden persönlichen Dasein zu finden. Jede der jungen jüdischen Nebenfiguren stellt einen wirklichen Weg dar, der noch offen war für die Juden, als der Liberalismus hinweggefegt wurde. Jeder wird von seinem Weg abgebracht, den eine gerechte Gesellschaft ihm offen gelassen hätte, auf einen ihm weniger zusagenden und zuweilen mit seiner Persönlichkeit völlig unverträglichen Weg. Der Mann des politischen Willens wird ein enttäuschter Schriftsteller, der seinen Willen nach innen kehrt, auf sich selbst, zu seiner eigenen Zerstörung. Eine reizende junge Jüdin, die für ein Leben der Liebe geschaffen ist, wird zur militanten sozialistischen Parteigängerin. Der junge Jude, den sein Temperament zum Armeeoffizier von feinstem aristokratischen Zuschnitt bestimmt, wird Zionist. Und so geht es weiter. Wie die Themen in Ravels ›La Valse‹ wird jeder Charakter weg von seinem wahren Selbst in die Exzentrizität abgedrängt durch den rasenden Strudel des Ganzen.

Eine zweite Gruppe von Figuren stellt die ältere Generation dar, die zielvolle sittliche und wissenschaftliche Kultur in ihrem Todeskampf. Jetzt sieht Schnitzler sie positiv. Es ist, als hätte er seinen Frieden mit dem Vater gemacht. Obwohl ihre Wertvorstellungen nun überholt sind und wesenlos für die gesellschaftlichen und seelischen Tatsachen des Lebens, liefern die älteren Figuren noch ein Beispiel an Standfestigkeit, das Antrieb gewährt zu aufbauender Arbeit und sogar Anlaß für menschliche Sympathie. Aber diese Generation besitzt keine Lebenskraft mehr. Schnitzler mag sie mit Sehnsucht und Wärme betrachten, wie Ravel Johann Strauß sieht, aber er erkennt deutlich, wie die Wirklichkeit an ihrer Zerstörung arbeitet. Sein Roman zeigt, daß der Instinkt tatsächlich in der Welt der Politik losgelassen, das Parlament zu einer bloßen Schaubühne zur Manipulation der Massen verkommen ist und die Sexualität befreit wurde vom Sittengesetz, das sie gefaßt hielt. Private Tänze des Lebens wirbeln kühner, wenn der öffentliche Totentanz an Macht gewinnt. Schnitzler steht damit unentschieden zwischen einer erneuerten Hingabe an überkommene Wertvorstellungen und einer wissenschaftlichen Sicht der modernen gesellschaftlichen und psychischen Wirklichkeit, welche diese Werte als unanwendbar erkennen läßt.

Vor den jetzt widersprüchlich gewordenen Perspektiven einer alten Moral und einer neuen Psychologie zeichnet Schnitzler den Helden von ›Der Weg ins Freie‹. Georg von Wergenthin, Künstler und Aristokrat in einem, verkörpert den bürgerlichen Bildungshelden des österreichischen Fin de siècle. Durch ihn veranschaulicht Schnitzler den langsamen Tod eines Ideals.

Passenderweise wird Wergenthin zweifach als Held bestaunt in den Kreisen des jüdischen Großbürgertums, in denen er sich bewegt: einmal wegen seines Talents als Komponist und zum anderen wegen seiner aristokratischen Anmut und Herkunft. Obwohl diese Gesellschaft ihn oberflächlich liebt und in seiner Kunst ermutigt, bestärkt sie doch in ihm aus ihrem hoffnungslosen Pluralismus einen Hang zum Treibenlassen, zur Vereinzelung und zum Gefühl der Vergeblichkeit. Der empfindsame Wergenthin spiegelt in seiner Seele den Zustand des Zerrissenen und Getriebenen, der Schnitzlers gesellschaftliches Panorama kennzeichnet. Während die Gesellschaft ein Chaos sich bekämpfender Wertvorstellungen ist, bildet Wergenthin ihr allgemeines Ergebnis – ein Vakuum an Werten.

Es ist die Unfähigkeit, Bindungen einzugehen, die Wergenthins Dasein lähmt. Er verharrt in den fruchtlosen Grenzgebieten des bewußten Lebens: zwischen Arbeit und Spiel, zwischen Bejahung und Verleugnung der treibenden Gewalten seines Inneren, zwischen Koketterie und Liebe, zwischen aristokratischer Weisheit und bürgerlicher Vernunftgläubigkeit. Er trifft keine Entscheidungen. Schnitzler läßt sehr geschickt deutlich werden, wie das, was gerade gesellschaftlich oder triebhaft den stärksten Druck ausübt und sich in Wergenthins seismographisches Bewußtsein einzeichnet, die Entscheidung für ihn trifft. In der Liebe eines Mädchens aus dem unteren Mittelstand ist er der Seligkeit nahe. Als er sich mit ihr aus Wien zurückzieht zu einem einsamen Leben in Lugano, beginnt er von neuem zu komponieren. Die Bindung in der Liebe ermöglicht eine Bindung an das schöpferische Werk. Aber die zersetzende Gesellschaft bricht bald in sein schöpferisches Refugium herein, und Wergenthin fällt von Liebe und Schaffen zurück in ein zielloses Treiben. Annas Kind kommt tot zur Welt.
Der Roman findet keinen wirklichen Schluß, sein Held ist der Tragik nicht gewachsen. Schnitzler war ein Prophet, dem der Zorn fehlte. Der Wissenschaftler in ihm rächte sich sowohl am Moralisten wie am Künstler. Als Beobachter der Gesellschaft und als Psychologe zeichnete er die Welt, die sich ihm bot, als in sich notwendig, aber nicht – wie der wirkliche Tragiker – als gerechtfertigt. Die Moral ist mit dem Kräftespiel sowohl des Triebes wie der Geschichte unvereinbar. Schnitzler vermochte weder zu verzeihen noch zu verdammen.
Und doch hat sein Roman die Kraft, den Tod eines Kulturideals zu verkünden. Der Bruch Georgs mit seinem Künstlerliebchen ist ein Symbol für das Ende der Anstrengungen eines halben Jahrhunderts, Adel und Bürgertum durch ästhetische Kultur zu vermählen. Schnitzler zeigt, daß der Aufstieg der antiliberalen Massenpolitik die geschichtliche Gewalt gewesen ist, welche die Anerkennung dieses Fehlschlags aufzwang. Entsprechend ist der eigne Bruder der reinen und künstlerischen Anna ein übler Antisemit. Während sie durch die Schwäche ihres adeligen Liebhabers gezwungen ist, eine langweilige Kleinbürgerexistenz zu führen, läßt ihr Bruder sich ein in eine verheißungsvolle, aber fürchterliche politische Karriere. Was Georg betrifft, so ist er gelähmt von seiner eigenen überwuchernden Empfindsamkeit und weiß, daß sein Inneres von Instinkten getrieben ist, sein äußeres

Dasein von einer irrationalen Gesellschaft. Der Aristokrat des Blutes kann die soziale Wirklichkeit nicht mehr beherrschen, der Aristokrat der Kunst versteht sie nicht mehr. Er fühlt nur mehr sein eigenes Unvermögen in einer bürgerlichen Welt, die aus der Bahn gerät.

Schnitzler erstrebte Tragik, aber er erzielte nur Traurigkeit. Eine seiner Figuren bemerkt, die Wege ins Freie »laufen ja nicht im Lande draußen, sondern in uns selbst. Es kommt nur für jeden darauf an, seinen inneren Weg zu finden.«[8] Schnitzler war gefangen zwischen Wissenschaft und Kunst, zwischen alter Moral und neuen Gefühlswerten und vermochte keine neue befriedigende Bedeutung im Selbst zu finden, wie es Freud und den Expressionisten gelang. Ebensowenig war er imstande, eine Lösung für das politische Problem der Seele zu erdenken, wie Hofmannsthal es tun sollte. Ein verzweifelter, aber zu seiner Haltung stehender Liberaler, formulierte er das Problem deutlich, indem er Illusionen zerstörte. Er vermochte aber keinen neuen Glauben zu schaffen. Als Analytiker der Wiener großbürgerlichen Gesellschaft indessen fand Schnitzler nicht seinesgleichen unter den literarischen Zeitgenossen. Wie Ravel kannte er nicht nur die Traditionen der Welt des Walzers, sondern deutete auch den seelischen Zustand ihrer Bewohner in ihrer zunehmend exzentrisch geratenden Beziehung zu einem sich auflösenden Ganzen. Wie kein anderer beschrieb er die gesellschaftliche Umwelt, in welcher so vieles vom Subjektivismus des 20. Jahrhunderts Gestalt gewann: die sich zersetzende moralisch-ästhetische Kultur Wiens im Fin de siècle.

## III

Schnitzler näherte sich zuerst der seelischen Verfassung und dann der Politik von der moralisch-wissenschaftlichen Tradition her. Seine Bindung an dieses Vermächtnis brachte ihn dazu, den Bankrott des ästhetisch-aristokratischen Ideals darzustellen.

Hugo von Hofmannsthal (1874–1929) war im Gegensatz zu Schnitzler

8 Arthur Schnitzler, ›Der Weg ins Freie‹, Berlin, o. J., ›Die erzählenden Schriften III‹, S. 284.

im Tempel der Kunst aufgewachsen. Aus ihm brach er aus, und in der Welt der Politik und der seelischen Verfassung suchte er die sterbende moralische und politische Tradition mit dem Zauber der Kunst neu zu beleben. Die beiden Freunde arbeiteten also an denselben Problemen und mit den gleichen kulturellen Stoffen, aber sie gingen sie von verschiedenen Seiten aus an und erzielten unterschiedliche Ergebnisse.

Die Familie Hofmannsthal verkörperte die ästhetisch-aristokratische Überlieferung des Bürgertums. Der Vater, obwohl teils jüdischer Abstammung, war ein Wiener Patrizier reinsten Gepräges, ein wahrer Aristokrat des Geistes. Ganz anders als Schnitzlers Vater, machte er sich keine feste Vorstellung von der Berufswahl seines Sohnes und dessen Stellung in der Gesellschaft. Es kam nur darauf an, daß der Knabe seine Fähigkeiten entwickelte zum höchsten Genuß einer kultivierten Muße. Der begabte Sohn wurde entsprechend in einem wahren Gewächshaus zur Aufzucht künstlerischer Talente großgezogen.

So ist es kein Wunder, daß der heranwachsende Hofmannsthal zu einem jungen Narziß wurde, »frühgereift und zart und traurig«.[9] Rasch die modische dichterische und bildnerische Kultur ganz Europas in sich aufnehmend, glühte seine Sprache dunkel in Purpur und Gold, schimmerte sie von weltmüdem Perlmutterglanz. Kein Wunder auch, daß er das Idol der kulturgierigen Wiener Intelligenz wurde, der jungen wie der alten. Allein Karl Kraus, der schärfste Kritiker der Stadt, goß seine Verachtung aus über Hofmannsthal, »diesen Edelsteinsammler aller Literaturen«. »Genug, er flieht noch immer das Leben und liebt die Dinge, welche es verschönern.«[10]

Wie falsch urteilte Karl Kraus doch, ebenso falsch wie Hofmannsthals Bewunderer! Alle ließen sich täuschen von des Dichters Redeweise. Aber von Anfang an war die ästhetische Haltung problematisch für Hofmannsthal. Wer im Tempel der Kunst verweilte, das wußte er, war verdammt, den Sinn des Lebens nur in seiner eigenen Seele zu suchen. Er litt empfindlich unter dieser Einkerkerung in das Ich, die ihm keine Verbindung zur äußeren Wirklichkeit gestattete außer der der passiven Empfänglichkeit für Sinneseindrücke. In ›Der Tor und der Tod‹ (1893)

9 Hugo von Hofmannsthal, ›Prolog zu dem Buch Anatol‹, in: ›Die Gedichte und kleinen Dramen‹, Leipzig 1912, S. 78.
10 ›Die Fackel‹, Heft I, April 1899, S. 25, 27.

erkundete Hofmannsthal den heillosen Skeptizismus, das Absterben aller Lebenskraft und die sittliche Indifferenz, die sich für den ergaben, der sich zum Leben wie ein Edelsteinsammler verhielt.

Im ›Tod des Tizian‹ (1892) gestaltete der Dichter in ihrer eigenen Sprache die Jünger, welche die Kunst zur Quelle aller Werte machten, aber er dokumentierte auch zum erstenmal sein eigenes Streben, der ästhetischen Haltung zur Welt zu entrinnen. Als eine Art »lebendes Bild« wird das kleine Stück fast zu einem Ritus des sterbenden Gottes der Religion der Schönheit. Die Schüler Tizians unterhalten sich in einer Umgebung von stilisiertem Prunk, der an Walter Paters ›Renaissance‹ erinnert, über die ästhetische Vision des Lebens, welche ihnen der Künstler, der nun dem Tode nahe ist, geschenkt hat. Die Schüler verherrlichen ihren Meister, weil er durch seine Seele Natur und Mensch für sie verwandelt hat. Wäre es nicht um seinetwillen,

»So lebten wir in Dämmerung dahin,
Und unser Leben hätte keinen Sinn ...«,

sowenig wie für das Volk in der Stadt. Obwohl Hofmannsthal diesem Kult der Schönheit alle Wärme verleiht, die ein Eingeweihter nur geben kann, leistet er ihm nur begrenzt Folge. Er spürt die Gefahr und verleiht ihr selbst in den »ästhetischsten« seiner Werke eine Stimme, denn die Deutung des Lebens als Schönheit bringt die Gläubigen der Kunstreligion in schreckliche Abhängigkeit. Das Genie vermag überall Schönheit zu sehen, ihm gewährt jeder Augenblick Erfüllung. Aber die anderen, die Unschöpferischen, müssen hilflos die Offenbarung des Genies erwarten. Unterdessen entleert sich ihr Leben aller Kraft:

»Und unsere Gegenwart ist trüb und leer,
Kommt uns die Weihe nicht von außen her.«

Die Wurzel dieser Schwierigkeit vermutet nur der jüngste Schüler, der sechzehnjährige Gianino, dessen Gestalt wie die des jungen Hofmannsthal »ans Mädchenhafte« erinnert. In »halbem Traum«, dem Zustand, in welchem so viele von Hofmannsthals eigenen Einsichten geboren wurden, war Gianino nächtlich zu einer Klippe gegangen, »wo man die Stadt sieht, wie sie drunten ruht«. Er erblickt Venedig mit den Augen eines Malers, als Gegenstand reiner Anschauung, wie sie »sich flüsternd schmiegt in das Kleid von Prangen, das Mond um ihren

Schlaf gemacht und Flut«. Dann erhebt sich der Nachtwind und lüftet das Geheimnis, daß unter diesem Bild »das Leben wacht«: »es wacht der Rausch, die Qual, der Haß, der Geist, das Blut«. Zum erstenmal wird Gianino eines Daseins gewahr, das Handeln, Gefühlsreichtum und Verpflichtung bedeutet. »Das Leben, das lebendige, allmächtige – man kann es haben und doch sein vergessen!...«, wenn man sich von der Stadt absondert.

Tizians andere Jünger beeilen sich, das verlorene Terrain zu retten, das Kunst und Leben trennt; Gianinos Vision droht es zu zerstören. Man erläutert ihm, daß unter dem schönen und verführerischen Antlitz der Stadt »die Häßlichkeit und die Gemeinheit« wohnen. »Und was die Ferne weise dir verhüllt, ist ekelhaft und trüb und schal erfüllt von Wesen, die die Schönheit nicht erkennen«, und die selbst in ihrem Schlafe traumlos »wie die Austern dämmern«. Um diese rohe Welt fernzuhalten, behauptet ein anderer, habe Tizian hohe, schlanke Gitter für die Jünger der Schönheit gezogen: »durch üppig blumendes Geranke soll man das Außen ahnen mehr als schauen«. Gianino antwortet nicht darauf, aber seine Haltung rechtfertigt der sterbende Tizian. Der Meister, in einem letzten Ausbruch der Erkenntnis, »ein unerhört Verstehen«, schreit auf: »Es lebt der große Pan.« Bestärkt von seiner neuen Hingabe an die Einheit allen Lebens, malt Tizian am Vorabend seines Todes ein Bild, dessen Mittelpunkt der große Pan ist. Der Maler stellt Pan, den »Gott, der das Geheimnis ist von allem Leben«, nicht unmittelbar dar, sondern nur als verschleierte Puppe in den Armen eines Mädchens, eines weiblichen Gegenstücks zu Gianino mit seinen androgynen Merkmalen, eines Mädchens, welches das Mysterium des Lebens fühlt, das sie hält. Der Meister hat den Weg zur Vereinigung von Kunst und Leben gewiesen, aber er drang nicht über eine tradierte mythologische Darstellung ihrer Möglichkeit hinaus. Obwohl er es nicht ausspricht, genügt Gianino selbst diese bloß symbolische Vision der Lebenskraft nicht. Er verlangt mehr als ein Symbol. Während die anderen Jünger Tizians Epigonen werden, welche auch des Meisters Verbindung zwischen dem herkömmlichen künstlerischen Werk und Leben verlieren, verstärkt Gianino die Vision des Ästheten, bis sie ihn durch den verzierten Zaun des Bereichs der Schönheit zu einer Sehnsucht nach dem Leben selbst treibt, zum Schrecken seiner Freunde, denen ein Leben außerhalb der Einfriedung undenkbar scheint. In dem Bruchstück ist das Problem Gianino–Hofmannsthal nicht gelöst, aber die Frage, die den Dichter quält, ist klar gestellt: Wie kann die Kunst die bloß passive Wiedergabe der Schönheit überwinden, um eine fruchtbare Verbindung zum Leben der Welt zu stiften? Einfacher gesagt: Wo kann man aus dem Tempel der Kunst entrinnen?

Ein Jahrzehnt lang prüfte Hofmannsthal still die Tempelmauern, um einen geheimen Ausgang zu finden. Bei der Fülle seiner Erkundungen entdeckte er einen, der für seine eigene geistige Entwicklung besonders verheißungsvoll war: die Kunst als Erwecker des Triebes.

In dem Gedicht ›Idylle; nach einem antiken Vasenbild‹ spricht Hofmannsthal von der Tochter eines griechischen Vasenmalers, die mit einem Schmied zum Gatten unbefriedigt lebt. Die Erinnerungen ihrer Kindheit an die sinnlichen mythologischen Bilder, die ihr Vater zeichnete, erwecken ein Verlangen nach dem Leben des Gefühls, das der allein aufs Werk bedachte Schmied nicht erfüllen kann. Schließlich naht ein Zentaur, und die Flamme des Lebens lodert auf in ihr. Sie versucht mit dem Zentauren zu entfliehen und wird bei dem Versuch von ihrem Gatten mit dem Speer getötet. Das ist alles. Keine sehr bewegende Geschichte, wenn man sie aus ihrer poetischen Fassung herausbricht, und doch ist sie in hohem Maße bezeichnend. Hofmannsthal kehrt hier die Haltung von Keats um, den er so sehr verehrte. Während Keats in seiner berühmten ›Ode on a Grecian Urn‹ das Triebleben anhielt und in Schönheit dauerhaft befestigte, ging Hofmannsthal von der Wahrheit der Schönheit aus, um das wirkende Triebleben wiederzuerwecken, das in der Kunst erstarrt war. Die ›Idylle‹ bezeichnet nur den Anfang von Hofmannsthals Wendung zum Leben der Triebe, die ihn im ersten Jahrzehnt unseres Jahrhunderts zu so gewaltigen Schauspielen wie der ›Elektra‹ und dem ›Geretteten Venedig‹ führte.

Keineswegs sei damit gesagt, daß Hofmannsthal zu einem Vorkämpfer der Lust wurde. Weit davon entfernt, hatte das Triebhafte für ihn wie für Schnitzler etwas Gefährliches und Explosives. Sein Beitrag bestand in dem Hinweis darauf, daß die Schönheit, welche die Kultur, der er angehörte, als bloße Ausflucht von der Welt des Alltags verstand, auf eine andere Welt verwies – den schlecht bestimmbaren Bereich des Irrationalen. Und da er sie für gefährlich hielt, stellte Hofmannsthal die Welt der Triebe selten als zeitgenössisch dar, sondern verkleidete sie lieber in mythisches oder historisches Gewand. Was er über Friedrich Hebbels Dichtung sagte, gilt für seine eigene, »daß sich einem die geheimsten, sonst erstarrten inneren Tiefen regen und das eigentlich Dämonische in uns, das Naturverwandte, dumpf und berauschend mittönt«.[11] Bei all seiner Gefahr verleiht das Triebhafte im Menschen, »das Naturverwandte«, die Kraft, mit welcher man aus dem Kerker des Ästhetizismus und der Lähmung der narzißtischen Empfindung ausbrechen könnte. Bindungen im Leben, das fühlte Hofmannsthal, erfordern die Fähigkeit, zu entscheiden und zu wollen. Und zu dieser Fähigkeit gehört ein Vertrauen zum Irrationalen, auf welchem allein Entschluß und Wille begründet sind. Damit eröffnet die Bejahung des Triebhaften für den künstlerischen Menschen aufs neue das Tor zum Leben des Handelns und der Gesellschaft.

Wie sah denn Hofmannsthal diese große Welt, die er nun betrat? Die moderne Gesellschaft und Kultur erschien ihm wie Schnitzler hoffnungslos pluralistisch und ohne Zusammenhang und Richtung. »... das Wesen unserer Epoche ist Vieldeutigkeit und Unbestimmtheit. Sie kann nur auf Gleitendem ausruhen und ist sich bewußt, daß es Gleitendes ist, wo andere Generationen an das Feste glaubten.«[12] Diese neue Wahrnehmung der Realität untergrub für Hofmannsthal die Wirksamkeit der Vernunft selbst. »Es zerfiel mir alles in Teile, die Teile wieder in Teile«, sagt eine seiner Figuren, Lord Chandos, »und nichts mehr ließ sich mit einem Begriff umspannen«.[13] Hofmannsthal sah es als die Probe der Edelsten, »ein ganz irrationales Maß des Nichthomogenen, das ihnen zum Feind, zur Qual werden kann«, in sich aufzunehmen[14]. Für den Dichter war diese Probe tatsächlich die Berufung, seine ihm eigentümliche Rolle in der modernen Welt wahrzunehmen: die unterschiedlichen zerstreuten Teile des Zeitalters zusammenzufügen, »die Welt der Bezüge« zwischen ihnen zu errichten. Der Dichter würde sein vereinigendes Werk nicht vollbringen, indem er Gesetze auferlegt, sondern indem er die verborgenen Formen enthüllt, in wel-

11 Hofmannsthal an Schnitzler, 19. Juli 1892, in: ›Hugo von Hofmannsthal – Arthur Schnitzler, Briefwechsel‹, hg. von Therese Nickl und Heinrich Schnitzler, Frankfurt 1964, S. 23.

12 ›Der Dichter und diese Zeit‹, in: Hofmannsthal, ›Prosa II‹, S. 229ff.

13 ›Ein Brief‹, ebd., S. 13.

14 Hugo von Hofmannsthal und Eberhard von Bodenhausen, ›Briefe der Freundschaft‹, Berlin 1953, S. 97.

chen die Teile des Lebens miteinander verbunden sind. Damit anerkennt der Dichter ähnlich dem Historiker die Vielfalt der Dinge in ihrer Einzigartigkeit und enthüllt die Einheit in ihrer dynamischen Wechselwirkung. Er bringt das Widerstrebende durch die Form zur Harmonie.

Dementsprechend gab Hofmannsthal die lyrische Produktion auf zugunsten des Dramas, einer literarischen Form, die der Sphäre des Handelns und damit der Ethik und Politik angemessener ist. Das Handeln, das jetzt auf dem Trieb begründet ist und auf einem Schauplatz stattfindet, wo kein einziges Gesetz herrscht, bedeutet Leiden sowohl um des Selbst willen wie auch, Ursache des Leidens anderer zu werden. Jeder Mensch ist für die anderen Schicksal, wie sie es für ihn sind. Damit löst sich die Ethik bei Hofmannsthal vom traditionellen vernünftigen Sittengesetz und wird dem Gefühlsleben untergeordnet. Hofmannsthal teilt nicht Schnitzlers Ambivalenz zwischen alter Moral und neuer Wirklichkeit. Das sittliche Leben erscheint ihm als ein Leben unablässig erneuerten Empfindungsvermögens, ein Leben, das immer neue Formen der Beziehungen schafft.

In den ersten Jahren des Jahrhunderts experimentierte Hofmannsthal wiederholt mit politischen Themen in einer Reihe von Schauspielen und Dramenentwürfen, die er nicht alle vollendete. Wie bei Schnitzler stellt ihm der Durchbruch des Irrationalen und Dämonischen in der Politik sein Grundproblem. Bei der ersten dieser Skizzen, ›Die Söhne des Fortunatus‹ (1900–1901), bezeichnete er ausdrücklich sein »historisch-soziologisches Grundmotiv: die décadence emporgekommener Familien«.[15] Der reiche Herrscher ist dämonisch getrieben, seine Macht fühlen zu lassen, so weit, bis seine Untertanen sich erheben. Diese vergleichsweise einfache Parabel vom Mißbrauch der Herrschaft weicht einer vielfältigeren Thematik im nächsten politischen Dramenentwurf, ›König Candaules‹ (1903). Candaules ist ein Monarch in gesicherter Stellung, dessen Beziehung zu seinem Königtum an das Gianinos zur Kunst im ›Tod des Tizian‹ erinnert. Unbefriedigt von der »luftlosen Selbstverständlichkeit« seines Daseins sehnt Candaules sich nach dem pulsenden Leben der Menschenmengen in der Stadt. Beim Versuch, es zu erreichen, begeht er »das Verbrechen des Königs an seinem

15 Hofmannsthal, ›Dramen II‹, S. 508.

Königtum. Er will das Mythische auflösen«.[16] Was für Gianino, den Künstler, zur Befreiung wird, gereicht Candaules, dem König, zum Verderben. Große Kunst, scheint Hofmannsthal damit sagen zu wollen, hängt ab vom Anerkennen der psychischen Wirklichkeiten des alltäglichen Lebens, welches dann dichterisch gefaßt werden kann. Große Herrschaft jedoch hängt ab von der unablässigen Anerkennung des Vorrangs ihrer ästhetischen Komponente, und das ist »die Form ›König‹, das hohepriesterliche, nicht mehr menschliche Wesen, der Sohn der Götter«.[17] Damit wehrte sich Hofmannsthal gegen Schnitzlers Pessimismus und rang um einen Begriff von Herrschaft, welche das Irrationale in der Politik zu gestalten und in Bahnen zu lenken vermochte. Den Schlüssel dazu fand er im Tempel der Kunst. Von dort her brachte er in den Bereich des politischen Chaos jene Lösung, die er für das Problem der Beziehung des Dichters zum Chaos des modernen Lebens überhaupt erzielt hatte – die dynamische Form.

Was bedeutet die Bestimmung dynamischer Form für die Politik? Es beginnt bei der Annahme, daß die widerstreitenden Kräfte der Individuen und Gruppen einen Ausweg finden müssen. Diesen Ausweg kann nicht das abstrakt rationale Recht bahnen, das lediglich quantitativ mißt. Der Mensch mit seiner ganzen Seele muß am politischen Prozeß teilhaben. Teilhabe bedeutet hier mehr und weniger zugleich als die demokratische Stimmabgabe selbständiger und gleicher Individuen. Es bedeutet ein Teilnehmen an dem, was Hofmannsthal »die Zeremonie des Ganzen« nannte. Nur in einer rituellen Form der Politik, von welcher keiner sich ausgeschlossen fühlt, können die ungeformten Kräfte der widerstreitenden Individuen in Einklang gebracht werden.

Dieses ritualistische Konzept der Politik trägt deutlich den Stempel habsburgischer Tradition. In der Spätzeit der österreichischen Monarchie war die Stellung des Kaisers mit ihrer Aura zeremonieller Formen der einzig wirkungsvolle Brennpunkt der Staatstreue. Hofmannsthal mag inspiriert worden sein von dieser kaiserlichen Tradition, aber er ließ sich nicht durch sie einschränken. In seinen politischen Schauspielen und Entwürfen stellte er dar, daß die hieratische Form allein nicht

16 Ebd., S. 512.
17 Ebd., S. 520.

ausreiche. Sie muß die lebendige Wirklichkeit einer Kultur enthalten, sonst ist sie zum Scheitern verurteilt. Seine Lehre in der ›Idylle‹, daß die Kunst die Triebe erwecke, blieb eine Warnung für seine Suche nach einer Läuterung der Triebe durch die Politik.

Hofmannsthal verlieh in seinem bedeutendsten Drama, ›Der Turm‹ (1927), seinem zur Reife gekommenen Denken über die Beziehung zwischen Politik und Psyche Ausdruck. Länger als fünfundzwanzig Jahre arbeitete er an diesem Trauerspiel; in ihm verkörperte er seine Erfahrung vom Niedergang und Sturz der Habsburger Monarchie. Der zentrale seelische Konflikt im ›Turm‹ ist ein Ödipus-Problem zwischen Vater und Sohn. Aber ist der Vater ganz König, so ist der Sohn ein Dichter-Prinz. Wie ›Hamlet‹ ist das Stück ebensogut ein politisches wie ein psychologisches Trauerspiel. Der Vater rechtfertigt die politische Unterdrückung, wie es die österreichischen Liberalen getan hatten, mit dem vernunftmäßigen Charakter einer auf dem Gesetz beruhenden Ordnung. Seine Untertanen und mit ihnen sein eingekerkerter Sohn sind ausgeschlossen von der Teilhabe an der »Zeremonie des Ganzen«, weshalb sie zum gewaltsamen Angriff übergehen. Wo das Gesetz den Trieb verleugnet, empört sich der Trieb und stürzt die Ordnung um. Ist damit das gesellschaftliche Handeln seelisch gedeutet, so wird zugleich die Psychologie politisiert. Der Dichter-Prinz jedoch bändigt seine zerstörerischen Triebe und strebt die Gesellschaft durch eine neue dynamische Form der sozialen Ordnung zu versöhnen, eine Form, die von dem vereinigenden, von Unterdrückung freien Beispiel der Kunst inspiriert ist. Während der Vater seine Herrschaft durch das Gesetz rechtfertigt, trachtet der Sohn nach einer Herrschaft durch Gnade. Der Versuch scheitert, und das Drame endet als ein Trauerspiel. Die Meister der politischen Intrige bemächtigen sich in ihrem eigenen Interesse des Chaos, das durch den Sturz des Vaters und seines alten Gesetzes ausgelöst worden ist. Zu spät ist es für eine nur auf das Gesetz gegründete Politik und zu früh für eine Politik der Gnade, welche die Triebe läutert. Der Dichter-Prinz stirbt und hinterläßt wie Hofmannsthal seine Lehre künftigen Generationen.

Hofmannsthal und Schnitzler standen beide vor dem gleichen Problem: der Auflösung des klassisch-liberalen Menschenbildes im Schmelztiegel der modernen Politik Österreichs. Beide anerkannten als Tatsache das Auftauchen des psychologischen Menschen aus dem

Schiffbruch der alten Kultur. Schnitzler näherte sich dem Problem von der moralischen und wissenschaftlichen Seite der Wiener liberalen Kultur. Seine soziologische Einsicht war größer als die Hofmannsthals, aber seine Bindung an diese sterbende Kultur erregte in ihm einen herbstlichen Pessimismus, der seinem Werk die tragische Kraft entzog. Hofmannsthal entrann der Lähmung jenes Treibenlassens, das für Schnitzler notwendig zur ästhetischen Kultur gehörte und an welchem Hofmannsthal selbst gelitten hatte. Er anerkannte die psychologische Wahrheit des Menschen nicht weniger als Schnitzler, wandte aber die Prinzipien der Kunst auf die Politik an. Er suchte nach einer Form, in welcher die irrationale Macht des Gefühls viel mehr geleitet als unterdrückt werden sollte. Seine Politik der Teilhabe an der »Zeremonie des Ganzen« hatte einen Beigeschmack von Zeitferne und führte ihn zum Tragischen. Aber daß er das Erfordernis bezeugte, den Bereich politischen Denkens und Handelns zu erweitern, um menschliches Gefühl ebensogut wie das rationale Recht zu umfassen, warf eine zentrale Streitfrage für die nachliberale Epoche auf. Hofmannsthal bemerkte einst, das Tun der modernen Dichter stehe »unter dem Befehl der Notwendigkeit, als bauten sie alle an einer Pyramide, dem ungeheuren Wohnhaus eines toten Königs oder eines ungeborenen Gottes«.[18]

Hofmannsthal mit seinem Habsburger Traditionalismus und seiner kühnen Suche nach einer Politik der Triebläuterung war vielleicht an beiden am Werk.

*(Aus dem Amerikanischen von Horst Günther)*

18 ›Der Dichter und diese Zeit‹, siehe Anm. 12.

Wolfgang Hilbig

# Die Arbeiter. Ein Essay

Montags früh in der winterlichen Dunkelheit noch vor Anfang Dezember – Elektrizität, denn kaum läßt sich genug tun, kaum früh genug, und obgleich es nur wenige gibt, die ihre Arbeit am liebsten hinschmeißen würden – wenn alle Haustüren aufspringen, die Trottoire sich beleben mit zum Bahnhof hastenden Menschen, scheinen die Straßenleuchten (Peitschenlampen) schon schluchzend die letzten Reste der Energie aus den Kabeln zu saugen, und wie in Schüttelfrösten speien sie trübe Helligkeit auf die Hüte aller unter ihnen vorübergetragenen Köpfe; jeder weiß, eingedenk des höheren Pro-Kopf-Verbrauchs von Licht in jedem der zu zeitig einsetzenden Winter, daß sämtliche Kraftwerke schon mit aller Kraft auf Hochtouren arbeiten, die Tore der Werkhallen werden sich gleich weit öffnen, Energie, die Hallen, die während der ganzen Nacht schon beheizt wurden, hell erleuchtet und warm, harren längst des unverzüglichen Eintritts aller Arbeiter, die Werkzeugschubladen wollen sich schon öffnen, die Hammerstiele, Feilenhefte scheinen schon bereit, in zupackende Hände zu springen, geballte Energie, schon während noch die Straßen vom Trommeln der Füße aller eiligen Arbeiter erschüttert sind, schon während aller sich verwirrend kreuzenden Fahrten der Autos zur Arbeit, während noch die beinahe in die Rinnsteine gedrängten Ketten der Radfahrer nicht abreißen. Mühsam den morgendlichen Raucherhusten unterdrükkend, mit Aktentaschen voller belegter Brote, mit von der Schulter hängenden Brotbeuteln, mit Flaschen, kaffeegefüllt in den Joppen, überqueren die Arbeiter in Kolonnen – Ströme, die vor den hupenden, langsam rollenden Kraftwagen sich kaum zerteilen – die Werksgelände, füllen sofort die Umkleideräume, in denen der Lärm einsetzt, das Türenklappern der Blechspinde, die Stimmen, die den Nachzüglern ihren so früh schon geschickten Spott zurufen – der unverwüstliche Humor der Arbeiter (Friedrich Engles) – ein letztes Mal, fünf Minuten vor halb sechs, verbreitet sich beunruhigender Geruch in den Umkleideräumen, Bettwärme, die die Leiber noch auszuströmen scheinen, mühsam ignoriert von allen Arbeitern, die unter dem Anheulen der Sirene um halb sechs pünktlich zurückfluten in die Werkhallen, deren Tore sich soeben mit Getöse geschlossen haben, und es beginnt – mit dem Wort *mühsam* endlich wahrheitsgetreu zu bezeichnen – die uneingeschränkte Arbeit aller Arbeiter.

I.

Die Arbeit, jene, deren ganz durchdachte Architektur von Tun und Lassen in einem Firmament von Lärm unter dem Glasdach ihre akustische Entsprechung findet, so zwingend bis zum Frühstück, daß die Arbeiter schon bald die Unterworfenheit all ihrer verschiedenen Handlungen unter ein Höheres symbolisch auflösen, und, um etwaigen Müdigkeiten Einhalt zu gebieten, im Takt der Hammerschläge ihre Rundgesänge anstimmen, bis die Ingenieurschaft in den gläsernen Kanzeln, die mit sichtbarer Schärfe in den Augen das Zusammenspiel der Tätigkeiten überwacht, endlich in allen Gesichtsfalten eine Entspannung zeigt, erkennend, daß sich ihre Kompositionen zu einer Symphonie zusammenschließen werden, in der alle instrumentalen Sätze einander ergänzen.

II.

Sind die Arbeiter wirklich diese eingeebneten, tonalen Monstren. –
Ehe die Sirene zur Morgenpause ruft, haben sich alle Laute zu einem schweren Chorus vereint, der auch die letzten, düster gebliebenen Winkel der Werkhallen auslotet und Verborgenstes ans Tageslicht ruft. So auch tauchen, täglich um diese Zeit, die Heizer aus den Kellern auf, in der Ellenbeuge den Henkel eines Holzkastens, schleifenden Schrittes und im Gesicht schon die Schwärze des Kohlenstaubs – nur wenige schmale, von den Schläfen bis über die Wangen laufende Striemen sind von den herabrollenden Schweißperlen gereinigt – begeben sie sich zur Werkzeugausgabe, um ihre in Holzkästen aufgereihten, leeren Milch-

flaschen gegen volle einzutauschen. Auf das Fensterbrett der Ausgabe gestützt, die Zuteilung der Milch geduldig erwartend, wenden sie den Blick ins Innere der kaum voneinander getrennten Hallen, und der Lärm strömt wie durch Schichten von Watte in ihre Gehörgänge. Diesen Ohren sind die Harmonien der Symphonie nicht zugänglich. Als Unzugehörigem fallen dem Heizer zuerst die musikalischen Unfälle auf, die in der orchestralen Ausführung verborgen scheinen, schreckliche Unfälle, die, träten sie ein, ganze Sätze zum Einsturz brächten; ein zu hartes Aufschluchzen, mit dem der Magnettisch einer Schleifmaschine an seinem Auslauf umkehrt, reißt seinen Blick in diese Richtung, das in gefährliches Knistern übergehende Kreisen eines Spiralbohrers läßt ihn fast in Deckung gehen vor einem eventuellen Querschläger des zerspringenden Werkzeugs, doch der Dampf der in faden Gerüchen verkochenden Kühlemulsion muß den Abschußort verbergen, für den Heizer ist nicht viel zu sehen innerhalb des verwirrenden Durcheinanders von Menschen und Technik, samt der von der Arbeit bedingten Vorsichten und Rücksichten, die ihm überflüssig, unhaltbar, einander wieder aufhebend erscheinen, deren Thesen an den falschesten Plätzen der Wände angeschlagen sind. Beim Läuten des Krans will er beiseite, er sieht, daß Kaffeeweiber, die auf einem zweirädrigen Karren einen Thermosbehälter bewegen, wie Spreu beiseite gefegt werden, das anhaltende Läuten scheint auch ihn verjagen zu wollen, doch da erkennt er, daß in einer ganz anderen Richtung mit dumpfem Knirschen das riesige, soeben angekommene Bett einer zukünftigen Drehmaschine abgesetzt wird, Arbeiter, Befehle brüllend, die den Heizer nicht meinen, bewachen es, und der mißtönende Glockenton, mit dem der Kranhaken beim Davonfahren noch einmal gegen den gußeisernen Hohlkörper pendelt, entlockt ihnen laute Flüche. Als das rostfarbene Ungetüm endlich ruht, die Arbeiter vor dem Kran in Sicherheit sind, als sie es, die linken Hände auf die Gußrippen legend, schweigend umstehen, erkennt der Heizer das Fatale ihrer Furcht, die sie in ihrer Sprachlosigkeit ausfüllen, in ihrer Unberatenheit vor dem Beginn der Arbeit, die sich in wirren, verzweifelt vielfältigen Forderungen vor ihnen auftürmt, nötig, um aus diesem groben Bett das hammerschlaggemaserte Grün einer neuen Maschine erblühen zu lassen, die Arbeit ruht noch verkrochen, noch unerkoren und unerkannt in ihren aufliegenden linken Händen, in deren Innenflächen das kalte

Metall den Schweiß der Abwehr gefrieren lassen will, ihre Gesichter sind bleich, ihre Blicke verbissen nach innen gerichtet. Der Heizer sieht die Arbeiter für Minuten erloschen, unempfindlich gegen die Gefahr in den sich wieder schärfenden Augen der Ingenieure, deren strenger werdende Gesichtsfalten hinter dem Glas ihrer Kanzeln sichtbar sind, denn sie haben die Köpfe gehoben. Die alte Arbeit der Arbeiter unterdessen wird in der Versandhalle mit einem Gebäude hellgelber Bretter verschalt, das Donnern der Hämmer, ihr gewitterndes Echo ist hier noch zu hören, das im Abschluß endlich geliebte, behutsam umsorgte Geschöpf der Arbeiter ist zu einer Ware geworden; irgendwo in Marokko, auf Haiti oder in Dänemark wird die Maschine eine unbekannte, vielleicht schändliche Arbeit verrichten, schlecht eingeölt, gewissenlos auf Verschleiß beansprucht, umgeben von gnadenlosen Zeitnehmern mit Stoppuhren, und zuletzt vielleicht angespieen von einem verzweifelten, schlecht ausgebildeten, schlecht verdienenden Dreher.
Der Heizer hätte ebenfalls einer der Arbeiter sein können, aber er wäre am mechanischen Bewußtsein der Ökonomie zerbrochen, manchmal hatte er einen Denkfehler geahnt in der Sprache der Ökonomie, aber er hatte ihn nicht erkannt. Hätte ihn ein Ankömmling vom Mars gefragt, was die Leute hier täten, er hätte zur Antwort gegeben, diese Menschen, namens Arbeiter, produzierten Maschinen zur Herstellung von Maschinenteilen, aus denen Maschinen zur Herstellung von Maschinen zusamengesetzt würden, diese wiederum, unter Obhut der Arbeiter, fertigten ebenfalls Maschinenteile zum Aufbau von Maschinen für Maschinenteile, daraus endlich entstünden Maschinen zur Herstellung von Ölkannen, die nötig seien, um die Maschinen zu ölen. – Nach der eigenen Stellung befragt, und nach langwieriger Erläuterung seiner Tätigkeit, hätte er erklärt, die Heizer werden nicht als Arbeiter bezeichnet, ihre Dienste dienen der Arbeit der Arbeiter. Die Arbeiter behaupten, offenbar völlig zu Recht, daß erst das Dasein ihrer Arbeit, die der Wirtschaft den wirklichen Nutzen, das Geld, einbringt, die Dienste der Heizer erforderlich macht. – Die Heizer wenden ein, daß sie als Mitarbeiter an einer menschenwürdigen Basis der Arbeit, wozu die Instandhaltung eines mit Abrechnungen belegten Wärmehaushalts gehört, die anerkannten Ergebnisse der Arbeit der Arbeiter überhaupt erst ermöglichen. – Dann seid ihr also doch bloß *Mitarbeiter,* wie ihr selbst sagt, versetzen die Arbeiter, die ihre menschenwürdige Basis

immerhin gesichert glauben, und sie halten ein Beispiel aus der Geschichte der Arbeit entgegen, das im Kopf des Heizers unzeitgemäße Gedanken aufruft. Wenn es im tiefen Winter zu einem Streik käme, glauben die Arbeiter zu wissen, wären die Heizer ausgeschlossen, um die Werksgebäude für die Zeit nach dem Streik in einem gebrauchsfähigen Zustand zu halten, oder der Ausstand fände generell im Sommer statt, bei Temperaturen, in denen die Heizer ihre Rolle lediglich durch Anwesenheit spielen; übrigens wären sie die ersten, die in einem solchen Fall von den kämpfenden Gegenparteien des Streiks, als Überflüssige, vors Tor geworfen werden könnten. – Also könnten wir doch, sagen die Heizer, in einem Arbeitskampf wenigstens im Winter das Zünglein an der Waage sein. – Nein, antworten die Arbeiter, diejenigen, die unsere Mitarbeiter sein wollen, wären von uns geduldet nach Maßgabe weitestgehender Sicherung des Bestands der Betriebe, für den Fall nämlich, daß wir diese in Besitz nähmen.

## III.

Die unbarmherzigen Gedanken der Arbeiter vertreiben den Heizer, samt seinen Milchflaschen kehrt er an seinen Arbeitsplatz zurück, die Feuer in den Kesseln haben schon ein erschreckend niedriges Niveau, aber die Sirene hat die Arbeiter zur Pause gerufen, und er setzt sich erst einmal an den staubbedeckten Tisch. In dem Gefühl, er habe seine Gedanken noch nicht zu Ende bringen können. – – Wenn die Pause vorbei ist und die Arbeiter zurückkommen, werden sie spüren, wie die Wärme schwindet, wie sie fast schon ganz entwichen ist, der Heizer weiß nicht, ob sie jetzt Beschwerde bei den Ingenieuren führen, oder ob die Ingenieure selber auf die Hallentemperaturen achten, eigentlich kann es der Heizer nicht glauben, daß die Arbeiter sich über ihn beschweren würden, eigentlich müßten ihnen die Ingenieure ferner stehen als die Heizer. Wenn die Ingenieure unter Umständen im Kesselhaus nach dem Rechten sehen, treffen sie den Heizer arbeitend an, das zweite Sirenensignal zum Ende der Pause, das bis in das still gewordene Kesselhaus drang, hat ihn auffahren lassen, sie finden den Heizer schwitzend und zornig, die Kohle in die Kessel schleudernd, sein Gesicht zeigt Empörung, er scheint sich den eingetretenen Wärmeverlust nicht erklären zu können. Wortlos, aber mit grimmigen Gesichtern, verlassen ihn die Ingenieure, sichtbar zweifelnd, die Schuldlosigkeit, die dem Heizer auf der schweißüberflossenen Stirn glänzt, nicht anerkennend, ja vielleicht, für einen zweiten solchen Vorfall, schon auf Strafe sinnend, oben erklären sie den Arbeitern: Der Heizer hat wieder zu feuern begonnen, Minuten noch, und es kommt Wärme. – Dann sitzt der Heizer schon wieder am Tisch, die nasse Stirn auf die schwarze Faust gestützt, wirklich, er hat seine Gedanken noch nicht zu Ende denken können, kein Zweifel, es ist, als habe er die fehlenden Sätze mit der Kohle in die Flammen befördert, hinter seiner Stirn ist Leere, über ihm aber ist die knirschende Schwere des längst schon Gedachten, es ist das Gefühl, daß über ihm der Turm der Ökonomie lastet.

Und er allein im Keller dieses Turms, er kann es sich nicht verdeutlichen, welche Bewegung es ist, mit der über ihm die beiden Klassen miteinander verkehren ... oder sagte er besser, mit der Arbeiter und Ingenieure einander ergänzen ... ist diese Bewegung Kampf, oder ist sie Einverständnis. – Daß die Ingenieure seine Gegner sind, scheint dem Heizer unleugbar, jedes Hereinstecken ihrer Köpfe in seinen Keller beweist es ... wäre es also Kampf, was die beiden Klassen bewegt, so wäre es offenbar, daß es nur ein Mißverständnis, ein Unglück der Sprache ist, daß der Heizer den Arbeitern nicht anzugehören scheint. – Wenn es also Kampf ist, es scheint Indizien dafür zu geben, so muß, auch wenn dieser Gedanke ungeheuer erscheint, zwischen Arbeitern und Ingenieuren ein Einverständnis herrschen, daß dieser Kampf besteht ... daß er aber nicht wirklich beginnt, denn es ist ein Kampf zwischen der Sprache der Ingenieure und der Sprachlosigkeit der Arbeiter. Der Kampf besteht darin, daß ein Widerstreben da ist, mit dem das Schweigen der Arbeiter sich mit dem Sprachmaterial der Ingenieure auffüllt, das ist alles. Die Arbeit der Arbeiter ist etwas, das absolut beherrscht ist, ja überhaupt erst existent ist durch die Sprache der Ingenieure, eine Verwerfung dieser Sprache, die Entfaltung einer eigenen Sprache würde gleichzeitig den Status der Arbeiter verwerfen. – – Die Arbeit des Heizers aber ist Gedankenarbeit, sie trägt in all ihren Verrichtungen den Keim zu einer eigenen Sprache ... falls die Sprachlosigkeit der Arbeiter den Betrieb besetzt hält, ist mit ihm, dem Heizer, auch nicht anders als in der Sprache der Ingenieure zu verhandeln; die

leeren Stellen in seinen Gedanken bleiben ein weiteres Mal ungeschlossen.
Es bleiben Denkfehler in der Betrachtung des Heizers, furchtbare Denkfehler, es ist möglich, daß die Gründe dafür im Dasein der Betriebsleitung liegen. Jener Gruppe, die beinahe anonym ist, von deren Köpfen er kaum einen beim Namen zu nennen weiß. Deren Aussehen unvorstellbar scheint, da niemand davon aus den gläsernen Zimmerfluchten in der äußersten Höhe des Turms je herabsteigt, und wenn, dann überhaupt nicht bis in die unwirtlichen Räume des Kesselhauses gelangt. Dort liegt der Fehler seiner Überlegungen, die er nicht zu Ende führen kann ... natürlich sind seine Feuer längst wieder zusammengefallen. Die unterirdische Sonne, die den Turm mit Wärme speist, strahlt nicht mehr, die Dampfströme in den nach oben pfeilenden Leitungen sind erloschen. Auf allen Stufen des Turms werden die Köpfe gehoben, mißtrauisch lauscht man dem Wasser nach, das aus den Rippen der Heizkörper zurückrieselt, die Fenster werden geschlossen, denn das Eisen beginnt Kälte abzugeben, selbst die Beleuchtung scheint sich zu verdüstern. Der Heizer sitzt unbeweglich und hat den Blick nach oben gerichtet, als könne er durch die Decke des Kellers, durch alle Böden und Flure des Turms sehen, dort oben, über ihm thront die Schuld, an seiner Müdigkeit, seinen Denkfehlern, die Schuld an der Verdammnis, kein Arbeiter sein zu können, die Schuld am Erlöschen der Sonne in seinen Kesseln. Es ist nur gerecht, daß jetzt da oben, von einem frostigen Winterhimmel umblitzt, der kälteste Ort ist, er kann dieses sich nach oben verjüngende Büro, das das bedeutendste ist, nur ahnen, die wie von Wasser durchflossenen doppelten Glaswände, die kaum erkennbaren, filigranen Drahtquadrate der elektrischen Sicherheitsanlage im Glas. Dazwischen sind all die vielzähligen Kontore sichtlich ausgekühlt, die Hände sind schon an den Telefonen, um dem Heizer den Kampf anzusagen, er erwartet es in seinem dumpfen, in Reif und Feuchtigkeit glimmenden Keller, abgewandt vom Feuer, dessen Reste seinen Zorn genährt haben, wütend bleibt er sitzen, Aschestaub auf den halbgeschlossenen Lidern, mit dem letzten Licht auf der Stirn beobachtet er seinen an der Wand niederbrechenden Schatten. Der Schatten bewegt sich und vervielfältigt sich, als wolle er aufstehen in mehrfacher Gestalt, doch die Last des Turms hält ihn fest auf dem Stuhl, Gedanken sind in seinem Kopf, die der einstürzenden,

düster durchglühenden Kohle ähneln, Funken fliegen auf, ach, direkt unter dem Turm der Macht, im Keller lauern die pläneschmiedenden Aufrührer, sie drehen und wenden die Wörter, die drohend und symbolisch klingen wie Parolen. –

Die Arbeiter sind voller Einverständnis mit den Ingenieuren, denn es ist kalt, trotz längst geschlossener Werktore zieht der Winter ein in ihre Arbeitsanzüge. – –

Die Sekretärin der Ingenieure war ins Kesselhaus gekommen. Die Erscheinung der Frau im Rahmen der Tür – sie war ungefähr fünfundvierzig und von kräftiger Weiblichkeit, selbst sehr junge Arbeiter nannten sie ausgesprochen gut aussehend; sie hatte, trotz einer übergeworfenen weißen Strickjacke, die Arme vor der Brust verschränkt und schien zu frösteln – ließ den Heizer erschrocken hochfahren, er wußte nicht, wie lange sie dort schon gestanden und sein erstarrtes Sitzen, die wahrscheinlich schrecklichen, geistigen Bewegungen im Spiegel seines Gesichts schon beobachtet hatte, er erhob sich in seiner Überraschung und ging auf sie zu, auf seiner Stirn die Falten übertriebener Aufmerksamkeit, nicht wissend, wie er sie nach ihrer Absicht fragen sollte – übertrieben fand er seine Mienen später, sinnlos sein Entgegengehen, da sie ohnehin zu seinem Tisch wollte – er wußte, daß die Sekretärin von den Arbeitern geduzt wurde, hatte aber nie erprobt, ob ihm das gleiche Recht zugestanden würde, andererseits wäre es ihm abseitig erschienen, eine Frau, die von jedem im Betrieb vertraulich beim Vornamen gerufen wurde, in der dritten Person Plural anzusprechen. Er stand einen Schritt vor ihr, und sie war ein paar Zentimeter größer als er, um die Spannung auf seinem Gesicht zu mildern, führte er, ein Gähnen vortäuschend, einen Handrücken gegen den schon geöffneten Mund, sie blickte auf ihn herab mit ein wenig hervorstehenden Augen, die feinen Lidfältchen von einer Winzigkeit mildgrüner Schminke übertuscht, ernst, aber doch, wie er glaubte, vom Schimmer eines Abscheus getrübt; es war ein Abscheu, glaubte er, der einer unversehentlichen Verwandlung in Liebe vorausgehen konnte; hätte sich mitten aus der brüchigen Decke des Kellers plötzlich der Wasserstrom einer Dusche über den Heizer ergossen, um ihm die stinkenden Kleider sofort vom Leib zu spülen, hätte die Frau plötzlich erkannt, daß sich die Schmutzkrusten mittels Wasser und wohlriechender Seife außerordentlich leicht von seiner Haut entfernen ließen, hätte sich dieser Umschlag in Liebe augenblicklich vollziehen können. – Ich habe *Ihnen* das Geld gebracht, sagte die Frau, drängte sich an ihm vorbei, um zum Tisch zu schreiten. Er wußte, daß das Kesselhaus von Frauen niemals betreten wurde, abgesehen davon, daß die Heizer wohl als verschroben und gefährlich galten, waren es doch mehr die an Wänden und Decke riesig vorgewölbten Putzgrinde, die jeden Moment niederstürzen zu wollen schienen. Die Sekretärin, als mutige, nötigenfalls wehrhafte Person bekannt, war die einzige Frau, die dieses Tabu strikt mißachtete, dennoch erschien sie nur zweimal im Monat in diesem Keller, nämlich an den Zahltagen. Der Heizer, noch immer befangen, aber beruhigt über den profanen Grund ihres Kommens, lief ihr zum Tisch hinterdrein, die Frau wartete, den Staub auf der Platte tapfer ignorierend, bis der Heizer das Geld übernommen und auf der Lohntüte unterschrieben hatte, die Lohntüte an einer Ecke ergreifend, dennoch mit der lackierten Spitze des Zeigefingers Staub von der Tischplatte aufnehmend, sagte sie, sich zum Gehen wendend: Wissen Sie, was heute da oben wieder los ist ... – Ja, sagte der Heizer, was völlig falsch war, er wußte es nicht, denn sie mußte nicht die mangelnde Wärme meinen, er hätte die Frau durch eine einfache Frage, für die Zeit ihrer Erklärung bei sich zurückhalten können. Sie ging, und als sie über die Treppe aus seinem Blickfeld stieg, fragte er sich wie immer, ob sie, ehe sie verschwand, noch einmal auf ihn zurückgeschaut hatte. – Die Sekretärin war auf jeden Fall eine der Erscheinungen, die die Arbeiter mit den Ingenieuren einte. Die Sekretärin wußte, was heute da oben wieder los war, ganz im Gegensatz zu ihm, dem Heizer. Während jener Streitigkeiten, die an den Zahltagen stets aufs neue losbrachen, an den langen Tischen, die zu diesem Zweck unter den Glasfenstern der Büros der Hallenaufsicht aufgestellt wurden, wo die Arbeiter saßen und die Fäuste über die freien Flächen zwischen dem Kaffeegeschirr auf den Tischplatten umherfahren ließen, und wo die Ingenieure mit hochroten Köpfen stehend – sie setzten sich nicht auf die ihnen bereitgestellten Stühle dieses Versammlungsortes – mit halblauter Schärfe in den Stimmen über das Räsonieren der Arbeiter hinwegzureden trachteten, war es die Sekretärin, die zwischen dem sprachlosen Wüten der Arbeiter und dem Rotwelsch der Ingenieure die vermittelnde Rolle übernahm. Als es einige Male während derartiger Versammlungen Streit wegen der zu geringen Beheizung der Werkhallen gegeben hatte, und die Heizer angeklagt waren, war es die Sekretärin gewesen, die die Heizer, wenn auch deutlich aus einem Mangel an Verständnis für die wirkliche Lage, verteidigt hatte, ihr Plädoyer fußte auf den, nach ihrem Augenschein, wenig würdigen Arbeitsbedingungen im Kesselhaus, was die Ankläger schweigen ließ. Die *Arbeitsbedingungen* waren einer der Begriffe, der Arbeiter und Ingenieure einte, und der Sekretärin wurde nicht widersprochen; die Bedingungen der Arbeit waren etwas, wofür die Ingenieure zu sorgen hatten und gleichzeitg der Zustand, in dem die Arbeiter sich bewegten, da aber die Arbeitsbedingungen für die Arbeiter in diesem Betrieb gut waren, waren sie Bedingungen, über die mit den Heizern keine Verständigung zu erzielen war. –

Womöglich lag hier der fehlende Rest seiner Gedanken, der Denkfehler im wahren Sinn des Wortes: weil die *Arbeitsbedingungen* der Heizer als nicht gut, wahrscheinlich als unannehmbar bekannt waren, wurden sie nicht als Arbeiter bezeichnet.

Heute, da es Geld gab, merke ich, wie das Geld ein Ersatz für die Sprache ist, für jedes blanke Wort eine trübe, abgegriffene Münze.

Und meine Taschen sind voller Geld, trotz schlechter Arbeit unter schlechten Bedingungen; die Arbeits- und Schweigensbedingungen werden mir mit Geld vergütet.

Im Schweigen der Heizer über ihre Arbeitsbedingungen ahnen die Arbeiter eine Sprache weit unterm Niveau ihrer Sprachlosigkeit, die ungeheuer elende, standpunktlose Sprache von Maschinen, die aus ihrer Liebe schon entlassen sind.

Das Geld schuf die Logik dieser Bezüge, und es gab keinen *Versuch,* aus dieser Sprache auszubrechen, aus den Bedingungen der Sprache dieses Denkens, aus dem Keller dieser Sprache auszubrechen, den Keller dieses Denkens in die Luft zu sprengen. In diesem Keller der müden Symbole. In dem sich diese müden, festgemachten Vokabeln wanden. In dem sich diese eklen Glieder von Versatzstücken zu endlosen, grauenvoll kriechenden Pythonschlangen zusammenschlossen ... nein, wären es wenigstens Schlangen, es sind Haufen von elenden, gebrandmarkten Wörtern, riesige Haufen einer Wörterware, für die gezahlt wurde, Maschinenwörter, Ersatzteile von Wörtern, aus denen Maschinenwörter, Wortmaschinen zusammengesetzt werden ... wieder um Wörter zu produzieren, alte Wörter, die das Denken verstellen, scheinbar neue Wörter, die fade Metamorphosen der alten Wörter sind

... unaufhaltsam schreitet der Verschleiß fort, und mehr Wörter als diese gibt es nicht. – Dennoch, die Sekretärin, die Sekretärin dieser Sprache, hatte den Weg zu einem Aufbruch gewiesen, über dem das Wort von einer Würde schwang, doch es war ihr niemand gefolgt. – – Der Heizer war die Treppe emporgestiegen und steckte den Kopf aus dem Kesselhaus, er sah, daß die müden zerkneteten Wörter der Versammlung den Streit niedergeworfen hatten, es war Stille, und die Sieger, die Ingenieure, waren hinter das Glas ihrer Büros zurückgekehrt. Zwischen wirren Papieren auf den Tischen, zwischen Lohntüten, Zeichnungen, Planunterlagen saßen die Arbeiter über die Reste ihres kalten Kaffees gebeugt, ihre Stimmen waren leise geworden, zu unverständlichem Röcheln herabgekommen, Fetzen von Symbolen, einen Moment aufgewirbelt aus ihren öden, unordentlichen Haufen, sanken müde zurück auf die alten Plätze. Deutlich waren die Arbeiter aufgefordert, wieder an die Arbeit zu gehen, und gleich würden sie es tun, unverkennbar ohne eine andere Möglichkeit ... der Heizer, auf der Treppe und den Kopf nur knapp über dem Betonboden der Halle, spürte die Kälte, die wirkliche, von ihm selbst verursachte Kälte des Winters, der in den Betrieb gedrungen war. Er war der einzige Gegenstand, dem seine Sprache zu gelten hatte, der Winter, der im roten Mittagslicht vor den Toren stand, mit dem er fertig werden mußte, denn dies war seine *Arbeit.* Zum Schweigen gebracht stieg er in den Keller hinab: ob ich hier lediglich ein Mitarbeiter bin oder, ganz wie jeder Arbeiter, eine der Kampfpersonen dieses Betriebes, ist völlig gleich, das zu bedenken bedeutet nichts, wieder nur das Aufwirbeln der alten Wörter. Der Standpunkt der Ingenieure, der Vorgesetzten ist es, daß ich mit dem Winter fertig zu werden habe, dies ist die mir zugefügte Sprache, gemäß dieser kehre ich zum *Betrieb der Arbeit* zurück ... wie jeder der Arbeiter dort oben. Mit oder ohne Denkfehler: wenn es eigentlich nur noch möglich ist, sich auf dem Standpunkt der Vorgesetzten zu bewegen, heißt das entweder, daß *wir, die Arbeiter,* total rechtlos sind, nämlich ohne Recht sogar auf einen eigenen, uns, den Arbeitern, gehörenden Standpunkt, oder es ist so, und das erscheint durch die Geschicke unseres Denkens bewiesen genug, daß der Standpunkt der Ingenieure, also der Standpunkt des Betriebes, genau so unser Standpunkt ist, unser einzig möglicher Standpunkt nämlich, und das müßte heißen, daß wir, *die Arbeiter,* nichts anderes als dieser

*Betrieb* sind ... was wir begreifen und auch annehmen würden, wenn unsere Hirne sich nur darauf verstünden, dieses Ganze, das so stark als Tatsache vor uns erscheint, in einen Standpunkt des Erfolges für uns, die Arbeiter, umzumünzen, was uns als Befreite und endlich aufgerichtet inmitten aller Arbeit stehen ließe.

Zuletzt noch der Versuch, den Feierabend zu beschreiben, den Heimweg. Aber der Heimweg taugt zu nichts außer dem erneuten Gebrauch der alten, strapazierten Gedanken. Ohnehin ist es der, der dem morgendlichen Weg aufs Haar gleicht, und dieser morgendliche Weg wäre, wenn man in der Sprache der zuletzt gefundenen Folgerungen schon zuhaus wäre, der wirkliche Heimweg. – Der Rückweg bleibt ein unentschiedener Weg, auf dem man von Müdigkeit geschlagen ist, ein verräterischer Weg unter der Wintersonne, die man nicht sieht, unter der man aber am liebsten aus allem heraus will, aus der logischen Müdigkeit, aus dem Betrieb, aus den Gedanken. Aus der Kleidung und zuletzt auch noch, wie ein Judas, aus der eigenen Haut, auf der die gefüllten Taschen brennen.

Nadine Gordimer

# Südafrika: Leben im Interregnum

## I

> »Polizeiakten sind unser einziger Anspruch auf Unsterblichkeit.«
>
> Milan Kundera

Ich lebe 1753 Meter über dem Meeresspiegel in einer Gesellschaft, die wirbelt, stampft und schwankt in ihrer Kraft der revolutionären Veränderung. Die Vision ist berauschend, das Bild des dämonischen Tanzes ist korrekt, nicht romantisch: ein Bild von Aktionen, die aus dem Gefühl kommen und Überlegungen beiseite fegen. Die Stadt ist Johannesburg, das Land Südafrika, und wir befinden uns in den letzten Jahren der Kolonialepoche in Afrika.

Es ist unvermeidlich, daß der Kolonialismus des 19. Jahrhunderts nun endlich dort endet, weil er dort seinen höchsten Ausdruck fand – unverhüllt im legalisierten Raub von Land und Bodenschätzen, unverhüllt in der Ausbeutung der Arbeitskraft der Eingeborenen, unverhüllt in dem verfassungsmäßigen, institutionalisierten Rassismus, den die Briten unter dem frommen Vorwand der geistigen Erbauung und die Franzosen und Portugiesen unter dem hinterhältigen Begriff der selektiven Assimilation verbargen. Eine außerordentlich beständige Vermischung von Holländern, Deutschen, Engländern und Franzosen in der Bevölkerung der weißen südafrikanischen Siedler brachte eine plumpe Grobheit zustande, die den raffinierten weißen Rassismus aller enthüllte: die Fahne der europäischen Zivilisation wurde eingeholt, und da war sie, schamlos, die häßlichste Schöpfung des Menschen, und sie tauften sie in der Holländischen Reformierten Kirche, nannten sie *Apartheid* und prägten damit den vollendetsten Ausdruck für jene Manifestation des Rassenvorurteils zu allen Zeiten und in vielen Ländern.

Jedes Land konnte dort seine äußere Erscheinung sehen; und die meisten Völker.

Die Sonne, die noch nie über einem der Kolonialbereiche der Welt des 19. Jahrhunderts untergegangen ist, sinkt nun endlich in Südafrika. Seit den Aufständen der Schwarzen um die Mitte der siebziger Jahre, die zeitlich mit der Erlangung der Unabhängigkeit Moçambiques, Angolas und später Simbabwes zusammenfielen, hat die Vergangenheit begonnen, rasch aus dem Blickfeld zu verschwinden, auch für diejenigen, die gern noch in ihr weitergelebt hätten. Historische Koordinaten lassen sich nicht mehr auf das Leben abstimmen; neue haben, wo sie existieren, Verbindungen zu den Beherrschten, nicht zu den Herrschenden. Nicht von ungefähr wählte ich als Motto für meinen letzten Roman ein Zitat aus Gramsci: »Das Alte stirbt, und das Neue kann nicht geboren werden; in diesem Interregnum entsteht eine große Vielfalt morbider Symptome.«

In diesem Interregnum leben nun ich und all meine Landsleute. Aus ihm spreche ich zehntausend Meilen von daheim entfernt zu Ihnen. Ich werde nicht selten Ereignisse, die ich persönlich erlebte, als ich meinen Vortrag entwarf oder niederschrieb, den theoretischen Gedankengang unterbrechen lassen, denn diese Wechselwirkung – dieser unentbehrliche Riß, dieser Einbruch in die existentielle Kohärenz, die wir Konzept nennen – ist eben der Seinszustand, den mitzuteilen ich versuchen muß. Ich habe noch nie von einem so persönlichen Standpunkt aus in der Öffentlichkeit gesprochen. Abgesehen von den üblichen bei Joyce zu findenden Gründen der Verschwiegenheit und Schlauheit – denen ich noch ein eifersüchtiges Hamstern persönlichen Erlebens mit dem Ziel der Verwandlung in Belletristik hinzufügen möchte –, hat es für mich immer ein besonderes südafrikanisches Tabu gegeben.

Im offiziellen südafrikanischen Bewußtsein ist das Ich weiß: es hat immer ganz Südafrika als um sich herum angeordnet gesehen. Selbst das Ich, das dieser Entfremdung abzusagen versucht, tut es in der Annahme seiner eigenen Errettung, die in sich selbst wiederum Ich und Entfremdung ausdrückt. Und die, in überwiegender Mehrzahl selbst weißen, Medien der westlichen Welt nähren dieses Ich fortwährend aus ihrem eigenen. Journalisten, Parlamentarier, Kongreßabgeordnete besuchen Südafrika, um Weiße zu fragen, was dort geschehen wird. Sie kommen mit Schwarzen nur durch die Vermittlung von Weißen zusammen; sie nehmen sich selten die Zeit und die Mühe, aus eigener Initiative mit mehr als dem Mann zu sprechen, der ins Hotelzimmer kommt, um die leeren Bierflaschen abzuholen. Abgesehen von Filmen, die von – schwarzen und weißen – südafrikanischen politischen Aktivisten heimlich gedreht werden, sind die meisten ausländischen Fernsehdokumentationen, während sie die Weißen aus ihrem eigenen Mund verdammen, nichtsdestoweniger lediglich darum besorgt, was mit den Weißen geschehen wird, wenn das Apartheidregime geht.

Ich habe die Anmaßung gescheut, mein Land zu einem Zeitpunkt und an einem Ort, dem ich selbst angehöre, durch das Privatleben zu interpretieren, das, wie Theodor Adorno sagt, »sich nur als ein Anhängsel des sozialen Prozesses hinschleppt«. Nun will ich die Hemmung überwinden oder das Privileg der Privatsphäre zerstören, wie immer Sie das sehen wollen. Ich habe Ihnen mich selbst als mein am genauesten beobachtetes Exemplar des Interregnums zu bieten. Doch ich bin und bleibe Schriftstellerin, nicht öffentliche Rednerin: nichts, was ich hier sage, wird so wahr sein wie meine Dichtung.

Es gibt noch einen anderen Grund zum Bekenntnis. Der Teil, das besondere Segment der südafrikanischen Gesellschaft, dem ich durch meine Hautfarbe, ob ich will oder nicht, angehöre, steckt in einer existentiellen Krise mit einer eigenen Beziehung zur westlichen Welt, der Sie in diesem Publikum angehören. Ich glaube, das wird sich von selbst verstehen, bevor ich noch dazu komme, es zu erklären; es ist *nicht*, das möchte ich Ihnen versichern, die alte eingestandene Mitbeteiligung am Sklavenhandel oder der Rohstoffpreis.

Ich habe den Ausdruck »Segment« gebraucht, um meinen Platz in der südafrikanischen Gesellschaft zu definieren, weil sich innerhalb der weißen Sektion dieser Gesellschaft – die heute weniger als ein Fünftel der Gesamtbevölkerung ausmacht und nach den Voraussagen im Jahre 2000 auf ein Siebentel gesunken sein wird[1] – ein Segment im Interregnum weder mit Plänen befaßt, wie man vor dem kommenden schwarzen Staat davonläuft, noch auch nur darin physisch und ökonomisch überlebt. Ich kann für dieses Segment keine Zahlen angeben, aber so-

1 1980 gab es 28 Millionen Südafrikaner, davon waren 4,5 Millionen Weiße.

fern man sich eine gewisse Art von Glauben an die Möglichkeit, eine Gesellschaft human aufzubauen, und an den Besitz des für diesen Zweck nötigen Könnens und Intellekts bewahrt hat, gibt es für die Zukunft etwas zu bieten. *Wie* wir es bieten sollen, ist unsere Angelegenheit. Da technische und intellektuelle Fertigkeiten auf anderen Märkten als denen der besiegten Kolonialmacht gekauft werden können, stellen sie kein Anrecht auf die Zukunft dar, wenngleich sie als leicht verfügbare Gebrauchsartikel wichtig sind.

Dieses Anrecht beruht auf etwas anderem: wie bietet man *sein eigenes Ich* an.

In den Augen der schwarzen Mehrheit, die Azania regieren wird, werden sich die Weißen des früheren Südafrikas in einem neuen kollektiven Leben innerhalb neuer Strukturen neu definieren müssen. Vom ausschließlich weißen Parlament zum ausschließlich weißen Country Club und bis zu den eigenen »weißen« Fernsehkanälen wird es sich nicht darum handeln, daß die Schwarzen weiße Institutionen übernehmen, sondern darum, Einrichtungen – von Kindergärten bis zu Ministerien – zu entwerfen, die eine gesellschaftliche Struktur widerspiegeln, welche sich grundlegend von der nach den Bedürfnissen weißer Macht und Privilegien errichteten unterscheidet. Dieser große Unterschied wird sich auch bemerkbar machen, wenn der Kapitalismus überlebt, denn Südafrikas Kapitalismus ist wie Südafrikas nur für Weiße gemachte Demokratie anders als irgendwo sonst. Eine freie Wirtschaft, beispielsweise, gibt es bei uns nur für Weiße, und schwarze Kapitalisten dürfen in schwarzen Gettos und mit vielen Einschränkungen ihrer »freien« Wirtschaft Handel treiben. In den Städten werden sich die Läden und die angebotenen Dienstleistungen ändern, wenn der Lebensstil der – schwarzen, der Arbeiterklasse angehörenden – Mehrheit den Vorrang der freien Nachfrage anstelle der diktierten Nachfrage durchsetzt, bei der ein Konsument nur bekommt, was die rassistisch geprägte Vorstellung des Herstellers von seiner Stellung im Leben zu seinen Bedürfnissen erklärt.

Eine gerechtere Verteilung des Reichtums kann durch Gesetze erzwungen werden. Die Hierarchie der Vorstellungen, die weiße Einrichtungen und Lebensgewohnheiten jedem Weißen durch die tägliche Erfahrung von der Kindheit an einimpfen, kann nur durch die Weißen selbst, von innen heraus, geändert werden. Die sonderbare Anordnung des kollektiven Lebens in Südafrika hat ihre ganz spezielle Kontaktlinse in die Augen der Weißen eingesetzt: wir *sehen* Schwarze tatsächlich anders, was mit einschließt, daß wir sie *nicht sehen*, daß wir ihre unnatürliche Abwesenheit nicht bemerken, denn es gibt so viele vollkommen gewöhnliche Schauplätze des täglichen Lebens – das Kino, zum Beispiel –, zu denen Schwarze niemals Zutritt hatten, und daher hat man vergessen, daß man ihnen dort doch begegnen könnte.

## II

*Ich schreibe in meinem Winterquartier, an einem alten Brettertisch in einer Veranda in der Sonne; aus den Augenwinkeln sehe ich eine der üblichen Postwurfsendungen, die Broschüre eines Kettenbuchladens, der mich seines sich ständig erweiternden Dienstes versichert und die Belegschaft einer neu eröffneten Filiale vorstellt – Mrs. Soundso, Mr. Derundder und (ein schwarzes Gesicht) »Gladys«. Was für eine freundliche, zwanglose Art der Identifikation in einem Unternehmen mit »Chancengleichheit«. Gladys wird gesehen von Mitarbeitern, vom Fotografen, der sich die Namen notierte, und – so nimmt man an – Lesern, aber eben anders, als die weißen Arbeiter gesehen werden. Ich starre sie an wie sie ... Sie ist einfach »Gladys«, der praktische Handgriff, bei dem sie von der weißen Welt genommen, gebraucht und wieder weggestellt wird wie das Glas, aus dem der König in Rilkes Gedicht trinkt. Ihr Familienname, ihr afrikanischer Name, stammt aus Soweto, das ihre lächelnden weißen Kollegen mit weitaus geringerer Wahrscheinlichkeit jemals besuchen werden als New York oder London.*

Das erfolgreich eingepaßte Gerät im Auge des Betrachters ist etwas, was der durchschnittliche weiße Südafrikaner nicht bemerkt, denn Apartheid ist vor allem eine Gewohnheit; das Unnatürliche erscheint als natürlich – eine alles andere als banale Illustration von Hannah Arendts Banalität des Bösen. Das Segment der weißen Bevölkerung, dem ich angehöre, ist sich seiner Abhängigkeit von einer seit der Kindheit anerzogenen verzerrten Betrachtungsweise im höchsten Grade bewußt, und wir wissen sehr wohl, daß wir mit dem inneren Auge »zu viel gesehen haben, um je wieder unschuldig zu sein«. Aber diese Art von Bewußtsein, das sich durch die Schuldgefühle der Weißen in den fünfziger Jahren ausdrückte, ist von uns zum Teufel geschickt worden, denn, wie Czesław Miłosz sagt, »schwächt das Schuldgefühl den Glauben des modernen Menschen an den Wert seiner eigenen Vorstellungen und Urteile«, und wir brauchen die unseren. Wir müssen an unsere Fähigkeit glauben, neue Vorstellungen zu finden, und an unsere Fähigkeit, ihre Wahrheit zu beurteilen. Zugleich mit dem Weinen über das Geschehene haben wir das Frohlocken darüber aufgegeben, was Günter Grass Kopfgeburten nennt, diese athenischen Lehnstuhlentbindungen der Zukunft, wie sie Schwarzen von Weißen angeboten werden.

Nicht alle Schwarzen räumen auch nur ein, daß die Weißen irgendeinen Anteil an dem Neuen haben könnten, das noch nicht geboren werden kann. Ein bedeutender schwarzer Führer, der dazu bereit ist, Bischof Desmond Tutu, definiert diese Teilnahme so: »Das betrachte ich als den Platz des Weißen in diesem – allgemein so genannten – Befreiungskampf. Ich bin aus Überzeugung kein Rassist und begrüße daher die Teilnahme aller, der Schwarzen wie der Weißen, an dem Kampf für das neue Südafrika, das um jeden Preis kommen muß. Aber ich möchte feststellen, daß sich in diesem Stadium die Führung des Kampfes fest in den Händen der Schwarzen befinden muß. Sie müssen die Verteilung der Prioritäten und die Strategie des Kampfes entscheiden. Weiße haben unglücklicherweise die Gewohnheit, die Führung zu übernehmen und zu usurpieren und die wesentlichen Entscheidungen zu treffen, vor allem, glaube ich, wegen des Vorsprungs, den sie in der Bildung und in Erfahrungen dieser Art hatten. Entscheidend ist: sosehr sie sich auch mit den Schwarzen identifizieren wollen – es bleibt eine wesentliche Tatsache ... daß sie nicht wirklich Opfer dieser verheerenden Unterdrückung und Ausbeutung waren. Das ist eine Trennlinie, die nicht überschritten werden kann und die den Schwarzen bei der Entscheidung über den Verlauf und das Ziel des Kampfes den Vorrang überlassen muß. Die Weißen müssen gewillt sein zu folgen.«

Die Schwarzen müssen lernen zu sprechen; die Weißen müssen lernen zuzuhören – schrieb der schwarze südafrikanische Dichter Mongane Wally Serote in den siebziger Jahren. Das ist die Voraussetzung, unter der das weiße Segment, dem ich mich zurechne, im Augenblick lebt.

Klingt sie wie ein Verzicht auf den eigenen Willen? Das kommt daher, daß Sie, die in einer Demokratie leben, gewohnt sind, das Recht auszuüben, abstrakte grundsätzliche Erklärungen abzugeben, für die zumindest die Strukturen der praktischen Verwirklichung existieren. Die symbolische Handlung eines Gleichgesinnten, der einen Brief an eine Zeitung unterschreibt, oder die Vertretung von Interessenten im Kongreß ist eine Erinnerung an verfassungsmäßige Rechte, auf die man sich berufen kann. Für uns bedeutet Tutus Prämisse eine Erweckung des Willens, ein verzweifeltes Wachrütteln der Fähigkeit zur Rebellion gegen ungerechte Gesetze, die von der sterbenden Macht für ungesetzlich erklärt wurde, und der Fähigkeiten zur Erneuerung, die oft von der Macht, die nach oben drängt, zurückgewiesen werden. Die Klausel, die Desmond Tutu seiner Erklärung nicht hinzugefügt hat, ist, daß man zwar eine aktive weiße Unterstützung voraussetzt, aber auch erwartet, daß die andersartige Stellung der Weißen in den stillstehenden Strukturen der alten Gesellschaft Aktionen erfordern wird, die, während sie einerseits die der Schwarzen ergänzen, sich andererseits von denen der Schwarzen unterscheiden müssen. Von den Weißen erwartet man, daß sie ihre eigenen Formen des Kampfes finden, die nur manchmal mit denen der Schwarzen übereinstimmen.

Daß zumindest diese übereinstimmende Zusammenarbeit möglich ist, wirkt beruhigend; das sollte wenigstens eine offene Form des Aktivismus sein. Sie ist es aber nicht, denn in dieser Zeit morbider Symptome gibt es Widersprüche innerhalb des schwarzen Befreiungskampfes selbst, die sich nicht nur, wie man annehmen sollte, auf die gegensätzlichen von außen herangetragenen ideologischen Richtungen gründen, sondern auch auf die moralische Verwirrung der Ansprüche – auf Land, auf Völker – aus der vorkolonialen Vergangenheit in bezug auf die einheitliche Situation, zu der sich die Mehrheit der Schwarzen und das Segment der Weißen bekennen. Daher geht es für die Weißen nicht einfach darum, hinter den Schwarzen ›dem Führer zu folgen‹, es gilt, wie für die Schwarzen, aus der Verwirrung empirisch, pragmatisch, ideologisch oder idealistisch die eine oder andere Wahl hinsichtlich der praktischen moralischen Grundsätze des Kampfes zu treffen. Das ist die, wenn Sie wollen, von der Geschichte auferlegte Bedingung in den Aktionsbereichen, wo schwarze und weiße Beteiligung übereinstimmen.

III

*Ich befinde mich eines Abends, nachdem ich tagsüber an diesem Vortrag gearbeitet habe, auf einer öffentlichen Versammlung im Rathaus von Johannesburg. Die Versammlung findet unter der Schirmherrschaft der Progressive Federal Party, der offiziellen Opposition im ausschließlich weißen südafrikanischen Parlament statt. Zur Debatte steht ein Abkommen zwischen der südafrikanischen Regierung und dem Königreich Swasiland, durch das 7770 km² südafrikanischen Territoriums und 850000 südafrikanische Bürger, ein Teil des Zulu-»Homelands« KwaZulu [eines sogenannten Bantuheimatlandes, d. Ü.] an Swasiland fallen sollen. Die Hauptsprecher sind Chief Gatsha Buthelezi, der Führer von 5,5 Millionen Zulus, Bischof Desmond Tutu und Mr. Ray Swart, ein weißer Liberaler und einer der Führer der Progressive Federal Party. Chief Buthelezi hat es konsequent abgelehnt, die sogenannte Unabhängigkeit KwaZulus zu akzeptieren, aber – obwohl er sich für den verbotenen Afrikanischen Nationalkongreß erklärte – hat er durch die Annahme aller Stadien der sogenannten Selbstregierung bis zum allerletzten gegen das unabdingbare Prinzip des Afrikanischen Nationalkongresses verstoßen: ein einheitliches Südafrika.*

*Bischof Tutu unterstützt das Prinzip eines einheitlichen Südafrikas. Die Verfassung der Progressive Federal Party sieht eine föderative Struktur in einem neuen, nichtrassistischen Südafrika vor, anerkennt aber zugleich de facto die »Homelands«, die Bantuheimatländer, gegen deren Schaffung durch die Apartheidregierung die Partei nichtsdestoweniger opponiert. Ebenfalls auf der Rednertribüne vertreten sind Mitglieder der Black Sash [Schwarze Schärpe], der Organisation weißer Frauen, die einen radikalen Standpunkt als weiße Verbündete des Kampfes der Schwarzen einnimmt. Diese Frauen sind für ein einheitliches Südafrika. In dem etwa 2000 Menschen zählenden Publikum ist eine kleine Anzahl von Weißen völlig verloren unter den ausgelassenen, tobenden, applaudierenden Zulus. Die Ordnung – und was mehr ist: das freundschaftliche Einvernehmen – wird aufrechterhalten von Buthelezis Ordnern, die unter der Kleidung einer privaten, aus seiner Inkatha-Stammesbewegung rekrutierten Miliz mit Zulumuskeln anstatt mit Schußwaffen ausgerüstet sind.*

*Was tut Bischof Tutu hier? Er erkennt die »Homelands« nicht an.*

*Was tun die Frauen der Black Sash hier? Sie erkennen die »Homelands« nicht an.*
*Was treibt die Progressive Federal Party hier, eine Partei, die fest entschlossen ist, streng verfassungsmäßig zu handeln, und nun eine Versammlung beherbergt, in der der verbotene schwarze Freiheitsgruß und Kampfruf »Amandhla! Awethu!« – »Macht dem Volke!« – die dorischen Säulen des Rathauses erschüttert und die Stammesarmee eines Schwarzen anstelle der südafrikanischen Polizei für Ruhe und Ordnung sorgt?*
*Was tue ich hier und spende Gatsha Buthelezi und Ray Swart Beifall? Ich erkenne die »Homelands« nicht an, und ebensowenig bin ich für ein föderatives Südafrika.*

Ich war dort – *sie* waren dort – weil, abgesehen von den speziellen Interessengebieten (KwaZulus »nationale« Sorge um Land und Leute, die zu den Zulus gehören), das Problem, um das es ging, noch ein ganz anderes war: der Trick der Regierung, Abfindungen an Nachbarländer zu zahlen, die südafrikanischen Freiheitskämpfern Zuflucht gewähren, und schwarzen Südafrikanern die südafrikanische Staatsbürgerschaft abzuerkennen, um so das Zahlenverhältnis zwischen schwarzer und weißer Bevölkerung zu reduzieren.
Doch meine erhitzten Handflächen kühlten sich ab. Was für Paradoxa hatte ich in mir vereinigt! Ich hatte mich rühren lassen durch eine Schaustellung von Stammestreue, wo ich doch an die Einheit aller Schwarzen glaube; ich hatte einem »Homelands«-Führer applaudiert und war vor allem empört gewesen über die Abtrennung eines Teils eines »Homelands« von Südafrika, wo doch die Politik der »Homelands« selbst die Zerstörung des eigentlichen Wesens des Landes bedeutet. Aber das sind eben die Verworrenheiten, mit denen die Schwarzen leben müssen, und wenn ich Anspruch darauf erhebe, sie über die Apartheid hinaus zu begleiten, muß ich es auch.

Der Zustand des Interregnums ist ein Zustand von Hegels gespaltenem Bewußtsein, von Widersprüchen. Aus seiner inneren Reibung heraus muß irgendwie die Energie für uns Weiße entstehen; die Energie, das Vakuum auszufüllen, dessen wir uns unbewußt gewahr werden, denn wie verhaßt und beschämend das kollektive Leben der Apartheid und ihre Strukturen auch für uns waren, so herrscht jetzt die uneingestandene Angst, ganz ohne Strukturen zu sein. Das Interregnum besteht nicht nur zwischen zwei Gesellschaftsordnungen, sondern auch zwischen zwei Identitäten – die eine bekannt und abgelehnt, die andere unbekannt und ungewiß.

Wie hoch immer die Kosten des Befreiungskampfes an Menschenleben sein mögen, was immer für »manichäische Gifte« im Interregnum als Stimulantia eingenommen werden müssen: der Schwarze weiß, daß er in der Zukunft zuletzt zu Hause sein wird. Der Weiße, der sich für diese Zukunft ausgesprochen hat, der dem weißen Segment angehört, das sich in der weißen Vorherrschaft nie heimisch gefühlt hat, weiß nicht, ob er zuletzt sein Heim finden wird. Es wird, nicht nur von Rassisten, angenommen, daß das ganz und gar von der Bereitwilligkeit der Schwarzen abhängen wird, ihn hineinzulassen; aber wir, wenn wir unsere Situation bewußt durchleben und von der Pascalschen Wette ausgehen, daß dieses Heim des weißen Afrikaners existiert, wir wissen: es hängt auch davon ab, daß wir herausfinden aus dem Plunder abgegriffener Fotografien von den Beziehungen zwischen Herr und Diener, aus den 78 U/min. der Schellackplatte der Geschichte, die nur die Konditionierung der Vergangenheit wiederholt.

Ein Schwarzer, den ich gewiß als meinen Freund betrachten darf, weil wir eine Zeit überlebt haben, in der er es nicht für möglich hielt, die Freundschaft einer Weißen zu akzeptieren, und eine Zeit, in der ich glaubte, nicht akzeptieren zu können, daß er entscheiden sollte, wann diese Zeit vorüber war, sagte dieses Jahr zu mir: »Weiße müssen kämpfen lernen.« Das war keine Ermahnung, sondern eine aufrichtige Ermutigung. In politischen Begriffen ausgedrückt, bedeuten der Verlauf unserer Freundschaft, seine Worte und seine Haltung die Auflösung oder die verschwindende Brauchbarkeit der Black-Consciousness-Bewegung der letzten zehn Jahre und die Rückkehr zu den Grundsätzen der angesehensten schwarzen Bewegung mit der breitesten Basis: des verbotenen Afrikanischen Nationalkongresses: Ablehnung des Rassismus, der Glaube, daß die Rassenunterdrückung ein Teil des Klassenkampfes ist, und die Einsicht, daß es Weißen möglich ist, aus dem Klassen/Rassen-Privileg »auszusteigen« und sich mit der schwarzen Befreiung zu identifizieren.

Mein Freund, ich brauche das nicht eigens zu sagen, spielte nicht auf die Weißen von Abraham Fischer bis Helen Joseph und Neil Aggett an, die ihr Leben im politischen Kampf gegen die Apartheid einsetzten und in manchen Fällen verloren. Es wäre tröstlich anzunehmen, daß er auch nicht auf die Vorkämpfer des weißen Segments wie Intellektuelle, Schriftsteller, Juristen, Studenten, fortschrittliche Geister der Kirche und der Bürgerrechtsbewegung anspielte, die sich Gehör zu verschaffen wissen und mit der Peitsche des Protests knallen. Aber ich wußte, daß er sich letzten Endes wirklich an diejenigen von uns wandte, die zu den Vorkämpfern gehören, über deren Aktionen die Zeitungen berichten und die Geheimpolizei wacht, während wir immer enger an der schmalen Grenze zwischen besorgten Bürgern und Sozialrevolutionären auf und ab marschieren. Vielleicht war die Ermutigung für uns ebenso wie für die Basis des Segments gedacht – die im Zuhörerraum, aber nicht oben auf der Tribüne, junge Menschen und ihre Elterngeneration, die nach irgendeiner brauchbaren Möglichkeit in ihrem persönlichen Leben suchen müssen, sich dem Kampf für die Befreiung vom Rassismus anzuschließen.

Lange Zeit haben wir Weiße dieser Art das Gefühl gehabt, daß wir alles tun, was wir können – mit Ausnahme der Anwendung von Gewalt, einer schrecklichen Schwelle, die keiner von uns überschreiten mag, obwohl uns klar ist, was das bedeuten kann, nämlich daß es den Schwarzen überlassen bleibt, es zu tun. Aber nun stellen die Schwarzen Fragen, auf die jeder Weiße eine persönliche Antwort bereithalten muß, und zwar über ein Problem, das nicht durch Abstimmung auf einer Versammlung oder durch die Unterzeichnung eines Gesuchs erledigt werden kann, sondern das ins Haus kommt und bei jeder Familie eintritt. Die Schwarzen wollen nun wissen, warum Weiße, die glauben, daß die Apartheid etwas ist, was abgeschafft und nicht verteidigt werden muß, weiterhin der Einberufung zum Militärdienst Folge leisten.

Wir Weißen haben angenommen, daß der Wehrdienst ein Beispiel für Czesław Miłosz' »Machtlosigkeit des in einen Mechanismus geratenen Individuums ist, der unabhängig von seinem Willen arbeitet«. Wer sich dem Wehrdienst entzieht, hat nur die Wahl, das Land zu verlassen oder ins Gefängnis zu gehen. Die Verweigerung des Wehrdienstes aus Gewissensgründen wird gegenwärtig in Südafrika nicht anerkannt; die Gesetzgebung mag sie bald in irgendeiner Form einführen, aber wenn das geschieht: ist dann der Dienst in einer Schreibstube keine Funktion als Teil der Kriegsmaschinerie?

Dies sind, mit Ausnahme einer Handvoll von Männern, die das Gefängnis eher aus religiösen als aus politischen Motiven wählen, genug Gründe für alle, der südafrikanischen Armee trotz ihrer Ablehnung der Apartheid beizutreten. Es sind nicht genug Gründe für sie, es zu tun, unter der Bedingung, unter der Schwarze den Einsatz der Weißen für die gegenseitige Befreiung akzeptieren können. Zwischen der schwarzen und der weißen Einstellung zum Kampf steht die Bemerkung, die ich von einer jungen schwarzen Frau hörte: »Ich breche das Gesetz, weil ich lebendig bin.« Wir Weißen müssen noch den Spaten unter die Wurzeln unseres Lebens stechen; für die meisten von uns, mich selbst mit inbegriffen, ist der Kampf etwas, was einen Ort hat. Aber für Schwarze ist er überall oder nirgends.

## IV

> »Was ist Poesie, die nicht Nationen oder Völker rettet?«
>
> Czesław Miłosz

Ich habe schon meine Anwesenheit hier auf der Stufe einer Minderheit innerhalb einer Minderheit beschrieben. Nun will ich meinen Anspruch auf Bedeutung noch weiter einschränken. Eine Weiße, eine weiße Dissidentin, eine weiße Schriftstellerin. Wäre ich keine Schriftstellerin, so würde man mich gar nicht hierher eingeladen haben, daher muß ich annehmen, daß, obwohl die existentiellen Probleme einer weißen Schriftstellerin unbedeutend sind verglichen mit der Befreiung von 23,5 Millionen Schwarzen, die besondere Stellung des Schriftstellers in Südafrika als Deuter einer im Kampf befindlichen Gesellschaft sowohl für die Südafrikaner als auch für die Welt den schmalen Korridor bildet, den ich Sie hinunterführen kann und in dem Türen aufspringen und das schreckliche Geschehen zeigen werden, das von Schwarzen erlebt wird.

Über die erste Hälfte dieses Jahrhunderts hinaus wurde über die Erlebnisse der Schwarzen in Südafrika mehr von Weißen als von Schwarzen geschrieben. Die ersten schöpferischen Werke, welche die zentrale Tatsache südafrikanischen Lebens – den Rassismus – untersuchten, wurden in den zwanziger Jahren von Weißen verfaßt: William Plomer und Sarah Gertrude Millin. Wenn Schwarze die Themen, aber nicht die Leser der über sie geschriebenen Bücher waren, lesen weder Weiße noch Schwarze viel von dem, was seither zu den Klassikern der frühen schwarzen Literatur geworden ist – die wenigen Werke von Herbert und Rolfes Dhlomo, Thomas Mofolo und Sol Plaatje. Ihre moralistischen Essays befaßten sich mit dem zeitgenössischen Leben, ihre Belletristik war vorwiegend historischer Natur, ein verzweifelter Versuch, in den Kunstformen einer auferlegten Kultur eine Identität und Geschichte sicherzustellen, die von ebendieser Kultur abgelehnt und zerstört wurden.

In den fünfziger Jahren begannen schwarze Städter – Ezekiel Mphahlele, Lewis Nkosi, Can Temba, Bloke Modisane in der Nachfolge von Peter Abrahams – nur in englischer Sprache zu schreiben, und zwar über die städtische industrialisierte Erlebniswelt, in der sich Schwarz und Weiß über die Farbschranke hinweg gegenseitig aufrieben. Die Arbeit dieser schwarzen Autoren interessierte sowohl Schwarz als auch Weiß auf jener improvisierten Ebene, die man in Südafrika als »intellektuell« kennt: *bewußt* wäre ein genauerer Ausdruck, denn er bezeichnet das Bewußtsein, daß das Establishment der weißen Mittelschicht nicht, wie es behauptete, das Musterbeispiel südafrikanischen Lebens und daß die weiße Kultur nicht die endgültige südafrikanische Kultur war. Irgendwie an ihren Ellenbogen spürten die schwarzen Autoren, während sie schrieben, die Stöße der Unabhängigkeit, die eine Kolonie nach der anderen nördlich von Südafrika erlangte. Sie aber schrieben ironisch von ihrem Leben unter der Unterdrückung, als Opfer, nicht als Kämpfer. Und selbst die politischen Aktivisten unter den schwarzen Schriftstellern wie der Romanautor Alex la Guma und der Dichter Dennis Brutus machten aus ihrer ideologisch determinierten Bitterkeit nicht mehr als die Aristotelische Katharsis und weckten im Leser Mitgefühl mit den Unterdrückten anstatt Rebellion gegen die Unterdrückung.

Die Belletristik weißer Autoren brachte ebenfalls die Aristotelische

Wirkung hervor – und lieferte im Preis eines Hardcovers oder Paperbacks eine Katharsis weißer Schuldgefühle für Autor und Leser mit. (Es geschah übrigens in diesem Stadium, daß ausländische Rezensenten ihr Scherflein morbider Symptome zu unseren eigenen beitrugen, indem sie den Begriff »mutig« als literarischen Wert für südafrikanische Autoren prägten.) Das Thema der schwarzen wie der weißen Schriftsteller – das das eigentliche Wesen des südafrikanischen Lebens betraf und nicht die Frage der getrennten Eingänge für Weiß und Schwarz – war überraschend neu und wichtig. Was immer jeder Autor, gleich ob schwarz oder weiß, zu untersuchen wagen konnte, wurde als Bodengewinn für den Fortschritt im Gesichtskreis aller Schriftsteller betrachtet. Es hatte keine ikonoklastische Tradition gegeben. Nur ein einziger Roman, William Plomers ›Turbott Wolfe‹, der dreißig Jahre zuvor geschrieben wurde und verstanden hatte, *was unser Thema wirklich war,* war unserer Zeit noch ein Jahrzehnt voraus, als er die totale Maxime formulierte: »Die Eingeborenenfrage – das ist keine Frage, sondern eine Antwort.«

In den siebziger Jahren begannen Autoren, diese Antwort zu geben – für sich selbst. Sie war in den sechziger Jahren laut zu hören gewesen im Bewußtsein der Widerstandspolitik und sichtbar in der politischen Aktion – in schwarzen Massenorganisationen, im Afrikanischen Nationalkongreß, im Panafrikanischen Kongreß und anderen. Aber abgesehen von der Ebene der mündlichen Volksliteratur im Sinne von »Freiheitsliedern«, war sie eine Antwort gewesen, die noch aus der einen Quelle gekommen war, welche nie in erobertem Territorium lag, auch nicht, als die Industrialisierung Arbeiter verpflichtete, wo die militärische Eroberung schon ihre Verwüstungen angerichtet hatte: in dem Territorium des Unbewußten, wo die eigene, besondere Weise eines Volkes, dem Leben Sinn und Würde zu verleihen, die Grundlage seiner Kultur unzugänglich bleibt. Schriftsteller und nicht Politiker sind seine Sprecher.

Als die schwarzen politischen Organisationen für ungesetzlich erklärt und die Freiheitslieder und öffentlichen Reden verboten wurden, entwickelten die Schwarzen eine andere Einstellung zur Kultur und zur Literatur als verbaler, leicht zugänglicher Kultur. Viele schwarze Autoren hatten sich in einem Konflikt befunden – und waren von politischen Aktivisten herausgefordert worden: Wollt ihr kämpfen oder schreiben? Nun sagte man ihnen in der Sprache der Zeit: Es gibt keinen Konflikt, wenn ihr eure Feder zur Waffe unseres Volkes macht.

Die Aristotelische Katharsis, die schwarzes Selbstmitleid und weiße Schuldgefühle erleichterte, war gewiß nicht die Art, in der schwarze Schriftsteller die vom schwarzen Widerstand verlangte Antwort geben konnten. Die ikonoklastische Methode, die zwar ihre Funktion erfüllt hatte, als Rassenfetischisten ihre Porzellanidole anstelle der hölzernen »heidnischen« aufstellten, war zu ironisch und distanziert, sie zielte in eine andere Richtung. Die Schwarzen mußten zu sich selbst zurückgebracht werden: schwarze Autoren gelangten aus ihrer eigenen Situation heraus zu Brechts Entdeckung: ihr Publikum mußte dazu erzogen werden, *erstaunt zu sein über die Umstände, unter denen sie funktionierten.* Sie begannen den Schwarzen zu zeigen, daß ihre Lebensbedingungen ihre Geschichte sind.

Es fehlt Südafrika nicht an Tschernischewskis, die darauf hinweisen, daß die Hauptstraße der Geschichte ebensowenig die Gehsteige der eleganten Einkaufspromenaden der weißen Vorstädte von Johannesburg sind, wie es einmal der Newski-Prospekt war. In den Schlafstellen der Wanderarbeiter, den Menschenschlangen zwischen der Einzimmerwohnung und der Fabrik um vier Uhr morgens, den trunkenen Träumen, von denen um die Kohlenpfannen gesprochen wird, liegen die Geschichte der Niederlage der Schwarzen durch Eroberung, das Maß des Mangels an Wert, den die Weißen auf sie legten, die Degradierung ihrer Abfindung mit dieser Bewertung; und auch die Rettung durch die Revolte ist da – ein Streichholz, das von den Erbauern eines jeden Gettos fallengelassen wurde und darauf wartet, angerissen zu werden.

Die Schwierigkeit, ja die Langeweile, die viele Weiße erleben, wenn sie Erzählungen von Schwarzen lesen oder deren Theaterstücke sehen, in denen, wie sie sagen, »nichts geschieht«, rührt daher, daß das vermittelte Erlebnis nicht »die Entwicklung von Handlung« ist, sondern »die Darstellung von Zuständen«, eine Methode der künstlerischen Mitteilung und Erfahrung für Menschen, in deren Leben der dramatische Gehalt eben in seinen Zuständen liegt.

Diese Art zu schreiben war der Anfang der Funktion des schwarzen Autors als Revolutionär; sie war auch der Beginn einer Vorstellung von sich selbst, die sich von dem Selbstbild des weißen Schriftstellers unterschied. Das Bewußtsein des schwarzen Schriftstellers von sich selbst als Autor kommt jetzt von seiner Teilnahme an diesen Zuständen, diesen Lebensbedingungen her. Im Urteil seines Volkes macht ihn das zum Schriftsteller: die Macht des Erlebnisses selbst, nicht die Art, wie er es wahrnimmt und in Worte verwandelt. Grundsätze der Kritik stützen sich demgemäß auf die Teilnahme des Kritikers an ebendiesen Lebensbedingungen, nicht auf seine Fähigkeit zu beurteilen, wie gut dem Autor »die Übertragung natürlichen Materials auf ein formales Ergebnis gelungen ist, das die Phantasie erhellt«. Diese Definition der Kunst von Anthony Burgess würde von vielen Schwarzen als das Resultat von Voraussetzungen angesehen werden, die auf den Lebensbedingungen von Weißen und den diese bestimmenden Denkmustern basieren: als ein Rauchring aus einer teuren Zigarre. Wenn wir unsere Tschernischewskis haben, so fehlt es uns an einem Alexander Iwanowitsch Herzen. Literarische Normen und Normen menschlicher Gerechtigkeit sind im Interregnum hoffnungslos verworren. Der Syllogismus des Talents lautet so: Alle Schwarzen sind Brüder; alle Brüder sind gleich; daher kannst du kein besserer Schriftsteller sein als ich. Der schwarze Autor, der den letzten Satz anzweifelt, verrät die ersten beiden.

Als Kollegin fällt es mir, auch um der Sache der schwarzen Befreiung willen, der ich mich als weiße südafrikanische Bürgerin verschrieben habe, schwer, gelten zu lassen, daß ein schwarzer schöpferischer Autor, dessen handwerkliches Können dem entspricht, was er zu sagen hat, nicht höher einzuschätzen sein soll als jemand, der – bewundernswerterweise – aus der politischen Haft mit einem Fetzen Papier aufgetaucht ist, auf den er eine alliterierende Sammlung von Protestslogans gekritzelt hat. Für mich steht die Notwendigkeit des schwarzen Autors, schöpferische Ausdrucksweisen zu finden, die seiner existentiellen Wirklichkeit entsprechen, außer Zweifel. Und ich kann nicht gelten lassen, daß er, als Beweis seiner Solidarität mit dem Kampf seines Volkes, die schmerzlichen inneren Eigenschaften der Voraussicht und der Wahrnehmung verleugnet, die ihn immer von anderen unterscheiden werden und – zum Schriftsteller machen. Ich kann auch nicht akzeptieren, daß man ihm, wie es dem schwarzen Autor nun geschieht, ein orthodoxes Denken aufzwingt – eine Ausstattung von emotionalen

Phrasen, einen ungeschriebenen Index von Themen, eine Typologie.

Das Problem ist, daß Agitprop, weder unter diesem noch unter einem anderen Namen erkannt, zur ersten zeitgenössischen Kunstform wurde, von der viele schwarze Südafrikaner glauben, sie ihre eigene nennen zu dürfen. Sie paßt zu ihrem Zorn, und das gilt als Beweis dafür, daß sie ein organisches Gewächs schwarzer Schöpfung ist, die sich selbst befreit – und nicht die alte Schale, die sie in Wirklichkeit ist und die so oft von dem Zorn anderer bewohnt wurde. Ich weiß, daß Agitprop den Künstler mit den Mitteln fesselt, durch die sie den Geist des Menschen befreien will. Ich kann jetzt sehen, wie sie all das vereitelt: die allgemeine Absicht des schwarzen Schriftstellers, seine Kunst zu meistern, und den revolutionären Vorsatz, die Natur der Kunst zu ändern, neue Normen und Formen aus einem Volk heraus und für ein Volk zu schaffen, das sich selbst neu erschafft. Aber wie kann mir mein schwarzer Schriftstellerkollege zustimmen oder auch nur den Konflikt hinnehmen, den ich durch solche Behauptungen in ihm auslöse? Er hat die Kriterien seines Volkes zu akzeptieren, weil er allein in der Gemeinschaft schwarzer Entbehrungen im Besitz seiner Eigenpersönlichkeit ist. Nur durch die vorbehaltlose, ausschließliche Identifikation mit den Schwarzen kann er die Entfremdung durchbrechen, beinahe 350 Jahre lang in der von Weißen beherrschten Gesellschaft »anders« gewesen zu sein, und allein durch die Unterwerfung unter die Bienenstock-Kategorie des – programmierten – »kulturellen Arbeiters« ist er imstande, die Entfremdung des elitären Künstlers in der schwarzen Masse von Industrie- und Landarbeitern zu durchbrechen.

Und schließlich kann er den Konflikt wieder mir zuspielen mit Camus' Worten: »Ist es möglich, in der Geschichte zu sein, während man sich noch auf Werte bezieht, die über sie hinausgehen?«

Der schwarze Schriftsteller ist »in der Geschichte«, und deren Werte drohen, die transzendierten der Kunst zu verdrängen. Der Weiße, als Schriftsteller und Südafrikaner, kennt in diesem Stadium, in dieser Zeit, nicht seinen Platz »in der Geschichte«.

Zwei absolute Dinge gibt es in meinem Leben. Das eine ist, daß der Rassismus böse ist – menschliche Verdammnis im Sinne des Alten Testaments, und keine Kompromisse und keine Opfer sollten zu groß sein im Kampf gegen ihn. Das andere ist, daß der Schriftsteller ein Wesen ist, in dessen Empfindsamkeit verschmolzen ist, was Lukács die Dualität der inneren Natur und der Außenwelt nennt, und man darf niemals von ihm verlangen, diese Verbindung zu trennen. Die Koexistenz dieser beiden Dinge scheint mir oft in einem einzigen Leben unvereinbar zu sein. In einem anderen Land, zu einer anderen Zeit würden sie keinen Konflikt darstellen, weil sie in nicht miteinander verwandten Lebensbereichen wirken würden. In Südafrika müssen sie nun Koordinaten sein, für die es eine Verbindung zu finden gilt. Die Moralität des Lebens und die Moralität der Kunst sind in der gesellschaftlichen Strömung aus ihren Kategorien ausgebrochen. Kann man sie nicht versöhnen, so kann man sie nicht daran hindern, einander in einem selbst an die Gurgel zu fahren.

Für mich ist Lukács' »seherisch-intuitive Erfassung des unerreichten und daher unaussprechlichen Sinns des Lebens« das, wofür ein Schriftsteller, so schlecht er auch für diese Aufgabe ausgebildet sein mag, gemacht ist. Wie Fische, die unter dem Gewicht vieler Faden dunkler Tiefe schwimmen, nicht anders aussehen als andere Fische, bis man bei gründlicherer Untersuchung entdeckt, daß sie keine Augen haben, so haben Schriftsteller, die ganz wie andere Menschen aussehen, sich aber tief unter der Oberfläche menschlichen Lebens bewegen, zumindest einige Fähigkeiten der überscharfen Beobachtung und Wahrnehmung, die anderen unbekannt sind. Wenn ein Schriftsteller nicht dort hinuntertaucht und von ihnen Gebrauch macht, so ist er doch nichts anderes als ein blinder Fisch.

*Ebendas* – sagt die neue literarische Orthodoxie: er sieht nicht, was in der sichtbaren Welt vorgeht, unter den Menschen, auf der Ebene ihrer Handlungen, wo Tag für Tag gegen den Rassismus gekämpft wird. Im Gegenteil, behaupte ich: er bringt das thematische Lebensmaterial mit, das ihren Handlungen zugrunde liegt und sie motiviert. »Die Kunst ruht im Kern aller Ereignisse«, schreibt Joseph Brodsky. Von dort aus, aus den Tiefen des Seins, kommt die wesentlichste Intuition des revolutionären Glaubens: die Menschen wissen, was sie zu tun haben, noch vor ihren Führern. Von dieser Ebene aus wurde das Verlangen schwarzer Schulkinder nach einer ordentlichen Bildung 1976 in eine Revolte verwandelt; ihre Stärke kam aus dem tiefen Schlamm der Unterdrükkung und den aufgegebenen Wracks von Aufständen, die scheiterten, bevor sie geboren wurden. Von dieser Ebene aus geschah es auch, daß unlängst einer Aktion gewöhnlicher Leute für ihre eigenen Leute einige Zeilen am Fuß einer Zeitungsseite gewidmet wurden: Als einige Wander-Vertragsarbeiter aus einem der »Homelands« in einer Fabrik entlassen wurden, baten Arbeiter mit Papieren für den Daueraufenthalt im »weißen« Gebiet, an ihrer Stelle entlassen zu werden, da der Besitz von Papieren bedeutete, daß sie zumindest anderswo Arbeit suchen konnten, während man die Wanderarbeiter ohne Stellung in die »Homelands« zurückschicken würde.

»›Schriftsteller‹ zu sein, ist als eine Rolle entlarvt worden, die, konformistisch oder nicht, unentrinnbar einer gegebenen Ordnung verpflichtet bleibt.« Nirgendwo auf der Welt ist Susan Sontags Feststellung gültiger als in Südafrika. Der weiße Autor hat die Entscheidung zu treffen, ob er der sterbenden weißen Ordnung verpflichtet bleiben will – und selbst als Dissident, wenn er schon keine entschiedenere Haltung einnimmt, bleibt er *negativ* innerhalb der weißen Ordnung – oder ob er sich positiv für die Ordnung erklären will, die noch darum kämpft, geboren zu werden. Und sich für letzteres zu entscheiden, ist erst der Anfang, zumal für den Weißen, da er sich in einer weniger klaren Position befindet. Er muß versuchen, eine Möglichkeit zu finden, das Unvereinbare in ihm selbst zu vereinen und seine Beziehung zur Kultur einer neuen Art von postulierter Gemeinschaft herzustellen, die nicht rassistisch ist, aber von Schwarzen entworfen und geleitet wird.

Ich habe diese Verpflichtung voller Zuversicht auf mich genommen, mit dem Gefühl, die Wirklichkeit zu entdecken und – ich glaube, die Romane und Erzählungen, die ich in den letzten sieben oder acht Jahren geschrieben habe, spiegeln das wider – auf eine neue Art für ein Südafrika lebendig zu werden, in dem die Werte und Sitten der weißen Mittelschicht den Wirklichkeiten widersprechen und für mich längst zur Unwirklichkeit geworden sind. Dennoch gebe ich zu, daß ich leidenschaftlich entschlossen bin, meinen Platz »in der Geschichte« zu finden, während ich als Schriftstellerin immer noch auf die Werte verweise, die über die Geschichte hinausgehen. Sie werde ich niemals aufgeben.

Kann der Künstler durch die Strömung schwimmen und sein kostbares

Stück Talent in einem Bündel auf dem Kopf tragen? Ich weiß es noch nicht. Ich kann nur berichten, daß der beginnende Eintritt in die Geschichte aus einem sterbenden weißen Regime heraus durch Rückschläge, Ermutigungen und Abweisungen von seiten anderer und durch häufige Enttäuschungen über sich selbst gekennzeichnet ist. Ein notwendiger Lernprozeß . . .

## V

*Ich lege eine Pause im Schreiben ein.*

*Ich bin in einem schwarzen Nachbarland auf einer Konferenz über* Kultur und Widerstand. *Sie wird außerhalb Südafrikas abgehalten, weil verbannte Künstler und diejenigen unter uns, die noch in Südafrika leben und arbeiten, einander zu Hause nicht begegnen können. Einige weiße Künstler sind nicht erschienen, weil sie, nicht ohne Grund, die Folgen der Tatsache fürchten, von Spitzeln der südafrikanischen Geheimpolizei in der Gesellschaft von Exilierten gesehen zu werden, die in Südafrika verbotenen Organisationen angehören, vor allem dem Afrikanischen Nationalkongreß. Manche wurden auch nicht eingeladen, weil die Veranstalter ihre Arbeit und ihre politischen Ansichten als reaktionär betrachteten. Ich werde von einigen Weißen daheim der Liebling der Schwarzen genannt, weil ich aufgefordert wurde, das Hauptreferat auf einer der Literatur gewidmeten Sitzung zu halten; aber ich frage mich, ob diejenigen, die mich für einen Günstling halten, das Flakfeuer über sich ergehen ließen, das, wie ich genau weiß, aus den Ecken der Halle auf mich zukommen wird, wo sich schwarze Separatisten zusammenscharen. Sie sind nicht sosehr aufgrund demokratischer Rechte hier als vielmehr aus schwarzer Solidarität: paradoxerweise, da die Konferenz an sich eine Erklärung bedeutet, daß nach der Überzeugung von Teilnehmern und Veranstaltern der Befreiungskampf und die Kultur nach der Apartheid nichtrassistisch sind. Doch es gibt da dieses Band der Lebensbedingungen, das alle Schwarzen zu einer Loyalität zusammenschließt, ohne erbitterte politische Differenzen einzudämmen oder auszugleichen.*

*Bin ich der Ansicht, daß weiße Autoren über Schwarze schreiben sollten?*

*Hinter dieser naiven Frage aus dem Publikum verbirgt sich nicht nur ein persönlicher Angriff auf meine Arbeit, sondern auch ein Edikt, das öffentlich an die weißen Autoren von derselben Orthodoxie erlassen wurde, die den Schwarzen Vorschriften macht. Im Falle der Weißen ächtet es die Schaffung schwarzer Charaktere und zeigt zugleich, nach welchem Maß der Wert schwarzer Autoren gemessen wird: der weiße Schriftsteller teilt nicht die* vollen *Lebensbedingungen der Schwarzen, und deshalb soll er auch nicht über sie schreiben. Es gibt einige Weiße im Saal – keine Schriftsteller, glaube ich –, die diese Ansicht teilen. In dem folgenden scharfen Wortgefecht antworte ich, daß es ganze menschliche Erlebnisbereiche gibt – in den Arbeitssituationen, auf Farmen, in Fabriken, in der Stadt, zum Beispiel –, wo Schwarze und Weiße einander seit beinahe 350 Jahren beobachten und Interaktionen stattfinden. Ich fordere meine Herausforderer auf zu leugnen, daß es Dinge gibt, die wir voneinander wissen, die nie ausgesprochen werden, aber da sind, um niedergeschrieben zu werden – und auf beiden Seiten mit der Verwunderung und Bestürzung darüber aufgenommen zu werden, daß man sie erkannt hat. In diesen begrenzten, aber höchst aufschlußreichen Erlebnisbereichen gibt es lauter gute Gründe dafür, daß Weiße schwarze und Schwarze weiße Charaktere schaffen. Ich selbst habe in meiner Belletristik schwarze Charaktere gezeichnet: ob sie mir gelungen sind oder nicht, mag der Leser entscheiden. Gewiß ist jedenfalls, daß es keine Darstellung unserer gesellschaftlichen Wirklichkeit gibt ohne diesen seltsamen Bereich in unserem Leben, in dem wir voneinander Kenntnis haben.*

*Eine Weile später zog ich mich nicht ganz so ehrlich aus der Affäre, als die Verfolgung südafrikanischer Schriftsteller durch Verbote zur Sprache kam. Jemand bringt sie mit der Verfolgung von Schriftstellern in der Sowjetunion in Verbindung, und ein junger Mann springt auf und antwortet, daß der Prozentsatz der Schriftsteller unter der Bevölkerung der Sowjetunion höher als in jedem anderen Land der Welt sei und daß sie »in einem Schützengraben der Ruhe und Sicherheit« arbeiten.*

*Die Angemessenheit des bizarren Bildes, die Hölle statt des sicheren Hafens, den er veranschaulichen will, läßt uns nicht verstohlen lächeln. Hinter der Verwendung des seltsamen Ausdrucks verbirgt sich ein ganzes Arsenal qualvoller Widersprüche, die die Konferenz zum Platzen bringen könnten.*

*Jemand sagt mitten in die Stille hinein ruhig und deutlich: »Blödsinn.«*
*Dann herrscht wieder Schweigen. Ich greife nicht zum Mikrofon und sage dem jungen Mann: Es läßt sich kein Widerspruch zwischen der Behandlung der Schriftsteller in der Sowjetunion und in Südafrika herstellen; es besteht vielmehr eine enge Analogie. Südafrika verbietet Schriftsteller und bringt sie zum Schweigen, genau wie die Sowjetunion, wenn wir auch in südafrikanischen Verlagen keine fest angestellten Zensoren haben und Dissidenten nicht in Nervenheilanstalten gesteckt werden. Ich schweige. Ich schweige, weil in den Debatten des Interregnums jede Kritik am kommunistischen System als eine Verteidigung des kapitalistischen Systems aufgefaßt wird, das den Apartheid genannten Pakt zwischen Kapitalismus und Rassismus geschlossen hat – mit seinen Hochverratsprozessen, die den Prozessen unter Stalin entsprechen, mit seinen Verhaftungen von Dissidenten, die den Verhaftungen in der Sowjetunion gleichen, mit seinen Verbannungen und brutalen Entwurzelungen von Gemeinschaften oder Einzelwesen, die dem Gulag nahekommen oder ihn sogar übertreffen. Unterdrückung hat es in Südafrika gegeben, und sie wird noch erlebt; anderswo ist Unterdrückung ein Bericht in einer Zeitung, in einem Buch oder Film. Für Schwarze kann es keine distanzierte Objektivität geben: sie glauben an die Existenz der Peitsche, die sie spüren. Nichts könnte* schlimmer *sein als das, was sie als die »Ruhe und Sicherheit« des Kapitalismus kennengelernt haben.*

Ich war feige und werde es zweifellos noch oft sein in meinen Handlungen und Äußerungen als Bürger des Interregnums. Es ist ein Ort mit unsicherem Boden, der mir vorausgesagt wurde in den glühenden Schlackenhaufen der Kohlenbergwerke, über die wir Kinder oft mit wild wirbelnden Fahrradpedalen und jagenden Herzen fuhren, daheim in der Stadt in Transvaal, in der ich geboren wurde.
Und nun ist es an der Zeit zu sagen: ich glaube, daß Sie mit mir auf unsicherem Boden stehen, über die zehntausend Meilen hinweg; nicht, weil ich ihn mitgebracht habe, sondern weil auf einer seltsamen Pilgerfahrt durch die Wahlmöglichkeiten unseres Zeitalters und ihre Konsequenzen die demokratische Linke der westlichen Welt auf vielen geplanten Straßen und mühsamen Umwegen an demselben unvorherge-

sehenen Bestimmungsort angekommen ist. Es scheint mir ein aufgegebenes Nebengeleise zu sein. Man war bestürzt, als Anfang dieses Jahres Susan Sontag den großen Mut und die Offenherzigkeit besaß, sich selbst und anderen amerikanischen Linksintellektuellen vorzuwerfen, Angst davor gehabt zu haben, die Unterdrückung durch kommunistische Regimes zu verurteilen, weil man darin eine Billigung des amerikanischen Krieges in Vietnam und das stillschweigende Einverständnis mit brutalen rechtsextremen Regimes in Lateinamerika sah.

Diese moralische Zweideutigkeit hat eine Parallele zu der meinen auf dem Schriftstellerkongreß weit weg in Afrika, und sie hat mir indirekt den Mut gegeben zu bekennen. Während wir Lenkstange an Lenkstange über den Schlackenhaufen fahren, enthüllen beide Zweideutigkeiten dieselbe Furcht. Welches ist ihre Bedeutung? Ist es die Furcht vor dem Abgrund, vor dem größeren Interregnum der Hoffnungen und des Geistes der Menschen, wo sich gegen Sartres Sozialismus als »Horizont der Welt« die in Ketten geschlagenen Umrisse von Polens »Solidarität« abzeichnen und überall umher in den Gräben von El Salvador, in den Gefängnissen Argentiniens und Südafrikas, in den dachlosen Behausungen Beiruts die Opfer der westlichen Standards von Menschlichkeit zu sehen sind?

Ich lüge und die amerikanische Linke lügt, nicht, weil es wahr ist, daß sich der westliche Kapitalismus schließlich als gerecht und menschlich herausgestellt hat, sondern weil wir fühlen, daß wir, jetzt, nichts anderes zu bieten haben als seine Ablehnung. Da sich auch der Kommunismus seit 1917 nicht als gerecht und menschlich entpuppt und sein Versprechen noch grausamer gebrochen hat als der Kapitalismus – müssen wir deshalb den Armen und Enterbten der Welt sagen, es bleibe nichts anderes übrig, als von den kommunistischen Bonzen zu den kapitalistischen Bonzen zurückzukehren?

In Südafrikas reichem kapitalistischen Staat, in den der Westen kräftig investiert, sterben jährlich 50000 schwarze Kinder an Unterernährung oder an Krankheiten, die mit ihr zusammenhängen, während der Westen mit frommem Augenaufschlag erklärt, daß kommunistische Staaten ihre Bewohner nicht mit Fleisch und Butter versorgen können. In zwei Jahrzehnten sind in Südafrika drei Millionen Schwarze aus ihrem Leben herausgerissen, gewaltsam aus ihren Heimen und von ihren Arbeitsplätzen vertrieben und in unfruchtbaren, unterentwickelten Gebieten »wieder angesiedelt« worden, das alles auf Anordnung einer weißen, vom westlichen Kapital unterstützten Regierung. Es ist schwer, dem schwarzen Südafrikaner klarzumachen, daß sich die Formen des westlichen Kapitalismus im Sinne einer größeren sozialen Gerechtigkeit ändern, wie man sie am Beispiel von Ländern wie Schweden, Dänemark, Holland und Österreich mit ihren gemischten Wohlfahrtsökonomien sieht, wenn alles, was schwarze Südafrikaner vom westlichen Kapitalismus kennen, politischer und wirtschaftlicher Terror ist. Und dieser Terror ist nicht ein Relikt aus der kolonialen Vergangenheit; er wird *jetzt* von westlichen Demokratien finanziert – zugleich mit der eigenen Evolution der Demokratie des westlichen Kapitalismus in Richtung auf soziale Gerechtigkeit hin.

Die Tatsache ist, daß schwarze Südafrikaner und Weiße wie ich nicht mehr an die Fähigkeit des westlichen Kapitalismus glauben, hier, wo wir leben, soziale Gerechtigkeit zu schaffen. Wir sehen keinen Hinweis auf diese Möglichkeit in unserer Geschichte oder in unserer lebendigen Gegenwart. Was immer die westlichen Demokratien für sich selbst getan haben, das haben sie mit all ihrer großen Macht und ihrem großen Einfluß für uns *nicht* getan, und sie tun es weiterhin nicht. Das ist die Antwort für alle, die fragen: »Wozu eine alternative Linke? Warum nicht einen alternativen Kapitalismus?« Man zeige uns einen alternativen Kapitalismus, der von außen für wahre Gerechtigkeit in unserem Land arbeitet. Welche Bedingungen sind an die Anleihe des Internationalen Währungsfonds von annähernd einer Milliarde Dollar geknüpft, die die südafrikanische Regierung verpflichten würden, die Aussiedlung von Menschen zu beenden, eine einzige einheitliche Schulbildung ohne Rassentrennung für alle einzuführen und Millionen von Südafrikanern, denen die Staatsbürgerschaft aberkannt wurde, wieder einzugliedern? (Die USA besitzen in dem schwer belasteten Wahlsystem des IWF einen Anteil von 20 Prozent und stimmen damit alle Gegner der Anleihe zusammen nieder. Daher tragen die USA zweifellos eine entsprechende Verantwortung dafür, wie das Geld, das Südafrika erhält, ausgegeben wird. Gibt es irgendein Anzeichen dafür, daß sie diese Verantwortung tatsächlich auf sich nehmen?)

Wenn die enttäuschte amerikanische Linke glaubt, daß die Ungerechtigkeiten des Kommunismus nicht reformiert werden können, müssen wir dann annehmen, daß sich die der längeren Geschichte des Kapitalismus, der ständig von der mitleidsvollen Hand des Liberalismus überwacht wurde, ändern lassen? In dem Ausspruch, den ich früher zitierte, steckt, wie ich sehr wohl weiß, ein hoher Grad von Ironie: die meisten Führer der kommunistischen Welt haben die Grundannahme der Demokratie verraten, daß »die Leute wissen, was sie tun« – weshalb vielleicht Susan Sontag den Kommunismus als einen Faschismus mit menschlichem Antlitz sah. Ich glaube aber, daß wir, im Gegensatz zu ihrer Ansicht, zwischen Kommunismus und sozialistischen Demokratien »unterscheiden« können, was zweifellos auch sie tun, wenn sie sich nicht zu einer programmatischen Erklärung hinreißen läßt. Wenn die USA und Schweden nicht Bothas Südafrika sind, war etwa Allendes Chile die DDR, obwohl doch beide im sozialistischen Lager standen?

Überall müssen wir von der Linken sicherlich bis zu dem Punkt unterscheiden, wo wir in Erkenntnis der wirklichen Aufforderung Susan Sontags, die Wahrheit genug zu lieben, die blutbesudelte, beschämende Sache der Linken in die Hand nehmen und versuchen, diese Linke als das neu zu schaffen, was sie einmal sein sollte, und nicht, was 65 Jahre menschlicher Machtperversion aus ihr gemacht haben. Wenn wir, wie Susan Sontag mit Recht sagt, die Natur der kommunistischen Tyrannei einmal nicht verstanden, so verstehen wir sie jetzt, so wie wir immer und ohne weiteres die Natur der kapitalistischen Tyrannei verstanden haben. Dies ist keine manichäische Gleichung – was gut und was des Teufels ist, ist ohnehin keine Frage, die durch Beweismaterial entschieden werden kann –, und es gestattet nicht Abkehr und Hoffnungslosigkeit. Wir haben mittlerweile etwas darüber gelernt, wo der Sozialismus falsche Wege einschlägt, und welche seiner Maximen tödlich gefährlich sind und in der Praxis zur faschistischen Kontrolle der Arbeit und zur totalen Unterdrückung der individuellen Freiheit führen. Können die Hexenkünste der heutigen Zeit nicht schließlich doch durch dieses Wissen gebannt werden?

In dem Interregnum, in dem wir koexistieren, muß die durch das Versagen des Kommunismus enttäuschte amerikanische Linke zusammen mit der demokratischen Linken der Dritten Welt – dem lebendigen Beweis für das Versagen des Kapitalismus – die ungeheure Hartnäckigkeit aufbringen, an die Möglichkeit einer alternativen Linken zu glauben und auf sie hinzuarbeiten, auf eine Demokratie ohne den wirtschaftlichen und militärischen Terror, der zur Zeit sowohl unter linken als auch unter rechten Regimes existiert. Wenn wir dazu nicht imstande sind, wird die Möglichkeit einer echten sozialen Demokratie in unserer Zeit aussterben, und wer weiß, wann, nach was für einer noch blutigeren Zeit, sie wiederentdeckt werden wird.

Es gibt kein Vergessen, wie wir leben könnten, wenn wir nur den rechten Weg fänden. Wir müssen weiterhin vom Ideal gequält werden. Hier trifft die Verantwortung der amerikanischen Linken – und Liberalen? – mit der meinen zusammen. Ohne den Willen, auf die Möglichkeit zuzustreben, können die Beziehungen zwischen Weißen des Westens und den früher vom Westen unterworfenen Völkern niemals frei sein von der Vergangenheit, denn die Vergangenheit war für letztere der Dschungel des westlichen Kapitalismus, nicht das Licht, das die Missionare mitzubringen glaubten.

*(Aus dem Englischen von Joachim A. Frank)*

# Richard Sennett
# Die Tyrannei der Intimität

Es mögen zwei Vorstellungen sein, die einem sofort in den Sinn kommen, wenn von intimer Tyrannei die Rede ist. Einmal ein Leben, das aus nichts anderem besteht als den Kindern, der Hypothekenlast auf dem Eigenheim, Streitereien mit dem Ehegatten, den Gängen zum Tierarzt und zum Zahnarzt; ein Leben, das sich in Pünktlichkeit, in den zwei Martinis und den acht Zigaretten, die man sich täglich gestattet, und in der Sorge über die Rechnungen, die ins Haus kommen, erschöpft. Der häusliche Alltag erscheint als intime Tyrannei, als Wiege der Klaustrophobie. Auch der Polizeistaat, in dem jeder Schritt, den man tut, alle Freunde und alle Gedanken überwacht werden, hat Züge einer intimen Tyrannei. Diese Art von Unterdrückung erzeugt die beständige Angst, man könne sich durch unbedachte Meinungsäußerungen verraten und auf der Stelle ins Gefängnis kommen, die eigenen Kinder könnten in der Schule zu viel reden, man könne sich unwissentlich gegen den Staat vergehen und dessen ganzen Zorn auf sich ziehen. *Madame Bovary* steht für die erste Form intimer Tyrannei; für die zweite steht der aufrechte jugendliche Kommunist, der seine »irregeleiteten« Eltern an die Geheimpolizei verrät.

Beide Vorstellungen sind jedoch unzureichend. Mit dem Hinweis auf die Vielzahl häuslicher Pflichten läßt sich nicht jenes Gefühl von Klaustrophobie erklären, das heute so viele Menschen bedrückt. Und auch die Vorstellung von der faschistischen Überwachung führt leicht in die Irre; ihr zufolge könnte man zu der Ansicht neigen, wo kein Faschismus existiert, gebe es auch keine intime politische Kontrolle, während sie in Wirklichkeit doch nur eine andere Gestalt angenommen hat. Beide Vorstellungen greifen zu kurz, weil sie sich die Tyrannei nur als Ausübung von roher Zwangsgewalt vorstellen können. Die Tyrannei kann jedoch überaus subtile Formen annehmen.

In einer seiner ältesten Bedeutungen innerhalb des politischen Denkens erscheint das Wort »Tyrannei« synonym mit Souveränität. Wenn eine Gesellschaft alles auf ein allgemeines, souveränes Prinzip oder auf einen souveränen Herrscher bezieht, wird diese Gesellschaft von diesem Prinzip oder diesem Herrscher tyrannisiert. Diese Herrschaft einer alleinigen souveränen Autorität über eine Vielfalt von Verhaltensweisen und Handlungen muß nicht unbedingt roher Zwangsgewalt entspringen. Sie kann ebensogut auf Verführung beruhen, dergestalt, daß die Menschen von einer einzigen, über ihnen stehenden Autorität regiert werden *wollen*. Auch muß diese Verführung nicht unbedingt von einer Person, einem Tyrannen ausgehen. Sie kann ebensowohl von einer Institution, die zur alleinigen Quelle von Autorität wird, oder von einer Grundüberzeugung herrühren, die zum einzigen Maßstab der Realität erhoben wird.

Die Intimität ist eine Tyrannei der letzten Art. Sie beherrscht das Alltagsleben. Sie besteht darin, daß sich in den Köpfen der Menschen ein einziges Wahrheitskriterium als glaubwürdig festsetzt, mit dem die gesamte soziale Wirklichkeit in ihrer Komplexität beurteilt wird. Die Gesellschaft wird heutzutage einzig in psychologischen Kategorien gemessen. Und in dem Maße, wie sich diese verführerische Tyrannei durchzusetzen vermag, erleidet die Gesellschaft Deformationen. Ich wollte in diesem Buch* nicht die These aufstellen, daß wir intellektuell Institutionen und Ereignisse allein dort begreifen, wo sie uns in personalisierter Gestalt entgegentreten, denn das trifft offenbar nicht zu. Aber ein wirkliches Interesse – und darum geht es mir – wecken diese Institutionen und Ereignisse bei uns nur noch dann, wenn wir in ihnen Personen am Werke sehen, wenn sie sich für uns in Personen verkörpern.

Die Intimität rückt die zwischenmenschlichen Beziehungen in eine bestimmte Perspektive und formuliert in bezug auf sie eine ganz bestimmte Erwartung. Intimität läuft auf die Lokalisierung der menschlichen Erfahrung, ihre Beschränkung auf die nächste Umgebung hinaus, dergestalt, daß die unmittelbaren Lebensumstände eine überragende Bedeutung gewinnen. Je weiter diese Lokalisierung fortschreitet, desto mehr setzen die Menschen einander unter Druck, die Barrieren von Sitte, Regel und Gestik, die der Freimütigkeit und Offenheit entgegen-

* Richard Sennett, ›Verfall und Ende des öffentlichen Lebens. Die Tyrannei der Intimität‹, Frankfurt am Main 1983. *Anm. d. Hg.*

stehen, aus dem Weg zu räumen. Sie hegen die Erwartung, Nähe erzeuge auch Wärme. Sie streben nach einer intensiven Geselligkeit, doch ihre Erwartung wird enttäuscht. Je näher die Menschen einander kommen, desto ungeselliger, schmerzhafter, destruktiver werden ihre Beziehungen zueinander.

Die Konservativen behaupten, die Erfahrung der Intimität enttäusche die an sie geknüpften Erwartungen, weil das »innere Wesen des Menschen« so verderbt und destruktiv sei, daß bei der gegenseitigen Selbstoffenbarung stets nur jene privaten kleinen Häßlichkeiten zum Vorschein kommen, die man in weniger intensiven Formen von Interaktion wohlweislich verborgen hält. Ich glaube, die Niederlage, die der intime Kontakt der Geselligkeit zufügt, ist das Ergebnis eines langen historischen Prozesses, in dessen Verlauf sich das, was man als Natur des Menschen bezeichnen könnte, in jene individuelle, instabile, auf sich selbst bezogene Erscheinung umgeformt hat, die wir »Persönlichkeit« nennen.

Diese Geschichte handelt von der Aushöhlung eines delikaten Gleichgewichts, das der Gesellschaft in der ersten Hochphase ihrer säkularen, kapitalistischen Existenz Bestand verliehen hat. Ich meine das Gleichgewicht zwischen öffentlicher Sphäre und Privatsphäre, die die Menschen mit jeweils unterschiedlichen Leidenschaften besetzen konnten. Diese Gesellschaftsgeographie war von einem »Menschenbild« bestimmt, das sich aus der Idee eines natürlichen Charakters herleitete; dieser Charakter war nicht Resultat der Erfahrungen eines Lebens, er offenbarte sich vielmehr in ihnen. Er gehörte der Natur an und spiegelte sich im Menschen. Als Säkularität und Kapitalismus im vergangenen Jahrhundert eine neue Gestalt annahmen, büßte die Idee einer transzendentalen Natur allmählich ihre Bedeutung ein. Die Menschen neigten immer mehr zu der Überzeugung, sie selbst seien die Urheber ihres Charakters, jedes Ereignis in ihrem Leben sei als Teilbestimmung ihrer selbst von Bedeutung; worin jedoch diese Bedeutung bestand, ließ sich aufgrund der Instabilität und der Widersprüchlichkeit ihres Lebens nur schwer angeben. Aber die Aufmerksamkeit und das Interesse, das die Persönlichkeit und ihre Umstände auf sich zogen, wuchsen immer mehr. Nach und nach wurde jene geheimnisvolle, gefährliche Kraft, das Selbst, zum Maßstab der gesellschaftlichen Beziehungen. Das Selbst wurde zum Grundprinzip der Gesellschaft.

Der Verfall der öffentlichen Sphäre, in der es nichtpersonale Bedeutung und ein nichtpersonales Handeln gab, setzte an diesem Punkt ein. An den Folgen dieser Geschichte, der Verdrängung der *res publica* durch die Annahme, gesellschaftlicher Sinn erwachse aus dem Gefühlsleben der Individuen, hat die Gesellschaft, in der wir heute leben, schwer zu tragen. Diese Veränderung hat uns den Blick für zwei wesentliche Bereiche der gesellschaftlichen Realität verstellt, für den Bereich von Macht und Herrschaft und für den architektonischen Raum, in dem sich unser Leben abspielt.

Wir wissen, daß Macht und Herrschaft mit nationalen und internationalen Interesssen, mit ethnischen und Klassen-Gegensätzen, mit Konflikten zwischen Regionen und Religionen zu tun haben. Aber wir handeln nicht nach diesem Wissen. In dem Maße, wie die Persönlichkeitskultur unsere Anschauungen prägt, wählen wir Kandidaten, die glaubwürdig, integer sind und Selbstkontrolle an den Tag legen. Diese Persönlichkeiten »wirken«, so sagen wir, auf eine Vielzahl von Menschen mit höchst unterschiedlichen Interessen. Wo die gesellschaftliche Stellung nur noch Ausdruck angeborener persönlicher Anlagen zu sein scheint, wie vor allem bei den im 20. Jahrhundert neu entstandenen Gesellschaftsklassen, wird jede Politik, die von der Existenz von Klassen ausgeht, unterhöhlt. Der Lokalismus und die lokale Autonomie werden zum politischen Credo, als nähmen Machtverhältnisse um so menschlichere Züge an, je intimer der Raum ist, in dem sie wahrgenommen werden. Dabei entwickeln sich die tatsächlichen Machtstrukturen immer mehr zu einem internationalen System. Die Gemeinschaft wird zu einer Waffe gegen die Gesellschaft, als deren großer Mangel nun ihre Anonymität gilt. Aber daß eine Gemeinschaft politische Macht erlangen könnte, muß Illusion bleiben in einer Gesellschaft wie der der industrialisierten westlichen Welt, deren Stabilität gerade durch zunehmende Internationalisierung der ökonomischen Kontrollstrukturen erreicht wurde. Kurzum, der Glaube an den Wert direkter zwischenmenschlicher Beziehungen auf der Ebene der Intimität hat uns davon abgehalten, unser Wissen von der Realität von Machtverhältnissen zur Leitlinie unseres politischen Handelns zu machen. Auf diese Weise haben wir es versäumt, die Mächte der Unterdrückung und Ungleichheit in Frage zu stellen.

Die Überzeugung, wahre zwischenmenschliche Beziehungen bestünden in Enthüllungen von Persönlichkeit zu Persönlichkeit, hat auch unser Verständnis für die Zwecke der Stadt verzerrt. Die Stadt ist das Instrument nichtpersonalen Lebens, die Gußform, in der Verhaltensstile, Interessen, Geschmacksrichtungen in ihrer ganzen Komplexität und Vielfalt zusammenfließen und gesellschaftlich erfahrbar werden. Die Angst vor der Anonymität zerbricht diese Form. In ihren hübschen, säuberlichen Gärten unterhalten sich die Leute über die Schrecken von London oder New York; hier in Highgate oder Scarsdale kennt man seine Nachbarn; gewiß, es ist nicht viel los, aber dafür ist das Leben sicher. Das ist die Rückkehr ins Stammesleben. Die Ausdrücke »urban« und »zivilisiert« lassen sich heute nur noch auf die selten gewordenen Erfahrungen einer kleinen Gruppe von Menschen beziehen, die sich darob noch den Vorwurf des Snobismus gefallen lassen müssen. Dabei ist gerade die Wertschätzung, die man der intimen Beziehung zuerkennt, schuld daran, daß die Möglichkeiten einer zivilisierten Existenz, in der die Menschen an der Vielfalt von Erfahrung Gefallen finden und sogar Bereicherung aus ihr ziehen, einzig den Wohlhabenden und Gebildeten offenstehen. In diesem Sinne ist die Besessenheit von der Intimität das Kennzeichen einer unzivilisierten Gesellschaft.

Die doppelte Tyrannei der Intimität, diese zweifache Verneinung der Realität und des Werts eines öffentlichen Lebens, verweist aber auch auf eine entgegengesetzte Möglichkeit. Die Wiederentdeckung der Stadt, die Befreiung aus dem Lokalismus, der im 19. Jahrhundert erstmals Gestalt annahm und heute zu einem allgemeinen Glaubensgrundsatz geworden ist, würden die Wiederentdeckung der Grundlagen politischen Verhaltens mit sich bringen. In dem Maße, wie die Menschen lernen können, ihre Interessen in der Gesellschaft entschlossen und offensiv zu verfolgen, lernen sie auch, öffentlich zu handeln. Die Stadt sollte eine Schule solchen Handelns sein, das Forum, auf dem es sinnvoll wird, anderen Menschen zu begegnen, ohne daß gleich der zwanghafte Wunsch hinzuträte, sie als Personen kennenzulernen. Ich glaube nicht, daß dies ein müßiger Traum ist. Über weite Strecken der Geschichte unserer Zivilisation war die Stadt Brennpunkt eines aktiven gesellschaftlichen Lebens, Austragungsort von Interessenkonflikt und -ausgleich und Schauplatz der Entfaltung menschlicher Fähigkeiten und Möglichkeiten. Doch gerade diese ihre zivilisatorische Kraft ruht heute ungenutzt. *(Aus dem Amerikanischen von Reinhard Kaiser)*

Jürgen von Kempski

# Versuch über die Zärtlichkeit

»tactus enim, tactus, pro divum numina
sancta corporis est sensus ...«
Lucretius

## I.

Die Zärtlichkeit hat ihre Quelle im Herzen, die Sensibilität ihren Grund in den Sinnen und der Einbildungskraft. Die Zärtlichkeit beschränkt sich auf das Gefühl, das lieben macht; die Sensibilität hat zum Gegenstande, was die Seele zum Guten oder zum Bösen bewegen kann. Die Zärtlichkeit ist ein tiefes und dauerhaftes Gefühl; die Sensibilität ist offenbar nichts als ein vorübergehender, wenn auch lebhafter Eindruck.

Es sind diese Sätze d'Alemberts eine der offenbar ganz wenigen Stellen, die von der Zärtlichkeit handeln – die Philosophie, scheint's, hat wohl kaum mehr zu ihr zu sagen gewußt. Der jüngere Kant insistierte darauf, daß Zärtlichkeit eine besondere Art des Gefühls fürs Erhabene sei, der altgewordene Kant setzte, in seiner Anthropologie in pragmatischer Hinsicht, die Empfindungsfähigkeit aus Stärke als »zarte Empfindsamkeit« der Empfindungsfähigkeit aus Schwäche des Subjekts, »dem Eindringen der Sinneseinflüsse in Bewußtsein nicht hinreichend widerstehen zu können, d. i. wider Willen darauf zu attendieren« als einer »zärtlichen Empfindlichkeit« entgegen. Ein Nachklang davon mag Hegels Vorwurf an die Romantiker sein, der »Zärtlichkeit gegen die Dinge« nachzugeben, gegen die Dinge, mit denen sein Begriff freilich nicht gerade zärtlich umzugehen pflegte.

Verwunderlicher als das Schweigen der Philosophen, für die »Zärtlichkeit« auch in ihren Lexika kein Stichwort ist – die »tendresse» bei den Franzosen, wie sich versteht, ausgenommen –, ist die Schweigsamkeit bei Psychologen, was das Gefühl der Zärtlichkeit anlangt. Selbst da, wo man mit Fug erwarten dürfte, daß die Zärtlichkeit als solche in den Blick käme, ist dies kaum je und allenfalls marginal der Fall. Selbst Ludwig Binswangers so breite Auffächerung der Liebe bleibt uns die Antwort nicht weniger schuldig als Jahrzehnte davor des Philosophen Max Scheler Buch über Wesen und Formen der Sympathie. Warum ist dem so?

Die Zärtlichkeit steht damit unter den seelischen Phänomenen nicht allein. Vor über vierzig Jahren konstatierte der Psychiater Erwin Straus, daß die Wirkung des Ekels von der niedersten bis zu den sublimsten Sphären des menschlichen Daseins reiche. Gebe man sich von dem Umfang und der Bedeutung des Ekels Rechenschaft, so sollte man erwarten, daß die Psychologie diesem Phänomen die gebührende Beachtung geschenkt hätte. Aber man werde in einem Lehrbuch der Psychologie viel mehr über die Bedingungen der Farbwahrnehmung im peripheren Gesichtsfeld bei einäugigem Sehen finden als über den Ekel. Die Psychoanalyse erwähne zwar oft die Ekel- und Schamschranken; Freud messe ihrer Errichtung eine große Bedeutung für den Ablauf der Lebensgeschichte zu; er nehme also wohl Notiz von dem Phänomen, aber er habe es als solches nicht genauer analysiert. Was alles denn im Negativen wie im Positiven auch auf das Phänomen der Zärtlichkeit zutrifft. Warum also ist dem so?

Eine Antwort könnte man auf folgender Linie suchen. Gefühle wie die Zärtlichkeit, wie der Ekel lassen sich nicht in Elemente zerlegen, aus denen sie sich gewissermaßen zusammensetzen. Zärtlichkeit ist nicht Lust von irgendwelchem Intensitätsgrad plus eine Organempfindung, und Ekel ist nicht Unlust kombiniert mit irgendwelcher organischen Reizung. Vielmehr stellen sich uns diese Gefühle, zumal in ihrem Verlauf, als ein Ganzes dar, das nun aber, so rein es uns auch erscheinen mag, je als ein qualitativ Verschiedenes erlebt wird, auch wenn wir in dem Phänomen selbst keinerlei »Mehrheitlichkeit« vorfinden können. Dieser Umstand macht verständlicherweise einen methodischen Zugriff auf diese Phänomene schwer, so daß – auch wieder verständlicherweise – die Psychologie ihren Zugang zu Affekten und Emotionen zunächst dort sucht, wo diese sich relativ eindeutig manifestieren.

## II.

Halten wir uns vorerst an das Wenige, was wir finden. Zärtlichkeit, so schreibt Albert Wellek, »ist eine Hinwendung zum Andern, eine Brücke zwischen Liebenden, und als solche eine Struktur, die eine Art von Synthese bietet. Auf der einen Seite ist Zärtlichkeit im Gemüt verwurzelt und im zärtlichen Gefühl für zarte Dinge und gehört so zu tiefen emotionalen Erfahrungen. Aber auf der andern Seite bedeutet, zärtlich und liebevoll zu sein, stark von der Vorstellung bewegt zu sein, daß das geliebte [Kind] ist, was es ist, und daß es zu uns gehört.« Nicht zufällig kommt Wellek von der sogenannten Leipziger Schule der Ganzheitspsychologie her, die sich mehr als andere um die Psychologie der Gefühle bemüht hat. Aber leider bleibt es bei Wellek bei dieser Andeutung dessen, was Zärtlichkeit sei.

Die offenbar einzige Arbeit, die die Zärtlichkeit zu ihrem zentralen Thema gemacht hat, ist die des verstorbenen Schweizer Psychologen und Psychotherapeuten Hans Kunz, der der Daseinsanalyse Ludwig Binswangers nahestand und in mancher Hinsicht auch, wie sein umfangreiches Werk zur anthropologischen Bedeutung der Phantasie bezeugt, der Existenzialphilosophie Heideggers. Aber sein Essay über die Zärtlichkeit, in seinem schmalen Buch ›Die Aggression und die Zärtlichkeit‹ von 1946, ist ein von philosophischen Überzeichnungen freier Versuch, das Phänomen der Zärtlichkeit in seiner ganzen Breite, aber auch in seiner Tiefe in den Blick zu bekommen.

Das Interesse von Kunz war davon geleitet, einen Phänomenkomplex aufzufinden, der sich dem der Aggressivität und der Destruktivität entgegensetzen läßt. Ihn glaubte er in der Zärtlichkeit ausmachen zu können, die eine ursprüngliche, auf keine anderen Strebungen zurückführbare Weise der »Zuwendung zum Begegnenden« sei, die sowohl die »Liebe« wie die Sachlichkeit, mithin jene beiden Haltungen zu einem wesentlichen Teil fundiere, an welche man zuerst denken mag, wenn man den Widerpart der Aggressivität namhaft machen soll. Insbesondere gingen ja, so betonte er, die zärtlichen Impulse den aggressiv-destruktiven zeitlich und strukturell voraus, was bereits das Umschlagenkönnen der gehemmten Zärtlichkeit in zerstörerische Aktionen bezeugt, während der umgekehrte Prozeß selten und nur als tertiäre Reaktivierung einer zunächst versagten, daher durch Aggressionen ersetzten Zärtlichkeit stattfindet, die dann wieder den zuerst aufgetretenen liebkosenden Strebungen Platz macht.

Ob es statthaft ist, Aggressivität und Zärtlichkeit in dieser Weise einander entgegenzusetzen, sei vorerst dahingestellt. Es geht zunächst darum, den Phänomenbereich der Zärtlichkeit, der gebenden wie der verlangten, abzustecken. Sie ist ja ein Tun, und sie ist ein Bedürfnis. Sie ist ein Tun, das sich in Liebkosungen äußert, in Berührungen, aber nicht darin allein, sondern auch in Sprache, im Ton und im Blick, ja selbst in Gedanken. Sie ist ein Bedürfnis, ein sehnsüchtiges Empfangen über berührte Haut, übers Gehör, übers Auge, ja selbst über das Wissen vom zärtlichen Gedenken des Andern. Aber das zärtliche Tun kann sich auch auf tote Gegenstände richten, auf die Puppe, auf den Stoffbären, auf eine Skulptur oder auf ein Mineral. Denn der Gegenstand von Zärtlichkeit braucht nichts Kleines zu sein und auch nichts Zartes.

Man ist leicht und wohl allzu leicht geneigt, das Mutter-Kind-Verhältnis als den Urtypus der Zärtlichkeitsbeziehung herauszustellen, nach der gebenden wie nach der empfangenden und der bedürftigen Seite hin. Und in der Tat lassen sich an ihm wesentliche Züge der Zärtlichkeit ablesen, und in ihm hat die Zärtlichkeit eine wichtige biologische Funktion. Von ihr wird noch zu sprechen sein. Ein wesentlicher Zug im zärtlichen Mutter-Kind-Verhältnis ist auf der Seite des Kindes »das Erfahren von leiblichen Berührungen, in denen sich die sorgende Anwesenheit eines anderen Menschen dokumentiert«. Das Kind wird in seinem Dasein bestätigt, und es darf sich behütet fühlen. Die Stiftung eines die Einsamkeit aufhebenden leiblichen oder sprachlichen Kontaktes mit einem Andern, in welchem der zärtlichkeitsverlangende Partner die Bejahung seines eigenen Daseins erfährt: darin läßt sich mit Kunz das Wesen auch der passiven Zärtlichkeit sehen.

Die Passivität des Zärtlichkeitsverlangens ist freilich durchaus relativ. Der Zärtlichkeit eignet wohl mehr als jedem andern vergleichbaren Phänomen eine gewisse Reziprozität: wer Zärtlichkeit gibt, empfängt auch, wer streichelt, so liest man wohl, wird gestreichelt. »Das faktische Erfahren von Liebkosungen«, so sagt Kunz – nicht freilich das bloße Sich-Sehnen danach –, »kann eigentlich gar nicht geschehen, ohne daß das empfangende Wesen ineins sich entsprechend betätigt, denn das pathische Sich-den-Zärtlichkeiten-Öffnen realisiert bereits ein, wenngleich leises zärtliches Tun.« Man mag das im Zusammenhang sehen mit dem besonderen Bewegungscharakter von Liebkosungen, mit ihrer gleitenden Weichheit und Langsamkeit, die behutsam, ja bedächtig erscheint. Es ist ein Warten darin, das sich des Empfanges versichern möchte.

III.

Man wird hier vielleicht einwenden wollen, daß Heftigkeit und Leidenschaftlichkeit oft genug nicht fehlen, und sie stellen sich ein, wenn die Schwelle zur Sexualität überschritten wird. Da wird freilich ein Wort über das Verhältnis von Zärtlichkeit und Sexualität nötig. Es mag an zu Anfang Gesagtes erinnert werden: Zärtlichkeit als eine ursprüngliche, auf keine andere Strebung zurückführbare Zuwendung, mithin auch nicht auf Sexualität. Damit entfällt auch die Behauptung oder Vermutung der Psychoanalyse, Zärtlichkeit sei so etwas wie gehemmte Sexualität. Es ist gewiß so unverständlich nicht, daß man die zärtliche auf die sexuelle Strebung hat zurückführen wollen, nachdem einmal das Tabu vor der frühkindlichen Sexualität gefallen war. Aber eine Enttabuisierung, die eine Annahme möglich macht, bedeutet nicht schon, daß diese Annahme denn auch richtig sei, und sie verleitet leicht zur Ausdehnung des Begriffes der Sexualität, in dessen Nacht dann alle Kühe schwarz sind. Gewiß tritt die zärtliche mit der sexuellen Strebung vielfach gekoppelt auf, beherrscht mehr oder weniger und eher zuwenig das, was man als das Vorspiel des sexuellen Aktes anzusehen pflegt, und ist unzweifelhaft ein Stimulans sexueller Erregung. Aber abgesehen davon, daß der Sexualakt oft genug und weithin ohne Zärtlichkeit verläuft, ist die Motorik der zärtlichen und der sexuellen Strebung eine höchst verschiedene, eignet der ersteren doch nicht jenes Unruhige, Drängende, Agierende, das Kunz auch beim weiblichen Geschlecht sieht. Beide Bewegungsarten sind eher gegensätzlich, und die zärtliche scheint oft genug nur in den Dienst der genital-sexuellen gestellt zu sein, um zu verschwinden, vor allem beim männlichen Partner, wenn letztere sich voll entfaltet. Dabei ist es gerade die zärtliche Strebung, die perennieren kann, über jede Befriedigung der sexuellen hinaus, sofern sie ursprünglich da ist und nicht nur sekundär, während

die sexuelle zusammenbricht. Es sind diese und andere Beobachtungen, die nahelegen, zwischen Sexualität und Zärtlichkeit zu unterscheiden und sie als nicht aufeinander reduzibel aufzufassen.
Die Meinung Freuds ist auch in der Psychoanalyse vielfach verlassen worden, wie etwa von Karen Horney. Aber selbst Sándor Ferenczi hat am Ende einerseits »das Zärtliche in der kindlichen Erotik und das Leidenschaftliche in der Erotik des Erwachsenen« andererseits scharf gesehen, wenn er auch die Frage nach dem Wesen des Unterschieds zwischen beiden vorsichtig offenlassen wollte. Man darf, um dies zu wiederholen, die Zärtlichkeit nicht auf die Mutter-Kind-Beziehung oder etwas ihr Analoges reduzieren. Sie spielt auch unter Erwachsenen, aber man sollte auch nicht mit Hans von Hattingberg die »Sinnlichkeit zur Vertiefung und zum Schlußpunkt der Zärtlichkeit« werden lassen. Hier hat Kunz das Richtige gesehen: »Weder trägt die sexuelle Erregung einschließlich der orgastischen Endlust (Freud) zur Vertiefung des zärtlichen Erlebens bei noch beendet jene das letztere. Beide sind vielmehr leibseelische Bewegungen je eigenen Ursprungs und Verlaufes, die sich freilich oft zu einer Einheit verschmelzen – und vielleicht noch häufiger verschmelzen sollten, ohne es zu tun.« Und wenn wir dies festhalten, so dürfen wir davon absehen, die mannigfachen Äußerungen der Zärtlichkeit dem Andern gegenüber, sei er nun Kind oder Partner oder Freund, vor dem Leser, der sie sowieso kennt, auszubreiten.

## IV.

Das bevorzugte Organ der Zärtlichkeit, das sie gibt und das sie empfängt, ist die Haut. Sie ist das ausgedehnteste Organ unseres Körpers – beim Neugeborenen hat sie einen Anteil von 19,7 Prozent des Körpergewichts, beim Erwachsenen immerhin noch 17,8 Prozent. Ihre Oberfläche hat Wahrnehmungsorgane für Hitze, Kälte, Berührung, Schmerz: auf je 100 Quadratmillimeter etwa 50. Die Häufigkeit der Tastkörperchen schwankt zwischen 7 und 135 auf dem Quadratzentimeter, und rund eine halbe Million von sensorischen Nerven verlaufen von der Haut hin zum Rückenmark. Die Haut hat nicht nur eine Funktion als Schutzhülle für den Organismus, als Temperaturregulator und als Träger von Stoffwechsel, sondern eben auch als Sinnesorgan – sie ist wie die übrigen Sinnesorgane aus dem Ektoderm entstanden. Seltsam, daß sich ihr die Forschung erst spät zugewandt hat, ihr im ganzen etwa seit den vierziger Jahren, um so erstaunlicher, als eben doch sie die Barriere des Organismus zur Außenwelt ist. An ihr erfahren wir die Außenwelt – im wörtlichsten Sinne – hautnah.

Die Andeutungen einiger physiologischer Tatsachen mögen uns daran erinnern, daß ein Gefühl, das über ein so sensibles wie ausgedehntes Organ vermittelt wird, wie es bei der Zärtlichkeit der Fall ist, von Wichtigkeit sein dürfte, und dies um so mehr, als einem Menschen wohl alle übrigen Sinne – Gesicht, Gehör, Geruch, Geschmack – wohl versagt und verloren sein können und die ihnen zugeordneten Organe devastiert: die Haut als Organ kann der Mensch nicht entbehren. Wohl hatte die psychosomatische Medizin viel über die Auswirkungen psychischer Störungen auf die Haut zutage gefördert, aber das Problem war, einmal die Konsequenzen zu erforschen, die sich daraus ergeben, daß die Haut ein Sinnesorgan ist, an dem uns hier das Getast, das Taktile interessiert.

Vielleicht darf man, bei aller Vorsicht, die bei einem Vergleich von Tier und Mensch geboten ist, an dieser Stelle daran erinnern, daß Säugetiere wie die Katze oder auch die Albinoratte, dieses bevorzugte Studienobjekt, ihre Jungen gleich nach dem Wurf zu lecken pflegen, mit erstaunlicher Intensität und auf verschiedene Regionen des Körpers verteilt, weise verteilt. Kommt man in die Verlegenheit, ein Kätzchen ohne die Katzenmutter aufziehen zu müssen, so ist nicht die Nahrungsaufnahme das Problem, sondern die Stimulation von Stoffwechselvorgängen und Ausscheidungen, die durch dem Lecken analoge Handlungen in Gang gesetzt sein wollen. Ein überreiches Beobachtungsmaterial zeigt, wie wesentlich für das Gedeihen, aber auch für das spätere Verhalten die neurale Stimulation über die Haut ist, bei Ratten, bei Katzen, bei Pavianen oder bei welchem Säugetier auch immer, auch beim Menschen.

Daß das, was in Betracht der Haut beim Tiere gilt, auch mutatis mutandis für den Menschen Geltung hat, darf man um so mehr vermuten, als dem Menschen eine besonders lange extrauterine Entwicklung eignet, als er um so vieles unfertiger im Vergleich zum Tiere auf die Welt kommt. Wichtiger noch als die somatische Seite ist beim Menschen die psychische – auch ihre Entwicklung hängt entscheidend davon ab, daß dem Menschen als Säugling, als Kleinkind das zugewendet wird, was für das Tierjunge das Belecktwerden durch die Tiermutter bedeutet, und eben dieses Äquivalent ist – vor allem mütterliche – Zärtlichkeit, eben das Anfassen, Streicheln, Tragen und zärtliche Ansprechen. Es gehört zu den Merkwürdigkeiten, daß sich eben dieses doch so natürliche Verhalten dem eben erst werdenden Menschen gegenüber gerade in den Ländern hoher Zivilisationsstufe noch in den ersten Jahrzehnten unseres Jahrhunderts nicht nur nicht von selbst verstand, sondern von damals führenden Pädiatern geradezu perhorresziert wurde: zärtliche Liebe und Fürsorge galt eher als unhygienisch und unwissenschaftlich. Harry Bakwin, einer der ersten Kinderärzte, die dem wahren Sachverhalt auf die Spur kamen, sagte, das Wesentliche für ein kleines Kind scheine das taktile und kinästhetische Empfinden zu sein: »Man kann Säuglinge durch zärtliches Klopfen und Wärme leicht beruhigen, während sie auf Empfindungen des Schmerzes und der Kälte durch Schreien reagieren. Daß Kinder still liegen und nicht schreien, wenn man sie ins Freie stellt, ist wahrscheinlich mindestens zum Teil der Berührung ihrer Haut durch die Luft zuzuschreiben.«

Ein Ich, sagte ein scharfer Beobachter, das keine Grundlage im Körpergefühl hat, verfällt der Verzweiflung. Ein solches Gefühl konstituiert sich vor allem in der Berührung, und diese Berührung erfordert den Andern, sie ist die Brücke zur Kommunikation. Dieser Faden läßt sich in die sexuelle Beziehung hinein verfolgen, und hierfür liegt nachgerade ein reiches Material vor. Einiges haben wir schon angedeutet. Aber man sollte sehen, daß sich der Faden teilt, daß die eng mit der taktilen Berührung zusammengehende Kommunikation nicht in der sexuellen aufgeht. Albert Moll, ein Berliner Neurologe und Sexualforscher, der zeitlebens der Psychoanalyse gegenüber auf Distanz blieb, hatte dies schon vor der Jahrhundertwende gesehen. Es war seine Entdeckung, daß der sexuelle Impuls zwei Komponenten enthält, von denen die eine auf die taktile Berührung, die andere auf Befriedigung geht. Aber gerade die taktile Komponente, also die Zärtlichkeit, ist es, die die intimere zwischenmenschliche Kommunikation trägt.

V.

Der Tastsinn: Goethe, dieser Augenmensch, hatte ihn den stumpfesten der Sinne genannt. Das Recht dazu ist fragwürdig. Tastend können wir feinere Unterschiede der Oberfläche von Dingen wahrnehmen, als dies unserm Auge möglich ist. Tastend erfahren wir mehr von der Haut des Andern, als wir dies sehend vermöchten. Der Tastsinn vermittelt uns unsere ersten Wahrnehmungen. Dies hatte schon Erasmus Darwin, Charles' Großvater, in seiner ›Zoonomia‹ von 1794 klar ausgesprochen: »Unsere ersten Wahrnehmungen werden uns durch das Tastgefühl vermittelt; denn der Fötus erfährt innerhalb des Uterus eine Reihe von verschiedenartigen Bewegungen und muß zu einem bestimmten Grad von seinen Muskeln Gebrauch machen. Es ist sehr wahrscheinlich, daß er auf diese Weise eine gewisse Vorstellung von seiner eigenen Gestalt, der des Uterus und der Beschaffenheit des Fruchtwassers erhält, das ihn umgibt ... Viele Sinnesorgane sind auf eine geringe Körperfläche verteilt, wie zum Beispiel die Nüstern, Ohren, Augen, während das Tastgefühl sich über die ganze Haut erstreckt und nur an den Fingerspitzen und der Spitze des Daumens differenzierter und zarter ist.« Und dann entwickelt Erasmus Darwin, wie wir als Kinder uns eine Vorstellung von Gegenständen gerade durch Betasten mit Hand und Mund zu verschaffen suchen.

Der Tastsinn erlaubt uns nicht die Orientierung im Raume, die wir insbesondere durch das Auge gewinnen. Man hat bezweifelt, ob es überhaupt einen Tastraum gibt, und sicherlich ist der Raum, der über das Ertastete hinausliegt, so unbestimmt, wie es etwa das blaue Himmelsgewölbe ist und eher noch mehr. Aber der Raum des Ertasteten ist von großer Intimität, ein Raum des zärtlichen Umgangs mit dem Andern, auch mit dem Ding, während der Sehraum dem Blick Dritter zugänglich ist, so daß sich in ihm dann die Intimität durch den wechselseitigen Blick schwer herstellen läßt: »No me mires que miran / si nos miramos, / y es menester, si miran / nos contengamos. / Nos contendremos, / y cuando no nos miran / nos miraremos« – heißt es in einem spanischen Volkslied. (»Blick mich nicht an; denn sie blicken uns an, wenn wir uns anblicken. Und blicken sie uns an, so müssen wir uns in acht nehmen. Also werden wir uns in acht nehmen und uns dann anblicken, wenn sie uns nicht anblicken.«)

Gewiß hat Konrad Fiedlers Dictum, daß die Funktion der Kunst nichts anderes sei als Entwicklung des Sehprozesses, seine Wahrheit; aber schwerlich ist es schon die ganze. Herder hatte es anders gesehen: »Alle Schönheit der Körper als Formen ist ... fühlbar, vom Gefühl sind alle ästhetischen Ausdrücke, die jene bezeichnen, genommen, sie mögen angewandt werden, wo sie wollen: rauh, sanft, weich, zart, Fülle, Regung und unendlich viel andere sind vom Gefühle.« Und Gefühl meint hier Tastgefühl.

Beim älteren Herder tritt ein solcher Überschwang in der kunsttheoretischen Bewertung des Tastsinns zurück, sie ist merklich gedämpft. Goethes, freilich erotisch-zärtlich gemeinter, Pentameter: »Sehe mit fühlendem Aug', fühle mit sehender Hand« – für die Analyse der Rezeption von Bildender Kunst ist er kaum je zum Leitstern geworden. Alois Riegl freilich hat die Bedeutung des Taktilen für die Kunsttheorie betont: Man müsse oft staunen, so schrieb er in seinen ›Stilfragen‹ (1893), wenn man die Fingerspitzen tastend über alt-ägyptische Relieffiguren gleiten lasse und nun die feinste Modellierung dort wahrnehme, wo das Auge aus einiger Entfernung bloß eine ungegliederte tote Fläche zu sehen glaube. Aber Riegl blieb mit dieser Auffassung eher allein, mochte auch ein anderer Kunsthistoriker von Rang, August Schmarsow, dieser Spur folgen.

Die letzten beiden Jahrzehnte brachten mit ihrem Wandel zu einem neuen Körpergefühl, mit ihrer Enttabuisierung des Sexuellen, mit der Entdeckung der Bedeutung von Zärtlichkeit durch junge Menschen, beginnend mit den »Blumenkindern« und nur allzu schnell in einer Subkultur angesiedelt, auch die Parole einer »Kunst zum Anfassen«.

## VI.

Die Zärtlichkeit ist eine Zuwendung zu einer anderen Person oder auch zu einem Ding, sie ist eine Zuwendung von einer bestimmten gefühlsmäßigen Qualität, sie ist ein Gefühl des in besonderer Weise Zugewendetseins. Dies gilt für den Gebenden, es gilt aber auch, wenngleich leiser, für den Empfangenden. Hat Zärtlichkeit ein negatives Gegenstück, läßt sich ein Phänomenkomplex gegensätzlicher Art aufweisen?

Hans Kunz hat, wir deuteten es schon an, diese Frage zu beantworten gesucht, oder vielmehr, er hat diese Frage von jenem, für ihn gegensätzlichen Phänomenkomplex her gestellt und war so auf die Zärtlichkeit gestoßen. Dieser Phänomenkomplex war die Aggressivität, der er den ersten und umfangreicheren Essay seines schon genannten Buches gewidmet hatte. Als aggressiven Antrieb bezeichnet er einen solchen, der auf die betonte Unterdrückung oder Ablenkung der Eigentätigkeit oder der Eigenart des – leblosen oder lebendigen – Begegnenden gerichtet ist. Darin freilich scheint Zärtlichkeit der Gegenpart der Aggressivität zu sein, denn sie beläßt ja gerade den Andern, das Andere in seiner Eigenart. Aber diese erscheint doch zu abstrakt gesehen. Beide Strebungen können sich verbinden, es gibt so etwas wie eine zärtliche Aggressivität oder auch aggressive Zärtlichkeit. Beide sind Zuwendungen und hinsichtlich ihrer Erlebnisqualität gewiß irreduzibel. Aber während die Zärtlichkeit »eine ursprüngliche, auf keine anderen Strebungen zurückführbare Weise der Zuwendung zum Begegnenden« realisiert, ist, wie Kunz mit Recht betont, die Aggressivität wesentlich reaktiv und daher wohl so aufnahmefähig für gefühlsmäßige Inhalte verschiedenster Provenienz: Wut, Haß, Geilheit und so weiter, aber auch für Zärtlichkeit, wenn diese als Strebung gehemmt wird und in aggressives Verhalten (oder alternativ: in eine kurze, tiefe Depression) umschlägt. Doch eben dies verbietet, die beiden Phänomenkomplexe als »Gegenmächte« einander entgegenzusetzen.
Was aber wäre der Gegensatz zu der zärtlichen Zuwendung...? Es müßte wohl doch eine entsprechende Abwendung von ... sein. Bloße Gleichgültigkeit reicht nicht aus, denn diese wendet sich weder zu noch ab, sondern läßt stehen. Es müßte ein Phänomenkomplex sein von ebenso irreduzibler Erlebnisqualität, wie es die Zärtlichkeit ist. Man braucht nicht weit zu suchen, um ihn im Ekel zu finden, und wenn wir diesen ins Auge fassen, so haben wir es mit einem Phänomen zu tun, von dem sich, was seine psychologische Aufarbeitung anlangt, dasselbe sagen läßt wie von der des Phänomens der Zärtlichkeit. Wir hörten schon, was Erwin Straus dazu vor über vierzig Jahren zu sagen sich gedrungen fühlte, ich wüßte nicht, daß etwas nachzutragen wäre, und so bleibt nur sein Resumé zu wiederholen: von einigen wenigen Arbeiten abgesehen, nur eine weite, hier und dort verstreute Kasuistik. Auch Aurel Kolnai, der ein wenig früher schon die ausführlichste

Übersicht gegeben hatte (in Husserls ›Jahrbuch‹ X), leitete sie mit den Worten ein: »Das Problem des Ekels ist, soweit unsere Kenntnis reicht, bisher arg vernachlässigt worden. Verglichen mit dem wissenschaftlich-psychologischen und metaphysischen Interesse, das sich mit dem Haß und der Angst, von der Unlust gar zu schweigen, zugewandt hat, stellt der Ekel, obwohl ein gewöhnlicher und recht prägnanter Bestandteil des Gefühlslebens, ein unbearbeitetes, unerforschtes Gebiet dar.«

Es ist hier nicht der Ort für eine Phänomenologie und Ätiologie des Ekels, nur auf weniges mag abgehoben werden, um den Gegensatz zur Zärtlichkeit zu verdeutlichen. Wie dieser der zarte Säugling als das ihr ureigenste Objekt zugeschoben wird, so läßt man den Ekel am Verwesenden sich entzünden. Das zärtliche Verhältnis richtet sich auf den Partner, den Andern, es richtet sich auch auf tote Dinge, soweit sie taktilem Erleben zugänglich sind, aber auch die Möglichkeit der Richtung auf Geistiges liegt darin, sofern dieses nur faßbar ist: eine Begrenzung auf ein, man möchte sagen, menschliches Maß scheint Voraussetzung zu sein dafür, das Gefühl der Zärtlichkeit zuzuwenden.

Analoges gilt offenbar für den Ekel. Das Verwesende mag der Prototyp seines möglichen Gegenstandes sein, Ekel vor einer Person ist nur zu leicht möglich wie Ekel vor toten Dingen, nicht nur vor vergehenden organischen, sondern etwa vorm glitschigen Stein, Taktiles ist hier wohl vorausgesetzt – aber auch Ekel vor Geistigem ist möglich, vorm miesen Charakter eines Menschen, vor der Diskrepanz zwischen Anspruch und Realität, dem Öligen oder auch dem verlogenen Sentiment: auch hier ist wohl allzumenschliches Maß Voraussetzung für die Möglichkeit von Ekelgefühl.

Die Phänomenologie von Zärtlichkeit wie von Ekel bleibt noch zu schreiben: sie stößt im einen wie im andern Falle auf eine sehr grundsätzliche Schwierigkeit. Zärtlichkeit wie Ekel gehören dem sinnlichen Bereich an, aber die Ausdruckscharaktere, die die zärtliche Strebung wie die Abwehr des Ekels leiten, sind, das hat Erwin Straus sehr klar gesehen, nichts Festes noch einfach Naturgegebenes. »Die Gestaltung der Ausdruckscharaktere ist vom Geistigen mitbedingt, im Entzücken und Verlangen nicht anders als im Ekel und in der Abwehr ... In seinen scheinbar individuellen Regungen folgt der Einzelne doch immer noch der Mode, dem Stil, dem Geschmack seiner Zeit.«

## VII.

Der Zärtlichkeit fehlt ein spezifischer, ihr zugeordneter Gegenstandsbereich: sie vermag alles zu erfassen, was sie antrifft, es ist nicht so, daß gewisse Bereiche nur Surrogat wären für andere, und dies unterscheidet sie von den Trieben. Die zärtliche Strebung nimmt den Andern (und das Andere) in seiner Eigenart hin, wir sagten es schon. Sie nimmt ihn nicht nur hin, sondern sie bestätigt ihn, es liegen in ihr Positivität wie Aktivität, sie ist Aufhebung von Fremdheit, Vergewisserung von Realität. Denken wir doch daran, daß die Haut ihr spezifisches Organ ist, die Hülle, die uns von der Außenwelt trennt. Damit stimmt es zusammen, daß die Alternative zu der Aggression, die von zurückgewiesener Zärtlichkeit ausgelöst wird, eine zwar kurze, aber tiefe Depression ist – das eine war ein Haltenwollen, das andere die Folge des Entgleitens von Realität in einem gefühlten Sinne.

Ein solches Gefühl kann Liebe fundieren, darüber brauchen wir hier nichts mehr zu sagen. Es kann und muß aber auch in eine Haltung eingehen und eine solche zumindest mitfundieren, die wir als Sachlichkeit bezeichnen und die sich in Erkennen, Gebaren und Handeln dokumentieren kann. Die sachliche Haltung läßt den Andern, das Andere bestehen, ohne gewaltsame Umdeutung, ebenso wie es ist, und es liegt darin das, was Hegel den Romantikern vorwarf: Zärtlichkeit den Dingen gegenüber.

Der Mensch – und nur der Mensch, so sagt Erwin Straus einmal – »hat zwei fundamental verschiedene Formen der Kommunikation mit seiner Welt. Die des Denkens ..., und die der sinnlichen Erregung ... Wie verschieden sind die Kommunikationsweisen im zärtlichen Streicheln eines menschlichen Leibes und im ärztlichen Palpieren eines menschlichen Körpers!« Die Verschiedenheit der Kommunikationsweisen mache es möglich, daß wir als Beobachter noch mit Dingen in Kontakt treten können, die wir in unmittelbar sinnlicher Kommunikation fliehen würden. Das bloße Denken wird den oft schwierigen Übergang kaum schaffen können, wenn die herausgeforderte Sachlichkeit nicht auch im Gefühl mit ihrer kognitiven Komponente verankert ist. Der Übergang freilich von äußerstem Ekel zu äußerster Zärtlichkeit im rein Emotionalen hätte wohl etwas Übermenschliches, ein expressionistischer Lyriker wie Franz Werfel hat es in ›Jesus und der

Äserweg‹ zu zeichnen versucht, nicht ganz ohne Vermittlung des Gedankens: »Ist das denn Liebe, wo noch Ekel ist?«

Es läge nahe, hier abzubrechen, aber angesichts eines so zarten Gegenstandes wie der Zärtlichkeit wäre ein solcher Schluß gar zu pathetisch. Fragen wir also noch ein wenig weiter. Wenn Sachlichkeit nicht nur, aber doch eben auch in Zärtlichkeit den Dingen gegenüber gründet, so schließt die sachliche Haltung als solche sicherlich noch kein kognitives Element ein, wohl aber ermöglicht sie Akte des Erkennens und des erkennenden Handelns in der Hingewendetheit auf Dinge oder Menschen, wie sie sind. Aber liegt vielleicht in der zärtlichen Zuwendung selber ein kognitives Element beschlossen, sagt uns das zärtliche Gefühl nicht gerade und als Gefühl: dies sei nun, wie es ist, wie wir es im Tasten, Sehen, Hören erfühlen?

Wir wissen wohl von der kognitiven, der aufschließenden Funktion von Gefühlen noch wenig, allzu wenig, obwohl immer wieder einmal davon gesprochen wurde: Jakob Friedrich Fries hatte ein Wahrheitsgefühl benannt, Heinrich Gomperz ließ die Formen der Erfahrung durch Gefühle im Bewußtsein repräsentiert sein und sprach auch von einem Objektivitätsgefühl, und Edmund Husserl fand sich damit beschäftigt, die Rede von Evidenzgefühlen von seinem Evidenzbegriff abzuwehren. Die Angst, so war zu lesen, offenbare das Nichts. Warum eigentlich die zärtliche Zuwendung nicht ein Etwas?

# Umberto Eco

## Die Welt von Charlie Brown

Die Lektüre von Comics ist keinesfalls eine harmlose Vergnügung, die zwar vorwiegend für Kinder bestimmt ist, die aber auch von Erwachsenen – nach dem Essen, im Lehnstuhl – genossen werden kann, eine sanfte, kleine Zerstreuung ohne Schaden und Aufwand. Die Industrie der Massenkultur stellt die Comics für den internationalen Markt her und verbreitet sie professionell sogar in dessen Nischen. Vor diesem Zugriff (der Schlager, der Comics, der Kriminalromane, des Fernsehens, der Unterhaltungspolitik) verstummt die Volkskunst, sterben die autochthonen Traditionen des sozialen Austauschs ab; es entstehen keine Geschichten mehr, die am Ofen erzählt werden; es treten keine Bänkelsänger mehr auf, die ihre Schautafeln bei Erntefesten und auf Jahrmärkten enthüllen. Der Comic, ein ausgefeiltes Industrieprodukt, funktioniert gemäß den Regeln der heimlichen Verführung, setzt beim Konsumenten die Haltung der Zerstreutheit voraus, die die paternalistischen Tendenzen der Auftraggeber unmittelbar stimulieren. Und die Autoren passen sich dem an. So spiegelt der Comic in den meisten Fällen die implizite, innere Logik der Gesellschaftsordnung und fungiert als Verstärker der herrschenden Mythen und Werte. In dieser Weise bekräftigt ›Dennis the Menace‹ das am Ende glückliche und gewissenlose Bild einer »guten« Mittelschicht-Familie, die aus dem Deweyschen Naturalismus einen Erziehungsmythos gemacht hat; ›Little Orphan Annie‹ wird für Millionen von Lesern zum Stützpunkt eines nationalistischen McCarthyismus, eines klassichen Frühkapitalismus, eines kleinbürgerlichen Philistertums, das sich an den Veranstaltungen der John Birch-Society berauscht; ›Jiggs and Maggie‹ verhunzt das gesellschaftliche Machtgeschäft des amerikanischen Matriarchats zu einer simplen Privataffäre; ›Terry and the Pirates‹ widmet sich beharrlich dem nationalistisch-militaristischen Training der fröhlichen amerikanischen Jugend; ›Dick Tracy‹ hat den Sadismus des Action-Krimis nicht nur durch seine Ränke allen zugänglich gemacht, sondern auch durch seine äußerst komplexe und blutrünstige Zeichnung (es ist dabei unerheblich, daß er den Geschmack seines Publikums »aufgefrischt« hat); und ›Joe Palooka‹ singt unentwegt und unbeirrt das Loblied auf den rechtschaffenen und treuherzigen Amerikaner, auf den die konservative Wahlpropaganda zugeschnitten ist. Gleichzeitig werden die Kritik und der Protest gegen das Gewohnte, sofern es sie überhaupt gibt, schicklich im Magnetfeld des Systems gehalten und auf die Dimension der Fabel verkleinert. Jedermann ist bekannt, daß Dagobert Duck die Laster eines unspezifischen Kapitalismus verkörpert: Anbetung des Geldes und Ausbeutung der Schwachen und Machtlosen; aber derselbe Name, den die Figur im Original trägt: Uncle Scrooge (was an den alten Geizhals aus ›A Christmas Carol‹ von Charles Dickens erinnert), dient dazu, diese indirekte Kritik auf ein Kapitalismusmodell des 18. Jahrhunderts zu richten (das verbunden ist mit der Ausbeutung der Kinder in Bergwerken und der Prügelstrafe in den Schulen), das die moderne Gesellschaft nicht mehr in Unruhe versetzt und das heute zu kritisieren gänzlich unverdächtig ist. Und soweit die Comics von Al Capp anhand der Abenteuer von Li'l Abner Kritik an amerikanischen Tics und Mythen entwickeln, gelegentlich in ungezügelter Bosheit – ich denke insbesondere an die Satire auf eine opulente Konsumgesellschaft, wie sie die Geschichte des Shmoo (Al Capp, ›Life and Times of the Shmoo‹) eine Zeitlang so eindrucksvoll vorgestellt hat –, speist auch sie sich aus unzerstörbarer Gutgläubigkeit und festem Optimismus; der Schauplatz der Ereignisse jedenfalls, die Kleinstadt Dogpatch, ist geradezu das Modell einer »Bodenständigkeit«, die, ebenso sagenhaft wie beschränkt, jedem Gegengedanken, jedem Traum, jeder noch so konkreten Einmischung den Stachel zieht.

Heißt das, daß der in den eisernen Regeln des industriell-kommerziellen Kreislaufs von Produktion und Konsumtion gefangene Comic nichts als genormte Abbilder eines manchmal unbewußten, manchmal programmierten Paternalismus hervorzubringen vermag? Daß er selbst dort, wo er erzählerisch Schnittmuster, Erzählfiguren, sicherlich originelle und anregende Geschmacksentwürfe für die Masse entwickelt hat (die davon auch Gebrauch machte), seine Phantasie und seine ästhetischen Mittel trotzdem und beständig der Zerstreuung und der Verschleierung der Realität dienstbar macht?

Wir könnten darauf antworten, freilich bloß theoretisch, daß seit Bestehen der Welt sowohl die großen als auch die kleinen Künste fast immer nur in einem kulturellen System blühen konnten, das dem Künstler im Austausch gegen eine gewisse Untertänigkeit bestimmte Autonomie-Räume gewährte; daß in den festgelegten Kreisläufen von Produktion und Konsumtion es Künstlern immer wieder gelungen ist, die Erfahrungs- und Empfindungsweise der Menschen gründlich zu verändern, ja, daß sie in der Gesellschaft selbst eine kritische und befreiende Kraft bildeten – gegen alle Einschränkungen des Ausdrucks durch den »Sachzwang«.

Ich glaube, daß der Comic strip in diesem Sinne zwei Hauptwege eröffnet hat. Der erste ist jener, dessen jüngster und vielleicht bedeutendster Verfechter Jules Feiffer ist: Die Satire des Autors von ›Munro‹ (1951) und ›Bernard Morgendeiler‹ (1965) ist so präzise, erfaßt die Übel der modernen Industriegesellschaft, die er exemplarisch in Typen umsetzt, mit einer solchen Genauigkeit und betreibt die Enthüllung dieser Typen mit so viel Menschlichkeit (Bosheit und Mitleid zugleich), daß ihre Veröffentlichung in jeder beliebigen Zeitung, ungeachtet ihres Erfolgs und auch dann, wenn jedermann sie lächelnd akzeptiert – einschließlich jener, die sich eigentlich angegriffen fühlen und erschreckt sein müßten –, ihr nichts von ihrer Brisanz zu nehmen vermag. Ist eine Geschichte von Feiffer einmal gelesen worden, bleibt sie im Gedächtnis haften und wirkt dort insgeheim, lautlos weiter. In den Fällen, wo die Satire mechanisch bleibt, wird sie, langfristig gesehen, ins Repertoire der Gemeinplätze eingehen; in den Fällen jedoch, wo (wie es häufig geschieht) ein »universales« Moment menschlicher Schwäche definiert ist, erhält der Comic sich am Leben und schlägt eine Bresche in das System, das ihn in seine Schranken zu zwingen versuchte.

Daneben gibt es den zweiten Weg, und um diesen zu illustrieren, wähle ich einen inzwischen klassisch gewordenen Comic strip aus: ›Krazy Kat‹ von George Herriman, der zwischen 1910 und 1911 entstanden ist und mit dem Tod seines Autors 1944 endete. Er hatte drei *dramatis personae:* eine Katze unbestimmten Geschlechts, vermutlich weiblich; eine Maus, Ignatz; einen Hund in der Rolle eines Polizisten, Offissa Pop. Die Zeichnung, die wegen ihrer surrealistischen Anklänge einzigartig war, besonders in den an Mondlandschaften gemahnenden

Landschaftsbildern, nimmt den Begebenheiten jeden Anstrich von Wahrscheinlichkeit. Worum geht es? Die Katze liebt leidenschaftlich die Maus, und die bösartige Maus haßt die Katze und tyrannisiert sie. Der Hund versucht angestrengt, die Katze zu beschützen, sie aber will von ihm nichts wissen; die Katze liebt die Maus und ist stets bereit, sie zu entschuldigen. – Aus dieser absurden Situation ohne besonderen komischen Reiz entwickelte der Autor eine endlose Kette von Variationen, die sich auf ein Strukturmuster stützen, welches für das Verständnis von Comics entscheidend ist: Die kurze tägliche oder wöchentliche Geschichte, der Streifen – auch wenn er eine Begebenheit erzählt, die nach vier Bildern endet –, funktioniert nicht für sich genommen, sondern gewinnt ihre Anziehungskraft allein aus der eigentümlichen Kontinuität, die sich Streifen um Streifen, Tag für Tag, fortspinnt. Die Poesie von ›Krazy Kat‹ gründet in dem unverwechselbaren lyrischen Eigensinn des Autors, der die Handlungszüge unendlich oft wiederholte, wobei er ständig das Thema variierte, und einzig unter dieser Bedingung stifteten die Frechheit der Maus, das unerwiderte Mitgefühl des Hundes und die hoffnungslose Liebe der Katze das, was vielen Kritikern als Zustand der Poesie erschien, als die ununterbrochene Elegie des einfachen Leidens. In diesem Comic entdeckte der Leser, der nicht durch überbordende Einfälle, durch realistische Bezüge oder karikaturistische Hinweise, durch willkürliche Beschwörung von Sexualität oder Gewalt von der Routine seines Geschmacks abgelenkt wurde, die ihn im Comic die Befriedigung bestimmter Bedürfnisse suchen ließ, die Möglichkeit einer Welt, die nur aus Anspielungen besteht, eines Vergnügens »musikalischer« Art, eines Spiels mit keineswegs banalen Gefühlen. In gewisser Weise wurde hier die Legende von Scheherazade wiederholt – die vom Sultan geraubte Konkubine, die nach gemeinsam verbrachter Nacht getötet werden sollte, begann eine Geschichte zu erzählen, der Sultan vergaß über der Geschichte die Frau und erlebte eine neuartige Wirklichkeit, andere Werte und Genüsse.

Ein Indikator dafür, daß der Comic strip ein Industrieprodukt für den Konsum ist, liegt in dem Umstand, daß selbst dann, wenn ein genialer Autor eine Figur erfunden hat, er nach kurzer Zeit durch ein Team ersetzt wird – seine Genialität wird austauschbar, seine Erfindung zu einem Werkstattprodukt. Indirekter Beweis dafür ist, daß ›Krazy Kat‹

kraft einer elementaren Poesie das System zu beherrschen vermochte, daß nach dem Tod Herrimans niemand dessen Erbe übernehmen wollte und die Comics-Industriellen eine Änderung dieser Situation nicht erzwingen konnten.[1]

Von hier aus führt uns die Argumentation zu den ›Peanuts‹ von Charles M. Schulz, die wir dem »lyrischen« Stil, für den ›Krazy Kat‹ einsteht, zuordnen. Auch hier eine schlichte Ausgangskonstellation: eine Gruppe von Kindern, Charlie Brown, Lucy, Violet, Patty, Frida, Linus, Schroeder, Pig Pen und der Hund Snoopy, die sich Spielen und Gesprächen hingeben. Auf diesem Grundschema entwickelt sich ein beständiger Fluß von Variationen, gemäß dem eigentümlichen Rhythmus bestimmter primitiver Epen (primitiv ist auch die absurde, stetig wiederholte Bezeichnung des Protagonisten durch Vor- und Zunamen – selbst die Mutter nennt ihn so –, wie beim Titelhelden eines Epos), wobei man freilich den Zauber dieser »poésie ininterrompue« niemals wahrnähme, wenn man nur eine, zwei oder zehn Folgen läse, sie offenbart sich erst, nachdem man sich gründlich auf die Charaktere und die Situationen eingelassen hat, da die Anmut, die Zartheit und die Heiterkeit allein aus der unablässig wechselnden Wiederholung der Schemata, aus dem Festhalten am Grundeinfall hervorgehen und vom Leser einen unverbrüchlichen Treue- und Sympathiebeweis verlangen.

Schon aus dieser formalen Struktur ließe sich die eigentümliche Kraft dieser Geschichten erklären. Doch das ist nicht alles: Ihre Poesie entsteht daraus, daß wir in dem Verhalten der Kindergestalten die Nöte und Sorgen der Erwachsenen wiederfinden, die hinter der Kulisse bleiben. So gesehen ist Schulz ein neuer Herriman, der sich allerdings den sozialkritischen Positionen eines Feiffer angenähert hat. Diese Kinder gehen uns nahe; sie sind die unheimlichen miniaturisierten Repräsentanten der Neurosen eines Bürgers der Industriekultur. Sie gehen uns nahe, weil sie, wie wir gewahren, Monstren sind, zu denen wir Erwachsene sie gemacht haben. Sie vergegenwärtigen die Diagnosen Freuds, die Erfahrungen der »Vermassung«, die durch »Digests« ver-

1 Ich gebe hier ein mittlerweile kanonisches Argument wieder, das, genaugenommen, falsch ist. In Wirklichkeit wurde der Zyklus ›Krazy Kat‹ von den Dell Comics vor kurzem wiederaufgenommen. Von der bescheidenen Qualität des *remake* einmal abgesehen, handelte es sich dabei jedoch nicht so sehr um eine Fortsetzung als vielmehr um eine Wiederausgrabung: um die Spekulation mit einem Mythos.

daute Kultur, den vergeblichen Kampf um Erfolg, das Streben nach Mitgefühl, die Einsamkeit, die abrupte Aggressivität, die Fügsamkeit und den neurotischen Protest. Gleichwohl erscheinen diese Sachverhalte, so wie wir sie kennen, nicht in Ausdrücken einer Gruppe Unschuldiger; sie sind wohlbedacht und werden erst ausgesprochen, nachdem sie den Filter der Unschuld passiert haben.

Die Kinder bei Schulz sind kein Werkzeug, um hämisch Probleme der Erwachsenen einzuschmuggeln; diese Probleme werden vielmehr in der Optik einer kindlichen Psychologie erlebt, und gerade deshalb scheinen sie uns hoffnungslos betroffen zu machen, so als ob wir unversehens erkennten, daß wir mit unseren Versehrungen die Dinge bis an die Wurzel angesteckt haben.

Und weiter: Die Verkleinerung der Erwachsenenmythen auf Mythen der Kindheit (einer Kindheit, die nicht mehr vor der Reife, sondern nach ihr kommt – und die deren Risse zeigt) ermöglicht Schulz eine Wiedergewinnung: Seine Kindermonstren sind einer Naivität und Aufrichtigkeit fähig, die alles in Frage stellt, allen Schutt beseitigt und eine Welt wiederherstellt, die trotz allem und immer noch liebenswert und sanft ist, die nach Glück und Reinheit schmeckt, so daß wir in dem ständigen Auf und Ab von Reaktionen innerhalb einer Geschichte oder zwischen verschiedenen Geschichten nicht wissen, ob wir verzweifeln oder zuversichtlich sein sollen. Jedenfalls stellen wir fest, daß wir den Zirkel von Konsum und Zerstreuung verlassen und fast schon die Schwelle zur Nachdenklichkeit erreicht haben. Der verblüffende Beweis dafür (und für einiges andere mehr): Während ausgesprochene »Bildungs«-Comics wie ›Pogo Possum‹ nur den Intellektuellen gefallen (und von den Massen eher versehentlich aufgenommen werden), faszinieren die ›Peanuts‹ gleich stark die anspruchsvollen Erwachsenen und die Kinder, als ob jeder darin etwas für sich finden könnte, und es ist doch ein und dasselbe, das freilich nach zwei verschiedenen Lesarten genossen werden kann.

Die Welt der Peanuts ist ein Mikrokosmos, eine kleine menschliche Komödie, für jeden Geldbeutel erschwinglich. Im Zentrum steht Charlie Brown: arglos, ein Dickkopf, untüchtig und deshalb zur Erfolglosigkeit verurteilt. Er hat ein fast schon neurotisches Bedürfnis nach Mitteilung und »Beliebtheit«, wird von den matriarchalisch altklugen Mädchen um ihn herum mit Verachtung, mit Anspielungen auf seinen Rundschädel, mit Vorwürfen der Dummheit und mit kleinen Bosheiten gestraft. Doch unerschrocken sucht Charlie Brown überall Zärtlichkeit und Zustimmung: beim Baseball, beim Basteln von Drachen, in der Beziehung zu seinem Hund Snoopy, beim Spielen mit den Mädchen. Er scheitert jedesmal. Seine Einsamkeit wird grenzenlos, sein Minderwertigkeitskomplex ist allgegenwärtig (und von dem ständigen Verdacht begleitet – der auch den Leser ergreift –, daß Charlie Brown gar keinen Minderwertigkeitskomplex habe, sondern tatsächlich minderwertig sei). Tragisch daran ist: Charlie Brown ist nicht minderwertig; er ist gänzlich normal. *Er ist wie alle anderen,* er bewegt sich ständig am Rande des Selbstmords oder des Zusammenbruchs, weil er Rettung mit Hilfe jener Rezepte sucht, die ihm die Gesellschaft, in der er lebt, vorschlägt: Die Kunst, Freunde zu gewinnen; Wie man ein begehrter Unterhalter wird; Wie man sich in vier Lektionen Bildung aneignet; Die Suche nach dem Glück; Wie man bei Mädchen Erfolg hat... (offensichtlich haben ihn Doktor Kinsey, Dale Carnegie und Lin Yutang völlig verdorben). Da er dies aber unschuldigen Herzens und ohne jede Arglist tut, weist ihn die Gesellschaft sogleich ab: in der Person Lucys, einer hinterhältigen und selbstbewußten Matriarchin, Unternehmerin, wenn es um sicheren Profit geht, allzeit bereit, ihren wertlosen, aber überaus effektvollen Eigendünkel zu verhökern (ihre Naturwissenschafts-Lektionen für den Bruder Linus sind ein Sammelsurium von Frechheit, bei denen es Charlie Brown übel wird: »I can't stand it« [»Ich halte es nicht aus«], seufzt der Unglückliche, doch mit welchen Waffen ließe sich die perfekte Unlauterkeit stoppen von jemandem, der das Pech hat, reinen Herzens zu sein ...).

Man hat Charlie Brown das »feinfühligste Kind, das je in einem Comic aufgetreten ist und das zu Stimmungsschwankungen von Shakespearscher Färbung fähig ist«, genannt (Becker), und der Zeichenstift von Schulz vermag diese Schwankungen mit einer Ökonomie der Mittel wiederzugeben, die an ein Wunder grenzt. So verbindet sich der Comic, vorgetragen in einem beinahe feierlichen Ton, in einer Harvard-Sprache (diese Kinder fallen selten in den Jargon oder verstoßen kaum einmal gegen die grammatischen Regeln), mit einer Zeichnung, die jeder Figur noch die geringste psychische Regung einzuschreiben vermag. So prägt sich die alltägliche Tragik von Charlie Brown unserem Blick mit beispielhafter Eindringlichkeit ein.

Zu Charlies Tragödien der Nicht-Integration bietet das Verzeichnis der psychologischen Typen einige Alternativen an: Die Mädchen entgehen ihnen aufgrund ihrer hartnäckigen Selbstgenügsamkeit und ihres Hochmuts – Lucy (eine Riesin, die man nur bestaunen kann), Patty und Violet leiden nicht an Ambivalenzen und Lebenszweifeln; vollkommen integriert (sollten wir besser sagen: »entfremdet«?), wechseln sie von den hypnotischen Sitzungen vor dem Fernseher zum Seilspringen und zu Allerweltsgesprächen über, die aus Bosheiten gewoben sind; sie gewinnen ihren Frieden durch Gefühllosigkeit.

Linus dagegen, der kleinste, ist bereits von den Großen Neurosen versehrt; emotionale Unbeständigkeit wäre seine dauerhafte Verfassung, hätte ihm die Zivilisation, in der er lebt, mit der Neurose nicht zugleich schon das Heilmittel verordnet: Freud, Adler und, vielleicht, Binswanger (durch Rollo May); Linus hat in der Bettdecke aus der Säuglingszeit das Symbol eines intrauterinen Friedens und eines rein oralen Glücks erkannt ... Den Daumen im Mund und die Decke (*blanket*) an die Wange gepreßt (möglichst bei eingeschaltetem Fernseher, vor dem er wie ein Indianer kauert, aber notfalls auch ohne einen Gegenstand: in einer Isolation orientalischen Zuschnitts, ganz und gar den eigenen Schutzsymbolen verhaftet), findet Linus sein »Sicherheitsgefühl«. Man brauchte ihm nur seine Decke wegzunehmen und er stürzte in die emotionalen Störungen zurück, die ihn Tag und Nacht belauern. Da er, so ist hinzuzufügen, zusammen mit ihrer Wankelhaftigkeit das gesamte Wissen der neurotischen Gesellschaft in sich aufgenommen hat, ist er nicht lediglich ihr Opfer, sondern auch ihr technisch bestausgerüstetes Geschöpf. Während es Charlie Brown nicht gelingt, einen Drachen zu bauen, der wirklich flöge, offenbart Linus hin und wieder science-fiction-hafte Fähigkeiten und schwindelerregende Fertigkeiten – er fängt mit dem Zipfel seiner Decke, die er wie eine Peitsche schwingt, eine Vierteldollarmünze im Fluge ein (»the fastest blanket in the West!«).

Und Schroeder? Er findet seinen Frieden in der Religion des Schönen: Seinem kleinen schäbigen Klavier entlockt er Melodien und Akkorde von geradezu transzendentaler Komplexität; einer schrankenlosen Schwärmerei für Beethoven hingegeben, schützt er sich vor den alltäglichen Chocs, indem er sie zu Entzückungen eines künstlerischen Wahns sublimiert. Nicht einmal die verliebte Bewunderung Lucys vermag ihn zu rühren (Lucy kann die Musik – eine wenig einträgliche Tätigkeit, deren Gründe sie nicht versteht – nicht lieben, bewundert jedoch in Schroeder etwas unerreichbar Hohes; vielleicht reizt sie gerade die Unerreichbarkeit ihres Sechzehntel-Parzivals, jedenfalls setzt sie eigensinnig ihr Verführungswerk fort, doch ohne die Abwehr des Künstlers entkräften zu können): Schroeder hat den Frieden der Sinne im Rausch der Einbildungskraft gewählt: »Schelten Sie diese Liebe nicht, Lisaweta; sie ist gut und fruchtbar. Sehnsucht ist darin und schwermütiger Neid und ein klein wenig Verachtung und eine ganz keusche Seligkeit« – das ist natürlich nicht Schulz, sondern ›Tonio Kröger‹, doch der springende Punkt ist derselbe. Und nicht zufällig bilden die Kinder bei Schulz einen Mikrokosmos, in dem die Menschliche Tragödie oder die Menschliche Komödie vollständig verkörpert ist.

Auch Pig Pen ist mit einem beklagenswerten Makel behaftet: Er ist unrettbar schmutzig. Sauber und gekämmt verläßt er das Haus, und eine Sekunde später gehen ihm die Schnürsenkel auf, rutscht ihm die Hose, sind seine Haare schuppig, überziehen sich Haut und Kleider mit einer Dreckschicht. Pig Pen ist sich dieser Neigung zum Ruinösen durchaus bewußt und wehrt sich, indem er aus der Not eine Tugend macht: »Auf mir sammelt sich der Staub zahlloser Jahrhunderte ... Ich habe einen unumkehrbaren Prozeß eingeleitet: wer bin ich denn, um den Lauf der Geschichte zu ändern?« – es ist, wohlgemerkt, keine Figur von Beckett, die so spricht, sondern Pig Pen; der Mikrokosmos von Schulz berührt hier die letzten Ausläufer des existentialistischen Projekts.

In beständiger Gegenstrophe zu den Leiden der Menschen treibt der Hund Snoopy die Neurosen der Fehlanpassung an die äußerste metaphysische Grenze. Snoopy weiß, was es heißt, ein Hund zu sein; er war gestern ein Hund, er ist heute ein Hund, und morgen wird er wahrscheinlich immer noch ein Hund sein; für ihn gibt es in der optimistischen Dialektik der satten Gesellschaft, die den sozialen Aufstieg zu ihrer zentralen Inspirationsquelle erklärt hat, keinerlei Hoffnung auf Beförderung. Ab und zu riskiert er es, mit dem letzten Hilfsmittel: der Bescheidenheit (»Wir Hunde sind ja so bescheiden ...«, seufzt er, ganz ergeben); er klammert sich sachte an jemanden, der ihm Achtung und Rücksicht verheißt. Gewöhnlich jedoch akzeptiert er sich nicht und versucht zu sein, was er nicht ist. Er ist eine gespaltene Persönlichkeit: Er wäre gern ein Alligator, ein Känguruh, ein Geier, ein Pinguin, eine Schlange... Er probiert alle Wege der Mystifikation aus, schickt sich am Ende jedoch, aus Faulheit, aus Hunger, aus Müdigkeit oder Schüchternheit, aus Klaustrophobie (die ihn übermannt, sobald er durch hohes Gras streift) oder aus Feigheit, in die Wirklichkeit. Er wird zwar beschwichtigt, aber niemals zufrieden sein. Er lebt im Stande der *Apartheid*; vom Außenseiter hat er die Psychologie, und von den Schwarzen à la Onkel Tom hat er die Demut und den eingefleischten Respekt vor dem Stärkeren.

In dieser Enzyklopädie der zeitgenössischen Schwäche gibt es, wie gesagt, unversehens strahlende Aufheiterungen, freie Variationen, Allegri und Rondos, in denen die Spannung, die Qual, die Erschütterung in wenigen lebhaften und wendigen Takten zur Ruhe kommen, die Monster sich wieder in Kinder verwandeln und Schulz zu einem Dichter der Kindheit wird.

Wir wissen, daß all dies nicht wahr ist, und dennoch tun wir so, als ob wir daran glaubten. Schon mit dem nächsten Streifen wird Schulz darin fortfahren, uns im Gesicht Charlie Browns mit zwei Strichen seine Version der *conditio humana* vorzustellen.

*(Aus dem Italienischen von Max Looser)*

# Philippe Ariès

## Liebe in der Ehe

Heutzutage übersehen wir gern ein Phänomen, das in der Geschichte der Sexualität bis ins 18. Jahrhundert hinein stets von allergrößter Bedeutung war und das der Vergessenheit entrissen zu haben Jean-Louis Flandrin das Verdienst hat: den Unterschied nämlich, den die Menschen in nahezu allen Gesellschaften und fast zu allen Zeiten (außer der unseren) zwischen der Liebe *in* der Ehe und der Liebe *außerhalb* der Ehe gesehen haben. Die Beispiele sind ohne Zahl. Wir werden ein paar davon aus Texten der jüdischen und der griechischen Kultur auswählen. Eine naive Lektüre, die sich um die Meinung der Glossatoren nicht schert, taugt nichts.

Elkana (1 Sam. 1, 4–19) hatte zwei Frauen; die eine, Hanna, liebte er *(diligebat),* aber sie war unfruchtbar *(Dominus concluserat vulvam ejus).* Die andere, die er weniger liebte, war fruchtbar und hatte Kinder. Sie fügte ihrer sterilen Nebenbuhlerin ständig bittere Kränkungen zu. Trotz seiner Vorliebe pflegte Elkana, wenn er die Opferstücke verteilte, der Mutter seiner Kinder mehrere zu reichen, während er der geliebten Frau nur eines gab. Diese war darüber sehr betrübt und weinte. Da sprach der Mann zärtlich zu ihr: »Hanna, warum weinst du? Warum ißt du nichts? Warum ist dein Herz betrübt? *Bin ich dir nicht mehr wert als zehn Kinder?*«

Hier sind die beiden Pfeiler der Ehe gut zu erkennen: die Fortpflanzung (die fruchtbare Frau wird geehrt) und die Liebe, *dilectio.* Dieser Liebe ist eine deutliche *Zurückhaltung* eigen, wie sie in einer Geste Rebekkas zum Ausdruck kommt. Sie macht sich auf, um mit der Karawane und den Knechten in das Land zu ziehen, in dem sie fortan leben wird. Sie kommt des Abends dort an, und Isaak geht ihr entgegen. Sie fragt: »Wer ist dieser Mann dort, der uns auf dem Feld entgegenkommt?« Der Knecht antwortet: »Das ist unser Herr« (also ihr zukünftiger Gatte). Und nun vollzieht Rebekka eine Geste der Scham, die sie vor den anderen Männern nicht zeigte: »Darauf nahm sie den Schleier und verhüllte sich.« So verschleiert, ging sie mit Isaak in sein Zelt, d. h. nahm er sie zur Frau *(ducere).* In der Tat war es wichtig, daß die künftige Gattin bis zur Hochzeitsnacht verschleiert blieb; bis zu diesem Zeitpunkt mußte sie sich vor ihrem zukünftigen Gatten noch mehr verbergen als vor anderen Männern.

Dieser Brauch eröffnete übrigens die Möglichkeit zu einem heimlichen Austausch: So hatte Jakob im Hause des Laban Rachel zur Frau erkoren. Aber Laban, der zuerst Lea, die Ältere, verheiraten wollte, schickte sie anstelle der Rachel ins Brautbett, und Jakob bemerkte die Täuschung erst am nächsten Morgen, woraus wir ersehen können, wie sehr die Persönlichkeit der Liebenden in der geschlechtlichen Umarmung, der Kopulation erlosch. Solche Fälle von Vertauschung erscheinen nicht selten in der Literatur; sie wären es wert, einmal zusammengestellt und untersucht zu werden. Sinnvoll wäre es auch, sie mit dem zu vergleichen, was wir über die Automatik des Geschlechtsaktes – mit oder ohne Liebe – in der Vorstellungswelt des Ancien Régime wissen. Wahrhaftig eine blinde Liebe. Doch die Gleichgültigkeit des Gefühls gegen die Person im Augenblick des Geschlechtsaktes wurde ohne Zweifel vom Schamgefühl der Frau begünstigt.

Gewiß, unsere westlichen Gesellschaften haben die jungen Frauen nicht, wie der Orient, hinter undurchdringlichen Schleiern verborgen; sie umgaben sie allerdings mit einer *Zurückhaltung*, die es der Frau verbat, sich mit der provozierenden Leidenschaft der Kurtisane hinzugeben, so daß der Gatte sich sehr wohl in der Person täuschen konnte – ein Irrtum, der dem Liebhaber freilich niemals unterlaufen wäre.

Die vollkommene Frau des Alten Testaments (aber auch die des Ancien Régime) ist nicht nur fruchtbar und Mutter, sie ist auch die Herrin des Hauses und steht einem ordentlichen häuslichen Unternehmen vor:

»Eine tüchtige Frau, wer findet sie?
Auch geht ihr Wert weit über Korallen . . .
Sie sieht sich um nach Wolle und Flachs,
Und was ihren Händen gefällt, schafft sie an.
Sie gleicht den Schiffen des Kaufmanns:
Von weither holt sie ihre Nahrung.
Wenn es noch Nacht ist, steht sie schon auf

Und gibt ihrem Hause Nahrung,
Ihren Mägden die Tagesverpflegung.
Nach Feld schaut sie aus und erwirbt es;
Sie pflanzt von ihrer Hände Ertrag einen Weinberg...
Ihre Arme streckt sie aus nach dem Spinnstock,
Und die Hände halten die Spindel...
Hemden stellt sie her und verkauft sie...
Sie tut ihre Hand dem Bedrückten auf,
Und streckt die Arme dem Dürftigen hin...
Überlegene Kraft umkleidet sie,
Und so schaut sie froh in die Zukunft...«

Hier ein anderes Zeugnis, diesmal aus der griechischen Kultur: die ›Alkestis‹ des Euripides, vielleicht einer der schönsten Texte zum Lobe der ehelichen Liebe. Die Geschichte ist bekannt: Apollon hat von den Parzen erfahren, daß der König Admetos dem Tod, für den er bereits bestimmt ist, noch einmal entgehen könne, wenn er jemand anderen fände, der statt seiner zu den Göttern der Unterwelt hinabstiege. Sein greiser Vater hat sich geweigert, er hängt zu sehr am Leben. Seine Gattin Alkestis willigt in das Opfer ein. Sie wird zum Gegenstand allseitiger Bewunderung. Der Chor rühmt Alkestis, »die sich als beste der Fraun [...] an ihrem Gatten bewährt hat«. In der Tat, bestätigt ihre Dienerin, »wer bestreitet ihr den Ruhm?« Die ganze Stadt weiß, daß sie für ihren Gatten das höchste Gut, ihr Leben, hingegeben hat. Doch »hör erst ihr häusliches Tun und steh bewundernd: Als sie erkannte, daß der Schicksalstag gekommen, wusch sie sich in Stromgewässern den weißen Leib, entnahm dem Zedernschrank Gewand und Schmuck und kleidete sich festlich. Dann trat sie vor den Herd [den sakralen Mittelpunkt des Hauses] und betete: ›Da ich hinab nun in die Erde steige, fleh ich zum letzten Mal dich, Herrin, an, behüte meine Kinder!‹« Sie bekränzt die Altäre des Hauses: »Kein Seufzer, keine Träne! Ihr schönes Antlitz war nicht von Furcht des Kommenden gebleicht.« Nachdem sie zu den Göttern gebetet hat, kehrt sie ins Ehegemach zurück und wendet sich der geheiligten Stätte der ehelichen Liebe zu, dem Bett: »O Bett, in dem ich einst mein Mädchentum dem Manne gab, für den ich heute sterbe, Leb wohl!« Sie fällt auf die Knie, sie küßt die Kissen, »das ganze Lager war von den Strömen ihrer Augen feucht«. Sie kann sich nicht losreißen. Kaum hat sie das Zimmer verlassen, da kehrt sie um »und warf sich wieder auf die Lagerstatt«. Hier, an dieser symbolischen Stätte, wird sie all den Ihren Lebewohl sagen, ihren Kindern, der Dienerschaft. »Keiner war so gering, daß er nicht den Scheidegruß empfing und gab.«[1]

Und schließlich ihrem Gatten. Sie hätte ihn in den Tod gehen lassen können, ohne einzugreifen: »Ich aber mag von dir getrennt nicht leben mit den verwaisten Kindern, geize nicht mit dem Genusse meiner Jugendblüte.« Wenn sein Vater, den das Alter nutzlos und unfähig zur Fortpflanzung gemacht hat, in den Tod eingewilligt hätte: »Ach ich und du, wir könnten weiterleben ...« Doch die Dinge sind nicht so, »ein Gott hat wohl es so gewollt«. Und nun folgt eine feierliche Bitte; sie bittet Admetos, sich nicht wieder zu verheiraten – was normalerweise geschehen wäre – und den Kindern keine Stiefmutter zu geben. Und Admetos antwortet ihr: »Im Leben besaß ich dich, und auch als Tote bleibst du mein einziges Weib.«

Ein seltsames und anachronistisches Gelöbnis, das die romantische Auflehnung gegen den Tod des anderen und die verzweifelten Versuche, ihn durch sein Bild zu ersetzen, um zweitausend Jahre vorwegnimmt: »Dein Ebenbild, von kunstbegabten Händen treu nachgeahmt, soll auf dem Lager ruhn. Da sink ich hin, umschling es mit den Armen. ... Auch in Träumen besuchst du mich. Gern sieht man im Traum die Liebste, wenn auch nur ein Weilchen. ... Im gleichen Zedersarge sollen mich und dich die Kinder betten, meine Brust an deine legen. Auch als Toter noch bleib ich bei dir, der Einzigen, die mir treu.« Auf dem Liebeslager also – und vielleicht auch dem Wochenbett – sammelt Alkestis sich vor ihrem Tode, und niemals lassen ihre Worte die Zurückhaltung der vollkommenen Frau vermissen, eine Zurückhaltung freilich, die nicht im Widerspruch zur Liebe steht, sondern diese bezeugt und sichtbar werden läßt.

Fruchtbarkeit und Zurückhaltung der Frau und Mutter und die Würde der Hausherrin, das waren Merkmale, die bis ins 18. Jahrhundert den Unterschied zwischen der Liebe in der Ehe und der Liebe außerhalb

1 In seinem Bericht über den Tod der Mme de Montespan erzählt Saint Simon, daß sie, als sie den Tod kommen spürte, alle ihre Bedienten »bis hin zum niedrigsten« rufen ließ, um ihnen Adieu zu sagen.

der Ehe bezeichneten. Diese Merkmale und ihr jeweiliges Gewicht wandelten sich zwar im Laufe der Zeit, teils in der Realität, teils in den Vorstellungen und Bildern, aber auf jeden Fall in engen Grenzen.
Die Morallehre, die in den ersten Jahrhunderten unserer Zeitrechnung, noch vor der Ausbreitung des Christentums, von den Stoikern vertreten wurde, gab der Fortpflanzung, der Ausbreitung der Art, den Vorzug bei der Rechtfertigung der Ehe – im Gegensatz zur freien Verbindung, die häufig praktiziert, jedoch nicht immer deutlich von der Ehe unterschieden wurde. Die Christen übernahmen die stoische Moral, und zwar in einem solchen Grade, daß wir manche stoische Schriften nur aus Zitaten bei den Kirchenvätern kennen, z. B. diesen Auszug aus einer verschollenen Abhandlung Senecas über die Liebe, den Hieronymus zitiert (›Adversus Jovinianum‹, I, 49): »Die Liebe zur Frau eines anderen ist unter allen Umständen schädlich. [Soviel zum Ehebruch.] Schändlich handelt aber auch, der in allzu großer Liebe zu seiner eigenen Frau entbrennt. [Allzu große Liebe, das ist die unbändige Liebe, die Leidenschaft, welche die Geliebten außerhalb der Ehe empfinden.] Ein vernünftiger Mann soll seine Frau mit Besonnenheit lieben, und nicht mit Leidenschaft; er soll seine Begierde zügeln und sich nicht zum Beischlaf hinreißen lassen. *Nichts ist schändlicher, als seine Frau wie eine Mätresse zu lieben.* ... Der Mann soll sich seiner Frau nicht als Geliebter, sondern als Gatte nähern.« Der Ton ist eindringlich; so werden Gebote ausgesprochen. Die sehr alte und sehr alltägliche Unterscheidung zwischen der zurückhaltenden Liebe in der Ehe und der leidenschaftlichen Liebe außerhalb der Ehe wird hier von Seneca nicht als Brauch dargestellt, sondern als Regel in einem Moralkodex formuliert.
Elemente aus diesem Moralkodex hat das Christentum aufgenommen. Paulus verurteilt die Liebe außerhalb der Ehe, die *fornicatio* oder *immunditia.* Das Christentum war sogar versucht, auch die Ehe zu verwerfen – es gab derlei Bestrebungen –, doch man widerstand den asketischen Postulaten geradeso wie den hedonistischen und hielt am Recht auf die Ehe fest, stellte sie allerdings in der Rangordnung der Werte unter die Jungfräulichkeit. Der Hauptzweck der Ehe bestand darin, dem Geschlechtstrieb in einer wechselseitigen Verpflichtung der Gatten, dem *debitum,* Genüge zu tun. Es liegt auf der Hand, daß dieses *debitum* sich angesichts einer solchen Moralvorstellung vom heftigen